"mit dir, statt gegen dich"
Ein feministisch-theologischer Beitrag zur relationalen Selbstvergewisserung
der Frauen in einer androzentrischen Kultur

Europäische Hochschulschriften

Publications Universitaires Européennes
European University Studies

Reihe XXIII

Theologie

Série XXIII   Series XXIII
Théologie
Theology

Bd./Vol. 392

PETER LANG

Frankfurt am Main · Bern · New York · Paris

Verena Klotz

"mit dir, statt gegen dich"

Ein feministisch-theologischer Beitrag zur
relationalen Selbstvergewisserung der
Frauen in einer androzentrischen Kultur

PETER LANG
Frankfurt am Main · Bern · New York · Paris

CIP-Titelaufnahme der Deutschen Bibliothek

Klotz, Verena:

"Mit dir, statt gegen dich" : ein feministisch-theologischer Beitrag
zur relationalen Selbstvergewisserung der Frauen in einer
androzentrischen Kultur / Verena Klotz. - Frankfurt am Main ;
Bern ; New York ; Paris : Lang, 1990
  (Europäische Hochschulschriften : Reihe 23, Theologie;
  Bd. 392)
  Zugl.: Bamberg, Univ., Diss., 1989
  ISBN 3-631-42850-2

NE: Europäische Hochschulschriften / 23

D 473
ISSN 0721-3409
ISBN 3-631-42850-2

© Verlag Peter Lang GmbH, Frankfurt am Main 1990

Für Regine

Vorwort

"Was ist das: Dieses-zu-sich-selber-Kommen des Menschen?"
hat Johannes R. Becher gefragt und diese Frage steht als
Leitmotiv zu Beginn von Christa Wolfs "Nachdenken über
Christa T".
Als eine Antwort auf diese Frage habe ich in den letzten Jahren
das Aufspüren von Beziehungen zu frauenbewegten Frauen und
(ihren) Texten erfahren, dies hat mich, meine Lebenswirklichkeit, mein (theologisches) Begreifen und Handeln geprägt.
Ein zentrales Anliegen dieser Feministinnen und Theologinnen
besteht in der Suche nach einem ganzheitlichen Menschenbild.
Hierfür möchte die folgende Arbeit einen Beitrag leisten.
Im Sommer 1988 wurde diese vom Fachbereich Katholische Theo-
logie der Universität Bamberg als Dissertation angenommen.
Mein Dank gilt in erster Linie Prof. Dr. Ottmar Fuchs, der
die Arbeit betreut hat, insbesondere all seinen Bemühungen
immer wieder mein Anliegen und mich selbst zu verstehen.
Für eine wohltuend sensible Würdigung meines Unterfangens
danke ich Prof. Dr. Ignacio Escribano-Alberga.
Bärbel Körber-Hübschmann und Susanne Pannewick danke ich für
Fertigstellung des druckreifen Manuskriptes sowie für alle
Geduld und Freundlichkeit.
Dankbar verbunden fühle ich mich schließlich den Theologinnen
der Europäischen Gesellschaft für Theologische Forschung von
Frauen, durch die ich sowohl wichtige Hinweise erhielt als
auch vielfach Ermutigung erfuhr.

Budapest, im Januar 1990   Verena Klotz

Gliederung

5

Einleitung

Das Thema

Der Glaube kommt von dem, was andere uns sagen und wir hören (cf. Röm
10,17) und wie wir uns zuhören in der Not und in der Freude, und wer
oder welche[1] wir sind, erkennen wir, wenn wir einander in solcher Weise
begegnen, - so die Erfahrung vieler Frauen (s. Kap. 2). Genau darauf verweist der Ausdruck der relationalen Selbstvergewisserung: Selbstvergewisserung heißt, sich im Gespräch und in der Auseinandersetzung mit anderen
(Menschen und Texten) einer in verschiedene Bezüge eingebundenen Identität zu versichern, was zugleich eine Multidisziplinarität des Vorgehens
erforderlich macht und in diesem Sinne theologisches Denken stets entgrenzt.

Ich schreibe diese Arbeit, um der (meiner) theologischen Identität von
Frauen willen und um dazu beizutragen, daß Frauen miteinander ihr Selbst
und einen Ort für sich und mit anderen 'in einer Welt, wo Beziehungen zerbrochen sind' (cf. Heyward 1986, 81), finden können, und sehe dabei deutlich, wie sehr dieses Interesse an einem "Selbst" das Kind unseres abendländischen Individualismus ist. Diesen aber in relationale Bezüge zu stellen und dadurch gleichsam zu transformieren, ist ein, wenn nicht das Ziel
dieser Arbeit, die die universitäre[2] Theologie[3] als einen der gesamtgesellschaftlich und (-universitär) zunehmend selteneren Orte eines (offenen)

---

1 Nach dem Sprachgefühl einiger Frauen ist das Pronomen "welche" eher geeignet, Frauen zu repräsentieren als das Pronomen "wer" (Pusch 1984, 90
f).

2 Mit Schüssler-Fiorenza bin ich der Meinung, daß über die Integration
der feministischen Theologie in die Universität erst noch grundsätzlich diskutiert werden muß, und zwar um dieser Theologie selbst willen (Schüssler-Fiorenza Art. 1988, 12; cf. Mies Art. 1978, 45).

3 Cf. hierzu Buchers Postulat der theologischen Rationalität,die zumindest noch einen diskursiven Freiraum für Frauen ermöglichen könnte
(Bucher Art. 1988,29 ff,38 f).

Meinungsaustausches[4] vermutet.

Daß eine Frau sich einer anderen in der Weise verbunden fühlt, daß sie sagt: "Mit dir, statt gegen dich" und dies lebt, ist keine Selbstverständlichkeit in der androzentrischen Kultur, in der die Subjekte des vehementesten Frauenhasses vielfach Frauen selbst sind. Der Satz "mit dir, statt gegen dich" - ein Zitat von Heyward - hingegen hat seinen "Sitz im Leben" in der Lebensgemeinschaft von Frauen, die sich entschieden haben, ihr Leben vorwiegend oder ausschließlich in Frauenbezügen zu gestalten:

"Wenn ich sage, ich liebe dich, so sage ich, daß du nicht mir gehörst, sondern dir selbst.
Dich zu lieben heißt, für deine Rechte, für deinen Platz auf der Welt, für dein Selbst einzutreten und mit dir, statt gegen dich, zu kämpfen, wenn du lernst, deine Macht in der Welt in Anspruch zu nehmen" (Heyward 1986, 207).

Im Sinne jener anvisierten relationalen Selbstvergewisserung sollen zunächst in diesem Kapitel einige subjektive und kritische Eindrücke von Frauen in unserer androzentrischen (theologischen) Kultur gesammelt (1.2.1.), das vorläufige Repertoire an integralen Bestandteilen dieser Vergewisserung- weniger im Kontrast zum Vorherigen, als aus dem heraus, was bislang an feministisch (theologischen) Arbeiten vorliegt[5], -dargelegt werden (1.2.), um nach einem Rückblick (1.2.5) und einem Ausblick

---

4   Im Folgenden verwende ich das Pronomen "man" für vornehmlich männliche außersprachliche Denotate, "frau" für weibliche (cf. Pusch 1984, 86 ff).

5   So ist die ganze Arbeit immer ein sonderbares Zwitterwesen, in der versucht wird, sich grundsätzlich an die Regeln des Dissertierens zu halten, andererseits aber den Eigenarten "weiblichen" Denkens (cf. Nölleke 1985) und den Interessen der Frauen gerecht zu werden, so daß beispielsweise vielfach in Anmerkungen Dinge erklärt werden, die Frauen unmittelbar einsichtig wären. Jonneke Bekkenkamp hat mich kurz vor der Abgabe meiner Arbeit gefragt, ob die vielen Anmerkungen nötig wären und ob sie nicht im Gegensatz zur anvisierten "Nähe" (s. 1.2) ständen. Aufgrund der zweigeteilten Leserschaft weiß ich keine andere Lösung.

auf den weiteren Verlauf der Arbeit (1.3) sukzessive einige ihrer Inhalte und weitere methodische Überlegungen zu entwickeln (Kap. 3 bis
Kap. 5), um dann ein Gespräch mit einem ganz und gar androzentrischen
Text zu versuchen (Kap. 6 bis Kap. 8) und schließlich Grenzen und Verbindungen zwischen dem Diskurs der Frauen und einem Ansatz nachkonzilia-
rer männlicher Theologie zu suchen (Kap. 9).

Der folgende Beitrag versteht sich also mehr als Kulturarbeit, er will
keine Auseinandersetzung mit diesem Theologen oder jenem theologischen
Entwurf sein (weswegen jene wie Satelliten vorwiegend im Raum der Anmerkungen um den langsam sich entfaltenden Diskurs der Frauen kreisen).
Ausgangspunkt und stetiger Focus der Arbeit sind die Erfahrungen der
Frauen. Bei ihnen wird die Selbstvergewisserung immer wieder einsetzen,
theologische Systematisierungen dieser Erfahrungen versuchen (s. bes.
Kap. 3) und diese wiederum in Partialitäten menschlicher Existenz entgrenzen (s. bes. Kap. 5). Und darin scheint bereits ein Charakteristikum dieser Selbstvergewisserung auf: Sie hat nämlich immer wieder den
Charakter, sich in Praxis hinein[6] fortzusetzen (s. bes. Kap. 5) und bemüht sich daher,Wirklichkeit auch als veränderbar zu beschreiben (weswegen diese Arbeit auch - trotz aller Auflösung der theologischen Ein-
zeldisziplinen in der feministischen Theologie (cf. Schüssler-Fiorenza
Art. 1984, 36) - im Bereich der Praktischen Theologie angesiedelt ist
(s. auch Kap. 9)).
Die Veränderung von Wirklichkeit, Gesellschaftlichkeit, persönlicher
Identität und Beziehungen aber meint - das ist die vorausgesetzte Überzeugung der Arbeit - vorrangig zunächst einmal   nach der Veränderbar-
keit[7] der eigenen Meinung und der Lernfähigkeit bezüglich des eigenen
Verhaltens zu fragen:

   "Angesichts der Transporte der jüdischen Bevölkerung von Westerbork
   nach Auschwitz, und angesichts der eigenen Bedrohung schrieb die

---

6   Cf. Mies Art. 1984, 185; Westphal Art. 1983, 72.

7   Cf. Fuchs Art. 1985 b.

junge Holländerin Etty Hillesum: 'Jeder von uns muß nach innen sich
wenden und in sich selbst das zerstören, was er meint in anderen
zerstören zu müssen'".[8]

Damit ist nun ein weiteres Merkmal der Arbeit angesprochen: Sie erweist
sich nämlich – wie die Selbstvergewisserung der Frauen selbst – als ein
immer wieder ambivalentes Unterfangen, insofern erstens (bez. unserer Position) sehr sensibel und differenziert wahrgenommen werden muß, wo die
Grenzen zu ziehen sind: und zwar die Grenze zwischen den konstruktiven Kräften in uns und unserer "Mittäterinnenschaft"[9] bei unserer eigenen Unterdrük-
kung und der Unterdrückung anderer sowie die Grenze zwischen den Danaergeschen-
ken[10], die man uns mit guter, anderer oder ganz ohne Absicht macht, und
jenen echten Angeboten zu Gespräch, in denen tatsächlich mancher willens
ist, sich selbst und Strukturen zu verändern. Und es gilt zweitens (bez.
des Vorgehens) einerseits Dinge in Distanz zu betrachten: Schreiben, rekonstruieren, konstruieren meint eo ipso Distanz, die aber stets um die

---

8 Etty Hillesum: An Interrupted Life. The Diaries of Etty Hillesum,
   New York, 1983, S. 180. Deutsche Übersetzung: Das denkende Herz in
   der Baracke, Freiburg 1981, zitiert nach Moltmann-Wendel 1985, 49;
   solche Appelle sind für Frauen in zweifacher Hinsicht schwer-wiegend:
   Zum einen liegt in ihnen – wie Moltmann-Wendel selbst andeutet –
   die Gefahr, daß Frauen sich einmal mehr mit Schuldgefühlen auseinandersetzen und herumquälen (s. Anm. 32), wo es eigentlich oder viel mehr
   um politische und gesellschaftliche Veränderungen geht (cf. ebd. 49).
   Aber ich meine, daß die Frauenbewegung vielen Frauen mittlerweile
   jene "Reife" (ebd. 49) ermöglicht hat, die Zusammenhänge und Grenzen
   zwischen eigenem Fehlverhalten und den 'verkehrten Verhältnissen'
   (ebd. 49) konstruktiv wahrzunehmen. Zum anderen erscheint mir dieses
   Zitat schwerwiegend, weil es einmal mehr im theologischen Diskurs
   durch eine Konzentration der Auseinandersetzung mit Auschwitz den
   Blick ablenkt von aller menschenverachtenden "Brutalität" (ebd. 49)
   in der aktuellen Gegenwart, – eine Gefahr, die ich im Folgenden zu
   umgehen versuchte (cf. auch 3.1.2.(4)).

9 Cf. Maaßen/Schaumberger Art. 1984, 216 s. 1.2.2. (3).

10 Solche können u. U. knapp befristete Lehraufträge zur feministischen
   Theologie ohne Integration der Inhalte in die universitäre Studien-
   und Prüfungsordnung oder die Errichtung strukturell machtloser Frauen-
   beauftragter in verschiedenen Institutionen sein.

Nähe zu den Erfahrungen von Frauen bemüht ist. Andererseits aber geschieht
dieses Schreiben aus dieser Nähe zu unseren Frauenerfahrungen heraus und bemüht sich dann um der Frauen (und Männer) willen wieder um Distanz. Nicht gewillt bin ich jedoch aus diesem Pendeln zwischen Unmittelbarkeit und behut-
samen sich-Entfernen innerhalb dieser Nähe einen Schritt hinaus in eine
höhere Abstraktionsstufe zu tun.

Damit ist zugleich auch angedeutet, worauf die Arbeit ihr Vertrauen setzt,
nämlich mehr auf den Prozeß des Schreibens und des Lesens als auf "kerni-
ge, griffige" Endresultate, die ja immer den Charakter denkerischer End-
lösungen - mit jenem fatalen Hang lebensfremd und menschenfeindlich alle (weiteren) Erfahrungen und Geschichten in das vorgegebene Konzept
eingliedern zu wollen - annehmen.

Und nicht zuletzt deswegen bedarf diese Selbstvergewisserung für Frauen
eines eigenen und feinen Werkzeugs und der Gelegenheit, sich in ihrer
Weise und ihren Bezügen auf ihre Art zu entfalten, die nun ergriffen
werden sollen.

Einführende Bemerkungen zu Ausgangspunkt, Zielsetzung und Instrumentarium
feministischer Theologie oder: Vom Diskurs der Nähe[11]

Nach einem kurzen Überblick aus Frauenperspektive auf einige Aspekte
abendländischer theologischer Kultur sollen im Folgenden anhand dreier
Fragen - nach Ausgangspunkt, Zielsetzungen und Instrumentarium - einige
Linien[12] feministisch theologischen Arbeitens unter dem Begriff "Diskurs

---

11 Das Folgende versteht sich insbesondere auch als Beitrag zu dem,
   was Plaskow forderte, nämlich daß sich feministische Theologie durch
   eine eigene, unabhängige Stimme ("a truly independent voice") profilie-
   re (Plaskow Art. 1977, 23); cf. Gerber: "Die (neue) Wissenschaftlich-
   keit vollzieht sich erfahrungsbezogen, narrativ" (Gerber Art. 1984,
   568).

12 Hierbei wird wohl zunächst von Einzelströmungen stark abstrahiert
   als auch feministisch-theologische Randfiguren wie Sölle (cf. Schüssler-
   Fiorenza über diese, in: Sölle 1986, 7) miteinbezogen werden. Sowieso
   gibt es nicht "die" feministische Theologie. Vielmehr ist hierfür ein
   ausgesprochener Pluralismus kennzeichnend, der sich u. a. aus dem Rückgriff auf sehr unterschiedliche philosophische und sozialpolitische
   Analysen ergibt (cf. Schüssler-Fiorenza Art. 1984, 31; Heyward 1984,

der Nähe" dargelegt werden; zugleich gehören die hier gemachten Ausführungen diesem Diskurs an.
Die gestellten Fragen sind einfache Fragen, die nichts mehr - aber auch
nichts weniger! - wollen als einfache und klare Antworten. Und das versteht sich nicht unbedingt von selbst.[13] Damit versuche ich von gängigen
theologischen Sprachspielen loszukommen, ich möchte konkret, verständlich, er-
arbeitbar bleiben und angreifbar - und glaube damit gleichzeitig eine
Norm feministisch-theologischen Arbeitens zu erfüllen[14] und diskursiv
den Leser/innen nahe bleiben zu können.

1.2.1   Subjektive und kritische Eindrücke von Frauen in einer androzentrischen
         theologischen Kultur[15]

Fragen wie obige hat traditionelle Theologie unter dem Stichwort der
Hermeneutik beschrieben, umschrieben, oft aber auch einfach umgangen:
Feministische Theologinnen können sich zuweilen nur schwer des Verdachts
erwehren, daß auf der Ebene überkommener theologischer Begrifflichkeit
oder auf jenem hohen Abstraktionsniveau[16], das theologische Publikationen

---

223; Carr Art. 1980, 115; Gerber Art. 1984, 565, 569). Doch kann
auf solche zusammenfassende Einführung kaum verzichtet werden, und
zwar weniger um des Selbstverständnisses feministischer Theologinnen
willen als wegen der Notwendigkeit, "nach außen hin" sich zu verdeutlichen.

13 Zuweilen scheint sich theologisches Theoretisieren tatsächlich im
    Darlegen und Entfalten von zunehmend diffizileren Fragestellungen
    sowie akribischer Methodendiskussion zu erschöpfen, - "Antworten"
    scheinen wenig "gefragt".

14 Dies trifft insbesondere dann zu, wenn Nächstenliebe zur hermeneu-
    tischen Norm wird (cf. Heyward 1986, 59; cf. Plaskow Art. 1977, 23,
    25; s. 1.2.4).

15 Cf. Plaskow: "Feminist theology does not stop with criticism, |...|"
    (Plaskow Art. 1977, 25).

16 Cf. hierzu die Kritik von Fuchs Art. 1984 a, 209.

in breitem Maße kennzeichnet, - auf mag sein faszinierende Weise - schlechthin nichts mehr oder zumindest nicht mehr das Gemeinte ver- handelt wird.[17] Und traditionelle theologische Ansätze scheinen oft eher den eigenen Standpunkt, die persönlichen Erfahrungen[18], die gesellschaft- liche Position und das Erkenntnisinteresse zu verschleiern oder zu ver- schweigen als darzulegen. Vielleicht sind jene auch nicht bewußt oder werden nicht für wert befunden, ausgeführt zu werden. Weiße männliche Theologie neigt jedenfalls nicht selten in eklatantem Maße dazu, von der eigenen konkreten, individuellen, kirchlichen, gesamtgesellschaftli- chen und ökologischen Situation zu abstrahieren, - zuweilen um ebenso gutgemeinter wie vermeintlicher Universalität[19] willen, zuweilen aber ebenso aus männlichem "Potenzgehabe", das dann systematische Entwürfe produziert, die mit den eigenen Lebensanstrengungen schlichtweg inkompa- tibel sind und in denen sich ehrlichen Herzens keine/r mehr wiederfinden kann:[20] Theologien entstehen, die sich abstrakt geben, wo sowohl die Be-

---

17 Unter dem Leitmotiv "denn sie wissen nicht, was sie sagen" (Krattinger 1985, 21) muß die "losgelöste Begrifflichkeit" (Moltmann-Wendel 1985, 39) traditioneller Theologie kritisiert und statt dessen "pragmatische Erdnähe" (ebd. 66 f; 79) anvisiert werden, um 'die Zeichen der Zeit zu sehen' (Hundrup 1984, 51) und die Fähigkeit, sinnlich, "mit dem Körper zu begreifen" (Moltmann-Wendel 1985, 82) eingeübt werden (cf. hierzu 5.3); cf. schließlich Dalys Kritik am traditionellen "Methoden- fetischismus" (Daly 1982, 25).

18 Plaskow formuliert als die zwei Hauptthesen feministischer Theologie: "first, theology, whether it recognizes it or not, is rooted in the particularities of human experience, including the theologian's ex- perience as male or female. Second, theology has in fact been rooted in *male* experience in such a way as, on the one hand, to ignore women's experience, and on the on other hand, to reinforce a very traditional conception of women's nature and role" (Plaskow Art. 1977, 14).

19 Cf. Hundrup 1984, 51; Schüssler-Fiorenza Art. 1984, 36.

20 Insbesondere ist dies natürlich ein Problem von uns Frauen in einer Männerkirche, die "einem Meer von Symbolen, Theorien und Erwartungen ausgesetzt |sind|, die sich auf *unser* Leben, auf *unsere* Beziehungen und Werte und auf *unseren* Gott beziehen, aber von Männern geformt wurden und auf eine ganz elementare Weise überhaupt *nicht unser* sind", Heyward 1986, 35; cf. Kassel 1980, 165; zur Kritik am Absolutheitsan- spruch der Systematik gegenüber der Praxis cf. Fuchs Art. 1985 d, 95.

dürfnisse als auch die Voraussetzungen, die deren Erfüllung ermöglichen,
sowie deren Bedrohungen konkret sind; und sie konstruieren Lösungen
- Spielereien im Wortfeld "Erlösung"[21] - wo Menschen, Frauen und Frauen,
Frauen und Männer, Männer und Männer,[22] bestenfalls - oder genügend? -
ein Miteinander-Suchen und -Finden erreichen können.

Dahinter mag sowohl die Ohnmacht theologischer Begrifflichkeit stehen,
die individuelle oder gesellschaftliche Realitäten nicht (mehr) abzudek-
ken vermag, als auch die Lebensferne theologischer Theoretiker.[23]
Müde und skeptisch haben Frauen/Theologinnen sich abgewandt von jenem
Denken, das um ein erhabenes "An-Sich" - mit seiner fatalen Tendenz,
Interessen und Bedürfnisse zu verschleiern - oder die hehre "Bedingung
der Möglichkeit"[24] kreist, von all den fahlen Theorien mit ihrer herz-
losen Wortakrobatik, die einem überdimensionalen "Religionsstunden-Ich"[25]
entwachsen zu sein scheint.

---

21 Cf. Heywards Vorwurf an Barths "theologische Fachsprache |als Sprache|
    ohne |erzählte| existentielle Substanz", Heyward 1986, 50; zur Kritik
    "abstrakt theologischer Theologumena" cf. Fuchs Art. 1984 a, 212.

22 Da Kinder meistens als 'noch nicht Erwachsene' angesehen werden,
    wird über eine "Theologie der Kinder" viel zu wenig nachgedacht.

23 Oder verhält es sich so, daß Erfahrungen in "Confessionen" (Augustinus
    1960) oder 'Worten gläubiger Erfahrung' (Rahner 1985) erzählt und
    in Abhandlungen als theologische Konzepte - und somit in verschiede-
    nen Textsorten und auf Kosten lebendiger glaub-würdiger Systematiken -
    verhandelt werden?

24 Cf. hierzu etwa Knauers Artikel zum Chalcedonense, der aufgrund sei-
    nes hohen Abstraktionsniveaus und seiner praktiologischen Defizite
    doch leicht vergessen läßt, daß es "in allen Glaubensaussagen |...|
    letztlich um die Gemeinschaft des Menschen mit Gott" (Knauer Art.
    1985, 1), geschweige denn um deren Erfahrung und Erfahrbarkeit geht.
    Ohne die Erdung aber sind "Aussagen über die immanente Dreifaltigkeit
    Gottes, die ja die Bedingung der Möglichkeit einer Menschwerdung des
    Sohnes" als "zu unserem Heil" darstellen sollte (ebd.1),nicht mehr einsichtig.

25 Zu dem Begriff cf. Weidmann: Durch die vielfache Realitätsferne des
    schulischen Religionsunterrichts "bildet sich |...| ein 'Religions-
    stunden-Ich' im Schüler heraus, so daß sich dieser in diesem Unter-
    richt in einer Art 'Sonderwelt' bewegt und vorgeformte, schablonen-
    hafte Antworten gibt" (Weidmann Art. 1979, 91).

13

Dies meint nun nicht eine grundsätzliche Weigerung zu denken oder notwendigen und begrüßenswerten ideengeschichtlichen Fortschritten Achtung
zu zollen, sondern hier artikuliert sich ein ungeduldiges Mißtrauen
gegenüber bestimmten Denkformen, gegenüber Versuchen, Gott als Freiheit zu
denken[26], wo Freiheit nicht erfahrbar wird (s. 1.2.2. (1)) und kaum je-
mand zu wissen scheint, wie sie dem/der anderen einzuräumen sei (und
das ist sie doch, die Freiheit: immer die Freiheit der anderen)[27]; mißtrauisch gegen Unternehmungen durch "trinitarischen Patripassianismus
den theologischen Patriarchalismus" überwinden zu wollen[28], solange Frauen
mehr oder weniger ein kirchliches und theologisches Schattendasein führen; oder mißtrauisch gegen jene schwerfällig-gewichtige rhetorische
Gebärde vom "herr-schaftsfreien"[29] - und zugleich Frauen ausschließenden[30] -
"Dialog", (als ob nicht alle die Sehnsucht hätten, das sagen zu können,
was sie meinen und fühlen), den so denkbar wenige zu realisieren sich
der Mühe unterziehen, weil er, wortlos, Falten in Gesichter, Gedanken
und Herzen gräbt oder zu anderen Arten von Texten veranlaßt.

---

26 Cf. Krings Art. 1977, 225-237; natürlich soll damit Krings nicht
   unterstellt werden, daß er Frauen keine Freiheit einräumen wolle;
   jedoch die abstrakt-philosophischen Formulierungen von Freiheit ver-
   decken die spezifischen Unfreiheiten der Frauen in der abendländischen
   Kultur und wirken dadurch eher kontraeffektiv.

27 So Luxemburg (Raddatz Art. 1986, 19); cf. Krings Art. 1977, 233.

28 Moltmann Art. 1981, 209.

29 Es gehört zu den eindrücklichsten Erinnerungen meines Studiums, wie
   ein Student eine nicht gleich ins Thema einsichtige Kommilitonin
   anschrie, daß es schließlich darum ginge, den "herrschaftsfreien
   Dialog" zu wahren.

30 Cf. hierzu etwa Daly bezüglich der Abtreibungsdebatte: "In Podiums-
   gesprächen |...| über Religion und Abtreibung habe ich oft folgende
   statistische Angabe angeführt: Hundert Prozent der Bischöfe, die
   sich der Aufhebung der Abtreibungsparagraphen widersetzen, sind Männer, und hundert Prozent der Menschen, die abtreiben lassen, sind
   Frauen. |...| Die Tatsache, daß die wichtigsten ethischen Studien über
   das Abtreibungsproblem, |...|, von Männern gemacht wurden, ist an sich
   schon symptomatisch für die Unterdrückte Stellung der Frau" (Daly
   1982, 126 f).

1.2.2 Zum Ausgangspunkt feministischer Theologie: Biographien, Erfahrungen und Wahrnehmungen von Frauen als Bestandteile feministisch-theologischen Arbeitens

Dem hier Skizzierten gegenüber hat sich mittlerweile - gegen den 2000jährigen männlichen Monolog[31] (Halkes Art. 1980 a, 292; cf. Goldstein Art. 1978, 152), in dem Frauen sich und ihre Erfahrungen nicht entdecken können,[32] mit feministischer Theologie eine Art des Theologie-Betreibens etabliert, die ich im Folgenden als "Diskurs der Nähe" charakterisieren möchte und den ich mit Plaskow als für notwendig in die Vielzahl theologischer Diskurse einzubringen halte[33].

----

31 Cf. Rentmeisters Kritik an unserer Kulturgeschichte, die sich kaum anders denn als "männliche Genealogie" lesen läßt und in der Frauen bewußt oder unbewußt, gewollt oder ungewollt selten etwas anderes als eine "'geistige Hosenrolle'" spielen (Rentmeister 1985, 16, 23).

32 Hier zu erwähnen ist beispielsweise Goldsteins für die feministische Theologie einschneidender Artikel, 1960 erstmals publiziert, in dem sie zeigte, daß schwerlich der Sündenbegriff der damals aktuellen Theologie (Niebuhr, Nygren), der mit Begriffen wie 'Stolz' oder 'Macht-streben' umschrieben werden" konnte, auf Frauen zu applizieren war, deren Sünde sie eher mit "Unterentwicklung oder Negation des Ichs" beschrieben wissen wollte (Goldstein Art. 1978, 152, 167; cf. Plaskow Art. 1977, 24); und auch auf Plaskows Dissertation ist hier zu verweisen, in der sie sich mit Niebuhrs und Tillichs Sünden- und Gnaden-begriff aus feministischer Perspektive auseinandersetzt (Plaskow 1975, 99, 170, 178, 211 f); zur feministischen Kritik an Barth cf. Arnold Art. 1974, 70 f; cf. Hundrup 1984, 127; Moltmann-Wendel 1985, 160, 168; Sölle Art. 1983, 203; cf. auch die undifferenziert Männer und Frauen zur Umkehr rufende Theologie von Fuchs (Fuchs Art. 1984 a, 236; ders. Art. 1983 c, 420-424). Eine ähnliche Problematik hat sich mittlerweile auch in der Psychologie abgezeichnet. Feministische Psychologinnen, die sich z. T. durch die signifikante Zugehörigkeit zur empirischen (!) Psychologie von herkömmlichen Richtungen abzeichnen, entdecken Frauen-Neuland und finden damit kaum Eingang in die üblichen psychologischen Diskurs, cf. Parlee Art. 1982, 24, 246 f; Jannsen-Jurreit 1985, 490; Sherman/ Beck 1975, 93-133 sowie besonders die Untersuchungen von Gilligan zur "anderen Stimme", Gilligan 1982; zur parallelen Erscheinung in der Soziologie s. 5.1.1.

33 "Feminist theology believes that the neglected experience of half the human race can and must become a source of theological insight, and so it uses women's experience, in all its particularity, as a theological norm" (Plaskow Art. 1977, 25).

Kennzeichnend für diesen Diskurs ist, daß versucht wird, das Verhandelte in der Nähe der erfahrenen Wirklichkeit zu belassen, indem die theologischen Subjekte greifbar bleiben und ihre Ziele, Visionen sowie ihre
Methoden und Quellen konkretisiert werden; insofern zeichnet sich der
Diskurs der Nähe durch Authentizität[34] und ein 'gerüttelt Maß' an Redlichkeit aus.

Zum ersten: Auf die Frage nach dem Ausgangspunkt feministischer Theologie
stößt man/frau unweigerlich auf Frauen-Biographien, Erfahrungen und Wahrnehmungen von Frauen und damit auf vielfältige Aspekte individueller,
alltäglicher[35], gesellschaftlicher und ökologischer Wirklichkeit[36], woraus
nicht zuletzt die zeitweilige Emotionalität dieses Diskurses - für deren
wesentliche Kategorien ich "Empathie" und "Zorn"[37] halte - und schließlich auch dessen Hilflosigkeit[38] resultiert (1).

---

34 Cf. hierzu Krückebergs Ausführungen zu Kosik, in denen "authentische
   Selbstverwirklichung" durch "das Instrument der dialektischen Vernunft, 'die die Wirklichkeit nicht nur vernünftig erkennen, sondern
   vor allem vernünftig gestalten will'" als realisierbar erscheint.
   Aus feministischer Perspektive ist dieser Gedanke durch die Kategorien der Intuition und des Gefühls zu erweitern (s. Anm. 98; Krückeberg Art. 1971, 693); cf. Fuchs Art. 1984 a, 213.

35 Cf. Rentmeisters Ausführungen zur "Kulturgeschichte":
   "Eine im weiblichen Interesse forschende Kulturgeschichte deckt die
   weiblichen Anteile in den patriarchalen Gesellschaften auf. Sie ist
   die Geschichte der Sitten, des Rechts, der Kleidung und Körpersprache,
   der Symbole wie der Ökonomie, die Geschichte des Festfeierns, der
   Zeremonien und Rituale, wie auch der Verrichtungen und Gestaltungen
   des *Alltags*", Rentmeister 1985, 29; cf. Meyer-Wilmes 1979, 183; cf.
   Friedan 1982, 44; Fuchs Art. 1984 a, 217.

36 Cf. abermals Rentmeister: "Kulturforschung im weiblichen Interesse
   stellt die Fragen aus den eigenen Lebenszusammenhängen und sucht
   für ungelöste Probleme Antworten, die in die eigene Lebenspraxis
   integriert werden können; dies ist auch seit mehr als fünfzehn Jahren Erkenntnismethode der feministischen Wissenschaft." Rentmeister
   1985, 28.

37 Cf. Kaplow Art. 1974; Mitscherlich 1987; cf. auch bes. Kap. 3.3.2
   bezgl. des jesuanischen Zorns.

38 Hilflos sind jene, denen nicht nur "ihre" Hälfte der Erde und des
   Himmels (cf. Rieger Art. 1984, 124), sondern auch

Aus dem Ausgangpunkt feministisch-theologischen Arbeitens ergibt sich
sehr unmittelbar seine Zielsetzung (2). Und auch dies ist ein Merkmal
des zitierten Diskurses: Sowenig wie ein tradiertes theoretisches Offenba-
rungskonstrukt Ausgangspunkt des Denkens ist, so wenig ist die feministische
Theologie bereit, ihre Utopien von der Realität abzutrennen, ihr Ziel in Begriffen wie dem vom "endzeitlichen Heil" oder in abstrakt konstruierten Kom-
binationen theologischer Begriffe - bar aller Wirklichkeit und Wirklich-
keitserfahrung - zu suchen.[39]
Als "kritisches Prinzip" feministischer Theologie gilt vielmehr - zumindest vorläufig - das "volle Menschsein der Frauen" (Ruether 1985,
36), und dies zieht wesentlich auch eine Kirchen- und Religionskritik
nach sich, da Kirche und Religion die Unterdrückung der Frau jahrhundertelang (mit-) verursachte und/oder sanktionierte (Schüssler-Fiorenza
Art. 1984, 35; Russel 1974, 19; Ruether 1974, 9; Moltmann-Wendel 1985,
41; Meyer-Wilmes 1979, 93-103). Was hierzu einen Beitrag leistet, kann
Bestandteil des Befreiungs-Diskurses[40] werden, so insbesondere die Kritik und ein sinnvolles in-Beziehung-Setzen der in Biographie und Umwelt
entdeckten extremen Dichotomisierungen von "Erdling" - Gott, Individuum -
Gesellschaft, Mensch - Kosmos, Körper - Geist, "männlich - weiblich",
die insbesondere auf Kosten der Menschenwürde der Frauen gehen (s. 2.3.1
(3); s. auch 5.3.1), weswegen die Kategorie des "Dualismus" zur dominanten Kategorie der feministischen Kritik wurde[41], im Folgenden rekurrent

---

ihr Anteil Geschichte und Traditionen (s. (2)), Methoden, Sprache und gesellschaftlicher sowie kirchlicher Macht (cf.
Meyer Art. 1985) vorenthalten wurde.

39 So propagiert etwa Ruether gläubigen "Agnostizismus" gegenüber allem,
was Sterben noch einschließen wird, Ruether 1985, 305; s. 5.3.2 (3).

40 Zur feministischen Theologie als "Befreiungstheologie" cf. Halkes
Art. 1980a,295; cf. Heyward 1986, 227; Hundrup 1984, 5; Rieger Art.
1983; Sölle Art. 1983, 197 ff; s. bes. 5.1.

41 S. Kap. 2; s. bes. Ruethers Ansatz (Ruether Art. 1982,
215, 230); Christ 1980, 8, 24 f; Heyward 1984, 16; dies. 1986, 63;
Morton Art. 1984, 202; O'Connor Art. 1985, 278 ff; Carr Art. 1980,
117 f; Krattinger 1985, 73; Moltmann-Wendel 1985, 17, 23, 27 f, 77
f, 141 ff; Hundrup 1984, 27 f; Wilson-Kastner 1983, 28; Halkes Art.
1978, 187; zum Verhältnis weiblicher Spiritualität und der Aufhebung
der Dichotomien cf. Weaver/Davis Art. 1978, 18.

sein wird und am Schluß (9.1) explizit als zusammenfassende Kategorie
aufgegriffen werden soll. Mittels des genannten Prinzips erfolgt ferner
auch die Wahl der orthodoxen und unorthodoxen Traditionen und Methoden
feministischer Theologie. Dies ist der Teil eines dritten Punktes, der
sich auch mit der Sprache des Diskurses beschäftigt (3).

Versteht man/frau unter "Hermeneutik" jenes Wechselspiel von Daseins-
und Textauslegung sowie Lebensgestaltung,so wird als weiteres Merkmal
des Diskurses der Nähe eine auffällige Verschiebung erkennbar, und zwar
eine Verschiebung[42] in der Wertigkeit von den Texten (Bibel, Tradition)
hin zu deren Rezipientinnen und ihrem Vertrauen auf eine authentische
Wir-Erfahrung (s. Kap. 2):[43] Letztere erhalten zunehmend stärkere Bedeutung, während Texte und Traditionen ihres (oft irrationalen) Autoritäts-
anspruches enthoben werden.

(1) Biographien als Bestandteil feministisch-theologischen Arbeitens

> "Wen vertrete ich eigentlich? Als Frau mit einer bourgeoisen Vergan-
> genheit und einer privilegierten Position?" (Meulenbelt 1979, 14)

Der oft "scheinobjektiv"-sachlichen, männlichen, weißen Theologie[44] steht
das Bemühen feministischer Publikationen gegenüber, das Subjekt theologischer Reflexion nicht im Verborgenen zu lassen.
"Wen vertrete ich eigentlich?" - diese Frage steht in Meulenbelts "persönlicher
Erzählung" "Die Scham ist vorbei", und sie prägt auch die Ausführungen
feministischer Theologinnen. Diese, zumeist privilegierte weiße Frauen,
die in der sog. "Ersten Welt" Karriere machen konnten, "Töchter aus
gutem Hause" zumeist, beginnen die Reflexion von Dasein und Tra-

---

42 Cf. Ebeling 1975, 3.

43 Cf. Krattinger 1985, 73; Moltmann-Wendel 1985, 27 f, 77 f, 141 ff;
Ruether/Bianchi 1976, 150, 17, 23; Hundrup 1984, 27 f; Halkes Art.
1981, 295.

44 Als m.E. sehr einsichtiges Beispiel für diese kleine Polemik kann
Sillers Beitrag (Siller Art. 1984, 187-208) angeführt werden, der
einen ganzen Aufsatz lang postuliert, 'biographische Elemente in
kirchliches Handeln' einzubringen, aber dies in keiner einzigen
biographischen Notiz selbst vollzieht; cf. hingegen positiv Alves
Art. 1979.

18

dition[45] mit dem Blick auf die eigene Existenz, und sie fragen sich,
in welchem Verhältnis sie zu den unterdrückten Frauen anderer Rassen
und Klassen stehen:

> "Die Zusammenhänge, in denen Frauen leben, und ihre dabei gemachten
> Erfahrungen sind untereinander sehr verschieden. Selbst in den klei-
> nen Niederlanden kann ich als weiße, dem Mittelstand angehörende
> intellektuelle Frau, die in einer kapitalistischen Gesellschaft lebt,
> nicht sprechen im Namen meiner Schwestern aus dem auch heute immer
> noch bestehenden Proletariat, selbst nicht im Namen derjenigen Arbeits-
> welt schlechthin, auch nicht namens der Prostituierten, der Surina-
> merinnen, der Frauen von Gastarbeitern, ganz abgesehen davon, daß
> ich es wage, mich zu vergleichen mit den farbigen Frauen aus der
> Dritten Welt, die ihren Kampf für ihre Klasse und/oder ihre Rasse
> noch zusammen mit Männern führen und vielleicht selbst Mühe haben,
> in uns ihre Schwestern zu sehen, weil wir in Luxus leben und in Struk-
> turen, die ihre Unterdrückung aufrecht erhalten." (Halkes Art. 1980 a,
> 293 f; cf. Mies Art. 1984, 176 f).

Biographien[46] werden zu integralen Bestandteilen von theologischen Texten und Ansätzen, Leser/innen erfahren von Ausbildungen, Familien, Lebensgemeinschaften, Karrieren, Kindern, Arbeitsstellen, religiösen Erfahrungen
und Entscheidungen, - Ende einer Theologie im biographischen Niemands-
land![47] - wodurch sich zum Teil auch das breite Spektrum feministischer
Theologie erklärt.

---

45 Für viele feministische Theologinnen ist dies die christliche Tradition; sie erfährt eine besondere Gewichtung: Vorgegeben durch Biographien, ein Hineingeboren- und Hineinsozialisiert-Sein in christliche Erfahrungsbereiche, wird diese durch Reflexionen immer differenzierter ihr eigen oder abgestoßen.

46 Cf. auch Maaßens Beitrag zur Biographieforschung (Maaßen Art. 1985,
24-28).

47 Cf. Russel 1979, 13; Sölle Art. 1982, 149; Goldstein Art. 1978, 152;
Heyward beispielsweise erklärt, sie komme aus "der oberen Mittelklas-
se", konnte durch diese "ökonomischen Privilegien und Wahlmöglichkei-
ten" profitieren, studieren, Karriere machen und ist jetzt "Pfarrerin
der Episcopal Church" (Heyward 1986, 15-18).
Schüssler-Fiorenza informiert über die US-amerikanische universitäre
feministische Theologie (Schüssler-Fiorenza Art. 1979; cf. dies.
Art. 1987); Halkes schreibt von ihrer Anstellung an der theologischen
Fakultät der Universität Nijmegen; Sölle erzählt von ihren Seminaren
(Sölle 1986, 60 f), und auch sie von ihren Eltern als "hochgebildete
Angehörige der deutschen Mittelklasse" (ebd. 14); Lebensgemeinschaften
rücken ins Blickfeld:

Bestandteile von Biographien sind natürlich ferner Kirche und theologischer Wissenschaftsbetrieb - die die Position der Verhinderung beruflicher und persönlicher Entfaltungsmöglichkeiten von Frauen[48] besonders
deutlich machen - und so wird auch die Auseinandersetzung mit diesen
Teil des genannten Diskurses. Unmöglich erscheint es, von den hier alltäglichen Formen der Diskriminierung und Unterdrückung - die schließlich auch das tägliche Arbeiten feministischer Theologinnen belasten,

_____

> "Anders als die meisten Feministinnen und Christinnen spreche ich
> auch als Lesbe, denn ich habe Ermutigung und Kraft am meisten
> in der Gemeinschaft von Frauen gefunden. Liebe und Partnerschaft
> finde ich zuerst in der Bindung an eine andere Frau. Ich erkläre
> dies, weil ich glaube, daß ich so offen wie möglich über meine
> tiefste Quelle menschlicher Liebe und Freundschaft spechen soll-
> te",
>
> schreibt Heyward (Heyward 1986, 17). Auch ist hier Raum für die Ent-
> faltung eines christlich-theologischen Selbstverständnisses: "Ich
> spreche als Geistliche, als Mensch, der die besondere Aufgabe hat,
> etwas von dem menschlichen und dem göttlichen Wesen, das wir alle
> teilen, anschaulich zu machen", so wieder Heyward (1986, 17) und
> ferner:
>
> "Im Frühjahr 1971, |...|, wurde ich 'wiedergeboren'. Die Kraft
> des Heiligen Geistes zwang mich, meine Augen weit für die Bewe-
> gung Gottes in meinem Leben zu öffnen. Ich erkannte die Bewegung
> Gottes aber auch in der ganzen menschlichen Geschichte und im
> Leben von Menschen, die inspiriert und erleuchtet wurden und
> denen zu Bewußtsein kam, daß nach dem Willen Gottes _alle_ Frauen
> und Männer wahrhaftig gleich geschaffen sind." (Ebd. 16, cf.
> 49, 132; cf. Sölle 1986, 16 f);
>
> und auch "das Ausmaß unserer eigenen Gebrochenheit und Teilhabe an
> der Sünde der Leiblosigkeit, Selbstsucht und Arroganz" (Heyward 1986,
> 17) wird eingestanden.

48 Ich umgehe hier bewußt den Ausdruck "Unterdrückung", da ich die
ökonomischen, bildungsmäßigen und rhethorischen Vorteile sowie den
Vorsprung an (physischer) Gewaltfreiheit gegenüber all jenen, die
keine Nahrung, keine Kleidung, keine Wohnung, überhaupt keine politische Macht sowie das Recht auf physische Unversehrtheit oder
schließlich die Möglichkeit, sich ihrer selbst zu vergewissern,
nicht verwischen will.

hemmen, verunmöglichen - abzusehen.[49]

Sowohl in den Sturkturen der Kirche - Stichwort: "Ordinierung"[50] -, die

eigentlich eine Frauenkirche ist[51], als auch in ihrer Liturgie[52] ist

kein Raum für Frauen. So stellt sich die Frage:

> "Wie werden Frauen dazu aufgerufen, ihr Dasein in einem größeren Zu-
> sammenhang zu feiern, wenn sie nie das Gefühl haben, sich wiederzu-
> erkennen, wenn sie die Namen ihrer Vormütter nie hören, wenn sie
> ohne Stimme und ohne Gesicht bleiben, ohne Spiegelbild?" (Halkes
> 1985, 57)

Die Zahl der katholischen theologischen Professorinnen in der BRD kann

man/frau an einer halben Hand abzählen, und als Thema wird (theologischer)

---

49 Cf. Christ: "I began to realize that I was an anormaly in a man's
world" (Christ 1980, X), und:
"My colleagues and professors saw me as charming and though they
were delighted to have a young woman around, few seemed to expect
I would complete my studies. My comments in classes were often
ignored, and when I talked about my favorite theologian, Martin
Buber, I was told he was a 'poet', not a theologian |...|" (ebd.
X, XI);
Wöller schreibt:
"Ich komme in der Theologie nicht vor" und: "Unvermittelt blieben
Theologie und Leben nebeneinander stehen, in mir selbst" (Wöller
Art. 1983, 175 f);
ferner Agudelo Art. 1982:
"Es gibt eine große Anzahl von Frauen, die in der Kirche die fru-
strierende Erfahrung mit etwas machen, von dem ich nicht weiß,
ob ich es 'unverantwortliche Autorität' oder 'Verantwortung ohne
Autorität' nennen soll." (Agudelo Art. 1982, 181);
cf. Hundrup 1984, 43, 46; Visser't Hooft Art. 1982, 74; cf. schließlich demgegenüber auch Heyward 1986, 118.

50 Cf. Halkes 1985, 9, 72; Krattinger 1985, 102-165; Maaßen/Schaumberger
Art. 1984, 203; Schüssler-Fiorenza Art. 1978, 292; Raming Art. 1980,
233 f; Gössmann 1981, 104-112; Heyward 1984, 6 ff, 13, 17; Agudelo
Art. 1982, 180; 110; Meyer-Wilmes 1979, 195-203; Kassel 1980, 166;
Rahner Art. 1977, 291-301; Christenrechte in der Kirche e. V. (Hg.)
1987; Bengs Art. 1984, 28-31.

51 Cf. Maaßen/Schaumberger Art. 1984: "den größten Teil der praktischen
Gemeindearbeit leisten Frauen" (Maaßen/Schaumberger Art. 1984, 203 f),
und dies entspricht der gesamtgesellschaftlichen Arbeitsteilung, cf.
Moltmann-Wendel 1985, 77.

52 Halkes Art. 1980, 294; Krattinger 1985, 67; Küng Art. 1982, 188;
Alcalá Art. 1980, 285.

Feminismus gerade so "geduldet", um Frauen "nun mit umso ruhigerem
Gewissen |...| aus den anderen Themen ausschließen und dort vergessen
zu können" (Maaßen/Schaumberger Art. 1984, 219). Theologinnen haben
ebensowenig "einflußreiche Positionen in angesehenen Institutionen" in-
ne, wie sie in das weitere "Informationsnetz männlich-professoraler Theologie" - von Publikationen bis zu Rezensionen - einzudringen vermögen,
- und das schreibt Schüssler-Fiorenza über die immerhin noch als progres-
siv geltenden Zustände in den USA! (Schüssler-Fiorenza Art. 1979, 290;
cf. dies. Art. 1988, 11; Müller Art. 1979, 25, dies. 1987).
Ganz abgesehen von den alltäglichen Belästigungen durch die "Rollenunsi-
cherheit" im Kreise jener "akademisch-klerikalen 'Bundesbrüderschaft',
über die Schüssler-Fiorenza schreibt:

"Männer, Studenten wie Professoren, wissen sich nur selten gegenüber
Akademikerinnen und Wissenschaftlerinnen zu benehmen. Sie fallen
deshalb auf Formen traditioneller Etikette zurück, die die gesellschaftlichen Beziehungen zwischen Frauen und Männern regelt. Frauen
werden oft wie lebenslängliche Töchter behandelt, die von der väterlichen Autorität und dem Wohlwollen ihrer Lehrer abhängig bleiben,
als Sekretärinnen, Haushälterinnen, oder wissenschaftliche Assistentin-
nen, als fürsorgliche Mutter-Figuren, aggressive Mann-Weiber oder
als hübsche, verführerische Körper. Männer wissen jedoch fast nie,
zu Frauen als interessanten Kolleginnen oder wissenschaftlichen Ex-
perten sachliche Beziehungen herzustellen" (Schüssler-Fiorenza Art.
1978, 291).

Als "Sitz im Leben" dieser Frauen kann dann aber auch der weltweite und
besonders der christliche Feminismus genannt werden: "Die Befreiung der
Frauen brachte mich zum Kern des christlichen Glaubens" (Heyward 1986,
16).
Was "Feminismus" sei, dafür gibt es viele Definitionen. Ich möchte mich
hier auf das für die folgenden Ausführungen Nötige beschränken: Gegenüber
der "Frauenemanzipation", die 'gleiche Rechte, gleiche Pflichten' und
die "Einfügung in die bestehenden Strukturen" anstrebt[53], meint der Begriff "Feminismus" den Kampf "für eine kritische Neubewertung der herr-
schenden Werte und Normen sowie für eine Aufwertung dessen |...|, was bis-

---

53 Cf. Halkes Art. 1980, 299; Smith Art. 1985, 241; Ruether Art. 1978,
   201.

her als unverbindliche und 'private' Qualität betrachtet wurde" (Halkes Art. 1978, 189; s. etwa die Elemente des "weiblichen Arbeitsvermögens" in 5.2). Voraussetzung dafür ist ein Prozeß der Loslösung[54] aus der herr-schenden Kultur, der der Selbstfindung, Individuation, Autonomie[55] dient und von der aus Frauen sowohl alle ideologische und praktische Frauendiffamierung, ihre eigene 'Unsichtbarmachung' (Hundrup 1984, 2) als auch alle anderen Formen von Unterdrückung angehen können: Als die "ältesten Unterdrückten" kämpfen Feministinnen für "die völlige Abschaffung des Modells Herrschaft und Unterdrückung" (Ruether Art. 1978, 200 f)[56].

"Feministisch" kann dann folgendermaßen definiert werden:

> "'feministisch', das meint den Weg von Frauen,[57] sich selber und die ganze Welt mit ihren eigenen Augen, aufgrund ihrer Erfahrungen und Gedanken zu erleben, zu sehen, zu verstehen, zu deuten und zu gestalten. 'Feministisch' meint darum nicht so sehr einzelne und fest bestimmte Inhalte, es zielt auf die Urheberinnenschaft: von und durch und aus Frauen." (Krattinger 1985, 77)[58]

Und Feministische Theologie ist dann "nichts mehr und nichts weniger" als daß dies mit und in Gott zu sehen, zu erleben und wahrzunehmen, oder daß Gott immer wieder in diesen Wahrnehmungen erscheint, insofern in den Erfahrungen, die wir machen und in all den Geschichten unseres Lebens

---

54 Cf. Raymond Art. 1974, 169; Heyward 1986, 35 ff.

55 Cf. Hundrup 1984, 27; Moltmann-Wendel 1985, 25, 37, 73; Krattinger 1985, 96, 98; cf. Stefan: "Der Mensch meines Lebens bin ich" (Stefan 1984, 124).

56 Cf. Moltmann-Wendel 1985, 16, 25; Heyward, 21-29, 33, 113; Pusch Art. 1983, 9-17; Richards Art. 1983, 18-32; s. Kap. 1.2.3.

57 Natürlich gibt es nicht "die Frau/en"; aber solange es offensichtlich Unterschiede zwischen weiblichem und männlichem Menschsein gibt, bedürfen Feministinnen und feministische Theologinnen solcher Kategorien, cf. Halkes Art. 1980, 293; Hundrup 1984, 17.

58 Cf. Plaskows Definition von feministischer Theologie: "|...| feminist theology is precisely insofar as it bases itself on women's -- feminist -- experience" (Plaskow Art. 1977, 26).

noch eine Tür ist und hinter dieser sich andere Dimensionen auftun, Dimensionen einer größeren Verwobenheit der einzelnen Wahrnehmungen, einer tieferen Verbundenheit in Hinblick auf Menschen und Natur, Zeiten und Orte, Dimensionen eines radikaleren Willens zur Friedlichkeit der Wege und Ziele und einem Minimum, einer Spur mehr - oder einer anderen Art - von Gelassenheit, in der Welt zu sein.[59]

(2) Erfahrungen[60] von Frauen als Bestandteil feministisch-theologischen Arbeitens

Entsprechend dem bereits erwähnten Postulat, daß alle Theologie nur erfahrungsbezogen sein könne (s. 1.2.1, Anm. 18), werden Frauenerfahrungen, jene 'furchtlosen Partisanen' ("unabashedly partisan"),Collins 1974, 43; cf. Plaskow Art. 1977, 28), zum Bestandteil des Diskurses der Nähe: "Al-

---

59 Gemeinhin wird diese Erfahrung als "Indikativ" bezeichnet, cf. Fuchs
    Art. 1983 c, 427; ders. Art. 1984 b, 259; ders. Art. 1984 a, 225;
    ders. Art. 1986, 216; zu den radikaleren Anteilen der religiösen
    Erfahrung cf. Ebeling 1975, 20.

60 Cf. hierzu auch Ebelings Beitrag (Ebeling 1975, 3-28), in dem die
    Erfahrung als theologische Grundkategorie zwar thematisiert, jedoch
    nur in Bezug auf Erfahrungswissenschaften (4), theologiegeschichtlich
    (Augustinus, Luther; ebd. 7 ff), und formal (die Erfahrung des einzel-
    nen unter dem Stichwort des "Zeugen" und des "Pilgers"; "Problemstruk-
    turen" der Erfahrung; profane vs. religiöse Erfahrung; ebd. 7, 16 ff,
    20) verhandelt wird; von eigenen Erfahrungen erzählt wird auch hier
    nicht. Die "Einkehr in unsere Situation" (ebd. 16) und die Bindung
    der Gotteserfahrung an die Welterfahrung (ebd. 22) erscheint somit
    einmal mehr eher abstrakt und postulatorisch als nachvollziehbar
    vollzogen und mitgeteilt und in ihrer sozialisierten Geschlechtsspe-
    zifik (cf. 2.3.1; 3.2.2) erkannt. Und darüber hinaus erscheint mir
    seine Problematisierung der Erfahrung (ebd. 5, 16) eher eine Schwie-
    rigkeit männlicher Theorie denn der weiblichen Praxis zu sein, da
    es eben weniger darum geht, 'etwas Klares zu sagen' (ebd. 16) als
    vielmehr Frauen (Menschen) durch textliches und außertextliches Han-
    deln lebensfähiger werden zu lassen; zur Bedeutung der Erfahrung
    für die Theologie cf. Fuchs Art. 1985 c, 227.

les Wissen gründet auf menschlicher Erfahrung und auf unserer Reflexion dieser Erfahrung" (Heyward 1986, 48).[61]

Feministische Theologie ist daher - so wie die feministische Bewegung "persönliche Geschichten" (Meulenbelt 1979) oder "persönliche Vorworte" (Halkes 1985, 9) kennt - immer in gewissem Sinne "persönliche Theologie", selbst in ihren systematischen Ansätzen wie dem Heywards. (Eine Erfahrung, die feministischer Theologie zentral zugrunde liegt, nämlich die auf andere Frauen, auf Gesellschaft, Natur, ihre Körperlichkeit und Gott bezogene relationale Selbstwerdung, soll in 2.3 behandelt werden.)

Das mag auf den ersten Blick Skepsis und Zweifel erwecken: Welche Bedeutung kann eine derartige Theologie für eine breitere Adressatengruppe dann haben?

Bezüglich der "Universalisierbarkeit"[62] aber verweist Heyward darauf, daß diese u. a. in der Dialogbereitschaft und Offenheit des/der Theologen/in, der/die jene Erfahrungen macht, begründet ist[63]; während nach

---

61 Die genuin theologische Qualität der Erfahrungen von Frauen nicht ernst zu nehmen, hieße einmal mehr "das Sakrament der Erfahrung Firmung |als| ein großangelegtes liturgisches Täuschungsmanöver" voranzutreiben (Fuchs Art. 1986, 221) vorantreiben will sagen, die Firmung der Frauen überhaupt nicht ernst zu nehmen; entsprechend selektiv ist meine Arbeit auch bezüglich der Publikationen von Frauen: Texte, in denen Erfahrungen nicht mehr einsehbar versprachlicht den Ausgangspunkt darstellen (Mulack 1984, s. bes. 9, 11 f; Weiler 1986) habe ich hier nicht rezipiert; bez. der Einschätzung der Erfahrung in der feministischen Sozialwissenschaft cf. Mies Art. 1984, 181; Westkott Art. 1982, 265.

62 Collins 1974, 44; Plaskow Art. 1977, 30 f.

63 "Good, constructive theology is done in the praxis of concrete situations, in which the doers of theology speak for and about themselves rather than for and about others or humanity in general by attempting to universalize their experiences of what is true or good. Does this mean that theology cannot represent the life experience or faith commitments or values of anyone except the person or persons who are doing it? Not at all. It does mean that the universality in a given theological undertaking is rooted *both* in the depth and integrity of the particular experiences of God that it unfolds *and* in the openness and desire on the part of the theologian(s) for dialogue, sharing, new insights, and changes in perceptions and systems", Heyward 1984, 223 f.

Plaskow darauf zu achten ist, die Relativität der eigenen Erfahrungen stets im Auge zu behalten.[64]

Ein Argument liefert ferner auch Collins: Für sie scheint die Wahrheit paradigmatisch im Detail auf:

"Feminist theology in relation to the universal is rather like the good novel or drama, whose characters shine with the spark of human recognition, not because the author set out to create an *Everyman*, but because she described particular human lives." (Collins 1974, 44)

Dialogbereitschaft, Einsicht in die Begrenztheit aber auch den exemplarischen Charakter der eigenen Erfahrungswelt sind die Instanzen der feministischen Entgrenzung persönlicher Einsichten (wodurch es auch möglich und legitim ist, die im zweiten Kapitel beschriebenen Erfahrungen der Frauen im dritten Kapitel in eine allgemeinere Systematik überzuführen, ohne daß dabei ein Absolutheitsanspruch erhoben werden soll).

Im Grunde unterscheidet sich das hier gewählte Vorgehen gar nicht so beträchtlich von anderen theologischen Anstrengungen, wie man zunächst meinen möchte, nur wird dort häufig nicht eingestanden oder bewußt gemacht, daß persönliche Erfahrungen entscheidend waren; denn ein "Ich" kommt in diesen theologischen Diskursen gar nicht vor. Hierbei handelt es sich jedoch um eine "Scheinobjektivität"[65], die von feministischer Theologie kritisch befragt wird:

"Der Einsatz der Frauenerfahrung in der Feministischen Theologie erweist sich als machtvolle Kritik, die die klassische Theologie samt ihren festgeschriebenen Traditionen als eine Theologie entlarvt, die

---

64 "Of course, in absolutizing particular experiences, feminist theology fails to say and mean what it is asking male theologians to say and mean, namely: 'This is *some* people's experience'; 'this is *an* image'; 'this is *one* way of looking at things'" (Plaskow Art. 1977, 27). Nicht zuletzt in diesem Sinne werden in 2.3.2 die Erfahrungen, die 2.3.1 behandelt, kritisch reflektiert.

65 Cf. bes. Ruether 1985, 30.

auf *männlicher* und nicht auf allgemeinmenschlicher Erfahrung beruht." (Ruether 1985, 30; cf. bes. 3.2.1)[66]

Und in diesem Zitat wird bereits deutlich, warum für (theologische) Feministinnen Erfahrungen von solch großer Bedeutung sind: Erfahrungen
gilt es nämlich insbesondere deswegen zu beachten, da sie - wie das Kap.
5.1 zu zeigen versucht- einen zutiefst gesellschaftspolitischen Charakter haben:

> "|...|, while exploration of women's experience undoubtedly has its
> intrinsic importance, feminist theology uses such exploration as
> a vehicle for social change. It cannot be content to say, 'these
> are some aspects of women's experiences, and then live and let li-
> ve. To reconstruct the hidden history of women is to imagine a dif-
> ferent social order -- and to judge those persons and forces which
> stand in the way of its implementation." (Plaskow Art. 1977, 29).

Und nur solche dann explizit gemachten Erfahrungen (s. Kap. 2 bis 5)
- Erfahrungen der Unterdrückung und des Scheiterns und der Befreiung -
machen sensibel für und dialogfähig mit den Erfahrungen des Verlierens
und des sich im Verlieren aufrecht Haltens (s. Kap. 8).

(3)   Wahrnehmungen[67] von Frauen als Bestandteil feministisch-theologi-
      schen Arbeitens

Referieren die Kategorien "Biographie" und "Erfahrung" vorrangig auf
die persönlichen Erfahrungen der Theologinnen, so wird mit der dritten

---

66 Doch wo viel Schatten ist, ist manchmal auch ein freundiches, warmes
    Licht. Von ganz persönlichen Erzählungen erzählt beispielsweise Fuchs
    (Fuchs Art. 1985 a, 38 f) und die zunehmende Radikalität seiner
    theologischen Position wird aus eben diesen verständlich.

67 Cf. hierzu, zunächst unabhängig davon, ob er selbst seine Postulate
    einlöste, Feuerbachs Kritik an jener Theologie, die "den Gänsekiel
    für das einzige entsprechende Offenbarungsorgan der Wahrheit hält
    |...|, den Gedanken der Sache mit der Sache selbst identifiziert,
    um so die wirkliche Existenz durch den Kanal der Schreibfeder auf
    eine papierene Existenz zu reduzieren": "Ich verwerfe überhaupt un-
    bedingt die *absolute, die immaterielle,*die *mit sich selbst zufriedene*

Kategorie der Blick wieder auf die weitere Umwelt gelenkt:

"In expanding on the ramifications of particular experiences --
as it |feminist theology| inevitably will -- it must neither lose
touch with these experiences nor cease to hear the balancing voi-
ces of the experiences of others. What feminist theology has to
teach theology, in other words, is how to be bold with ears open.
And it will best teach this by finding such a delicate balance itself" (Plaskow Art. 1977, 31).

Wie tatsächlich versucht wird, diese schwierige Balance zwischen eigenen

Erfahrungen und denen anderer zu halten, zeigen die Wahrnehmungen und

Re-flexionen gesellschaftlich-ökologischer Wirklichkeit in feministischen

Arbeiten, und jene Bemühung wird auch deutlich in der Selbstverpflichtung

Heywards, 'Liebe zum Nächsten wie zu sich selbst zum primären hermeneuti-

schen Prinzip', "zur theologischen Norm" bezüglich derer 'alle theologischen

Aussagen erklärt werden müssen' (Heyward 1986, 59), zu machen. Und dieses

Wahrnehmen und dieses Be-denken geschieht jeweils unmittelbar,distanzlos,

aus persönlicher Betroffenheit, -was weiterhin den Diskurs der Nähe cha-

rakterisiert:

"*Wahrnehmung* ist grundlegend für das *Begreifen*. Ideen hängen von
unserer Sinnlichkeit ab. Das Gefühl ist das grundlegende körperli-
che Element, das unsere Verbundenheit mit der Welt vermittelt. Wenn
wir nicht fühlen können, verlieren wir buchstäblich unsere Verbindung zur Welt. Alle Kraft, intellektuelle Kraft eingeschlossen, wurzelt im Gefühl" (Heyward 1986, 39).

Spekulation - die Spekulation, die ihren Stoff
aus sich selbst schöpft. Ich bin himmelweit unterschieden von den
Philosophen, welche sich die Augen aus dem Kopfe reißen, um desto
besser denken zu können; ich brauche zum Denken die Sinne, vor allem die Augen, gründe meine Gedanken auf *Materialien*, die wir uns
stets nur vermittelst der Sinnentätigkeit aneignen können, erzeuge
nicht den Gegenstand aus dem Gedanken, sondern umgekehrt den Gedanken aus dem Gegenstande; aber Gegenstand ist nur, was außer dem Kopfe
existiert" (Feuerbach [8]1902, XI f).

Die Unterdrückung von Klassen und Rassen und die je zusätzliche Unterdrückung des "anderen Geschlechts" (Beauvoir)[68], die atomare (Kriegs-
bedrohung), die zunehmende Depravation der Arbeitswelt[69] kommen zur Sprache; weiter die ständig steigende Bedrohung der gesamten Schöpfung[70],
in der feministische Theologinnen dieselbe Mißachtung entdecken, die
Frauen erfahren, wovon die häufige Rede von der "Vergewaltigung der Natur" zeugt (s. 5.2.2), ihr Zusammenhang mit menschlicher Trostlosigkeit[71]
und der einseitig geschichtlich orientierten jüdisch-christlichen Tradition (s. 5.2).

---

68 Entsprechend ihrer Situierung in der internationalen Frauenbewegung
    und aus ihrer eigenen Unterdrückungserfahrung heraus gelten die Optio-
    nen feministischer Theologinnen besonders allen unterdrückten Klassen
    und Rassen (Moltmann-Wendel 1984, 49; Sölle 1986, 39; Maaßen/Schaum-
    berger Art. 1984, 215; cf. Halkes 1985, 32) und den "Unterdrückten
    der Unterdrückten" (cf. dies. Art. 1980a,294): "Den Frauen schwarzer,
    roter, gelber Hautfarbe".
    Hier wird deutlich, daß die Überlegungen feministischer Theologinnen
    von einer Identifizierung per sexueller Klasse geprägt sind, hinter
    der die Trennung in Klassen und Rassen - bei aller Sensibilität ge-
    genüber den Unterschieden (s. Anm. 48 und das Zitat von Halkes in
    (1)) - zurücktritt (cf. Heyward 1986, 18, 27). Feministische Theologie
    wird somit zur 'parteilichen Wissenschaft' (cf. Hundrup 1984, 30 f).

69 "Überall auf der ganzen Welt werden immer mehr Arbeiter zu Opfern
    von Management-Entscheidungen, an denen sie keinen Anteil haben und
    deren Auswirkungen früher oder später in Arbeitslosigkeit, Ausbeutung
    und Verarmung gipfeln" (Sölle 1986, 104).

70 "Karzinogene in unserem Gesundheitsessen, Strontium 90 in der Mutter-
    milch, atomare Rückstände im Schwimmbecken, Bedrohung für das unge-
    borene Leben. Wir sind Geiseln der Kolonisierten, wir werden erpreßt
    von den Armen, den Rohstoffreichen. Dem Zeitalter des Erdöls wird
    das Benzin knapp" (Ruether 1985, 311); cf. Sölle 1986, 11, 36, 198;
    Daly 1982, 9, 18; Halkes 1985, 47 f; dies. Art. 1978, 177, 189 f;
    Hundrup 1984, 28.

71 "Das klassische christliche Schöpfungsdogma hat drei unterdrückerisch
    wirkende Konsequenzen: das totale Anderssein Gottes und 'seine' Herr-
    schaft über Männer, Frauen, Tiere und die ganze Erde; eine gottverlas-
    sene Welt purer Tatsachen; und die Herrschaft des Menschen, der die
    profane Welt nüchtern benutzen kann, aber es verlernt hat, die sakrale
    Wirklichkeit Gottes in der Natur fromm zu verehren. Dieser Naturimperia-
    lismus bringt, wie Häuptling Seattle bemerkt, eine große Einsamkeit
    des Menschen hervor, von der dann angenommen wird, sie gehöre zum

Neben einer kritischen Bestandsaufnahme der Werte der abendländischen Kultur[72], insbesondere der "Entpolitisierung" (Sölle 1986, 17)[73] der Gesellschaft, stehen feministische Theologinnen aber auch sich selbst kritisch gegenüber: Sie wollen ihre Kritik nicht ausschließlich als Kritik an Männern verstanden wissen. Wie etwa Maaßen/Schaumberger schreiben, sind sie sich durchaus ihrer "Mittäterinnenschaft" bewußt, d. h. sie fühlen sich "in Rassismus, Militarismus und andere Formen der 'Herr-'schaft verstrickt "[74] (Maaßen/Schaumberger Art. 1984, 216).

---

unveränderlichen Wesen menschlichen Daseins. Die ökologische Katastrophe, die heute über uns hereinbricht, ist durch die christliche Tradition mitverursacht" (Sölle 1986, 36).

72 Zu den Werten resp. Unwerten (cf. Way Art. 1978, 176; Moltmann-Wendel 1985, 66) zählt beispielsweise der Leistungsfetischismus mit seinen Trabanten "Effizienz, Wettbewerb, Sachlichkeit und autoritäres Verhalten (Halkes 1985 a, 26; cf. 29; cf. Moltmann-Wendel 1984, 72); darüber hinaus scheinen "Kaufen und Besitzen" |...|, wie Karl Marx gesagt hat, zum 'Sinn par excellence' geworden, zum 'Sinn aller Sinne'. An die Stelle der Religion als Ausdruck für 'das, was uns unbedingt angeht' (Paul Tillich) ist die Wirtschaft getreten." Längst hat "die Werbung |...| die Rolle eines Massenerziehungsmittels übernommen" (Sölle 1986, 157 f); auch der Niederschlag dieser nicht-Ethik in der Schule und "im privaten Bereich" (Moltmann-Wendel 1984, 49) werden diskutiert: Sölle spricht von "Wegwerfbeziehungen", in denen sich der allgemeine Trend zu "Konsumismus" und "hedonistische|m| Faschismus" (Pasolini) niederschlägt (Sölle 1986, 190, 163, 171, cf. 196; s. 5.3).

73 Sölle hält dies u. a. für den Ausdruck einer "narzistischen Kultur", in der jede/r einzelne in sich selbst verliebt, gefühl- und beziehungslos "Auseinandersetzungen und Kämpfe" "scheut": "Religion und Politik spielen keine Rolle in der narzistischen Kultur, sie sind Relikte früherer Gemeinsamkeiten, die heute an die dafür zuständigen Spezialisten delegiert sind". (Sölle 1986, 165; cf. Heyward 1984, 121).

74 Cf. Halkes Art. 1980, 294; Goldstein Art. 1978, 165; Hundrup 1984, 20.

Und thematisiert werden schließlich neben "Defekten" und Bedrohungen
der abendländischen Kultur aber auch jene zaghaften und zugleich hoff-
nungsvollen Versuche einer "Gegenkultur"[75] (s. 2.1), - auch dies eher
eine Ausnahme im üblichen theologischen Denken: Die "Nekrophilie" (Daly
1982, 8) der meisten männlichen Theologen erlaubt es offenbar nicht,
positive Anstrengungen von ökologischer Bewegung, Frauenbewegung, Frie-
densbewegung zu realisieren.[76] Feministische Theologinnen hingegen bemühen sich diesen "alternativen" Bewegungen gegenüber um Offenheit.
Restbestände der versehrten Natur finden Einlaß in den Diskurs: Ein
"blühender Magnolienstrauch auf dem Broadway" beispielsweise bei Sölle
(Sölle 1986, 9 f); und Ruether schreibt:

> "Durch die Risse im Gefüge sehen wir die vergessene Welt unserer Ah-
> nen schimmern. Wir lernen wieder zu gehen, den Sonnenuntergang zu
> sehen, Blätter zu betrachten, Samen in den Boden zu legen." (Ruether
> 1985, 314)

Dahinter steht die noch nicht ganz verlorene "Fähigkeit, Schönheit wahrzunehmen", jene "Spiritualität der Schöpfung", die, zuweilen "von einer
ursprünglichen Harmonie ausgehend" (Sölle, in: Heyward 1986, 8), leidenschaftlich und verwundbar ein "Leben vor dem Tod" sucht (Sölle 1986,
68, 10).

1.2.3   Zu den Zielsetzungen feministischer Theologie

Die konkreten Visionen feministischer Theologinnen - ihre Fremdheit als
Chance nutzend (Rentmeister 1985, 18) - knüpfen, wie gesagt, eng an die
erfahrenen und reflektierten Bedrohungen und Güter dieser Erde an. Gilt

---

75 Sölle 1986, 177; Ruether Art. 1978, 200; Halkes Art. 1978, 180.

76 Auch eher nur formal und "an sich" möglich erscheint die Rezeption
   säkularer Befreiungsbewegungen in die Theologie von Metz (Metz 1977).

Dualismus/Sexismus[77] als Grundübel der christlichen Kultur und der
abendländischen Gesellschaft, so besteht das, zumindest vorläufige,
Ziel im "vollen Menschsein der Frauen" (Ruether 1985, 36)[78], die mit
einer "Suche nach einer neuen Beziehung zu Gott " (Halkes 1985, 33)
und den Menschen Hand in Hand geht[79] (s. 3.4; 5.1; 5.3); im Sinne des Letztgenannten gehört die Aufhebung von Klassen- und Rassenschran-
ken zum Kernanliegen feministischer Theologie.[80] Daneben gibt es aber
genauso entschieden die Bestrebung, den "Humanozentrismus" dieser sexistischen Kultur zu überwinden, so daß nicht länger "Menschen als Maßstab und Krone der Schöpfung gelten" und dadurch die "anderen Seinsfor-
men in der Schöpfungsgemeinschaft entwertet werden" (Ruether 1985, 38;
s. Kap. 5.2). Kurz: Das ideologisch und lebenspraktisch vorherrschende
Modell soll in ein "Lebensmodell der Gegenseitigkeit"[81] überführt werden, ein Modell der Gegenseitigkeit zwischen Mensch und Mensch, Mensch
und Natur, Mensch und Gott in Gott (s. Kap. 2.3).

---

77 Verschiedentlich werden zwei Formen des abendländischen Dualismus-
    Denkens unterschieden, nämlich ein "spiritualisierter Dualismus von
    Geist und Körper" und ein"sexistischer Dualismus von Mann und Frau"
    (Sölle 1986, 172). Dabei wird letzterer oft als das größere Übel
    verstanden (so Halkes 1985, 30; cf. Sölle 1986, 39); auf dieser Ebene
    stellt m. E. Sexismus "nur" eine konkretisierende Variation des all-
    gemeinen dualistischen Denkens dar (cf. ferner Heyward Art. 1979,
    70; Moltmann-Wendel Art. 1978, 72).

78 "Indem die verinnerlichte Sünde des Sexismus ausgetrieben wird und
    indem die gesamte christliche Kirche zur Umkehr aufgerufen wird,
    fordert die feministische Theologie das 'Geburtsrecht' weiblicher
    Christen, Kirche zu sein, zurück, sie beansprucht, daß christliche
    Frauen voll begnadete und verantwortliche Mitglieder des 'Leibes
    Christi' sind, die die Macht haben, unsere eigene Theologie zum Aus-
    druck zu bringen, unsere eigene Spiritualität zurückzubeanspruchen
    und unser eigenes religiöses Leben und das unserer Schwestern zu
    bestimmen." Schüssler-Fiorenza Art. 1984, 36.

79 Cf. ebd. 32; Hundrup 1984, 96.

80 Halkes Art. 1978, 189; dies. Art. 1980a,299; Russel 1974, 61.

81 Moltmann-Wendel 1985, 141-155; Halkes Art. 1980a, 298; Hundrup 1984,
    6, 99; Carroll Art. 1980, 257; Harrison Art. 1982, 207, 211; Ruether
    Art. 1978, 201.

An eine definitive Absage an die Vertreter des nun aus anderer Perspektive "anderen" Geschlechts ist dabei nicht gedacht: Denn eine Theologie, die endgültig irgendjemanden ausschließen würde, würde die Erfahrung von Gott als "Macht in Beziehung" (s. 2.3.1; 3.2.2; 3.3.2)
in Frage stellen und dem Bestreben und der Sehnsucht nach Aufhebung aller Dichotomisierungen in den Rücken fallen (cf. Ruether 1985, 37), ihre
Glaub-würdigkeit verlieren.

Und auch wenn sich feministische Theologie zunächst oder für lange Zeit
nur in kritischer Distanz zur herrschenden Theologie oder im separati-
stischen Gespräch entfalten kann, so ist doch nicht zu übersehen, daß
sie aus einigen theologischen Entwürfen bedeutende Anregungen oder Hilfestellungen erfahren hat (wie etwa für Heywards Ansatz Bonhoeffer und
Wiesel entscheidend sind). Und in diesem Sinne werden auch hier immer
wieder - weder als Suche nach Autoritäten noch als Anbiederung und in
aller Vorsicht und Wachsamkeit gegenüber Vereinnahmungen - partielle
Brückenschläge zu einzelnen Theologen versucht, angedeutet und am Schluß
exemplarisch entfaltet: Denn jenes erwähnte Kreisen im Raum der Anmerkungen (1.1) soll männliche Theologie und Theologen nicht in diskursive
Isolationshaft verbannen, zumal oft viel mehr die (christliche) Kultur
und nicht die Texte in ihren originären Denotaten (s. 3.1.2 (3))
der Feind der Frauen zu sein scheint (und wofür feministische Theorie
und Praxis Methoden der Auseinandersetzung konstruieren sollte).

1.2.4   Zum Instrumentarium feministischer Theologie

Den Diskurs der Nähe kennzeichnet ein eigenes selektives[82] Verhalten
bezüglich der Subjekte[83], Traditionen, Methoden der Texte.

---

82 Heyward 1986, 55, 59, 65; Sölle 1986, 14; Schüssler-Fiorenza Art.
   1984, 31; Ruether 1985, 41; Halkes Art. 1980 a, 298.

83 Frauen wählen Frauen als Mit-Subjekte ihrer gemeinschaftlichen Theologien, glauben, daß bei ihnen Werte und Einsichten tradiert und
   kultiviert wurden und werden, die gesamtgesellschaftlich nicht er-
   wünscht waren, aber heute bitter nötig scheinen:
   (*Woolf warnt Frauen eindringlich vor der Mimikry an diese Strukturen
   |der männlich harten Werte|; sie sieht Frauen keineswegs defizitär

(In einem Abschnitt zur feministischen Lektüre des AT will ich versuchen,
Leistungen und Grenzen dieses Vorgehens zu beschreiben (3.1.3).)
Im Bereich des AT etwa konzentriert sich feministische Theologie auf
weibliche Aspekte des Gottesbildes (s. 3.2.2), narrative und juri-
dische Aussagen über die soziale Stellung der Frau (biblische Frauenfiguren, Gottesebenbildlichkeit) oder Spuren eines Matriarchats [84], also
spezifische Frauenthemen (s. 3.1.3), oder sie erhebt die alttestamentliche Kritik der Propheten an aller Unterdrückung zum hermeneutischen
Lektüre-Prinzip, indem sie gleichzeitig aufzeigt, daß auch Frauen unter
die Unterdrückten zu subsumieren sind (Ruether 1985, 42; s. 3.1.3).
Die neutestamentliche Exegese versucht einerseits eine neue
Jesus-Interpretation ("Jesus als Feminist", s. Kap. 3.3.1) und bemüht
sich andererseits, die (soziologische) Realität der Gemeinden hinter den
Texten und ihren Redaktionen aufzuspüren, was insbesondere zu einer anderen Einsicht in die Rolle der Frauen führt. [85]
Neben diesen jüdisch-christlichen Traditionen stützt sich die feministische Theologie auf außer- und nachchristliche Traditionen. Da die jüdisch-
christliche Religion jahrhundertelang Frauen unterdrückt hat, ist es
nur sinnvoll, den Rahmen bisherigen theologischen Arbeitens zu überschrei-

---

an, sondern im Gegenteil: sie hätten (freiwillig oder unfreiwillig)
Eigenschaften kultiviert, die sie dem Gang der Welt bewußt entgegen-
setzen müßten: Armut, Keuschheit, Lächerlichkeit und Freiheit von
unwirklichen Verpflichtungen", Rentmeister 1985, 20).

84 Die Matriarchatsforschung, geleitet von dem Interesse an der "Göttin
heute", ist auf der Suche nach |...| Identität und Geschichte und
nach einer eigenständigen Zukunft für Frauen"; sie versucht einen
Beitrag zur "Selbstfindung und Orientierung von Frauen" zu leisten.
Ferner ist hier auf Moltmann-Wendels eigene Untersuchung, bes. schrift-
loser Traditionen zu verweisen, Moltmann-Wendel 1985, 61, 14, 64,
189-198; eine sehr persönliche Auseinandersetzung mit solch schrift-
loser Tradition, nämlich einer weiblichen Statue aus den Neolithikum,
ist nachzulesen in Wolf Art. 1987, 8 ff.

85 Cf. u. a. Schüssler-Fiorenza 1984; dies. Art. 1976; dies. Art. 1977;
dies. Art. 1980; dies. Art. 1981; dies. Art. 1982; dies. Art. 1985.

ten und auf außerchristliche Quellen, "alternative" oder "marginalisierte" Traditionen und "nachchristliche Weltanschauungen" zurückzugreifen (Ruether 1985, 39, 35)[86]. Ist die Geschichte der Frauen mehr verschwiegen und verleumdet worden, als sie geschrieben und bekannt ist und wurden Erfahrungen von Frauen systematisch (hier besonders im Sinne Systematischer Theologie) aus theologischen Diskursen ausgeklammert, so scheint es nun notwendig, auf alle greifbaren und den jeweiligen Fragestellungen angemessenen Texte (theologische, poetische Texte, Erzählungen, Frauenprotokolle) und methodische Verfahren (soziologische und psychologische Untersuchungen, ökologische Artikel, textanalytische Methoden) und Gespräche mit (universitären und 'freien') Frauen[87] zurückzugreifen, was ich im Verlauf meiner Arbeit immer wieder tun möchte (s. bes. Kap. 2; 4; 5).[88] Und entsprechend sinnvoll ist es, auch Erfahrungen von nicht-christlichen Frauen und nicht christlich-theologische feministische Untersuchungen einzubeziehen, da jene Situation der vielfachen Verhinderung von Lebensvollzügen und der

---

86 So greift feministische Theologie auf sog. "heidnische Quellen", nicht-christliche Religionen und Philosophien des nahöstlichen und griechisch-römischen Kulturraumes" (Ruether 1985, 39), "Mythen und Göttinenkulte", "heidnische Naturverehrungen" zurück (cf. Collins 1974, 44), die womöglich ein "stärker umweltbezogenes Verhältnis zwischen Mensch und Natur" und Mensch und Mensch enthalten, und "deren Denkweisen nicht in diese |...| Dualismen |...| verfallen" (Ruether 1985, 58, 72).
Ebenso werden aus der Geschichte (cf. Collins Art. 1979, Russel 1974, 59) "alternative Traditionen" (Ruether 1985, 35) rezipiert: "Marginalisierte oder 'häretische' christliche Traditionen wie Gnosis, Montanismus, Quäkertum und die Bewegungen der Shaker" (ebd. 39). Die Traditionen der Hebammen, Orden, Kräuterfrauen (Maaßen/Schaumberger Art. 1984, 208), der als Hexen Verbrannten (ebd. 208) und schließlich "kritische nachchristliche Weltanschauungen wie Liberalismus, Romantik und Marxismus" (Ruether 1985, 39), die freilich selbst erst wieder einer feministischen Kritik zu unterziehen sind; zu einem anderen Umgang mit Geschichte cf. auch Opitz Art. 1984, 61-70.

87 Frauen fahren weite Strecken, um sich auf Tagungen oder im privat-theologischen Gespräch auszutauschen, - und so "zeichnen also auch sie die zerrissene Landkarte Europas mit einer bizarren Spur" (Wolf 1981, 6).

88 "As to the form this exploration must take, it must begin by taking seriously everything which is an authentic reflection of women's experiences. By everything, I mean letters, diaries, artwork, dreams,

Suche nach Alternativen allen Frauen gemeinsam ist[89]: Frauenbefreiung
und Selbstvergewisserung von Frauen scheinen also aufgrund der verhinderten Traditionen und der Vielfalt der zu beachtenden Lebensbereiche
(s. Kap. 5) - zumindest vorläufig - nur in dieser Vielfalt der Redemit-
tel und dem durchlässigen Kreis der Subjekte möglich.

Feministische Theologie - darauf wurde eingangs schon hingewiesen - bemüht sich ferner auch um eine eigene, von Sexismus und Androzentrismus
befreite Sprache (Heyward 1986, 113) und reflektiert diese. So versteht
etwa Heyward Sprache als "Beziehungskraft", d. h. das, was inhaltlich
angestrebt wird - etwa Beziehungen zwischen Menschen, Natur und Gott -,
soll auch durch das Medium des Diskurses anvisiert, zumindest nicht ausgeschlossen werden, wie es in herkömmlichen abstrahierenden Diskursen
zuweilen geschieht. Heyward schreibt:

"Sprache sollte nicht leichtfertig gebraucht werden, wir müssen ihre
Macht anerkennen, menschliche Beziehungen zu stützen, zu stärken
oder zu zerbrechen. Theologische Sprache bildet da keine Ausnahme.
Im Gegenteil, wenn theologische Sprache das, was wir am höchsten
schätzen, symbolisch enthüllt, muß sie sorgfältig gebraucht werden. Wir müssen die Macht anerkennen, die wir und andere ihr in unserem Leben einräumen." (Ebd. 57)

Und da "das 'Symbolische Universum', das von der christlichen Kirche
errichtet wurde, noch immer nicht ohne (positive wie negative) Bedeutung
für die Menschen heute ist", sollen "verschiedene christliche Symbole
wieder neu" benannt werden (ebd. 57 f; s. etwa in Kap. 3 der Begriff
der "Passion", der "Gerechtigkeit" oder der "Mündigkeit"). Daneben gibt
es auch ein Bemühen um eine bildliche oder ekstatische Sprache, "die

---

literature by and about women, and so on -- all our hidden history,
anything which expresses women's experience of ourselves as opposed
to male definitions of women's experience" (Plaskow Art. 1977, 27).

89 Gerber schreibt, daß die Grenzen zwischen christlicher und säkularer
Frauenbewegung in der Tat "fließend" sind (Gerber Art. 1984, 568);
die Ausdrücke "säkulare" oder "nicht-christliche" Frauenbewegung
sollen keine negativen Assoziationen andeuten; sie wurden lediglich
mangels besserer verwendet.

über den theologischen Diskurs hinausgeht" (Sölle 1986, 169). Mit ihr,
so Halkes, erscheint es feministischen Theologinnen leichter, die Menschen anzusprechen: Mehr als reine Begriffssprache ist die Bildsprache
"die Ursprache, die Ursprungssprache des Menschen" (Halkes Art. 1978,
183), - eine Sprache, die 'berührt' (s. 3.3.2 (4) (d)) und die
entschieden Abschied genommen hat von jenem abstrakten theologischen
Diskurs, der ohne zärtliche Diskretion gegenüber denen scheint, die bezüglich der sogenannten "Sinnfrage" wortlos sind, und der einen besorgten
und fürsorglichen Blick auf jene ratlos Stummen in unserer Gesellschaft
(die vielleicht aus guten Gründen schweigen, aber Gutes in ihren Herzen
erwägen und Taten andeuten oder vollbringen) nicht kennen mag und sie
durch Worte, die kaum eine/r mehr versteht, abstößt.[90]
Und, noch viel grundsätzlicher setzt - insbesondere aufgrund der von
Frauen erfahrenen Verwobenheit aller Lebensbereiche (s. 2.3.1 (3)) -
im Sinne jener Selbstvergewisserung eine Revision der Denkformen ein:
Spiralenförmig (cf. Sorge Art. 1984, 12) immer wieder Wahrnehmungen
aufgreifend, in Beziehung setzend, weitertreibend, zurückschauend
(s. 2.3.2), Verbindlichkeiten suchend und Verbindungen zwischen verschiedenen Positionen (2.2) und jenen erwähnten Dualismen herstellend,
Sprachspiele, Textsorten und Methoden wechselnd, um endlich das zu sagen,
was zu lange schon unverbunden, unentdeckt oder verschwiegen blieb.

1.2.5   Zusammenfassung

"Dis-cursus" - das meint ursprünglich die Bewegung des Hin- und Her-Lau-
fens, das ist Kommen und Gehen, das sind "Schritte", "Verwicklungen"
(Barthes 1984, 15; cf. Kap. 9 Lexie 12).
Auch im Diskurs der Nähe gibt es dieses "Hin- und Her-Laufen": Er ist
ein Versuch der Selbstvergewisserung (Heyward 1986, 35) von Frauen

---

90 Cf. die kritische Einschätzung der Beteiligung der Gläubigen bei
   der "Entstehung des Atheismus" ("Gaudium et Spes", 19, Rahner /Vor-
   grimler 1980, 465).

und eine Suche nach der Versprachlichung von Wirklichkeits- und Trans-
zendenzerfahrungen (cf. Heyward 1986, 195).

'Laufend' nimmt er verschiedene Themen in sich auf: Biographien, Aufbrüche, Erfahrungen, Wahrnehmungen, Systematisierungen, Auseinandersetzungen mit der Tradition.

"Existentiell" möchte er sprechen (Heyward 1986, 12, 50) und dafür erscheinen überkommene Formen der Theologie oft nicht mehr verwendbar
(Collins 1974, 208). Denn wenn es so etwas wie Universalität geben sollte, dann kann frau/man sich ihr nur durch die möglichst authentische
Wiedergabe eigener Erfahrungen und die Einsicht in deren Relativität
(das Erzählen von Erfahrungen versteht sich nicht als objektive Festschreibung des Wesens Gottes) und Offenheit für andere annähern.[91]

Dann wieder ein Schritt in die Distanz, um hinauszugehen aus der Unmittelbarkeit, sich in Ansätzen theologischer Systematik, soziologischer
Beschreibung, ökologischer Daten, psychologischer Literatur und textanaly-
tischer Methoden Handlungsspielraum zu verschaffen, nicht symbiotisch
mit und in der Wirklichkeit verhaftet zu bleiben.

Und das Bemühen um Distanz schlägt sich auch nieder in kritischer Reflexion
eigener Überlegungen bezüglich der Art, sich das Leiden von Menschen
und Natur zu sagen (cf. 3.1.2 (4)) sowie bezüglich der Ansätze
anderer Theologinnen (beispielsweise von Heywards Christologie in
3.1.2 (3) oder cf. auch den Versuch in Kap. 5 Heywards erfahrungsbezogene Systematik wieder zu "erden"). Und dieses Bemühen versucht nicht zuletzt auch jener Begriff "Diskurs - der Nähe" selbst zu indizieren.

---

91 Entsprechend lehnt Collins alle Kanonisierung und Dogmatisierung ab:
    "The naming which women have been engaged in is not so simple. It
    has taken a long time to discover our own forms of language, and the
    discovery has involved struggle, pain, work, and growth. |...| The
    dialogical process of naming |...| does not lend itself to immediate
    baptism and canonization. In fact, its efforts should never be can-
    nonized, for that immediately turns the continuing process into a
    product, the dialogue into dogma. That was the mistake of the Judeo-
    Christian church." (Collins 1974, 193; s. auch Anm. 63).

"Theologisieren"[92] will er, keine abgeschlossenen theologischen Denk-
gebäude konstruieren. Im "Kommen und Gehen" von Fragen und Antworten
in der Welt von Menschen und Gott reden: Theologie soll schließlich
keine "Gehirnübung" sein (Heyward 1986, 65, 70, 123)[93].
Er macht "Schritte" - entschieden nach vorn: Nächstenliebe als hermeneutische Norm; so denken und reden, daß frau/man die Schöpfung nicht
aus den Augen verliert, der Wirklichkeit in Inhalt und Sprache am nächsten kommt.
Vielfältige "Schritte" auch: Vielfältige Positionen und Meinungen: Daß
dies wirklich seine Stärke sein möge (cf. Plaskow Art. 1977, 15).
Bereit für Schritte von der Theologie aus in andere "Modelle der Welt"[94]
(cf. Heyward 1986, 195). Welcher Diskurs sonst wollte mit "For Whom the
Bell Tolls ..." in Dialog treten?[95]

---

92 "Perhaps for the future there can be no theology that is, no syste-
    matized body of knowledge about God but only *theologizing*, that dia-
    lectical process of action/reflection which generates ever new que-
    stions. Paulo Freire has called this process of action/reflections
    in the political sphere *praxis*. The application of *praxis* to theo-
    logy would mean the demise of the 'theologian' in the sense of a
    man who develops in an ivory tower or theological seminary a systema-
    tized body of knowledge which is thereafter linked with his name.
    Rather, there would be many people *theologizing* out of their own
    experience and that of the community in which they find themselves."
    (Collins 1974, 44).

93 "Theologie ist keine Gehirnübung, sie ist eine leidenschaftliche
    Anstrengung, menschliche Aktivität auszudrücken und wachzurufen.
    Ihr angemessener Brennpunkt ist die Erde, nicht der Himmel. Und sie
    dreht sich nicht um Gott an sich, sondern darum, wie wir Gott in
    dieser Welt und in dieser Zeit bei uns selbst erfahren." (Heyward
    1986, 123).

94 Lotman 1981, 301; cf. Kap. 6.2.1.

95 Die Vielfältigkeit im theologischen Teil der Arbeit entspricht der
    Auffächerung und dem Verfolgen der Stimmen im Text "For Whom The
    Bell Tolls", cf. Kap. 7.3.

Auch kennt er "Schritte" in die Tradition (Plaskow/Christ 1979, 9) und
Schritte in die Zukunft (ebd. 29 f). Dort erlebt er "Verwicklungen": Denn
wogegen er anzutreten hat, ist schwer greifbar. Er geht gegen mißver-
standene Traditionen an: Ätiologien wurden zu Diskriminierungen[96], Formulierungen der Gnade führten zur Entmündigung[97]. Dann, unter dem Gewicht mißverstehender Rezeptionen, die eher die abendländische Kultur
prägen als sich in Texten (an-) greifbar niederschlagen, fällt es ihm
schwer, den Schritt zu den Intentionen der wenigen befreienden Texte
zu machen.

"Bewegung" kennzeichnet auch seine Sprache: Minutiös wissenschaftlich,
wie es gelehrt und gelernt wurde, bemüht um begriffliche Klarheit, da
sie der viel zitierten Intersubjektivität dient, aber auch essayistisch[98]
- der Intersubjektivität nicht weniger verpflichtet -, wie es den neuen
Gegebenheiten entspricht: Dem "Werdeprozeß der Frauen"[99], der Suche nach

---

96 Cf. Rezeption und Mißverstehen von Gen 3, s. Kap. 3.1.2 (2).

97 Cf. die feministisch-theologische Auseinandersetzung mit den griechischen Christologien in Kap. 3.1.2 (3).

98 Dies ergibt sich besonders aus dem intuitiven Charakter feministichen
Arbeitens:
"Worauf es aber mindestens ebenso ankommt, das ist *individuelle Intuition*: jenes ganzheitliche Systemgedächtnis, das besonders den
Frauen von jeher und wohl mit Recht zugeschrieben wird. 'In-tuition
ist nicht strukturelles Wissen, sondern Wissen um den eigenen Ge-
schichtsprozeß. Damit wird Intuition zum einzigen Richtungsanzeiger,
wenn im raschen Wandel die Orientierung an gespeicherter Information
und am Austausch mit der Umwelt versagt' (Jantsch, E.: Die Selbst-
organisation des Universums, Mchn., 1982, 301). *Intuition ist 'Lernen aus sich selbst', im Vertrauen auf sich selbst und die anderen*"
(Rentmeister 1985, 30; cf. Starrett 1978, 11).

99 "Women's naming of ourselves, the world, and God is an emergent process wrung out of the dialogue with our own past and present and
with other women in community, as well as out of naming was very
simple. You received a word or set of relationships and propositions
to describe something from an authority, from the Scriptures, from
a teacher, from a clergyman, or from your parent. Receiving these
words, you, in turn, named yourself and the world and passed them
on to the younger generation" (Collins 1974, 193).

einer alle Dualismen überwindenden "Ganzheit"[100], dem Bemühen um Wirk-
lichkeits- und Lebensnähe; sich davon befreiend, daß patriarchalische
Sprache Frauenerfahrungen verleugnet[101]. In "Bewegung" zwischen angriffs-
lustigen Formulierungen und Ernst in seiner Auseinandersetzung mit dem
'vielköpfigen Monster Patriarchat' (Christ/Plaskow 1979, 15); in gewissem Sinne wechselhaft, als ob er wüßte, daß er mit Worten nichts für
Ewigkeiten festschreiben kann - und braucht.[102] Mag sein, zuweilen auch
enervierend für die, die ihn nicht gewohnt sind.[103]

Woher nimmt er das Recht zu "kommen"? Er hat gesehen, erfahren, daß die
Hälfte bis jetzt verschwiegen wurde[104].

Und er geht nicht, weil er Vertrauen hat, daß er Platz hat in der Geschichte dessen, "der war, ist und sein wird" mit den Frauen und Männern

---

100 "Feminist theology calls for the *participation* to the *total person*
in the experience of Be-ing, of God workship"(ebd. 219, cf. ebd.
201); zu dem Begriff "Ganzheit" cf. Kap. 2 Anm. 18.

101 "The old language will not suffice to communicate the new reality
system in which feminists operate. As One who sought to express
a new system of reality himself has said: 'Neither is new wine put
into old wineskins; if it is, the skins burst, and the wine is
spilled, and the skins are destroyed; but new wine is put into
fresh wineskins, and so both are preserved" (ebd. 192).

102 Feministische Theologie kann und will nicht mehr als die gemachten Erfahrungen ausformulieren, plausibel und einsichtig machen,
d. h. zugleich und gleichermaßen Gott und die Welt be-denken.

103 "Die Entscheidung, vor der wir stehen, nämlich selbst ganzheitlicher zu werden, Männer zu inspirieren, in sich selbst zu gehen und
ihre Vorherrschaft abzulegen, eine Kirche zur Bekehrung zu führen,
fordert zuerst von uns selbst den Mut zu wagen, Gottes Partner zu
sein, die berufen sind zur Transzendenz; den Mut, ja zu sagen zu
der radikalen Liebesbotschaft Christi in seinem Evangelium; nein zu
sagen zu der 'Verführung', nachgiebig zu sein, Kompromisse zu
schließen und damit kraftlos zu werden, kurzum: den Mut 'lästig'
zu sein und gegen den Strom zu schwimmen" (Halkes Art. 1980 a, 294;
cf. Heyward 1984, 236 f; Gerber Art. 1984, 582).

104 Plaskow Art. 1977, 25; Rieger Art. 1984, 124.

seines Volkes: Immer wieder hat Theologie ihr Sprachspiel verändert:
Menschen können Transzendenz nicht erschöpfend fassen und sind bei ihren
Annäherungsversuchen auf das, was in der Kultur vorhanden ist, angewie-
sen. Löst sich die bislang unangefochtene Patriarchalität auf, braucht
Theologie neue Diskurse. Denn es ist schädlich, alte zu tradieren ohne
sie wieder mit neuen Erfahrungen zu konfrontieren und zu bereichern.[105]

Zum Aufbau der Arbeit

Aufgrund der zentralen Bedeutung der menschlichen Erfahrung für die feministische Theologie soll der folgende Abschnitt eine grundlegende Erfahrung – nämlich die der Subjektwerdung – frauenbewegter Frauen beschreiben, und zwar sowohl in ihrer säkularen (2.1) als auch religiösen Spielart (2.3), wobei beide behutsam gegeneinander abgegrenzt und zueinander
in Beziehung gesetzt werden müssen (2.2).
Das dritte Kapitel versucht ausgehend von dieser Erfahrung in kritischer
Rezeption von Heywards Ansatz (Heyward 1986) eine erfahrungsbezogene
Systematik zu entwickeln, in der die zentralen Begriffe der Bezogenheit
und der Subjektwerdung nun theologisch unter den Stichworten "Mündigkeit"
und "Relationalität" verhandelt werden.
Dies meint wesentlich eine kritische Sichtung gängiger Ansichten von Mensch
und Gott in der androzentrischen Kultur (3.1.1 und 3.2.1), die jeweils
mit den Einsichten der Frauen kontrastiert werden (3.1.2 und 3.2.2).
Dabei soll im Kontext dieses Mündigkeitskonzeptes nach der möglichen
Leistung des Alten Testamentes für die emanzipatorischen Belange der
Frauen gefragt werden (3.1.3).
Diese Revision christlicher Anthropologie und Theologie führt schließlich
zu einer neuen Verhältnisbestimmung von Mensch und Gott, die als "Kooperation" charakterisiert (3.3) und deren Prototyp in Heywards Jesus-"Entwurf" gesehen wird (3.3.2), der positiv von einer vermeintlich emanzipatorischen Position, die Jesus "als Feministen" (Swidler) darzustellen
versucht (3.3.1), abgehoben werden muß.

---

105 Collins 1974, 33-36; zur Notwendigkeit der steten Erneuerung theologischen Denkens cf. auch Bucher Art. 1988, 38.

Die folgenden Kapitel bemühen sich, die auf systematischer Ebene gewonnenen Einsichten wieder an die Wirklichkeit heranzutragen und nach
den Möglichkeiten von "Mündigkeit" und "Kooperation" für Frauen hier
und heute zu fragen.

Dafür ist es zunächst nötig, die in psychologisierendem Alltagswissen
und älterer (Jung) und neurer Geschlechterpsychologie betriebenen Festschreibungen von spezifisch weiblichem (männlichem) Verhalten als unhaltbar zu entlarven (Kap. 4), um dann die dem Bereich der Sozialisation
zuzuordnenden Erfahrungen und Optionen der Frauen in der Gesellschaft
(5.1), in ökologischen Zusammenhängen (5.2) und mit ihrer und für ihre
Körperlichkeit (5.3) darzulegen.

Ist solchermaßen die Selbstvergewisserung der Frauen - dieses Stichwort
sammelt nach den einzelnen Kapiteln die wesentlichen Fort-schritte des
Vorgehens ein - vorangetrieben, so scheint in den sicheren Gefilden des
Papiers der Versuch eines Dialogs mit einem Repräsentanten der androzentrischen Kultur ansagbar.

Für diesen Dialog wurde der Schlußteil aus Hemingways "For Whom The Bell
Tolls" gewählt. Bevor dieser Dialog jedoch durchgeführt werden kann,
muß die Legitimität aufgezeigt werden, die es erlaubt, einen belletristi-
schen Text für seine Kultur repräsentativ zu lesen. Dies geschieht durch
einen Rückgriff auf Lotmanns Textbegriff (Kap. 6).

Insofern dieser aber nicht das Feinwerkzeug für den Dialog liefert und
dessen Operationalisierung ermöglicht, ist ein weiterer strukturalisti-
scher Ansatz zu bemühen, nämlich die Code-Analyse Barthes' in "S/Z"
(Barthes 1976). Nachdem diese dargelegt (7.1), auf den Primärtext appliziert (7.2), aus feministischer Perspektive begründet (7.3) und schließlich ein Medium der feministischen Kommentierung des Textes (7.4) vorgestellt worden ist, kann jener Dialog durchgeführt werden (Kap. 8).

Das abschließende Kapitel der Arbeit wird die in dieser Arbeit und feministischer Theorie allgemein rekurrenten Kategorie der Dualismuskritik
aufgreifen (9.1) und sich im Sinne einer wenigstens theoretischen Überwindung jenes Dualismus um gute Partialitäten zwischen feministischer
Theologie und Aspekten des praxisbezogenen theologischen Ansatzes von
Fuchs bemühen (9.2).

Zu den Anfängen der niederländischen Frauenbewegung und den Wurzeln feministischer Theologie

Am Anfang war die Erfahrung (s. 1.1.3 und 2.3.1 (3)). D. h. wie zahlreiche Theologien hat Feministische Theologie ihren Ausgangspunkt in menschlichen Erfahrungen, Erfahrungen von Frauen. Und Feministische Theologie unterscheidet sich, wie bereits angedeutet, vielleicht zunächst nur dahingehend von vielen anderen "Gotteslehren", daß sie daraus keinen Hehl zu machen versucht, sondern dies explizit in das, was sie formulieren möchte, mit einbringt (s. 1.2.2 (2)).

Konsequenterweise hat Halkes die Feministische Theologie als "Erfahrungstheologie" bezeichnet und diese Qualifizierung findet sich vielerorts[1]. Also stellt sich nun die Frage, um welche Art(en) von Erfahrungen, die mit einigen Gemeinsamkeiten und Differenzen sowohl die christliche als auch nicht-christliche Frauenbewegung kennzeichnet, es sich handelt. Eine Konkretion soll im Folgenden versucht werden, indem ich zunächst - als gleichermaßen eigenständig und zur christlichen Frauenbewegung hinführend verstanden - einen - m. E. initiatorischen - Aspekt der säkularen, niederländischen Frauenbewegung skizziere und dann ihr (auch) spirituell-mystisches Pendant in der (christlich-)religiösen[2] Frauenbe-

---

1 Halkes Art. 1980, 294; cf. dies. 1985, 53; Gerber Art. 1984, 563, 566; Maguire Art. 1982, 59; Greinacher/Elizondo Art. 1980, 229; Schüssler-Fiorenza Art. 1984, 31, Ruether Art. 1982, 224; Plaskow/Christ 1979, 8; Morton Art. 1983, 202; Haney Art. 1980, 116; welcher (objektive?, puritistische?) Standpunkt ist es, von dem Erfahrungen der Frauen als "beschädigte" und "immer schon deformierte" (Wacker 1987, 8; cf. Burmeister Art. 1987, 55) beurteilt werden und was sind Ziel und Sinn solcher Urteile? Ist es nicht sinnvoller Erfahrungen zu erzählen und voranzutreiben und fortzuschreiben, in ihrem Wert zu belassen (cf. Rentmeister 1985, 40) und in ihrer kommunikativen Kraft freizusetzen? (S. Kap. 1 Anm. 83).

2 Diese Fügung mit Klammern ergibt sich daraus, daß es leider nicht immer möglich ist, die Zugehörigkeit einer Verfasserin zur christlichen oder postchristlichen Richtung anhand einer einzigen Publikation zu erfassen.

wegung aufspüre.

Ich wähle die Erfahrungen der niederländischen "Szene", da mir der hier aufscheinende dynamische, sich ins Gesellschaftspolitische und Theoretische fortsetzende Innenaspekt der Bewegung der religiösen Frauenbewegung kompatibler erscheint als etwa die Vorgänge in der BRD.[3]

Eine solche Darstellung erschien mir sinnvoll, da ich immer wieder auf Unverständnis und Unkenntnis - besonders bei Männern, aber auch bei zahlreichen (jüngeren) Frauen - bezüglich dieses der Frauenbewegung eigenen relationalen Lebens und Denkens, Theoretisierens/Theologisierens und Handelns stoße, als ob diese Weise in der Welt zu sein gleichermaßen die eigene Identität und das theologische Lehrgebäude fundamental bedrohte, als ob nur das, was eine/r an sich und für sich hat, Lebens- und Denksicherheit gäbe.

Meine Überzeugung aber steht dem diametral entgegen: Daß nämlich allein jene relationale Weise sowohl eine gute Lebensweise ist als auch dem Fortbestehen oder der Weiterentwicklung christlicher Lehre gute Dienste tut: Vorrangig das, was wir gemeinschaftsbezogen er-leben, er-denken, er-arbeiten hat Bestand, ist mir Nahrung für Verstand und Herz.

Und nicht zuletzt versuche ich diesen Anfang der (christlichen) Frauenbewegung und feministischen Theologie - was später nochmals kritisch reflektiert werden soll (s. 2.3.2) - zu rekonstruieren, weil m. E. alle weiteren Frauen (und Frauen und Männer) befreienden Aktionen nicht ohne diesen die ganze Person[4] fordernden, herausfordernden und stabilisierenden Aus-

---

3 Die bundesrepublikanische Frauenbewegung war auf der "Basis" der Studentenbewegung entstanden (Brand/ u. a. 1986, 124; cf. Schwarzer 1981, 14) und war zunächst mehr auf öffentliche Aktionen und Plenen ausgerichtet, um dann eine "Wende nach innen" (Herrad Schenk) zu vollziehen (Brand/Büsser/Recht 1981, 127). Natürlich spielte auch hier 'das Reden und Sich-Austauschen' (Helke Sander) eine wichtige Rolle, jedoch hatten Organisation und Kampagnen offensichtlich zunächst den Vorrang vor dem 'Selbsterfahrungsaspekt', was vielleicht auch deren Rückfall "in ein theoretisierendes Ghetto und in die Resignation" (Schwarzer 1981, 18) erklären mag.

4 Cf. Fuchs Art. 1986, 214; Klinger Art. 1986, 623 (darin der Verweis auf "Gaudium et Spes" 3); Feuerbach 1909, XI.

tausch auskommen werden. (Wie jenes in Parenthese anvisierte Ziel zu
realisieren sei, - davon ist noch nicht Zeit zu reden; das soll das
Schlußwort versuchen.)

"Solidarität.
Ich bin nicht allein. Ich bin nicht allein."
Zu den Anfängen der niederländischen Frauenbewegung

Auch dieses Zitat ist Meulenbelts "persönlicher Geschichte" entnommen
(Meulenbelt 1979, 51) und entlang einiger Passagen dieses exemplarischen
Buches der niederländischen Frauenbewegung soll eine kurze Skizze ihrer
Anfänge versucht werden, da hier die Entwickung vom Erfahrungsaustausch
von Frauen in Selbsterfahrungsgruppen zur Frauenbewegung deutlich wird
(cf. ebd. 165 f).
"Solidarität.
Ich bin nicht allein. Ich bin nicht allein."
So faßt Meulenbelt ihre Eindrücke, Erfahrungen und Gefühle nach einem
der ersten Zusammentreffen von Frauen in einer der niederländischen Gruppen zusammen.
Angeregt durch amerikanische Vorbilder (ebd. 150) begannen Frauen Treffen - ausschließlich für Frauen - zu organisieren, mit der vorrangigen,
zunächst aber wegen ihrer historischen Ungewöhnlichkeit auch als zugleich
"lächerlich und anziehend" (ebd. 150) empfundenen Idee, von nichts anderem zu reden als von ihren eigenen alltäglichen Erfahrungen.
Die Gruppenmitglieder selbst definierten die dort vonstatten gehenden
Prozesse zum einen als "Bewußtwerdung" (ebd. 166), d. h. als eine neue
Sicht der eigenen Situation und Lebensgeschichte:

> "Was mit uns geschieht, hat jetzt einen Namen. Bewußtwerdung nennen
> wir es, diese Art des Anders-Sehens, wodurch dein ganzes Leben um-
> gekrempelt wird, du deine Vergangenheit anders interpretierst" (ebd.
> 166).

Und, wenn ich das folgende Bild richtig verstehe, bewirkte diese Bewußtwerdung eine Re-integration in die eigenen Lebensbezüge: Die 'Dinge anders

46

sehen', "wie ein Fisch im Wasser, die zu guter Letzt merkt, daß sie im
Wasser schwimmt", schreibt Meulenbelt (ebd. 208).
Zum anderen beschrieben die Frauen jene Erfahrungen als "Entkonditionierung" (ebd. 166)[5], d. h. als ein Durchschauen der eigenen Komplizinnenschaft bei der eigenen Unterdrückung:

"|...| während wir uns bewußt werden über die Art wie Frauen behan-
delt werden in unserer Welt, sehen wir gleichzeitig, daß wir nicht
unbeschädigt geblieben sind, daß unser Selbstbild aufgesetzt ist,
daß wir uns selber klein halten durch die Normen, die wir in uns
aufgenommen haben." (Meulenbelt 1979, 166)

Bei aller Gemeinschaftlichkeit dieser Erfahrungen und Entwicklungen gibt
es folglich immer auch den Aspekt der individuellen und schwer zu voll-
ziehenden Veränderung[6]:

"Die Selbsterfahrungsgruppe ein warmer Fleck in der Woche, wo wir
zusammenkommen und unsere Wunden lecken.[7] Es ist als ob ich alles
andere wahrnehme. Eine schmerzhafte Klarheit, denn ich sehe vieles,
was ich lieber nicht gesehen hätte. Ich bekomme davon Angst, manchmal, merke, daß ich immer weniger fähig bin, zu meinem alten Leben
zurückzukehren, und auch nicht weiß, was ich dafür zurückbekomme.
Aufbauen wird viel schwieriger sein als abbrechen."[8] (Meulenbelt
1979, 157 f)

Später werde ich dies mit Heyward "Passion" nennen (5.1).

---

5   Cf. die bedeutend massivere Formulierung Stefans: "wir sind abgerich-
tet, |...|. dieses kümmerliche wort sozialisation! dieser beschöni-
gende begriff konditionierung" (Stefan 1984, 80).

6   Zum Problem der persönlich-emanzipativen Veränderung von Selbstbil-
dern und Verhalten von Frauen cf. Dowling 1984.

7   Bez. der Selbsterfahrungsgruppen cf. ferner Meulenbelt 1983, 10 f;
Starrett 1978, 49; Mies Art. 1978, 51; s. ferner Stefan: "längst
war die gruppenarbeit mehr als ein termin in der woche |...|
Anfangs war ich aus meinem leben mit Samuel zu einer gruppenbespre-
chung gegangen und wieder in das leben mit Samuel zurückgekehrt.
allmählich verlagerte sich das gewicht. ich kehrte seltener zurück"
(Stefan 1984, 52).

8   "es ist leichter, umstürze, die weit ausserhalb der eigenen lebenssi-
tuation stattfinden zu unterstützen, von kämpfen weit ausserhalb von
einem selber betroffen zu sein, als die eigene behausung zu verlassen,
als vom eigenen betroffen sein auszugehen" (Stefan 1984, 63 f).

Zentrale Gesprächsthemen dieser Gruppen waren die Beziehungen, die die
Frauen hatten, ihre Einsamkeit, ihre Eifersucht, das Zusammenleben mit
Mann und/oder Kindern wurde erzählt und diskutiert (ebd. 151); insbesondere favorisierten diese Gespräche aber eine Wiedereingliederung der
Körperlichkeit und der konkreten Körper in das Selbstbild der Frauen
sowie die Rückeroberung eines selbstbestimmten und aktiven sexuellen
Lebens (ebd. 167-172) und schließlich - so Meulenbelt - die Fähigkeit,
"wieder in meinem ganzen Körper zu leben, so wie ich das als Kind tat"
(ebd. 167; s. 5.3.2).
Dieses "gegenseitige Erzählen von Lebensgeschichten" (ebd. 151) war von
derartig großer historischer und einzelbiographischer Überfälligkeit,
daß das Reden - trotz der gesamtgesellschaftlichen Tabuisierung der Themen (unglückliches sich im eigenen Körper nicht zu Hause Fühlen, sexuelle Bedürfnisse und Probleme) - sich wie von selbst ergab (ebd. 151):
"Erfahrungen purzeln übereinander, kaum Geduld die anderen ausreden zu
lassen. Scheinbar waren wir alle am Platzen." (Ebd. 151)
Entsprechend viel Raum war dann da für Gefühle:
"Ich weine mit, als ich Marri weinen sehe. Ich werde wütend, als Ellis
von ihrem Freund erzählt, wie sie bemogelt worden ist", und am Abend
der Abschied, "lachend vor der Tür" (ebd. 151).

Zentrale Erfahrung - die Erfahrung, die mit einem Mann offenbar so unmöglich ist[9] - aber scheint mir das Gefühl, endlich angehört zu werden und
verstanden zu sein:

> "Ich sehe die Gesichter um mich herum, als ich über David, Shaun,
> Michael erzähle, gespannte Gesichter, sie sind vollkommen mit dabei.
> Sie verstehen, worüber ich spreche. Sie begreifen mich" (Meulen-
> belt 1979, 151)[10].

---

9 Cf. auch hierzu Stefan über einen Urlaub allein mit Frauen: "ich
   hatte mich zwei wochen lang anders verhalten können |...|" (Stefan
   1984, 66) und folgende Passage: "'Mit frauen kann ich besser reden als
   mit männern', sagt eine freundin zu mir. 'Ich kann besser wohnen, besser leben mit frauen, mit ihnen fühle ich mich wohler als mit män-
   nern-'" (ebd. 82).

10 Cf. noch einmal Stefan: "es gibt eine verbundenheit unter frauen, in
   der anteilnahme, erotik ... aufrichtigkeit und geborgenheit ineinander

Und gerade daher rührt jenes Gefühl - 'ein warmes Gefühl im Bauch, fast
wie verliebt': "Ich bin nicht allein. Ich bin nicht allein" (Meulenbelt
1979, 151).

Die explosive Dynamik dieser Erfahrung und die gegenseitige Bestätigung
und Stabilisierung des Selbstbewußtseins, die der Austausch von Lebensgeschichten bewirkte, einerseits und die darauf reflektierende Einsicht,
daß alle jenes im Privaten Erlebte eine politische Dimension und Bedeu-
tung hat, insofern "unsere individuellen Erfahrungen |...| etwas über
die Machtverhältnisse in der Gesellschaft als ganze" aussagen (Meulenbelt 1983, 11), führte zu einem raschen Anwachsen der Gruppen, der immensen Ausbreitung zu einem "Netzwerk" (ebd. 207)[11] und einer zunehmenden
organisatorischen Realisierung der Frauenbefreiung in Kursen, Zeitschrif-
ten, theoretischen Aufsätzen[12], Straßenaktionen, Aktionen an Universitäten und in Gewerkschaften, der Gründung von Frauentreffpunkten, Feten und
Ferienlagern (Meulenbelt 1979, 165 f, 206, 230 f, 234, 248 ff).

2.2   Eine Zwischenbemerkung

Der folgende Abschnitt hebt die Erfahrungen (christlich-)religiöser Feministinnen von denen anderer Feministinnen ab. Aber dies geschieht nicht
mit der Absicht zu werten!
Vielmehr rührt diese Differenzierung daher, daß die Lektüre nicht-christ-
licher, postchristlicher und christlicher feministischer Publikationen
und Gespräche ergeben haben, daß der Unterschied bezüglich der "Wurzel-
erfahrung" (Plaskow Art. 1982, 250) zwischen den Gruppen mehr als nur
ein sprachlicher ist, daß es Formulierungen gibt, die auf einen religiösen

---

verwoben sind. viele der gefühle, die uns mit einem mann meistens
zum verhängnis werden, sind gleichzeitig ... ein vorrat, aus dem
wir uns selber und einander gegenseitig stärken können" (Stefan
1984, 82 f).

11   Zur Errichtung von kirchlichen Frauennetzwerken cf. Meyer Art. 1986.

12   Cf. beispielsweise Meulenbelt 1982; dies. 1983.

Charakter mancher Erfahrungen hinweisen und die neben der Betonung von
Gottes Immanenz auch auf seine/ihre Transzendenz und Personalität[13] hinzudeuten versuchen.

Frauen müssen wissen, wer sie sind, und wenn es Unterschiede gibt, müssen diese benannt werden, um weiterhin miteinander umgehen zu können.[14]

Bei Krattinger etwa kann frau/man die in Referenz auf Halkes formulierte Überzeugung finden, daß "nicht wenige Feministinnen 'ein religiöses
Organ'" hätten (Krattinger 1985, 78), und Krattingers Buch löst diese
These m. E. glaubwürdig und sinnfällig ein. Betrachtet frau/man etwa
die Gesprächsthemen der hier beschriebenen Gruppen, so erscheint das
dort Verhandelte als Kombination aus theologischen und alltäglichen Fragestellungen, wie etwa die nach der "Großen Göttin" und deren system-
stabilisierenden Implikationen für die Geschlechterrollen.[15]

Die Gruppenerfahrungen, die mit Meulenbelt beschrieben werden konnten,
nehmen in der christlichen und post-christlichen Frauenbewegung eine
spirituelle Dimension an, die sich dann auch in einer anderen, allgemei-
neren und be-geistigten Sprache ausdrückt.

Das Gefühl, nicht allein zu sein, und jene "Bewußtwerdung" erfahren hier
eine kosmologische Vertiefung und eine Ausweitung auf Gott hin; Bewußtwerdung bedeutet auch, eine gottbezogene Erfahrung zu machen; "Entkondi-

---

13 Mit Wilson-Kastner können zwei Richtungen innerhalb der feministischen
    Theologie unterschieden werden: Eine Richtung, bei der der Gottesbe-
    griff gänzlich aufgelöst wird in intersubjektive Relationen (Golden-
    berg, Christ, Starhawk, Daly) und in diesem Sinne als "postchristlich"
    bezeichnet werden kann (cf. Daly 1982, 5), und eine zweite für meine Ar-
    beit grundlegende Richtung, die eine Revision des bisherigen Gottes-
    bildes in Richtung Feminisierung und ganzheitlicher Befreiung verfolgt
    (Wilson-Kastner 1983,21-24; cf. Plaskow/Christ 1979, 8); cf. auch den
    Vorwurf Visser't-Hoffts an Daly, daß man "mit dem Partizip Präsens eines
    Verbs keinen Dialog unterhalten kann" (Visser't-Hofft 1982, 73); cf. fer-
    ner Hundrup 1984, 139; für eine profunde Kirchen-und Theologiekritik
    aus Frauensicht können jedoch, wie bereits deutlich wurde, Vertreterin-
    nen beider Richtungen herangezogen werden; zur "Veränderung des reli-
    giösen Bewußtseins" cf. auch King Art. 1983.

14 Zum Benennen der Unterschiede cf. Burmeister Art. 1987, 55.

15 "In unserer Lesegruppe, die das Buch 'Weiblich-weit wie der Himmel'
    durcharbeitet, kommt es zu unerwartet heftigen Auseinandersetzungen über
    die Göttin, das Weibliche, das Mütterliche, das Gottesbild vom Schoß

tionierung" wird auch als theologisch-theoretischer Exodus aus traditioneller weißer, männlicher Theologie verstanden (cf. Kap. 3) und als
Befreiung zu einer neuen, ganzheitlichen Spiritualität, die explizit
und entschieden körper- und naturhafte Erfahrungen zu integrieren vermag (cf. 5.2 und 5.3), - kurz: Die Erfahrung von Solidarität und neuer
Identität (unten als "beziehungshafte Subjektwerdung" beschrieben) hat
hier einen "mystischen Kern"[16].

Sehr sensibel und diskret deutet Plaskow diese Unterschiede an, und sie
soll daher hier ausführlicher zitiert werden:

> "Während unserer ganzen Diskussion über die Frauenbewegung stellten
> wir fest, daß wir unsere Erfahrungen in der Bewegung wiederholt als
> religiöse Erfahrungen sahen und daß wir uns immer wieder fragten,
> was für einen Wert dies habe |...|. Als in unseren Gesprächen immer
> wieder die Wörter 'Gnade', 'Erleuchtung', 'Sendung' und 'Umkehr'
> auftauchten, gewahrten wir, daß Frauen, die nicht in religiösen Ka-
> tegorien denken, ja solche zurückweisen würden, die Erfahrungen,
> die wir in dieser Sprache zum Ausdruck brachten, teilten. Wir woll-
> ten nicht imperialistisch betonen, daß auch ihre Erfahrungen in
> Wirklichkeit religiös seien, obschon sie dies nicht zugeben wollten.
> Wenn wir uns fragten, was wir zu den 'Wurzelerfahrungen' hinzufügen,
> wenn wir sie als religiös bezeichnen, konnten wir zudem nichts Spe-
> zifisches herausfinden. *Andererseits hatten wir das Empfinden, daß
> dies eine gültige Sicht unserer Erfahrung in der Frauenbewegung sei,
> eine Sicht, die unser Verständnis dieser Erfahrungen und der religiö-
> sen Erfahrung selbst bereichern könnte*" (Plaskow Art. 1982, 250).

Als Äußerungen, die Transzendenz andeuten, lassen sich m. E. die folgenden Zitate Heywards lesen; sie spricht von "God moving within, between,
and among us" (Heyward 1984, 11), und: "God is present, acting, moving,
creating, here und now among us" (ebd. 11; cf. 118 f), und sie nennt Gott
"wellspring" (ebd. 249), - Äußerungen, die zeigen, daß es nicht um die
völlige Auflösung Gottes in die Gruppenbeziehung hinein geht. Und

---

aller Dinge. |...| Da ist die instinktive und wohl nicht unberechtig-
te Angst, daß wir Frauen über das Bild der großen Mutter einmal mehr,
bloß in neuer Verkleidung, auf die alte Frauenrolle eingeengt werden
und schlimmstenfalls unser Gefängnis noch zumauern" (Krattinger 1985,
136).

16 So Sölle in ihrem Vorwort zu Heywards Buch (Heyward 1986, 13); cf.
dies. 1985, 30.

für Morton ist es gar möglich zu sagen, daß "Gott handelt: befreit,
bewegt, ändert, heilt, erlöst, abreißt, und aufbaut" und Frauen "pfingst-
lich" lehrt "einander zu hören" (Morton Art. 1983, 202, 204, 208).
Die oben (2.1) als zentral herausgestellte Erfahrung des Angehört- und
Verstanden-Werdens wird also hier auch pneumatologisch interpretiert:

"Unterdrückung und Pein haben uns einander in die Arme getrieben.
Wir begannen einander zu hören. Wir erfuhren Gottes Geist als einen,
der Menschen hören lehrt. Das Wort kam und kommt als menschliches
Wort, menschlicher Ausdruck der Menschlichkeit. Der schöpferische
Akt des Geistes besteht nicht darin, daß Worte erklingen, sondern
daß das Wort, der Atem und die Sprache des Geschöpfes gehört werden."
(Ebd. 208)

Zu den Wurzeln feministischer Theologie: Beziehungshafte Subjektwerdung
in der feministisch-christlichen Frauenbewegung

"Mit dir fange ich an zu erkennen, daß die Sonne wieder aufgehen kann,
daß die Flüsse wieder fließen können, daß die Feuer wieder brennen
können.
Mit dir fange ich an zu sehen, daß die Hungernden wieder essen, die
Kinder wieder spielen, die Frauen wieder zornig sein und aufrecht
stehen können.
Es geht nicht darum, was sein 'sollte'. Es ist eine Macht, die uns
auf die Gerechtigkeit zutreibt und sie herstellt. Diese Macht läßt
die Sonne glühen, die Flüsse tosen und die Feuer wüten. Und die Revolution wird von neuem gewonnen. Und du und ich werden von einer
Macht getrieben, die uns gleichzeitig erschreckt und tröstet. Und
'ich liebe dich' bedeutet: Laß die Revolution beginnen!" (Heyward
1986, 184)

.1   Eine emphatische Beschreibung ...:
      Am Anfang war die Erfahrung[17]: In Beziehung und ganz[18]

Die Erfahrungen innerhalb der religiös-christlichen Frauenbewegung sollen
im Folgenden dadurch beschrieben werden, daß zunächst ihre Orte genannt

---

17 Es sei erlaubt, die Überschrift des zweiten Kapitels aus Heywards
    Buch "Im Anfang ist die Beziehung" in dieser Weise hier zu variieren.
    Jene referiert auf Buber: ""'Beziehung ist Gegenseitigkeit ...'/Uner-

werden und erklärt wird, aufgrund welcher Voraussetzungen Erfahrungen
von Frauen zu Theologien werden können.

Danach sollen die der säkularen Frauenbewegung entsprechenden Erfahrungen der relationalen Subjektwerdung beschrieben und dabei versucht werden, zu ihrem "mystischen Kern" vorzustoßen (wobei häufig wörtlich zitiert wird, da auch die Sprache hier einen nicht zu unterschätzenden informativen Wert hat).

Abschließend ist nach den Auswirkungen dieser Erfahrung relationaler
Identität auf die Theologie von Feministinnen zu fragen, um Inhalte und
Vorgehensweisen der nachstehenden Kapitel – insbesondere den Umgang mit
Dualismen (s. 1.2) – einsichtiger zu machen.

---

forschlich einbegriffen/leben wir in der strömenden All-Gegenseitig-
keit./... Doch der unmittelbar Hassende/ist der Beziehung näher als
der Lieb- und Haßlose .../Im Anfang ist die Beziehung" (Buber, Martin, Ich und Du, Heidelberg, 1979, 23-25, zitiert nach Heyward 1986,
43) und läßt sich als Kritik an einem ganz bestimmten männlichen
solipsistischen Gottesbild verstehen (s. 2.3.1): "Diese Gottheit
verheißt uns im Anfang nicht die Beziehung, sondern 'Gott' ist; keine
Berührung, sondern nichts als 'Gott'; keine menschliche, sondern
nur göttliche 'Kreativität'. Das bedeutet keine echte Kreativität,
sondern die Negation-durch-Unterwerfung von allem, was atmet, wächst
und sich verändert: die Negation der Menschheit an sich und aller
Schöpfung" (ebd. 179).
Cf. ferner Alcalà Art. 1980, 283: "Die Frauenemanzipation, |...|,
war in ihren Anfängen ein vorwissenschaftliches Phänomen. Sie hatte
den Charakter eines soziologischen 'Ethos', will sagen eines im Gegensatz zu der herkömmlichen Daseinsweise stehenden Daseinsstils,
|...|." Cf. Carroll Art. 1980, 253; cf. Collins 1974, 201.

18 Unter "Ganzheit" verstehe ich die physische, psychische, rationale,
soziale, naturbezogene, lebensgeschichtliche und spirituelle Integrität eines Menschen, cf. Christ 1980, 119-131; cf. Noel Art. 1981,
436; Schüssler-Fiorenza Art. 1984, 34; Plaskow Art. 1982, 250; Wilson-Kastner 1983, 19. Hiermit soll jedoch nichts über die anthropo-
logisch-psychische Grundlage dieser Erfahrung ausgesagt sein, in
dem Sinne, daß diese auf einer spezifisch weiblichen Wesensart be-
ruhe, wie Daly, Christ, Washbourn und Ulanow behaupten im Gegensatz
zu Heilbrun oder Russel (cf. Wilson-Kastner 1983, 11-16, 39). Entscheidend ist für mich hier zunächst – rein positivistisch –, daß
es eben heute Frauen sind, die diese Erfahrung einbringen (s. 3.4).

(1) Orte der Erfahrung beziehungshafter Subjektwerdung und Erfahrungen als Ausgangspunkt einer Theologie von Frauen

Die Erfahrungen, bei denen Feministische Theologie ihren Anfang nimmt, sind Erfahrungen von Frauen in verschiedenen Zusammenhängen[19] und an verschiedenen Orten: mit anderen Frauen, in kleinen Gruppen, in gesellschaftlich-staatlichen Zusammenhängen, auf internationaler Ebene, Erfahrungen mit Kosmos und Natur, und nicht zuletzt Gotteserfahrungen, - und immer greifen diese genannten Erfahrungsbereiche ineinander. Sehr häufig gehen diese Erfahrungen in Gemeinschaften[20] von statten und werden als "machtvoll"[21] und positiv erfahren (cf. Plaskow Art. 1982, 250) (was ein mögliches Zerbrechen von Beziehungen aber nicht leugnen will): "No longer dead, we are rising together" (Heyward 1984, 247). Diese Erfahrungen als Bestandteil einer Theologie von Frauen verstehen und werten zu können, hat zwei Voraussetzungen, die dargelegt werden sollen, bevor jene Erfahrungen genauer beschrieben werden. Sie nehmen sich zunächst wie theologische Binsenweisheiten aus, doch Frauen müssen diese erst zu praktizieren lernen (und nicht nur Frauen), weswegen sie auch hier angeführt werden.
Grundlegende Voraussetzung ist zunächst, daß es Frauen gelingt ihre eigenen Erfahrungen - die seit Jahrhunderten diskriminiert, geleugnet, ausradiert, bekämpft, verhöhnt, ins Lächerliche gezogen werden - zu beachten und zu beobachten, und den Mut haben, sie ernst zu nehmen[22] und ihnen zu vertrauen:

---

19 Christ spricht von sowohl menschlichen als auch nicht-menschlichen Zusammenhängen, beispielsweise spirituellen Erfahrungen mit der Natur (Christ 1980, IX f; 22 f).

20 Plaskow Art. 1982, 246, 252; Christ 1980, XIV, 2, 7; Ruether/Bianchi 1976; Morton Art. 1983, 207; dies. 1972, 177; Heyward 1984, 228.

21 Cf. Heyward 1986, 30; dies. 1984, 116-122; Starrett 1978, 36 ff; 49; cf. Wolf 1983; s. u. (2) und 3.3.

22 Oft werden diese aber als "gefährlich", "subjektiv" oder "irrelevant" abgetan (cf. Schüssler-Fiorenza Art.1984, 32; cf. Carroll Art. 1980, 257; Keen Art. 1968/69, 44).

"Unsere Wirksamkeit als Feministinnen beruht auf dem Ausmaß, in dem
wir unsere Erfahrungen und Visionen verstehen und vertrauen. Dies
wird uns nicht gelingen, solange wir die Realitätsvorstellungen in-
ternalisieren, die für uns im Laufe der Geschichte von jenen gestal-
tet wurden, deren Interessen uns einen Schlag ins Gesicht versetzen.
Dazu gehören beispielsweise diejenigen, die zur Zeit in diesem Staat
(= USA) und in vielen, wenn nicht gar den meisten Kirchen, Schulen
und Medien die Macht haben. Nelle Morton, eine unserer starken und
schönen Vormütter, hat uns eingeschärft: Wir müssen lernen, 'unsere
Erfahrung zu erfahren'. Da es uns niemand beigebracht hat, müssen
wir erfahren, erkennen, benennen und ernst nehmen lernen, was für
uns wahr ist: das, was wir als gut erfahren, und das, was wir als
böse erleben; das, was wir verehren, und das, was wir verachten werden." (Ebd. 20; cf. Moltmann-Wendel 1985, 14)

Eine zweite Voraussetzung sehe ich in einer grundsätzlichen Aufwertung
des menschlichen Miteinanders als einem entscheidenden Ort der Gottesbe-
gegnung: "Was immer und wo sonst auch immer Gott sein oder nicht sein
mag. *Gott wird in menschlicher Liebe erfahren.*" (Heyward 1986, 163; cf.
44, 194).

(2) Die beziehungshafte Subjektwerdung und ihr "mystischer Kern"

Die als "machtvoll" beschriebenen Erfahrungen in Gemeinschaft dienen
der heilsamen Subjektwerdung[23] der einzelnen: "in touch with others,
we are most likely to discover the roots of true autonomy" schreibt Heyward (Heyward 1984, 247, 128).
Frauen erfahren "Ganzheit" - so der geläufige Terminus - und zwar sowohl
in psychologischer, natur- und körperbezogener (cf. dies. 1986, 37) sowie
religiös-spiritueller Hinsicht als auch in sozialer (cf. Ruether Art.
1982, 233), d. h. was ihre gesellschaftliche Rolle betrifft.

---

23 Harrison Art. 1982, 99; Moltmann-Wendel 1985, 81, 168; Christ 1980,
    7, 13; Gerber Art. 1984, 568, 578; Morton Art. 1972, 177; Halkes
    Art. 1978, 186; dies. Art. 1980, 294; dies. 1985, 86; Ruether 1974,
    12; Krattinger 1985, 12, 16, 73, 100; Maaßen/Schaumberger 1984, 199;
    Plaskow Art. 1974 c, 341.

Morton spricht von

> "awareness of herself |= the new woman|, her identity as a human
> person with the rights, responsibilities, and potentials there of
> in light of her unexamined, traditionally accepted position in pre-
> sent and historical social situation" (Morton Art. 1972, 177),

ein Zitat, das die Nähe dieser Erfahrung zur Bewußtwerdung wie sie im

vorigen Kapitel (2.1) beschrieben wurde, deutlich macht und als welche

sie auch bei religiösen Frauen interpretiert wird ("coming to self",

"newfound self-awareness and self-confidence", Christ 1980, 19, 21;

consciousness arising", cf. Morton Art. 1972, 177; "explosion of con-

sciousness for women, a self- and worldtranscendending conversion ex-

perience", Ruether/Bianchi 1976, 108)[24].

Konstituierend für diese Erfahrung psychologischen, spirituellen und

sozialen Ganzheitsempfindens ist das Gewahrwerden des in-Beziehung-Ste-

hens und Bezogenseins auf andere und die Umgebung: "Relationalität |ist|

der Herzpunkt von allem |...|. Alles hängt miteinander zusammen. Nichts

Lebendiges ist in sich abgeschlossen; |...| |und wir selbst sind| ein

Teil eines verschlungenen Lebensgewebes |...|", schreibt Harrison (Harri-

son Art. 1982, 204), oder "The term 'relational' expresses the idea |...|

that the egos and personalities of women are themselves constructed in

terms of relations" (Smith Art. 1985, 243; cf. Gilligan 1982, 22).[25]

Exemplarisch für dieses Empfinden ist das folgende Zitat aus Walkers

Roman "The Color Purple":

> "She say, my first step from the old white man was trees. Then air.
> Then birds. Then other people. But one day when I was sitting quiet
> and feeling like a motherless child, which I was, it come to me:
> that feeling of being part of everything, not speperate at all. I
> knew that if I cut a tree, my arm would bleed." (Zitiert nach Kel-
> ler Art. 1985, 251)

---

24 Cf. Heyward 1986, 30; Christ 1980, 7; Carroll Art. 1980, 256; Koppers
    Art. 1986, 246.

25 Zu einem relationalen Intelligenzbegriff cf. Ruether 1985, 140; Sher-
    man 1979; Mc Glone Art. 1980; Krattinger 1985, 137.

In einer patriarchalischen Kultur, die mehr oder weniger verdeckt noch immer das Idol des "einsamen Rangen" (Harrison Art. 1982, 206; cf. Keen Art. 168/69, 43, cf. Gilligan 1982, 26) hochhält, mag es nun fraglich erscheinen, worin das Befreiende dieser Erfahrung liegen soll; mancher, der gelernt hat, menschliche Freiheit als "Unabhängigkeit" und "Ungebundenheit" zu verstehen, wird konsterniert sein oder spotten, denn "this mode is distinct from the ego structure of men which is constructed in terms of objects" (Smith Art. 1985, 243); und Keller fragt, mit Sorge für die Frauen: "Aren't women already all too empathic - why should we now bleed with the trees?" (Keller Art. 1985, 252).

Doch viele Frauen erfahren tatsächlich gerade in diesem in-Beziehung-Stehen ihre Freiheit und Selbstwerdung: "Taking part in each other presupposes and creates differentiated selves in which to take part!" (Keller Art. 1985, 262).

Der Erfahrung von beziehungshafter Bewußt- und Personwerdung aber eignet auch eine göttliche Dimension, d. h. der Ort, wo Frauen Subjektwerdung in Gemeinschaft erfahren, wird für feministisch-theologische Frauen u. a. auch zum Ort der Gotteserfahrung - und dieses Miteinander und sich-gegenseitig-Stärken ist zugleich selbst ihre Gotteserfahrung.[26]

Frauen erfahren Verbindung, "Verbundenheit" (Harrison Art. 1982, 209) und Verbindlichkeit zwischen einander, etwas, was bindend und mit Verbindlichkeit[27] und Gegenseitigkeit zwischen, unter, mit ihnen ist; und diese Verbundenheit erfahren sie als von einer Macht, von Gott, gehalten: "Gottes Transzendenz erfahren wir in der Beständigkeit, mit der Gott zwischen uns Brücken baut" (Heyward 1986, 30)[28].

---

26 "Wenn wir geheilt werden wollen, wenn wir unsere Ganzheit erkennen und dadurch unsere Macht erlangen wollen (die ich Gott, unsere Macht in Beziehung, genannt habe) |...|" Heyward 1986, 33 f).

27 Maguire sagt im Kontext seiner Rede über feministische Ethik: "caring is intrinsic" (Maguire Art. 1982, 65).

28 "Inmitten einer solchen Welt liegt es immer noch in der Macht der Liebe, welche die Frohbotschaft Gottes ist, in uns das Bewußtsein zu erhalten, daß niemand von uns bloß zum Sterben geboren ist, sondern daß

Sölle spricht, wie bereits erwähnt (s. Anm. 16) bei Heywards Ansatz
von einem "mystischen Kern"[29]; und in der Tat redet diese von einer Art
von Erkenntnis, einer Erkenntnis, die Menschen positiv erfahren läßt,
wer sie sind (Heyward 1986, 30 f, 49), und daß Mensch-sein in-Beziehung-
Sein bedeutet (ebd. 58, 18) und daß dies gut ist:

> "Göttliches Wesen treibt uns, sehnt sich nach uns, bewegt sich in
> uns und durch uns und mit uns, indem wir uns selbst als Menschen
> erkennen und lieben lernen, die von Grund auf in Beziehung stehen
> und nicht allein sind." (Ebd. 30 f)

Für die/den einzelnen ist dieser Erfahrungsprozeß menschlich-göttlicher
Gemeinschaft aufbauend und heilsam[30]: "Die Erfahrung der Beziehung ist
fundamental und grundlegend für den Menschen, sie ist gut und machtvoll"
(Heyward 1986, 44), sie kann, so Heyward, uns Menschen dazu verleiten,
daß wir uns "mit zärtlicher Beharrlichkeit durch unsere Sünde hindurch
|...| kämpfen zur Bejahung unserer selbst in der Beziehung" (ebd. 183).
Den Aspekt der Gotteserfahrung deutet Heyward mit dem Ausdruck "Macht
in Beziehung" an (ebd. 16, 31 ff, 61, 128). Was meint dieser Ausdruck?
    Hier muß erst klargestellt werden, daß "Macht" nicht "Zwangsmacht"
bedeutet, wie Sölle in ihrer Einleitung zu Heywards Buch schreibt, sondern "Seinsmacht"[31], die auch dem Grashalm, der sich durch den Asphalt

---

wir berufen sind, das Geschenk des Lebens zu haben und die Macht
der Verbundenheit zu kennen und zu übermitteln.
Ein Haupterweis der Gnade Gottes - die immer in, mit und durch andere
zu uns kommt - ist diese Kraft, zu kämpfen und *Empörung zu erleben*"
(Harrison Art. 1982, 211; cf. Gerber Art. 1984, 574).

29 Cf. die Definition Krattingers von Mystik als "im Kontakt sein, ange-
    schlossen sein an den alles ermöglichenden Urgrund alles schöpferi-
    schen Seins" (Krattinger 1985, 92).

30 Cf. Gerber Art. 1984, 569; Meyer-Wilmes 1979, 156 f; zur Erfahrung
    der Frauen als Gnadenerfahrung s. auch 3.1.2 (3).

31 Zur unterschiedlichen Einschätzung Tillichs in der feministischen
    Theologie cf. Heyward 1986, 61, 79; Moltmann-Wendel 1978, 72; Collins
    1974, 43; Daly 1982, 35,37, 50, 123.

streckt, eignet" (Heyward 1986, 12). Das diesem Kapitel vorangestellte
Zitat etwa versucht diese explosive Erfahrung als kosmologische und soziale (realutopische) Vision zu beschreiben.

Diese Macht - und Macht wird hier zum Synonym für "Gott" und "Macht in
Beziehung" - zu "erlangen" geschieht im Prozeß des 'geheilt-Werdens'
und 'Ganzheit-Erkennens' (ebd. 33 f) und bleibt untrennbar an die Gemeinschaft mit anderen[32] gebunden:

> "Nur gemeinsam, in gegenseitiger Beziehung, gibt es überhaupt eine
> gemeinsame persönliche Macht. Nur in Beziehung gibt es Liebe oder
> einen wirklichen Gott. Ich habe keine Macht, die ich aus mir selbst
> geben könnte. Liebe ist nicht etwas, das ich ohne dich vollziehen
> kann. Gott ist unser, damit wir Gott teilen. Wir geben uns Gott und
> wir empfangen von Gott. Wir erfahren Gott gemeinsam oder gar nicht."
> (Ebd. 32, cf. 18)

(3) Auswirkungen der Erfahrung der relationalen Personwerdung auf die
      Theologie von Feministinnen

Entsprechend diesem Prozeß der Subjektwerdung in und durch Beziehungen
schlägt sich selbständiges und beziehungshaftes Denken in den theologischen Theorien von Feministinnen nieder, so etwa in ihrem menschlichen
Selbstbild (was sonst ist theologische Anthropologie?) oder ihrem Umgang mit Gesellschaft und Natur, Körperlichkeit, Kirche, und theologischen Traditionen, und verschiedene Aspekte des menschlichen Lebens,
"Selbstvollzuges"[33] werden vor dem Hintergrund dieser neuen Erfahrungen
reflektiert: Körper und Verstand/Geist, männlich und weiblich, Mensch

---

32 Die Gemeinschaft ist nicht nur zwischen Gott und Mensch, sondern
     bezieht auch die Natur mit ein (so wie die Erfahrung göttlicher Lie-
     be auch nicht auf den menschlichen Bereich beschränkt ist):
     "Gott ist die Macht in Beziehung zwischen Pflanzen und Hunden
     und Walen und Bergen und Städten und Sternen" (Heyward 1986,
     30).

33 Auch Rahners Ausführungen zum "Selbstvollzug der Kirche" (Rahner
     1967, 133-149) nehmen zu dessen unterschiedlicher Realisierung durch
     Frauen und Männer keine Stellung.

und Natur, herrschen und beherrscht werden (cf. Starrett 1978, 37 f).
All diese Aspekte haben für feministische Theologie sowohl mit der/
dem einzelnen zu tun, als auch mit der Gesellschaft, sowie mit Gott
und der Lehre von Gott. Und ebenso stehen diese Aspekte auch untereinander in Beziehung, so die Wahrnehmung der Theologinnen über jene Ini-
tiationserfahrung hinaus: Körperlichkeit mit "weiblich" und mit "beherrscht werden", oder "männlich" mit Verstand und "herrschen".
Der genannten Vielfalt von Aspekten und Beziehungen entsprechend entdecken Frauen auch eine Variationsbreite von "Umgangsmöglichkeiten"[34]
mit diesen (cf. 1.2.4): Denkend und handelnd, ästhetisch und politisch,
intuitiv und mystisch, rational und emotional, wissenschaftlich oder
im primären, alltäglichen Erfahrungsaustausch - auch hierfür steht der
Begriff "ganzheitlich" - versuchen Frauen sich mit den Aspekten menschlichen Lebens auseinanderzusetzen.
Und dabei kommt dann die Frage auf, welchen Wirklichkeitswert die gerade (und bei den Zielsetzungen (1.2) feministischer Theologie als zu über-
windende) genannten Dichotomien überhaupt haben, wie ausschließlich oppo-
sitionell und endgültig sie sind und ob die Denkkategorie der "Dichotomie" ausreichend, hilfreich und authentisch ist, um feministischen/mensch-
lichen Selbstvollzug zu beschreiben, - steht sie doch in unübersehbarer
Weise im Widerspruch zu der Erfahrung, die am Anfang war: In Beziehung
und ganz!
Darüberhinaus ist ferner auch die Veränderung im Gottesbild beträchtlich:
Überhaupt wird frau/man hier erst einmal zugestanden, 'sich ein Bild
von Gott zu machen'[35], und diese/r Gott wird, aufgrund der Erfahrungen,
ebenso als beziehungshaft beschrieben. Darin liegt m. E. ein weiterer

---

34 Entsprechend vielfältig ist auch die hier zitierte Literatur (theolo-
    gisch, belletristisch, mystisch-spirituell, essayistisch, biographisch).

35 Cf. das biblisches Bilderverbot Ex 20,4; cf. Fuchs Art. 1985 c, 224.

unterschied zwischen Feministischer Theologie und traditioneller weißer
männlicher Theologie: Der Mensch wird aufgrund der eben beschriebenen
Erfahrung der Subjektwerdung autonomer, mündiger und Gott relationaler,
bezogener gedacht (s. 3.1.2 und 3.2.2).
Und schließlich erweist sich diese Erkenntnis der Verwobenheit aller Le-
benszusammenhänge als Grund dafür, daß - wie eingangs erwähnt (1.3) -
bestimmte Bereiche immer wieder diskutiert werden müssen: Ist beispielsweise von dem Phänomen "männlich-weiblich" die Rede, so ist dies sowohl
ein Beitrag zum Bild des Einzelmenschen (Kap. 4) als auch auf gesellschaftlicher und theologischer Ebene (s. 5.1) zu reflektieren. Oder die
Frage nach dem Verhältnis von Mensch und Kosmos ist wesentlich mit dem
jüdisch-christlichen Gottesverständnis verbunden (s. 5.2).
Mein Vorgehen, das immer wieder auf die von Frauen in einer androzentrischen Kultur aufgefundenen Dichotomien stößt, und jene als beziehungshafte Pole ein- und desselben Phänomens aufzudecken versucht und immer
wieder nach Mensch, Gott, Kosmos und Gesellschaft fragt, soll somit
authentisch die von Frauen erfahrene Verwobenheit wiedergeben und trotzdem, so hoffe ich, noch übersichtlich bleiben.[36]

2.3.2   ... und ihre kritische Reflexion[37]

Was habe ich geschrieben? Was habe ich getan? Unter den vielen und vielen
Erfahrungen, die Frauen seit Jahrhunderten machen, habe ich zum einen
eine einzelne herausgenommen und zum anderen habe ich von den vielen
konkreten Einzelerfahrungen dieser beschriebenen Art abstrahiert, ein

---

36 Zu den Problemen der "Formlosigkeit" (ihrer Chance und Gestaltung),
    wenn Frauen anders, d. h. nicht in männlichen Mustern, denken wollen
    cf. Starrett 1978, 19 f).

37 Zu diesem Punkt angeregt haben mich insbesondere die kritischen
    Bemerkungen von Jonneke Bekkenkamp, Annie Imbens-Fransen und Helle
    Theill Jensen auf der zweiten Konferenz der "European Society of
    Women for Theological Research" im Juni 1987 in Helvoirt; cf. auch
    Kap. 1, Anm. 64.

Modell gemacht.[38]

Warum?

Ganz bestimmt nicht, um all jene anderen Erfahrungen, zumeist Erfahrungen
von Ausbeutung, Demütigung, Ratlosigkeit, Hoffnungslosigkeit, Isolation,
Verzweiflung, Vergewaltigung zu verharmlosen, zu diskriminieren oder
aus dem Blick zu verlieren;[39] ganz im Gegenteil halte ich diese Erfahrungen noch immer für die alltäglicheren. Und ganz sicher tue ich dies nicht,
um suggerieren zu wollen, daß aufgrund dieser einen Erfahrung der Subjektwerdung und des in-Beziehung-Stehens alle Probleme gelöst wären[40];
vielmehr scheint es mir so zu sein, daß Frauen durch diese eine besondere Erfahrung der Konstituierung einer relationalen Persönlichkeit in
etwa in die Lage versetzt werden, all jene anderen Erfahrungen auszuhalten, auszutragen, anzugehen.[41]
Ferner möchte ich damit auch nicht die gegenwärtige Rückläufigkeit
- sowohl in der "weltlichen" als auch christlichen Frauenbewegung, wie
etwa Burrichter und Lueg sie unter dem Stichwort "Schwesternstreit" (Bur-
richter/Lueg Art. 1986, 18-23) beschrieben haben - negieren; doch ich
halte eine Rückbesinnung auf die Anfangserfahrung für einen möglichen
Weg aus der Krise: Durch das Kultivieren von Beziehungen und diesem
relationalen Frauenselbst, das noch immer auf so unsicheren Füßen steht,

---

38 Cf. Carr: "It is difficult to universalize their |= women's| experience,
for women are as uniquely individual as men. Because of the variety
of female experience, especially in different cultures and classes,
one must be wary of absolutizing any particular set of experiences
or any single interpretation as *the* experience of women" (Carr Art.
1980, 114).

39 Wie leicht auch in feministischen Kreisen "die Klage als Gebet" (Fuchs
1982) ausgeschaltet werden kann, zeigt die von Hundrup zusammenge-
stellte Sammlung von Gebetstexten (Hundrup 1984, 146-156); bez. feministischer "Gegengesänge" cf. Burmeister 1982.

40 Entsprechend lautet etwa der Titel einer Predigt Heywards: "Living
in the struggle". Und dort heißt es "To labor in the harvest is
to live in the struggle" (Heyward 1984, 248, 250).

41 "Ich kann aus eigener Erfahrung nur hinzufügen, daß der Aufenthalt in
der |gesellschaftlichen| Verdrängung in dem Augenblick aufhört, ein
schrecklicher zu sein, in dem man ihn bewußt annimmt" (Wöller Art.
1983, 177).

scheint mir eine lebenspraktische und weltanschauliche Frauensolidari-
tät möglich.

Ganz gewiß möchte ich ferner nicht, etwa durch die Rede von Mit-(Ge-)Fühlen,
klassische Stereotype vom 'weiblichen Wesen und Verhalten' reproduzieren (cf. Wilson-Kastner 1983, 14).

Auch weiß ich mich der Tatsache und Gefährlichkeit bewußt, durch diese
abstrahierte Beschreibung verschiedene andere Bereiche (zunächst) ver-
nachlässigt zu haben: den politischen Bereich (cf. bes. Raymond Art.
1974), den meta-ethischen Aspekt (cf. Smith Art. 1985, Keller Art. 1985,
O'Conner Art. 1985) oder den sprachlichen Aspekt bei dem Befreiungspro-
zeß der Frauen (cf. bes. Morton Art. 1972, 181 f; s. auch 1.3); und ich
habe ebenso völlig abstrahiert von den verschiedenen feministischen Richtungen, ob christlich oder postchristlich, liberal oder sozialistisch
oder, bez. der vorherrschenden androzentrischen Kultur in unterschiedli-
chem Maße, separatistisch (cf. 1.2.3; 3.1.3 (3)). Und ganz sicher ist
das bisher Beschriebene ein Produkt weißer, weiblicher Mittelschicht
der sog. "Ersten Welt" (cf. Plaskow 1977, 27).

Und schließlich will ich ganz und gar nicht suggerieren, daß Frauen jenseits ihrer Komplizinnenschaft mit ihrer eigenen Unterdrückung schuld-
und fehlerlose Wesen wären (ebd. 26), - nicht zuletzt auch deswegen,
da dies repressive Klischees unserer Kultur abermals reproduzieren hieße.

Doch aufgrund von Lese- und Lebenserfahrungen habe ich mich entschlossen
und erscheint es mir sinnvoll, diese eine besondere Erfahrung ins Zentrum und an den Anfang zu stellen: Die Erfahrung "in-Beziehung-und-ganz"
halte ich für eine Schlüsselerfahrung, für einen ganz wesentlichen Aus-
löser der (religiösen) Frauenbewegung und erst vor ihr als Hintergrund
erhalten alle anderen negativen Erfahrungen ihre Konturen, werden sichtbar, erzählbar und angehbar.

So habe ich diese Erfahrung für die erklärende Einführung in die
folgende Theologie gewählt, da ich sie, wie gesagt, für eine wesentliche
historische Voraussetzung der Frauenbewegung und Feministischen Theologie
halte, und sie die logische Voraussetzung meiner Arbeit darstellt, - und

dies alles bewußt und entschieden gegen jenes zu ihrer Zeit uneinge-
schränkt gültige männliche Dogma, welches Erfahrungen als für 'eine
theologische Betrachtung nicht wert hält', wie Christ es einmal formulierte (Christ 1980, XI).

Zusammenfassung

Davon ausgehend, daß feministische Theologie vorrangig eine Theologie
der Erfahrungen von Frauen ist, wurde in diesem Kapitel versucht, diese
zu beschreiben, was gleichzeitig das Vorhaben der Selbstvergewisserung
inhaltlich füllen kann.
Hinführend wurde ein Aspekt der niederländischen Frauenbewegung skizziert,
der die Gruppenprozesse der Frauen als Prozesse des sich-selbst-bewußt-
Werdens beschrieb, als Entkonditionierung internalisierter Unterdrückungs-
mechanismen und als Integration der Körperlichkeit in die Identitäten
der Frauen (cf. 5.3).
Diese gemeinschaftlich vollzogenen Veränderungen vermittelten den Frauen
die Erfahrung, nicht alleine zu sein, und führten schließlich zur orga-
nisierten Ausbreitung der Gruppenbewegung.
Eine Zwischenbemerkung leitete dann zu den religiösen Anteilen der christlichen Frauenbewegung über, für die ebenfalls die Kriterien des Bewußtwerdens, der zunehmenden Autonomie und der Wert des Gemeinschaftsbezogenen zentral sind.
Vom Vorherigen unterscheidend wurde die Erfahrung einer (zugleich immanen-
ten und transzendenten (s. u. 3.2.2 (2)) Macht beschrieben, die jene
dynamischen Prozesse der Frauengruppen mitträgt und die dem entsprechend
"Macht in Beziehung" genannt wurde.
Eine kritische Reflexion des Dargelegten konnte nochmals die Hervorhebung
jener (christlich-) feministischen Grunderfahrung legitimieren. Sie soll
im Folgenden zum Ausgangspunkt einer entsprechenden Theologie genommen
werden, die jene postulierten Voraussetzungen, nämlich sowohl die Erfahrungen der Frauen als auch menschliches Miteinander als Ort der Gottes-

begegnung ernst zu nehmen, einzulösen versucht. Und sie wird entsprechend der Rede von der "gemeinschaftsbezogenen Subjektwerdung" der Frauen die Kategorien der Mündigkeit und des Relationalen zu den zentralen Kategorien ihres theologischen Menschen- und Gottesbildes machen.

Erfahrungsbezogene Aspekte eines feministisch-theologischen Menschen-
und Gottesbildes unter besonderer Berücksichtigung von Heywards Ansatz

Nachdem die Erfahrung von Subjektwerdung, Bewußtwerden des Selbst und
dessen Eingebundensein in zwischenmenschliche und mitgöttliche Zusammenhänge beschrieben wurde, soll eine diesen Erfahrungen entsprechende theologische Systematisierung versucht werden, die den Kontakt zu
dieser Basiserfahrung zu wahren versucht.
Das Folgende will ein Konzept von "Menschsein mit Gott in der Geschichte"
entwickeln mit dem Ziel, die Erfahrung "in Beziehung und ganz" für alle
und die Schöpfung voranzutreiben, "Gerechtigkeit" (s. 3.3) zu realisieren.
Hierfür wird, entgegen den jeweils zuvor skizzierten Traditionen (bez.
des Menschenbildes in 3.1.1 und bez. des Gottesbildes in 3.2.1), Menschsein als Mündigsein (3.1.2) - wobei die Rolle des Alten Testamentes bei
der Subjektwerdung der Frauen angefragt werden soll (3.1.3) - und Gott
als beziehungshaft (3.2.2) bestimmt, das Verhältnis von Gott und Mensch
als "kooperativ" beschrieben und zum Ziel ihres Miteinanders "Gerechtigkeit" auf der Erde zu dieser Stunde erklärt (3.3); paradigmatischer Charakter kommt dabei dem Jesus-Entwurf Heywards zu (3.3.2), der positiv
von jener vermeintlichen emanzipatorischen These "Jesus - ein Feminist"
abgehoben werden soll (3.3.1).

Die Mündigkeit des Menschen[1]
oder: Vom Aufbruch des Menschen aus der so sehr gewollten Unmündigkeit[2]

Die Erfahrung der relationalen Subjektwerdung führt auf systematischer
Ebene dazu, aus eben diesem Prozeß heraus Aspekte einer christlichen
Anthropologie zu entwickeln und nicht auf dogmatische Versatzstücke aus
der Tradition zurückzugreifen: "Wir fangen mit der Menschheit an - menschlichem Leben, dem menschlichen Körper, menschlicher Erfahrung in Bezie-

---

1 Wohl hat meine Arbeit die Erfahrung der Frauen zum Ausganspunkt,
  jedoch möchte ich auf systematischer Ebene Männer nicht ausschließen
  (cf. 1.2.3).
2 Kant Art. 1964.

hung - als dem Brennpunkt des primären Interesses" (Heyward 1986, 60).
Wenn Frauen aus einer Position vielfacher Verhinderung von Lebensvollzügen die Erfahrung ihrer beziehungshaften Macht machen, kann dies
nicht ohne Konsequenzen für eine allgemeinere Konzeption ihres Menschenbildes bleiben.

Entsprechend kann m. E. die Erfahrung "in Beziehung und ganz" als eine
Korrektur dessen aufgegriffen werden, wie abendländisch-christlich Menschsein häufig verstanden wird:
Inhaltlich meint dies im wesentlichen eine - bezüglich des in unserer
Kultur Virulenten - kritische Profilierung der konstruktiven Kräfte,
die Frauen/Menschen miteinander haben und damit einhergehend ein ein-
dringliches Bestehen auf deren Verantwortlichkeit, das gleichzeitig die
aus der eigenen Situation schon vorgegebene Sensibilisierung für die
Not anderer nicht vergessen hat.
Der folgende Abschnitt beginnt entsprechend mit einer knappen Skizzierung
des geläufigen christlich-abendländischen Gemeinplatzes vom "schlechten
Menschen" und den Folgen einer solchen anthropologischen Konzeption (3.
1.1) für menschliches Handeln.
Danach soll versucht werden, Heywards auf jene Basiserfahrung gründendes
Konzept vom mündigen Menschen, der Verantwortung für Erlösung trägt,
darzulegen (3.1.2). Im Kern referiert dieses auf die Erfahrungen Bon-
hoeffers in der nationalsozialistischen Haft, was ein erster Punkt behandelt (1).
Von hier aus soll - gleichsam als exemplarische Profilierung von Heywards
Darstellungen - eine feministische Rezeption des Sündenfall-Mythos in
Gen. 3 - als Gewahrwerden eigener Unterscheidungs- und Entscheidungsfähigkeit zwischen "gut" und "böse" - einsichtig gemacht werden (2).
Sodann erfolgt eine, auch bezüglich Heyward kritische Befragung der griechischen Christologien (Niceas und) Chalcedons[3] im Hinblick auf ihre

---

3   Im Folgenden möchte ich meine Argumentation auf die Aussagen des
    Konzils von Chalcedon konzentrieren, da Heyward selbst auf die ni-
    ceanische Formulierung des "homousios" nicht direkt referiert, so-
    weit es ihren nicht ganz übersichtlichen Ausführungen zu entnehmen
    ist.

ideelle Verantwortlichkeit für das als paralysierend herausgestellte
abendländische Menschenbild, - eine Anfrage, die versucht, in einer
korrigierenden Revision von Heywards Thesen gerade mit dem Chalcedonense
eine Lanze für das Menschenbild feministischer Theologinnen zu brechen
(3).

Das Gewahrwerden von Macht in Beziehung, das Frauen/Menschen auf Sensibilität und Verantwortlichkeit hintreibt, meint aber nicht Blindheit
oder harmonisierende Naivität bezüglich aller Menschen- und Naturverachtung durch Menschen dieser Welt (cf. 2.3.2). Vielmehr verhält es sich
so: Die von Frauen erfahrene eigene Unterdrückung und die partielle Befreiung aus dieser führt zu einer Realisierung von Not, in der sich die
eingangs (s. 1.2.2) zitierte emphatische und zornige Emotionalität profiliert niederschlägt (4).

Systematisch gesprochen qualifiziert Heyward diese Not als 'Entscheidung
des zur Mündigkeit berufenen Menschen gegen Gott' und entlarvt gleichzeitig dieses "Böse in der Welt"[4] als "*unser* Problem" (Heyward 1986,
177; s. 1.1; 3.1.2 (4)) und das heißt: unsere Aufgabe.

Ist 'das Böse in der Welt' "unser Problem" und unsere Aufgabe, so muß
dann aber das Verhältnis von Not und Einzelmenschen zueinander er-gründet
werden. Als wesentlichen Grund wird sich - auf den ersten Blick vielleicht
paradoxerweise - die Einsicht herausstellen, daß Menschen mehr Scheu
davor zu haben scheinen, die Möglichkeit zum Guten zu ergreifen als das
"Böse" hinzunehmen (5).

In dieser Scheu der Menschen vor einem hand-greiflichen Willen zum "Guten"
sind realistisch die Grenzen des Menschen für die Realisierung von Gerechtigkeit[5] in der Welt anvisiert. Abschließend gilt es aber mit Heyward

---

4 Ich erlaube mir hier, vorläufig pauschal vom "Bösen" und "Guten"
   zu reden; die Begriffe werden im Folgenden konkretisiert werden im
   Sinne von 'existenzbedrohender Menschen- und Naturverachtung' einerseits und 'Wahrnehmen und Realisieren von Macht in Beziehung' andererseits (s. 3.1.2 (4) und 3.3.2).

5 Auch der Begriff der "Gerechtigkeit" wird weiter unten (3.3.2 (1)) unter
   Rückführung auf seine alttestamentliche Bedeutung als "korrekte Regelung menschlicher Verhältnisse" (Heyward 1986, 62), die physische,
   psychische, soziale, spirituelle, lebensgeschichtliche Ganzheit ermöglichen soll, definiert.

auch ein wenig die Grenzen dieser Grenzen zu sehen: Was wäre eine christliche Anthropologie ohne die Güte der Ermutigung (6)?

3.1.1   "Die Welt ist arm, der Mensch ist schlecht"[16] (Brecht)

Zur Kritik traditioneller, weißer, männlicher theologischer Anthropologie

Verschiedene Denkrichtungen der abendländisch christlichen Kultur und
traditionell männlicher weißer Theologie konnten und können - so scheint
es feministischen Theologinnen - nicht genug die Schlechtigkeit und die
Schwächen des Menschen betonen, etwa in ihren Lehren von Sündenfall und
Sühne, ihren christologischen Konzepten oder Rezeptionen (s.u.), aber
auch ihren Predigten, Katechismen und Liturgien.[7]
Sie entwerfen ein "destruktives Menschenbild"[8], als dessen Kernstücke
"Egoismus" und "zerstörerische Triebstruktur" gelten (Moltmann-Wendel
1985, 15).Sie sind stets bereit, 'das Böse als das Resultat falscher
menschlicher Entscheidungen' herauszustellen, aber daß 'das Gute das
Resultat richtiger menschlicher Entscheidungen' ist, hat "noch kein christlicher Theologe eindeutig klargestellt (Heyward 1986, 180).

---

6   Zuweilen liefert die säkularisierte Literatur die einsichtigsten
     Belege für verschiedene Meinungen in der christlichen Kultur: "Na-
     türlich hab' ich leider recht/ Die Welt ist arm, der Mensch ist
     schlecht" erklärt Jonathan Jeremiah Peachum in Brechts "Dreigroschen-
     oper" (Brecht 1978, 181).

7   Cf. etwa die Definition von "Sünde" im Evangelischen Gemeindekate-
     chismus: Sünde "besteht nicht darin, daß ich etwas Verkehrtes tue,
     sondern daß mein ganzes Wesen eine verkehrte Richtung hat, daß ich
     von Gott abgekehrt bin" (Reller 1979, 138 f). Neben dieser m. E.
     wenig zur Umkehr befreienden Definition präsentiert der katholische
     Erwachsenen-Katechismus eine grundsätzlich menschennegierende Glie-
     derung, nämlich:"Gott der Vater - Jesus Christus - Das Werk des Hei-
     ligen Geistes"; bez. Aussagen über den Menschen cf. den Abschnitt
     "Jesu stellvertretender Sühnetod" (Das Glaubenbekenntnis der Kirche
     1985, 188-191); darüberhinaus sei exemplarisch auf die folgenden
     Predigtvorschläge aus neuester Zeit verwiesen: Apfelbacher Art. 1988;
     Seibel Art. 1988; Mödl Art. 1988.

8   Auf die Frage, wie ein solch negatives Menschenbild entstehen konnte,
     stellt Moltmann-Wendel die bez. der Textdenotate nicht verifizierte,
     aber dennoch interessante These von dem Schuldgefühl der Jünger auf:
     Diese haben, im Gegensatz zu den Frauen um Jesus, diesen weder genü-
     gend verstanden, noch ihm gegenüber Eigenständigkeit bewahren können
     (cf. Mt 17,14; Lk 9,37 vs. positiv Mk 9,14, Reste einer Beziehungs-
     stärkung tradiert) und ihn schließlich in Getsemane, am Kreuz und am

Daß jene negativen Aussagen natürlich ganz massiven Wirklichkeitswert
haben, will feministische Theologie nicht bestreiten, doch ist - neben
diesem Fehlen eines positiven Pendants - zu kritisieren, daß solche anthropologischen Konzeptionen nicht gerade konstruktiv für verantwortliches
und aufgeklärtes menschliches Handeln sind, insofern diese einerseits
jeder pädagogischen Effizienz widerstreiten: Es motiviert wohl kaum jemanden zur "Nachfolge Christi", wenn er mit seinem übelsten, alle Handlungen lähmenden Konterfei konfrontiert wird[9]. Und andererseits wirft
Heyward ein entlarvendes Licht auf jenes sonderbare Beharren christlicher Kultur auf menschlicher Unzulänglichkeit: Die Betonung menschlicher
Schwäche korrumpiert(e) nämlich nicht allein das Menschenbild, sondern
es leistet(e) dann oft auch gerade der Bequemlichkeit des/r einzelnen
Vorschub, insofern sich durch den Verweis auf seine Schwäche jeder Mensch der
Verantwortung entziehen kann/konnte), in selig-selbstzufriedener "Dummheit",
alle Aktivitäten seiner Gottheit überlassend (cf. ebd. 166).
Die vielzitierte "Unmündigkeit des Menschen" scheint von hier aus nicht
nur als "selbstverschuldet", sondern auch als schlichtweg: gewollt.

2   Erfahrungsbezogene Aspekte einer feministisch-theologischen Konzeption
vom mündigen Menschen

(1)   Bonhoeffers "paradoxes Zeugnis" und die Frage nach der Verantwortung
der Menschen für ihre Erlösung

Durch ihre eigenen Erfahrungen im menschlich-göttlichen Miteinander
verändert sich aber das Menschenbild der feministischen Theo-

---

Grab verlassen (Moltmann-Wendel 1985, 145-148). Theologie, so Moltmann-Wendel, als "Tradition der Väter, Jünger und Brüder" habe in
einem "immensen theologischen Apparat" die hieraus resultierenden
Schuldgefühle in Form jenes Menschenbildes bis in unsere Tage überliefert (Moltmann-Wendel 1985, 148); wie sich solche Menschenbilder
insbesondere auf die Einschätzung der Frau auswirkte, wird in 5.3.1
dargelegt.

9   Es ist längst ein psychologischer und pädagogischer Gemeinplatz,
daß "gute Taten" zu verstärken pädagogisch effizienter ist als Fehlverhalten zu sanktionieren.

logie[10], und das Interesse richtet sich nun auf das Gutsein der Menschen, ihre "Würde" (Moltmann-Wendel, 1985, 75, 78) und ihre Fähigkeit zu teilen und zu heilen; Menschen erscheinen nun auch im Guten autonom.

Exemplarisch deutlich gemacht werden kann dieses Subjektsein an Heywards Konzept des "mündigen Menschen", dessen Prototyp die "blutflüssige Frau" ist, die von sich aus Jesus berührt:

> "Wie in den meisten Fällen, die im Evangelium beschrieben werden, ergriff auch hier nicht Jesus die Initiative; die Frau nahm die Beziehung zu ihm auf, indem sie 'unter dem Volke von hinten hinzukam und sein Kleid berührte" (Heyward 1986, 84; s. u. 3.3.2).

Dieses auf Jesus Zugehen der markinischen Frau - wie das aufeinander Zugehen der frauenbewegten Frauen -, das Prozesse der befreienden Veränderung und des Heilwerdens auslöst, zeigt Menschen als zunehmend sich sammelnde Subjekte ihrer Lebensgeschichte. Sein entscheidendes Profil erlangt das Gemeinte bei Heyward unter Einbeziehung von Bonhoeffers "paradoxem Zeugnis" aus der Haft: Diesen erwog Heyward zu ihrem "Schutzpatron" (ebd. 51) zu wählen, denn in seinen letzten Briefen und Aufzeichnungen plädiert er für ein Leben vor Gott "'ohne die Arbeitshypothese Gott'"[11]. Mündigkeit und Subjektsein wird hier in dem Sinne beschrieben, daß Christen ihr Leben nicht auf der Annahme einer allzeit hilfreich einschreitenden Gottheit aufbauen, einen "deus ex machina" nicht zu ihrer Lebensgrundlage machen können und dürfen. Christen müssen lernen, "erwachsen" (Heyward 1986, 121) zu sein, d. h. sie sind "'selbst für die Welt verantwortlich'"[12], müssen ohne

---

10 Auch hier ist wieder eine interessante neutestamentliche Parallele aufzutun, und zwar zu den Frauen unter dem Kreuz und am Grab Jesu, die die Schuld der Jünger nicht zu teilen brauchten (s. Anm. 8) und somit eine positive Frauentradition darstellen könnten (cf. Moltmann-Wendel 1985, 145 f).

11 Bonhoeffer, Dietrich: Widerstand und Ergebung. Briefe und Aufzeichnungen aus der Haft, München, 11. Aufl., 1962, 241, zitiert nach Heyward 1986, 51; zur Kritik am Chauvinismus Bonhoeffers cf. Daly 1982, 16.

12 Bonhoeffer 1962, 242, zitiert nach Heyward 1986, 121.

Gott zurechtkommen, leben, Entscheidungen treffen, füreinander da sein, (was aber nicht heißt, daß Gott eine "einsame, ferne, gnostische Gottheit", Heyward 1986, 51 wäre; s. 3.2):

> "'Gott gibt uns zu wissen, daß wir leben müssen als solche, die mit dem Leben ohne Gott fertig werden. Der Gott, der mit uns ist, ist der Gott, der uns verläßt (Markus 15,34)! Der Gott, der uns in der Welt leben läßt ohne die Arbeitshypothese Gott, ist der Gott, vor dem wir dauernd stehen. Vor Gott und mit Gott leben wir ohne Gott."[13]

Entschieden gibt es die Erfahrung von Macht in Beziehung, das Gewahrwerden von möglicher und wirklicher Ganzheit und beziehungshafter Macht, diese traditionell als "Indikativ" bezeichnete Erfahrung (s. Kap. 1, Anm. 59). Aber diese Erfahrung zu machen, ist Menschen nicht nur gegeben, sondern auch aufgegeben, ist gemacht und steht doch aus wie oder als das Reich Gottes (cf. Mt 13,1-53).

Damit erweist sich das Konzept Heywards als ein 'anspruchsvolles' (cf. Heyward 1986, 173, s. u. (2)) und zwar in doppeltem Sinne von einerseits Anspruch erhebend auf die guten, konstruktiven, autonomen, Beziehung schaffenden Fähigkeiten des Menschen und Anspruch erhebend darauf, daß diese Fähigkeiten genutzt und realisiert werden sollen.

Besonders deutlich zeigt sich diese positive Anthropologie darin, daß feministische Theologinnen wie Heyward sich die "pelagianische"[14] Frage stellen, "in welchem Maße |...| wir für unsere eigene Erlösung verantwortlich" sind.

In der Theologiegeschichte wurde solche Fragestellung durch verschiedene "anti-menschliche" Vorstellungen verdeckt: So etwa die Vorstellung einer omnipotenten Gottheit, die allein die Geschichte des Himmels und der Erde lenkt[15] (Heyward 1986, 51, 174); oder jene "Christolatrie"

---

13 Bonhoeffer 1962, 241, zitiert nach Heyward 1986, 51.

14 Zu dem Begriff cf. Hamman Art. 1963, 246-250; Lorenz Art. 1961, 206 ff; cf. Heyward 1986, 43, 86,11, 114; Moltmann-Wendel 1985, 130, 161.

15 Von hier aus erscheint die Theodizee-Problematik als typisch männliche Fragestellung: Indem Gott erst zum Allmächtigen hochstilisiert und projiziert wird, entsteht die Frage, wie er das Leiden in der

(Daly, cf. Moltmann-Wendel 1985, 123), die aus Jesus einen Halbgott machte (Heyward 1986, 86, 115; dazu kritisch s. (3)); oder jene unselig mißverstehenden Inkarnationsvorstellungen, die die Tatsache, daß "ein Gott sich erniedrigte, Mensch zu werden" (s. (3)), ausspielte gegen den Wert des Menschseins und des Lebens auf der Erde; oder schließlich jene antik-christliche Welt- und Geschichtsflucht, die die spiritualisierte Gottesbeziehung für höher einschätzte als die "sichtbare|n|, greifbare|n| und materielle|n| Beziehungen in der Welt" (ebd. 47). Feministische Theologinnen halten es für nötig, an solchen "dogmatischen Maßstäben |zu| rütteln, die Grenze des Glaubens und der Theologie aus|zu|-dehnen", um die Verantwortung der Christen für die Welt klarzustellen (ebd. 111). Menschen tragen Verantwortung für das Heil auf der Erde, und d. h. 'Liebe und Gerechtigkeit zu teilen, und "gemeinsam die Schuld an der bestehenden Ungerechtigkeit und Angst zu tragen" (ebd. 114): "Gott mag überall derselbe sein oder nicht. Die zwingendste Frage für uns ist, was *wir, die Menschen,* tun und sein wollen, wo wir auch sind" (ebd. 159). Menschen, so die beschriebenen Erfahrungen der Frauen und die Ausführungen Heywards weiter, haben die Fähigkeit, Mitschöpfer/in zu sein (ebd. 175 f, 210) und Gott zu "inkarnieren", d. h. "Gott in der Welt leibhaftig zu machen" (ebd. 52)[16], 'die Menschheit zu lieben' (ebd. 78, 98, 101, 107, 184), mit Gott Freundschaft zu schließen und Gerechtigkeit herzustellen' (ebd. 52).
Wie Irenäus und Gutiérez betont Heyward die "Kreativität des Menschen" (ebd. 67), qua seines Menschseins ist er/sie fähig, sich an Erlösung und Mitschöpfung zu beteiligen: "Einfach weil wir Menschen sind, sind wir fähig, mitschöpferisch Handelnde der Erlösung zu sein" (ebd. 44); und diese Kreativität meint, daß Menschen sich ernst nehmen in ihrer Beziehung zu anderen (ebd. 44; cf. 174).

Welt zulassen kann: Ist er nicht willig, nicht fähig oder gibt es einen besonderen Sinn des Leidens selbst?

16 Das Verb im englischen Original für "göttlich handeln" heißt "to god" (cf. Söllees Einleitung, Heyward 1986, 12); cf. auch das Folgende: "Es gibt so viele und so unterschiedliche Inkarnationen Gottes, wie es Menschen gibt, die durch die Macht in Beziehung angetrieben werden, zu berühren und von Schwestern und Brüdern berührt zu werden" (ebd. 186).

(2) Der Sündenfall als Geschichte der Entscheidung

Eine kritische, feministische Sichtung des Sündenfall-Mythos in Gen 3
kann die Idee der Mündigkeit des Menschen veranschaulichen.
Traditionelle Theologie sieht in diesem Mythos meist die Affirmation
menschlicher und besonders weiblicher Schlechtigkeit, obwohl traditionelle Exegese ihn als Ätiologie ausweist.[17]
Als Beleg für das, was im Raum androzentrischer Kultur vorhanden ist
und wie dies von Frauen erfahren wird, soll ein Text, der auf den "Frauen-
projekttagen", in Münster im Juli 1987 verfaßt wurde, zitiert werden:

> "Erfahrung als Eva
>
> Bisher: Eva hat die Sünde in die Welt gebracht. Alle Frauen,
> auch du, Irmgard, sind Eva. Und da du, Eva, ja von
> Anbeginn willst, darf ich, Adam, dich Eva - Irmgard -
> wollen. Ich will dich, ich habe ein Anrecht auf dich!
> Immer mit der Angst leben - bis zu einem gewissen Alter -
> Freiwild für Adam zu sein! Heute ist das nicht mehr so.
> Heute: Ich will nicht Adam, sondern Leben, Erkenntnis. Ich habe
> Lust am Leben, ich entdecke meine Energien - dazu geschah
> ein Bewußtseinsprozeß. Ich entdecke meine Autonomie -
> wie Eva.
> Früher hat sich für mich als 'Kirchenfrau' immer das andere
> Bild der Eva - Gehilfin zu sein - vor mich geschoben, ich
> hatte so zu sein, ich war Gehilfin und konnte nie meine
> eigenen Energien entdecken, bei aller Kreativität und Ideen,
> die ich in meine Arbeit eingebracht hatte."[18]

Feministische Rezeption selbst aber liest - was auch der Text andeutet
("Autonomie", "Bewußtwerdungsprozeß") - diese Geschichte in Gen 3 anders,
nämlich als mythische Erzählung 'vom Sinn des Erwachsenwerdens' (Sölle
1985, 100; Ruether 1985, 57; dies. 1974, 12; Hundrup 1984, 34, 97), als
den 'ersten Akt menschlicher Befreiung' (Heyward 1986, 173), durch welchen der Mensch - indem er gut und böse unterscheiden kann - jene zur

---

17 Cf. Westermann 1974, 350 f.

18 Der Text wurde von Irmgard Bastert verfaßt und wurde nach dem Manu-
skript für eine Runkfunksendung des Bayerischen Rundfunks vom 16. Juli
1987 von Gabi Lampert zitiert, der ich an dieser Stelle für ihr freund-
liches Entgegenkommen danken möchte.

Mündigkeit benötigte Entscheidungsfähigkeit erlangt. Vom Baum der Erkenntnis essen, heißt den "Anspruch" zu erheben, 'das Gute vollbringen und das Böse bekämpfen zu können' (ebd. 173), und stellt einen emanzipatorischen Schritt dar, durch den erwachsene Menschen, die sich nicht
länger als "Figuren in einem göttlichen Spiel" (ebd. 48; s. Kap. 9;
Lexie 74) verstehen, beginnen, Verantwortung für die Welt zu übernehmen
(ebd. 174). Sehr ausdrücklich wendet sich Heyward daher gegen die "Moral
der |Sündenfall| Geschichte":

> "Die Moral der Geschichte ist, daß es einfacher ist, unwissend zu
> sein, schwerer, zu wissen; daß es leichter ist, passiv zu sein,
> schwerer, aggressiv zu sein. Es ist einfacher, sich einer äußeren
> Autorität zu fügen, schwerer, die eigene Macht einzufordern. Es
> ist einfacher, geschaffen zu werden, schwerer, zu schaffen. Es ist
> viel leichter, sich in den Garten setzen zu lassen, den wir Para-
> dies zu nennen gelernt haben, als unser Bett zu nehmen und in die
> Welt zu gehen." (Ebd. 174)[19]

Haben Menschen die erfahrene und erfahrbare Möglichkeit und die seelische, physische (s. dazu bes. 5.2) und intellektuelle Fähigkeit, Macht
in Beziehung zu erleben und zu realisieren, so wird es eine Frage persönlicher "Entscheidung"[20], was für den/die einzelnen mit und in ihrer Umwelt
geschehen soll: So wie es die Entscheidung Israels war, auf den Bund
mit seinem Gott einzugehen, und es Jesu Entscheidung war, das Gesetz
der Liebe zu erfüllen (Mt 5,17; 7,12; 22,36-40; cf. Heyward 1986, 45
f), so ist es bis heute Sache menschlicher Entscheidung, das Reich Gottes zu realisieren:

> "Das Reich Gottes ist uns nicht garantiert. Es tritt nicht einfach
> ein. Es ereignet sich nicht von selbst. Das Reich Gottes besteht
> in einer Beziehung, für die sich Menschen entscheiden, in einer Be-
> ziehung, die gegenseitig unter uns geschaffen wird." (Ebd. 131)

Entscheidungen solcher Art zu treffen, meint Mündigkeit.

---

19 Cf. Ruether 1985, 91, 99; Sölle 1986, 100.

20 Cf. Pascals Gedanken zur "Wette" (Nr. 83) (Pascal 1947, 39-46).

(3) Von der (vermeintlichen) Verantwortlichkeit der griechischen Christologien für die Unfähigkeit des abendländisch-christlichen Menschenbildes, die Menschen aktiv und gut zu denken

Wenn Frauen wie Heyward die Erfahrung machen, daß Menschen Macht in Beziehung realisieren können, und Anspruch erheben, daß Menschen die Fähigkeit dazu ausschöpfen sollen, dann gilt es auch, entsprechend dieser
anspruchsvollen Lebenshaltung auf systematischer und d. h. hier: christo-
logischer Ebene eine Freiwilligkeit der Entscheidung des Menschen für
Gott zu sichern, die Heyward aber, wie noch darzulegen ist, in den Aussagen des Konzils von Chalcedon gefährdet sieht: Nur diese systematische Kategorie kann die Erfahrung von Subjektwerdung oder Mündigkeit
abdecken: Denn

> "wenn Jesu Fähigkeit, freiwillig zu handeln, ignoriert wird, wenn
> die vollkommene und ganz menschliche Freiheit seines Willens be-
> zweifelt wird, so führt dies zu einer doketischen Christologie,
> die die freiwillige Zusammen-Arbeit zwischen dem Menschlichen und
> dem Göttlichen mißachtet und damit Jesus, und mit ihm auch uns,
> von jeder wirklich ernsten Rolle im Prozeß der Erlösung entbin-
> det." (Ebd. 86)

Und dies ist keine theologische Spielerei, sondern es geht um den Ernst
der Erlösung auf Erden, wenn nicht gar um ihr Fortbestehen: Denn

> "wenn wir unsere Aufmerksamkeit vom menschlichen Leben abwenden
> und auf etwas 'Höheres' richten, tragen wir dazu bei, den Boden
> für einen neuen Holocaust, für die Zerstörung der Menschheit, zu
> bereiten" (ebd. 161 f).

Heyward sieht aber diese Freiwilligkeit der menschlichen Entscheidung
für Gott in der Christologie Chalcedons gefährdet und unterminiert, und
sie macht diese für die Auswüchse von Bequemlichkeit, Gleichgültigkeit,
Apathie und Verantwortungslosigkeit in unserer Kultur verantwortlich.
Mit den griechischen Dogmen würden die Fähigkeit Jesu und
aller, die ihm nachfolgen, sich für Gott zu entscheiden, sowie die konkreten Taten Jesu und aller Menschen diskriminiert oder spiritualisiert

oder gar negiert. Ihnen würde jeder soteriologische Wert abgesprochen, und Menschen könnten sich dadurch nicht mehr glaubhaft zu konkreten Nachfolge berufen fühlen.

Eingangs (1.2.5) deutete ich diese These bereits als "Verwicklung" innerhalb des Diskurses der Nähe an, d. h. ich halte Heywards These für nicht ganz berechtigt, für zu kurz geschlossen. M. E. verabsolutiert sie selbst einen Aspekt des polar formulierenden Dogmas von Chalcedon, und ihre Kritik müßte sich mehr auf die Fehlrezeption dieser Dogmen bis hin zur alltäglichen Gegenwart als auf die Texte selbst richten. Gelänge diese Unterscheidung zwischen Dogma und Rezeption/Kultur, wäre es möglich, die Texte nicht von ihrer Korruption her, sondern der bisher beschriebenen konstruktiven Gotteserfahrung her zu lesen, dann könnten Frauen - so sie der Geschichte und Geschichten der "Väter" nicht schon überdrüssig sind - sich auch in diesen Texten Argumente zurückerobern und ihren Dialog mit Kirche fortsetzen.[21] Es geht also nicht darum, Dogmen zu retten, oder Autoritäten zu suchen, sondern darum, die differenzierte Präzision, die dem "Diskurs der Nähe" möglichst eignen soll auf Überlegungen von Frauen kritisch anzuwenden, um damit letztlich neue Freiräume zu schaffen und sei es nur insofern, daß wir Frauen ein Argument gegen uns in eines für uns verwandeln.[22]

---

21 Ich sehe mich zu dieser konstruktiven Kritik an Heyward insbesondere dadurch berechtigt, da sich ja auch Heyward selbst gegen einen Auszug der Frauen aus der Kriche ausspricht (cf. Heyward 1986, 118).

22 Manchmal gibt es auch eine Befreiung im Verlauf des theologischen Denkprozesses, wenn sich etwa wie hier frauen- oder menschenfeindliche Traditionsknoten zu unseren Gunsten auflösen. Dieses prozessuale Erlebnis - um jeder Vereinnahmung vorzubeugen - möchte ich aber von jener eingangs kritisierten Kategorie der "Bedingung der Möglichkeit" (s. 1.2.1) abheben, da der Umgang mit dieser Kategorie postulatorisch erscheint, als ein Setzen von etwas, Freiheit (Krings) oder Relation (Knauer), das zumindest in den jeweiligen Texten keine Geschichte zu haben scheint.

Doch nun soll zunächst Heywards Kritik vorgestellt und nachfolgend eine korrigierende Revision versucht[23] werden.

In der Konzilsaussage von Chalcedon sieht Heyward eine starke Tendenz, den Menschen zu diskriminieren, seine Nichtigkeit festzuschreiben, seine Entscheidungsfähigkeit für gut oder böse zu negieren, 'die Rolle der Menschheit bei der Erlösung der Welt herunterzuspielen' (Heyward 1986, 76 f). Insofern nämlich Jesu Menschsein von seinem Gottsein derartig absorbiert würde, so daß die Entscheidung des Menschen Jesus für Gott und damit alle menschliche Entscheidungsfähigkeit nivelliert würde:

> "Mit der Entwicklung der griechischen Christologie verloren die Christen die Absolutheit des Grundsatzes der Freiwilligkeit im Bund zwischen Gott und Menschen. Um die Einheit von Gottheit und Menschen in Jesus zu bewahren, wurde in Chalcedon (451 n. Chr.) der Gedanke einer *freiwilligen* (moralischen) *Verbindung* zwischen dem menschlichen Jesus und dem göttlichen preisgegeben |...|. Statt dessen entschied sich die Kirche für eine hypostatische (essentielle) *Einheit* der beiden Naturen. Die Möglichkeit einer wirklich menschlichen Entscheidung Jesu (eine Funktion seiner menschlichen Natur) wurde durch die Ewigkeit seiner göttlichen Natur eliminiert. Beziehung zu Gott wurde zugunsten einer wesensmäßigen Einheit von Gott und Mensch in Christus aufgegeben. Im orthodoxen Christentum brach die jüdische Tradition freiwilligen Handelns zwischen Gott und den Menschen unter dem Gewicht der griechischen Metaphysik zusammen; denn diese sah göttliche und menschliche Naturen als so unterschiedlich an, daß die Möglichkeit eines freiwilligen Zusammenwirkens zwischen beiden abgelehnt werden mußte. Nicht wechselseitige Liebe bestimmt das Verhältnis von Göttlichem und Menschlichem; die hypostatische Einheit der beiden Naturen in Christus ist eine paradoxe Einheit 'ohne Durchdringung, ohne Wandlung, ohne Teilung'" (ebd. 46, cf. 86).

Für Heyward sind es somit wohl die Formulierungen bez. der hypostatischen Union und der Ewigkeit der göttlichen Natur in Jesus (m.E. ist wohl diese Stelle des Chalcedonense zu zitieren: "vor aller Zeit aus dem Vater gezeugt dem Gottsein nach als derselbe in den letzten Tagen"[24]), die

---

23 Das Folgende versteht sich tatsächlich nur als kleine Korrektur an Heywards Lektüre des Dogmas und will keinesfalls suggerieren, eine alles erhellende Interpretation zu liefern. Dies wäre anmaßend, da doch auch professionelle Dogmatiker (Schmaus, Dembowski, Smulders, Rahner) hier "vor einem unerklärlichen Geheimnis" zu stehen scheinen (Knauer Art. 1985, 6 f). Zudem erscheint mir eine mehr als formale Argumentation wie im Folgenden hier noch nötig.

24 Der Dogmen-Text wird zitiert nach der Übersetzung Knauers (Knauer Art. 1985, 5 f).

das 'unglaubwürdige' (cf. Heyward 1986, 77) Menschsein in Jesus und sein freiwilliges menschliches Handeln für Gott absorbieren.

Meines Erachtens jedoch übersieht hier Heyward den polaren Charakter der dogmatischen Formulierungen und kommt dadurch zu einer Verabsolutierung der Göttlichkeit Jesu, die zwar in unserer Kultur gang und gäbe ist - siehe etwa die stereotype Rede vom 'Herrn Jesus, der alles tun kann und wird, da er ja Gott ist' -, die aber der Text so verabsolutiert nicht aussagt:

Zunächst führt das Dogma die Aussage von "vor aller Zeit aus dem Vater gezeugt |...|" folgendermaßen fort: "jedoch um unseret- und unseres Heiles willen aus der Jungfrau Maria, der Gottesgebärerin, dem Menschsein nach", was bereits jener Verabsolutierung entgegenzuhalten ist.

Weiter ist es fraglich, ob die "Trennung" der beiden Naturen tatsächlich eine Herabwürdigung des Menschlichen meint, die dann jegliche menschliche Aktivität nivellieren würde. Im Grunde kommentiert das Dogma selbst das Verhältnis von Göttlichem und Menschlichem inhaltlich gar nicht, zumindest nicht in jenem unterstellten Sinn.

Und übersehen wird ferner, daß das Dogma auch besagt, daß "die Eigenart einer jeden Natur bewahrt", also auch die Autonomie des Menschlichen erhalten bleibt.

Und schließlich möchte ich anfragen, ob nicht dem Göttlichen in Jesus die indikativischen Anteile der Erfahrung von Macht in Beziehung, die sowohl Jesus (im "Entwurf" Heywards, s. 3.3.2) als auch christliche Frauen wahrnehmen, entsprechen, ob wir den Aussagen über das Göttliche im Dogma so mißtrauen müssen, wenn es im Leben nahe und befreiend ist.

Wahrt das Dogma selbst aber viel mehr als vermutet durch seinen polaren Charakter die Würde des Menschlichen in Jesus und damit in den Menschen, so kann von hier aus die ja in der Rezeption und Tradition des Dogmas tatsächlich existente Weltflucht und 'antimenschliche Propaganda' (cf. ebd. 113) verschiedener christlicher Richtungen kritisiert und muß und kann nicht länger darauf zurückgeführt werden.

Daß es diese Weltflucht gibt, kann wieder mit Heyward sehr anschaulich gezeigt werden:

"Für die Juden war die Geschichte das Reich der Gerechtigkeit. Für
die Christen wurde die Geschichte zu einem Warteraum für eine andere Welt, in der die Gerechtigkeit, die von Jesus gänzlich herge-
stellt war, vollkommen enthüllt würde. So wie die Juden auf einen
Messias hin gelebt hatten, so warteten die Christen auf die *parousia*"
(ebd. 47).

Eine solche Haltung kann aber nicht auf das Dogma zurückgeführt werden,
wenn dieses selbst das Menschsein und menschliches Handeln in keinster
Weise diskriminiert, – ebensowenig wie sich eine Richtung 'orthodoxen
Denkens' auf die griechischen Christologien berufen kann, wenn es "das
Thema von Gottes 'Herablassung' Mensch zu werden" mit Begriffen wie
"'Schmach'" und "'Demütigung'" kommentiert.[25]
Und ist es nicht die Intention des Dogmas, durch eine Herabwürdigung des
Menschseins die Taten Jesu und seiner Nachfolger/innen und die Freiwillig-
keit ihrer Entscheidungen für Gott zu negieren, so kann ungehindert –
oder gar mit positiver Bezugnahme auf das Chalcedonense – die Wichtig-
keit und Wirklichkeit der Geschichte und der Taten in Vergangenheit und
Gegenwart betont und in das Konzept des mündigen Menschen, der Subjekt
seiner Geschichte vor und in Gott und mit anderen ist, integriert werden.
Und dann kann mit Heyward entschieden auf die Gegenwart, das Hier, Jetzt,
Heute verwiesen werden. Nirgendwo sonst, in keinem zweiten Reich, in
keiner Welt von Projektionen oder eschatologischen Wunschbildern ist
der Ort, die Entscheidung zu liebender Beziehung zu realisieren (ebd.
62, 64, 98):

"Wir fangen dort an, wo wir sind. In der Zeit, in der Welt, wie sie
im Anfang ist, jetzt und für immer. Zeit ist die Ausdehnung des Jetzt.
Unsere Zeit, die einzige Zeit, die wir hatten, die einzige Zeit, die
wir haben werden, ist *jetzt*, immer jetzt." (Ebd. 174)

---

25 Heyward 1986, 77, leider ohne konkrete Referenz!

(4) Von der Entscheidung der Menschen gegen die Macht in Beziehung
und die Art, darüber zu reden

Daß die Entscheidung des Menschen für das Reich Gottes auf systematischer Ebene und alltäglich im Leben der Menschen eine freiwillige ist,
heißt auch, daß Menschen sich gegen eine heilsame menschlich-göttliche
Beziehung entscheiden können (ebd. 1982):

Einen breiten Teil von Heywards Ausführungen nimmt die christlich-theologische Reflexion von Wiesels Zeugnis "die Geschichte von A-7713" (ebd.
133) ein. Hierin erweist es sich, daß die Betonung von Mündigkeit und
positiver Heilsfähigkeit des Menschen keine leicht dahin gesagte Phra-
se, sondern wohlüberlegt und ernst ist, und hierin bestätigt sich m.
E. nicht zuletzt auch die Glaubwürdigkeit von Heywards Ansatz[26].
(Ich möchte jedoch im weiteren Verlauf der Arbeit nicht näher auf diese Kapitel eingehen; für meine Ausführungen genügt das folgende Zitat,
und Heywards Reflexion hier zusammenfassend zu skizzieren hieße, "Auschwitz"
theologisch zu operationalisieren und damit ein Stück zu leugnen).
Heyward schreibt:

> "Gott zum Trotz, unserer Sehnsucht nach Beziehung zum Trotz, wurden
> 6 Millionen Juden den Krematorien ausgeliefert. Schwarze wurden an
> Bäumen aufgehängt, und weise Frauen wurden an Pfähle gefesselt und
> mit Reisig verbrannt. Jeden Tag werden Kinder zu Tode geprügelt,
> wird die Erde vergewaltigt und sind die Meere mit den Leichen von
> Flüchtlingen übersät. Die Wüsten werden zu Brutstätten atomarer Ener-
> gie, die ausreicht, die ganze Menschheit zu verbrennen. In den Kel-
> lern von Palästen stapeln sich die Gliedmaßen verstümmelter Männer
> und Frauen. Ihre Namen werden von Leuten getilgt, denen die Besei-
> tigung von Menschen weniger ausmacht als New Yorker Spaziergängern
> die Beseitigung von Hundescheiße." (Ebd. 176, cf. 131, 164)

Dies ist ein sehr plastisches und unbequemes Zitat, ich zitiere diese
Stelle ungern. Als ob das Verschweigen die Dinge ungeschehen machen könnte.

---

26 "|..| die Erfahrung des Bösen und des Leidens hält uns (sowohl Chri-
sten als auch Nicht-Christen) davon ab, leichtfertig unseren Frieden mit Gottes Gerechtigkeit zu machen als einem geheiligten Mysterium und einer spirituellen Realität, die auf göttliche Weise natürlich und gerecht ist" (ebd. 1986, 47 f).

Aber ich halte dieses Zitat für eine realistische Beschreibung der Wirklichkeit unserer Welt. Und 'sich und anderen die Dinge bewußt zu machen' (ebd. 198), sie einen Augenblick zu sehen und auszuhalten, ist
die Voraussetzung für weltverantwortliches, eben: mündiges Leben.
Derartiges geht selbstredend nicht ohne Emotionen vonstatten, kann auch
nicht, und daß Heyward dies mitreflektiert, verleiht ihrem Vorgehen m.
E. nochmals theologische Seriosität, da sich hier im Theologietreiben
Verantwortlichkeit für Leser und Hörerinnen niederschlägt: "Wir müssen
riskieren, unsere Gefühle von Verwirrung, Angst, Frustration und Zorn
zu erkennen und zu teilen" (ebd. 199).
Dadurch soll aber keineswegs die oben postulierte Freiwilligkeit im Handeln der Menschen nachträglich eingeschränkt werden: Derartige Zitate
haben leicht die Tendenz, "moralischen Druck" auszuüben. Dies ist hier
aber nicht intendiert: Das, "was wir heute am wenigsten gebrauchen kön-
nen, ist eine neue Reihe von Geboten, |...|" (ebd. 199).
Und genauso wenig soll ein solches sich-vor-Augen-Halten menschlicher
Grausamkeit, Mißachtung sowohl der Würde der Menschen als auch der Erde
sowie schließlich menschlicher Gleichgültigkeit all dem gegenüber die
propagierte Mündigkeit des Menschen zurücknehmen. Ganz im Gegenteil zeigt
sich hier die immense und bedrohliche Macht des Menschen, die er aus
dem Mißbrauch dieser Mündigkeit ziehen kann und zieht (s. o.). Und Mündigkeit heißt gerade diese Spannung zwischen Macht und Machtmißbrauch
auszuhalten (s. u. (5)).
Alles, was Heyward den Menschen an Verantwortung zuweist, bleibt
immer an die positive Erfahrung der "Macht-in-Beziehung" gebunden, sonst
würde er/sie in fruchtlosen Aktionismus und Werkgerechtigkeitsfanatis-
mus (eine andere Form der Leugnung Gottes in der Welt) verfallen: "Die
radikalen Folgerungen der feministischen Theologie wurzeln in der Erfahrung unserer Macht in Beziehung" (ebd. 31).

(5) Die Angst vor den Vieldeutigkeiten des Lebens als eine Ursache
des 'Bösen in der Welt'

Heyward läßt nicht davon ab, das Leiden von Menschen und Natur durch
Menschen mit unserem Verhalten und Handeln in Beziehung zu setzen.
Heyward charakterisiert diese Beziehung als sehnsüchtigen, aber hand-
lungsunfähigen Wunsch, Liebe zu empfangen und zu geben – aus Angst vor
"Passion"[27].
Dies sei zunächst ausgeführt, bevor dessen Beziehung zum Leiden der Erde herausgestellt wird.
Menschen, so Heyward, haben ein großes Verlangen, "zu berühren und be-
rührt zu werden, zu bewegen und bewegt zu werden, zu heilen und geheilt
zu werden" (Heyward 1986, 93). Doch trotzdem tun sie es nicht, oft scheint
keine/r anfangen zu wollen, es ist/scheint unglaublich schwer, 'menschlich zu sein und zu bleiben'. Menschen haben Angst, sich gerade ihren
Beziehungen mit Menschen, Kosmos, Gott, in denen das Heil der Erde liegt,
auszusetzen (ebd. 177), haben Angst davor, "Gott zum Leben zu erwecken",
Angst vor Gemeinsamkeit und Gemeinschaft (ebd. 19).
Anhand einer Reihe von Paradoxien macht Heyward diese spannungsgeladene
Handlungs- und Liebesunfähigkeit des Menschen deutlich:

'Menschen haben Angst zu leben und Angst zu sterben, Angst alleine
zu sein, Angst mit anderen zusammen zu sein,[28] Angst, machtlos,
mitsprachelos, stimmlos zu sein und Angst, macht- und wirkungsvoll
zu sein; Menschen haben Angst vor der Geschichte und vor Propheten,

---

27 Cf. hierzu insbesondere Schmidbauer 1985.

28 Cf. hierzu insbesondere das folgende (jiddische) Volkslied:
"Ach, dort, dort über dem Wasser,-/ ach, dort, dort über der Brücke./
Vertrieben hast du mich in die weiten Länder/ und ich sehne mich so
nach dir.// Ach, wieviele Abende sind wir zusammengesessen,/ ach, wieviele Abende spät in der Nacht,/ ach, wieviele Tränen haben wir ver-
gossen,/ bis wir zueinander gefunden haben.// Ach, hilf mir, lieber
Gott, ach , Gott im Himmel,/ ach, hilf mir, lieber Gott, mir ist so
elend!/ Schon drei Jahre lieben wir uns/ und können die Liebe nicht
leben!// Ach, deine Augen, wie die schwarzen Kirschen,/ ach, deine
Lippen, wie rosenrotes Papier,/ und deine Fingerchen, wie Tinte und
wie Feder,/ ach, schreib mir oft". (Zupfgeigenhansel 1979; im Textheft
zu dieser Platte ist auch das jiddische Original abgedruckt).

Angst davor, sich an sich selbst zu erinnern (s. 4.4), Angst davor, Gerechtigkeit herzustellen (s. 5.1.3 (1)), Liebe zu verwirk-
lichen, Angst vor Sexualität, Angst, gut zu sein', ja: "Die Zerstörung der Menschheit macht uns weniger Angst als die Mit-Schöp-
fung der Welt" (Heyward 1986, 176 f).

Wie können diese ebenso absurden wie realen Paradoxien verstanden werden? Worin liegt ihr Grund?

Heyward sieht in ihnen eine Angst vor den Vieldeutigkeiten des Lebens
(ebd. 177 f); vor seinen "Spannungen und Brennpunkten, die sich verla-
gern" (ebd. 180).

Mit diesen Spannungen und Vieldeutigkeiten zu leben[29] beschreibt Heyward
unter dem Stichwort "Passion"[30], womit sie - wie eingangs erwähnt - ein
altes Symbol neu füllt: "Passion" meint

> "die Bereitschaft zu leiden, nicht masochistisch, sondern im wei-
> testen Sinne des Wortes 'leiden'. Passion bedeutet zu ertragen,
> was wir sind. Es bedeutet, den Schmerz und auch die Freude dessen,
> was lieben heißt, auszuhalten. Passion heißt, das zu tun,
> was gerecht ist, oder unsere Beziehung gerecht zu machen |...|,
> sich ernsthaft und bewußt auf die Tiefen menschlicher Erfahrung
> ein|zu|lassen, auf ihrem Wert |zu| beharren |...|" (ebd. 201).

Doch vor dieser "Passion", vor dieser Lebendigkeit, auf der Welt zu sein,
fürchten sich die Menschen mehr als vor dem Untergang der Erde.
Bereits im Kontext der Frauenerfahrung (Kap. 2) schien diese Reaktion
in einem Zitat Meulenbelts auf:

> "Eine schmerzhafte Klarheit, denn ich sehe vieles, was ich lieber
> nicht gesehen hätte. Ich bekomme davon Angst, manchmal, merke,
> daß ich immer weniger fähig bin, zu meinem alten Leben zurückzu-
> kehren, und auch nicht weiß, was ich dafür zurückbekomme. Aufbauen
> wird viel schwieriger sein als abbrechen" (Meulenbelt 1979, 158).

---

29 "Wir sind gezwungen, am verwirrenden Chaos beziehungshafter Bewegung
teilzunehmen" (ebd. 187).

30 Zu diesem Begriff in der Tradition cf. Folgendes: "In der christlichen Ekklesiologie bezieht sich 'die Passion' auf Jesu letzte Tage
des Leidens, die von seinem triumphalen Einzug in Jerusalem eingeleitet wurden und ihren Höhepunkt in seinem Tod am Kreuz fünf Tage später
fanden. |...| Aber die Passion Jesu muß in einem viel weiteren Sinne
betrachtet werden, als der allgemeine kirchliche Gebrauch des Begriffes andeutet" (ebd. 102). Cf. hierzu 3.3.2.

Daß Menschen "anfangen |...| Erfahrungen bewußt zu erleben" (Heyward 1986, 199), Erkanntes in Leben umsetzen, hieße Passion mit ihren Spannungen und Unwägbarkeiten zu leben.[31] Letztlich treibt aber diese Angst vor Passion vielfach Menschen dazu, ein "Dasein ohne Vieldeutigkeit" zu suchen und ohne Veränderung ihrer selbst (cf. Heyward 1986, 185), "Leben ohne Tod", "Freiheit ohne Wahlmöglichkeiten, Wahrheit ohne Veränderung, Reife ohne Wachsen, einen Gott ohne die Menschen" (ebd. 178); alle Erfahrungen zu "kategorisieren", "Wachstum und Veränderung zu kontrollieren", "der Spontaneität, dem Pluralismus, den Wahlmöglichkeiten und den Differenzen Ordnung aufzwingen|zu| wollen", "Endlösungen" zu suchen (ebd. 178).

Und gerade in dieser alltäglichen, ängstlichen Unfähigkeit, Vieldeutigkeit zu ertragen und mitten in diesen drin, das mögliche Gute zu eben diesen seinen Konditionen zu tun und zu empfangen, wird das Verhalten des einzelnen als Quelle des "Bösen in der Welt" einsichtig gemacht:

"Das Böse ist das Resultat unserer Weigerung, Passion zu ertragen, das heißt, ein aktives Gefühl der Macht in Beziehung auszuhalten. Das Böse ist in erster Linie weder das Problem Gottes noch das Problem anderer Menschen neben uns. Das Böse ist *unser* Problem. Immer wieder stehen wir vor der Entscheidung, die Macht, das Gute zu vollbringen, in Anspruch zu nehmen oder sie abzulehnen und damit das Böse in der Welt zu verursachen" (ebd. 177).

(6) Versuch, die Liebe-losigkeit zu entgrenzen

Der bislang skizzierten Angst und Weigerung, Macht in Beziehung zu realisieren - die theologisch-systematisch als Leugnung Gottes qualifiziert werden kann (ebd. 178) - stellt Heyward vornehmlich zwei Argumente oder Maßnahmen entgegen.

Zum einen rückt sie die Attraktivität jener "Vieldeutigkeiten und Ambivalenzen" ins Blickfeld und zum anderen die erfahrene Gnade, daß Beziehungen immer schon ein Stück gegeben sind und es nicht auf uns alleine

---

31 Cf. Dalys Rede vom "existentiellen Mut": "Dabei handelt es sich um den Mut zu *sehen* und zu *sein* angesichts der namenlosen Ängste, die aufsteigen, wenn eine Frau anfängt hinter die Masken der sexistischen Gesellschaft zu sehen und sich der furchterregenden Tatsache ihrer Entfremdung von ihrem wahren Ich zu stellen" (Daly 1982, 17 f).

ankommt, Macht in Beziehung Wirklichkeit werden zu lassen.

Zum ersten: Heyward plädiert dafür, "die Ambivalenz unseres Tuns tolerieren zu lernen" (ebd. 1982), auf eben diese Vieldeutigkeiten einzugehen, denn diese bergen schließlich Geheimnisse, "die uns mit neuen Empfindungen in Erstaunen versetzen, wenn wir uns auf sie einlassen" (ebd. 178).

Zum zweiten verweist Heyward menschenfreundlich auf alle jene "Messiasse", die um uns sind, die uns trösten und ermutigen, uns aufsuchen in unserem "Zaudern", "unsere Fähigkeit zur Beziehung ernster |nehmen|, als wir es selbst zu dieser Zeit und an diesem Ort tun können" (ebd. 185), uns trösten und ermutigen.

Menschen stehen immer wieder vor dem Punkt, nicht weiter zu können, das, was sie vielleicht noch als richtig einsehen, nicht in die Tat umsetzen zu können. Aber es gibt auch, so Heyward, oft wieder "Freundinnen und Freunde, die uns wahrhaft Rat geben, lehren, lieben und uns Schwestern und Brüder sind" (ebd. 187), "die die Menschheit lieben" (ebd. 189), durch die wir erfahren:

> "Du akzeptierst meine Isolation oder meinen 'Gott' nicht, und damit segnest du mich; du - du erinnerst dich an die Intimität[32] unserer Beziehung; du - du hast nicht vergessen, daß wir nicht allein sind." (Ebd. 194)

Realistisch sieht Heyward, daß auch diese Messiasse "nur" Menschen sind, daß sie abhängig sind von anderen, schwach wie wir alle, selbst dieses Bedürfnis haben, "gedrängt und getröstet zu werden".
Alles Angehen gegen "das Böse in der Welt", alle Versuche, relationale Ganzheit der einzelnen (und der Natur) durch Gerechtigkeit voranzutreiben, kann daher für Heyward nur über einen "gegenseitigen Messianismus" der Menschen in und mit Gott gelingen, "den wir wie in einem dunklen Spiegel als unsere Möglichkeit erblicken" und dessen Prototyp Jesus lebte (ebd. 189 f).

---

32 Zu dem Begriff der "Intimität" cf. 3.3.2 (4) d).

Denn "sie, die uns ermutigen, werden von uns ermutigt" (ebd. 187) und
mit ihnen befinden wir uns "immer in dem ambivalenten Zustand zwischen
dem Warten auf die Gerechtigkeit und ihrer Erfüllung " (ebd. 187), in
der anfanghaften und auf Ausweitung zielenden Erfahrung: "in Beziehung
und ganz".

3.1.3   'Von der einen und den anderen neun Münzen'[33]

Bemerkungen zum Stellenwert des Alten Testaments im Befreiungskampf
christlicher Frauen[34]

Die Ausführungen zu Gen 3 konnten bereits einen Einblick geben in die
unkonventionelle und befreiende Art der Bibellektüre frauenbewegter Frauen.
Der folgende Abschnitt soll diesen stets von emanzipatorischen Interessen
geleiteten Umgang mit dem Alten Testament weiter ausführen, indem vorrangig zwei unterschiedliche Positionen, die gegenüber diesem bezogen
werden, dargelegt und kritisch auf ihre Leistungen und Grenzen hin befragt werden (s. 1.2.4).
Ziel dieses Abschnitts kann es natürlich nicht sein, eine Lesart der
Bibel vorzuschreiben. Abgesehen von der bestimmenden Struktur der Texte
selbst ist die Bibellektüre immer biographisch und situativ verankert,so daß
frau/man sich für verschiedene Positionen immer wieder neu entscheiden muß.
Im Folgenden soll daher nur - nach einem kurzen Überblick - ein Einblick
in zwei dieser verschiedenen Positionen versucht werden.

(1)   Überblick: Ansätze, Texte, Vorgehensweisen

Grundsätzlich lassen sich unter den Feministinnen zunächst zwei Richtungen unterscheiden. Eine Gruppe visiert den Auszug aus der Kirche und
einen Aufstieg zur Macht an, während die andere Gruppe für die Gleichheit beider Geschlechter plädiert; nur Letztere ist ausgesprochen, und

---

33 Cf. Tolbert Art. 1983, 124; Kritische Anmerkungen zu dem Folgenden ver-
     danke ich einer Diskussion in dem Oberseminar "Neue Ansätze in der
     exegetischen Methodik" bei Herrn Prof. Dr. H. Irsigler im SS 1987, wo
     ich die Gelegenheit hatte, zu diesem Thema aus feministischer Perspek-
     tive zu referieren.

34 Ein wesentlich höherer Stellenwert kommt der Bibel im Befreiungskampf
     südamerikanischer Christen zu (cf. Fuchs 1983 c,418 ff;cf. Schüssler-
     Fiorenza Art. 1981).

u. U. auch positiv, biblisch interessiert (Tolbert Art. 1983, 117) und
um diese wird es im Folgenden gehen:

"Beyond the minimal level of agreement, two general approaches to
feminism may be perceived. Some regard the goal of feminism to be
the ascendancy of women, while others understand feminism to be
primarily a movement toward human equality in which oppressed and
oppressor are finally reconciled in a renewed humanity" (ebd. 115 f).

Für die Positionen dieser Gruppe läßt sich m. E. als Gemeinsamkeit festmachen, daß sie einen kritisch-emanzipatorischen Standpunkt gegenüber
der Bibel beziehen, d. h. diese gilt nicht mehr als absolute Autorität.[35]
Denn das AT gilt als ein von Männern für Männer und meistens über Männer geschriebenes und redigiertes Buch[36], das von Männern rezipiert und
verändert[37] wurde und seit Jahrhunderten interpretiert wird, wobei zuweilen diese Interpretationen frauenfeindlicher sind als die Texte selbst[38].
Für Frauen und ihr Selbstverständnis hatte dies verheerende Folgen[39],
oft genug wurde die Bibel als Beweis für die "göttliche"Sanktionierung
weiblicher Unterdrückung herangezogen (Russel Art. 1979, 7).
So ist die Bibel den Frauen ein "garstiges Buch", wie Halkes einmal
schrieb (Halkes 1985, 55), ihr "natürlicher Feind" (Mollenkott 1984, 13)[40].

---

35 Cf. Daly 1982, 92; s. auch Anm. 126.

36 Cf. Schüngel-Straumann Art. 1982, 501; dies. Art. 1984, 229; Schüss-
    ler-Fiorenza Art. 1979, 40; Bußmann Art. 1983, 349; Stegemann in
    ders. 1980, 10; Kegler Art. 1980, 42; Tolbert Art. 1983, 123.

37 Cf. 1 Tim 2,11-15 und 1 Kor 11,3-10 im Vergleich zum Genesis-Text
    (Merode-de Croy Art. 1980, 273).

38 S. 5.3.1 (1); cf. Schüssler-Fiorenza bes.Gen 2-3 (Schüssler-Fiorenza
    Art. 1979, 32 f; 38); ist das behutsame Zurückgehen zu den Quellen
    genuin feministisch? (Cf. 3.1.2 (3))

39 Ebd. 31; Merode-de Croy Art. 1980, 270, 274; Hanson Art. 1978, 91;
    Trible Art. 1978, 93; Mollenkott 1984, 111; Loos Art. 1980, 137;
    Ochshorn 1981, 227, 243; Halkes 1985, 63, 88; entsprechend lehnt
    Daly jede legitimatorische Exegese als "obszön" ab (Daly 1982, 18).

40 Entsprechend erscheint dann das Verhältnis von Christentum und Femi-
    nismus wie das von 'Abend und Morgen' (Trible Art. 1978, 93, 116).

Heißt nun "hermeia", den Text und eine Situation zusammenzubringen (cf. Ringe Art. 1979, 21; cf. 1.2.2), so wollen entsprechend Frauen die Bibel aus ihrer Unterdrückten-Perspektive lesen (Tolbert Art. 1983, 119), d.h. entschieden subjektiv an die Texte herangehen – was bewußt oder unbewußt sowieso immer geschieht (ebd. 117)[41]: Jede Textinterpretation ist schließlich von ihren Voraussetzungen her abhängig (Schüssler-Fiorenza art. 1979, 30; Dewey Art. 1979, 52). Daher kommt es bei der feministischen Bibellektüre zu einer Veränderung der Texte durch Kontexte (Halkes Art. 1980, 298), gegenüber traditioneller Exegese findet also ein Paradigmenwechsel (Ringe Art. 1979, 26) statt, ein "Wechsel in der Perspektive" (Russel, in: dies. 1979, 14) läßt sich feststellen wie es die Auseinandersetzung mit Gen 3 (3.1.2. (2)) oder beispielsweise das Interesse an Frauengeschichten und dem Miteinander von Frauen im Buch Ruth[42] belegen: "Denn wohin du gehst, will ich gehn, und wo du nachtest, will ich nachten dir gesellt" (Ruth 1,16) heißt es dort, und Rieger erklärt dazu: "Diese Liebeserklärung einer Frau an eine andere ist für uns heute mutig und provokativ zugleich" (Rieger Art. 1984, 222).

Auch innerhalb dieses emanzipatorisch geleiteten Interesses am AT zeichnen sich m. E. wiederum zwei divergierende Tendenzen ab; was z. T. durch das Textmaterial und z. T. durch das jeweilige Vorverständnis bedingt ist.

Eine Richtung, besonders vertreten von Ochshorn kann im AT nichts anderes sehen als den historischen Anfangspunkt der Frauenunterdrückung; ihr Interesse gilt von daher einer genauen Kenntnis bestimmter Passagen dieses "frauenfeindlichen Manifestes", um sich differenziert davon abzusetzen (cf. Ochshorn 1981, 6).

Die andere Richtung geht von einem grundsätzlich befreienden Potential der Bibel aus und glaubt in ihr, z. T. unter Zuhilfenahme neuer, alter-

---

41 Dabei gilt es jedoch auch auf die "Schwachen",d. h. die zögernd Progressiven zu achten (Russel Art. 1979, 12).

42 Dies meint, so Rieger, hinter die letzte Redaktionsstufe des Buches zurückzugehen und den für Frauen relevanten Teil zu lesen (Rieger Art. 1984, 228 ff).

nativer Interpretationsmethoden[43] auch einen positiven Ansatz für Frauen
finden zu können.

Bevor ich genauer auf beide Positionen eingehe, sollen jedoch das Material und der Textumgang, soweit er beiden Tendenzen gemeinsam ist, skizziert werden:

Aus dem umfangreichen Schrifttum des AT rücken nur ganz spezielle Text-
gruppen in den Blick feministischer Lektüre, worauf später noch kritisch
zurückzukommen ist. Das Interesse feministischer Bibellektüre entzündet
sich an gesetzestextlichen und narrativen Aussagen über die rechtliche
und soziale Stellung der Frau, an Frauenfiguren, weiblichen Bildern für
Gott und weiblichenAspektendes Gottesbildes, (in Zusammenhang mit sprachlichen Untersuchungen bez. des Verhältnisses von Sexus und Genus) an bestimmten "weiblichen" Motiven (schekinah, ruah, Weisheit, rḥm, 'die Frau als
Helfer') und Frauen thematisierenden Texten (Hoheslied, Schöpfungsgeschich-
ten, Sündenfallerzählung), an Spuren von Göttinnenkulten oder anderen
matriarchalischen Elementen (wie Matrilinearität oder Matrilokalität,
Rieger Art. 1984, 224) sowie den spezifischen Frauenbüchern (Ruth, Esther,
Judith), - kurz: Frauenspezifische Texte stehen im Zentrum feministischer
Lektüre.

Im Bereich der Umgehensweisen mit diesen Texten zeichnet sich eine Vielfalt von akademisch-wissenschaftlicher über eine pastorale bis hin zu
einer ästhetischen Vorgehensweise ab. Dabei sind diese jeweils nicht
streng voneinander zu trennen: Kaum eine Exegetin abstrahiert von ihren
persönlichen Erfahrungen mit dem Text, und pastoral interessierte Lek-
türen ziehen vorsichtig Kommentare zu Rate.[44] Und grundsätzlich kann
von keiner Opposition zwischen Expertinnen und Laiinnen ausgegangen werden[45], vielmehr arbeiten sich die Erfahrungen (der Diskriminierung) und

---

43 Die Bibel neu zu lesen gilt dann als "hermeneutische Herausforderung"
(Trible Art. 1978, 95; cf. dies. Art. 1982).

44 Cf. Russel Art. 1979, 87; Schüssler-Fiorenza Art. 1979, 51, Dewey
Art. 1979, 69.

45 Ringe verweist in diesem Zusammenhang auf Bultmann und Bonhoeffer,
die den Absolutheitsanspruch von Wissenschaft in Frage stellten (Ringe
Art. 1979, 25).

die Kenntnisse aller Hand in Hand (Maaßen/Schaumberger Art. 1984, 201, 210)[46]: Feministische Theologie

"ist keine Theologie von 'Expertinnen' für andere unterdrückte Frauen. Grundlage ist vielmehr die eigene Frauenerfahrung feministischer Theologinnen und ihre Betroffenheit von Frauenunterdrückung." (Ebd. 216)

Im wissenschaftlichen Bereich ist Tribles Ansatz zu nennen, der mittels eines hermeneutischen, methodischen und eines topologischen "Schlüssels" den Text untersucht[47]. Ochshorn untersucht im religionsgeschichtlichen Vergleich zwischen Israel und seiner Umwelt den Zusammenhang zwischen Poly- und Monotheismus einerseits und der Bedeutung der Geschlechtszugehörigkeit für die Verteilung gesellschaftlicher Macht andererseits. Ihre These geht dahin, daß mit der Entstehung des jahwistischen Monotheismus die kultische und gesellschaftliche Entmachtung der Frauen Hand in Hand ging (Ochshorn 1981, XV).

Auf Methoden der historisch-kritischen Exegese greifen u. a. Schüngel-Straumann und Schüssler-Fiorenza[48] zurück. Letztere formuliert hierzu explizit, daß dieses Vorgehen und seine Ergebnisse reflektiert und einer feministischen Analyse zu unterziehen seien.

Für den europäischen Raum ist u. a. auf die archäologisch ausgerichteten Untersuchungen Schroers[49] und Wackers Re-lecture des Hosea-Buches[50] hinzuweisen. Eine weitere Richtung versucht auf dem Weg "tiefenpsychologischer Paläontologie" (cf. Moltmann-Wendel 1985, 54) ein verlorengegange-

---

46 Entsprechend fordert Halkes auch eine Ausbildung, die zu ganzheitlicher Lektüre befähigt (Halkes 1985, 64).

47 Zentrale Motive und Texte dieses Vorgehens sind "rḥm", Gen 2-3 ("a love story gone awry") und das Hohelied (Trible 1978).

48 Im Folgenden werden nur Arbeiten Schüssler-Fiorenzas zum AT herangezogen.

49 So Schroers Untersuchungen zu den "Stempelsiegeln aus Palästina/Israel" (Schroer 1985).

50 Wacker 1987; cf. dazu die Kritik von Burmeister (Burmeister Art. 1986).

nes Matriarchat zu rekonstruieren (Mulack, Weiler)[51].
Die pastoral orientierte feministische Lektüre geht von der Gruppe als
'wichtigster Quelle' aus (Russel Art. 1979, 88)[52], Texte sollen - in
mehreren Übersetzungen und unter vorsichtiger Hinzunahme (männlicher)
Kommentare (Dewey Art. 1979, 68 f; Schüssler-Fiorenza Art. 1979, 51) -
vor dem Hintergrund des neu gewonnenen Selbstbewußtseins neu gelesen
(Rieger Art. 1984, 222; Halkes 1985, 57, 62) und 'Bilder neu entziffert
werden, die auch Frauen ihre eigene Gotteserfahrung anzeigen' (Bußmann
Art. 1983, 348); Texte sollen - im Sinne ganzheitlicher Lektüre[53] neu
erzählt[54] oder im Rollenspiel gespielt werden (Rieger Art. 1984, 222),
um ihre kulturspezifischen Konnotationen heute[55] und die Assoziationen
und Erfahrungen der Frauen mit diesen zur Sprache zu bringen. Darüberhinaus sei noch auf den ästhetischen Bereich verwiesen, d. h. die Möglichkeit, Texte neu zu schreiben, wie Plaskows "Lilith"[56] (Plaskow Art. 1982)
oder Schirmers Müttergeschichten (Schirmer Art. 1984).

(2) Zur fast ausschließlich negativ eingestellten Position Ochshorns

Es ist Ochshorns besonderes Verdienst, die frauenfeindlichen Tendenzen
des AT zusammengestellt zu haben und damit klar gemacht zu haben, wie
trostlos und widerwärtig abschreckend dieses für Frauen sein kann, -
gegen jeglichen vorschnellen Frieden mit diesem Buch:

---

51 Cf. hierzu die aktuelle Diskussion in "Schlangenbrut" Nr. 16 und
    Nr. 17.

52 Cf. Krattinger 1985, 66-70.

53 Halkes 1985, 64; Maaßen/Schaumberger Art. 1984, 219; Moltmann-Wendel
    1985, 18; Krattinger 1985, 77.

54 Schüssler-Fiorenza Art. 1979, 51; Dewey Art. 1979, 68; Maaßen/Schaum-
    berger Art. 1984, 200, 202 f; Halkes 1985, 58.

55 Cf. hierzu auch den Text zu Gen 3 in 3.1.2. (2) sowie Langer/u. a.
    (Hg.) 1982; dies. 1984.

56 Eine ganz neue und daher hier nicht mehr aufgearbeitete Publikation,
    die Bibeltexte "für Gruppen, Gemeinden und Gottesdienste" feministisch
    liest, stellt Schmidt/u. a. (Hg.) 1988 dar.

Von den vier Rechten, die es in Israel gab (Ehe, Kult, Krieg, Rechts-
pflege) hatte die Frau nur am Eherecht Anteil und zwar passiv (s. Ehe-
schließungs- und Scheidungsgesetze, cf. Schüngel-Straumann Art. 1982,
496). In späterer Zeit war sie entsprechend vom Gesetzesstudium ausgeschlossen (Merode-de Croy Art. 1980, 271). Die Gesetze Israels richte-
ten sich nur an die männliche Bevölkerung (s. grammatische 2. Ps. Sg./
Pl. in den Gesetzesformulierungen, Bird Art. 1974, 49), lediglich im
Strafvollzug konnten auch Frauen belangt werden.

So verdeutlicht Israels Gesetzgebung eine klare Identifikation von
- für den Fortbestand des Stammes mutmaßlich notwendigen - Familienin-
teressen mit den Interessen des Mannes. Die Frau erscheint wie ein "An-
hängsel" (Dewey Art. 1979, 52) des Mannes, sie ist eine gesetzliche
nicht- oder Unperson (Bird Art. 1974, 56). (Eine Ausnahme bilden allenfalls die wenigen älteren Gesetzgebungen (Ex 21,26.28), die nach Tatbe-
ständen, nicht nach Personen urteilen, ebd. 56).

Die Tochter gilt als Besitz des Vaters, als welchen sie dann an den Mann
übergeben wird (Schüssler-Fiorenza Art. 1979, 33 ff). Dies machen zum
einen verschiedene Geschichten deutlich, etwa die von Lea und Rachel
(Gen 29, 16-30; 31,15), die, zusammen mit den Vergewaltigungsgeschichten
Ri 19-21 (ebd. 35; Ochshorn 1981, 154)   vor dem Hintergrund noch immer aktueller Gewalt gegen Frauen und den alltäglichen Formen von Diskriminierung besonders abstoßend sind.

Gewöhnlich wird Israel gegenüber seiner Umwelt wegen seines moralischen
Fortschritts hervorgehoben, insofern nämlich hier das Erfüllen von Gottes Geboten nicht mechanisch und funktionalisiert verstanden wird. Um
so enttäuschender ist es dann aber für Frauen zu sehen, daß dieser Fortschritt die Hälfte des Volkes auszusparen schien. So fragt etwa Ochshorn
(bez. Lot und seiner Töchter, Gen 19):

> "Does the offering up of daughters for gang-rape in order to pro-
> tect male strangers under one's roof not constitute 'heinous moral
> and social corruption, an arrogant disregard of elementary human

rights','a cynical intensivity to the sufferings of others'?[57]
More plainly, do women not have 'elementary human rights' or
the capacity to suffer? Does the rape of a woman represant less
'heinous moral corruption' or violation of 'elementary human
rights' than the rape of a man?" (Ebd. 153)

Zum anderen belegt die Gesetzgebung bezüglich der "Reinheit" der zu ver-
heiratenden Tochter (Dtn 22,19 ff) deutlich die Besitzverhältnisse (ebd.
203). Ochshorn macht klar, wie fatal auch dieses aus heutiger Frauenperspektive erscheinen muß, wenn sie bezüglich etwaiger 'Rechtsstrei-
tigkeiten' (cf. Dtn 22, 19 ff) schreibt:

"The central concern, it would seem, was for the honor of the husband and the father, since the latter was compensated for a false
accusation. The woman occupied a peripheral status in the contest
between the two men. Her future (or her lack of future) was determined by its outcome, and for her either result must have been
horrendous. Indeed, the position of the wife was utterly powerless
and passive while the husband, father, and the elders of the city
contended among themselves to judge, exonerate, or condemn her. In
sum, she became an *object* to be acted upon in a process of adjudi-
cation she neither helped to establish nor participated in." (Ebd.
203; cf. Bird Art. 1974, 51 f)

Die verheiratete Frau nimmt einen Status ein, der dem der "beweglichen
Habe" recht ähnlich scheint (cf. Merode-de Croy Art. 1980, 271; Bird
Art. 1974, 64 f): Sie ist gesetzlich, ökonomisch und sozial dem Mann
untergeordnet (ebd. 64). So zeigt etwa die Geschichte von Sarah deutlich die Besitzrechte des Mannes auf, die u. U. von Jahwe verteidigt
werden (cf. Gen 12,10-13,1; 20,1-18; Schüssler-Fiorenza Art. 1979, 36).
Die Aufgabe der Frau und damit ihre einzige Möglichkeit, Ansehen zu erlangen, bestand in der Reproduktion der Sippe und deren ökonomischer
Sicherung. Auf die hohe Bedeutung, die der Sicherung von Nachkommenschaft
zugewiesen wurde, deutet die 'Schande der Unfruchtbarkeit' (ebd. 36),
die sich für Ochshorn wie ein zur-Schau-Stellen der Macht Jahwes auf
Kosten der Frau liest:

---

57 Zitiert wird Nahum Sarna: Understanding Genesis. The Heritage of
   Biblical Israel, NY, 1974, 145 f.

"Sarah's sterility was, of course, her greatest shame, since the role of women as childbearers, especially son-bearers, was overwhelmingly important. The impregnation of Sarah when she was ninety serves the divine purpose admirably, since it demonstrates the tremendous power of God." (Ochshorn 1981, 144)

Als solche, für die Reproduktion der Nachkommenschaft Verpflichtete, bleibt die verheiratete Frau jedoch meist nur Instrument (ebd. 144), das gegen eine andere ausgespielt werden kann[58], während durch die Mutterschaft selbst keine Rechte erworben werden können, in die Geschichte von Abraham und Isaak- in der Sarah überhaupt nicht vorkommt! - zeigt (ebd. 196). Oft werden Frauen auch per Mutterschaft in Männerbezüge - für Kult und Genealogie - hineinfunktionalisiert (1 Kg 3,1; 4,11; 2 Kg 8,18; 1 Sam 18,20-27; 2 Sam 3,13 ff; Bird Art. 1974, 63)[59]. Auf ihre ökonomische Bedeutung, die sich positiv von der heutigen Bedeutungslosigkeit der nur-Hausfrauen (s. 5.1.2. (5)) abhebt, deuten aus späterer Zeit Spr. 31,10-31 (ebd. 57; Ochshorn 1981, 191 ff; Mollenkott 1984, 64), wobei aber andererseits die drei Stereotypen (Mutter, Ehefrau, fremde Frau) für heutige Frauen nicht gerade attraktiv sind. In vormonarchischer Zeit gab es zudem Polygynie (Schüssler-Fiorenza Art. 1979, 36; Bird 1974, 66).

Auch die Gesetzgebung bez. Ehebruch (Num 5,12-14) zeigt deutlich die Macht des Mannes über die Frau, - sei sie schuldig oder nicht. Durch ein Gottesurteil Unschuld beweisen zu müssen, ist nur für Frauen vorgesehen. Und ferner zeigt die Gesetzgebung auf, daß Ehebruch immer nur bedeutet, die Besitzrechte eines anderen Mannes zu verletzen: Im Fall

---

58 "The siding of God with Sarah in her dispute with Hagar, which terminates with the casting out of Hagar and Ishmael into the desert (or granting them their 'freedom'), does not confront Sarah with any moral dilemma or compel her to accept the consequences of her moral or immoral behaviour, but instead merely pits woman against woman as reproducer" (Ochshorn 1981, 144).

59 "Rachel and Leah, together with their servants Bilhah and Zilpah, are in the first instance simply mothers of the twelve 'sons of Israel', and are only secondarily fleshed out with individual characteristics as wives of Jacob" (Bird Art. 1974, Anm. 58).

von Ehebruch mit einer verheirateten Frau werden beide zum Tode verurteilt (Dtn 22,27 f), ist die Frau unverheiratet, so muß der Mann sie
heiraten (Dtn 22,28 f). Beides stellen Regelungen dar, die es überhaupt
nicht für möglich und nötig halten, der Frau eigene Interessen und Bedürfnisse zuzugestehen (Ochshorn 1981, 200, 206; Bird Art. 1974, 52).[60]
Ebenso wird die Möglichkeit einer Scheidung nur dem Mann zugestanden
(Dtn 24,1; Bird Art. 1974, 52), Töchter scheinen grundsätzlich kein Erb-
recht gehabt zu haben, zumindest solange Söhne vorhanden waren (Num 27,8),
- daraufhin deutet auch die Leviratsehe - und, falls doch eine Heirat
erwogen wurde, oblag es den Frauen, nur innerhalb des eigenen Stammes
zu heiraten (cf. Num 31,1-9, Bird Art. 1974, Anm. 31).
Eine Witwe kam entsprechend in eine "prekäre Situation" (ebd. 52), da
der Besitz ihres verstorbenen Mannes an dessen männliche Verwandte über-
ging; ihr blieb dann nur die Möglichkeit, in die eigene Familie zurückzukehren. Die häufige Prädikation von Jahwe als 'Schützer der Witwen
und Waisen' jedenfalls, so Bird (Bird Art. 1974, 53 f), scheint darauf
hinzudeuten, daß die Regelungen, die für den Fall der Witwenschaft vorgesehen waren, unzureichend zum Wohle der betroffenen Frauen durchgeführt wurde.

Neben den Aussagen über die sozial-familiäre Stellung der Frau im AT
gibt es noch weitere Passagen, die aus heutiger Perspektive als Frauendiskriminierung verstanden werden müssen: Die Frau ist, da sie als un-
rein gilt[61], vom Ritus ausgeschlossen (Merode-de Croy Art. 1980, 272;
Ochshorn 1981, 230, 209 f, 228, 230, 237). Die Priesterschaft ist männlich (ebd. 229). Und dies stellt Ochshorn den polytheistischen Kulturen
gegenüber, in denen Frauen und ihre Körperlichkeit und Sexualität als
integraler Bestandteil des Kultes der Fruchtbarkeit galten.[62]

---

60 Cf. Judah und Ramar (Ochshorn 1981, 207).

61 Cf. hier auch die Regelung, daß eine Frau nach der Geburt einer Toch-
    ter dem Ritus länger fern bleiben muß als nach der Geburt eines Soh-
    nes (Ochshorn 1981, 269 f; Bird Art. 1974, 54).

62 Teilhabe am Kult meint selbstverständlich nicht Freiheit von sonstiger
    sozialer Unterdrückung (cf. Hanson Art. 1978, 84).

Darüberhinaus, so Ochshorn weiter, spiegelt das AT eine ambivalente
Haltung gegenüber der Frau auch im moralischen Sinn (Ochshorn 1981,
148) wider, etwa wenn ihr Gelübde nur so lange Gültigkeit besitzt, bis
ein Mann, ihr Vater oder ihr Ehemann, diesem widerspricht (Num 30,2-12;
cf. Schüssler-Fiorenza Art. 1979, 33; Ochshorn 1981, 146; Bird Art. 1974,
55). Zudem ist sie auch vom gesamten Bundesgeschehen zwischen Jahwe und
seinem "Volk" ausgeschlossen; Bündnispartner ist beispielsweise Abraham,
nicht aber auch Sarah (cf. Ochshorn 1981, 141, 144 ff, 180).
Ein weiteres Ärgernis heutiger feministischer Bibellektüre stellt die
obsessiv-sexistische (ebd. 199; cf. Hurwitz 1980, 66) Polemik der biblischen Erzähler und Propheten dar.[63]
Exemplarisch, bez. Ezechiel, sei Ochshorn (bez. Ez 16,37-40.43-49) zitiert:

"the prophet[64] Ezekiel portrays the persistant attachment of the people
of Israel to other religions in imagery that turns on female sexuality, female lewdness, and female prostitution. First, he writes in
very sensual terms about the love of God for Israel, described as
feminine, and the transaction of the covenant (Ezek. 16,1-14). Then
God accuses Israel of playing the whore with every casual passer-
by at his sanctuaries ('high places'), relying on her beauty, and
indulging in harlotry with male images fashioned of the gold and
silver ornaments God lavished on her in his love.
God threatens her with terrible violence from her former lovers,
and while Israel is grammatically designated as feminine, Ezekiel
shows God addressing her as if she were human. |...| 16,37-40 |...|
And all of Israel's sins are pictured in totally feminine imagery.
God says of her, using human relationships and especially female
relationships to describe her abominations: |...| 16,43-49"

"Ezekiel closes this long passage with a warning to *real women*, and
exhibits the stunning depth of his fear and hatred of feminity and
female sexuality (Ezek. 23)."

---

63 Cf.z.B. das Bild der verlorenen, aggressiven, gefährlichen und dann doch
    machtlosen Frau in Gen 39,1-20 (Ochshorn 1981, 204; cf. Bird Art.
    1975, 65).

64 In welcher Hinsicht es sich bei Ez 16 um eine "redaktionelle Ein-
    heit" (Zimmerli 1969, 341) handelt, braucht hier nicht zu interes-
    sieren.

"What seems most remarkable in these passages from Isaiah and Ezekiel is that there are no corresponding symbols or imagery used
to describe sinning Israel in terms of male sexuality, lewdness,
lustfulness, or promiscuity with foreign women."
(Ochshorn 1981, 161 ff; cf. Jes 3,20).

(3) Bewertung dieser Position

Kriterium der hier vorgestellten Textauswahl ist, ob der Text eine Aussage macht über die soziale und rechtliche Stellung der Frau. Damit wird
das AT nicht von seinem Denotat insgesamt, nämlich befreiende Botschaft
zu sein, her angegangen, auch nicht in seiner Zeit gelesen, so daß even-
tuelle frauenfeindliche Details nicht in den Blick kommen (cf. etwa Zimmerli bez. Dtn 24,1-4: Der "Scheidebrief" für die "unschuldig Verstoßene"
stellt immerhin einen "Rechtsschutz" für diese dar; Zimmerli 1982, 117).

Statt dessen wird der Text von den Deutungen, die ihm bis heute widerfahren und den Assoziationen der Feministinnen her gelesen (cf. 1.2.
5).

Dies ist zunächst einmal positiv zu werten, insofern nämlich die Lesart
genau dieselbe ist, die männliche Theologie und Kirche betreibt (Stichwort: Ordination, cf. 1.2.2. (1)): Frauen sind gezwungen, sich damit
und dem Buch, aus dem da gegen sie argumentiert wird, auseinanderzusetzen.

Positiv zu bewerten ist ferner, daß hier deutlich der Anfang der jüdisch-christlichen Frauenunterdrückung in den Blick gerät, die sich sub-
lim oder offenkundig bis heute noch durchhält.

Besonders pastorale Praxis kann hier wesentliche Vorteile daraus ziehen,
wenn sie erkennt, daß die vermeintlich "Heilige Schrift", die "Frohe
Botschaft" in etlichen Fällen ganz etwas anderes ist, daß es Geschichten gibt, die einfach nur noch Geschichte sein dürften (s. die Geschichte
von Lot oder die Gesetzestexte).

Kritisch ist jedoch anzufragen, ob die Lektüre, die sich mehr am Gesamtde-
notat, an der grundsätzlichen Intention der Bibel und der eigenen, bereits
vollzogenen Befreiung orientiert, nicht doch zu, wenn auch minimalen, positiven Ergebnissen kommt.

In diesem Sinne soll die zweite Richtung vorgestellt werden:

(4) Ansätze grundsätzlich positiv eingestellter Positionen: Weibliche Motive, Aspekte des Gottesbildes, Frauenfiguren

Dieser Wille, das AT von seiner Intention her zu lesen, ihm einen positiven Vorschuß zu geben, zeigt sich in Äußerungen über das "allgemein
Befreiende" der Bibel (cf. Russel 1979, 8; Bußmann Art. 1983, 347;
Ruether 1985, 12 f; Rieger Art. 1984, 222) und ihre 'Wichtigkeit für
unser Leben heute' (Ringe Art. 1979, 16) und ihre "Autorität", verstanden in dem Sinne, daß sie Antwort auf unsere konkreten Bedürfnisse geben
kann (ebd. 20),oder drückt sich in der Überzeugung aus, daß die Bibel
nicht das Patriarchat einsetzen oder erhalten wollte (Trible Art. 1978,
94), so wenig wie die Sklaverei etwa (Mollenkott cf. Anderson 1979,
223).
Ja, die Bibel richtig verstanden, so etwa Mollenkott (cf. ebd. 222),
könne feministische Anliegen unterstützen.
Dafür ist es aber nötig, neue Interpretationen mit bez. Frauen inclu-
siveren Methoden und neuen Kommentaren (Russel 1979, 8) zu versuchen,
bei denen die Frauen nicht mehr "vergessene Partner" (Schüssler-Fiorenza
cf. Russel 1979, 8) sind. Durch diese soll versucht werden, das 'Wort
Gottes' von sexistischer Sprache und Metaphern zu befreien (ebd. 9, 78;
Mollenkott 1984, 114 ff; Trible Art. 1978, 108), um hinter den oft chau-
vinistischen Interpretationen befreiende Botschaften auch für Frauen
zu erheben (Schüssler-Fiorenza Art. 1979, 32, Dewey Art. 1979, 52).
"Hexegese" (Krattinger 1985, 68) zu betreiben, lautet der programmatische
Vorsatz, wobei sich frau durchaus der "Gefahr" der "Eisegesis" (in dem
oben genannten Sinne, daß Kontexte Texte verändern) bewußt ist (Trible
Art. 1978, 94).
Hierfür werden abermals spezielle Texte ausgewählt und auf ihre Frauen-
und Befreiungsthemen hin abgeklopft (Tolbert 1983, 1).

a) Auf diese Weise lassen sich eine Anzahl von positiven <u>Motiven und
Texten</u> zusammenstellen, die hier kurz erwähnt werden sollen.
An erster Stelle sei das Motiv "rḥm" erwähnt, dem Trible einen breiten
Raum in ihrer Publikation einräumt. Hier zeigt sie: "This semantic

journey from the wombs of women to the compassion of God is not a minor theme on the fringes of faith"(Trible 1978, 201; cf. Wagner/Wieser Art. 1980, 263). Mollenkott wendet ihre Aufmerksamkeit den Begriffen "ruah" (Mollenkott 1984,42,61), Schekinah (ebd. 42) und der Weisheit (ebd. 99) zu. Bird setzt sich mit dem Topos von der 'Frau als Helfer' (Bird Art. 1974, 71; cf. Mollenkott 1984, 77) und dem priesterschriftlichen Schöpfungsbericht (insbesondere als Kritik an Barth) auseinander (Bird Art. 1981).

b) Insbesondere Mollenkott hat sich den weiblichen Bildern für Gott im AT[65] zugewendet als "Unterstützung für Gleichheit und Gegenseitigkeit der Geschlechter" (Mollenkott 1984, 11, 13)[66]. Die Bilder, die Mollenkott zusammenstellt, will sie nicht als 'häretisch-matriarchalisch' verstanden wissen, sondern als Verweis auf das eo ipso androgyne Gottesbild Israels (ebd. 112). Hierzu gehören das Bild von Gott als gebärende Frau (Jes 42,14.21): Jahwes Schmerz über die Götzendienerei wird mit Geburtswehen verglichen; das Bild von der stillenden Mutter (Jes 49,15) (ebd. 26) und weitere mütterliche oder weibliche Aspekte (ebd. 32 ff) wie etwa in Hosea 11,1-4: Gott/in als Mutter, die sich um ein schwieriges Kind kümmert oder der/die Kleider macht (Gen 3,21), was traditionell Frauenarbeit ist (ebd. 34). Ferner ist zu erwähnen, Gott als Geburtshelferin (ebd. 38) (Jes 66) und zwei Bilder aus der Tierwelt, nämlich Gott als Bärenmutter (ebd. 53) - ein Bild, das durch seine aggressive Kraft für feministische Theologie im wohltuenden Gegensatz zu stereotypen Frauenklischees steht (cf. ebd. 56 f) - und Gott als Adlermutter, die das Volk auf ihren Flügeln trägt oder unter ihren Flügeln beschützt, aber schließlich auch losläßt, damit es für sich selbst zu sorgen beginnt (ebd. 86).

---

65 Zu weiblichen Bildern für Gott im Neuen Testament cf. Ruether 1985, 88 f.

66 Häufig, so etwa Ruether, wird Gott so dargestellt "wie die patriarchalische Führungsschicht, und von Königen und Päpsten repräsentiert". Eine solche Rede von Gott sollte 'als das was sie ist, verurteilt werden, nämlich als Götzendienst' (Ruether 1985, 87).
Und Ochshorn hat gezeigt: Je stärker die Bilder von Gott asexuellen und afamiliären Charakter haben, desto verhängnisvoller sind die Konsequenzen für Frauen (Ochshorn 1981, 137 f).

c) Ein weiteres Interesse richtet sich auf die Frauenfiguren des AT[67].
Ziel ist es, eventuell eine verlorengegangene Frauengeschichte wieder-
zufinden (Schüssler-Fiorenza Art. 1979, 42); frau hält die namentlich
überlieferte Tradition nur für die 'Spitze des Eisberges' (Schüngel-
Straumann Art. 1984, 211; Bußmann Art. 1983, 34). Mollenkott schreibt,
daß es erstaunlich sei, daß im AT Frauen überhaupt erwähnt werden (Mollenkott 1984, 111) und mit Bird läßt sich fortfahren, daß Frauen doch
öfter und anders erwähnt werden, als man/frau gemeinhin meint (Bird Art.
1974, 42), sich in ihnen vielleicht utopische Elemente entdecken lassen
(Dewey Art. 1979, 52, 57). Zudem kann eine Lektüre aus feministischer
Sicht den Prozeß der Patriarchalisierung der Tradition aufdecken (Maaßen/
Schaumberger Art. 1984; cf. Halkes 1985, 38, 63):

"Eine erste Aufgabe ist es |...|, die Erinnerung an diese biblischen
Frauen wieder ins Bewußtsein zu heben. Danach ist weiter zu fragen,
warum die Wirkungsgeschichte fast immer so verläuft, daß sie sich
für Frauen negativ auswirkt. Was spielen sich hier für Prozesse ab,
daß die Frau immer zur Verliererin wird? Und was ist weiter zu tun,
damit die Frau in der Theologie, in der Kirche und in der allgemeinen Wertschätzung wieder den Raum einnimmt, die Funktionen ausfüllen
kann, für die sie genau so begabt und berufen ist wie der Mann?"
(Schüngel-Straumann Art. 1984, 221).

Zum anderen zeigt sich, daß - aus Respekt gegenüber der Tradition - die
hohe Bedeutung der Frauen bei der "Konsolidierung Israels" erhalten bleibt
(Schüngel-Straumann Art. 1982, 506), so etwa die Deborahs und Jaels[68]
oder die der Hebammen und der Tochter des Pharaos bei der Errettung des
Mose, oder die Mirjams im Kontext des Exodus.
Um das Gemeinte zu verdeutlichen, sei kurz auf Mirijam eingegangen[69]:
Mirijam ist zunächst von Interesse, da sie eine für Frauen im AT unüb-
liche Rolle einnimmt, insofern sie eben nicht Ehefrau oder Mutter ist
und frei und eigenständig handelt.

---

67 Cf. Russel 1979, 7; Moltmann-Wendel 1985, 9-19, 200 ff; Craven Art.
    1983,; Exum Art. 1983; Garside Allen Art. 1977; Adler Art. 1977.

68 Cf. entsprechend die Frauen an Kreuz und Grab Jesu.

69 Das Folgende nach Schüngel-Straumann Art. 1982; dies. 1984; Schüssler-
    Fiorenza Art. 1979.

Zugleich kann eine feministische Lektüre die Rücknahme, "Reduzierung,
Unterordnung" anzeigen: Nach Schüssler-Fiorenza handelt es sich bei
den Mirijam-Stellen um die androzentrische Überlieferung einer nicht
androzentrischen Geschichte (Schüssler-Fiorenza Art. 1979, 40). Insofern Mirijam mit Tanz, Reigen und Gesang auftritt und die spätere Redaktion sie in die Nähe zu Aaron rückt (Schüssler-Fiorenza Art. 1984,
220), liegt hier eben ein Beleg vor für die Teilnahme der Frauen am Kult
in den Anfängen Israels (cf. 1 Sam 18; Bird Art. 1974, 68).
Die Gestalt der Mirijam erscheint in einem der ältesten Texte des AT,
manche Exegeten halten ihn für den ältesten überhaupt (cf. Schüngel-
Straumann Art. 1982, 497). Wie dem auch sei, es ist für Frauen von besonderer Bedeutung zu sehen, daß der Hymnus (Ex 15,21) einer Frau in
den Mund gelegt wurde (Schüngel-Straumann Art. 1984, 214) und in späterer Redaktion Mose zugesprochen wird (Hanson Art. 1978, 86) (Ex 15,1).
  Der älteste Bestandteil, V. 21, führt Mirijam ohne weitere Kennzeich-
nung ein, sie erscheint somit autonom (Schüngel-Straumann Art. 1982,
497; Ochshorn 1981, 150). Der spätere Prosavers 20 nennt sie dann "Pro-
phetin", n^{e}biah, ein Titel, der die öffentlich-charismatische Tätigkeit
bezeichnet und den auch Hulda und Deborah tragen (Schüngel-Straumann
Art. 1982, 497 f), und macht sie zur Schwester Aarons (ebd. 497).
Obwohl somit das 'Heilsereignis Israels par excellence' mit einer Frau
verknüpft ist (ebd. 498), assoziiert heute jedes Kind nur noch Mose mit
dem Auszug der Israeliten aus Ägypten (Schüngel-Straumann Art. 1982,
214).
Diese Verschiebung von Mirijam, Mose und Aaron zu Mose allein hat bereits innerbiblische Tradition.
Num 20,1b bezeichnet den Begräbnisort Mirijams - etwas, was nur bei außer-
gewöhnlichen Personen tradiert und verschriftlicht wurde und somit auf
ihr hohen Ansehen schließen läßt (Schüngel-Straumann Art. 1982, 499).
Sonst aber wird nichts weiter über Mirijam gesagt und es ist u. U. zu
vermuten (Schüngel-Straumann/Noth), daß ein längerer Text über Mirijams
Tod und Begräbnis ausgefallen ist (ebd. 499).

Num 12 behandelt die Opposition gegen Mose. Mirijam und Aaron wenden
sich gegen die Heirat des Mose mit einer kuschitischen Frau (ebd. 499).
"Kernsatz der Auflehnung ist V 2: 'Hat Jahwe etwa nur mit Mose gesprochen? Hat er nicht auch mit uns gesprochen?'" (Schüngel-Straumann Art.
1982, 499).
Der Text zeigt Mirijam als die treibende Kraft, insofern sie zuerst genannt und alleine bestraft wird, und zwar durch Aussatz, so daß sie sich
'schämen muß wie ein kleines Kind' (Schüssler-Fiorenza Art. 1979, 41;
cf. Schüngel-Straumann Art. 1982, 499) und erst auf die Fürbitte des
Mose hin geheilt wird. Das Ziel der Erzählung ist, Mose als alleinigen
Führer darzustellen (ebd. 499; dies. Art. 1984, 214, 217), dabei scheint
aber eine ältere Tradition 'in Bruchstücken' durch (Schüssler-Fiorenza
Art. 1979, 42; Schüngel-Straumann Art. 1982, 500), die zeigt, daß Mirijam
eine "führende Persönlichkeit in der Vergangenheit Israels war" (ebd.
500).
Dies belegt auch eine Stelle aus dem 8. Jahrhundert, nämlich Micha 6,4,
in der Mirijam selbständig und ohne Verwandtschaftsbeziehungen erscheint
(ebd. 500)[70]. Erst eine spätere Tradition hat aufgrund der Genealogie
von Ex 6 zuerst Moses und Aaron zu Brüdern gemacht, in Ex 15,20 Mirijam
zur Schwester Aarons und schließlich in Num 26,59 alle drei zu Geschwistern (Schüngel-Straumann Art. 1982, 500). Hier drückt sich zum einen
semitisches Denken aus, das wichtige geistige und gesellschaftliche Zu-
sammengehörigkeit durch Verwandtschaftsbeziehungen versinnbildlicht.
Zum anderen wird aber dadurch auch Mirijam "neutralisiert", zumal sie
als Schwester automatisch der Autorität der Brüder untersteht (ebd. 500).
   Die verhängnisvolle Tradition dieser Neutralisierung setzt sich in
einem Targum fort, der über die drei Propheten und ihre Aufgabe schreibt:

"Mose, um die Überlieferung und die Gesetze zu lehren, Aaron, um die
Versöhnung auf das Volk zu legen, und Mirijam, um die Frauen zu un-
terweisen."[71]

---

70 Um so ärgerlicher ist dann Marode-de Croys Rede von Mirijam als
    'Schwester des Mose' (Marode-de Croy Art. 1980, 272).

71 Zit. bei H.W. Wolff: Dodekaprophenton 4: Micha (Bibl. Kommentar AT
    XIX/4) Neukirchen 1982, 149, zit. nach Schüngel-Straumann Art. 1982, 501.

Als weiterer Schritt ist mit Ochshorn ein rabbinischer Kommentar zu nennen, der die Erwägung über Num 12 anstellt, Mirijam habe Aaron verführt
und wäre deshalb von Jahwe bestraft worden:

> "Later rabbinical commentators theorized that Miriam sexually enticed
> Aaron to defy God, but there is nothing in the context of the chap-
> ter to suggest this, nor is there any difference indicated in their
> relationship with Moses beyond the fact that Miriam was female and
> Aaron was male." (Ochshorn 1981, 151)

Und schließlich ist mit Schüssler-Fiorenza auch auf zeitgenössische Kommentare zu dem 'vorlauten Frauenzimmer' hinzuweisen, die einmal mehr
zeigen, daß Texte zuweilen von den Assoziationen der Interpreten und
weniger von ihren Denotaten her gelesen werden: Da werden Vermutungen
über 'die Eifersucht unter Geschwistern' angestellt (Locheyer), die "Pri-
madonna aus dem Frauenchor" zitiert (Faulhaber), oder Noth stellt die
These auf, daß Mirijam von Aaron zum Aufbegehren verleitet worden sei:
Unmöglich kann sie selbständig gehandelt haben (cf. Schüssler-Fiorenza
Art. 1979, 41 f).

Hierzu im Gegensatz steht die Bibelarbeit von Langer/ u. a. (dies. 1982)
auf dem Kirchentag in Hamburg 1981 unter dem Titel "Mit Mirijam durch
das Schilfmeer", die offen das Spiel mit aktuellen Assoziationen zugibt
und die Figur positiv bewertet, indem sie den Vierschritt des Textes
(Aufbruch, Wüste, Durchzug durch das Schilfmeer, jenseits des Meeres)
mit der eigenen Situation in Familie, Kirche und Gesellschaft verbindet
(ebd. 54 f).

Mirijam wird hier zur Identifikationsfigur (ebd. 45), die in ihrem kleinen Lied Gott als die Macht preist, die "Roß und Reiter", "Sinnbild des
Männlichkeitswahns", ins Meer warf (ebd. 43, 74, 76).[72]

---

72 Ärgerlich ist die Verwendung des Terminus "feministisch" bei Ger-
    stenbergers Mirijam-Lektüre, da die Möglichkeit wie ein Mann einen
    Text "feministisch" lesen kann, dort nicht begründet wird und als
    Vereinnahmung erscheint (Gerstenberger Art. 1988, 53-59).

(5) Abschließende Bemerkungen

Auch diese von einem positiven Interesse geleitete feministische Bibellektüre gerät natürlich bald an ihre Grenzen, da ja auch hier das Textmaterial bechränkt bleibt: Texte, die von Frauen handeln, stellen nur
einen kleinen Teil des AT dar.
Somit wird es letztlich zur Frage der persönlichen Entscheidung, wie
Frauen damit umgehen möchten. Mollenkott beschreibt den Sachverhalt folgendermaßen:

> "Es ist wie mit der alten Geschichte vom Pessimisten und Optimisten.
> Ein Pessimist beschreibt ein halbgefülltes Glas Wasser als halb leer, ein
> Optimist als halb voll." (Mollenkott 1984, 112).

Sie selbst unterscheidet sich für letzteres: "Gottes Geist umging und
überwand mit Hilfe von Bildern die bewußten Ansichten der biblischen
Autoren" (ebd. 112).
Tolbert hat dieses Problem für sich ähnlich gelöst, indem sie die wenigen
für Frauen positiven Texte zu der einen der zehn lukanischen Münzen erklärt hat (cf. Tolbert Art. 1983, 124) (- worauf der Titel dieses Abschnitts referiert)[73]. Und entsprechend ist es ihr Ansinnen, im Rückgriff
auf Bultmanns Entmythologisierungskonzept, die patriarchalischen Anteile
der Bibel als leicht vom 'eigentlichen Kerygma' abtrennbar zu betrachten
(ebd. 124 ff). In diesem Sinne wird also kritisch-selektiver Umgang
empfohlen.
Gegenüber der Position Ochshorns, die ebenfalls Texte auswählt, vermag
diese Position einige Anknüpfungspunkte im AT für Frauen zu erstellen,
da sie von vornehrein geneigt ist, sich an dem grundsätzlich befreienden Potential der Bibel zu orientieren und dieses aufzuspüren. Das ist
natürlich konstruktiver, erfreulicher.
Auch hier ist jedoch nochmals zu fragen, ob nicht von der engen, frauen-
zentrierten Textauswahl letztlich wieder abzugehen ist. Ruether etwa
hat vorgeschlagen, sich an die Kritik der Propheten gegenüber allen Formen

---

73 Cf. Trible 1978, 201 f; Tolbert Art. 1983, Anm. 27.

der Unterdrükung zu halten, insofern auch Frauen diesen Gruppen zuzuordnen sind, und da die Propheten ja auch auf das besondere Los der Benachteiligung der (armen) Frauen eingehen (Ruether 1980, 87; cf. Wakeman Art. 1977).

Zum anderen verweist sie auf das biblische Votum, Gott mehr zu gehor-
chen als den Menschen, und d. h. Frauen sollen ihre Unmittelbarkeit zu
Gott erkennen und wahrnehmen und sich aus männlicher Vorherrschaft lösen
(Ruether 1985, 86 f).

Der Abschnitt zeigt, daß das AT entweder der "natürliche Feind der Frauen"
bleiben muß (Mollenkott 1984, 13) oder vereinzelt positive Anregungen
(cf. Ruether 1985, 90) geben kann: Das Agieren Mirijams, Deborahs, Jaels,
Judiths, Ruths oder Esthers etwa hat durchaus utopischen und konstruktiven Charakter, insofern diese Frauenfiguren zumindest in bezug auf den
alttestamentlichen Gesamtkontext autonom, mündig und von bestimmten Rol-
lenmustern abweichend handeln.

Andererseits aber können sie - will frau von allen frauenfeindlichen Anteilen des AT, wie sie mit Ochshorn aufgezeigt wurden, tatsächlich absehen
und den damit verbundenen Ekel einmal überwinden - wegen des geringen
Umfangs und der historisch-kulturellen Differenzen kaum mehr für den
"Befreiungskampf" als ausreichend eingestuft werden, so daß es sinnvoll-
ler erscheint, wenn Frauen sich verstärkt ihren eigenen, heutigen Erfahrungen und Visionen zuwenden (cf. Ruether 1985, 90 ff).

Überlegungen zum Gottesbild

Auch dieser Teil beginnt mit einer kritischen Reflexion bestimmter theologischer Traditionen und zwar des christlich-abendländischen Gottesbildes (3.2.1).

Dabei erweist sich dieses als in seiner Betonung der unerreichbaren Größe
und der Martialität Gottes sowie in seiner theologischen Abstraktheit
als antimenschlich (1), in seinen Behauptungen der "Männlichkeit Gottes"
als frauenfeindlich (2) und in seiner Betonung des Vateraspektes als

entmündigend (3), und alle diese drei Aspekte erscheinen der weiblichen Erfahrung von Macht in Beziehung kaum zugänglich (4).

Da feministischen Theologinnen diese Traditionsstränge als männliche
Wunschprojektionen erscheinen, postulieren sie den 'Sturm der Bilder'.
Und als Alternative schlägt feministische Theologie dann einen relationalen Gottesbegriff vor: Transzendenz und Immanenz gehen ineinander,
Gott, Mensch und Schöpfung werden, unter Berufung auf alt- und neutestamentliche Quellen, gemäß den Erfahrungen der Frauen mit dem Stichwort
der "Gegenseitigkeit" beschrieben (3.2.2).

3.2.1   Vom Bildersturm[74]

> "Ich habe kein Interesse, es sei denn ein zorniges, an einem außer-
> weltlichen 'Gott', der sich selbst über und gegen menschliche Erfah-
> rungen des Leidens, der Arbeit, des Spieles, der Sexualität, des
> Zweifels, der Laune, der Fragen, der Körperlichkeit und der mate-
> riellen Bedürfnisse setzt. Ich interessiere mich nicht für einen
> Gott, der wie ein Rammbock durch die priesterlichen Seiten des Le-
> viticus und weiter in die frauenfeindlichen Schmähschriften von
> Hieronymus, Martin Luther und Johannes Paul II. donnert. Wenn dies
> der 'Gott' der Juden und der Christen ist, dann muß ich den 'Gott'
> der Christen und die Kirche, die ihm huldigt, ablehnen." (Heyward
> 1986, 54).

(1)   Antimenschliche Tendenzen im abendländisch-christlichen Gottesbild: Die Unnahbarkeit Gottes

Tendenzen weißen männlichen Glaubens tradieren seit Jahrhunderten Bilder
von Gott als "Vater", "Schöpfer", "Regenten" (Sölle 1986, 15), als "Herr"

---

74 Der Begriff "Bildersturm" (Hundrup 1984, 100) korrespondiert dem
ganzheitlichen Engagement für das Weibliche und die Frauen. Damit
unterscheidet sich einmal mehr der "Diskurs der Nähe" von Publikationen traditioneller Theologie, wie etwa Moltmanns Versuch, durch
'trinitarischen Patripassianismus den Patriarchalismus' zu überwinden (Moltmann Art. 1981, 209); ein Versuch, der sich wie ein ab-
strakt-ästhetisches Unterfangen ausnimmt und keinerlei persönliche
Betroffenheit oder ein Aufatmen über gelungene Denkleistung verrät, so daß diese selbst Gefahr läuft, zum Rechenexempel zu degenerieren.

oder bestenfalls "gnädiger Herrscher" (Heyward 1986, 166), als "König", "Krieger" oder "Helden" (Sölle 1986, 27; Moltmann-Wendel 1985, 97). Gott gilt als "allmächtig", er ist der "omnipotente" "Welten-, Menschen- und Erlösungsmacher"[75]; zeigt ER sich dem Menschen, so ist er eifersüchtig, kontrollierend (Heyward 1986, 49, 53), restriktiv[76].
Dem entsprechen abstraktere theologische Spekulationen zum Verhältnis von Gott und Mensch, in denen dieser Gott als bedürfnislose, teilnahmslose 'gänzlich andere' Gottheit (Heyward 1986, 32, 51; Sölle 1985, 63; Geffré Art. 1981, 207) oder als "Geheimnis" (Rahner, s. Röper 1979, 38) erscheint, ja, die "Beziehungslosigkeit wurde zum Signum von Gottes Größe und Herrlichkeit |...|. Denn das Gegenteil von Beziehungslosigkeit – in Beziehung stehen – wurde von der klassischen Theologie als Schwäche angesehen, als Abhängigkeit von anderen Wesen durch Leidenschaft, die Leiden schafft" (Sölle 1985, 27; cf. Heyward 1986, 179).
Und dieser Beziehungslosigkeit entspricht auch die Vorstellung, daß Gottes Offenbarung abgeschlossen ist (Halkes Art. 1980, 297).

---

75 Cf. Sölle 1985, 27, 31, 38; Ruether 1985, 100; Collins 1974, 217; Daly 1970, 181; Heyward 1986, 43, 114; 181; Hundrup 1984, 56. Hierin liegt das Pendant zur abendländischen Anthropologie vom "nichtigen Menschen", cf. Heyward 1986, 43; Plaskow Art. 1977, 24.

76 Cf. Moltmann-Wendel 1985, 99; Halkes 1985, 175-183; Hundrup 1984, 57; Heyward 1986, 167.
Beachte hier die entsprechende kirchliche Praxis: "Das Christentum hat in seiner Verkündigung und in seiner Praxis ein Unmaß an Zwang widergespiegelt. Es zeigte jedoch einen Mangel an Wohltätigkeit, Gerechtigkeit und Barmherzigkeit, sei es nun in Missionsgebieten oder im Schlafzimmer." (Heyward 1986, 167); cf. auch Krattingers Gedanken zu einem Kirchenlied:
"Niemals war ich, ICH - die ich ja noch gar nicht MEIN EIGEN war - dieses blutleeren Phantom-Heilandes eigen: ich versuchte ja bloß, NICHT MEIN EIGEN zu sein, weil ich sonst der beschützenden Fürsorge meines 'Vaters im Himmel' verlustig gegangen wäre. Und nicht mein eigen zu sein, letztlich: NICHT ZU SEIN, gelang mir gut: ich verzichtete auf eigene Wünsche, Vorstellungen, Ziele, Ansprüche, Aussagen, Gefühle, Wutausbrüche, Sehnsüchte, Träume, Lüste. Und ich war es nicht einmal leid: es konnte ja nur 'meiner Seligkeit dienen'" (Krattinger 1985, 26).

Ein weiteres Epitheton dieser Reihe stellt Gottes "Transzendenz" dar[77],
Gott steht "über" der Welt: "'Zwischen Gott und Mensch', schrieb Karl
Barth 1934 an Henriette Visser't Hooft, 'gibt es nun einmal kein mutual
interest, sondern nur Superiorität!'"[78], eine "Einheit" zwischen Gott
und Mensch ist besonders in Ansätzen der protestantischen Theologie kaum
möglich (Sölle 1986, 63 f; cf. Anm. 103).

Dieselben hierarchischen und polarisierenden Strukturen finden sich darüberhinaus auch in den theologischen Anschauungen vom Verhältnis der
Menschen unter-, zu- bzw. gegeneinander (cf. Heyward 1986, 43, 50, 166;
Moltmann-Wendel 1985, 149 f): Zu den Begleiterscheinungen dieses Gottesbildes gehört ein ganzer Apparat von Dichotomien, die unter der Opposition "gut-böse" Gott von der Welt, den Mann von der Frau, den Weißen
vom nicht-Weißen und den Reichen vom Armen trennt (s. Kap. 5)[79], so daß
die Ferne Gottes mit der Ferne des einen zum anderen einhergeht.

(2) Frauenfeindliche Tendenzen im abendländisch-christlichen Gottesbild:
    Die Männlichkeit Gottes

Eine zentrale These Feministischer Theologie, die vom Zusammenhang von
Gottesbild und Frauenunterdrückung ausgeht, ist "der kompakte Satz" Dalys
"'if God male then the male is God'". Für Halkes stellt er "den Schlüs-
sel zum Protest feministischer Theologen" (Halkes Art. 1981, 256) dar:
Ein Satz, der zunächst weniger als logischer Schluß einsichtig ist, als
auf reale Zusammenhänge hinweisen soll, nämlich auf den Zusammenhang
von männlichem Gottesbild und der ideologischen sozioökonomischen, psychischen und religiösen Unterdrückung der Frauen in der jüdisch-christli-

---

77 Cf. Halkes Art. 1981, 257; dies. Art. 1980, 296; Heyward 1986, 43,
    166; Ruether 1985, 100; Sölle 1986, 31.

78 Kaper 1981, 15 f zitiert nach Moltmann-Wendel 1985, 150.

79 Hier ist es besonders Ruether, die den Dualismus als "Grundübel der
    androzentrischen Kultur ansieht (Ruether Art. 1978, 192, 199; Sölle
    1986, 39, 52, 110; Hundrup 1984, 127).

chen Kultur[80].

Aber inwiefern ist Gott nun "männlich"?

Feministische Theologinnen sehen natürlich, daß etwa die Verwendung von männlichen Personalpronomen und andromorphen - nicht anthropozentrischen! (cf. Halkes Art. 1981, 256) - Bildern (König, Krieger, Allmächtiger, Herr) selbstredend nicht als "Wesensbeschreibung" Gottes verstanden werden wollen; Gott, so die geläufige Ausdrucksweise, transzendiere Geschlecht- lichkeit (ebd. 256; Sölle Art. 1982, 154; Hundrup 1984, 55): "Natürlich glaubt kein Theologe und kein Exeget wortwörtlich, Gott gehöre dem männ- lichen Geschlecht an." (Daly 1970, 179). Aber die Verwendung solcher Pronomen und Bilder deuten darauf hin, daß die abendländische Kultur (und nicht nur diese) diffus Gott mit "Männlichkeit" assoziiert: Gott werden solche Attribute zugeschrieben, die stereotyp dem Mann vorbehal- ten zu sein scheinen.[81]

Einige weitere Beispiele können die These der feministischen Theologie erhärten, daß "vom durchschnittlichen religiösen Empfinden Gott männlich, aber nicht fraulich gedacht wird und sich dieses Empfinden in der Theo- logie, in der maskulinen Sprache der Liturgie niederschlägt" (Röper 1979, 45):

> "On an impressive church facing Fifth Avenue in Pittsburgh there is a large and vibrant mosaic. A white-bearded man and a brown-bearded man hold their arms out toward the busy street; beneath the two men there is a dove. Few passersby need words to tell them that here is a portrayal of the triune God." (Suchocki Art. 1983, 34).

So beginnt Suchocki ihren Aufsatz über die Trinität und fügt zwei weite- re Beispiele an, um schließlich zu dem Resümee zu gelangen: "Art, music, film: Through each medium the maleness of God is reinforced, with the implication that the maleness of God is ineradicably engraved on the cultural consciousness" (ebd. 35).

---

80 Cf. Halkes Art. 1981, 257; Pavina - von Oranje Nassau Art. 1981, 266; Moltmann-Wendel 1985, 168.

81 Zu solchen Attributen s. bes. Kap. 4.1 und 4.2.

Daly zitiert in ihrer frühen Publikation "Kirche, Frau und Sexus" den
Theologen McKenzie, der in einem Vergleich zwischen der Religion Israels und seiner Umwelt schreibt: "'Freilich ist Gott männlich, aber
nicht in dem Sinne einer geschlechtlichen Unterscheidung; |...|" (Daly
1970, 180). Und was das heißen soll - "'freilich ist Gott männlich'"
- bleibt unverständlich, "ist natürlich nicht klar" (ebd. 179), wird
aber "freilich" behauptet.
Die Vorstellung, so nochmals Daly, "vom 'alten Mann mit Bart', der 'oben
im Himmel' wohnt" ist "kindisch" (ebd. 178), aber sie ist die Wirklichkeit nicht nur jenes beschriebenen Mosaiks, sondern auch die Wirklichkeit bestimmter Erziehungsrichtungen, die sich in kindlichen Vorstellungen niederschlägt (Meyer-Wilmes 1979, 168; Hundrup 1984, 57)[82].
Und nicht nur bei Kindern wirken offensichtlich solche Bilder fort, deren Wirksamkeit zu unterschätzen Feministische Theologie warnt, sondern
nachhaltig 'geistern sie in den Gemütern von Theologen, Predigern und
einfachen Gläubigen herum' (Daly 1970, 179 ; cf. Haughton Art. 1980,
264; Børresen Art. 1980, 325): Für Gott das weibliche Personalpronomen
zu verwenden, erscheint "unschicklich", "nicht ganz 'normal'" (Daly
1970, 179), ja "als Bedrohung" (Sölle Art. 1982, 154).

(3) Entmündigende Tendenzen und Aussagedefizite im abendländisch-christ-
    lichen Gottesbild: Gott als Vater

Eine "ausgesprochene Konfrontation und Herausforderung" (Halkes Art.
1981, 256) für die Feministische Theologie stellt in diesem Kontext
die Rede und Vorstellung von Gott als "Vater" dar[83] (sowie das trini-

---

82 Cf. Erni 1965.

83 Cf. Halkes Art. 1981, 256 f; Ruether Art. 1982, 210, 230 f: Sölle
    1986, 149; Børresen Art. 1980, 326; Daly Art. 1978, 118 f; zwei
    Beispiele bringt Swidler Art. 1974, 228.

tarische Konzept, das Daly als "Männerbündelei" und "Heilige Familie
für Männer"[84] (Daly Art. 1978, 117) bezeichnete).

Auf persönlicher und entwicklungspsychologischer Ebene birgt die 'vä-
terliche Männlichkeit Gottes' die Gefahr der Infantilisierung (cf.
Ruether Art. 1981, 222) und der strukturellen Verhinderung einer Mündigkeit von Frauen (Hundrup 1984, 57): Die, wenn auch nur gedanklich mögliche, Delegation von Entscheidungen und Aktivitäten an den männlich-
starken Gott - Sölle spricht entsprechend der behinderten Glaubensent-
faltung von Frauen von deren "Uncle-Tom-Frömmigkeit" (Sölle Art. 1982,
153) - ist hier genauso hinderlich wie die Suggestion einer weiblichen,
weibischen Schwachheit, insbesondere da jeder Versuch, aus vorgegebenen
Mustern und Positionen auszubrechen - zunächst - ebenso zu Entfremdungs-
erfahrungen - und d. h. Erfahrungen des Schwachseins - führt (Ruether
1985, 231).

Die Patriarchalität Gottes verhindert die individuelle, kirchliche, gesellschaftliche, denkerische und religiöse Mündigkeit von Frauen
- vielleicht auch von Männern (insofern ihre Nähe zum starken Gott sie
nämlich nicht mit ihrer eigenen Schwäche umgehen läßt[85]).
Zudem gerät die Rede von 'Gott als Vater' durch die Veränderung der
Gesellschaft, der Vaterrolle, durch die freudianische Belastung dieses

---

84 "Die Vermutung liegt nahe, daß die westliche Theologie nicht nur
    Gott 'Vater' geschaffen hat, sondern 'Ihn' als einen sonderbaren,
    neurotischen, autoritären Vater nachgebildet hat, welcher seinen
    Kindern nie erlaubt, sich zu selbständigen und sich selbst verwirkli-
    chenden Erwachsenen zu entwickeln. Der Wille Gottes und die Selbst-
    bestimmung der Menschen werden als zwei sich gegenseitig ausschlies-
    sende Begriffe definiert. Damit die Uneingeschränktheit Gottes als
    Quelle der Macht überhaupt anerkannt werden kann, muß dem mensch-
    lichen Willen abgesprochen werden, zu etwas anderem fähig zu sein
    als zu sündigen" (Ruether Art. 1982, 218).

85 Zu einem sehr bedenklichen Umgang mit Schwächen cf. Fuchs Art. 1988 b,
    1.2.

Wortes (cf. Kelly Art. 1981, 248) und den durch die real existierenden Väter inflationär gewordenen Vaterbegriff[86] (was wiederum erst durch veränderte soziale Verhältnisse verbalisierbar geworden ist) für beide Geschlechter zur aussagearmen, hoffnungs-losen Metapher, zur leeren Hülse[87].

(4) Die Erfahrungen von Frauen und Aspekte des traditionellen Gottesbildes

Im gegenseitigen Austausch ihrer Erfahrungen mit ihrer religiösen Sozialisation und ihren neuen religiösen Erfahrungen, durch die Hineinnahme tiefenpsychologischer Denkmuster und eine kritische theologische Reflexion erscheinen feministischen Frauen derartig, nur von Männern definierte[88] Gottesbilder und -vorstellungen als männliche Projektionen, "Potenzphantasien"[89]: Gott erscheint als "eine Projektion von Männern, die festgefahren, ja einbetoniert sind in ihrer Erfahrung davon, was herrschen und beherrscht werden bedeutet" (Heyward 1986, 167). Und durch dieses Verständnis, diese Einsicht in den projizierten Charakter des Gottesbildes wird auch verständlich, warum es dominant männliche Züge aufweist (s. o.)[90]:

---

86 Cf. etwa aus der Belletristik: Schutting 1980.

87 Sölle 1986, 149, 151; "Der 'Tod Gottes' im modernen Bewußtsein hängt vielleicht teilweise damit zusammen, daß die Glaubwürdigkeit dieser Art von Autorität abnimmt, einer Autorität, deren Prototyp in den Gesellschaften zunehmend unannehmbar wird" (Ruether Art. 1982, 216; cf. Spiegel Art. 1981; Børresen Art.1980, 326).

88 Heyward 1986, 34; Moltmann-Wendel 1985, 150; Hundrup 1984, 54 ff; Krattinger 1985, 116, 174.

89 Heyward 1986, 118, 167, 179; Sölle 1986, 27 f, 38, 44; Moltmann-Wendel 1985, 79; Halkes Art. 1978, 182; Hundrup 1984, 54; Krattinger 1985, 26; zum Begriff der "Projektion" cf. Kap. 5 Anm. 19.

90 Moltmann-Wendel 1985, 97; Ruether Art. 1978, 199; dies. 1974, 10; Hundrup 1984, 55, 58.

In einer patriarchalischen Kultur werden alle unterdrückten (weiblichen) Epitheta ausgespart[91].

Nicht wenige feministische Theologinnen erwägen zwar eine auch positive
Besetzung des Vaterbegriffes oder (konventioneller) Vorstellungen von
Männlichkeit, aber Ursachen und Wirkungen der Verbindung von Gott mit
diesen Vorstellungen deuten auf unegalitäre Verhältnisse. Einerseits
sind die Bilder von Gott der Erfahrungswelt nur der knappen Hälfte der
Menschheit entnommen (Halkes Art. 1981, 257; Ruether Art. 1981,
217, 222; Børresen Art. 1980, 325) und in Konstruktion und theologischer Reflexion (die oft nur ein Fortschreiben der Erfahrungen anderer
ist, so daß Theologie den Charakter einer rationalistisch-abergläubi-
schen Fachwissenschaft (Lent Art. 1968, 283) annimmt) die andere Hälfte
systematisch ausgeschlossen ist. Andererseits wird die Männlichkeit Gottes benutzt, um Frauen klein zu halten und dann wieder formulieren zu
können, daß das sog. "Weibliche" Gott nicht alleine vollständig aussagen könne, da Frauen ja anders, minderer wären, so daß Weiblichkeit lediglich zum Attribut für die Kirche oder die Schöpfung werden kann (Ruether
Art. 1981, 219, s. u.).
Dem jüdisch-christlichen Gottesbild ist somit ein beträchtiches Maß an
Frauendiskriminierung inhärent, so daß feministische Theologinnen -
theologisch gesprochen - dieses Gottesbild als "Götzenbild" verurteilen
(Halkes Art. 1981, 257; Ruether Art. 1981, 217, 222; Hundrup 1984, 57)[92].

Die dem Gottesbild inhärente Frauendiskriminierung, "diese Modelle von
Mannesgewalt und Frauenuntertänigkeit unverkennbar symbolisiert im Gott-
vaterbild" (Halkes 1981, 257), setzt sich in zwischenmenschlichen Beziehungen fort und stabilisiert den frauenunterdrückenden status quo in

---

91 So die These von Bornemann (Ernst Bornemann: Das Patriarchat, Frank-
    furt/Main 1975; cf. Moltmann-Wendel 1985, 41, 45; Ruether Art. 1978,
    199; Hundrup 1984, 61-80; Halkes Art. 1980 a, 293).

92 Zu vergleichbaren Strömungen im jüdischen Feminismus s. beispiels-
    weise Heschel Art. 1987.

Kirche und Gesellschaft:[93] "Eine patriarchalische Kultur bringt ein
androzentrisches theologisches Lehrgebäude hervor, und dieses legitimiert und konserviert die traditionellen Geschlechterrollen" (Børresen
Art. 1980, 326); Frauen können nicht Priester werden, weil sie die Männlichkeit Gottes nicht repräsentieren können, sie können kein rich-
terliches Amt innehaben, ihren Wohnort nicht selbst bestimmen, sich ihre Heiligen nicht wählen; dies alles bleibt den "heiligen Vätern", Pa-
tres, Kirchenvätern, Konzilsvätern (cf. Børresen Art. 1980, 232 f) vorbehalten, den "wahrhaften Prolonganten" ihres väterlichen Gottes (cf.
1.2.2. (1))[94]. Verheiratete und Ordensfrauen werden in Gesellschaft und
Kirche auf sog. "Frauenberufe" festgelegt (ebd. 231) und die "hauptbe-
rufliche Vollzeitmutter" wurde kreiert (ebd. 231):

> "Die Symbolfigur des Vaters im Himmel, eine Erzeugung menschlicher
> Phantasie, die vom Patriarchat mit dem Stempel der Glaubwürdigkeit
> versehen wurde, hat dieser männlich dominierten Gesellschaft ihrer-
> seits einen Dienst erwiesen, indem sie ihre Mechanismen zur Unter-
> drückung der Frau als recht und billig erscheinen ließ" (Daly
> 1982, 27; cf. Hundrup 1984, 58).

Frauen, die zwar jahrhundertelang dieses männliche Gottesbild internalisierten (Heyward 1986, 34 f, 37; Ruether 1974, 10), entdecken aber
im Prozeß ihrer eigenen Emanzipation, daß dieses Gottesbild "auf Kosten
|...| eigentlichen Menschseins" geht (Sölle 1986, 38), 'die Menschheit
verleumdet' (Heyward 1986, 50), keinerlei Identifikationsmöglichkeiten
für sie selbst offenläßt (Hundrup 1984, 56 f), ja daß dieses Gottesbild
mit der historischen und aktuellen Frauenverfolgung zusammenhängt (s.

---

93 Die untergeordnete Stellung der Frau ist für das AT Gesetz und das
    NT eine Naturordnung, cf. Halkes Art. 1981, 257; Swidler Art. 1974,
    228, 229.

94 Cf. hierzu Børresen: "Eine patriarchalische Kultur bringt ein andro-
    zentrisches theologisches Lehrgebäude hervor, und dieses legitimiert
    und konserviert die traditionellen Geschlechterrollen. Eine säkula-
    risierte Gesellschaft schwächt die theologische Legitimation, und
    so ist die Lehre durch den sozialen Wandel dazu herausgefordert,
    ihre androzentrischen Vorstellungen zu revidieren" (Børresen Art.
    1980, 326); cf. Hundrup 1984, 57).

5.3.1. (1); Heyward 1986, 54; Moltmann-Wendel 1985, 14)[95] und weder

mit ihren eigenen religiösen Erfahrungen noch mit dem, was ihnen in und

für die Welt als nötig und heilsam erscheint, in Einklang zu bringen

ist, und so greifen sie schließlich zur Ikonoklastik, zum Mittel des

Bildersturms:

> "Tötet meinen 'Gott'! Das wäre ohnehin besser, denn ich weigere mich,
> einen 'Gott' zu lieben, der mich nicht ernst nimmt, einen 'Gott',
> der mich nicht liebt, einen 'Gott', dessen Herablassung seine Aner-
> kennung hervorrufen soll. Es ist besser, wenn dieser 'Gott' tot
> ist." (Heyward 1986, 195)[96]

2   Von der "Offenbarung Gottes in den Frauen"[97]

(1) "Schwesternschaft" als Ort der Offenbarung

Aus den Erfahrungen menschlich-göttlichen Miteinanders, wie sie im vor-

herigen Kapitel beispielsweise beschrieben wurden (2.3.1), aus Erfahrun-

gen in der Schöpfung (s. 5.2), "aus tiefen Schichten unserer Seele"

---

95 Cf. Heyward über Daly: "Mary Daly legt die empörenden Methoden offen,
    mit denen wir Frauen unseres Namens und unserer Sprache beraubt wur-
    den. Es wurde uns das Gefühl, ein gesundes Denkvermögen zu haben,
    und unsere Selbstachtung genommen. Die Annahme unseres Körpers und
    die Anerkennung unserer Arbeit wurde uns verweigert. Daly hat deutlich
    gemacht, wie Frauen gefürchtet, trivialisiert, spiritualisiert, ver-
    achtet, verfolgt, verstümmelt, verbrannt und emotionell, spirituell,
    intellektuell und physisch getötet wurden, und dies alles im Namen
    Gottes des Vaters" (Heyward 1986, 33).

96 "Nein / und wieder nein / ich weigere mich / wieder / in 'Gott' /
    verlorenzugehen // Ich werde leben / ohne 'Gott' // Ich werde lei-
    den / ohne 'Gott' // Ich werde frohlocken / ohne 'Gott' // Ich wei-
    gere mich / durch Seine besitzgierige / Leidenschaftslosigkeit /
    erstickt zu werden" (Heyward 1986, 193); zu dem Begriff "Ikonokla-
    stik" cf. Daly 1982, Kap. 1.

97 Diese Überschrift will deutlich machen, daß die Offenbarung Gottes
    eben nicht als abgeschlossen gelten kann, wie häufig behauptet wird, s.
    3.2.1; cf. Krattinger 1985, 87 f; Condren Art. 1977, 307; cf. ferner
    Moltmann-Wendel: "Es wird immer verschiedene Erfahrungen Gottes geben.
    Die sozial bedingten Erfahrungen von Frauen sind echt, wirklich und
    bedrängend. Sie werfen ein Licht auf eine Gruppe zu kurz gekommener

(Halkes Art. 1980 a, 296) steigen neue Gottesbilder[98] auf (Krattinger

---

Kinder Gottes in einem christlichen Abendland und in einer christlichen Kirche. Sie sind ein Stück Leidensgeschichte, in der auch
etwas von Gottes Leiden in und an der Welt sich zeigt. |...|
Nicht jede Klage von Frauen hat jedoch Offenbarungscharakter. Die
Jesusgeschichte, die exemplarisch Gegenseitigkeit, Hingabe und Selbst-
sein erzählt, ist das Kriterium, von dem aus wir sensibel, hellhö-
rig auf menschliche Erfahrungen und Entsprechungen werden" (Moltmann-Wendel 1985, 78).

98 Im Kontext der Bemühungen feministischer Theologie um eine Verän-
    derung des Gottesbildes und seiner diskriminierenden Implikationen
    und Wirkungen werden u. a. "inspirierende Traditionen" aufgespürt,
    die ihnen hilfreich sein können: Eine genaue Sichtung der jüdisch-
    christlichen Kultur zeigt zunächst auch bezüglich des Gottesbildes
    die Relativität des heute Gültigen auf und vermag Anregungen zu des-
    sen Veränderung zu geben. Verwiesen sei u. a. auf Folgendes: Ochs-
    horn verdankt die Feministische Theologie die Erkenntnis der Rela-
    tivität der heutigen Distribution von männlich und weiblich, Gott
    und Schöpfung: "Ochshorn meint zeigen zu können, daß Götter und Göt-
    tinnen der polytheistischen Kulturen des Nahen Ostens sich unserem
    Schema des Gegensatzes männlich-weiblich entziehen. Jeder Gott und
    jede Göttin vertrat im Kontext des ihm oder ihr dargebrachten Kultes
    die Fülle des göttlichen Wesens. Eine Göttin steht so für die Sou-
    veränität, die Weisheit und die Gerechtigkeit der Gottheit und ver-
    trat zur gleichen Zeit Aspekte der Fruchtbarkeit der Natur und der
    menschlichen Sexualität. Aber auch ein Gott erscheint als Prinzip
    der Fruchtbarkeit, der Sexualität und der gesellschaftlichen Bezie-
    hungen. Beide, Gott und Göttin bringen die Fülle des göttlichen We-
    sens zum Ausdruck: der eine als Mann, die andere als Frau." (Ruether
    Art. 1981, 221; s. auch 3.1.3 (2)).
    Insbesondere Pagels Untersuchungen gnostischer Traditionen haben
    gezeigt, daß einige frühe christliche Bewegungen Frauen und "Weib-
    lichkeit" ideologisch und gesellschaftlich z. T. höher bewertet ha-
    ben: Sowohl kannte man/frau die Weiblichkeit Gottes als auch Frauen
    in Führungsrollen, was beides mit dem Ausschluß dieser Strömungen
    und Gruppierungen bei der Kanonbildung verloren ging (Pagels Art.
    1982; cf. Ruether Art. 1981, 218).
    Weitere Innovationen erwartet sich Halkes von einer Erneuerung der
    Pneumatologie (cf. Meyer-Wilmes 1979, 171), die Ruether sich "jo-
    achimitisch" wünscht (Ruether Art. 1982, 211, 223), und der Sophia-
    logie (Halkes Art. 1981, 261); neben dieser Sichtung älterer Tradi-
    tionen sei ferner noch auf den Dialog der Feministischen Theologie
    mit der Prozeßtheologie verwiesen (Suchocki Art. 1983, 47; cf. Seitz
    1980; Cobb/Griffin 1979).

1985, 72 ff). Frauen beginnen "Schwesternschaft"[99] (Daly Art. 1978, 111) zu erleben und als praktische, sichtbare Anerkennung von Frauen durch Frauen zu leben, und indem "sie sich erheben" (cf. Lent Art. 1969, 287 ff), verändern sie und verändert sich ihr Gottesbild. Halkes schreibt beispielsweise über Goldenberg:

"Wenn sich Frauen erheben und ihren rechtmäßigen Platz in der Gesellschaft einnehmen, wandelt sich diese Gesellschaft, bekommt sie ein anderes Gesicht. Aber, so fragt sie |Goldenberg| sich, was wird mit Gott geschehen, wenn Frauen in einer Reihe von Kirchen allmählich ihren Platz in den Strukturen selbst verlangen, nachdem sie durch ihre feministische Religionskritik Klarheit in sich selbst gewonnen haben? Dann wird sich ein 'changing of the Gods' vollziehen, indem Frauen die Religion transformieren, ihre Wurzeln bloßlegen und das sie beklemmende Bild Gottes des Vaters fortwischen." (Halkes Art. 1981, 257)[100]

Die Rede von der "Offenbarung Gottes in den Frauen" weist also auf einen Weg der individuellen und gemeinschaftsbezogenen Befreiung von Frauen und ein Freilegen, Mitteilen und Reflektieren ihrer Erfahrungen mit Gott[101], was mit einem Zurückweisen des bisherigen Gottesbildes, einem

---

99 Cf. die Ausführungen von Meyer-Wilmes zu Dalys Begriff von "Schwesternschaft" (Meyer-Wilmes 1979, 179 ff); s. auch Halkes Art. 1980a, 295.

100 Nicht unerwähnt bleiben soll, daß es durchaus auch von Männern aus Wege der Veränderung gibt (cf. Ruether Art. 1982, 232).

101 Das Bemühen, weibliche Erfahrungen, 'Analogien aus Frauenaufgaben und Frauenleben' (cf. Ruether Art. 1981, 222) in den theologischen Diskurs einzubringen, weibliche, "gynomorphe" (Halkes Art. 1981, 260) Bilder für Gott zu benutzen, um dadurch wiederum "Kräfte in uns aufzurufen, statt sie im Keim zu ersticken" (Halkes Art. 1981, 260) beschreitet verschiedene Wege: Eine kleine Gruppe scheint sich mit der Integration des "Weiblichen" in Gott, quasi einem "mütterlichen Vater" (cf. Moltmann Art. 1981, 211) zufrieden geben zu wollen (cf. Ruether Art. 1981, 222). Die Möglichkeit, diesen Dualismus wirklich zu überwinden, scheint mir demgegenüber am ehesten in Ruethers Überlegungen gegeben. Sie plädiert für ein (neues) Ernstnehmen der Transzendenz Gottes (cf. auch Anm. 102) und d. h. eine Aufhebung der Opposition männlich-weiblich im Gottesbild. Ruether spricht von einem "doppelten Umwandlungsprozeß" (Ruether Art. 1982,

"'Nein' an die Adresse des Vaters, der versucht, unsere Mutter auszulö-
schen und Neuzüchtungen aus uns zu machen durch erzwungene 'Wiedergeburt' (sei es aus Zeus' Kopf, aus einer Rippe Adams oder durch die
'Gnade' der Taufe)" (Daly Art. 1978, 118) Hand in Hand geht.
Und insofern dieses Ringen, "den alten weißen Mann aus meinem Kopf zu
treiben" (Flatters Art. 1986, 38),ein mühsamer Weg ist, und das von Daly
geforderte Vordringen ins Normenlose (cf. Daly Art. 1978, 111) mit Einsamkeit, Angst und . Mutfassen verbunden ist, kann auch dieses sich Einlassen auf spirituelle Unwägbarkeiten m. E. als "Passion" beschrieben
werden[102].

(2) Formale und inhaltliche Bemerkungen zu den neuen Gottesbildern:
     Das Ineinander von Transzendenz und Immanenz des bezüglich aller
     Schöpfung beziehungs- und bedürfnishaften Gottes

Charakteristisch für die Frauen-Bilder von Gott erscheint mir zunächst
deren völliges Ineinander von dem, was traditionelle Theologie mit den

---

231), der die theologische und liturgische Sprache (Lent Art. 1969,
288) verändert und der in Wechselwirkung mit der Transzendierung
der genannten frauenunterdrückenden Implikationen und Konsequenzen
dieses Bildes steht und sich darin gleichsam verifiziert (Ruether
Art. 1982, 231, 234; Lent Art. 1969, 289).
Dieses, derzeit an die Grenzen der Sprache vordringende Postulat
soll vorläufig durch die Schreibweise "Gott/in" indiziert werden:
"Dieser Gott - diese Göttin -, der (die) sowohl männlich als auch
weiblich ist, weist auf eine neue Menschheit hin. Indem wir uns
ihn (sie) neu vorzustellen versuchen, entdecken wir ungeahnte Möglichkeiten, die wir als menschliche Individuen und gesellschaftliche Wesen besitzen." (Ruether Art. 1981, 222)

102 Zur zentralen Bedeutung von "Erfahrung" und "Selbsterkenntnis" für
     eine eigenständige (Frauen-) Theologie cf. die Überlegungen der
     Kirchenlehrerin" Teresa von Avila (Taube Art. 1985, 6 f).

Begriffen "Immanenz" und "Transzendenz"[103] meint, ein Ineinander von
Vorstellungen eines aktiven, handelnden Gottes und Vorstellungen eines
passivisch, leidenden Gottes. Beispielsweise nennt Heyward als "Quelle"
der "Macht in Beziehung" Gott, zugleich aber bezeichnet sie auch diese
Macht selbst als "Gott" (Heyward 1986, 49, 92)[104]: Gott ist sowohl
"schöpferische Macht, die Macht, die in der Geschichte Gerechtigkeit
- die gerechte Beziehung - herstellt" als auch das "Band" zwischen den
Menschen, "das uns so miteinander verbindet, daß jeder von uns fähig
wird, zu wachsen, zu arbeiten, zu spielen, zu lieben und geliebt zu
werden" (Heyward 1986, 49), oder: "Wir geben uns Gott und wir empfangen von Gott" (ebd. 32; cf. 18), oder: "Die Beständigkeit Gottes ist
das Wirken Gottes in der Welt, wo auch immer, wann immer und aus welchem
Grunde auch immer die Menschheit handelt, um zu schaffen, zu befreien
und zu segnen" (ebd. 52).

---

103 Der Begriff "Transzendenz" wurde hier bislang in seinen negativen
     Konnotationen, im Sinne von Gottes Beziehungslosigkeit und seinem
     Unbeteiligtsein gegenüber der Schöpfung (cf. Heyward 1986, 166)
     kritisch thematisiert. Mit Heyward aber ist nun auch auf seine posi-
     tiven und im Folgenden relevanten Aspekte einzugehen. "Transzendenz"
     positiv verstanden meint nämlich "wörtlich überschreiten, hinüberge-
     hen, Brücken bauen oder Verbindungen schaffen. Transzendieren heißt,
     aus begrenzten Räumen auszubrechen. Ein wahrhaft transzendenter
     Gott kennt keine Grenzen menschlichen Lebens oder der Religion.
     Ein solcher Gott ist nicht in Heiligen Schriften oder religiösen
     Glaubenssätzen eingeschlossen.
     |...| Gott geht von meinem Leben zu deinem über, von unserem Le-
     ben zum Leben anderer Menschen" (ebd. 167). Und in diesem Sinne "be-
     steht das Problem |der| patriarchalischen Vorstellung von Transzen-
     denz und dem 'Gott', der für ihre Essenz gehalten wird, letztlich
     darin, daß sie wirklich sehr wenig mit Transzendenz zu tun hat" (ebd.
     167); ja sie erscheint wie ein eigennütziges Beharren auf Autoritäts-
     strukturen, in denen man legitimiert liebende Hingabe verweigern kann.
     Zum Ineinander von Transzendenz und Immanenz cf. ferner Ochshorn
     1980, 136 f; Halkes Art. 1980a,296; Sölle 1986, 31, 165-170;

104 Cf. Bührig über Heywards relationalen Gottesbegriff: "Das wäre mir
     damals als Blasphemie erschienen und entsprach doch eigentlich ziem-
     lich genau dem, was wir lebten. In diese Richtung, vom überirdischen
     Gott zu den Menschen, ging meine 'Bekehrung zur Welt'" (Bührig 1987,
     40).

120

Die Vorstellungen von Gott als "Macht in Beziehung" und als deren Quelle bezieht Heyward sowohl auf die "Beziehung zueinander, zur ganzen Menschheit" als auch auf die Beziehung zur übrigen "Schöpfung" (ebd. 49). Auf ersteren Aspekt legt Heyward jedoch das Hauptgewicht ihrer Ausführungen. Die Vorstellung von Gott als "Urgrund der Schöpfung", als "Matrix", als "das Seiende", als weiblich deutet sie nur an (ebd. 49, 51, 53 f, 117 f, 197). Da dies aber m. E. wesentliche und konkretisierende Aspekte der vorgestellten beziehungshaften Gottesvorstellung darstellt, soll im fünften Kapitel ausführlicher darauf eingegangen werden (5.2).
Der hier folgende Teil soll "nur", im Anschluß an Heywards Theologie, den allgemeinen Grundsatz des beziehungshaften Gottesbildes darlegen und auf den Gott-menschlichen Aspekt beziehen.
Die feministische Vorstellung von Gott zeigt einen Gott, der/die in einem Verhältnis der Gegenseitigkeit[105] zum Menschen steht: So wie Gott sich dem Menschen "überströmend hilfreich, liebend" zeigt, "braucht" Gott den Menschen (Heyward 1986, 49). "Relationale" (Halkes Art. 1980 a, 297) Vorstellungen von Gott als "Liebenden" (Heyward 1986, 49, 50), "Liebespartner" (Halkes Art. 1980a, 296) oder "Freund" (Heyward 1986, 50, 53, 149), der kein Interesse an der Unterwerfung des Menschen hat, "sondern uns einlädt und umwirbt" (Sölle 1986, 44), machen dies deutlich: Freunde und Liebende brauchen Beziehungen (Heyward 1986, 49), sind "zärtlich", "verletzlich", "nahe" (Halkes Art. 1980a, 296): "Kein Liebender ist völlig autonom" und: "Ein Liebender braucht Beziehung - wenn aus keinem anderen Grund, dann um zu lieben" (Heyward 1986, 48 f) und Gott so zu denken heißt die Vorstellung der "bloßen Abhängigkeit des Menschen von Gott" aufzuheben (ebd. 49).
Gott und Mensch sind eng verbunden, ohne Gott kein beziehungshaftes Handeln, ohne Menschen keine Anwesenheit Gottes in der Welt: "Mit uns, von uns, durch uns lebt Gott, wird Gott, wandelt sich Gott, spricht Gott,

---

105 Zu dem Begriff "mutuality" cf. Moltmann-Wendel 1985, 149; Heyward 1986, 50, 149, 137.

handelt Gott, leidet Gott und stirbt Gott in der Welt" (ebd. 52, cf. 32).

Feministische Theologie stützt sich hierfür auf die alttestamentliche (Selbst)offenbarung Gottes als des Seienden (Ex 3,14; cf. ebd. 51):

> "Der Gott von Israels Offenbarung hat sich aber nicht als solcher männlicher, patriarchalischer kundgemacht, sondern sich in äußerster Schlichtheit 'Jahwe' genannt: der Seiende; derjenige, der mit uns sein wird; dessen Tun Sein ist; Quell und Grund des Seins; der sich entfaltend Seiende". (Halkes Art. 1980, 296)

Und Heyward schreibt, was ihrer eingangs zitierten Absage an bestimmte Aspekte des Gottesbildes positiv gegenüberzustellen ist:

> "*Wenn* Jahwe - der Gott der Bibel und der Gott Jesu - der Freund der Menschheit ist, ein Gott, der sich in Beziehung zu den Menschen auf der Erde bewegt und bewegt wird, gebärt und geboren wird, gibt und nimmt, braucht und gebraucht wird, dann ist Jahwe derselbe Gott, den ich bejahe: 'der Wandelnde und der Gewandelte'" (Heyward 1986, 53).

Neben der zentralen Stelle Ex 3,14 werden noch andere biblische Bilder, die einen "Gott der Beziehung und der Freundschaft" und der "Gerechtigkeit für die Armen" und "für die Frauen" und "für die Ausgestoßenen" favorisieren, zitiert (ebd. 53):

> "Der Gott, den ich bejahen möchte, ist der Gott der Beziehung und der Freundschaft (siehe zum Beispiel 2. Mose 3; Johannes 15,9-15; Psalmen 4,16,18,23,33,41,46,57,63,65,68,71,100,104,105,106,107,121, 133,137,138,145,146), der Gott der Gerechtigkeit für die Armen (siehe Jeremias 2-5; Amos 5,24; Matthäus 25,31-46; Lukas 6,17-27), der Gerechtigkeit für Frauen (siehe Markus 14,3-9; Lukas 10,38-42; Johannes 4,5-26; Galater 3,28), der Gerechtigkeit für die Ausgestoßenen und 'den anderen' (siehe Matthäus 25,31-46; Lukas 10,25-37; Johannes 4,5-26; Apostelgeschichte 10,44 bis 11,8) und der Gott der Sexualität (siehe Hoheslied)" (ebd. 53 f).

Garant dieser "Identifikation" des feministischen Gottesbildes mit Jahwe ist für Heyward ihr Jesus-"Entwurf" (s. 3.3.2): Jesus hat Gott als jemanden erfahren, "zu dem er in vertrauter und unmittelbarer Beziehung stand" (ebd. 54). Die traditionelle Exegese bestätigt diese These in

ihrer Untersuchung zur Anrede Jesu an Gott mit "Abba"[106]; und Heyward
gibt zu bedenken, daß diese in einer patriarchalischen Kultur entstan-
dene und an diese Kultur gebundene Anrede heute durch "Mama" und Vorstellungen von Gott als "Schwester", "Bruder", "Freund", "Geliebter"
ergänzt oder ersetzt werden kann (Heyward 1986, 54)[107].

Aus den Vorstellungen von dem/der an die Menschen gebundenen Gott/in
ergibt sich schließlich auch der Brückenschlag zu dem Gedanken vom "Leiden Gottes" in der Welt (Gutiérrez cf. Heyward 1986, 70, 155, 195): "Daß
Gott in Not ist" (ebd. 70), daß Gott "in Auschwitz starb, was aber nicht
bedeutet, daß Gott nicht bei der Befreiung von Auschwitz durch die Alliier-
ten 1945 wirksam war" (ebd. 52).

Sowohl die ernst genommene Vorstellung von der Gegenseitigkeit zwischen
Gott und Mensch, als auch die für Heyward zentrale Reflexion   von
Unterdrückungssituationen[108], führen   somit   zu   einem   "völlig anderen Gottesverständnis" (ebd. 163) als in 3.2.1 beschrieben, nämlich zu einem Gott, der nur "gut" und "mächtig" (ebd. 163 f) ist in Abhängigkeit "von unserer Bereitschaft, einander in der Welt zu lieben":

> "Wenn Gott allmächtig *ist*, ist er es in und durch die Macht *mensch-*
> *licher* Liebe. Nur wenn wir die Menschheit zu ihren eigenen Bedin-
> gungen ernst nehmen, kann Gott mit uns vom Bösen befreit werden."
> (Ebd. 164)

3.3   "Jesus als Feminist" (Swidler) und Heywards Jesus-"Entwurf"

Die Einsicht der Frauen, Menschen als mündig und Gott als bezogen vorzustellen, führt dazu, das Verhältnis beider als "Kooperation" zu denken.
Doch diese bedarf einer Veranschaulichung, und sie kann mit Heywards

---

106 Schillebeeckx, Edward: Jesus. Die Geschichte von einem Lebenden,
     Freiburg 1975, 579, zitiert nach Heyward 1986, 86 f.

107 Cf. Hundrup 1984, 70; Moltmann-Wendel 1985, 107; cf. aber die ver-
     traulichen Gebete zwischen Tewje und seinem "lieben Gott" (Allejchem
     1984).

108 Heyward schrieb ihre Abschlußarbeit am College über die "Gott ist tot"-
     Theologie, mit dem Ergebnis, "daß es keine teilnahmslose, gänzlich an-
     dere Gottheit gibt, die die Verantwortung für die Welt trägt" (Hey-
     ward 1986, 50 f).

Jesus-"Entwurf" gegeben werden, und zwar in einer Weise, die die Rezipienten dieses "Entwurfes" zur Nachfolge befreien kann.
Gerade in diesem emanzipatorischen Aspekt aber unterscheidet sich Heywards Konzeption von einem anderen Jesus-Bild, nämlich dem, das 'Jesus
als Feministen" darstellen will. Da dieses Bild in der feministischen
Literatur relativ verbreitet ist und da im Kontrast zu diesem Heywards emanzipatorischer Ansatz besonders klar hervortritt, soll dieses
zunächst skizziert und diskutiert werden (3.3.1), bevor die Idee menschlich-göttlicher Kooperation paradigmatisch an Ausschnitten aus dem Leben Jesu veranschaulicht wird (3.3.2).

.1   Aspekte eines vermeintlich   emanzipatorischen Jesusbildes:
"Jesus als Feminist" (Swidler)

Gegen die fundamentalistisch-ontologisierenden Tendenzen traditioneller
Theologie, die das Mannsein[109] Jesu über sein Menschsein stellen, und gegen
entfremdende und entwürdigende Tendenzen falsch verstandener Christologie (s. o. 3.1.2. (3)) haben feministische Theologinnen und Theologen
eine eigene Auseinandersetzung mit der Person Jesu begonnen.
Neben dem Versuch Suchockis nachzuweisen, daß die Vorstellung von der
"Sohnschaft" Jesu nicht dessen Mannsein, sondern das Jesus und seinem
"Vater" gemeinsame Streben nach Gerechtigkeit[110] manifestieren will,
und einem Versuch, in einem tiefenpsychologischen Sprachspiel Jesus als
ersten "ganzheitlichen"/"Anima-integrierten" Mann (Wolff 1975, 19, 23,
178) zu beschreiben und darin seine erlösende Bedeutung für uns heute

---

109   Nach Halkes verwendet das Neue Testament für Jesus nur dreimal das
      Wort "Mann" (anér), sonst immer "Mensch" (anthropos) (Halkes 1985,
      71; cf. Hundrup 1984, 59).

110   "This is the Old Testament portrayal of God; it gives us a picture
      of infinite resources and complexity mobilized into the unity of
      the divine will for the well-being of the world," (Suchocki Art.
      1983, 37).

zu erkennen und zu formulieren[111], sowie ferner einer an die Sophia-Tradition anknüpfenden Debatte[112], nimmt die Betrachtung des Umgangs Jesu mit Frauen[113], wie er in den Evangelien beschrieben wird, den breitesten Raum ein, weswegen auf letzteres auch hier kurz eingegangen werden soll. Brooten beschreibt dieses Interesse folgendermaßen:

> "Viele Frauen, die vor dem Problem stehen, ob das Christentum je etwas anderes als eine zutiefst patriarchalische Religion werden könnte, finden Hoffnung in der Idee, daß Jesus, wenn nicht ein ausgesprochener Advokat für Frauen, so doch zumindest *vor dem Hintergrund seiner Umwelt* ein Mensch war, der einen natürlichen Umgang mit Frauen hatte und so indirekt liberalisierend wirkte." (Brooten Art. 1982, 141)

Swidler hat Jesus zum "Feministen"[114] erklärt, insofern sich dieser "für die menschliche Würde und Gleichheit der Frauen in einer äußerst männ-

---

111 Bei diesem Ansatz erscheint mir sowohl das tiefenpsychologische Instrumentarium (cf. 4.2), insbesondere in seiner "Projektion" auf eine erzählte Person, als auch das unverhältnismäßig große Interesse an der Ganzheit Jesu (anstelle an der eigenen, s. u.) fraglich und bedenklich.

112 Schüssler-Fiorenza 1984, 130-140.

113 Cf. Halkes Art. 1981, 261.

114 Ruether schreibt zur These Swidlers, daß Jesus ein "Feminist" sei: "Selbst wenn das der Fall wäre, so hat er das theologische Symbol von Christus nicht grundsätzlich zu Gunsten der Frauen ausgelegt. Die Schwierigkeit liegt im Bruch und in den Widersprüchen zwischen dem, was gewisse gesellschaftliche ketzerische Eigenschaften der Person Jesus von Nazareth zu sein scheinen und den soziologischen Implikationen der Symbole, welche gebraucht werden, um seine Bedeutung als Messias und Vernunft Gottes zu interpretieren" (Ruether Art. 1982, 220).
Und zu diesen Symbolen rechnet sie "das Symbol des Messias", des "göttlichen Logos", "des gnostischen Erlösers" - Symbole, die allesamt patriarchale und dualistische Herrschaftsstrukturen nicht transzendieren (ebd. 220). Vielleicht aber kann dies gerade durch eine Auseinandersetzung mit der Geschichte vom Leben Jesu initiiert werden, so daß diese Christologien von einer Jesulogie her befragt und kritisiert werden könnten (s. 3.3.2).

lich beherrschten Gesellschaft eingesetzt hat" (Swidler Art. 1974, 146, 132) und Laurentin spricht von der "Revolution" Jesu im Sinne einer neuen ideologischen und lebenspraktischen Einschätzung von Frauen.[115] Als Belege für diese These werden verschiedene Daten zusammengetragen:

Von Jesus sind keine frauenfeindlichen Äußerungen überliefert, ganz im Gegenteil verhielt er sich - für Freund und Feind gleichermaßen schokkierend - ausgesprochen frauenfreundlich (cf. Joh 4,27; Lauretin Art. 1980, 276, 280; Swidler Art. 1974, 136): Frauen gehörten mit relativ großer Selbstverständlichkeit zu den Jüngern Jesu[116] (Lk 8,1 ff und Parallelen, Swidler Art. 1974, 136; Laurentin Art. 1980, 278); Jesus hatte keine Furcht vor "ritueller Unreinheit", weder bei der Heilung der blutflüssigen Frau noch bei der Auferweckung der Tochter des Jairus (Mt 9,18; Mk 5,22; Lk 8,41 ff; cf. Swidler Art. 1974, 141, 137 f)[117]; Jesus behandelt Frauen "unmittelbar als geistliche, ethische, menschliche Personen" (Lk 7,36 ff; cf. Swidler Art. 1974, 139); er offenbart sich - so Johannes - zuerst einer Frau[118] als Messias[119]; Jesus wirkt seine Wunder besonders für Frauen (Laurentin Art. 1980, 276; Swidler Art. 1974, 137); er plädiert für ein geistliches und intellektuelles Leben der Frauen (Swidler Art. 1974, 144) und er redet von seinem Abba-Gott als Frau (ebd. 145). Für Laurentin hat sich diese revolutionäre

---

115 "In den Worten Jesu, die uns überliefert wurden, findet sich keine deutliche Formulierung der Revolution, die er in die Wege leitete. Aber diese Revolution ist uns durch sein Verhalten, durch seine Worte und seine Praxis und durch sein Wesen des Reiches, das er gründete und zu dem er Männer und Frauen berief, genügend bezeugt" (Laurentin Art. 1980, 280).

116 Terminus Technicus von Jüngerschaft und Nachfolge ist 'zu Füßen Jesu zu sitzen' "wie Paulus zu Füßen des Gamaliel" (Apg. 22,3), und dies tut beispielsweise Maria (Joh 11,1-40; 12,1-3) (Laurentin Art. 1980, 278).

117 Damit berührt Jesus in den drei Auferweckungsgeschichten nur diese, nicht aber Lazarus (Joh 11) und den Sohn der Witwe zu Nain (Lk 7) (cf. Swidler Art. 1974, 138).

118 Swidler verweist hier darauf, daß dies für die Jünger offenbar schlimmer war als die Tatsache, daß diese Frau eine Samariterin war, Joh 4, Swidler Art. 1974, 142.

119 Cf. "Das Glaubensbekenntnis einer Frau" von Wallberg (Moltmann-Wendel 1983, 210 ff).

Haltung Jesu bis in die Struktur des Johannesevangeliums durchgesetzt[120]
und wurde in der Zulassung der Frauen zu Taufe, Liturgie und ihrer Zugehörigkeit zur Pfingstgemeinde (Laurentin Art. 1980, 275, 279) fort-
gesetzt.

Mit Letztgenanntem wird das Argument verknüpft, daß dies um so bedeutungs-
voller sei, da sich Jesus, seine Jüngerschaft und die frühen Gemeinden
entschieden von der jüdischen Umwelt abgehoben haben (Laurentin Art.
1980, 275; Swidler Art. 1974, 132). Inzwischen hat Brooten jedoch klargestellt, daß einige dieser Äußerungen revidiert werden müssen: Daß -
nach anderen Belegstellen - Frauen sehr wohl am jüdischen Pessah-Mahl
teilnahmen, es verschiedentlich Proselytinnentaufen gab, Frauen am Kult
teilnahmen und es jüdische Frauengemeinschaften gab, die zwecks Gesetzesstudium gegründet worden waren (Brooten Art.1982, 142 ff).
Damit will sie nicht leugnen, daß es frauenfeindliche Tendenzen[121] im
Judentum zur Zeit Jesu gab; jedoch 'plädiert sie für einen differenzierteren Umgang' (Brooten Art. 1982, 141) mit den Quellen: "Wer eine rabbinische Aussage zitiert, muß sich gleichermaßen auch nach anderen Meinungen
im rabbinischen Schrifttum umsehen. Der Dialogcharakter des rabbinischen
Schrifttums verbietet oft die eindeutige Festlegung in einer bestimmten Frage" (ebd. 145); zum anderen möchte sie den Blick auf die Frauengeschichte dieser Zeit selbst lenken - und sich nicht an rabbinischen
Aussagen über diese orientieren, damit nicht länger "männliche Aussagen

---

120 "|...| die Struktur seines (des Johannes) Evangeliums wird am Anfang
eines jeden der drei Bücher, die man in diesem Evangelium unterscheiden kann, durch zwei Episoden gekennzeichnet, in denen Frauen nicht
nur eine aktive und dynamische Rolle spielen, sondern auch das,
was kommt, vorbereiten und so in dem Glauben an Jesus und in der
Betrachtung der Geheimnisse seines Lebens und Handelns vorangehen"
(Laurentin Art. 1980, 279).

121 Zu ergänzen sind Diskriminierungen aus "Bereichen des privaten und
öffentlichen Lebens", etwa den Konventionen des Grüßens, ferner
aus den Anschauungen über die Ehe und aus "rabbinischen Redewendun-
gen" (s. Swidler Art. 1974, 134 f).

über Frauen (vor allem negative) sehr viel ernster genommen werden als Nachrichten über die eigentliche Geschichte von Frauen" (ebd. 147). Damit fällt zugleich ein entlarvendes Licht auf das Interesse[122] an Jesu Umgang mit Frauen. Dieses scheint mir nämlich Gefahr zu laufen, einer erneuten, fatalen wie entmutigenden Suche nach Autoritäten nachzugeben und die pelagianische Frage nach unserer Beteiligung an der Erlösung aus dem Auge zu verlieren: Eine Fixierung auf 'Jesu' 'liberalisierende Wirkung' (Brooten, s. o.) kann dem Subjektwerden von Frauen[123], wenn diese Wirkung mehr sein soll, nämlich eine zur Autonomie freisetzende, kaum dienlich sein, da Jesus abermals zur übergeordneten Orientierungsinstanz hypostasiert wird und den Blick der Frauen von ihrem eigenen Leben und ihren Entscheidungen ablenkt.[124]

So sollte m. E. ein Interesse an Jesu Umgang mit Frauen nicht losgelöst werden von einem Interesse an diesen Frauen selbst. Diese könnten Gesprächspartnerinnen sein, und zwar im Kontext einer ganz anderen Fragestellung als der nach dem Entgegenkommen Jesu, nämlich in der Frage nach dem Umgang mit den oben beschriebenen Vieldeutigkeiten des menschlichen

---

122 Die Feministen- und Revolutionsthese stammt von Männern, die das Suchen nach Autoritäten wohl am wenigsten sein lassen wollen.

123 Frauen, die sich als Subjekte wahrnehmen, könnten dann auch das Bedürfnis des Menschen Jesus nach Beziehung wahrnehmen, der "wie alle Menschen gegenseitige Beziehung, Freundschaft, Liebe, Hilfe, Rat und Unterstützung braucht" (Heyward 1986, 96); tatsächlich Subjekt geworden, können wir "Mitsubjekte" in Schöpfung und Erlösung sein (Heyward 1986, 175 f).

124 Dies gerade nicht zu tun, ist Heywards Lesart der messianischen Verweigerung Jesu: Nach der Auferweckung des Mädchens (Mk 5,35-43) "'gebot |Jesus| ihnen ernstlich, daß niemand dies erfahren solle'. Entwerfen wir einen Jesus, der nicht von anderen getrennt sein wollte, einen Jesus, der keinen unbedingten Anspruch auf ein besonderes *mana* erhob, einen Jesus, der versuchte, die Aufmerksamkeit von sich wegzulenken und die Menschen auf ihre eigenen Fähigkeiten, Gott leibhaftig zu machen, zu konzentrieren. Sehen wir 'messianische Verborgenheit' neu, Jesus und seine Freunde erfuhren nach und nach, was es bedeutet, Messias zu sein. Verborgenheit ist in diesem Prozeß inbegriffen" (Heyward 1986, 101).

Miteinanders und des Göttlichen, in der Frage nach der "Passion der Frauen" (s. 3.1.2. (5)) damals und heute.

Moltmann-Wendel etwa hat in diesem Sinne ganz eindrücklich die Aktivität der Frauen um Jesus beschrieben und dessen Abhängigkeit von diesen Frauen und sein Wachsen an und mit ihren Persönlichkeiten[125] dargestellt.

Nur solch ein von Selbständigkeit geleitetes[126] Fragen kann Frauen und Männer weiterführen bez. dessen, was "Kooperation" wirklich heißt, und vermag auch die Suche nach einer jüdisch-christlichen Ökumene weiterzubringen, insofern Christinnen und Jüdinnen nicht die Autorität Jesus gegen rabbinische Autoritäten ausspielen, sondern in Frauen[127] dieser Zeit und Frauen der jesuanischen Jüngerschaft ihre gemeinsame emanzipatorische Geschichte suchen.

3.3.2   Der Jesus-"Entwurf" Heywards als Paradigma menschlich-göttlicher Kooperation

Bevor ich nun Heywards Jesus-"Entwurf" darstelle, in dem Jesus im Heilsgeschehen von Gott und Mensch eher eine paradigmatische als (allein) erlösende Funktion zukommt, möchte ich die für dieses Konzept zentralen

---

125 "Eine ungeheure Dynamik geht von den Jesus-Frauengeschichten aus, wenn wir zunächst mal vergessen, daß Jesus der Heiland, Retter, Menschensohn, Gottessohn oder Messias ist. Wir entfesseln diese Dynamik nur, wenn wir Abstand kriegen von dem, was wir gelernt haben, was über uns ist, was uns im Nacken sitzt und unser Gewissen schlagen läßt. Wenn wir unsere hierarchischen Denkmuster einebnen, dann spüren wir, daß diese Dynamik in vielen Geschichten von den Frauen ausgeht. Sie sind die Aktiven, die Prozesse in Gang setzen und schließlich etwas erreichen". So die blutflüssige Frau (Mk 5,25 ff), die kanaanäische Frau (Mt 15,21 ff), Martha (Joh 11, 19 ff) oder Jesu Mutter (Joh 2,1 ff) (Moltmann-Wendel 1985, 127); die Geschichte, die erzählt, daß Jesus zuerst den Frauen erschien, soll wohl nicht Jesu Parteinahme für die Frauen bezeugen (cf. Laurentin Art. 1980, 277), sondern liegt schlichtweg darin begründet, daß diese es zuerst wagten, zum Grab zu gehen.

126 Cf. Dalys erfrischende Stellungnahme zu Swidler (Daly 1982, 92).

127 Nicht nur Jesus war Jude, auch viele der Frauen um ihn!

Begriffe - insofern sie Ziel und Art des Erlösungsprozesses beschreiben - "Gerechtigkeit" und "Kooperation" erläutern.

(1) "Gerechtigkeit" als konkrete und "korrekte Regelung menschlicher
    Verhältnisse" mit dem Ziel menschlicher Ganzheit

"Gerechtigkeit" versteht Heyward vorwiegend im alttestamentlichen Sinne.
Sie beruft sich dabei auf von Rad, der schrieb:

> "'Es gibt im AT keinen Begriff von so zentraler Bedeutung schlecht-
> hin für alle Lebensbeziehungen des Menschen wie den der Zedakah
> |Gerechtigkeit|. Er ist der Maßstab nicht nur für das Verhältnis
> der Menschen zu Gott, sondern auch für das Verhältnis der Menschen
> untereinander |...| ja auch für das Verhältnis des Menschen zu den
> Tieren und seiner naturhaften Umwelt. Zedakah kann man ohne wei-
> teres als den höchsten Lebenswert bezeichnen, als das, worauf
> alles Leben, wenn es in Ordnung ist, ruht.'"[128]

Gerechtigkeit ist somit eine Kategorie, die das Verhältnis von Mensch
und Gott, Mensch und Mensch - wie es besonders die Anweisungen für die
Verteilung von Reichtum (Jer 2-5; Amos 5,24; Mt 25,31-46; Lk 6,17-27)
und der Umgang mit Frauen (Mk 14,3-9; Lk 10,38-42; Joh 4,5-26; Gal 3,28)
(cf. ebd. 53) zeigen - sowie Mensch und Kosmos im Sinne einer "korrek-
ten Regelung" ordnen will und soll, und zwar sowohl in einem "Kollektiv"
als auch in 'der Beziehung zweier Menschen',so die Fortführung Heywards
(Heyward 1986, 62).
Während sie bei Paulus "auch ein eschatologisches Ideal darstellt",
ist Gerechtigkeit für Israel "'der höchste Lebenswert'" auf der Erde
(ebd. 62),und in diesem Spannungsfeld wird der Begriff auch im Folgenden verwendet.
Gerechtigkeit ist "der moralische Akt der Liebe", und sie nicht zu reali-

---

128 Gerhard von Rad: Theologie des AT, Bd. 1: Die Theologie der ge-
    schichtlichen Überlieferungen Israels, Mchn.[8], 1982, 382, zitiert
    nach Heyward 1986, 62.
    "Gottes Gerechtigkeit wurde in menschlicher Gerechtigkeit vollzogen.
    Dies war das Wesen des Bundes. Menschliche Liebe zu Gott wie zur
    Menschheit war die Grundlage für das ganze Gesetz und die Prophe-
    ten (Markus 12,28-31; 5 Mose 6,4-5; 3 Mose 19,18)" (Heyward 1986,
    90). Von hier aus ist auch Bubers Mystizismus zu kritisieren (ebd.
    29, 47)

sieren bedeutet, "den beziehungshaften Bund zwischen und unter uns in einer Weise zu brechen, daß einem, beiden oder vielen die Kraft zu wachsen, zu lieben oder zu leben, genommen wird" (ebd. 63).
Entsprechend ist der Ort, diese Gerechtigkeit zu realisieren, das konkrete Leben auf dieser Erde, - und nicht, wie oft traditionell-theologisch, nur ein mystischer, spiritueller Bereich (ebd. 29, 47). Für Heyward beispielsweise bedeutet dies, für die Macht der Frauen in der abendländischen Gesellschaft zu kämpfen und sich darum zu bemühen, diese psychisch, psychisch, sozial, lebensgeschichtlich spirituell ganze (cf. Anm. 5) und heile Menschen werden zu lassen (ebd. 29, 33; cf. Sölle 1986, 212; cf. 5.).
Und in diesem Sinne wird in Kapitel 5 versucht, diese 'korrekte Regelung menschlich-göttlich-naturbezogener Beziehung' auf die konkrete Situation (der BRD) zu applizieren, denn "es geht darum, |...| die Geschichte als einen Ort für entscheidendes, bedeutungsvolles Handeln an|zu|sehen" und 'unserem Menschsein theologisches Gewicht beizumessen' (Heyward 1986, 64, 61).

(2) Der Gedanke der Kooperation zwischen Mensch und Gott bei der Herstellung gerechter Beziehungen

Doch Gerechtigkeit schaffen können nicht die Menschen alleine. Dies geht nur im Miteinander von Mensch und Gott, in Kooperation.
Und "Kooperation" heißt, daß "beim Berühren (s. u. (3)), Heilen, Lehren, Mahnen und Trösten der Menschen und vielleicht auch Gottes" Gott und Mensch zusammen vorgehen (Heyward 1986, 87): Weder der eine noch der andere, keiner allein kann die Erlösung vollbringen, sondern beide gemeinsam in Beziehung" (ebd. 114). Heyward zitiert hier Sölle, die sagt, daß "'unsere Hände Gottes Hände in der Welt'" sein sollen (ebd. 120; cf. 5.1).
Kooperation macht die beiden aufeinander hin Bedürftigen, Gott und Mensch, stark und schöpferisch (cf. Sölle 1986, 57):

"Gott wird durch die Ko-operation der Menschen gestärkt. Die Kooperation beruht auf der Bereitschaft des Göttlichen und des Menschlichen, Gerechtigkeit, die gerechte Beziehung in der Welt, herzustellen. Jeder ist abhängig von der Fähigkeit des anderen, guten
Willens zu sein.
|...| Ein Mensch, der sich für das Handeln mit Gott entscheidet,
entscheidet sich dafür, 'göttlich' zu handeln. Der Mensch ist menschlich. Gott ist Gott, eine transpersonale Macht. Aber auf der Grundlage der Kooperation kann der Mensch das Gewicht von Gottes Autorität auf der Erde tragen." (Heyward 1986,87 f)[129]

(3) Über das "Entwerfen". Bemerkungen zu Voraussetzung und Methodik
    des Vorgehens[130]

Das anspruchsvolle (s. 3.1.2. (1)) Konzept mündigen und beziehungshaften
Menschseins, nämlich im Zusammenwirken mit Gott "das Gewicht von Gottes
Autorität auf der Erde |zu| tragen", erläutert Heyward anhand ihres Jesus-
Bildes, ihres Jesus-"Entwurfes":
Wenn Menschen Jesus richtig verstehen, so können sie ihre "eigene Exi-
stenz" dadurch erfassen (ebd. 75) und "die Struktur unserer Erfahrung
|...| stärken" (ebd. 78), wie es etwa auch bei einer Betrachtung des
Lebens von "Sokrates, Sappho, Sojourner Truth, King, Torres, Mutter Teresa" oder "zahlloser anderer Frauen und Männer in der Geschichte" (ebd.
78) geschehen kann.[131] Denn Jesus ist einer, "der sich dazu entschied,
Gott leibhaftig werden zu lassen und in dessen Leben diese Macht |= Macht
in Beziehung| kooperativ und wirkungsvoll war" (Heyward 1986, 44):
"|...| seine Beziehung zu Gott war auf einzigartige und einmalige Wei-
se *die* befreiende Beziehung, die ein Mensch zu Gott haben kann" (ebd.
116 f).

---

129 Zur Tradition dieses Verständnisses, s. Heyward 1986, 45 f.

130 Cf. hierzu den Kirchen-"Entwurf" des Kardinals Suenes (Klinger Art.
    1986).

131 Auch das Erinnern meint Beziehungen aufmachen; wäre dies nicht
    eine Kategorie feministischer Geschichtswissenschaft? (cf. den
    alttestamentalischen Begriff זכר).

Voraussetzung dafür, daß diese Veranschaulichung gelingt, ist, daß Menschen offen sind für ihre eigene Fähigkeit zum Guten (cf. 3.1.2), und bleibt
aber auch hier die eingangs beschriebene Erfahrung von dem Gewahrwerden
der Macht, die Menschen miteinander und mit Gott haben können und darin
erkennen, wer sie sind:
Der "Entwurf" von Jesus - befreit von aller Christolatrie - als Paradigma menschlich-göttlicher Kooperation

> "kann unsere eigene Macht *nur* dann spiegeln, wenn wir *schon* offen
> für sie sind, wenn wir auf Jesus schauen, damit uns klar wird,
> was göttlich handeln bedeutet und kostet. Sonst ist das Bild,
> das unseren Blicken begegnet, ein Bild der Magie, des Leides und
> des Todes." (Ebd. 1982)

Was aber heißt nun, 'ein Bild von Jesus zu entwerfen'?
Freilich, so Heyward, kann man/frau "den historischen Jesus nicht völlig
aus seinen kerygmatischen und christologischen Hüllen befreien" (ebd.
79), wir können nicht genau wissen, und müssen es auch nicht, was Jesus
alles tat (ebd. 78). Und der Jesus, der damals lebte, "ist tot" (ebd.
75).
Statt dessen wählt sich Heyward den markinischen Jesus - da er ihrem
eigenen am nächsten steht (ebd. 80) - und "entwirft" ein neues Bild,
das den "unmittelbaren, dringenden Bedürfnissen von uns Menschen |...|,
die versuchen, sich selbst in einer Welt zu verstehen, in der Beziehung
gewaltsam zerbrochen ist" (ebd. 81; cf. 1.1), entspricht, so wie Markus,
unter Zuhilfenahme der "prophetischen Tradition Israels" (ebd. 80) ein
Jesusbild entwarf, das der 'Situation der Zeit' gerecht werden konnte
(ebd. 81).
In diesem Sinne handelt es sich bei dem, was Heyward vorträgt, natürlich
abermals um "Christo-logie", aber eine "funktionale Christologie", deren Interesse nicht nach ontologischen Aussagen über die Person Jesu
sucht, sondern nach Jesu Taten fragt, nicht nach dem "Handelnden", sondern dem "Handeln" (ebd. 79 f) und heutige menschliche Existenz dazu

in Beziehung setzt.[132] Denn erst dann können wir verstehen, wer Jesus
"ist", wenn wir erkennen, was er "tat" (ebd. 79).

Aber weiter zu Heywards Vorgehen:

"Entwerfen" ist eine prozeßhafte Methode, die Heywards beziehungshafter
Theologie entspricht: "Entwerfen" heißt nämlich, etwas über eine Beziehung, in der wir stehen und von der wir Kenntnis haben, "herauszufinden"
und dies "auszudrücken" und "darzustellen" (ebd. 74).

Aber wozu stehen wir in Beziehung?

Für Heyward ist es Jesus, in dem sie sich zum einen positiv "verankert"
fühlt (ebd. 112), obwohl dieser jahrhundertelang durch falsch verstande-
ne Christologien verdeckt wurde, so daß er antimenschlich, antiweiblich
und antijudaistisch[133] mißbraucht werden konnte (Heyward 1986, 112 f).

Jesus neu "entwerfen" heißt, diesen in Christolatrie (s. o. 3.1.2 (3))
verdeckten und entstellten Jesus zu befreien, so daß wir sein Leben vor
und mit Gott (cf. ebd. 84) sehen und darin einen Weg für alle Menschen
zu Gott entdecken, einen Weg, der in einem 'beziehungshaften, aktiven
Leben in der Welt' (ebd. 117), einer Kooperation mit Jesu Abba (ebd.
116) besteht.

"Entwerfen" ist somit kein streng analytisches Vorgehen, bei dem 'Teile
der Realität in Begriffskästchen gestopft werden' (ebd. 74), sondern
ein "kreatives" Tun (ebd. 74, 76), dem ähnlich, was Sölle unter "Phantasie" versteht, nämlich: "kreative Einbildungskraft", etwas "Spielerisches", das aber 'viel ernsthafter ist als jegliches Nachgrübeln über
die Wahrscheinlichkeit eines göttlichen Eingreifens in die Ordnung der
Natur' (ebd. 74).

Heyward liest verschiedene Stellen des Markus-Evangeliums und "entwirft",
im Modus "ich sage" oder "entwerfen wir", ein Bild des Verhältnisses

---

132 Hier könnte sich auch eine Lösung für das Problem des "männlichen
    Erlösers" (Ruether 1985, 145) abzeichnen. Wenn nach Jesu Taten,
    seiner Kooperation mit Gott, nicht nach seinem Menschsein/Mannsein
    gefragt wird, wenn er als 'Stellvertreter auch der Menschheit' (Hey-
    ward 1986, 87) gilt, so muß der männliche Erlöser, das Mannsein
    Jesu, der Erlösung der Frauen nicht mehr im Wege stehen.

133 Cf. Ruether 1978.

Jesu zu Gott und den Menschen, und dieses Bild wird durchlässig gemacht
für unser Verhältnis heute zu Gott und Mensch.
Braucht nicht gesagt zu werden, daß Heyward hierbei von einer differen-
zierenden Exegese absieht; was sie vorstellt, ist eine Betrachtung Jesu
im Glauben zur Stärkung unsrer selbst (s. o.).

(4) Der paradigmatische Jesus-"Entwurf" zur Veranschaulichung mensch-
     lich-göttlicher Kooperation

Den von Heyward vorgestellten Entwurf möchte ich hier in seinen wesentlichen Aspekten skizzieren, um, wie gesagt, Schlaglichter auf die menschlich-göttliche Kooperation zu werfen; z. T. kann dabei bisher Gesagtes
(zu Menschen- und Gottesbild) aufgegriffen und vertieft werden. Von
einer Trennung in die einzelnen Schritte (markinischer Text, neuer Entwurf, Applikation auf menschliche Existenz) sehe ich dabei ab und gebe
lediglich in Klammern die jeweils zugrundeliegenden Evangeliumstexte
an.

a) Die Hilfe beim Entwerfen

Heywards erster Schritt besteht darin, Jesus als einen zu entwerfen,
der uns beim "Entwerfen" helfen kann:

> "Traditionelles Bild: Sie sagten: 'Du bist der Christus'" (Mk 8,29)
> Der neue Entwurf: Ich sage, du bist jemand, in dessen Seinsweise
> ich Kraft sehe, die Kraft der Gerechtigkeit, der gerechten Bezie-
> hung. Ich sage, du kannst uns helfen, diese Kraft zu sehen, diese
> Kraft zu lieben, diese Kraft in Anspruch zu nehmen und zu gebrau-
> chen." (Ebd. 83)

b) Die persönliche und organische Beziehung

Der Entwurf selbst beginnt dann mit einem Verweis darauf, wie, unter
welcher Voraussetzung menschlich-göttliche Kooperation paradigmatisch an
Jesus veranschaulicht werden kann: Jesus wird hier entworfen als "Stell-
vertreter Gottes auf Erden und der Menschheit" in dem Sinne, daß er

für Gott und Mensch die Fähigkeit vertritt zu kooperieren (ebd. 87).
Kooperieren aber meint - das bisher eher formal-funktional Beschriebe-
ne emotional und inhaltlich vertiefend - zweierlei. Zum einen ist die
Beziehung zwischen Jesus und Gott eine, in der "Jesus mit Gott in die
Liebe" wächst (ebd. 85). Sie ist eine "Eltern-Kind-Beziehung" (ebd. 84;
Mk 1,11), die nicht symbiotisch und besitzergreifend "Möglich-
keiten für freiwillige |...| Zuneigung und Zusammen-Arbeit" eröffnet
(ebd. 85).
Zum anderen deutet die "'persönliche Abba-Erfahrung' Jesu (Schillebeeckx)"
(ebd. 86 f) auf den organischen Charakter dieser Verbindung: Jesus ist
so eng mit dem beziehungshaften Charakter der Schöpfung verbunden, daß
er unumgänglich, unmittelbar, nicht per Erwägung moraltheologischer Theo-
reme, sondern in Beziehung getrieben und aus Beziehung heraus beziehungshaft handelt (ebd. 86 f):

"Bei Jesus sehen wir, daß die Beziehung zwischen Mensch und Gott
so intim (es wird vorausgesetzt, daß einer den andern kennt) und
so unmittelbar (Vermittlung ist nicht notwendig) ist, daß seine
Entscheidung, mit der Macht zusammen-zuarbeiten, die ihn in Beziehung treibt und ihn dort hält, gleichzeitig die Entscheidung
ist, Gottes Handeln in der Welt zu tun oder göttlich zu handeln
(to god). Durch Gott, mit Gott und für Gott erhebt Jesus Anspruch
auf die ihm eigene Autorität, in der Welt wirken zu können. Durch
Jesus und mit Jesus handelt Gott" (ebd. 87).

Kooperieren heißt also, für Jesus und für uns, freiwillig mit Gott zusammen zu arbeiten, in die (und: der) Liebe zu wachsen, Beziehungen zu Gott,
Mensch, Schöpfung organisch werden zu lassen.

c) Die "dynamis"

Durch seine Beziehungen zu Gott kam Jesus eine besondere und sonderbare
Macht ("dynamis") zu: Sie war nicht "übertragen", "von |der| Gesellschaft ge-
nehmigt oder erlaubt", "sozial legitimiert"[134] oder "vermittelt", sondern

---

134 Heyward kontrastiert diese "dynamis" mit dem Begriff der "exousia":
"Einer Person mit *exousía* ist das Recht zur Macht verliehen worden"
(Heyward 1986, 88).

"roh", "spontan", "unkontrollierbar", furchteinflößend" (ebd. 88 f),
sie kam aus der Verwirklichung der "Macht in Beziehung" und war "rätselhaft" (ebd. 89), sowohl wenn man ihre Herkunft außerhalb des unendlichen
Bereiches lokalisieren wollte, als auch wenn man versuchte, Gott in ihr
festzumachen (Mk 11,27-33; ebd. 89 f). Trotzdem versuchte Jesus, dieser
Macht Ansehen zu verschaffen, indem er zeigte, daß Gott in der Macht
in Beziehung unmittelbar da ist (und nicht "in der Erinnerung an mächtige Taten oder in der Hoffnung auf Erlösung" (ebd. 90)).
Kooperieren heißt dann ferner auch, sich auf 'Rätselhaftes', "Zweideutigkeiten", "Spannungen" (für Jesus etwa zwischen dem Gesetz und dem neuen
Entwurf des Gesetzes (ebd. 90 f)) einzulassen, in dieser Macht zu stehen und zu begreifen, daß es keine Gegensätzlichkeiten gibt, und zu erkennen, "daß Gott nichts anderes ist als die Quelle beziehungshafter
dynamis, die niemals vollständig mit irgendeiner Person zu irgendeiner
Zeit oder an irgendeinem Ort kontrastiert oder identifiziert werden kann"
(ebd. 92).
Und dies kann das zur menschlichen "Passion" Gesagte ergänzen und vertiefen,
insofern deutlich wird, daß diese 'Passion der Vieldeutigkeiten' durchaus auch das "Dilemma" Jesu war (ebd. 90).

d) "Berühren" und "Intimität"

Die Geschichte von Jesus und der blutflüssigen Frau (Mk 5,25-34)[135] wirft
ein weiteres Licht auf das, was Kooperation meint: Um Macht-in-Beziehung
wirksam werden zu lassen, bedarf es der genauen Kenntnis unserer selbst
und Gottes. Heyward umschreibt dies mit dem Begriff "Intimität":

> "Intim sein heißt, andere in einer Weise kennen und von ihnen gekannt
> zu werden, daß wir die Gegenseitigkeit unserer Beziehung als wirk-
> lich, als kreativ und kooperativ, verläßlich und vertrauensvoll
> erfahren." (Heyward 1986, 92 f)

---

135 Zur feministischen Rezeption dieser Bibelstelle cf. Heyward 1984,
     118; Krattinger 1985, 68 u. Anm. 117; Moltmann-Wendel 1985, 128;
     Maaßen/Schaumberger Art. 1984, 210-214; Kahl/u. a. (Hg.) 1981, 34-42.

Einerseits kennt Jesus die Frau "auf intime Weise", da er "sich selbst als Mensch kennt" und um die Sehnsucht eines jeden Menschen "zu berühren und berührt zu werden, zu bewegen und bewegt zu werden, zu heilen und geheilt zu werden" weiß, andererseits setzt diese Frau autonom/mündig (s. o.) und vertrauensvoll bei Jesus diese intime Kenntnis voraus, indem sie Jesus berührt und erwartet, daß so "dynamis" freigesetzt und sie geheilt werden kann (ebd. 93 f).

Der markinische Text beschreibt dies als Ausdruck des Glaubens (Mk 5,34): Anspruch auf dynamis, Kraft, Heilung erheben heißt aktiv glauben (ebd. 95). Und Kooperation bedeutet dann, sich und Gott zu kennen und glaubend Anspruch zu erheben auf die Macht in Beziehung.

"Berühren" und "Intimität" sind wichtige Begriffe im Konzept Heywards (darauf deutet auch der Titel der deutschen Ausgabe; cf. die Einleitung (ebd. 13)). Und zugleich helfen sie die Vorstellung menschlicher Gemeinschaft (vielleicht auch die positiv besetzter Schlagworte wie "Solidarität") zu konkretisieren und realisierbar zu machen, indem sie den Blick auf die Ebene der Einzelmenschen lenken: Hier stehen sie wie ein Plädoyer für menschliche Aufmerksamkeit und eine Ermutigung, den eigenen Raum zu verlassen, "zu berühren und berührt zu werden, zu bewegen und bewegt zu werden, zu heilen und geheilt zu werden" (ebd. 93), Gefühle, Sehnsucht und Talente (cf. Mt 25,14-30) nicht voreinander zu verbergen.

e) Erstes und Zweites Gebot

Für Jesus, so Heywards Entwurf weiter, sind das Erste und das Zweite Gebot identisch (Mk 12,28-31): "Liebe ist die aktive Verwirklichung der Beziehung" und

> "Gott zu lieben heißt, die Menschheit auf so intime Weise zu lieben, daß erkannt wird: Das Reich Gottes ist hier und jetzt unter den Menschen, die die Menschheit lieben" (ebd. 97 f; cf. 90,92; cf. Sölle 1986, 62).

f) Vom "Sinn der Gegenwart" und ihrem Verlust

Zur Kooperation gehört ferner "Unmittelbarkeit". D. h. zum einen "Sinn
für die Gegenwart" zu haben, mit einem "Gefühl der Dringlichkeit" die
Errichtung des Reiches Gottes voranzutreiben (s. die Häufigkeiten des
"sobald"/"alsbald" in Mk 1; cf. Heyward 1986, 98 f). Zum anderen: Keines
Mittlers zu bedürfen , d. h. daß Menschen sich selbst "als kreativ Handelnde, als Menschen, die die Menschheit lieben, als Menschen, die Gott
in der Welt leibhaftig machen können, zu empfinden" (ebd. 99, cf. 102)
(Mk 9,17-19).

Oft verlieren Menschen diese Empfindung durch die "Erfahrung des Todes,
Verlust der Beziehung, Trennung, Schmerz und Einsamkeit" (ebd. 99, cf.
Mk 5,34-43). Der Tod "macht uns zum Narren, er verleitet uns dazu, Gott
zu verleugnen, der die Macht in gegenwärtiger Beziehung ist" (ebd. 100).

Doch gibt es "auch die Macht, die in unserer gegenwärtigen Beziehung
zu den Toten liegt" (ebd. 100). Und diese zu realisieren, "fordert" Jesus
die Menschen auf. Denn dann können sie erkennen

"daß die Macht in unserer Beziehung zu einem Menschen nicht tot ist,
auch wenn dieser Mensch tot sein mag. Die Macht in Beziehung ist
lebendig. Sie ist nicht gebrochen, es sei denn durch unsere Verleugnung ihres gegenwärtigen Wirkens in und unter uns" (ebd. 100)[136].

g) Schmerz und Zorn

Zur Kooperation gehört in letzter Konsequenz,

"Schmerz[137] zu erleiden, wenn Beziehung - auch die eigene - zerbrochen wird. Die Möglichkeit auszuhalten, daß wir in der Welt Gutes
vollbringen können, bedeutet auch, das Böse der zerbrochenen beziehungshaften Macht im menschlichen Leben zu erleiden" (ebd.103).

---

136 Zur Einbeziehung der Toten in theologische Diskurse cf. Peukert
     1978, 322 ff, 346; Fuchs Art. 1984 a, 212.

137 Anläßlich der Rede vom Schmerz Jesu sei auf Heywards beachtenswerte
     Einschätzung der (markinischen) Frohbotschaft hingewiesen: "Denken
     wir seinen (Jesu) Schmerz und ebenso die Möglichkeit seiner Freude
     neu. Von dieser Freude sehen wir im Evangelium des Markus keine
     Spur. Die Autoren der Evangelien schrieben nicht über die Gegensei-
     tigkeit der Freundschaften Jesu. Gegenseitigkeit ist gerade die

Das ist Passion (und nicht 'die letzten Tage unseres Herrn Jesus', cf. ebd. 102). Passion gehört zum Leben dazu:

"Es gibt keinen Weg, dem Schmerz zu entgehen. Es gibt nur die Wahl zwischen dem Schmerz, der zur Passion gehört, und dem Schmerz, den leidenschaftslose Unempfindlichkeit gegenüber der Beziehung mit sich bringt" (ebd. 103).

Jesus entschied sich, auch diese letzte Konsequenz zu tragen, da er "radikal" war; was geschah, war nichts, was "ihm angetan wurde" (ebd. 104). Jesus "litt", "trug", "ertrug", "hielt aus", "duldete", aber er tat dies voll Zorn (ebd. 104)! Voll Zorn "über die Verstocktheit von Freunden und Feinden"[138], "über die Ungerechtigkeit in der Welt", über "die Nicht-Beziehung, die zerbrochene Beziehung, die verletzte Beziehung, die Zerstörung Gottes in der Welt, die Ungerechtigkeit, den Mißbrauch und die Schändung der Menschheit durch Menschen" (ebd. 104, 105, 106). Dieser Zorn ist wichtig, auch für Menschen heute, denn er "ist vielleicht der einzige Weg, unseren Mut zu behalten", es gehört zum kooperativen Handeln der Menschen "als Alternative zu Entmutigung, als Alternative zu Selbstzweifel, Depression, langem Nachdenken und Wahnsinn" (ebd. 105).

Eigenschaft der Beziehung, die die sicherste Grundlage für Freude in der Freundschaft bildet. Ich glaube, die Autoren der Evangelien verfehlten den Kernpunkt der Passion Jesu - das heißt ihre Wurzeln in der Beziehung. Entwerfen wir einen Jesus, dessen Schmerz daraus entstand, daß die Menschen um ihn herum glaubten, er sei entweder dämonisch oder göttlich; einen Jesus, der in Beziehung zu denen, die ihn kannten, wie sie sich selbst kannten, vielleicht voller Freude gewesen sein mag; einen Jesus voller Freude in Beziehung zu Menschen, die wußten, daß er - wie sie - ganz menschlich war, bewegt vom Drang zur Intimität, zu innigem, wechselseitigem Umgang mit der Welt und den Menschen" (Heyward 1986, 103 f; cf. Keen Art. 1968/69).

138 Siehe Mk 3,1-5; 4,40; 6,6; 7,9; 8,21; 9,19; 10,14; 11,15-19.27-33; 12,38-40; 14,6 (Heyward 1986, 104).

h) Die Auferstehung

Schaltstelle zwischen der Kooperation Jesu mit Gott und der der Menschen
mit Gott ist die Auferstehung. Diese ist "kein Ereignis im Leben Jesu,
sondern im Leben seiner Freunde" (ebd. 108):
Diese, die bislang die Fähigkeit zu kooperieren von sich gewiesen hatten
(9,17-19; cf. ebd. 102; cf. Anm. 8) nahmen wahr, daß sie selbst Gott
inkarnieren konnten, Anspruch auf "dynamis" haben, Macht in Beziehung
realisieren können. Sie 'weigerten sich fortan, die Intimität und Unmittelbarkeit Gottes aufzugeben' (ebd. 108).

i) Zusammenfassung und Weiterführung

Die kurze Skizze des Jesus-"Entwurfes" hat versucht, den Gedanken menschlich-göttlicher Kooperation in Hinblick auf den Menschen zu vertiefen,
um die Erfahrung "in-Beziehung-und-ganz" für alle und für die Schöpfung
in der Geschichte voranzutreiben.
Kooperation meint bezüglich der Schöpfung ein "organisches Verhältnis"
des Menschen zu ihr, bezüglich Gottes eine freiwillige und innige Beziehung und bedeutet für den einzelnen Mündigkeit, den Blick von Mittlern
weg auf sich selbst zu richten, Anspruch auf Glauben zu erheben und den
Willen und die Fähigkeit, sich und einander zu kennen und zu berühren.
Zugleich meint und realisiert sie sich in der Aufhebung der Trennung zwischen dem Ersten und Zweiten Gebot.
Kooperation läßt Macht in Beziehung real werden, jedoch nicht als fest-
schreibbare, sondern als "rätselhafte Kraft" ("dynamis"), die zugleich
aber auch als machtvoll und unmittelbar erfahren wird.
Zeit und Ort der Kooperation sind das Jetzt und die Erde, und durch
alles Zögern hindurch forciert sie das sich-Einlassen auf Ambivalenzen
und Unsicherheiten, die das Leben zur "Passion" machen, das von Zorn
und Schmerz und Tod nicht zu trennen ist.
Das Erlebnis der Auferstehung schließlich meint einen Paradigmenwechsel,
nicht nur von Jesus zu den Jüngern, sondern auch zu uns selbst, heute.
Dafür bedürfen die gemachten systematisch-theologischen Äußerungen allerdings einer weiteren Konkretisierung.

Heywards Theologie als Sprache und System benutzend möchte ich daher im Folgenden den Begriff der Kooperation und die damit verbundenen Veränderungen im Menschen- und Gottesbild feministischer Theologie weiter verdeutlichen, "erden" und gleichzeitig versuchen, die vielfach vereinzelten und fragmentarischen Aufbrüche zahlreicher Publikationen konstruktiv und verbindend aufzugreifen.

Noch einmal sei darauf hingewiesen, daß Kooperation zwischen Mensch und Gott für möglich zu halten, die eingangs beschriebene Erfahrung der Macht-in-Beziehung voraussetzt. Diese ist es, die den Menschen dazu treibt, "zwingt", Gott zu inkarnieren, "uns behutsam anderen Menschen zuzuwenden" (ebd. 31). Die ist die bewegende Kraft, die uns daran hindert,"gottfaul die Flügel hängen zu lassen". Folgerichtig findet sich bei Heyward am Ende ihrer Reflexionen über den "Bund" - Prototyp der Kooperation - der Wechsel von der Deskription zur Anrede Gottes: "Wir müssen glauben, daß wir tun können, was wir tun müssen, denn Gott ist mit uns, und wir sind miteinander. O Gott, wir glauben! Hilf unserem Unglauben" (ebd. 130).

Überleitung

Die Selbstvergewisserung hat nach einer Vergewisserung von bestärkenden Frauenerfahrungen eine systematische Explikation erfahren, die das Einzelsubjekt in der Vielfalt seiner Beziehungen sah und be-dachte. Dabei wurde in der Hauptsache auf Heywards Theologie zurückgegriffen, die bei menschlichen Erfahrungen ihren Anfang nimmt und den Kontakt zu diesen nicht verliert und die einen "Entwurf" menschlich-göttlicher Kooperation unterbreitet mit dem Ziele der Ganzheit für Frauen/Menschen und Kosmos durch eine "korrekte Regelung" der Bezüge zwischen diesen, durch "Gerechtigkeit". Verschiedene Ansätze alt- und neutestamentlicher Lektüre mußten demgegenüber wegen ihres begrenzt emanzipatorischen Potentials zurückgewiesen werden.

Für das Fortschreiten und Fortschreiben der anvisierten Selbstvergewisserung müssen nun detaillierte und konkrete Bezüge zur (bundesre-
publikanischen) Realität eingeholt werden, zumal wenn der jesuanische
Entwurf Heywards in seinem Appell zum "Sinn für die Gegenwart" und seiner Behauptung der "Identität von erstem und zweitem Gebot" ernst genommen werden soll.

Für diesen Fortgang der Selbstvergewisserung von der theologischen Erfahrungssystematik hin zu den Menschenleben scheint es sinnvoll, die Kategorien dieser Systematik (Subjektwerdung und Mündigkeit, Ganzheit und
Gerechtigkeit, Kooperation, Passion, Intimität und Berühren) als ordnen-
de und inspirierende Größen in die Auseinandersetzung mit gesellschaftlicher, ökologischer und körperlicher Wirklichkeit hineinzunehmen, sie erweisen sich dabei als realutopische Begriffe, d. h. sie sind erfahrene
Wirklichkeit und ebenso Ziel eines historischen Prozesses.

Und gleichzeitig können jene Kategorien selbst weiter konkretisiert werden. Denn was heißt dies in unserer Gesellschaft heute: Mündigkeit? Was
sind die Kriterien dieser Vorstellung? Wo sind die Orte der Zusammenarbeit mit Gott? Was ist das nun genauer: Die Passion der Menschen? Was
soll "Ganzheit" oder "Gerechtigkeit" in einem Staat der "Ersten Welt"
heißen? Und was heißt vom "Menschen" reden? (Auch dies selbst ist ein
realutopischer Begriff, insofern er eine Versöhnung der Geschlechter,
Rassen und Klassen suggeriert.)

Wenn Frauen (und Männer) verstehen wollen, wo der Ort ihrer Passionen
und Kooperationen liegt, und Heywards Ansatz nicht zum ortlosen Überbau
degenerieren soll, müssen sie der hier vorgestellten gegenwarts-
orientierten und erfahrungsbezogenen Theologie gemäß die Wirklichkeit
ihrer sozioökonomischen, politischen, ökologischen, psychologischen,
ideologischen, theologiegeschichtlichen und (kirchen-)historischen Lebens-
situation reflektieren und das auf vielfache Weise für lebenswert Befun-
dene leben und realisieren.

Dafür bedarf es nun aber genauer, "intimer" Kenntnisse unserer selbst
und unserer personalen und strukturellen Umwelt, und d. h. daß - jeweils
dem Anliegen der Frauenbefreiung adäquate - human- und gesellschafts-
wissenschaftliche Informationen und Erfahrungen christlicher und nicht-
christlicher Frauen eingeholt werden mit dem Ziel, die Beziehungen, in
denen wir leben, "organisch" werden zu lassen, d. h. uns in unseren Beziehungen zu sehen, um dann wieder aus, in und für (weitere) Beziehungen aktiv werden zu können.[139] Um aber aktiv zu werden, müssen wir, als
beziehungsidentifizierte Subjekte, ohne Mittler zwischen uns selbst und
unserem Heil, unsere guten Fähigkeiten und Möglichkeiten (Arbeitsvermögen, Naturbezogenheit, Köperlichkeit, Sexualität) ebenso wie gesellschaftliche, ökologische und physische Vorgaben wahrnehmen.
Und für christliche Feministinnen hat dies auch einen spirituellen Aspekt:
Was wir miteinander, für uns und die Erde entdecken und tun, heißt, mensch-
lich-göttlich kooperativ zu sein, das 'Gewicht von Gottes Autorität auf
der Erde zu tragen', Gott in seiner/ihrer Immanzenz wahrzunehmen und
freizusetzen; heißt, sich einen Weg durch jene bereits mehrfach erwähnten "Vieldeutigkeiten" in allen gesellschaftlichen, ökologischen, körperlichen Gegebenheiten zu bahnen, um differenziert und gezielt Anspruch
auf Menschen und Strukturen verändernde "dynamis" zu erheben im Wahrnehmen
von und Angehen gegen das Frauen unterdrückende gesellschaftlich Vorgegebene, seien es Rollenbilder, ökonomische Strukturen, Zerstörungen von
Natur in und um uns oder Diskriminierungen unserer Körper.
Das Folgende geht dabei von innovativen oder unterdrückerischen Erfahrungen und bestimmten Optionen von Frauen in unserer Gesellschaft aus.[140]
Denn die jahrhundertealte Ideen- und Alltagsgeschichte der Geschlechter-
trennung und die Sozialisation der einzelnen hat Frauen eine eigene Welt
von Werten, Erfahrungen, Wissen, Fertigkeiten, Träumen und Utopien er-

---

139 Zu der Untrennbarkeit von Reflexion (Kontemplation) und Aktion cf.
     Mies Art. 1984, 167 f; s. auch 5.1.

140 Entsprechend wird im Folgenden wieder dominant von den "Frauen"
     die Rede sein.

leben und erwerben[141] lassen, die vielfach im privaten Bereich geför-
dert und dort tradiert, gesamtgesellschaftlich aber diskriminiert wurden, die stets einen inoffiziellen, privaten Status innehatten und nun
öffentlich gemacht und in gesellschaftlicher Öffentlichkeit eingefor-
dert werden sollen im Interesse der Befreiung der Frauen aus diesem ein-
engenden ideologischen und alltäglichen Status und der ihnen zugeordneten Bereiche, im Interesse einer Veränderung der Gesellschaft und nicht zuletzt auch
im Sinne einer Befreiung der Männer, die eben diesen Bereichen – um den
Preis ihrer Ganzheitlichkeit – entfremdet sind.

Auf genau diese Welt der Frauen – die es etwa im Paradigma der entsprechenden humanwissenschaftlichen Disziplin jeweils abwägend zu reflektieren gilt, um nicht unbewußt und unkritisch Frauenunterdrückung
fortzuschreiben – wird im weiteren Verlauf der Arbeit (Kap. 5) referiert.

Nicht aber auf jene in der androzentrischen Kultur gängige These,
daß es ein "Wesen der Frau" gäbe. Gegen jene psycho-biologistischen Assoziationen schreibt daher zunächst das folgende Kapitel (4.) an, indem
es erstens eine vermeintlich frauenfreundliche Position – die Jungs –
referiert, die eben jenes Geschlechter-Wesen-Denken meint behaupten zu
können (4.1), und zweitens diese Position aus der Perspektive neuerer
Geschlechterpsychologie hinterfragt und dementiert (4.2).

---

141 Mit Mies können diese als durchaus aktiv erworben vorgestellt werden (cf. Mies Art. 1980, 64 f).

Bemerkungen zur Dichotomie "männlich - weiblich" in der Psychologie

Vorbemerkung

"aktiv männlich

passiv weiblich

aktiv gut

passiv schlecht" (Krattinger 1985, 162)

Mann - Frau, Bewußtes - Unbewußtes, Männerphantasien - Frauen(selbst)bilder, Öffentlichkeit - Privatleben, - dies alles ist geprägt von spezifischem Geschlechtsrollendenken, und jene Dichtomien selbst sind Ausdruck dafür.

Frauen gelten, wie es in Krattingers Gedicht heißt, als "passiv", ihnen werden Attribute wie rezeptiv, emotional, "pflegend", "pathisch" und "leiblich" (Hundrup 1984, 48; cf. Moltmann-Wendel 1985, 51 f) zugeordnet.[1] Ihre Identität findet die Frau in der "Selbstaufgabe" (ebd. 55), heißt es immer wieder.

Und in einer leistungs- und fortschrittsorientierten Gesellschaft gelten Eigenschaften wie 'Passivität' als Behinderung, als minderwertig: "passiv schlecht" (cf. Sölle 1986; Moltmann-Wendel 1985, 29 f; Halkes 1985, 21, 26)[2].

---

1 Cf. Heilbrun: "According to the conventional view 'masculine' equals forceful, competent, compatetive, controlling, vigorous, unsentimental, and occasionally violent; 'feminine' equals tender, genteel, intuitive rather the rational, passive, unaggressive, readily given to submission. The 'masculine' individual is popularly seen as a maker, the 'feminine' as a nourisher" (Heilbrun 1973, X).

2 Cf. die theologiegeschichtlichen Frauendiskriminierungen in 5.3.1 (1); zu den Zusammenhängen zwischen "spezifisch weiblichen Eigenschaften" und der Gebärfähigkeit der Frauen cf. 5.3.2 (1); hier sollen zunächst nur psychologische Theorien und empirische Untersuchungen im Zentrum stehen, die später aus der Perspektive von Frauenerfahrungen nochmals aufgegriffen werden müssen, zumal die diskutierten Ansätze einmal mehr auch ein gewisses Mißtrauen gegenüber (schein-)objektiver Wissenschaft forcieren.

Entsprechend den zugewiesenen Eigenschaften wird Frauen der "häusliche
Bereich" zugeordnet, der Bereich, den "Männer einerseits idealisieren,
andererseits aber auch scheuen, weil |er| schmutzig, lästig und unter
ihrer Würde ist" (Ruether 1985, 213; s. 5.1).
Für sich selbst beanspruchen Männer – "aktiv, intellektuell, willens-
stark" (Hundrup 1984, 48) – den öffentlichen Bereich, "wo Politik, Krieg
und Arbeit stattfinden" (Ruether 1985, 133), eine Welt, die sich zwischen
einem grundsätzlichen Sachlichkeitspostulat und zahlreichen Sachzwängen
bewegt.
Erfahren Frauen sich jedoch durch die Begegnung mit anderen als aktive
Subjekte, als Reflektierende, Handelnde, Entscheidende in ihrem Leben
– "der Mensch meines Lebens bin ich", schrieb Stefan (Stefan 1984, 124) –
so erscheinen obige Zuordnungen und Dichotomien als lebensfremde, erfah-
rungsfremde Kategorien und als grundsätzlich lebensfeindlich, insofern
sie die Ganzheit der Person   verwehrt, und schließlich als Herabwürdigung der Frauen.
Folglich ist es im Kontext der Selbstvergewisserung von Frauen ein vi-
tales Interesse, dem Realitätswert und den Ursachen dieser Zuordnungen
und Spaltungen nachzugehen, falsche Behauptungen über das "Wesen der Frau (des
Mannes)", einengende weibliche Bilder und Selbstbilder zu dementieren
und nach Strategien und Wegen zu suchen, um im Sinne mündigen Menschseins die genannten Dualismen in jedem/r einzelnen zusammenzuführen.
    In diesem Sinne sollen im Folgenden das eher spekulative Konzept von
"Animus und Anima" Jungs und zwei konträre Richtungen der neueren Geschlechterpsychologie skizziert und bezüglich ihrer affirmativen (und
Frauen diskriminierenden) oder emanzipatorischen Anteile beurteilt werden. Damit sollen auf wissenschaftlicher Ebene jene alltäglichen Dichotomien verhandelt und gleichzeitig wissenschaftskritisch diese Ansätze
selbst hinterfragt werden.

Animus und Anima - das ungleiche Paar[3]

Das feministisch-theologische Interesse, die aufgezeigte Dichotomie "männlich" - "weiblich" zu überwinden, kann unmöglich an Jungs Konzept von
"Animus und Anima" vorbeigehen (cf. Halkes 1985, 23; Ruether Art. 1982,
232 f), insofern hier sowohl Ansatzpunkte für eine Überwindung des Ge-
schlechterdualismus ausgemacht werden können, als auch augenfällige oder
latente Festschreibungen des gesellschaftlichen status quo zu entdecken
sind, - ein Tatbestand, den die feministische Einschätzung von Jung,
besonders im Kontrast zu Freud[4], als "'good guy'" (Goldenberg
Art. 1977, 57) und "patriarchalem Softi" (Sorge Art. 1984, 11) widerspiegelt.

Im Folgenden soll daher sowohl eine knappe wertende Skizzierung der aus
der feministischen Perspektive positiven Aspekte der Thesen Jungs, die
den Begriff der "Mündigkeit" um eine psychologische Definition bereichern,
als auch eine Kritik an diesen geleistet werden; eine Gesamtdarstellung
ist somit nicht intendiert; hierfür sei auf die entsprechende Primär-
und Sekundärliteratur verwiesen.[5]

---

3 Damit sollen irreführende, da Gleichwertigkeit suggerierende Begriffe wie "Syzygie" (cf. Jung 1976/II, 20) in Frage gestellt werden.

4 "Jung is often cast as the 'good guy' in relation to Freud who sup-
posedly only saw woman as a deficient version of the masculine norm"
(Goldenberg Art. 1977, 57; cf. Horney 1977); cf. Janssen-Jurreit 1985,
467; Ruether verweist auf die Ähnlichkeit dieser Ideologie zu "Aristoteles' Definition der Frauen als unvollkommene Männer, die nichts
zu der Formgebung des Fötus beitragen, d. h. denen er das weibliche
Ovum abspricht. In einer männlich-biologistischen Ideologie wird die
autonome Natur der weiblichen Sexualität geleugnet, so daß die Frauen
als Hilfsgrößen einer ausschließlich männerzentrierten Aktivität definiert werden" (Ruether 1979, 159; cf. ebd. 150-154; s. auch 5.3).

5 Jung 1971, 207-233; cf. bes. ders. 1976/I, 89-123; ders.1976/II, 20-
123; Goldenberg Art. 1977; Ruether 1979; Kassel 1980; Unterste 1977;
Strauss Art. 1967; Strauss-Kloebe Art. 1967; Wolff 1984; Sorge Art.
1984; Engelsman 1979.
Im Folgenden wird eine harmonisierende Wiedergabe gegeben, die aber
später zu hinterfragen ist.

4.2.1   Positive Würdigung von Jungs Ansatz

Im Kontext von Jungs Individuationskonzept[6] stellen Animus und Anima
dem kollektiven Unbewußten[7] zuzuordnende Archetypen[8] dar, die als

---

6   Kassel spricht – neben "der archetypischen Schattenproblematik" und
    dem "Selbst" – von Animus und Anima als "Hauptstationen" und "Kri-
    stallisationspunkte|n| der Individuation" (Kassel 1980, 135, 134;
    cf. Jung 1976/I, 87; 9, II, 17, 31 f); "Individuation" bzw. "Identi-
    tätsfindung oder -bildung" heißt bei Jung in erster Linie, Bewußtes
    und Unbewußtes zu integrieren (cf. Kassel 1980, 120, 127, cf. Jung
    1976/I 305 f, 293, zitiert nach Kassel 1980, 297), ein "lebenslanger"
    Prozeß (Kassel 1980, 159; cf. Jung 1976/II, 29), der, so Kassel weiter,
    häufig zum einen "mit großen Ängsten und oft starker Abwehr einher-
    geht, da die stets vorläufige "Bewußtseinsebene" sterben muß, "noch
    bevor das Bewußtsein von neuen Lebensmöglichkeiten weiß" (Kassel 1980,
    133, 132), zum anderen als Prozeß der langsamen Distanzierung von
    Gesellschaft bzw. deren "Kollektivnormen" beschrieben (ebd. 125, 151;
    Jung   1967,   478 , zitiert nach Kassel 1980, 296) und u. U. "in
    die Isolation von gesellschaftlich gebilligten Lebensformen führen
    kann" (Kassel 1980, 151).

7   Unter "kollektivem Unbewußten", so Kassel, ist die "allen Menschen
    in identischer Form eignende 'tiefste' Schicht der Psyche" zu ver-
    stehen (Kassel 1980, 110), die sich aus der "'universale|n| Ähnlich-
    keit der Gehirne ergibt'" (Jung   1964,   , 161, zitiert nach Kassel
    1980, 111) und wodurch sich etwa die 'Hervorbringung ähnlicher Symbo-
    le bei verschiedenen Völkern und in verschiedenen Zeiten erklären'
    lassen(Kassel 1980, 110, 115). Jung unterscheidet dieses "kollektive
    Unbewußte" als "tiefere Schicht" vom "persönlichen Unbewußten", das
    aus "persönlicher Erfahrung und Erwerbung entstammt", während ersteres
    "angeboren ist" (Jung 1976/I, 13), sein "Dasein ausschließlich der
    Vererbung" verdankt (ebd. 55; cf. Kassel 1980, 90).

8   Als "Archetyp" bezeichnet Jung die "präexistenten Formen" aus denen
    das "kollektive Unbewußte" "besteht" und "die erst sekundär bewußt
    werden können und den Inhalten des Bewußtseins festumrissene Form
    verleihen" (Jung 1976/I, 56) oder als "das Grundmuster instinkthaf-
    ten Verhaltens" verstanden werden können (ebd. 56, cf. Kassel 1980,
    110). Zugang zu ihnen kann, so Jung, über die Untersuchung von "Träu-
    men", "aktiven Imaginationen", "Wahnideen Geisteskranker", "Phanta-
    sien in Trancezuständen" und "Träume|n| aus der frühen Kindheit (vom
    3. bis zum 5. Lebensjahr)"gewonnen werden (Jung 1976/I, 61 f), zu denen
    jeweils "überzeugende historische Parallelen" aus den Mythen der Völ-
    ker aufzuspüren sind (ebd. 62 f; cf. Kassel 1980, 91, 134; Engelsman
    1979, 14); (zur Methode cf. Kassel 1980, 160; Jung 1976/I, 50); die
    hierbei angeführten Beispiele – "das Motiv von den zwei Müttern" (ebd.

"Anlage" und "Erfahrungen, die ein Mensch in seinem Leben mit Vertretern des anderen Geschlechts macht, und dem kollektiven Bild
des jeweiligen Geschlechts, das ein Mensch mitbekommt - E. Jung
sagt: das er ererbt, ich |Kassel| möchte ergänzen: das ihm aner-
zogen wird"[9] (Kassel 1980, 151)

beschrieben werden können und die je "gegengeschlechtlichen Anteile im

Menschen" entsprechen (Strauss 1967, 52; Jung 1976/II, 23, 31; Kassel

1980, 149 f) und die Mann und Frau, um zu vollem Menschsein, zu ihrem

"Selbst"[10] zu gelangen je in die Gesamtstruktur ihrer Persönlichkeit

zu integrieren haben[11].

57-60) und "die Vorstellung einer Windröhre in Verbindung mit Gott
oder der Sonne" (ebd. 63-66) - erscheinen mir allerdings als gewaltsam parallelisierte Phänomene; cf. auch Poensgen 1985, 71 ff.
Archetypen realisieren sich in "archetypischen Bildern", - erstere
sind nur "das unanschauliche psychische Substrat dieser Bilder"
(Kassel 1980, 108, cf. Jung 1964, 98-123; 9/I, 11-51, zitiert
nach Kassel 1980, 292). Der Archetyp von Anima (beim Mann) und
Animus(bei der Frau) "hat sich in vielen mythischen Bildern konkretisiert, etwa in dem vom androgynen Menschen, von weiblich-männli-
chen Götterpaaren, von der Formung der Frau aus dem Mann (Gen 2)
und der Deutung der Faszination durch das andere Geschlecht als
Zurückstreben in die uranfängliche Einheit der Geschlechter in einer
Person. Auch in den Träumen und Phantasien moderner Menschen wie
in der Kunst tauchen die Bilder von Anima und Animus auf als das
Ewig-Weibliche und Ewig-Männliche" (Kassel 1980, 148 f; cf. Engelsman 1979, 14).

9 Diese "Ergänzung" Kassels erscheint mir als zu leichtfertig. Wie
das Folgende zeigen wird, ist es gerade die Unterscheidung zwischen
Anlage und Erfahrungen einerseits und Sozialisation und Erziehung
andererseits, die einen wesentlichen intellektuellen Beitrag zur
Frauenbefreiung zu leisten vermag und daher m. E. nicht in bloßer
Addition angehängt werden kann.

10 Vom "Selbst" ist zu lesen: "Bewußtsein und Unbewußtes machen erst
die ganze Psyche aus, und diese hat als ihr Zentrum das Selbst;
es ist 'ein Punkt in der Mitte zwischen Bewußtsein und Unbewußtem'
(Jung 1971, 243)", zitiert nach Kassel 1980, 170, 302).

11 "Der überzeitliche Archetypus - die Natur - richtet einen Anspruch
an den Menschen, dem dieser sich nicht entziehen darf, will er nicht
wesentliche Bereiche seines Menschseins verlieren" (Kassel 1980,
150 f); und Kassel nennt dieses Menschsein "ganzheitlich" (ebd.
161, cf. Jung 1976/I, 39, 49); Ruether spricht vom "androgynen
Selbst" (Ruether 1979, 167). Insbesondere Neumann hat im Anschluß

Neben dieser vor allem für Frauen befreienden Aufwertung des Unbewußten,
(insofern das Unbewußte und Frauen oft zusammen gedacht und gemeinsam
diffamiert werden), besonders in einer rationalistischen Gesellschaft[12]
lassen sich zunächst folgende positive Bemerkungen machen:
Insofern hier zunächst Mann und Frau durch die Hypothese einer männlichen und weiblichen Identität (cf. Sorge Art. 1984, 6) differenziert
und nicht mehr unter die Kategorie Mensch/Mann subsumiert werden und zugleich ein Konzept der totalen Polarisierung von Mann und Frau aufgelöst
scheint[13], erscheint Jungs Ansatz zunächst begrüßenswert.

---

an Jung diese "Phylogenese" als "Ontogenese" weitergeschrieben (cf.
Unterste 1977, 110).

12 "Unser Intellekt hat Ungeheures geleistet, derweil unser geistliches Haus zerfallen ist" (Jung 1976/I, 25); cf. auch das Folgende:
"'Die Welt der Archetypen muß, ob er sie begreift oder nicht, dem
Menschen bewußt bleiben, denn in ihr ist er noch Natur und mit
seinen Wurzeln verbunden. Eine Weltanschauung oder Gesellschafts-
ordnung, welche den Menschen von den Urbildern des Lebens abschnei-
det, ist nicht nur keine Kultur, sondern in zunehmendem Maße ein
Gefängnis oder ein Stall. Bleiben die Urbilder in irgendeiner
Form bewußt, so kann die Energie, welche diesen entspricht, dem
Menschen zufließen. Wenn es aber nicht mehr gelingt, den Zusammenhang mit ihnen aufrechtzuerhalten, dann fällt die Energie, die
sich in jenen Bildern ausdrückt und jene verhaftete Faszination
|...| verursacht, zurück ins Unbewußte. Damit erhält dieses eine
Ladung, welche sich als beinahe unwiderstehliche vis a tergo (Macht
vom Rücken her, d. V.) jeder Anschauung oder Idee oder Tendenz
leiht |...| Es liegt mir ferne, das Gottesgeschenk der Vernunft,
dieses höchste menschliche Vermögens, zu entwerten. Als Allein-
herrscherin hat sie aber keinen Sinn, sowenig wie Licht in einer
Welt, in der diesem das Dunkle nicht gegenübersteht.'"
(Jung 1976/I, 108, zitiert nach Kassel 1980, 123)

13 So urteilt Goldenberg über Jungs Animus/Anima-Konzept zunächst positiv:
"Intrapsychically, it might do some good in permitting people who
have been afraid of experiencing certain things because these
things have been seen an appropriate for just one sex or the other.
To people with this outlook, the animus/anima theory says 'Go ahead,
develop your contrasexual element'" (Goldenberg Art. 1977, 60 f).

Dies kann verstärkt werden, wenn man/frau zusätzlich die positiv eva-
luierende Beschreibung der weiblichen Anteile im Mann in Rechnung
stellt[14]:

"Die Anima ist keine dogmatische Seele, keine anima rationalis,
welche ein philosophischer Begriff ist, sondern ein natürlicher
Archetypus, der in befriedigender Weise alle Aussagen des Unbewußten, des primitiven Geistes, der Sprach- und Religionsgeschichte subsumiert. Sie ist ein 'factor' in des Wortes eigentlichem Sinne. Man kann sie nicht machen, sondern sie ist immer das Apriori
von Stimmungen, Reaktionen, Impulsen und was es sonst an psychischen Spontaneitäten gibt. Sie ist ein Lebendes aus sich, das uns
leben macht; ein Leben, hinter dem Bewußtsein, das nicht restlos
diesem integriert werden kann, sondern aus dem letzteren im Gegenteil eher hervorgeht."

Und weiter:

"Sie ist zwar chaotischer Lebensdrang, aber daneben haftet ihr ein
seltsam Bedeutendes an, etwas wie geheimes Wissen oder verborgene
Weisheit, in merkwürdigstem Gegensatz zu ihrer irrational elfischen
Natur. |...| Gerade das zunächst Unerwartete, das beängstigend Chao-
tische enthüllt tiefen Sinn. Und je mehr dieser Sinn erkant wird,
desto mehr verliert die Anima ihren drängerischen und zwängerischen
Charakter."
(Jung 1976/I, 40 f)

Und aus der Anima deduziert Jung schließlich den Archetyp des "Sinns"

(cf. ebd. 42).

Ferner kann die innerhalb des Konzeptes den Frauen zugestandene Möglich-

---

14 Ruether spricht von einer "Identifikation des Weiblichen mit der
    tieferliegenden Matrix des Unbewußten" (Ruether 1979, 167); kor-
    rekterweise muß von einer Identifikation des Weiblichen mit dem
    Unbewußten des Mannes die Rede sein. Das Unbewußte der Frau - als
    Animus - ist nicht weiblich (s. u.).

keit[15], durch Integration ihres Animus[16] aus ihrer "Rolle einer 'töch-
terlichen Unmündigen'" (Strauss-Kloebe Art. 1967, 70) auszubrechen und
ebenfalls zur reifen Persönlichkeit zu werden, die an der 'Weltgestal-
tung' teilhaben kann (Kassel 1980, 161 f; cf. Strauss-Kloebe Art. 1967,
85 f), als Ansatz zur vorläufigen Transzendierung herkömmlicher Frauenbilder angesehen werden.

---

15   Cf. Jung:
      "Wie die Anima, so hat der Animus auch einen positiven Aspekt. In
      der Gestalt des Vaters drückt sich nicht nur hergebrachte Meinung,
      sondern ebenso sehr auch das, was man 'Geist' nennt, aus, und zwar
      insbesondere philosophische und religiöse Allgemeinvorstellungen,
      beziehungsweise jene Haltung, die sich aus solchen Überzeugungen
      ergibt. So ist der Animus ebenfalls ein Psychopompos, ein Vermitt-
      ler zwischen Bewußtsein und Unbewußtem und einer Personifikation
      des Unbewußten. Wie die Anima durch die Integration zu einem Eros
      des Bewußten wird, so der Animus zu einem Logos, und wie jene dem
      männlichen Bewußtsein damit Beziehung und Bezogenheit verleiht,
      so dieser dem weiblichen Bewußtsein Nachdenklichkeit, Überlegung
      und Erkenntnis" (Jung 1976/II, 25)
      Oder die nur von Schülerinnen wie Strauss-Kloebe beschriebene gelun-
      gene Integration des Animus bei Frauen (Strauss-Kloebe Art. 1967, 85
      oder Kassel 1980, 153 f).

16   "Der Archtypus des Animus nun hat für die Frau eine andere Bedeutung
      als die Anima für den Mann |...| Jung sagt: 'Der Animus ist eine
      Art Niederschlag aller Erfahrungen der weiblichen Ahnen am Manne'.
      |Jung 1964,   22 f|, das ist der archetypische Charakter des
      Animus. Er gibt - wie die Anima beim Mann - der Frau ein Bild von
      Lebensmöglichkeiten, die sie in ihrer bewußten Existenz kaum oder
      gar nicht realisiert. Im Unterschied zur Anima des Mannes, der all-
      umfassenden Lebenskraft schlechthin, ist der Animus der Frau die
      geistige Kraft, daher sein Name, ein differenzierendes Prinzip,
      eigentlich Bewußtseinsfähigkeiten, die nicht wirklich ins Bewußtsein
      gelangt sind, sondern im Unbewußten ruhen; der Animus wird daher
      dem Logos zugeordnet. Er verkörpert sich in Fähigkeiten des Denkens,
      des Durchdringens geistiger Sachverhalte, in geistiger Aktivität,
      in dem Mut, eigene Ideen - wissenschaftliche, künstlerische, reli-
      giöse - zu haben und auch zu realisieren, in Energie, Entschluß-
      und Tatkraft. Animusfähigkeiten der Frau sind in unserer Zivilisation
      solche, die immer noch mit Vorrang dem Mann als natürliches Vermögen
      zugeschrieben werden. Archtetypisch gesehen, sind sie jedoch ebenso
      latente Potenzen der Frau, die allerdings entwickelt werden müssen"
      (Kassel 1980, 153 f.)

Zudem werden die in der westlichen Kultur weit verbreiteten vergöt-
ternd-vergötzenden und dämonisierenden[17] Frauenbilder aus Literatur,
Mythologie und Alltagsphrasen[18] als Projektionsprodukte[19], in denen
sich die nicht integrierten Anteile der Männer niederschlagen, durch-
schaubar. Und damit gelingt es nicht nur solche Frauenbilder, mit der
jede einzelne in lähmender Weise alltäglich konfrontiert wird und die
für die Individuation nicht nur ärgerlich, sondern unter Umständen

---

17 Besonders in der Kirchengeschichte spielt, so Unterste, die "Kon-
tamination von Anima und Schatten |d. i. der Archetypus des Bö-
sen| eine besonders auffallende, dominierende und folgenschwere
Rolle",die sich beispielsweise in den Hexenverfolgungen niederschlug
(cf. Unterste 1977, 108, 112; Kassel 1980, 157 f).
Erklärend führt Unterste aus:
"Die Frage, die sich erhebt, ist die: Warum geht es gerade um die
Kontamination des Schattens mit der Anima und nicht in demselben
Maße um die Kontamination mit dem Animus? In anderen Worten ausge-
drückt: Warum wird in unserer Kultur das Weibliche vor allem als
das Verführerische und als das Minderwertige zugleich erlebt und
nicht das Männliche? Die Antwort auf diese Frage kann nur mit dem
Hinweis auf die patriarchalische Struktur unserer westlichen Kultur-
welt gegeben werden. Wenn in den Zeugnissen der Religionsgeschichte
die Frau mit auffallender Häufigkeit in die unmittelbare Nähe des
Bösen gerückt wird, bzw. umgekehrt, so rührt dies daher, weil in
einer patriarchalisch strukturierten Gesellschaft, in der die Werte
des Apollinischen bewußt gepflegt werden, alles Dionysische und
Triebhafte der Frau zugeordnet wird. In der Frau projiziert nach
Jung der Mann seine Anima, d. h. einen Teil seines Unbewußten. In
einer Zeit jedoch, in der das Bewußtsein sich mit Mühe aus den Fes-
seln des Unbewußten befreit, wird dieses als äußerst gefährlich
erlebt. Weil das Bewußtsein noch nicht genügend erstarkt ist, kann
es sich mit dem Unbewußten nur negativ auseinandersetzen, d. h.
es unterdrücken und verdrängen." (Unterste 1977, 109)

18 Hierzu gehören Figuren der "Verführerin wie eine Nixe, eine gute
oder böse Fee, als Prinzessin oder Schwester" (Kassel 1980, 149); zahlreiche Beispiele aus der Literatur gibt Strauss Art. 1967, 52-68;
cf. Kassel 1980, 118, 157; Schüssler-Fiorenza Art. 1979.

19 "Die Projektion ist nun, wie wir aus der ärztlichen Erfahrung wissen,
ein unbewußter, automatischer Vorgang, durch welchen sich ein
Subjekt unbewußter Inhalt auf ein Objekt überträgt, wodurch dieser
erscheint, als ob er dem Objekt zugehöre. Die Projektion hört dagegen in dem Augenblick auf, in welchem sie bewußt wird, das heißt
wenn der Inhalt als dem Subjekt zugehörig gesehen wird." (Jung 1976/
I, 75; cf. ders. 1976/II, 29).
Die hier angeführten projizierten Bilder entstammen der Anima des

fatal sind[20], anzugehen und als Projektionen zurückzuweisen (Kassel 1980, 163)[21], sondern es wird auch Männern die Möglichkeit gegeben, durch Bewußtwerdung[22] und Integration ihrer Projektionen "ganzheitlich" zu werden: "Nach Jung verleiht die integrierte Anima dem Mann Weisheit, hinzuzufügen wäre, auch die Fähigkeit zur Güte." (Kassel 1980, 161)

Die hier vorgestellten positiven Aspekte können damit das Konzept der "Mündigkeit" des Menschen[23] um eine psychologische Definition bereichern,

---

Mannes (ebd. 22): Was der Mann an "weiblichen Anteilen" nicht in seinem Selbst zu integrieren bereit ist, projiziert er auf (reale) Frauen (cf. Kassel 1980, 155; cf. Halkes 1985, 21, 23, 73, 83; Ruether 1985, 118; Moltmann-Wendel 1985, 92; s. auch 5.3.1 (1)).

20 Cf. Strauss:
"Von Interesse dürfte es sein, die Animafrage einmal nicht nur von der Seite des Mannes, sondern auch von der der Frau aus zu betrachten. Wie nimmt die Frau die Übertragung auf? Die Antwort dürfte ebenso vielgestaltig sein, wie es das Leben ist, aber um einiges herauszugreifen: es wird ein Großteil Frauen geben, die zutiefst das glauben werden, was der Mann auf sie projiziert, und die sich gegebenenfalls unter seinen Händen dem eigenen Wesen entfremden, zugunsten der in sie hineingesehenen Figur. Solche mit diesem Animabild bedachten Frauen können vielleicht ein sie angeblich befriedigendes Scheindasein führen; sie können aber auch bei dem Versuch, sich dem Bilde anzupassen, das der Mann in sich trägt, seelisch zerbrechen." (Strauss Art. 1962, 61).

21 Cf. Ruethers positive Einschätzung von Freud und der Psychoanalyse: Sie ermöglicht die Erkenntnis von "Selbsttäuschung und Fehleinschätzung" und "der Verdrängungs- und Übertragungsprozesse" (Ruether 1979, 149, 162).

22 "Sich der eigenen Anima bzw. des eigenen Animus bewußt zu werden, bedeutet, eine Verbindung herzustellen zwischen Bewußtsein und kollektivem Unbewußten und dessen dynamische Energien konstruktiv für den Individuationsprozeß wirksam zu machen, was wiederum heißt, durch die Integration von Anima bzw. Animus ein volleres Menschsein zu leben." (Kassel 1980, 159; cf. Strauss Art. 1962, 68; Jung 1976/II, 27, 31; ders. 1971, 214 f; 221 ff)

23 Hingewiesen sei hier auf die Nähe der Jungschen Anthropologie zum Menschenbild der Romantik, Strauss-Kloebe Art. 1967, 71.

insofern diese nun auch als emanzipatorische Integration von scheinbar gegensätzlichen Elementen menschlichen Verhaltens (emotionale Spon-
taneität und ratio) verstanden werden kann.

Ein abschließendes Zitat von Kassel, das diese individuell zu vollzie-
hende Integration wieder in die in der Vorbemerkung angesprochenen gesamtgesellschaftlichen Bezüge einordnet, soll dies vermitteln:

> "Aus archetypischer Sicht bleibt der Versuch, die gesellschaftlichen
> Verhältnisse, |...|, emanzipatorisch zu verändern, ohne daß die
> Menschen sich psychisch wandeln, im Projektionsmechanismus stecken.
> Ein echter sowohl persönlicher als auch gesellschaftlicher Indi-
> viduationsfortschritt ist nur zu erreichen, wenn als anthropologi-
> sche Basis einer gesellschaftlichen Fehlentwicklung oder Stagnation
> eine psychische Einseitigkeit erkannt und durch bewußte Integration
> des Gegenaspektes kompensiert wird. Das aber ist eine Arbeit der
> vielen bzw. aller einzelnen an sich selbst."
> (Kassel 1980, 162)

2   Kritische Anmerkungen zu Jungs Konzept

(1)   Erneute Festschreibung von "männlich" - "weiblich"

Damit, daß gefragt wird, ob diese Gegensätze mit der Gegenüberstellung
"männlich" - "weiblich" treffend charakterisiert werden, soll nun aber
die Kritik einsetzen (s. auch Anm. 54).

Zunächst sei gesagt, daß die Identifizierung von Anima - Lebenswillen -
weiblich[24] einerseits und Animus - Vernunft - männlich andererseits
weder einsichtig noch reflektiert erscheint: "Jungs Darstellung des Selbst
läßt die Frauen ratlos zurück. Warum sind das Ich und die Intelligenz
als männlich, das Unbewußte dagegen als weiblich dargestellt?" (Ruether

---

24   Cf.Jung:
"Der projektionsbildende Faktor ist die Anima, beziehungsweise das
Unbewußte, welches durch die Anima vertreten ist. Sie tritt, wo
sie erscheint, in Träumen, Visionen und Phantasien, *personifiziert*
auf und bekundet damit, daß der ihr zugrunde liegende Faktor alle
hervorstechenden Eigenschaften des weiblichen Wesens besitzt." (Jung
1976/II, 22; cf. ders. 1971, 208, 226); und:
"Da nun die Anima ein beim Manne hervortretender Archetypus ist, so
steht zu vermuten, daß bei der Frau ein Äquivalent vorhanden sein muß,
denn wie der Mann durch Weibliches kompensiert ist, so die Frau durch
Männliches" (Jung 1976/II, 23; cf. Ruether 1979, 173).

1979, 172). Hier gibt es weder eine weibliche Vernunft (der Animus der Frau ist eine Akkumulation von Vätern) noch männliche Lebensspontanei- tät, geschweige denn daß, besser, die Geschlechtlichkeit von Vernunft und Lebenswillen aufgegeben würde.

Der Verdacht muß entstehen, daß es sich bei Jungs Konzeption um eine unreflektierte Identifizierung von in der Gesellschaft vorgefundenem Rollenverhalten und Geschlechterklischees, wie sie eingangs zitiert wur- den, mit der vermeintlichen "Natur" von Frauen und Männern handelt. In ähnlicher Weise muß die permanente Rede vom "Männlichen" und "Weib- lichen" - sowohl bei Jung als auch bei seinen Rezipienten/innen[25] - kritisiert werden: Auch dieser vermeintlich "eigengeschlechtliche Anteil" von Mann und Frau wird selten definiert[26] oder hinterfragt[27], oder er

---

25 Cf. Goldenbergs nicht ganz unpolemisches Urteil über Jung-Schüler/ innen:
"The first portion of my demolition job has to be questioning the veneration of Jung himself. This is something I can not find in the works of 'Jungians'. The vast majority of those who get into print never dare question the master. Instead, they see him as the great man -- the world 'prophet' is not too strong. |...| They see themselves as teachers of the word who can, at most, 'clarify' Jung. Thus, in bookstores, one will see rows of books summarizing Jungian thought." Und:
"Dr. Jolande Jacobi, one of the most successful female members of the second generation of Jungians insisted that 'Just as the male by his very nature is uncertain in the realm of Eros, so the woman will always be unsure in the realm of Logos ...'. The fact that Dr. Jacobi's very successful career as author and lecturer in the realm of 'Logos' seemed to contradict this statement never bothered her at all" (Goldenberg Art. 1977, 55, 61).

26 Kassel 1980, 147, 149, Anmerkung 146; Strauss-Kloebe Art. 1967, 73; Sorge Art. 1984, 7.
Goldenberg Art. 1977, 58: "In essence Jung and Jungians have a definitive concept of 'The Eternal Feminine'.

27 Kassel betont zwar immer wieder die Kulturabhängigkeit dessen, was als "männlich/weiblich" bezeichnet wird, die Unmöglichkeit dies- bezüglich Natur und Kultur zu unterscheiden, aber weder definiert sie jenen naturgegebenen weiblichen/männlichen Anteil, noch scheint sie willens, diese postulierte Unterscheidung aufzugeben.

erweist sich - falls dies doch einmal geschieht - dann wiederum als
offenkundige Ineinssetzung von gesellschaftlichen Stereotypen und an-
erzogenenen und kultivierten Verhaltensweisen mit "natürlicher Veran-
lagung". Strauss-Kloebe etwa schreibt:

> "So besitzt die Frau aus ihrem weiblichen Sein heraus sehr andere
> Anschauungen von dem, was im Leben und für das Leben wesentlich
> ist, z. B. das seelisch Gegebene. Es gehört zur weiblichen Welt-
> und Lebenserfassung in höherem Maße als beim Mann auch das an der
> Wirklichkeit irrational zu Erfassende. Die Wahrheit des nur ratio-
> nal Erfaßten und Dargebotenen bezweifelt sie im Grunde. Es steht
> bei ihr entsprechend die Intuition in einem höheren Rang als in
> der männlichen Wertewelt." (Strauss-Kloebe Art. 1967, 83)[28]

Was "männlich" und was "weiblich" sein soll, ob es eine Psychologie der
Geschlechter von Natur aus gibt, ist jedoch vorläufig nicht auszumachen;
was Jung und seine Schüler/innen meinen, scheint jedenfalls Kultur, nicht
Natur zu sein. Daher erscheint es sinnvoll, lediglich eine je etiketten-
lose Integration verschiedener Verhaltensweisen (rational, emotional)
für Frau und Mann zu fordern.

(2) Jungs unklare Begrifflichkeit

Zu beachten ist ferner Goldenbergs Kritik an der Begrifflichkeit[29] sowohl
Jungs als auch seiner Schüler/innen in der Hinsicht, daß selbst die ver-

---

28 Cf. hierzu die Werte, die den "Diskurs der Nähe" bestimmen (insbe-
    sondere die Anm. 99). Die Erkenntnis, daß jene Werte Produkte der
    Sozialisation sind, macht sie grundsätzlich auch für Männer aneigen-
    bar.

29 Goldenberg spricht von "obvious flaw of imprecise definition of terms",
    und: "the model is decidedly inadaequate if a person is questioning
    the masculine and feminine stereotypes themselves", und:
    "The terms 'Eros' and 'Logos' are analogues to 'anima' and 'animus'
    in that both sets of words are never clearly defined and often
    used with different connotations. As with most Jungian concepts,
    this slippery quality serves to insulate the ideas from much que-
    stioning" (Goldenberg Art. 1977, 59, 60, 59).

wendeten Begriffe des "Verwirrspiels" (Sorge Art. 1984, 7), "Animus-Anima" unscharf bleiben, was insbesondere für die aus der Anima-Konzeption deduzierte[30] Animus-Vorstellung gilt:

> "In the use of anima and animus, the only element one can be sure of is that an 'anima' is man's picture of his female 'other'. The model also sets a psychological task of somehow getting in contact with this 'other'." (Goldenberg Art. 1977, 59)

Zudem ist ein unvergleichlich größeres Interesse am Mann und seiner Anima festzustellen,- was die Vormachtstellung des Mannes in der patriarchalischen Kultur fatal reproduziert:

> "On a practical level the anima/animus model and its goal of unification works better for men than for women. The model supports stereotyped notions of what 'masculine' and 'feminine' are by adding mystification to guard against change on the social sphere where women are at a huge disadvantage." (Goldenberg Art.1977, 60; cf. Kassel 1980, 151)

(3)   Frauen diskriminierende und in ihrer Entwicklung einengende Äußerungen

Zu kritisieren sind ferner diskriminierende Beschreibungen realer Frauen resp. realen Frauenverhaltens, wie etwa im Zusammenhang von Jungs eigener Rede vom "minderwertigen Logos"[31] (cf. Strauss-Kloebe Art.1967, 72),

---

30   Cf. ebd. 60: "The key statement is the first sentence: 'Since the anima is an archetype that is found in men, it is reasonable to suppose that an equivalent archetype must be present in women' (Jung: The collected works of C.G. Jung, trans. R.F.C. Hull, Vol. 9, Part II, 14, Princeton, 1979, zitiert nach Goldenberg Art. 1977, 60;cf. Anm. 24); Jung certainly seems to have deduced the presence of the animus in women from this hypothesis of an anima in men" (ebd. 60); Jung selbst bestreitet dies im Fortlauf des Zitats! (Jung 1976/II, 23)

31   Zu dem Begriff "Logos" vergleiche folgende "Definition" Jungs: "Dieses Wort |Animus| heißt Verstand oder Geist. Wie die Anima dem mütterlichen Eros entspricht, so der Animus dem väterlichen Logos. Es liegt mir ferne, diesen beiden intuitiven Begriffen eine allzu spezifische Definition geben zu wollen. Ich gebrauche 'Eros' und 'Logos' bloß als Hilfsmittel, um die Tatsache zu beschreiben, daß das Bewußtsein der Frau mehr durch das Verbindende des Eros als durch das

die einer vorwiegend positiven Beschreibung der Anima des Mannes gegenübersteht, oder die Formen annimmt wie folgt (was übrigens in der
Sekundärliteratur selten auch nur erwähnt, geschweige denn kritisiert
wird):

"Bei der Frau |...| bildet der Eros einen Ausdruck ihrer wahren Na-
tur, während ihr Logos nicht selten einen bedauerlichen Zwischen-
fall bedeutet. Er erregt im Familien- und Freundeskreis Mißverständ-
nisse und ärgerliche Interpretationen, weil er nämlich statt aus
Überlegungen, aus Meinungen besteht. Darunter verstehe ich apriori-
sche Annahmen mit sozusagen absolutem Wahrheitsanspruch. Dergleichen
kann, wie jedermann weiß, irritierend wirken. Da der Animus mit
Vorliebe argumentiert, so kann man ihn bei rechthaberischen Diskussionen am leichtesten am Werke sehen. Gewiß können Männer sehr
weiblich argumentieren, nämlich dann, wenn sie animabesessen sind
und dadurch in den Animus ihrer Anima verwandelt werden. Ihnen geht
es dabei hauptsächlich um die persönliche *Eitelkeit* und *Empfindlich-
keit*; den Frauen aber geht es um die *Macht* der Wahrheit oder der
Gerechtigkeit oder anderer '-heiten' und '-keiten', denn für ihre
Eitelkeit haben Schneiderin und Coiffeur bereits gesorgt. Der 'Vater' (= die Summe hergebrachter Meinungen) spielt im weiblichen
Argument eine große Rolle. So freundlich und bereitwillig ihr Eros
auch sein mag, so wird sie sich, wenn vom Animus geritten, von keiner Logik der Erde erschüttern lassen. In vielen Fällen hat der
Mann das Gefühl (und hat nicht ganz unrecht damit), daß einzig Verführung oder Verprügelung oder Vergewaltigung noch die nötige Über-
'zeugungs'kraft hätten." (Jung 1976/II, 23 f)[32]

Unterscheidende und Erkenntnismäßige des Logos charakterisiert ist"
(Jung 1976/II, 23).

32 Cf. ähnlich Strauss-Kloebe:
    "Gern geht das Animusdenken der Frau in die aggressive Form über,
    sei es in verletzende Kritik, in rechthaberisches Debattieren,
    sei es in ein nicht-aufhören-könnendes Argumentieren. In diesem
    Zustand einer Animus-Besessenheit (wie dies genannt wird) 'über-
    fährt' die Frau ihren Gesprächspartner, wird dabei jedoch selbst
    unbemerkt überfahren, d. h. aus der Mitte ihrer Weiblichkeit hin-
    ausgedrängt.
    Daß solche Animus-Dokumentation dem Charme weiblichen Wesens nicht
    bekömmlich ist, ist seit Xantippes Zeiten bekannt und literarisch
    auch immer wieder festgehalten worden" (Strauss-Kloebe Art. 1967,
    81 f).
    Cf. auch Jung:
    "Bei intellektuellen Frauen veranlaßt der Animus ein intellektuell
    kritisch sein sollendes Argumentieren und Raisonnieren, das aber

Besonders bedenklich an Jungs Konzeption ist ferner, daß es für Mann und Frau ein unterschiedliches Unbewußtes annimmt (Goldenberg Art. 1977, 60), die vom Mann zu leistende Integration scheint verharmlost, da der Logos eben doch wertvoller als der Eros ist[33] (s. das Zitat oben), daß die Anima, z. T. auch die reale Frau (cf. Sorge Art. 1984, 7, 10), eine Art "Zubringer-Status" für die Ganzheit des Mannes einnimmt[34] -was bedauerlich an den Status der Frau in der Gesellschaft erinnert- und das schließlich erworbene Selbst von Mann und Frau erscheint keineswegs ebenbürtig: "Jung schien zu glauben, daß das entwickelte Selbst der Frauen gezwungenermaßen anders geartet sei als das der Männer, da bei ihnen die Anima oder das intuitive Selbst das tonangebende Selbst ist." (Ruether 1979, 172, 2). Demgegenüber postulieren Feministinnen wie Goldenberg:

---

im wesentlichen darin besteht, einen nebensächlichen schwachen Punkt zu einer sinnwidrigen Hauptsache zu machen. Oder eine an sich klare Diskussion wird aufs Heilloseste verwickelt durch das Hereinbringen eines ganz anderen, womöglich schiefen Gesichtspunktes. Ohne es zu wissen, zielen solche Frauen bloß daraufhin, den Mann zu verärgern, womit sie dann dem Animus um so völliger verfallen. 'Leider habe ich immer Recht', gestand mir eine solche Frau" (Jung 1971, 229).

33 Cf. Goldenberg: "In practice, men can keep control of all 'logos' activities and appropriate just whatever 'eros' they need from their women as a kind of psychological hobby" (Goldenberg Art. 1977, 60); cf. Ruether: "Bei den Männern |...| ist der Animus oder das intellektuelle Selbst das vorherrschende, in das sie die poetische intuitive Seite integrieren" (Ruether 1979, 173).

34 Cf. Jung:
"Die Frau mit ihrer der männlichen so unähnlichen Psychologie ist (und war stets) eine Quelle der Information über Dinge, für die der Mann keine Augen hat. Sie kann ihm Inspiration bedeuten; ihr dem männlichen oft überlegenes Ahnungsvermögen kann ihm nützliche Warnung geben, und ihr aufs Persönliche orientierte Gefühl vermag ihm Wege zu zeigen, die seinem persönlich wenig bezogenen Gefühl unauffindbar wären" (Jung 1971, 207).

So kann wohl nicht nur Freuds Idee von der "Bestimmung der Frau", sondern auch Jungs Konzeption als "Rezept für den Wahnsinn" (Phyllis Chesler) bezeichnet werden (cf. Ruether 1979, 164).

"It makes far more sense to postualte a similar psychic task for both sexes." (Goldenberg Art. 1977, 61).

Letztlich scheint daher das Jungsche Animus/Anima-Konzept den Frauen nur zwei Möglichkeiten offen zu lassen, nämlich sich entweder an dem favorisierten "männlichen" Modell von Menschsein zu orientieren oder sich der althergebrachten Rolle anzupassen:

"Dieses Konstrukt läßt für die Frauen nur zwei gleichermaßen ärgerliche Lösungen zu |...|. Entweder können sie sich vorstellen, daß auch ihr Ich 'männlich' und ihr Unbewußtes 'weiblich' ist - mit anderen Worten, sie werden zu Menschen, indem sie sich mit dem Männlichen identifizieren und ihre 'weiblichen' Merkmale als sekundär und unvollkommen betrachten -, oder aber die nach Geschlechtern getrennten Stereotypen der psychischen Eigenschaften führen dazu, daß die Frauen tatsächlich nach den sich von der sozialen Rolle der Männer unterscheidenden Rollen der mütterlichen und schwesterlichen Helferin streben sollen." (Ruether 1979, 172)[35]

Und so urteilt Goldenberg wohl zu recht: "Belief in the anima/animus theory, which rests on shaky grounds, does not lead to integration of the sexes, but rather to more seperatism" (Goldenberg Art. 1977, 60).

(4) Uneinsichtige Verobjektivierungen von Einzelerfahrungen

Aus der Perspektive des "Diskurses der Nähe" bleibt schließlich noch das Metakonstrukt von Archetypen und Bildern zu hinterfragen (die nach Goldenberg in Jungs späten Schriften von diesem selbst in Zweifel gezogen werden)[36]:

---

35 Da Jung selbst den Konflikt von "sozialer Rolle" und Person als "ergiebiger Neurosenquelle" reflektiert (Jung 1971, 213 f), mag es zunächst erstaunlich sein, wieso er nicht selbst dies bemerkte. Verständlich wird dies allerdings, wenn frau/man sieht, daß er dieses Problem nur in Hinblick auf den "'starken Mann'" anging (ebd. 213).

36 Cf. Goldenberg Art. 1977, 63 f; auch Engelsman deutet die Schwierigkeit an, Archetypen zu greifen ("difficult to grasp", Engelsman 1979, 15)), trotzdem hält sie aber an diesem Konstrukt fest.

"'Archetypes' |...| are asserted to be transcendent ideals of which
our 'images', i. e., our experiences, are only inferior copies.
This separation leads to making a distinction between the ideal
'form' out there in archetype land and the expressed 'content' in
here, in individuals -- in their activities, dreams and meditations.
It is this separation of absolute from experience which lies at
the base of all patriarchal religion. We are told that we women
are the way we are because we are conforming to semething out there
which can never change. It is such a concept of 'archetype' which
allowed much of Jungian thought to become racist, sexist and clo-
sed to experience." (Goldenberg Art. 1977, 63)

Hier mag eingewendet werden, daß in der Konstruktion/Annahme von Archetypen die "Bedingung der Möglichkeit" liege, überhaupt personenübergrei-
fend, verallgemeinernd therapeutisch handeln zu können.

Doch entwickelt gerade jenes Konstrukt einen solchen demagogischen Sog,
daß variierende Einzelerfahrungen und individuelle Details darunter nivelliert erscheinen, und, besonders wenn sie gegenläufig sind, nicht wahrgenommen werden, -cf. auch die bereits erwähnte Inhomogenität der Beispiele (Anmerkung 8) - so daß es schließlich sinnvoller erscheint, von
einer bestimmten Anzahl tatsächlich ähnlicher Bilder ausgehend mit anderen in Austausch zu treten[37], immer gewahr, daß der Ausgangspunkt nur
eine Summe von Beobachtungen und nicht mehr (ein Metaelement)[38] darstellt, der jederzeit revidiert werden kann und muß (wie Newton durch
Einstein (cf. Goldenberg Art. 1977, 63 f))[39].

---

37   Cf. Goldenbergs Traum-Gruppen (Goldenberg Art. 1982).

38   Der Begriff des "Archetypes" ist hier dann anders zu verstehen:
     "'Archetypes' then can be understood as referring to the psychic
     or religious process itself rather than to past documents of that
     process", (Goldenberg Art. 1977, 64); cf. auch Goldenbergs Artikel
     über "Träume und Phantasien als Offenbarungsquellen", in dem ein
     solcher Versuch unternommen wird (wobei ich dort aber die Tendenz
     vermute und befürchte, Religion gänzlich in psychische Gruppen-Pro-
     zesse auflösen zu wollen) (Goldenberg Art. 1982).

39   Cf. die entsprechenden Äußerungen zur Universalisierbarkeit von per-
     sönlichen Erfahrungen in theologischen Systematiken in 1.2.2 (2).

Erlaubt also Jungs Konzept, die Integration verschiedener polarer menschlicher Eigenschaften und Verhaltensweisen in je eine Person zu postulieren, so ist doch aus einer emanzipatorisch interessierten Frauenperspektive und aus wissenschaftstheoretischen Gründen vor dessen feministischer Rezeption zu warnen.

Kritisch angefragt werden muß erstens der latent affirmative Charakter
des Konzepts, der jene eingangs eingeklagten Dichotomien weiterhin unter
der Opposition "männlich - weiblich" festschreibt und sich dabei zweitens diffamierend über Frauen ausläßt und ihrer Entwicklung keinen Raum
läßt. Drittens mußte die unklare Begrifflichkeit des Ansatzes kritisiert
und viertens ihre nicht nachvollziehbaren Verobjektivierungen in Frage
gestellt werden.

Eine Hinwendung zu neuerer - teilweise empirischer - Psychologie erscheint
somit ratsam.

Bemerkungen zur Geschlechterpsychologie

Daß es offensichtlich Unterschiede im Verhalten der Geschlechter - wie
auch Jung sie beschreibt - gibt, ist natürlich nicht zu leugnen. Psycho-
logen/innen und Soziologen/innen beobachten Unterschiede zwischen Männern und Frauen, Mädchen und Jungen vom Kleinkindalter an bis zum Er-
wachsenenalter, - Unterschiede, die leicht von jedem/r Alltagspsycholo-
gen/in bestätigt werden können.

Wiederholt wird in der psychologischen und soziologischen Literatur z.
B. hingewiesen auf frühere Selbständigkeit beim Essen, Anziehen (Scheu
1971, 54 ff; Menschik 1977, 147) und bez. der Sauberkeit (Scheu 1971,
63 f; Menschik 1977, 148; Haug 1980, 118), eine verbale Überlegenheit bei Mädchen (Zazzo, in: Sullerot 1979, 313; Janssen-Jureit 1985,495
f), auf einen größeren Hang zu Aggressionen bei Jungen und Männern (ebd.
492 ff), auf deren größere Fähigkeit zum räumlichen Sehen (Maccoby, in
Sullerot 1979, 333), auf das geringere Selbstwertgefühl und -bewußtsein
bei Mädchen und Frauen (Sullerot, in Sullerot 1979, 323 f;
Janssen-Jureit,   1985, 447; Gilligan 1982, 27, 85; Mitscherlich Art.

1978, 18), auf den Tatbestand, daß Frauen depressiver sind (Eisenberg
Art. 1979, 386) und schließlich auf ein weitaus stärkeres empathisches
Verhalten bei Mädchen und Frauen (Gilligan 1982, 16 f, 23, 82, 31 f,
39-43, 46).

Zunächst muß aber betont werden, daß diese wiederholt beobachteten Unterschiede quantitativ und qualitativ weit unter den gängigen Klischees
einer Geschlechterdifferenz liegen, wie sie etwa eingangs angedeutet wurde (cf. Luria, in Sullerot 1979, 322; Janssen-Jurreit 1985, 499).

Dann freilich ist nach den Hintergründen dieser Unterschiede zu fragen,
wobei - dies sei gleich angemerkt - eine Klärung aufgrund der allgemeinen Schwierigkeit für nicht-Fachwissenschaftler/innen, die vorliegenden
Daten und Ergebnisse beurteilen zu können, und der z. T. sich wider-
sprechenden Untersuchungsergebnisse und der womöglich zu veranschlagen-
den Voreingenommenheit der Forscher/innen schwierig ist.

Ganz offensichtlich zeichnen sich jedoch bezüglich der Interpretation
der Geschlechterdifferenzen in der neueren Psychologie zwei Richtungen
ab, die mit Bischof folgendermaßen charakterisiert werden können:

> "Die Vertreter der einen glauben, daß auf der Biologie beruhende
> Geschlechtsunterschiede existieren, zu denen die kulturellen hin-
> zukommen; die der anderen behaupten, daß es keinen wirklich wich-
> tigen auf der Biologie beruhenden Unterschied gäbe" (Bischof, in
> Sullerot 1979, 327).

4.3.1   Position 1: Biologisch bedingte Geschlechtsunterschiede

Die erstere, biologisch argumentierende Richtung geht von Unterschieden zwischen den Geschlechtern aus, die hormonell bedingt, genetisch
fixiert oder gehirnphysiologischer Art seien. Gibt es diese Unterschiede tatsächlich, so sollten sie - besonders im Interesse der Frauen! -
natürlich nicht tabuisiert werden, sondern man/frau sollte entsprechende Maßnahmen ergreifen, die einer gleichwertigen Unterschiedlich-
keit gerecht würden.

Jedoch erweisen sich diese biologischen Unterschiede bei weiteren Un-

tersuchungen zunehmend als nicht haltbar (Lowe Art. 1979): Die nach
Witelson biologisch begründete Differenz im räumlichen Sehen[40] kann bei
Eskimos (worauf Witelson selbst hinweist, Witelson Art. 1979, 344; cf.
Janssen-Jurreit 1985, 496 f) und in afrikanischen Kulturen (ebd. 496)
nicht nachgewiesen werden.

Der Beobachtung, daß Jungen ab dem dritten Lebensjahr aggressiver sind,
wofür "angeborene Faktoren" (ebd. 492) verantwortlich gemacht werden,
ist entgegen zu halten, daß Jungen, "die daran gewöhnt waren, mit jüngeren Kindern Umgang zu haben", "weniger aggressiv und hilfsbereiter
waren als diejenigen, die diese Erfahrung nicht hatten" (Maccoby Art.
1979, 303). Offenbar können also Umwelt und Erziehung diese "natürlichen Faktoren" beeinflussen[41], resp. die These vom 'durch pränatale

---

40 Cf. die von Witelson angeführten psychologischen, sozialen, berufs-
    bezogenen, edukativen und klinischen Implikationen, die der Tatbe-
    stand einer biologisch bedingten unterschiedlichen Befähigung zum
    räumlichen Sehen mit sich bringen würde (Witelson Art. 1979, 353-
    365).

41 Cf. Maccoby Art. 1979, 295 f:
    "In den Arbeiten von Patterson ergeben die detaillierten Beobach-
    tungen keinen systematisch auftretenden Unterschied zwischen dem
    einen oder dem andern Geschlecht bezüglich der Reaktion auf eine
    Aggression. Darüberhinaus sind beide Geschlechter in gleicher Wei-
    se sensibel für die Begleiterscheinungen, und beide Geschlechter
    zeigen sich durchaus imstande, das Aggressivsein zu lernen. Aller-
    dings erreichen die Knaben hier höhere Aggressionswerte als die
    Mädchen. Es ist denkbar, daß, selbst wenn dieses Verhalten gelernt
    wird, die Knaben biologisch besser gerüstet sind, es zu lernen.
    Möglicherweise hat diese Prädisposition gewisse Konsequenzen: Die
    Tränen oder das Weglaufen des Opfers würden die Knaben mehr befrie-
    digen als die Mädchen. Dies ist eine Hypothese, doch möchte ich
    unterstreichen, daß eine biologische Prädisposition an sich noch
    nicht ausreicht, um ein bestimmtes Verhalten nach sich zu ziehen.
    In einer Umgebung, in der aggressives Verhalten nicht belohnt wird,
    schlagen sich die Knaben tatsächlich nicht sehr häufig." (Cf.
    Janssen-Jurreit 1985, 494).

Hormoneinwirkung auf das zentrale Nervensystem mitgesteuerten spezifischen Rollenverhalten' ist unhaltbar (Menschik 1977, 142)[42].

Verschiedene "Biologisten", die davon ausgehen, daß "das Wesen der Frau ein für allemal aus ihren Eierstöcken abzuleiten sei" (Janssen-Jurreit 1985, 430), sind daher längst unter Verdacht geraten, lediglich den gesellschaftlichen status quo stabilisieren zu wollen (cf. ebd. 432, 457; Luria Art. 1979, 273)[43], was insbesondere für die von Wilson vertretene Soziobiologie gilt, die, so Lowe, zwar nicht biologisch[44], jedoch um so mehr politisch ernst zu nehmen ist (Lowe Art. 1979, 18 f; Maccoby Art. 1979, 290-295; Luria Art. 1979, 281).

So scheint - und dies ist nun mein persönlicher Eindruck nach Lektüre verschiedener Untersuchungen - die zweite Richtung, die bezüglich des Geschlechtsunterschieds den Blick auf die "unterschiedliche Inkulturation" lenkt, die sich für Frauen und Mädchen in einer androzentrischen Kultur als "Kulturschock" (Rentmeister 1985, 17) und 'Diskriminierung vom Säuglingsalter an' (Scheu 1971, 62, 78) ausnimmt, überzeugender.

---

42   Cf. die Ergebnisse des MILGRAM-Experiments, bei dem herausgefunden wurde, "daß die Frauen nahezu genauso gehorsamsbereit waren wie die Männer. Allerdings bereitete ihnen das Experiment mehr Konflikte als den männlichen Versuchspersonen." (Richter 1976, 84; cf. Janssen-Jurreit 1985, 494).
     Unterschiede bezüglich "Gewaltphantasien" ergeben sich bei Erwachsenen im Hinblick auf den Anlaß, nicht aber bez. des Ausmaßes: So reagieren männliche Versuchspersonen auf "persönliche(r) Bindung|en|", Frauen auf "unpersönliche Leistungssituationen" aggressiv, Gilligan 1982, 57.

43   Hier sei auch an das in Wissenschaft und Alltagswissen lange resistente Vorurteil erinnert, Männer wären intelligenter als Frauen, cf. Janssen-Jurreit 1985, 431, 491, 500; Zazzo, in Sullerot 1979, 313.

44   Die von der Soziobiologie behaupteten adaptiv und hormonell bedingten Geschlechtsunterschiede sind weder im interkulturellen Vergleich noch im Vergleich von Mensch und Primaten haltbar (zu den Einzelheiten cf. Lowe Art. 1978, 459 ff), zudem muß sie sich sowohl eine Kritik ihrer Versuchsbedingungen als auch den Vorwurf der nicht-Berücksichtigung der menschlichen Intelligenz gefallen lassen; cf. Maccoby Art. 1979, 292 ff; Sullerot 1979, 307.

.2   Position 2: Sozialisierte Geschlechtsunterschiede

Diese zweite Richtung geht davon aus, daß Erwartungen und Maßnahmen der
erziehenden Umwelt das Kind zu Mädchen oder Jungen, Frau oder Mann machen, resp. "deformieren" (Scheu 1971, 49):

> "'Es ist ein Mädchen', oder: 'Es ist ein Junge' - diese Worte der
> Hebamme oder des Arztes sind der Beginn eines Prozesses geschlechts-
> spezifischer Sozialisation, die nie ganz enden wird." (Ebd. 49)

Und:

> "Man weiß heute, daß die Geschlechtsidentität sich im Sinne desje-
> nigen Geschlechts konstituiert, in dem das Kind erzogen und von
> seiner Umgebung anerkannt wurde. Jeder Versuch einer 'Korrektur'
> oder 'Reorientierung' stößt nach dem dritten Lebensjahr auf große
> psychologische Schwierigkeiten. Die psychologische Orientierung
> scheint dann bereits irreversibel zu sein, selbst wenn chirurgi-
> sche oder hormonale Eingriffe noch unproblematisch sind. Diese Ir-
> reversibilität der psychologischen Geschlechtsidentität ist derar-
> tig ausgeprägt, daß Chirurgen der Gynäkologie angesichts kompli-
> zierter Fälle |von Intersexualität| lieber das anatomische Geschlecht
> mehr oder weniger künstlich dem bereits konstituierten psychologi-
> schen Geschlecht anpassen als umgekehrt." (Thibault Art. 1979, 261;
> cf. Menschik 1977, 140, 142, 144; Luria Art. 1979, 276).

Aufgrund des "'amtlich anerkannten Geschlechts'" (Thibault Art. 1979,
261) erziehen Eltern ihre Kinder gemäß gesellschaftlich vorgegebener
"Stereotypen" (Sullerot 1979, 271; Luria Art. 1979, 277)[45], die durch

---

45   Cf. die folgende Untersuchung:
     "Wir haben eine Untersuchung an einer Gruppe von Familien durchge-
     führt, die gerade ihr erstes Kind bekommen hatten. 24 Stunden nach
     der Geburt des Babys haben wir Väter und Mütter nach ihren Eindrük-
     ken über das Kind gefragt. Die Väter hatten das Kind hinter der
     Glasscheibe der Säuglingsstation gesehen, die Mütter hatten es ein-
     mal im Arm gehalten. Die Säuglinge, Knaben wie Mädchen, hatten bei
     der Geburt dasselbe durchschnittliche Gewicht und dieselbe durch-
     schnittliche Größe sowie ähnliche Agpar-Werte. Alle Säuglinge waren
     normal und termingerecht geboren. Im Laufe der Interviews verwende-
     ten die Eltern das Wort 'groß' bemerkenswert häufiger für die Söhne
     als die Töchter. Und in einer ebenfalls signifikanten Weise kamen
     die Wörter 'schön', 'niedlich', 'lieb' häufiger für Mädchen als

ihre klare Definition von "männlich" und "weiblich" und ihre allgemeine Anerkanntheit den Eltern helfen, "durch die gefährlichen Gewässer
der Kindererziehung zu steuern" (Luria Art. 1979, 282).

Insbesondere die von Scheu zusammengestellten Untersuchungen, die sich
u. a. auf die ersten drei Lebensjahre beziehen, zeigen, wie die Mutter-
Kind-Interaktionen[46] von der Stunde der Geburt an Jungen zu mehr "Autonomie" und "Selbständigkeit" (Scheu 1971, 53 f, 61 f, 69) und Mädchen
zu größerer Abhängigkeit und zu einem "Handlangerinnenleben" "erziehen"
(cf. ebd. 64; Menschik 1977, 140, 144; Haug 1980). Hinzu kommen die z.
T. noch immer einflußreichen Momente der Raumausstattung (Scheu 1971,
64, Menschik 1977, 145), das geschlechtsspezifische Spielzeug (Scheu
1971, 75, 77, 92) und die Spiele (ebd. 75, 77, 84-92) sowie die auf den
Innenraum des Hauses begrenzte und im Verhältnis zur "Jungenarbeit" quantitativ ständig zunehmende "Mädchenarbeit" und schließlich verschiedene,

---

für die Knaben vor. Die Auswertung der von den Eltern ausgefüllten
Fragebögen ergab, daß die kleinen Mädchen häufiger von ihren Eltern
als 'süß' und die kleinen Jungen häufiger als 'stämmig' betrachtet
wurden. Die kleinen Mädchen hatten 'feine Züge' und die kleinen
Jungen 'markante Züge'; die Mädchen waren 'klein', die Jungen von
gleicher Größe waren 'groß'. Wir konnten auch eine weitere interes-
sante Feststellung machen, daß nämlich alle Säuglinge, Knaben wie
Mädchen, als unruhig beschrieben wurde, daß aber tatsächlich die
Mädchen in signifikanter Weise unruhiger waren als die Knaben."
(Luria Art. 1979, 278; cf. Scheu 1971, 49, 78 f).

46 Dies soll nicht über den Tatbestand hinwegtäuschen, daß Väter in
    der geschlechterdifferenzierenden Erziehung bedeutend konventionel-
    ler sind als Frauen, ebd. 278;
        Scheu   weist u. a. auf Folgendes: Mehr kinästhetische und
    taktile Stimulation für Jungen als Mädchen (ebd. 52), akustische
    Nachahmung bei Mädchen und Herantragen von akustisch Neuem bei Jun-
    gen (ebd. 53, 61), insgesamt aber mehr optische Reize bei Jungen,
    woraus eventuell deren verbale Unterlegenheit resultiert (ebd. 62),
    unterschiedliches Stillverhalten und frühere Entwöhnung bei Mädchen
    (ebd. 54; cf. Menschik 1977, 146), der "größere Drill" zu selbstän-
    digem Essen (Scheu 1971, 56; Menschik 1977, 146) und zur Sauberkeit
    (ebd. 148; Scheu 1971, 63 f; Haug 1980, 118) und sich-Anziehen (Scheu
    1971, 64) bei Mädchen.
    (Der von Haug gemachte Einwand bez. eines Widerspruchs zwischen
    hoher "Eßgeschwindigkeit" und Eßstörungen ("extrem langsames Essen,
    Erbrechen, Launenhaftigkeit", Scheu 1971, 56) erscheint mir nicht
    haltbar (cf. Haug 1980, 89), da sich erstere Beobachtung auf die
    Füttergewohnheit der Mutter und letztere auf die Reaktion der Mädchen
    bezieht (cf. Scheu 1971, 54 ff)).

von Menschik beschriebene Maßnahmen im Kindergarten (Menschik 1977, 152), was schließlich alles dazu führt, daß Kinder die ihnen zugeschriebenen Etiketten und Erwartungen verinnerlichen (cf. Money Art. 1979, 267; Scheu 1971, 75)[47].

Das eingangs zitierte geringe Selbstwertgefühl der Mädchen wird nun also einsichtig als Produkt einer "diskriminierenden", "den Bedürfnissen konträren" und 'Autonomie brechenden' (ebd. 62 f, 56; cf. Mitscherlich Art. 1978, 18) Erziehung.

Ähnliches gilt auch für die bei Frauen häufiger festgestellte Depression, die sich aus dem psychischen Druck der Frauenrolle und der Übernahme eines selbstentwertenden Stereotyps durch die Frauen erklären läßt (Eisenberg Art. 1979, 391).

Ebenso setzt schließlich nach den Aussagen Gilligans Empathie keine geschlechtsspezifische Anlage voraus (Gilligan 1982, 28).

Wie stark die unterschiedliche Geschlechterpsychologie vom Prozeß der Erziehung und Sozialisation abhängt, kann neben diesen Untersuchungen auch ein synchroner und diachroner interkultureller Vergleich zeigen. Etwa die Untersuchungen Malinowskis[48] und die Beschreibungen Rentmeisters[49] machen deutlich, daß in anderen "matriarchalen"[50] Kulturen völlig andere Geschlechterstereotypen und -bewertungen vorliegen (cf. auch Heiler Art. 1967, 191, 194 ff, 201; Lowe Art. 1979, 19; Janssen-Jurreit 1985, 463, 465)[51].

---

47 Deutlich wird dies u. a. auch daran, daß Jungen nicht mit Mädchen-Spielzeug spielen oder für mädchenhaft gehalten werden wollen (cf. Maccoby Art. 1979, 289; Luria Art. 1979, 329; Scheu 1971, 65, 76).

48 Cf. Malinowski 1951 a; ders. 1951 b; ders. 1977.

49 Rentmeister 1985, 27, 43-67; cf. auch Ruether 1985, 213.

50 Zum Problem der Definition s. Rentmeister 1985, 31-40.

51 Wegen den inzwischen starken Bedenken gegenüber den Untersuchungen von Margret Mead (cf. Moltmann-Wendel 1985, 85; Unterste 1977, 110) soll auf diese nicht weiter eingegangen werden.

Erweist sich das unterschiedliche Verhalten der Geschlechter nun aber in
einem solchen Ausmaß als "gesellschaftlich gemacht" und nicht biologisch
determiniert[52], so wird auch Jungs Konzeption endgültig zu falsifizieren
sein, insofern es behauptet, Menschen von "Anlagen" her definieren zu
können.
Von Bewertung und Umgang mit all jenen als anerzogen erkannten Verhaltensweisen
und Eigenschaften von Frauen und Männern, soll der abschließende Abschnitt
dieses Kapitels handeln. Dies nicht zuletzt auch deswegen, um nicht durch
die Dementierung vermeintlich natürlicher Rollen Haltlosigkeit zu ver-
breiten.

4.4   Zusammenfassung und Folgerungen

Die Selbstvergewisserung vorantreibend muß nun festgehalten werden, daß
sowohl die Ausführungen zu Jung als auch die zu einer neueren Position
der Geschlecherpsychologie nahelegen, von dem Gedanken einer statischen,
definierbaren, festumgrenzbaren Wesensbeschreibung der Frau (des Mannes)
endgültig Abschied zu nehmen: Jungs Überlegungen referieren auf je ge-
gengeschlechtliche Anteile in jedem/r, so daß bestimmtes Verhalten (rational - emotional) nicht mehr eindeutig und ausschließlich einem Geschlecht zugeordnet werden kann. Die neuere Geschlechterpsychologie stellt insbesondere den gemachten, sozialisierten und damit aber
auch veränderbaren Charakter von vermeintlichen 'spezifisch weiblichen Verhaltensweisen und Eigenschaften'heraus, was ein interkultureller Vergleich
erhärten kann: Die Frau ist "'keine Schöpfung der Natur, sondern ein
Zivilisationsprodukt'" (Mead, cf. Moltmann-Wendel 1984, 45; Ruether 1985,
113).
Die kulturell fixierten und per Erziehung weitergegebenen Geschlechterrollen stellen aber, da sie beiden, Frauen und Männern, je andere Eigen-

---

52   "Letztlich ist die Frage nach der *Wirklichkeit der Frau* eine poli-
      tische und nicht eine biologische Frage" (Eisenberg Art. 1979, 398).

schaften vorenthalten und damit Ganzheit verhindern, Beschränkungen
von Entfaltungs-, Erfahrungs- und Lebensmöglichkeiten dar. Und daher
gilt es, das Selbstbild der Frauen - d. h. wie Frauen definiert werden
und sich verstehen, wozu "man" sie erzogen hat, was sie täglich
selbst kultivieren[53] und der Alltag propagiert - zu verändern und eine
Aufhebung geschlechtsspezifischen Verhaltens und eine Integration verschiedener Eigenschaften in einer Person voranzutreiben:
Die utopische Kategorie, die diese Vorstellung eines sich verändernden
Selbstbildes zusammenfaßt, ist die der Gynandrie/Androgynie[54] - verstan-

---

53 Denn wohl gibt es "durch gesellschaftliche Erwartungen vorstrukturierte
    Formen, die wiederum personal vermittelt werden, jedoch haben die
    einzelnen immer auch die, wenn auch schmerzhafte |!| Möglichkeit,
    die Formen zu bezweifeln, sie selber zum Gegenstand der Veränderung
    zu machen. Die Fesseln, die die vorgefundenen Formen für die Ent-
    wicklung der einzelnen bedeuten, sind so zwar gesellschaftlich und
    durch Bezugspersonen, wie z. B. Eltern, sanktioniert, sie müssen
    jedoch - sollen sie wirksam werden - von den einzelnen selbstständig
    angelegt werden. Die Verstrickung sieht nicht bloß Opfer vor, die
    von anderen gebunden werden, sondern: Opfer als Täter, beides in
    einem" (Haug 1980, 94).

54 Cf. Heilbrun: "I believe that our future salvation lies in a move-
    ment away from sexual polarization and the prison of gender toward
    a world in which individual roles and the modes of personal behaviour
    can be freely chosen. The ideal toward which I believe we should
    move is best decribed by the term 'androgyny'. This ancient Greek
    word - from andro (man) and gyn (female) - defines a condition
    under which the characteristics of the sexes, and the human impul-
    ses expressed by men and women, are not rigidly assigned. Androgyny
    seeks to liberate the individual from the confines of the appro-
    priate" (Heilbrun 1973, IX f).
    Ich verwende hier beide, da der Begriff "Androgynie" alleine vielen
    Frauen eine weitere Vorrangigkeit des Männlichen anzudeuten scheint
    (cf. Hunrup 1984, 103 ff). Auch scheint dieser insofern fraglich, als
    hier "weiterhin daran festgehalten |wird|, daß gewisse psychische
    Eigenschaften als maskulin, andere als feminin eingeordnet werden
    können und daß menschliche Wesen dadurch, daß sie die 'maskuline'
    Seite in sich selbst mit der 'femininen' verschmelzen, androgyn
    werden könnten" (Ruether 1985, 138 f). Ja, vielfach dient der Begriff
    dazu, daß Männer das Kultivieren ihrer 'schwachen Seiten' legiti-
    mieren, ohne daß dabei je an Freiräume auch für Frauen gedacht wür-
    de, oder es wird gar ersteres auf Kosten der Frauen vollzogen: "Im
    übrigen geht es, wenn überhaupt, sowieso nur um die Androgynität
    der Männer. In dem vielen Gerede von Weiblichkeit und der Misere

den in dem Sinne,

> "daß alle menschlichen Wesen von ganzheitlicher und gleichwertiger
> menschlicher Natur und Persönlichkeit sind, seien sie nun männlich
> oder weiblich" (Ruether 1985, 139);

oder verstanden als eine "kreative Synthese" (Ruether 1985,
136; cf. Halkes 1985, 26, 47; dies. 1980, 298) zum Heil
des/der einzelnen und "zum Wohl der ganzen - entlang der Dichotomie männlich-weiblich gespaltenen Kultur"(Way Art. 1978, 176).
Aufgrund eines "Heilungsprozesses" (Hundrup 1984, 48) sollen die eingangs
beschriebenen - polaren - aber nicht mehr als sich ausschließend verstan-
denen Gegensätze (ebd. 48) in jedem/r einzelnen entdeckt und kultiviert
werden.
Voraussetzung dafür ist sowohl eine Umformung der Werte - 'Empfänglich-
keit darf nicht länger Machtlosigkeit' konnotieren (Ruether Art. 1982,
233; cf. Hundrup 1984, 49) - als auch eine reale Veränderung gesellschaftlicher
Machtverhältnisse[55], eine Umstrukturierung von Arbeitsteilungen[56] und
Lebensformen (beispielsweise durch Frauengemeinschaften[57] oder Gruppen
zur Auflösung der Kernfamilien[58], cf. Ruether 1985, 277 f).
Der Weg der Frauen[59] zu diesem Ziel der androgynen Menschheit (cf. Ruether
1985, 157) ist, so Moltmann-Wendel, der der Selbstbehauptung von Frauen
und des Aussteigens aus dem eigenen Verhaftet- und Verschuldetsein in

---

der Männlichkeit geht es immer einzig und allein um den Mann" (Neidig /
Selders Art. 1987, 84).

55   Hierher gehört auch die Veränderung der Sprache (cf. Menschik 1977,
      64; Scheu 1971, 77 f; cf. auch 1.2.3).

56   Cf. Scheu 1971, 72;"'biologische' und 'soziale' Mutter in Personal-
      union zu sein, ist keineswegs natürlich, sondern kulturell",(cf.
      Maccoby Art. 1979, 301).

57   Cf. Kaplow Art. 1974, 15.

58   Cf. Richter 1972, 67-186.

59   Entsprechend wird auch ein Weg der Männer erwogen: Sie sollen bei-
      spielsweise "sich persönlich über die eigenen Denk- und Verhaltens-
      muster klar werden" und lernen "Träume wahrzunehmen" (Moltmann-Wendel
      1985, 48, 53; Maaßen/Schaumberger Art. 1984, 219).

unserer sexistischen Kultur (Moltmann-Wendel 1985, 49)[60], der auch maß-
geblich Erziehungsprogramme beeinflussen muß -etwa im Sinne einer Erziehung zu sowohl Verbundenheit als auch "Durchsetzungskraft" (Menschik
1977, 61) für beide Geschlechter - um nicht in einer Frauengeneration
zu versanden.

Dies aber meint ein sich-Einlassen auf Verhalten und Eigenschaften,
auf Unbekanntes, Vieldeutiges, so daß Dualismen überwunden werden und
Menschen sich zu Ganzheitlichkeit verändern und damit auch die Regeln
und Einteilungen der Kultur (privat - weiblich/öffentlich - männlich)
verändert werden.

Und d. h. die Selbstvergewisserung ist hier an einem Punkt angelangt,
wo gesehen werden muß, daß einzelne miteinander sich, ihr Verhalten,
ihre Eigenarten kritisch reflektieren und diese kultivieren und verändern müssen. Und dabei gilt wieder einmal mehr: "Aufbauen ist schwerer
als abbrechen" (Meulenbelt 1979, 158).

Doch programmatisch und ermutigend führt Krattinger ihr Gedicht fort:

> "leidenschaft passion
> männlich, weiblich
> aktiv, passiv
> verschmelzen
> coincidentia oppositorum" (Krattinger 1985, 163).

---

60 "Androgyny suggests a spirit of reconciliation between the sexes;
    it suggests, further, a full range of experience open to indivi-
    duals who may, as women, be aggressive, as men, tender; it suggests
    a spectrum upon which human beings choose their places without re-
    gard to propriety and custom" (Heilbrun 1973, X f).

5.   Orte der Frauenpassion

5.1   Frau und Gesellschaft

Der Versuch, die aus Erfahrungen gewachsene feministische Systematik
des vorangegangenen Teils wieder konkret werden zu lassen und damit
die relationale Selbstvergewisserung voranzutreiben, beginnt mit dem
Blick in die bundesrepublikanische Gesellschaft und will fragen, wo in
unserer Gesellschaft Frauen "Ganzheit" erfahren, aber insbesondere auch,
wo ihnen Ganzheit versagt wird, wo Mündigkeit[1] nicht erworben werden
kann oder weiterschreitende Subjektwerdung bedroht ist. Gefragt werden
soll aber auch, wie und wo Bewußtwerdung vonstatten gehen soll und
kann, und wo und wie und inwiefern Orte gesellschaftlicher Unterdrückung
als Orte der "Passion" von Frauen aufgetan werden können, wenn sie als
eben diese wahrgenommen und angegangen würden, d. h. wenn wir begreifen
würden, daß die Orte, wo 'Gerechtigkeit verhindert wird', auch bei uns
ganz real und greifbar vorhanden sind, und daß es an uns, die sich auf
die "Passion" Jesu berufen, liegt, dies zu ändern, 'unsere Hände zu Händen Gottes werden zu lassen' (s. 3.3.2 (1)). Versucht werden soll also
ein Entdecken und Bewerten der für die Emanzipation der Frauen relevanten sozialen Wirklichkeit aus feministisch-theologischer Perspektive.
      Dazu muß eingangs aber betont werden, daß der Blick in die BRD nur
als Ausschnitt verstanden wird, der keineswegs grundsätzlich von den
Frauen in der "Dritten Welt"[2] abstrahieren möchte, auf deren Schultern
so offensichtlich unser Last und Freud liegt[3]; das Folgende soll also

---

1   Zur soziologischen Konkretisierung des Begriffs cf. Haug 1985.

2   Cf. Wichterich Art. 1985.

3   Cf. Werlhof Art. 1978; dies Art. 1981; dies Art. 1984; Bennholdt-
    Thomsen Art. 1980; dies./u. a. 1983; Mies Art. 1983; Jacobi Art. 1980.
    Entsprechend versteht sich feministische Theologie als ein "Stück
    wahrgenommener Weltverantwortung" (Moltmann-Wendel 1985, 81) und
    fühlt sich in Empathie, Optionen und Aktionen afrikanischer, latein-
    amerikanischer und schwarzer Theologie verbunden (cf. Halkes, De-
    finition von feministischer Theologie als "Kontexttheologie"; Halkes
    Art. 1980a, 293; dies. 1985, 79; Moltmann-Wendel 1985, 71, 74 f;
    Hundrup 1984, 6-53; Snijdewind Art. 1981; Helbig Art. 1984   und
    bes. Schaumberger Art. 1986).

nicht als Ausdruck eines Mangels an schwesterlicher Spiritualität verstanden werden, sondern lediglich als vorläufige Abgrenzung und opera-
tionale Entscheidung.

Und berechtigt erscheint mir dies auch deswegen, da die feministische
Reflexion bundesrepublikanischer Wirklichkeit, von den Arbeiten Riegers
einmal abgesehen, im theologischen Bereich nicht weit fortgeschritten
ist; (und auch hier scheint mir die theologische Reflexion noch nicht
ausgereift, zu Ende gedacht, was alles andere als Kritik sein will:
Irgendwo muß ja erst mal ein Anfang gemacht sein.[4])

Die Ausführungen sind, den Kriterien des "Diskurses der Nähe" gemäß,
behutsamer Aufmerksamkeit gegenüber der Wirklichkeit von Frauen verpflichtet und werden entsprechend dem eingangs formulierten Wechselspiel
zwischen Distanz und Unmittelbarkeit innerhalb des Diskurses der Nähe
(s. 1.1 und 1.2.5) sowohl primäre Frauenerfahrungen[5] als auch sozialwissenschaftliche Untersuchungen und Theoriereflexionen aufgreifen.
Bei der Frage, wie dieses aufmerksame Wahrnehmen, dieses "Berühren"[6]
von Realität aussehen soll, legt es sich nahe, auf feministische "Postulate" zur Gesellschaftswissenschaft zurückzugreifen, wie sie u. a. von
Mies und Westkott formuliert wurden.

1   Hermeneutische Korrespondenzen zwischen feministischer Sozialwissenschaft
     und Theologie

Dieser Seitenblick auf feministisch-gesellschaftswissenschaftliche Überlegungen erscheint, bevor eine Ortung möglicher (Frauen-)Passion erfolgen

---

4   Rieger Art. 1983; dies Art. 1986 a; dies. Art. 1986 b; dies. Art.
     1986 c; cf. aber auch das Dezemberheft von Concilium 1987 bez. des
     Verhältnisses von Theologie und Sozialwissenschaft, das im Folgenden
     leider nicht mehr aufgearbeitet werden konnte.

5   Zum Verhältnis von Erfahrungen und Politik cf. Plaskow Art. 1977,
     29; s. auch 1.2.2 (2).

6   Ist das "Berühren" eine zentrale theologische Kategorie und "Nächsten-
     liebe" die hermeneutische Norm (s. 1.2.2 (3)), so kann jenes auch
     methodische Kategorie werden.

soll, deswegen besonders ratsam, um sich einiger Korrepondenzen zwischen feministischer Theologie und dem bisher Gesagten einerseits und feministischer Gesellschaftswissenschaft andererseits (bezüglich ihrer Vorgehensweisen und Zielvorstellungen) zu vergewissern. "Denn schließlich sollen weder gegenüber den Frauen blinde, indifferente oder "feindliche" sozialwissenschaftliche Bestandsaufnahmen rezipiert, noch aus theologischem Überschwang die eingangs (s. 1.2.1) beschriebenen Fehler theologischer Reflexion wiederholt werden. Und zudem gilt es das Aufgreifen der im Folgenden verwendeten sozialwissenschaftlichen Untersuchungen zu legitimieren. Feministische Sozialwissenschaftlerinnen lehnen, ähnlich der in 1.2 beschriebenen Position, sowohl Normen herkömmlich männlicher Soziologie wie "Wertfreiheit", "Neutralität", "Indifferenz" und des emotionalen Unbeteiligtseins ab (cf. Mies Art. 1978, 47; Westkott Art. 1982, 268), als sie auch die defizitäre Präsentation von Frauen in gängigen gesellschaftswissenschaftlichen Publikationen reklamieren, insofern hier 'Erfahrungen von Frauen' verzerrt oder fehlinterpretiert werden (Westkott Art. 1982, 265, 267) und verschiedene Bereiche des Frauenlebens "unsichtbar" bleiben (ebd. 266; Mies Art. 1978, 45):

> "Die Geschichte der Frauen, die Art und Weise, wie Frauen ihre Situation erleben und analysieren, wie sie Unterdrückung wahrnehmen und erklären, Formen und Strategien ihres jahrtausendealten Widerstandes" (ebd. 45)

werden verschwiegen.

Damit einher geht eine Kritik an der 'Forschungssituation als Herrschaftssituation' insgesamt, insofern diese sich als 'objektiv gegebenes, asymmetrisches, nicht (bezüglich Forscher und "Gegenstand") reziprokes Verhältnis erweist (ebd. 41, 45), sowie ein methodologisches in-Frage-Stellen der "Realitätsgerechtigkeit", Validität, Signifikanz und besonders Folgenlosigkeit von Daten, Statistiken und Erhebungen[7] und nicht zuletzt

---

7   Ein Beispiel für die 'mangelnde Neutralität der Statistik' gibt Mies aus ihren Untersuchungen über die Spitzenhäklerinnen in Indien (Mies Art. 1984, 182 f).

die "Borniertheit, Abstraktheit, politische Impotenz und Arroganz des
etablierten Wissenschaftlers"[8].

Demgegenüber zielt das Interesse feministischer Forscherinnen auf ein
wechselseitiges Verhältnis zwischen Forscherin und "Gegenstand" ab[9],
dem die Erfahrung der Unterdrückung als Frauen eine gemeinsame Basis
gibt (Westkott Art. 1982, 269); ja, teilweise "Identifikation" wird
hier gerade nicht mehr als "Störfaktor" wissenschaftlicher Untersuchungen gesehen (Mies Art. 1978, 45, 47), sondern im Sinne eines "parteili-
chen" Arbeitens (ebd. 47, cf. dies. Art. 1984, 175) soll die Forscherin
von ihrer eigenen "widersprüchliche|n| Seins- und Bewußtseinslage |...|
im akademischen Bereich" (dies. Art. 1978, 45; dies Art. 1984, 176), durch
die sie am eigenen Leib und Leben für Unterdrückungsstrukturen (Mies
Art. 1978, 46) sensibilisiert ist, ausgehen[10] und jenseits der "Waren-
beziehung", wie traditionelle Wissenschaft sie produziert/reproduziert
(Westkott Art. 1982, 269; Mies Art. 1984, 177), mit Frauen als Menschen
in einen Dialog treten, bei dem die Resultate nicht von Anfang an fest-
geschrieben sind (Westkott Art. 1982, 270):

> "Worum geht es nun beim Begriff der Teilidentifikation? Es geht darum,
> von der eigenen Betroffenheit von Frauenunterdrückung und -ausbeu-
> tung *auszugehen*, (d. h. nicht dort stehen zu bleiben) das bedeutet,
> sich die eigene widersprüchliche Seinslage und Bewußtseinslage ein-
> zugestehen. Damit ist zunächst einmal gesagt, daß ich (die Forsche-
> rin) auch ein Problem habe, nicht nur die anderen (ärmeren, weni-
> ger privilegierten) Frauen, und daß ich nicht mehr bereit bin, die-
> se Widersprüchlichkeit bloß zu verdrängen. Das ist das, was mit
> double consciousness gemeint ist. Sie ermöglicht es, zwischen mir
> und den 'anderen Frauen' sowohl das uns Verbindende wie das uns
> Trennende zu erkennen. Das uns Verbindende sind die auf der ganzen
> Welt vorhandenen Erfahrungen von Frauen mit Unterdrückung, Sexismus
> und Ausbeutung, das ist die Erkenntnis, daß andere Frauen ähnlichen

---

8 Mies Art. 1978, 46 f; cf. die dort zitierten Untersuchungen als
   weiterführende Belege; zum Verhältnis von "Wissenschaft und Politik" cf. ferner Bleich/u. a. Art. 1984.

9 Cf. Mies Art. 1978, 45 f; Beck-Gernsheim 1980, 8; cf. ferner Fuchs
   1984.

10 Cf. hier Birks und Stoehrs Kritik an der Aufhebung dieser Subjekt-
    Objekt-Spaltung, die, insofern sie 'Emanzipation nur durch Trennung'
    ermöglicht sieht, m. E. unkritisch ein altes patriarchalisches Frei-
    heitsideal reproduziert (Birk/Stoehr Art. 1987, 63).

Unterdrückungserfahrungen ausgesetzt sind, und daß nicht persönliches Verschulden, sondern patriarchalisch-kapitalistische Verhältnisse dafür verantwortlich sind. Teilidentifikation bedeutet aber ferner, daß ich auch anerkenne, was uns trennt. |...| daß wir uns als Forscherinnen der objektiven Strukturen bewußt sind, innerhalb derer wir leben und arbeiten.|...| Teilidentifikation kann aber heißen, daß ich erstens erkenne, daß ich ohne eine solch entfremdete, vertikale Warenbeziehung z. B. gar nicht in Verbindung mit mexikanischen Bäuerinnen gekommen wäre und zweitens, daß das, was mich von ihnen trennt (Klasse, Imperialismus, Sprache, Bildung usw.), nicht total ist, sondern daß es auch eine Ebene gibt, wo wir als Frauen ähnlich betroffen sind. Diese Ebene liegt allerdings unter der Erscheinungsebene der kulturellen, ökonomischen, politische Verschiedenheiten. Weil es diese Ebene gibt, sind Frauen imstande, über die verschiedenen Barrieren hinweg miteinander als Menschen zu kommunizieren. Die reine Warenbeziehung schafft nämlich keine Kommunikation. Sie vermittelt Menschen nur so miteinander, als wären sie Sachen. Teilidentifikation heißt demnach, daß wir den Totalanspruch auf unsere Existenz als 'Ware', als Tauschwert, ablehnen, daß wir den Teil in uns, in dem wir als Menschen betroffen sind, nicht selbst den Warenbeziehungen unterwerfen und dann in der Lage sind, auch bei anderen Frauen diese Betroffenheit zu erkennen."
(Mies Art. 1984, 176 f)

Gemeinsame Erfahrungen des Frauseins[11], insbesondere des Opferseins und sich daraus Befreiens mit seinen Stationen des 'Stutzens, Erschreckens, Anhaltens, Empörens, Bewußtwerdens und Handelns' (Mies Art. 1984, 179), verbinden Forscherin und "Gegenstand" (cf. Werlhof Art. 1982 a, 34).

Ausgangspunkt der Untersuchung soll jeweils die "Veränderung(!)[12] des status quo" sein (Mies Art. 1978, 50; dies. Art. 1984, 169 f), und sowohl Themenwahl als auch die Forscherin selbst soll in Aktionen der Bewegung eingebunden sein.

Ziel solcher Forschung ist, durch Korrektur subjektiver Wahrnehmungsverzerrungen (Mies Art. 1978, 48), das Transparent-, Einsichtigwerden scheinbar individueller Problematik auf ihre strukturellen, gesamtgesellschaftlichen Zusammenhänge hin (ebd. 51), die Hinführung zu Aktionen durch das Bewußtmachen der Lage (ebd. 52), die Überführung spontaner Aktionen zu langfristigen Strategien (ebd. 52) und letztlich die Auf-

---

11 Erfahrungen weden auch hier im Sinne individueller und kollektiver Prozesse verstanden (cf. Westkott Art. 1982, 270).

12 "Teilnahme an Aktionen und Integration von Forschung in Aktionen bedeutet ferner, daß die Veränderung des status quo als Ausgangspunkt wissenschaftlicher Erkenntnis gesehen wird. Das Motto für diese Vorgehensweise könnte sein: Um ein Ding kennenzulernen, muß man es verändern" (Mies Art. 1978, 50).

hebung der Unterdrückung (ebd. 48, Westkott Art. 1982, 276).
Feministische Sozialwissenschaft verändert damit grundlegend das Verhält-
nis von Wissenschaft und Soziologie, um den "Selbstzweckcharakter" der
Wissenschaft aufzuheben.

Nach diesem kurzen Anreißen theoretischer Überlegungen zur feministischen Gesellschaftswissenschaft ist nun nach theologischen Korrespondenzen zu fragen. Eine Übereinstimmung sehe ich zunächst in dem Postulat,
Frauenerfahrungen wahrzunehmen (und sich dann von der Realität korrigieren zu lassen).

In den Ausführungen zum "Diskurs der Nähe" wurden Frauenerfahrungen eine
zentrale Bedeutung für das Theologietreiben zugeschrieben (s. 1.2.2 (2)),
und sie konnten als elementare Korrektur zu gängigen theologischen Entwürfen ausgewiesen werden (s. 1.2.2. (2), s. auch 3.1.2 und 3.2.2).

Als zweite Übereinstimmung zwischen feministischer Sozialwissenschaft
und Theologie kann die 'gemeinsame Basis von Forscherin und "Gegenstand"'
genannt werden: Wie Sozialwissenschaftlerinnen gehen auch Theologinnen
von ihrer eigenen Position vielfacher Verhinderungen von beruflichen
und persönlichen Lebensvollzügen aus, was etwa der Abschnitt über die
Biographien innerhalb des Diskurses der Nähe veranschaulichen kann (s.
1.2.2 (1)).

Daß dem Ausgangspunkt nicht nur sozialwissenschaftlicher, sondern auch
feministisch-theologischer Untersuchung eine 'Veränderung des Status
quo' inhärent ist, zeigt die Einbindung und stete Rückführung der feministisch-theologischen   Erfahrungssystematik (und zwar sowohl bei Heyward als auch in dieser Arbeit hier) an ihr Initiationserlebnis "in-Beziehung-und-ganz", in der auch jene Dynamik angelegt ist, die erforderlich
erscheint, um konstruktiv und sensibel in die bundesrepublikanische
Frauenwirklichkeit zu blicken.

Bleibt das Ziel zu erwähnen, in dem sich die Sehnsucht beider Seiten
nach Befreiung trifft:

Wie feministische Sozialwissenschaft will auch feministische Theologie
die erfahrene Unterdrückung in den einzelnen und den gesellschaftlichen

Gegebenheiten aufheben. Darin, daß Theorien aber auch stets in Beziehung zu konkreten Aktionen stehen sollen, wie Mies es formuliert und ausführt (Mies Art. 1978; dies. Art. 1984, 184 ff), muß sich feministische Theologie noch ein Stück belehren lassen (s. 5.1.3).

Sind feministische Sozialwissenschaft und feministische Theologie in Ausgangspunkt, Vorgehensweise, Selbstreflexion und Konstituenten ihres Angehens gesellschaftlicher Wirklichkeit vereinbar, kann im Folgenden ein Teilaspekt dieser herausgegriffen (5.1.2) und schließlich feministisch-theologisch diskutiert werden (5.1.3), was gleichzeitig die hier nicht genannten Unterschiede zwischen sozialwissenschaftlicher und theologischer Analyse andeuten kann.

Diesen Überlegungen und korrespondierenden Normen verpflichtet soll im Folgenden ein Bereich, nämlich der der geschlechtlichen Arbeitsteilung, exemplarisch herausgenommen werden; denkbar wären natürlich durchaus andere Bereiche wie Wohnen[13], Bildung[14], Theologie und Kirche[15], ausländische Frauen in der BRD[16], § 218[17], Bundeswehr[18], Gewalt gegen

---

13 Lind Art. 1985, 157; Warhaftig Art. 1980, 75-85; Friedan 1982, 267; Rentmeister 1985, 241-246; die Informationen bez. der Wohnunzufriedenheit schlüsselt der Datenreport nicht nach Geschlecht auf (Datenreport 1987, 410 f).

14 Brehmer Art. 1985; Jurinek-Stinner 1982; Spender 1985; cf. die Informationen des Datenreports: "Bei der jüngeren Generation fallen |...| die geschlechtsspezifischen |Schul-|Bildungsunterschiede kaum ins Gewicht"; aber: "In der betrieblichen Berufsausbildung sind die weiblichen Auszubildenden dagegen noch erheblich unterrepräsentiert: Im Jahre 1985 waren nur 41 % aller Auszubildenden Mädchen. Etwa gleich hoch lag im Wintersemester 1985/86 der Frauenanteil an den Hochschulen mit 38 %" (Datenreport 1987, 74).

15 S. 1.2.2 (1).

16 Scheinhardt Art. 1985.

17 Meyer-Wilmes/Rieger Art. 1984, 6-15; Birk/ Stoehr Art. 1985, 62; Schlösser Art. 1985.

18 Janßen Art. 1985; cf. auch Birk/Stoehr Art. 1985, 67; Schunter-Kleemann Art. 1983, 56 f.

Frauen[19] und Pornographie[20].

Dabei sollen im Folgenden sowohl Fakten und Zustände beschrieben als auch persönliche Erfahrungen einzelner zitiert werden, - wobei letzteres zeitweise durch sprachliche Brüchigkeit und Hilflosigkeit gekennzeichnet ist[21]; was aber nicht stören soll, da die Ausführungen ja der Realität möglichst nahe kommen sollen, und nur so das Postulat der "Intimität" auch methodisch eingelöst werden kann, insofern der wissenschaftliche Diskurs menschlicher Ohnmacht und Unzulänglichkeit Raum gibt[22]: Berühren der Realität soll heißen, auch von ihr berührt zu werden. Verzichtet wird im Folgenden auf eine historische Einordnung - obwohl natürlich gerade diese von einigem heuristischen Wert ist[23] - als auch, von gelegentlichen Querverweisen abgesehen, auf ein in-Beziehung-Setzen der beschriebenen Defizite zu einer feministischen Theorie der Gesellschaft, resp. auf die Diskussion verschiedener theoretischer Ansätze[24].

Letzteres erscheint mir nur insofern erlaubt, als das Interesse hier kein genuin soziologisches ist, sondern die aus der religiösen Erfahrung gewonnene Einsicht in Möglichkeiten menschlichen Lebens in die Welt tragen, mit ihr konfrontieren will. Sowohl aber für einen tieferen Einblick in die sozialen Verhältnisse als auch insbesondere deren Veränderung

---

19   Lind Art. 1985, 144-157; Mies Art. 1978.

20   Cf. die neuerdings wieder aufgeflammte Pornographie-Debatte.

21   Cf. eine ähnliche Problemstellung bei Haug 1985, 16.

22   Worum es im "Diskurs der Nähe" nämlich nicht gehen soll, ist 'zu goutierender wissenschaftlicher Pep' (cf. Schröder Art. 1983, 451).

23   Cf. etwa die in diesem Jahrhundert dreimal vollzogene Funktionalisierung von Frauen zur Reservearmee (Rader Art. 1985).

24   Cf. Wolf-Graf 1981, 14-260; Projekt sozialistischer Feminismus 1984, 10-65; Beer Art. 1983; dies. 1984; Rowbotham 1981; Barrett 1983.

halte ich einen Theorieverzicht nicht mehr für sinnvoll[25]; ja gefährlich, da sonst die frauenunterdrückenden Phänomene nicht mehr hinrei-
chend, d. h. in ihren sozialen, ökonomischen und ideologischen Kontexten,
erfaßt und die Strategien der Befreiung nicht mehr "aus Distanz und Nähe" radikal und weitreichend genug formuliert werden können.

5.1.2   Zur geschlechtlichen Arbeitsteilung

Der Begriff der "geschlechtlichen Arbeitsteilung"[26] meint die Verteilung
von Arbeitsräumen je nach Geschlecht, d. h. die Zuständigkeit des Mannes für Erwerbsarbeit und die Zuständigkeit der Frau für die Arbeit im
Haus, resp. bei Eintreten von Frauen in die Arbeitswelt, die Übernahme
von überwiegend solchen Tätigkeiten, die strukturelle Ähnlichkeit mit
der im Haus durchgeführten Tätigkeit haben (cf. Ruether 1985, 214; Meulenbelt 1982, 64).
Beide Bereiche, Arbeitswelt und Hausarbeit/Familie, stellen – das soll
sowohl eine Beschreibung von Fakten als auch das Zitieren von "persönlichen" Erfahrungen zeigen – Räume positiver und negativer Erfahrungen
dar und lassen sich als Orte sowohl der Ganzheit als auch der Ausbeutung
beschreiben.

(1) Das Selbstverständnis von Frauen bez. Arbeit und Beruf

Daß Beruf und Arbeit, abgesehen von ihrer Notwendigkeit aus ökonomischen Gründen, sowohl integraler Bestandteil des Selbstverständnisses zunehmend vieler
Frauen als auch psychisch sowohl ihnen selbst als auch ihrer Umwelt zuträglich
sind, ist durchgehender Tenor zahlreicher Publikationen; Indiz für diesen
Tatbestand kann zunächst die zunehmende Zahl von erwerbstätigen Ehefrauen

---

25 Den Ausführungen von Werlhof etwa ist die Erkenntnis der Zusammen-
    hänge zwischen Hausfrauenexistenz in der "Ersten Welt" und der
    Ausbeutung der Frauen der "Dritten Welt" sowie der auch theoreti-
    schen Unsichtbarmachung der Hausarbeit in der marxistischen Ideolo-
    gie (s. u. 5.1.2 (5)) zu verdanken (Werlhof Art. 1978, dies. Art. 1981,
    dies. Art. 1984).

26 Cf. Ruether 1979, 213.

und Müttern (Dobberthien Art. 1983, 430; Kurz-Scherf 1985, 88; Rader
Art. 1985, 44; Pinl 1978, 29)[27] sein.

"Seit ich arbeite, vermisse ich das fehlende Gespräch zwischen ihm
|Ehemann| und mir nicht mehr. Durch den Kontakt mit Kollegen und
Kolleginnen konnte ich mir da ja einen gewissen Ausgleich schaffen.
Die Stimmung ist seither im Haus besser, weil ich fröhlicher bin,
das überträgt sich auf die ganze Familie"

sagt eine von Schwarzers Probandinnen (Schwarzer 1973, 36).[28]
Daß Berufstätigkeit Voraussetzung für persönliche, psychische und materielle Unabhängigkeit von Frauen ist, war das Statement Schwarzers Anfang
der 70er Jahre und kann sowohl durch die von ihr gesammelten Frauenprotokolle als auch zahlreiche andere Äußerungen belegt werden (Schwarzer
1973, 7; Dobberthien Art. 1983, 423; cf. Beck-Gernsheim 1980, 9).
Unter anderem vertrat Schwarzer die These, daß Berufstätigkeit häusliche
Isolation überwinde: "Nur die Arbeit außer Haus kann die soziale Isolation
der Frauen lindern und ihr Selbstwertgefühl steigern" (Schwarzer 1973,
7).
Dafür sollen folgende Zitate stehen:

"Als ich nach 20 Ehejahren angefangen hab' zu arbeiten, da ging es
mir darum, finanziell frei zu sein: Mich frei entscheiden zu können, ob ich weiter meine Ehe fortführen möchte oder nicht. Ein
zweiter Grund war, daß ich etwas Abwechslung haben wollte, daß ich
aus dem eintönigen Leben einer Hausfrau ein bißchen entfliehen,
ein paar Menschen kennenlernen wollte, etwas Kontakt haben mit der
Außenwelt. Man ist so abgekapselt als Hausfrau in einem Einfamilien-
haus in einer kleinen Stadt." (Ebd. 33)

"Ich saß zu Hause, hab' die Kinder bemuttert, die Wohnung geputzt
und abends auf meinen Mann gewartet. Kontakte hatte ich überhaupt
nicht mehr. Das hab' ich sehr vermißt." (Ebd. 63)

---

27 "Besonders hoch war der Anstieg der Erwerbsquote bei verheirateten
    Frauen, nämlich von 25 % 1950 auf rund 43 % 1985" (Datenreport 1987,
    81).

28 Im Folgenden werden nur solche Ausschnitte zitiert, die noch immer
    aktuellen Charakter haben, neuere Erfahrungsprotokolle konnte ich
    leider nicht ausfindig machen; die Kursivdrucke in der Ausgabe
    Schwarzers wurden hier aus Gründen der Übersichtlichkeit nicht über-
    nommen.

"Ich bin ja nicht für das Geld arbeiten gegangen, auch um aus dem alltäglichen Trott 'rauszusein. Nicht nur für den Haushalt dazusein. Nicht nur für die Familie. Um ein bißchen selbständig zu werden, unabhängig zu sein. Unabhängig von meinem Mann. Um ein bißchen selbstbewußter zu werden." (Ebd. 83)

Und ähnlich wie Schwarzer formulierte auch Sonntag den Zusammenhang von Arbeit und positivem Lebensgefühl:

"Welche Form der Entfremdung auch immer die entlohnte Arbeit annimmt, die Frauen können durch sie nur gewinnen, da die Lohnarbeit sie von einer noch übleren Situation befreit: nämlich aus der Isolierung des dienenden und parasitären Lebens." (Sonntag Art. 1973, 156; cf. Kurz-Scherf Art. 1985, 88; Bubeck Art. 1979, 70).

"Ganz unten", aus der Perspektive von Frauen, die sich in ein Frauenhaus flüchteten, wird dies am deutlichsten: Lind, Mitarbeiterin eines Frauenhauses, sagt:

"Wenn Frauen ökonomisch unabhängig sind, das heißt, wenn Frauen dazu in der Lage sind, aufgrund ihrer Berufsausbildung, aufgrund ihres Arbeitsplatzes, den sie haben, ihren Lebensunterhalt selbst zu bestreiten, und wenn dann noch bestimmte Erkenntnisse und Einsichten dazukommen, dann können sie auch ein Bewußtsein entwickeln, das nicht ohne weiteres zuläßt, daß sie sich als Menschen zweiter Klasse behandeln lassen." (Lind Art. 1985, 156)

"'Ich brauche den Erfolg und das Gefühl von Selbständigkeit'" sagt eine andere, um ganz ausdrücklich jener jahrhundertealten Märtyrer- und Opferrolle abzuschwören[29].

Verschiedene Untersuchungen bestätigen das steigende subjektive Wohlbefinden von berufstätigen Frauen (cf. Friedan 1982,64; Schmidtchen 1984, 106) und das gilt offensichtlich insbesondere auch für gewerkschaftlich Aktive, die sich im Arbeitskampf als Trägerinnen "politischer und gesellschaftlicher Veränderungen" erfahren: "Jeder, der will, kann sehen und spüren, wie viele selbstbewußte Frauen-Persönlichkeiten sich gerade in

---

29 Gine Elsner: Malte, in: Behindertenpädagogik 20, 1981, Heft 2, 167 zitiert nach Fleßner/Knake-Werner Art. 1983, 75.

den Klassenauseinandersetzungen entwickelt haben" (Kessler Art. 1983, 34, 25)[30]:

> "Mein Freund hält mir die Gewerkschaftsarbeit manchmal vor. Aber er weiß, daß ich dadurch meine Persönlichkeit entfalte und so auch mit der Politik verbunden bin" (Schwarzer 1973, 121),

sagt eine andere.

Mittlerweile gehört es zum Selbstbild der meisten Frauen und den Lebensphantasien junger Mädchen, berufstätig zu sein, eine möglichst gute Ausbildung zu haben und diese realisieren zu können (Westphal-Georgi Art. 1983, 72; Fleßner/Knake-Werner Art. 1983, 77; Bubeck Art. 1979, 70; Prokop 1976, 12; cf. auch Schmidtchen 1984, 14 f), 'unabhängig zu sein', sich selbst einrichten zu können oder im Rahmen einer Partnerschaft 'einen eigenen ideellen oder materiellen Beitrag zu leisten' (Fleßner/ Knake-Werner Art. 1983, 78):

> "Der Bezugspunkt für die Entwicklung meiner Lebensperspektive bin ich selber - ich als Handelnde, nicht als Leidende; ich als Bestimmende, nicht als Bestimmte; ich als Freie, nicht als Kolonisierte (z. B. durch die sexuellen Vorstellungen der Männer und die Normen der Kirche)" (ebd. 78).

Sinnhaftigkeit konstituiert sich für viele Frauen nicht mehr privat "über den entsagenden Dienst an der Familie", "sondern über die Gesellschaftlichkeit der Berufsarbeit" (ebd. 76).
Und diese neue Sinnfindung und das damit steigende objektive Wohlbefinden ist zum einen offensichtlich auch den Familien zuträglich: Das

> "auf Gleichberechtigung und innerer Stärke beruhende Selbstgefühl der Frauen |ist| ihrer eigenen Gesundheit und der Vitalität ihrer Familie zuträglicher |...| als die alte unterwürfige Abhängigkeit" (Friedan 1982, 46).

---

30 Cf. aber das Folgende:
"Die weiblichen Gewerkschaftsmitglieder konnten ihren Anteil an der gesamten Mitgliederzahl im Laufe der Zeit leicht erhöhen. Beim DGB belief er sich 1986 auf knapp 23 %, bei der DAG auf 41 % und beim DBB auf ein Viertel. Die weiblichen Arbeitnehmer sind damit in den Gewerkschaftsorganisationen unterrepräsentiert" (Datenreport 1987, 160).

Zum anderen ist das 'Eindringen weiblicher Eigenschaften in männliche
Tätigkeitsbereiche'-nicht nur in Form eines alternativen Führungsstils[31]-
wünschenswert (Friedan 1982, 218 f) und keine gänzlich unrealistische
Perspektive:

> "Gerade wenn man, wie ich, in Frauenzusammenhängen arbeitet |...|,
> kann man die Erfahrung machen, da wird anders, wird weniger hierar-
> chisch gearbeitet als bei den Männern" (Georgi-Westphal Art. 1983,
> 74)[32].

(2) Bemerkungen zum Arbeitsleben

Frauen, die die noch immer virulente geschlechtsspezifische Rollen- und
Funktionszuweisung durchbrechen, zahlen dafür nicht selten einen "hohen
psychischen Preis" (Dobberthien Art. 1983, 422).
Wo aber Frauendiskriminierung im Arbeitsleben strukturell angelegt und
individuell erfahren wird, soll im Folgenden anhand der Bereiche Arbeitsplätze, Frauenberufe und Doppelbelastung, Lohndiskriminierung, Arbeitsschutz, Teilzeitarbeit und neue Technologie aufgezeigt werden, wobei auf letzteres etwas ausführlicher eingegangen werden soll, da es
sich hierbei um derzeit besonders forcierte und für Frauen zugleich besonders fatale Phänomene handelt. Danach erfolgt ein Blick auf die
- besonders auch für eine feministische Theologie relevante - ehrenamtliche Tätigkeit von Frauen sowie ein kurzes Beleuchten verschiedener
ideologischer und praktischer Repressionen der "Wenderegierung".

(a) Arbeitsplätze, Doppelbelastung und sog. "Frauenberufe"
Meist erhalten Frauen die qualitativ schlechteren Arbeitsplätze (ebd.

---

31 Cf. Friedans Ausführungen zum sog. "Beta-Führungsstil", den sich zu-
    nehmend Politik, Industrie und Militär zueigen machen. Dieser "be-
    ruht auf synthetischem, intuitivem, qualitativem Denken und einem
    'dem Kontext und der Sache entsprechenden' Machtstil" (Friedan 198 ,
    220).

32 Cf. auch die positive Wirkung weiblicher Rekruten auf das Klima von
    West Point (Friedan 1982, 169).

423) in ungünstigen Branchen, am Fuße der Hierarchie[33] (Rammert-Faber
1985, 54), mit ungleichen Arbeits- und Aufstiegschancen (Dobberthien
Art. 1983, 435).

"Um an die Kasse zu kommen, da hätt ich keine Lehre zu machen brauchen. Das haben die anderen Kassiererinnen auch nicht. Das zahlt
sich überhaupt nicht aus. Der eine Junge, der mit mir im gleichen
Lehrjahr war, der ist gleich erster Verkäufer geworden. Ich bin
an der Kasse geblieben, obwohl ich viel bessere Noten hatte als
der. Ich hatte mit zwei abgeschlossen, der mit vier. Der hat auch
direkt nach der Lehre 950 Mark gekriegt. Ich versteh' nicht, warum
man überhaupt lernen soll als Mädchen. Bei uns werden Männer bevorzugt. Warum, weiß ich auch nicht. Im ganzen Bezirk gibt es nur
eine einzige Frau als Filialleiterin" (Schwarzer 1973, 41),

erzählt eine der von Schwarzer befragten Frauen.

Hinzu kommen die geringe Qualität der Arbeit bei gleichzeitig hoher Belastung
(Hund Art. 1983, 16; Pinl 1978, 20, 28): Als Arbeiterinnen sind Frauen un-
oder angelernte Arbeitskräfte (Dobberthien Art. 1983, 423; Hund Art. 1983, 15),
die "als Montiererinnen, als Näherinnen, als Packerinnen, als Putzfrauen"
arbeiten - was darauf hindeutet, daß Betriebe vielfach das "weibliche Arbeitsvermögen" (s.u.) ausnützen. In der Produktion verrichten sie "noch immer
hochgradig zerstückelte und entfremdete Arbeit an Fließbändern und Halbauto-
maten",oft im Akkord[34]:

"Ich war in einem großen Gummiwerk und mußte immer die Gummiteile
mit 'nem Messer oder 'ner Schere beschneiden. Dann hatte man die
Hände ganz dick voll Pflaster, damit die Schere nicht so wehtat.
Man wagte überhaupt nicht, zur Toilette zu gehen. Man mußte ja so-
undsoviel fertigmachen, damit man überhaupt was verdiente. Dann

---

33 Bedauerlicherweise gibt der Datenreport keine geschlechtsspezifisch
    aufgeschlüsselten Angaben bez. Qualitäten und Hierarchien im Öffent-
    lichen Dienst (Datenreport 1987, 223 f).

34 Nicht anders als "zynisch" kann frau die folgende Passage aus einer
    Broschüre der industriellen Arbeitgeberverbände Nordrhein-Westfalens
    bezeichnen: "'Die Frau, die ein bewußt positives, körperliches
    Lebensgefühl besitzt, hat meistens eine besondere Freude am leichten
    Ablauf der Griffolgen; die fließenden Bewegungen eines Arbeitsganges
    bereiten ihr häufig einen geradezu ästhetischen Genuß'" (Kessler
    Art. 1983, 27).

saß man schon als junges Ding da und wurde übernervös, weil man
den ganzen Tag nur die Uhr im Auge hatte. |...|
Hinterher fing man an, zu sehen, daß andere einen schönen Beruf
hatten, und man kriegt Komplexe dadurch. Da mußt du jetzt wieder
in den Betrieb, sitzt den ganzen Tag da und machst so eine minderwertige Arbeit und wirst als Mensch nicht so richtig anerkannt,
bist einfach nur 'ne Nummer." (Schwarzer 1973, 79)

Als Angestellte arbeiten Frauen "überwiegend in den untersten Positionen",

z. B. als "Verkäuferinnen an Registrierkassen" oder "Stenotypistinnen

in Großraumbüros" oder "in zentralen Schreibdiensten", wo "die Arbeits-

inhalte nur auf wenige Handgriffe geschrumpft sind", so daß man/frau

"längst von der 'Verakkordisierung des Büros'" spricht (Dobberthin Art.

1983, 431). Sogar eine Prokuristin berichtet:

"|...| erstens verdiene ich viel weniger |...|. Die ganzen anderen
Prokuristen unserer Firma sind gewinnbeteiligt, ich nicht. Die ha-
ben alle Firmenwagen, ich nicht. |...| Ich bringe Umsatz. Trotzdem
tipp' ich zum Beispiel meine französischen Briefe selber. Die Schreib-
dame, heißt es, kann kein Französisch, und zum Abtippen braucht
sie zuviel Zeit. Das tippen Sie doch dann lieber selber. Als Prokuristin. Kein Mann in dieser Position würde sich an die Maschine
setzen." (Schwarzer 1973, 116)

Und schließlich als Beamtinnen verbleiben Frauen meist im Bereich des ein-

fachen und mittleren Dienstes (Dobberthien Art. 1983, 431).

Zu dieser jeweiligen Unterprivilegierung und Belastung kommen dann noch

die Lasten des Familienlebens:

"Raus aus den Betrieben, Einkäufe erledigen, die Kinder abholen und
versorgen, Hausarbeit verrichten. Das heißt doch: Beziehungsproble-
me, Probleme mit den Kindern, |...|" (Kessler Art. 1983, 27; cf.
Dobberthien Art. 1983, 431; cf. Beck-Gernsheim 1980, 141).

"Ich spring immer mal zwischendurch rauf und mach' was. Das ist nicht
so wie bei einer berufstätigen Frau, die weg ist. Ich vernachlässige
meinen Haushalt praktisch nicht. Aber dafür hetz' ich mich ab, renn'
hin und her. Ich kann mich auf nichts so richtig konzentrieren,
steck' Geld in die Tasche, renn' hoch, setz' die Kartoffeln auf,
renn' wieder runter - in der Zwischenzeit kocht mir oben alles über."
(Schwarzer 1973, 65)

"Mittags ist es dann wahnsinnig hektisch. Zwischendurch kommen
die Kinder, dann muß ich immer sagen: Haut ab! Haut ab! Da steh'
ich im Imbiß und mein Kind kommt und schreit: Mutti, ich hab' Hunger - das kann ich ihnen nicht abgewöhnen, daß sie immer reinplatzen.
Wenn ich die Kinder dann wegschicken muß, das tut mir sehr weh."
(Schwarzer 1973, 59),

was besonders schwierig wird bei Krankheit der Kinder (Bubeck Art. 1979,
77).

Längerfristig wird sich daran auch nichts ändern, denn noch immer werden
"Mädchen und junge Frauen"vorwiegend in eben solchen "typischen" Frauenberufen, d. h. regelrechten "Sackgassenberufen", ausgebildet (Rammert-
Faber Art. 1985, 54, Dobberthien Art. 1983, 431; Beck-Gernsheim 1981,
91), die außerdem gesamtgesellschaftlich einen geringen Status einneh-
men (ebd. 142)[35].

Beck-Gernsheim zufolge läßt sich dies darauf zurückführen, daß die Berufswahl vom "weiblichen Arbeitsvermögen"[36] geprägt ist; d. h. ein bei
der Berufswahl wichtiges Kriterium ist etwa 'Menschen-helfen-wollen'
(Beck-Gernsheim 1981, 77); zudem sind Frauen schichtspezifisch weniger
an Prestige, Einkommen und Aufstiegschancen interessiert (ebd. 87, 84).
Ebenso hindert ihre Disposition zu Folgsamkeit ("Ich kann mich überhaupt
nicht durchsetzen ..."; Schwarzer 1973, 80) und Fürsorglichkeit (Beck-
Gernsheim 1981, 92)und ihr Bemühen um soziale Harmonie (ebd. 94) sie daran,
ehrgeizig ihren Berufsaufstieg mit entsprechenden Strategien zu verfolgen (ebd. 117).
Entsprechend der Trostlosigkeit der Arbeitsplätze ist - wiederum schichtspezifisch - ein Rückzug ins Hausfrauendasein zu beobachten: Sofern es
die finanzielle Lage erlaubt, ziehen sich Unterschicht-Frauen aus dem
Erwerbsleben zurück, da sie zum einen meist konservativer sind und zum

---

35 Nach Beck-Gernsheim steigt bez. fällt der Sozialstatus eines Beru-
fes, je nachdem ob er vorwiegend von Männern oder Frauen ausgeübt
wird. So ist z. B. für Berufe wie Bankkassierer, Bibliothekar, Lehrer oder Arzt ein Prestigerückgang zu verzeichnen, da sie zunehmend
auch von Frauen ausgeübt werden (Beck-Gernsheim 1981, 155, 161).

36 Beck-Gernsheim 1981; Ostner 1978; zu diesem Begriff s. (5).

anderen für sie die Hausfrauenexistenz gegenüber dem Berufsleben als
relatives Refugium erscheint, während privilegierte Schichten eine
'stärkere Berufsbindung' zeigen (ebd. 131):

> "Ich selbst war und bin in meinem Leben nicht abhängig und konnte
> mir meine Partner immer aussuchen. Ich wollte mich nicht mehr un-
> terordnen, auch sexuell nicht. Ich kenne Frauen aus meinem Bekann-
> tenkreis - Hilfsarbeiterinnen, die es leid waren -, die ihren Ent-
> schluß zu heiraten mit den Worten begründeten wie: Die eine Stunde
> am Abend, die geht schnell rum - in der Fabrik, da wären's neun
> Stunden ..." (Schwarzer 1973, 125)[37].

(b) Lohndiskriminierung

Owohl 1955 vom Verfassungsgericht "die sog. Frauenlohnabschlagsklausel
für verfassungswidrig erklärt" wurde, gibt es auch im Lohnbereich noch
immer Frauenunterdrückung (Rammert-Faber Art. 1985, 54; Pinl 1978, 23, 25;
Hund Art. 1983, 16; Kessler Art. 1983, 29):
"Im statistischen Durchschnitt verdienen Frauen rund 1/4 bis 1/3 weniger als Männer" (Dobberthien Art. 1983, 432; cf. Datenreport 1987, 304
f). Dies ist auf die "Umsetzung der tariflichen Lohnvereinbarung in die
Lohnfortsetzung des einzelnen Arbeitnehmers durch den Betrieb" zurück-
zuführen (Dobberthien Art. 1983, 433), wobei insbesondere "Lohngruppenge-
staltung" und "Arbeitsplatzbeschreibung" (ebd. 433) eine besondere Rolle
spielen: Nach ersterem werden Männer und Frauen in verschiedenen Lohn-
gruppen eingeteilt, indem Muskelarbeit gegen "Konzentrationsvermögen,
Fingerfertigkeit, Einsatz von Sinnen und Nerven" höher bewertet wird,
bei letzterem werden "Arbeiten, die mit Stehen, Gehen oder Bewegen von

---

37 Liest frau dann noch, daß "je niedriger die gesellschaftliche Stel-
    lung, desto geringer der Spaß |ist|, und immer mehr Männer als Frauen
    Spaß an der Sexualität" (Meulenbelt 1982, 178) haben, dann kristal-
    lisiert sich die Trostlosigkeit dieses Rückzugs noch stärker heraus.

Gewichten über 1 kg verbunden sind" zugunsten der männlichen Arbeitnehmer gegen Tätigkeiten im Sitzen ausgespielt (ebd. 433; Beck-Gernsheim
1981, 140; Pinl 1978, 23, 28 ff; cf. Pross 1975, 74 f).
Und ähnlich werden in den Angestelltenverträgen Differenzierungen anhand
"unklarer Begriffe wie 'Selbständigkeit' oder 'Verantwortung' vorgenom-
men (Pinl 1978, 23).
Und schließlich sind Frauen, da sie zunehmend im Alter unter 25 Jahren
berufstätig sind, 'durch Altersstaffelung von Altersabschlägen betroffen' (ebd. 23).

(c) Arbeitsschutz

Eine weitere Bestimmung, die sich oft zum Nachteil der Frauen auswirkt,
stellen die einzelnen Regelungen des Arbeitsschutzes dar. Z. T. ist bei
diesen überhaupt nicht einsehbar, warum sie nur für Frauen gelten, teilweise wird weniger biologisch als vielmehr "ideologisch" (Demmer/u. a.
Art. 1983, 25) argumentiert und offensichtlich fließen in die Bestimmungen ganz andere als rein schützende Intentionen ein:
Nicht einsehbar, warum es sie nur für Fraugen gibt, sind die Bestimmungen
zur Nachtarbeit, zur Bleiexposition und zur "Beschäftigung von Frauen
auf Fahrzeugen", denn Tätigkeiten dieser Art sind für Frauen und Männer
gleichermaßen schädlich (ebd. 25 f). Bezüglich ersterer wird dann auch
zuweilen gar nicht biologisch, sondern kulturell-sozial argumentiert:
Die Frau soll ihrer "familiären Rolle (Pinl 1978, 21) nachkommen können
- was von einem feministischen Standpunkt aus abzulehnen ist -, wobei
dann auch noch gar nicht zwischen alleinstehenden Frauen und solchen
mit Familienpflichten unterschieden wird (Demmer/u. a. Art. 1983, 25;
Rammert-Faber Art. 1985, 62 f). Auch gilt das Nachtarbeitsverbot "nur für Arbeiterinnen, nicht aber für Angestellte und Beamtinnen, und gilt zum
Beispiel nicht für Betriebe des Beherbergungswesens, Gast- und Schank-
wirtschaften |und| Krankenpflegeanstalten" (Rammert-Faber Art. 1985,
63; Demmer/u. a. Art. 1983, 25), also für spezifische Frauenberufe, so
daß der Verdacht entsteht, daß die Regelung eher "Männerarbeitsplätze"

als Frauen schützen soll.

Diskriminierend wirkt dieses Gesetz dann insofern, als dadurch traditionelle Rollen verfestigt, die Einsetzbarkeit und Chance für einen Arbeitsplatz beschränkt und die Bezahlung niedriger Löhne legitimiert wird (ebd. 25).

Und schließlich wirkt sich auch das Mutterschutzgesetz nicht allein zu Schutz und Schonung der Frauen aus, insofern es einen Einstellungsrückgang junger Frauen bewirkte (ebd. 27; Schunter-Kleemann Art. 1983, 53), und Frauen, "die nach dem Mutterschaftsurlaub zu Hause bleiben" als "'Mitnehmerinnen'" diffamiert werden (ebd. 54).

(d) Arbeitslosigkeit

Auch von der Arbeitslosigkeit sind Frauen zunehmend betroffen; ihr Anteil an der Gesamtzahl liegt seit Jahren über dem der Männer (Schunter-Kleemann Art. 1983, 49; Bubeck Art. 1979, 69, 76; Müller Art. 1983, 17; Dobberthien Art. 1983, 440); Dunkelziffern, die sich daraus ergeben, daß "viele Frauen auf Registrierung verzichten, wenn sie weder einen Anspruch auf Unterstützungsleistungen besitzen noch Aussichten auf Vermittlung haben" (Dobberthien Art. 1983, 441; cf. Hund Art. 1983, 15), nicht mit eingerechnet.

Frauen sind länger und öfter von Arbeitslosigkeit betroffen (Bubeck Art. 1979, 76)[38]. Dobberthien kommentiert, daß es ein "geschlechtsspezifisches Recht auf Arbeit" zu geben scheint (Dobberthien Art. 1983, 441). Dabei sind, so Schunter-Kleemann, nicht "Qualifikationsdefizite" die Ursache, "sondern eine kapitalistische Wirtschaftspolitik, die in Zeiten der ökonomischen Krise |...| Frauen in ihre angeblich 'natürlichen' Betätigungsbereiche in der Familie zurückkomplimentiert" (Schunter-Kleemann Art. 1983, 51).

---

38 U. a. gehören Frauen "zu den sog. 'Problemgruppen' des Arbeitsmarktes"; "Frauen sind insgesamt gesehen stärker von Arbeitslosigkeit betroffen als Männer"; 1980 lag die durchschnittliche Arbeitslosenquote der Frauen bei 10,5 %, die der Männer bei 8,0 % (Datenreport 1987, 94); bez. der Arbeitslosigkeit von Akademikerinnen cf. Engelen-Kefer Art. 1986.

Von den ökonomischen und psychischen Folgen zeugen folgende Erfahrungs-
berichte:

"Frau A., 47 Jahre alt, verheiratet, 2 Kinder (18 und 15 Jahre),
Arbeiterin, war 2 Jahre arbeitslos, seit 4 Monaten Erwerbsunfähig-
keitsrente, Ehemann seit Jahren Alkoholiker.
'Schon seit einigen Wochen gehe ich nicht mehr aus dem Haus. Wo soll
ich denn auch hin? Ja, einkaufen muß ich halt. Aber da kann ich
ja auch nicht mit anderen Leuten reden über das, was ich denke.
Das immer nur und mehr Konsumieren wollen, ekelt mich an. |...|
Alleingelassen von meinem Mann, ja auch immer noch für ihn und
seine Dummheiten bangend, für die Kinder sorgend, war ich gezwungen, alles zu machen, nur damit wir ein Dach über dem Kopf haben
und jeden Tag etwas zu essen. Immer Angst davor, irgendwo in einer
Baracke zu landen. Nein, das wollte ich meinen Kindern nicht antun.
Und dann wurde mir in meinem Betrieb angeboten, diese Arbeit zu lernen. Es war hart für mich, die schwere Arbeit zu lernen, aber ich
habe es geschafft. Was das für mich bedeutet hat, ahnen Sie nicht.
Ich war stolz. Ich war zum erstenmal seit langem wieder wer. Der
Verdienst war auch gut. Und dann die Nachricht, daß dieser Produk-
tionszweig eingestellt und die Abteilung geschlossen wird. Ich konnte es nicht glauben, wollte es nicht wahrhaben. Nein, das kann nicht
sein, das darf nicht sein, sagte ich mir. Ich bekam einen Nerven-
zusammenbruch und kam in die Klinik. Das war zuviel für mich, einfach zuviel.'"

Und:

"Frau D., 23 Jahre, alleinlebend, Technikerin, war 9 Monate arbeitslos.
'Die Technikerschule habe ich im Klassendurchschnitt abgeschlossen.
Daß es so schwer sein würde, eine Arbeitsstelle zu bekommen, habe
ich nie gedacht. Ich habe über 100 Bewerbungen geschrieben, sechs
Firmen luden mich zu einem Vorstellungsgespräch ein. Es war sehr
deprimierend, eine Absage nach der anderen zu bekommen. Man fängt
an, an sich selbst und seinen Fähigkeiten zu zweifeln. Vielleicht
bin ich nicht attraktiv genug, vielleicht wollen die Firmen keine
weiblichen Techniker. Ich weiß es nicht. Das Arbeitsamt konnte mir
auch keine Stelle vermitteln. Ich war so beschäftigt, eine Arbeitsstelle zu bekommen, daß ich sonst gar nichts mehr denken und tun
konnte. Eigentlich habe ich das dreiviertel Jahr richtig vertrödelt.
Ich bekam ja auch wenig finanzielle Unterstützung. So mußte ich zu
Hause bei meiner Mutter und meinem Bruder leben. Mit meiner Mut-
ter verstehe ich mich gar nicht gut. |...|
Also, ich habe mich auch als technische Zeichnerin beworben. Ich
dachte, das ist besser als gar nichts. Die Absagen beinhalteten
dann, daß ich für die Stelle überqualifiziert wäre. Einer wollte

mich zu einem Lohn unter dem Technischen-Zeichner-Tarif einstel-
len. Das habe ich dann nicht angenommen. Ich finde es gemein, daß
manche Firmen meinen, einen so ausnützen zu können. Ja, dann habe
ich mit Hilfe des Arbeitsamtes und einem Zeitarbeits-Vermittlungs-
büro für drei Monate eine Stelle bekommen, und auf dem Arbeitsamt
sagte man mir, daß man sich für mich einsetzen wolle, daß ich den
Arbeitsplatz behalten kann. Ich nahm die Arbeit an. War allerdings
schockiert, daß alle Techniker und technischen Zeichner dort jeden
Tag unbezahlte Überstunden machten. Ich finde das nicht gut, wenn
es so viele Arbeitslose gibt, und hatte keine große Lust, da mit-
zumachen.'"
(Bubeck Art. 1979, 72-76)

(e) Teilzeitarbeit[39]

Als Lösung aus der nun bereits erwähnten Beschäftigungskrise (Kurz-Scherf
Art. 1983, 66, 78) wird zunehmend u. a. Teilzeitarbeit propagiert, wel-
che sich als ein   weiterer und zunehmend relevanter Bereich der Frauen-
unterdrückung[40] - trotz offensichtlicher Schwierigkeiten bezüglich des
Zugangs zu geeignetem Belegmaterial, besonders in Hinblick auf die nicht
geschützten Arbeitsverhältnisse[41] - beschreiben läßt.
Teilzeitarbeit gilt mittlerweile als "typisch weibliche Arbeitszeitform"
(Dobberthien Art. 1983, 439), da sie - als 'unattraktive Arbeit' - vorwie-

---

39 "Der Begriff Teilzeitarbeit meint einmal alle Arbeitsverhältnisse,
    die weniger als 38 Stunden wöchentlich betragen. Darin eingeschlos-
    sen sind also auch die 'geringfügige Beschäftigung', Kapovaz, Job-
    sharing, gelegentliche Beschäftigung und andere Formen ungeschützter
    Arbeitsverhältnisse ; Teilzeitarbeit meint aber auch diejenigen Beschäf-
    tigungsverhältnisse mit weniger als 38 wöchentlichen Arbeitsstunden, die
    tariflich und sozialversicherungspflichtig entsprechend voll abgesichert
    sind, für die der Betriebsrat zuständig ist und die an den freiwilligen
    sozialen Leistungen eines Betriebes gleichberechtigt teilnehmen" (Möl-
    ler Art. 1983, 10).
40 Keine Aufteilung nach Geschlecht gibt es im Datenreport für die
    Bereiche Handel, Gastgewerbe, Öffentlicher Dienst (Datenreport 1987,
    278, 285, 224).
41 Kurz-Scherf und Möller sprechen von Unsicherheiten bezüglich des
    Ausmaßes (Kurz-Scherf Art. 1985, 71; Möller Art. 1983, 8); ferner
    wird darauf verwiesen, daß empirische Untersuchungen nur von
    gegenüber Teilzeitarbeit "a priori positiv" eingestellten Autoren
    vorgelegt werden; zudem wird lediglich zwischen Teilzeit- und Voll-
    zeitbeschäftigung von Frauen unterschieden, so daß Ungerechtigkeiten,
    die auf die geschlechtliche Arbeitsteilung zurückzuführen sind,
    von vornherein verwischt werden (Kurz-Scherf Art. 1985, 73).

gend von Frauen angenommen wird (Kurz-Scherf Art. 1983, 74). Vorwiegend
im Bereich der Dienstleistung und der Kleinbetriebe angesiedelt (ebd.
71), war sie Mitte der 70er Jahre ein "Instrument zur Rekrutierung weiblicher Arbeitskräfte auf dem Weg des geringsten Widerstandes" (ebd. 84),
während mittlerweile aufgrund der allgemeinen Verschlechterung des Arbeitsmarktes zunehmend auch männliche Arbeitnehmer zur Inanspruchnahme
solcher "Angebote" genötigt sind: "Eine der wichtigsten Kapitalstrate-
gien heißt heute: die Arbeit von der gutbezahlten über die schlechtbe-
zahlte zur unbezahlten Arbeit hin umzuverteilen" (Möller Art. 1983, 11).

Für die Betriebe sind solche Teilzeitarbeitsverhältnisse günstig,
da die "direkten Lohnkosten und auch die Lohnnebenkosten (z. B. freiwil-
lige soziale Leistungen, Kündigungskosten) |...| wesentlich geringer
als bei Stammarbeitern" sind (ebd. 11) und "vergleichsweise hohe 'Arbeits-
effizienz'" ermöglicht wird (Kurz-Scherf Art. 1983, 75).
Aus der Sicht der Betroffenen, und d. h. derzeit eben noch vorwiegend der
Frauen, stellen sie aber ein "Instrument der Benachteiligung von Frauen
im Erwerbsleben" (ebd. 66) und "eine Steigerung der Ausbeutungsrate"
(Möller Art. 1983, 11) dar.
Das soll im Folgenden belegt werden:
Charakteristisch für Teilzeitarbeit ist, daß sie - mehr noch als "weibliche" Vollzeitarbeitsverhältnisse - auf "niedrige Lohnbranchen" und
"unterste Tarifgruppen" (Kurz-Scherf Art. 1983, 72, 77) konzentriert ist,
daß sie auf "minderwertige Arbeitsplätze am Fuße der Hierarchie" (ebd.
72, 74; Dobberthien Art. 1983, 439) beschränkt ist, wo vorwiegend un- oder
angelernte Arbeiter/innen beschäftigt sind (Kurz-Scherf Art. 1985, 72),
und daß sie keinerlei Aufstiegschancen bietet (ebd. 75). Für viele Frauen,
die solche Arbeit annehmen, bedeutet sie zusätzlich einen "beruflichen
Abstieg" (ebd. 74), da die angenommene Tätigkeit oft unter ihren 'erwor-
benen Qualifikationen' liegt (ebd. 74).
Größtenteils erweist sich Teilzeitarbeit als "ungeschütztes Beschäfti-
gungsverhältnis", d. h. "als rechtlich, materiell und sozial ausgehöhlt"

(Möller Art. 1983, 7; cf. Kurz-Scherf Art. 1985, 80), das meistens weder "tariflich" noch "im Betriebskollektiv abgesichert" ist (ebd. 80, Schunter-Kleemann Art. 1983, 48), wobei sie zusätzlich noch die 'Produktionsstätte zergliedert' und 'das Kollektiv desorganisiert', so daß auch funktionsfähige Interessensvertretungen verhindert werden (Möller Art. 1983, 11). Teilzeitarbeit ist meistens aus 'dem System der Sozialversicherungsschutzes ausgeschlossen' (Kurz-Scherf Art. 1985, 76), beinhaltet ein höheres Arbeitsplatzrisiko, insofern bei wirtschaftlicher Rezession zuerst Teilzeitarbeitsstellen 'wegrationalisiert' werden, d. h. unternehmerisches Risiko wird somit auf Kosten der Arbeitnehmer/innen ausgetragen (ebd. 76; Schunter-Kleemann Art. 1983, 46; Dobberthien Art. 1983, 439; Bubeck Art. 1979, 76). Ferner wird Teilzeitarbeit eingeführt ohne Lohnausgleich (Kurz-Scherf Art. 1985, 76; Dobberthien Art. 1983, 439) und die Entscheidung der Betriebe über ihre Einführung wird gefällt, ohne danach zu fragen, ob sie überhaupt die Sicherung einer Existenz gewährleistet: Verdienste aus Teilzeitarbeit liegen z. T. unter der "Armuts- und Sozialhilfegrenze" und haben somit den "Charakter von Almosen" (Kurz-Scherf Art. 1985, 77; Schunter-Kleemann Art. 1983, 46 f; Möller Art. 1983, 13).

Besonders eindrücklich wird die Frauenunterdrückung im Modus des Job-Sharings und der Kapovaz (kapazitätsorientierte variable Arbeitszeit) (Kurz-Scherf Art. 1985, 75; Möller Art. 1983, 9 f): Bei Ersterem werden oft 'bei der Neueinstellung einer Mitarbeiterin keine Mitspracherechte eingeräumt', doch "muß gemeinsam die -unbezahlte - Verantwortung für die dauernde Arbeitsplatzbesetzung getragen werden, auch dann, wenn sich die Kolleginnen nicht verstehen und ergänzen" (Dobberthien Art. 1983, 439). So werden nicht nur hier in besonderem Maße unternehmerische Risiken auf Arbeitnehmer/innen abgewälzt (Schunter-Kleemann Art. 1983, 47; Dobberthien Art. 1983, 439), sondern der Betrieb diktiert auch noch "Arbeits- und Lebensrhythmus" sowie den "Lebensstandard" der Arbeitnehmer/innen (Kurz-Scherf Art. 1985, 75, 81).

Ideologisch und praktisch bedeutet Teilzeitarbeit eine "Festschreibung
der Zuständigkeit der Frau für den Haushalt" (ebd. 79 f, 88), kann also
kaum als emanzipatorisches Angebot angesehen werden (ebd. 87), denn sie
befreit ja nicht aus finanzieller Abhängigkeit (ebd. 88)[42], wenn eine
selbständige Existenzsicherung durch sie nicht möglich ist; und zudem
geht sie nur selten mit zunehmender Beteiligung des Mannes an der Hausarbeit einher (Kurz-Scherf Art. 1985, 88):

> "Ich bin praktisch mit den Kindern vollkommen allein. Erziehungs-
> mäßig überhaupt. Früher hab' ich schon mal gesagt: Fragt den Vati.
> Aber das mach' ich schon gar nicht mehr. Der ist ja auch ziemlich
> überbelastet. Ich bin das zwar auch, aber ich hab' mich damit ab-
> gefunden. So sind ja die meisten Männer." (Schwarzer 1973, 65)

> "Mir ist zunächst gar nicht so aufgefallen, daß es selbstverständ-
> lich war, daß ich neben meiner Arbeit auch noch kochte, spülte,
> seine Hemden wusch. Ich hab' schon 'mal gesagt, trockne doch auch
> mal ab. Dann hieß es: Ich hab' keine Lust. Dabei hab' ich's bewen-
> den lassen. Ich war das auch von daheim so gewöhnt." (Ebd. 74)

Und schließlich kann sie auch kaum, wie konservative Kreise es tun, im
Falle daß beide Partner Teilzeitarbeit leisten, als "Weg zur Partnerschaft" gepriesen werden, da sie eher zur "Zwangsverarmung" als zum har-
monischen Zusammenleben führt (Kurz-Scherf Art. 1985, 66,92).
Wenn Frauen immer noch auf sie zurückgreifen, dann weil Teilzeitarbeit
für sie - im Rahmen des Möglichen - die einzig praktikable Alternative
zum 'Nur-Hausfrau-Sein', zur 'Teilnahme am Erwerbsleben', 'zur absoluten Abhängigkeit vom Mann und zur Selbstbeschränkung in der häuslichen
Isolation' (ebd. 66, 89) darstellt. Im Grund indiziert das Phänomen der
Teilzeitarbeit damit weiterhin das Hin- und Hergerissensein der einzel-

---

42 "Nicht für alle Erwerbstätigen reicht das Arbeitseinkommen als einzige Unterhaltsquelle aus. 1,2 Mill. Berufstätige (4,7 % der Erwerbstätigen) wurden 1985 überwiegend von ihren Angehörigen unterstützt. Es handelt sich dabei mehrheitlich um jüngere Personen
(Azubi) und Frauen im Alter von 25 bis 55 Jahren, die in vielen
Fällen nur einer Teilzeitarbeit nachgehen" (Datenreport 1987, 81).

nen Frauen zwischen "Kinderwunsch und Autonomie", der nicht anders denn als 'Gewalt gegen Frauen' interpretiert werden kann (ebd. 89), insofern Frauen-Interessen - die zudem gar nicht so sehr ihre privaten allein sind - zu persönlichen Problemen gemacht werden.

(f) Neue Technologie[43]

Auch der Blick in die Zukunft, insofern er sich nur auf Technologien richtet, ist für Frauen ein Blick in düstere Zeiten. Nicht nur daß vor allem in Büro und Verwaltung, Bank und Post durch Einführung von Computern ein "Personalabbau riesigen Ausmaßes programmiert" ist, der besonders Frauen trifft, die dort 2/3 der Belegschaft ausmachen (Böttger Art. 1983, 35, 47, 52; Rader Art. 1983, 45), auch die verbleibenden Arbeitsplätze zeichnen sich durch qualitative Verschlechterung aus, wie "Erhöhung der Leistungsanforderungen, weil Wartezeiten, Störungen, Gänge, Absprachen mit Kollegen, streßmindernde Routinetätigkeiten wegfallen", "Zunahme der psychischen Belastung durch Bildschirmarbeit" und "Schädigung durch Strahlen", was einhergeht mit "verstärkte|r| Kontrollmöglichkeit des Chefs", "Dequalifizierung der Beschäftigten", "Abnahme der Arbeitsmotivation", "Verkümmerung menschlicher Fähigkeiten" und Vereinsamung am Arbeitsplatz (Böttger Art. 1983, 50 f)[44].
Zudem steht durch die sog. neue "Informationstechnik"[45], durch die "Verarbeitung von Informationen auf elektronischem Wege |...| an jedem beliebigen Ort und zu jeder beliebigen Zeit" erfolgen kann (ebd. 33), Frauen

---

43 Das Folgende besonders nach Böttger Art. 1983, 33-74.

44 So eine repräsentative Erhebung bei Betriebsräten und Vertrauensleuten in 1100 Betrieben (s. Böttger Art. 1983, 50 f; dort findet sich auch eine ausführlichere Argumentation als hier nötig erscheint).

45 "Mit dem Begriff 'Informationstechnologien' ist zuallererst der Computer gemeint, daneben aber auch all die Geräte, die Informationen sammeln und aufnehmen (Foto- und Filmapparat, Telefon, Klarschriftleser, Datentelefone, Sensoren, Mikrofone und andere künstliche Sinne); Geräte, die Informationen speichern (Tonband, Plattenspieler, Mikrofilme, Bildplatten, Laser- und chemische Speicher); Geräte, die Informationen wiedergeben (Radio und Fernseher, Hi-Fi-Anlagen, Bildschirmgeräte, Laserdrucker, Taschenmonitore, sprechende Computer)" (Böttger Art. 1983, 33).

eine neue Form von Heimarbeit "ins Haus".
Was von Arbeitgeberseite - fast zynisch - als 'Wirklichwerden eines
Traums'[46] propagiert wird, daß nämlich die Arbeit zum Menschen komme,
bedeutet für die betroffenen Frauen eine fatale Kombination aus dem
Verlust aller "positiven Erlebnisfaktoren von Berufstätigkeit wie die
Erfahrung der eigenen Leistung, Anerkennung durch andere, Erweiterung
des Lebensraumes und der Sozialkontakte" und dem Hinzutreten aller Ne-
gativbelastungen "'familienorientierter Mütter' wie zu enge, zu häufige, aber nicht sehr intensive Kontakte zu den Kindern und der Wegfall
von außerhäuslicher Anregung und Stimulation, die sich auch der Familie mitteilen" (ebd. 62) und die die "Zerrissenheit" der Frauen durch
das 'ständige ineinander-Übergehen von Beruf und Familie mit ihren je
unterschiedlichen Erwartungen (rationales vs. emotionales Verhalten)
noch vergrößert (ebd. 61, Rader Art. 1985, 45).
Außerdem ist zu kritisieren, daß durch diese neuen Heimarbeitsformen
weiterhin eine Organisation von Interessensdurchsetzung der Arbeitneh-
mer/innen verunmöglicht wird; und schließlich wird die Zuständigkeit
der Frau für den Haushalt weiter affimiert (Böttger Art. 1983, 62)[47].

(3)   Ehrenamtliche Tätigkeiten

Einen weiteren Aspekt der Frauenunterdrückung zwischen Berufswelt und
privatem Bereich - bedeutend auch im Rahmen feministisch-kirchlicher

---

46   Siemens: data report 18, 1983, Heft 1, zitiert nach Böttger Art.
     1983, 58.

47   Cf. hierzu Birk/Stoehr: "Vor allem hat sich eine Fortschrittsgebun-
     denheit vieler Feministinnen inzwischen auch bestimmten Anforderun-
     gen an ihre Flexibilität angepaßt, um auch qualitative Wachstums-
     schübe mitzutragen. So treten neben die Ansätze einer feministischen
     High-Tech-Kritik immer häufiger auch emanzipatorisch begründete
     Bedürfnisse nach Teilhabe an den neuen Technologien: Computer-Kur-
     se durch Frauenvereine |...| (Birk/Stoehr Art. 1987, 63).

Überlegungen[48] - stellt die ehrenamtliche Tätigkeit von Frauen dar[49].
Solche werden neben der Kirche in den Bereichen 'Politik, Kultur und
Sport, Verbände, Gewerkschaften, Vereine und Initiativen geleistet
(Backes/u. a. Art. 1983, 92).
Für Backes/u. a. handelt es sich bei dieser Tätigkeit sogar um einen
"Prototyp der Ausbeutung" (ebd. 92): Wie die Hausarbeit ist sie 'unbe-
zahlt und daher unsichtbar (s. u. (5)), aber gesellschaftlich notwendig'. 'Weder ist sie durch Arbeitsverträge abgesichert, noch bietet sie
eine Existenzsicherung'. Sie ist entschieden "geschlechtsspezifisch"
und ohne gesellschaftliche Macht ausgestattet. Sie referiert, wie Reproduktionsarbeit in der Familie, auf weibliches Arbeitsvermögen und
"umfaßt psychische und materielle Versorgungsleistungen" (ebd. 94).
Zweifelsohne wird sie - individuell - als "sinnerfüllend" erfahren, insofern Frauen hier eine Möglichkeit gegeben wird, aus ihrer häuslichen
Isolation auszubrechen (ebd. 94) und Kompetenzerfahrungen (ebd. 96) zu
machen, eine 'Steigerung des Selbstwertgefühls' und 'gesellschaftliche
Anerkennung' zu erleben (ebd. 97, 96) und somit die eigene psychische
Reproduktion zu ermöglichen.
Doch strukturell stellt sie eben doch ein Ausbeutungsverhältnis dar,
da den ehrenamtlich tätigen Frauen kaum Handlungs- und Entscheidungs-
spielraum eingeräumt wird, sie - wieder einmal mehr - in der Hierarchie
ganz unten stehen (oft noch sind es zudem Männer, die übergeordnet sind),
und sie keine Alternativen haben, etwas anderes zu tun, was viele auch
spüren:

> "'Die vom Staat wissen ja auch, daß wir sonst nichts finden in un-
> serem Alter, daß wir mehr oder weniger auf diese Tätigkeiten auch
> angewiesen sind. Und es ist ja auch so, obwohl man sich eigentlich
> ausnutzen läßt ... - man arbeitet ja umsonst und investiert neben

---

48 Cf. Rieger Art. 1986 c, 32; ebenso Riegers Vortrag auf den "Frauen-
    projekttagen" in Münster 8.-10. Juli 1987; s. ferner Meyer Art.
    1985.

49 Das Folgende vorwiegend nach Backes/u. a. Art. 1987, 92-104; cf.
    auch Fischer Art. 1978, 75-102.

der Zeit und Kraft auch oft noch das Geld des Mannes –, man muß
fast froh sein, wenigstens das tun zu können'" (ebd. 97, cf. 100).

Ehrenamtliche soziale Tätigkeit stützt ideologisch und praktisch die
"Seggregation und Polarisierung von Fähigkeiten und Kompetenzen" (ebd.
98) und hat zudem die systemstabilisierende Funktion,bei wirtschaftlicher Rezession den Abbau der Sozialleistungen und -einrichtungen aufzufangen (ebd. 95 f; 100; Rader Art. 1985, 29).
Davon mehr im Folgenden.

(4) Ideologische und praktische Repressionsstrategien der sog. "Wenderegierung"[50]

Wie wenig sich auch sonst Prognosen zur "Wende" bewahrheitet haben mögen, im Hinblick auf die Stellung der Frau zeichnet sich eine eindeutige Verschlechterung ihrer Lage ab[51]:
"Unverfrorene" (Fleßner Art. 1983, 78) Beschwörungen der "neuen Mütterlichkeit"[52], von der 'Selbstverwirklichung durch Mutterarbeit' (Rader
Art. 1985, 27; Wengenmayr Art. 1985, 97) und der "'sanften Macht der

---

50 Cf. Neidig/Selders Art. 1987, 75.

51 Zu den neuesten Veränderungen in Hessen cf. Sautter Art. 1987.

52 "'Die Mutter ist unersetzlich. Ihr zunächst ist der höchste Wert
    anvertraut, den wir auf Erden besitzen, das menschliche Leben und
    seiner Entfaltung verbunden, weil die Frau in Schwangerschaft und
    Geburt die erste und intensive Beziehung zu den Kindern findet.
    |...| Das Kind braucht in den ersten Lebensjahren vor allem die
    Mutter |...| Mutterarbeit ist mehr als Erwerbsarbeit. Keine ande-
    re Arbeit ist so unmittelbar dem Leben verbunden. Die Arbeit der
    Mutter enthält mehr von dem ursprünglichen Schöpfungscharakter der
    Arbeit, als alle Humanisierungsbemühungen der Erwerbsarbeit zu-
    rückgeben können'" (Blüm, Norbert: Die sanfte Macht der Familie.
    Leitsätze verabschiedet auf der 19. Bundestagung der CDA am 11.
    10.1981 in Mannheim, zitiert nach Fleßner/Knake-Werner Art. 1983,
    76).

Familie'"[53] - alles von Männern definierte Bestimmungen über das na-
turgemäße Wesen der Frau! (ebd. 97; Demmer/u. a. Art. 1983, 25) - wollen
den Frauen ein altes, als repressiv erlebtes[54] Frauenideal aufoktroyie-
ren, ganz offensichtlich, um wirtschaftliche Rezession und Männerarbeits-
losigkeit (ebd. 24) auszugleichen.

"'Ich kann mir nicht vorstellen, daß 3000 Druckknöpfe (in der Fabrik
produziert, Anm. Wengenmayr) Emanzipation darstellen sollen'", äußert
Arbeitsminister Blüm[55], "das Tippen von 1000 Zeilen im Akkord vor dem
Bildschirm, womöglich auch noch in den Nachtstunden" wird Frauen aber
zugemutet (Wengenmayr Art. 1985, 100), und an die Verbesserung miserab-
ler Arbeitsbedingungen scheint niemand denken zu wollen (cf. Dobberthien
Art. 1983, 423).

Wurden in den 60er Jahren Frauen in die Betriebe geholt, ihre "Tapfer-
keit und Einsatzbereitschaft" (Demmer/u. a. Art. 1983, 24) gepriesen,
so werden sie heute als "Zuverdienerin" (Rader Art. 1985, 28) guten
Gewissens entlassen, es wird an ihre "Opferbereitschaft" (cf. Dobberthien Art. 1983, 421) appelliert, oder sie werden schlichtweg als "Dop-
pelverdienerinnen" - wer denkt schon an (männliche) "Doppelverdiener"? - diffamiert (cf. Rader Art. 1985, 28; Rammert-Faber Art. 1985, 53; Wengenmayr Art. 1985, 98). Die in den Publikationen durchgängig zitierte Einschätzung der Frauen als "Reservearmee"[56] macht deutlich, daß Frauen

---

53 S. Anm. 52; zynisch und ignorant wirken derartige Äußerungen in
    Hinblick auf all die Frauen, die alleinstehend, allein mit Kindern
    oder aufgrund des zu geringen Verdienstes ihrer Partner gezwungen
    sind, Geld zu verdienen (cf. Friedan 1982, 61).

54 Als Belege s. die zitierten Erfahrungen von Frauen weiter unten.

55 Interview mit dpa, in: Sozialpolitische Nachrichten, 5.10.1981, zi-
    tiert nach Wengenmayr Art. 1985, 100.

56 Wengenmayr Art. 1985, 97; Rader Art. 1985, 17 f, 43; Rammert-
    Faber Art 1985, 57; Bubeck Art. 1979, 77; Hund Art. 1982, 21;
    Pinl Art. 1978, 21, 36; Fleßner/Knake-Werner Art. 1983, 85;
    Kontos/Walser Art. 1978, 85, Werlhof Art. 1982 b, 57, Collins Art.
    1977, 10.

zu den ersten gehören, auf deren Kosten wirtschaftliches Wachstum und
Rezession ausgetragen werden (Friedan 1982, 57).

Einher geht dies mit zunehmendem Abbau von sozialen Einrichtungen, etwa
zur Kinder-, Alten- und Krankenbetreuung, von Sozialarbeiterstellen und
Sozialleistungen wie Sozialhilfe[57] und Jugendhilfe[58] (Schunter-Kleemann
Art. 1983, 54), die bislang jenes 'in Zeiten der Prosperität wohlmei-
nend als 'Doppelbelastung' benannte Phänomen' (Rammert-Faber Art. 1985,
53) abbauen helfen sollte[59].
Soziale Dienste werden wieder reprivatisiert (Schunter-Kleemann Art.
1983, 55; cf. Sellach Art. 1983, 105, s. o.), während für militärische
Rüstung weiterhin große Budgets zur Verfügung stehen (Schunter-Kleemann
Art. 1983, 54 f; Dobberthien Art. 1983, 426).

(5) Einschätzung und Selbsteinschätzung von Hausarbeit

Von Hausarbeit reden, heißt, eine Anzahl positiver und negativer Aspekte zu-
sammenzutragen. Ich will mit letzterem beginnen und zunächst fragen,
wie Hausarbeit von ihren "Subjekten", von Frauen erlebt wird, wie sie
sich für andere auswirkt und welchen Stellenwert sie gemeinhin gesamtgesellschaftlich und in der (wissenschaftlichen) Ideologie hat.

a) Negative Aspekte

Hausarbeit wird als einförmig (Pinl 1978, 8; Prokop 1976, 85) angesehen:

> "Dann wollte ich außerhalb arbeiten gehen. Der Haushalt stand mir
> auch hier. Immer dieses eintönige Einerlei. Ich wurde verrückt."
> (Schwarzer 1973, 67);

---

57 "Bezogen auf die Gesamtbevölkerung erhielten 1985 von den männlichen Einwohnern 4,2 %, von den weiblichen Einwohnern 5,0 % Sozialhilfe" (Datenreport 1987, 199).

58 Zu den Einzelheiten cf. Sellach Art. 1983, 108 f.

59 Cf. Werlhof Art. 1982 a, 36; Sellach Art. 1983, 108; Böttger Art.
1983, 54; Wengenmayr Art. 1985, 100; Rader Art. 1985, 60; Friedan
1982, 14, 212; Jansen Art. 1987, 68; Anlage 2.

Sie wird durch die Zunahme von Automatisierung und Fertigwaren kaum mehr als Arbeit empfunden[60], und sie gibt Frauen das Gefühl, 'gesellschaftlich nicht anerkannte Arbeit zu leisten' (Pinl 1978, 8, 14; cf. Prokop 1976, 84), 'im Schatten des Mannes zu stehen' (Pinl 1978, 15), kein Selbstbewußtsein, besonders auch gegenüber den Kindern, zu haben, was eben oft erst aus der Perspektive gegenläufiger Erfahrungen verbalisierbar zu werden scheint:

> "Seit ich arbeite |...| bin ich auch etwas in seiner Achtung gestiegen. Er sagt fast nie mehr: Du bist dumm, mit dir kann man nicht sprechen." (Schwarzer 1973, 36)

Frauen haben das Gefühl, mehr zu geben als zu erhalten (Pinl 1978, 15), leiden an Angstzuständen und schließlich vegetativen Störungen (Prokop 1976, 87 f)[61]. 'Schichtenspezifisch wachsen Unzufriedenheit und Protest' mit je niederem Einkommen des Mannes (Prokop 1976, 94), da Mittelschicht-Frauen mehr Privilegien und Möglichkeiten haben, ihre Isolation in Familie, Haushalt und sozialen Beziehungen zu kompensieren (ebd. 96); altersgemäß dominiert bei jüngeren Fauen ein "Ausweichen in Mode" (ebd. 97).
Hausfrauendasein ist eine "Falle" (Friedan 1982, 37; cf. dies. 1986), in der Frauen degenerieren - "Passivität, Ohnmacht, Unselbständigkeit, Abhängigkeit, Borniertheit" (Rammert-Faber Art. 1985, 58) sind Kennzei-

---

60 "the economy was sowing the seeds of its own discontent by churning out products which were making women's functions in the home less and less meaningful. When you could buy frozen meals already prepared, cake mixes to which you only had to add water and ready-made clothes, there seemed less and less instrinsic worth left to the traditional housewife's role" (Collins Art. 1977, 7).

61 Hierzu gehören etwa die irreale Angst vor Katastrophen, Schulden, finanziellem Chaos, "Überrolltwerden durch Unordnung und Schmutz", nicht-fertig-Werden mit der Arbeit (cf. Prokop 1976, 86 f); cf. hierzu Ruether: "Die Erotisierung des Privatlebens fördert ebenfalls die Funktion des privaten Haushalts als wichtigste Konsumeinheit in einem ökonomischen System, das auf der wachsenden Konsumtion von Gütern beruht, von denen die meisten nur zu einer Übersättigung führen und die grundlegenden Bedürfnisse verzerren" (Ruether 1979, 214); Bartholomeyczik Art. 1984; Bürkhardt/Oppen Art. 1985, 135.

chen von Hausfrauen - und gegen sich selbst und ihre Umwelt destruktiv
werden; eine 'Art von weiblichem Machismo' entwickeln:

> "Diese Beherrschtheit, diese Perfektion in allem, was Haushalt und
> Kinder forderten, dieses Bestreben darauf, daß sie immer alles
> *richtig* machte", "ihr |der Hausfrau| hypertugendhaftes Gegenstück
> zu männlicher Stärke und Macht, das sie einsetzte, um ihre Ver-
> letzlichkeit, ihre finanzielle Abhängigkeit, ihre Herabsetzung
> durch die Gesellschaft und die Selbstabwertung aufzuwiegen oder
> zu verschleiern" (Friedan 1982, 47; cf. Beck-Gernsheim 1980, 108).

Das Gefühl der Bedeutungslosigkeit (cf. ebd. 109), das dahinter steht,
hat seine Ursache nicht etwa in der weiblichen Psyche, sondern in der
faktischen Arbeitsteilung und der gesamtgesellschaftlichen Einschätzung
von Hausarbeit:
Familie und Hausarbeit gelten als "arbeitsfreie" Nische, faktisch aber
sind diese und die Frauen vom Lohn des Mannes abhängig (Ostner 1978,
166), so daß geschlechtliche Arbeitsteilung ein 'einseitiges Besitz-
und Abhängigkeitsverhältnis' (ebd. 168) konstituiert.
Durch die Trennung von Familie und Betrieb wird der häusliche Bereich
zum - meist alleinigen - Ort zwischenmenschlicher Beziehungen, was einerseits zu dessen 'emotionaler Überfrachtung' (Beck-Gernsheim 1981, 63 f)führt
und andererseits zum Fehlen einer "gemeinsamen Sache" zwischen Vater
und Familie und einer "Solidarität", die mangels profunder Kenntnis vom
Alltag des je anderen "klischeehaft" ist (ebd. 168 f), ja oft haben
sich die Väter "aus der Elternschaft als verantwortlicher Versorgung
der Kinder |...| entfernt" (Lenz Art. 1987, 72).
Frauen wird es also objektiv schwergemacht, ihre eigene Leistung als
'gesellschaftlich notwendig zu begreifen' (cf. Ostner 1978, 170). Gesamtgesellschaftlich "existiert eine Geringschätzung und Mystifizierung"
von Hausarbeit und ihren Trägerinnen (ebd. 149), die sich aus jener Unkenntnis und der ihr eigenen "Naturwüchsigkeit" (s. u.) ergibt.
Entsprechend wurde in ökonomischen, auch marxistischen Betrachtungen

"menschliche" Arbeit nicht wahrgenommen[62]. Da Hausarbeit im kapitalistischen Sinn oder im Verständnis verschiedener politischer Ökonomien nicht produktiv ist (Prokop 1976, 65; Kontos/Walser Art. 1978, 66), wurde sie überhaupt nicht wahrgenommen, da die im Bereich der Hausarbeit vorzufindende Konstruktivität und Naturbezogenheit nicht zu den gängigen Ideologemen androzentrischer Kultur gehören[63]:

> "Die Hausarbeit als die dem Mehrwert abgewandte Seite der kapitalistischen Ökonomie wurde mit der Durchsetzung dieser Produktionsverhältnisse sukzessive aus dem gesellschaftlichen Bewußtsein verdrängt, und entsprechend wurden die Frauen, denen diese Arbeit zugewiesen wurde, vom Zugang zur gesellschaftlichen Macht und zu politischen Organisationen ausgeschlossen." (Kontos/Walser Art. 1978, 67)

Und für die Linke heißt es:

> "Ihr Interesse an der Abschaffung von Ausbeutung durch die kapitalistische Lohnarbeit macht sie blind sowohl gegenüber der ökonomischen Bedeutung der Hausarbeit im Kapitalismus wie gegenüber ihren möglichen emanzipativen Elementen" (ebd. 69; cf. Bennholdt-Thomsen Art. 1983, 194, 197, 203; cf. Janssen-Jurreit 1985, 383):

Demgegenüber haben feministische Sozialwissenschaftlerinnen begonnen, diesen "blinden Fleck in der Ökonomie" (Werlhof Art. 1978) zu untersuchen, die mit der Hausarbeit verbundene Ausbeutung zu beschreiben,[64]

---

62   Selbst in historisch-ethnologischen Wissenschaften dominiert häufig 'die Frau als Mutter'-Sicht, was zu zahlreichen Fehleinschätzungen früherer Kulturen führte (cf. Mies Art. 1980, 61 ff).

63   Cf. Mies Art. 1980, 61 ff; Bennholdt-Thomsen Art. 1983, 201; Lenz Art. 1987, 72.

64   Cf. Werlhof: "Die Frau soll dem Mann dienen und vor allem gehorchen. Er kann das einklagen. Kurz: die Hausfrau ist eine rund um die Uhr lebenslang zur Disposition stehende, unbezahlte Arbeitskraft für den Mann, mehr noch, sie steht ihm als ganze Person, mit Haut und Haar, einschließlich ihrer Sexualität und Gebärfähigkeit, ihrer Psyche und Gefühle zur Verfügung, Sklavin und Leibeigene zugleich, die gezwungen ist, sämtliche Tätigkeiten zu verrichten, die der Ehemann und die Kinder 'brauchen', samt der Bezeugung von Liebe selbst dann, wenn sie keine empfindet. Hier wird Arbeit aus Liebe

Hausarbeit als für die (kapitalistische) Produktion unersetzbar zu beweisen,
(insofern sie nämlich die physische und psychische Reproduktivität des Arbei-
ters ermöglicht) und schließlich einen anderen Produktionsbegriff zu etablieren:

> "Die Hausarbeit der Frau, die den Produktionsprozeß der Arbeits-
> kraft vorbereitet, organisiert und in Gang setzt, hat |...| beide
> Aspekte zu realisieren. Sie muß verstanden werden als eine Ein-
> heit von materiellen und psychischen Versorgungsleistungen. Das
> bedeutet, daß der Begriff der Hausarbeit erweitert werden muß. Un-
> ter Hausarbeit ist nicht mehr nur das zu verstehen, was umgangs-
> sprachlich und in der wirtschaftswissenschaftlichen Diskussion un-
> ter Hausarbeit verstanden wird, sondern es sind alle Aspekte des
> Aufbaus und der Pflege der familialen Beziehungen durch die Frau
> (Ehe/Kinder) miteinzubeziehen." (Kontos/Walser Art. 1978, 76; cf.
> Meulenbelt 1982, 51, 53)

"Produktivität" wird folglich, entgegen landläufigen ökonomischen De-
finitionen, als "Produktion des Lebens", als "Produktion der täglichen
Lebensmittel, Nahrung, Kleidung usw. und die Produktion neuer Menschen"
(Mies Art. 1980, 63) verstanden.

b)   Positive Aspekte

Unter dem Begriff des "weiblichen Arbeitsvermögens"[65] haben Ostner (1978)
und Beck-Gernsheim (1976) (cf. Rammert-Faber Art. 1985, 58) zahlreiche

---

> getan und Liebe wird zur Arbeit (Bock/Duden). Das muß kein uner-
> träglicher Zustand sein, ist es aber oft genug und vor allem, es
> gibt keine Möglichkeit zu verhindern, daß er eintritt" (Werlhof
> Art. 1982 a, 40); hinzu kommt, daß weder bei Hausfrauen noch bei
> nicht-nur-Hausfrauen nach deren eigener Reproduktion gefragt wird:
> "Weibliche Arbeitnehmer haben keine Hausfrauen zu ihrer persönli-
> chen Bedienung zur Verfügung. Hausfrauen ohne Lohn und Lohnarbei-
> terinnen ohne Hausfrau sind die widersprüchlichen Realisierungs-
> formen des weiblichen Arbeitsvermögens" (Kontos/Walser Art. 1978,
> 85).

65   Zur Radikalisierung und Ausweitung des Begriffs s. u. 5.2.4 (b).

positive Aspekte der Reproduktionsarbeit dargelegt, die im Folgenden kurz benannt seien.

Unter dem Stichwort "strukturelle Eigenart der Hausarbeit" (Ostner 1978, 112) beschreibt Ostner u. a. folgende Merkmale, die eine positive Einschätzung erlauben:

Erstes Kriterium der Hausarbeit ist ihre "Naturwüchsigkeit"; damit ist ihre Abhängigkeit "vom Rhythmus biologischer, aber sozial geformter Bedürfnisse" (ebd. 116) gemeint, die einen "Rest jener archaischen 'abstrakten Identität von Mensch und Natur'"[66] bewahrt, etwa in der "Bindung der Frau an den Rhythmus ihres eigenen Körpers, an die Beziehung zu ihrem Kind, an die Zubereitung der Nahrung für den unmittelbaren Bedarf, an die Sorge für eine wohnliche Atmosphäre zum Ausruhen, Schlafen, etc." und der "Gebundenheit der Arbeit an eine nicht ohne weiteres durch menschliche Eingriffe zu manipulierende Naturbasis", die "eine gewisse Statik der Lebensweise, ein Abwarten, Verweilen, Verharren, Verhalten" setzt (Ostner 1978, 120 f; cf. Meulenbelt 1982, 48 f).

Als zweites positives Kriterium formuliert Ostner: "Erfahrungswissen[67], sinnliche Intuition und Empathie" (Ostner 1978, 121): Hausarbeit setzt eine Art "Laienwissen" |??| (ebd. 122), eine "Vertrautheit" und Erfahrung mit der 'Materie'" voraus, "um menschlichen, immer wiederkehrenden, nicht auflösbaren Lebensäußerungen gerecht zu werden" (ebd. 122). Grundlage dieser Vertrautheit ist eine 'sinnliche Intuition' (vergleichbar jener Menschen, die auf dem Land aufgewachsen sind und demzufolge 'Hunderte von |Pflanzen|Arten" kennen (ebd. 123)), das heißt ein "Begreifen von Gegenständen unter Verzicht auf wissenschaftliches Denken" (ebd. 124).

Ferner beschreibt Ostner als Kriterium von Hausarbeit "die Ganzheit der Arbeitsaufgabe als Leistung des Arbeitenden" (ebd. 130), "d. h. daß der

---

66 Schmidt, A.: Der Begriff der Natur in der Lehre von Marx, Ffm., 2. Aufl. 1971, 80, zitiert nach Ostner 1978, 120.

67 Gegenüber Ostner beschreibt Mies - feministisch und selbstbewußter - dieses Wissen als Produkt einer bewußten, historischen und gesellschaftlichen Aneignung (Mies Art. 1980, 63 ff).

Arbeitende einen Arbeitsvorgang von seinem Entstehungsprozeß bis zu seiner Vollendung |...|, beim Kochen bis zur 'Genußreife' vollzieht" (ebd. 132). (Darüberhinaus ist ein "zeitökonomischer Rhythmus" wie im Beruf für die Hausarbeit nicht denkbar, oft kommen Kombinationen von Arbeit und Muße vor, etwa während Bügelarbeiten fernsehen oder mit Kindern einen Ausflug machen (ebd. 135, 138).

Und schließlich sind eine Reihe unerläßlicher Eigenschaften und Fähigkeiten für den Reproduktionsprozeß charakteristisch wie "Empathie, Geduld, Ausdauer, Erfahrungswissen" und "divergentes Denken" (ebd. 148): denn Frauen wird

"ein hohes Maß an psychologischem Einfühlungsvermögen, die Beherrschung von Gesprächspraktiken und anderen Formen der Konfliktbearbeitung, sowie eine hochentwickelte Fähigkeit zur Mitteilung von Empfindungen und zum verbalen oder averbalen Ausdruck der jeweiligen Beziehungszustände" (Kontos/Walser Art. 1978, 79).

abverlangt, was letztlich bedeutende Teile ihrer Identität ausmacht:

"Die Zuweisung von und die Identifikation mit der Arbeitsweise und Arbeitsform im Reproduktionsbereich bleibt nicht ohne Konsequenzen für die Identität der Frau, für ihre Fähigkeiten und Verhaltensmuster, Interessen, Einstellungen, Situationsdeutungen und Wertorientierungen. Weil Reproduktionsarbeit Auseinandersetzung mit unmittelbar erfahrenen Bedürfnissen von Personen einschließt, gehören Elemente wie Fürsorglichkeit, Zärtlichkeit, Verstehen, Einfühlungsvermögen und Geduld auch zu den 'Qualifikationen' weiblicher Arbeitskraft" (Rammert-Faber Art. 1985, 58).

Mies spricht daher von Reproduktionsarbeit als "Beziehungsarbeit" (Mies Art. 1986, 43). Die Befähigung zu solcher wird per Sozialisation erworben[68] und soll keinesfalls leichtfertig idealisiert werden, insofern sie kaum aus nur freien Entscheidungen hervorgegangen ist[69] (Hund Art. 1983, 17). Vielmehr ist sie - neben allen positiven Aspekten -

---

68 Beachte hierzu den Hinweis Ostners, daß Frauen Töchter kontinuierlich und bevorzugt zur Hilfe im Haushalt heranziehen (Ostner 1978, 143; cf. Kontos/Walser Art. 1978, 77).

69 Cf. hierzu Bennholdt-Thomsens Kritik an den Ausführungen Ostners und Beck-Gernsheims (Art. 1983 a, 209-214).

Ausdruck der "Auswegs- und Perspektivelosigkeit der gesellschaftlich
hergestellten und erzwungenen Ghettoisierung weiblichen Daseins"
(ebd. 148).

Die insgesamt aber positive Einschätzung von Hausarbeit im oben ausgeführten Sinn läßt sich abschließend mit dem Zitat einer Probandin Friedans zusammenfassen, das auf alte und neue Erfahrungen von Hausfrauen-
existenzen und Arbeitswelt referiert:

> "'Heute liebe ich all die Hausfrauenarbeiten, die die Frauen nicht
> mehr ertragen können. Vielleicht weil ich jetzt eine Wahlmöglich-
> keit habe. Es ist mir klargeworden in den letzten Jahren, wie ich
> daran hänge, die Spülmaschine auszuräumen, die Wäsche zusammenzu-
> legen, den Wagen in Ordnung zu halten. Das gibt mir bei allem an-
> deren, was ich tue, das Gefühl, festen Boden unter den Füßen zu
> haben'" (Friedan 1982, 106; cf. Robitzsch-Klee Art. 1983, 122 f;
> Steller-Haugg Art. 1984).

Über diese soziologische und erfahrungsbezogene Neuorientierung von Hausarbeit hinaus zeichnet sich eine weitere Veränderung auf dem Feld (feministischer) Frauen ab. Gegenüber der Tatsache, daß die Ehe weiterhin
zunehmend unattraktiv erscheint[70], gibt es eine Aufwertung von Mutterschaft und Familiengründung. Vorausgesetzt daß diese das Resultat freier
Entscheidungen sind (Friedan 1982, 76,80), wird Mutterschaft als "tief-
verwurzelnder menschlicher Trieb" (ebd. 61) anerkannt und als Ermöglichung von "Eigenständigkeit", "Identität" (ebd. 78) und "Machtquelle
der Frau" (ebd. 81) erkannt. "Ehrfurcht vor dem Leben und den Mysterien
der Empfängnis und Geburt, die doch durch die Jahrhunderte Last und Lust der
Frauen und den Wert der Weiblichkeit ausgemacht hatten" (ebd. 179), erhalten zunehmend eine positivere Einstellung:

> "'Nachdem ich jahrelang bewiesen hatte, daß ich in meinem Beruf so
> gut war wie jeder Mann, wurde mir plötzlich ganz stark bewußt, daß
> ich eine Frau bin. Und mir wurde klar, daß ich ein Kind haben woll-
> te. Ich werde es nicht schaffen, den Job hier zu halten und mein

---

70 Dies insofern die Ehe beispielsweise gesamtgesellschaftliche Herrschaftsstrukturen reproduziere (Kontos/Walser Art. 1978, 89; cf.
Schwarzer 1973, 64 f).
Schmidtchen zufolge erschöpfe sich weibliches "Glücksstreben" allein
in der "Partnersuche selbst", 'Systematisierungsansprüche für die
eigene Biographie' würden abgelehnt (Schmidtchen 1984, 24-29).

anderes Geschäft weiter zu betreiben, aber deshalb kein Kind zu
bekommen? Ich hätte das Gefühl gehabt, daß sie gewonnen hätten'" (ebd. 73),
so eine andere von Friedans Probandinnen.

Aufgrund dieser Liberalisierung des sog. "feministischen Wahns" (cf.
ebd. 22, 70, 75) scheint die Familie heute weniger feministisch denn
ökonomisch bedroht.
Zeit vom "Müttermanifest" zu reden.

(6)　"Mutterschaft ist nicht die fundamentale Berufung der Frau"[71]
　　　Bemerkungen zum sogenannten "Müttermanifest"

In letzter　Zeit[72] sind Stimmen von Frauen laut geworden, die ebenfalls
(s. o. (4)) die "neue Mütterlichkeit" auf ihre Fahnen geschrieben haben.
Im Folgenden soll zu diesen - wie sie sich etwa in einem Aufsatz von
Erler und dem sog. "Müttermanifest" einiger "grüner" Frauen darlegen - sowie zu
einigen Reaktionen darauf[73] kurz Stellung genommen werden.
In den Texten rücken "Mutterliebe" und "Mütterlichkeit" ins Zentrum der
Ausführungen, "Kompetenz und Sachverstand" der Mütter (Manifest, 2) wird
reklamiert, Kinder- und Mütterfeindlichkeit der Öffentlichkeit, besonders im Arbeitsleben und im Alltag der Partei, werden kritisiert (ebd. 1,3).
Ferner wird eine Reihe von "Zielvorstellungen"[74] formuliert wie u. a.
"eine ausreichende und unabhängige finanzielle Sicherung für die Betreu-
ungsarbeit", ein "Grundlohn" (ebd. 3), "eine lebendige Infrastruktur"

71　Halkes Art. 1980 b, 24. Dieses Zitat aus dem Diskurs der "Alten"
　　dem Folgenden vorangestellt deutet nicht auf den Zynismus der Ver-
　　fasserin, sondern auf die Schauerlichkeiten des sogenannten "Zeit-
　　geistes".

72　Zur Entwicklung im Detail s. Pinl Art. 1987, 113; cf. auch Woesler-
　　de Panafieu, die vom "neuen Mythos der Mütterlichkeit" spricht
　　(Woesler-de Panafieu Art. 1983, 72).

73　Wichtige Hinweise und kritische Anregungen zum Folgenden verdanke
　　ich Herrn Prof. Dr. P. Gross und Vertretern der Bamberger Grünen.

74　Nach Pinl gehen diese Forderungen über die Postulate der Grünen-
　　Programme kaum hinaus (Pinl Art. 1987, 117).

("Nachbarschaftszentren, Mütterzentren, geöffnet den ganzen Tag, Eßka-
sinos, gemeinsame Mittagstische"), eine kinder- und müttergerechte Arbeitswelt (u. a. qualifizierte Teilzeitarbeit, flexible Arbeitszeit)
und Parteienorganisation, "das Recht, daß Frauen ihre Kinderwünsche leben können" und schließlich die "Kooperation" mit Männern um nicht mehr
länger "ohne 'input' in ihre |der Mütter| eigenen Reserven, die Grund-
lagen für alles andere zu schaffen" (ebd. 4).

Positiv daran kann, z. T. in Übereinstimmung mit feministischen Grünen
und anderen Frauen, daran festgehalten werden, daß gegen die noch immer
virulente negative Bewertung des Reproduktionsbereiches angegangen wird[75]
und daß die Kinderfeindlichkeit auf allen Ebenen des öffentlichen Lebens gerügt wird; daß auf Unterstützung beharrt wird, daß "lebenskräf-
tige Modelle" menschlichen Zusammenseins (Erler Art. 1985, 51) gesucht
werden und in diesem Kontext auf die Solidarität der "Weibersippe"[76]
(ebd. 61 f, 58; s. aber Anm. 82) rekuriert wird.
Darüberhinaus aber ergeben sich eine Reihe -methodologisch und inhaltlich - höchst ärgerlicher und bedauerlicher Punkte:
Den ersten betrifft gleich das zentrale Anliegen der Mütterlichkeit und
der Mutterliebe. Was denn diese bedeuten sollen, wird im Müttermanifest
so wenig dargelegt (mag sein, daß solche Erwartungen verfrüht gestellt
sind, daß die Frauen noch nicht die Gelegenheit zur Selbstbesinnung und
-darstellung hatten; dann wäre aber auch weniger Polemik gegenüber nicht-
Müttern wünschenswert gewesen) wie in dem Text von Erler. Was bislang
gute feministische Tradition gewesen ist, nämlich von konkreten und
konkret mitgeteilten Erfahrungen auszugehen[77], sie zu beschreiben und

---

75   Cf. Kiltz Art. 1987, 66; Friedan 1982, 219.

76   Cf. dazu Pinls Kritik (Pinl Art. 1987, 113).

77   S. 1.2.2; Anm. 36 in Kap. 1; ferner Rentmeister 1985, 28.

und als solche in die Diskussion einzubringen, ist hier nicht realisiert, so daß alles, was wünschenswert, attraktiv und innovatorisch
an differenziert ausformulierter Mütterlichkeit wäre, verschwiegen und
unbenannt bleibt.Und schließlich muß der Eindruck von "pauschaler, unkri-
tischer Aufwertung der Mütterlichkeit und der Mütter" (Anlage 5,8) entstehen, die auch alle repressiven Erscheinungsformen, wie sie
etwa unter dem Stichwort des "weiblichen Machos" zuvor (5) beschrieben wurden, unbeachtet läßt. Ja, Mütterlichkeit wird hier so unkritisch
und zugleich pathetisch[78] propagiert, daß sie kaum mehr von dem Müt-
terlichkeits-Begriff der "Wenderegierung" zu unterscheiden ist (Anlage 4,7; Strobl Art. 1987, 74; cf. Anm. 52).[79]
Und ähnliche Kritik ist bedauerlicherweise an all jenen beleglosen (!)
Diffamierungen von sog. "Karrierefrauen" (Anlage 5,13; Kiltz Art. 1987,
65)[80] zu üben, die schließlich in der patriarchalischen Gesellschaft
genauso ihren Preis zahlen: nämlich keine Kinder zu haben (Anlage 6);

---

78 "Ein Verständnis von Mütterlichkeit und Väterlichkeit (oder 'El-
    ternlichkeit') ohne Überhöhung und ohne deren Kehrseite, die Ernie-
    drigung, wäre eine wirkliche Zukunftsleistung. Es dürfte nicht,
    wie per se im Mütteransatz, die Frau allein oder primär über ihre
    Eigenschaft als Mutter definieren einem Bild, welches zudem *allen*
    Frauen als Lebens*korsett* mit stetiger *Beschränkung* auf Gebärfähig-
    keit vorgehalten wird. |...| mütterliche oder weibliche Eigenschaf-
    ten |können| nicht als solche glorifiziert werden. Was sich als
    Resultat einer *abhängigen* Lebenssituation herausgebildet hat, trägt
    entsprechende Merkmale und Deformierungen in sich (cf. Kap. 4) und
    kann aus sich heraus noch keine 'neue' Kultur ergeben (cf. Kap.
    4)."; als solche Deformierungen benennt Jansen "*überfürsorge*", "har-
    moniesüchtiges Sichabhängigmachen von der Zustimmung anderer", "man-
    gelnde Eigenständigkeit und Selbstverantwortung" (Jansen Art. 1987,
    67).

79 Cf. Pinl Art. 1987, 114; grundsätzlich erscheint es wenig sinnvoll,
    eine Erfahrung, hier die der Mutterschaft, zu verabsolutieren: Das
    hieße, wieder 'Biologie zu Schicksal' zu machen (cf. Freud: "Ana-
    tomie ist Schicksal", cf. Halkes 1985, 20, 76).

80 Pinl meint, m. E. nicht ohne Überzeugungskraft, daß hier "Ressenti-
    ments", die aus den "mannigfachen Kränkungen und materiellen Ver-
    lusten", die nicht-berufstätige Frauen zu ertragen haben, "jetzt
    nicht etwa an Männern, sondern an anderen Frauen abreagiert" werden (Pinl
    Art. 1987, 117 f),und d. h. letztlich, der Frauenhaß der Frauen
    in der androzentrischen Kultur (s. Einleitung) hat wieder Konjunktur.

ferner an der Rede vom "Gebärstreik", der nicht als, wenn auch schmerzhafte, aber doch autonome Entscheidung gesehen, sondern als "Existenz-
krise", die über Frauen zu kommen scheint[81], dargestellt wird; weiter
ist Kritik zu üben an den Diffamierungen von "Ersatzeinrichtungen" und
"nebulösen Gemeinschaften" (Erler Art. 1985, 50), die nicht benannt wer-
den; und an der Diskreditierung von "anonyme|n| mobile|n| relativ wenig
kontinuierliche|n| Bezüge|n|" (ebd. 60), die nicht erzählt werden; und
dem steht andererseits eine ebenso undifferenzierte Verklärung von
"Dorf[82], Sippe |und| Familie" (ebd. 56, 54) gegenüber, von denen sich
Frauen bislang erst einmal differenziert distanzieren wollten. So kann
insgesamt mangels konkreter Mitteilungen weder Solidarität aufkommen
noch können Alternativen aufgezeigt werden, ja schließlich erwecken die
Äußerungen der Mütter den traurigen und letztlich abstoßenden Eindruck
von Denunziation und Unglaubwürdigkeit.
Bedauerlich ist ferner die regressiv-resignative Haltung (Anlage 6)[83],
die in den Äußerungen zum Ausdruck kommt, insofern hier sowohl auf ein
'offensives Vordringen von Frauen in alle Lebensbereiche'[84] (Anlage 77),
ein Angehen gegen die gesellschaftliche Arbeitsteilung (Jansen Art. 1987,
68) und auf das Einüben "mütterlicher Fähigkeiten" (im obigen Sinn, cf.
Ostner) für beide Geschlechter verzichtet wird (Anlage 5). Und dies

---

81 Strobl Art. 1987, 74; Anlage 4,7.

82 Gegen die wenig realistische Verklärung dörflichen Lebens verglei-
    che etwa Innerhofer 1980; Handke 1980, Rehmann 1987, Wimschneider
    1987; auch ein Rekurs auf die "Weibersippe" muß dann leichtfertig
    und unkritisch erscheinen angesichts des nun mehrfach erwähnten
    Frauenhasses im Patriarchat, sofern nicht genau erklärt wird, worin
    eigentlich deren Vorzüge liegen sollten.

83 Strobl Art. 1987, 75; Jansen Art. 1987, 65; cf. Halkes Art. 1980 b,
    24.

84 Es ist lediglich psychische Macht, die hier postuliert wird, keine
    gesellschaftliche, politische (cf. Pinl Art. 1987, 114, 116). Er-
    stere ohne letztere aber ist hilflos.

gilt auch für die Position, die gegenüber den Männern eingenommen wird
(Erler Art. 1985; Manifest, 5), die wenig von (Mütter-)Autonomie zeugt,
die "stille Männerbewegung"[85] nicht realisieren will und vor einer "ver-
bindlichen Einbeziehung der Männer" endgültig kapituliert hat (Anlage
5, 7; cf. Pinl Art. 1987, 114, 116).

Und es ist _ abschließend m. E. ein bißchen peinlich zu fragen, wie
"kindgemäß" (Jansen Art. 1987, 65) die gemachten Forderungen sind: Ob
denn jedes Kind an der Hand seiner Mutter in der Öffentlichkeit unterwegs sein will (cf. Pinl Art. 1987, 117).

Bleibt daher insgesamt zu hoffen, daß weitere Äußerungen
dieser Gruppe konkreter und innovatorischer sind (indem eine differen-
ziertere und autonomere Besinnung auf Mütterlichkeit stattfindet; cf.
Friedan 1982; dies. Art. 1987), so daß Chancen zur Neueinschätzung von
Muttersein und Leben mit Kindern nicht vertan oder der Reaktion überlassen werden, daß Äußerungen nicht weiter formal den Eindruck "erdiger
Müttertragik"[86] erwecken und Mütterlichkeit nicht inhaltlich tatsächlich - mangels erzählter und reflektierter Erfahrung - zu jenem "Aschenputtel"
degeneriert, als welches konservative Kreise sie darstellen.[87]

3 Feministisch-theologische Bemerkungen zur geschlechtlichen Arbeitsteilung

Erklärtes Ziel des systematischen Teils war es, sich vom Leben der Menschen nicht abzuwenden, sondern pelagianisch den eigenen theologischen
Raum zu verlassen, erkennend, daß das wichtig ist, <u>was wir tun</u> (cf. 3.
1.2).

Theologische Anmerkungen zu dem bisher Beschriebenen können jedoch nur
knapp sein, denn hier gilt, wie Mies es für die feministische Gesell-

---

85 Cf. Friedan 1982, 113-146; Meulenbelt Art. 1987, 16 f.

86 Cf. etwa die Rede vom "Verdorren der Fruchtbarkeit" oder der
    "archaische|n| Psyche des Menschen" (Erler Art. 1985, 62, 61).

87 Blüm, Frankfurter Rundschau 14.10.1981, zitiert nach Wengenmayr
    Art. 1985, 97.

schaftswissenschaft postuliert, daß (theologische) Theorie - will sie
eine gegenwartsbezogene Erfahrungssystematik bleiben - nur in Beziehung
zu konkreten Aktionen entwickelt werden kann (s. 5.1). An christlichen
(kirchlichen, gemeindlichen, Verbands-)Aktionen in Sachen Frauenbefreiung im Kontext der geschlechtlichen Arbeitsteilung gibt es aber bislang nur wenig Anknüpfungspunkte, um aus Praxis Theologie zu betreiben
und diese dann wieder in die gesellschaftliche Realität zurückführen[88]
zu können.

Die Beschreibung der Arbeitswelt und der "Familienarbeit" vor dem Hintergrund neuer ideologischer Strömungen und ökonomischer Entwicklungen
konnte Erfahrungen der Ganzheit und Orte der Frauenunterdrückung auftun. Was hier ansatzweise erfolgte, kann nur weitergehend Aufgabe feministischer Theologinnen sein: Es gilt Erfahrungen aufzugreifen, ernst
zu nehmen und behutsam mit ihren strukturellen Ursachen in Beziehung
zu setzen und sie damit ein Stück aus ihrer sprachlichen und gesellschaftlichen Hilflosigkeit, scheinbaren Beliebigkeit und Isolation zu befreien,
um Wege und Handlungsperspektiven aufzuzeigen.[89]
Jedoch muß dieses Vorgehen stets an indikativische Erfahrungen von Ganzheit resp. jene "Veränderung des status quo" als Ausgangspunkt gebunden sein (s. 5.1.1).
Wünschenswert wäre es gewesen, wenn wie gesagt, dies schon hier im Kontext konkreter feministisch-christlicher Aktionen hätte geschehen können (und nicht im abstrakten Zitieren von Frauenprotokollen), wenn die
aufgezeigten Orte zugleich schon von christlichen Frauen belebte Orte
wären, diese Orte konkret und sichtbar als Orte der Passion faßbar und
greifbar wären.

---

88 Cf. die allerdings eher pastoralisierenden denn Frauen freisetzen-
    den Aktivitäten der kfd (kfd 1985).

89 Derartiges Vorgehen ist ganz entschieden das der Intellektuellen,
    wie Gramsci oder Girardi es aufgezeigt haben: Im Kampf, in der Aus-
    einandersetzung, in der Bewegung wachsam sein, Vorgaben aus der Theo-
    rie machen und von der Praxis her die Theorie verändern (cf. Gramsci
    1980 a, 222-230; ders. Art. 1980 b, 230 ff; Girardi Art. o.J.).

So aber muß auch der Schluß abstrakt bleiben:

Die vorangegangenen Ausführungen zum Arbeitsleben und Leben im Haus
und mit Familie haben sich von einem subjektiv-erfahrungsbezogenen
und einem distanziert-soziologischen Standpunkt her mit jenen beschäftigt.
Bezüglich der Erwerbsarbeit konnte einerseits festgestellt werden, daß
sie subjektiv als Ermöglichung von Ganzheit (im Sinne von 'sich als
Handelnde in Beruf und u. U. gewerkschaftlichem Kampf erfahren', 'Erfolg haben', 'ein Gefühl von Selbständigkeit haben', 'Isolationen durchbrechen', 'Beziehungen aufgreifen', 'alte Rollenmuster hinter sich lassen', 'sich selbst als Bezugspunkt wahrnehmen können' - kurz als ein
Ineinander von psychischer und ökonomischer Unabhängigkeit) verstanden
wird. Andererseits scheinen gerade diese subjektiven Erfahrungen, die
trotz offensichtlicher Benachteiligung im Arbeitsleben gemacht werden,
derzeit zunehmend von politischen Maßnahmen und ökonomischen Entwicklungen bedroht, die zu Reduzierung von Arbeitsmöglichkeiten (bei gleich-
zeitiger Verschlechterung des individuellen Lebensstandards) und Ver-
minderung der Infrastruktur führen; und sie werden offensichtlich zunehmend durch repressive Ideologien in Mißkredit gebracht, die entweder
das Produkt einer zynisch über Frauenerfahrungen hinweggehenden Propaganda
konservativer (männlicher) Politiker oder das Produkt - von einem feministischen Standpunkt aus - unzulänglich fundierter Proklamationen grüner
Politikerinnen sind.

Ähnlich ambivalent konnte auch Hausarbeit beschrieben werden: Einerseits scheinen auch in diesem Bereich positive, "emanzipative"
Erfahrungen möglich, die sich aus dem Arbeiten im Kontext von Naturge-
gebenheiten und menschlichen Beziehungen ergeben, so daß Hausarbeit subjektiv als Ort der Integrität und Ganzheit erfahren wird, und feministische Soziologinnen sich zunehmend um deren theoretische Aufwertung im
Sinne emotionaler und materieller (Re-)Produktivität bemühen.

Demgegenüber aber gibt es auch hier Erfahrungen verhinderter Ganzheit
wie etwa die der Isolation, oder das Gefühl, nicht Subjekt, sondern finanziell und bez. des Selbstbewußtseins und der Bestätigung abhängig zu
sein, unzufrieden - unbefriedigt - zu sein, die Erfahrung, mangelnde Anerkennung in der Gesellschaft bis hin zu den eigenen Kindern zu verspü-
ren, oder die Erfahrung von Destruktivität, die sich auf die Frauen
selbst und ihre Umwelt richtet.

Ein theologisches Plädoyer zum Thema der geschlechtlichen Arbeitsteilung in der BRD soll nun dergestalt erfolgen, daß die Situation der
Frauen im Hinblick auf zwei Kategorien der die Menschlichkeit Jesu be-
tonenden funktionalen Christologie Heywards reflektiert werden. D. h.
zum einen muß die im Kontext "geschlechtlicher Arbeitsteilung" fakti-
sche und subjektiv erlebte Unterdrückung von Frauen als Verhinderung
von jüdisch-christlicher "Gerechtigkeit" ausgewiesen und mit den in der
soziologischen, gewerkschaftlichen und autonomen Frauenbewegung formulierten Zielen und Strategien in Beziehung gesetzt werden; und zum anderen sind strukturelle und inhaltliche Korrespondenzen aufzuzeigen
zwischen dem feministisch-theologischen Begriff der Passion und der inneren Dynamik widerstreitender subjektiver und objektiver Komponenten
des als "geschlechtliche Arbeitsteilung" betrachteten Phänomens, - um
Ungerechtigkeit überwinden zu helfen und Raum für feministisch-christ-
liche Gruppen zu eröffnen, in dem Macht-in-Beziehung erfahren und aktiv
realisiert werden kann.

(1) Die Situation der Frauen als "verhinderte Gerechtigkeit"

"Gerechtigkeit" wurde definiert als "korrekte Regelung" menschlicher
Beziehungen, 'höchster Lebenswert, worauf alles Leben, wenn es in Ordnung ist, ruht' (s. 3.3.2 (1)).
Um eben dies handelt es sich aber nicht, wenn Frauen faktisch benachteiligt sind und dies subjektiv so erfahren, nämlich daß sie sowohl
ökonomisch als auch in ihrem Arbeitsvermögen ausgenutzt und diskriminiert werden, und ihre Möglichkeiten, sich durch Berufstätigkeit positiv

als handelnde Subjekte zu erfahren, wegrationalisiert und "wegideolo-
gisiert" werden (cf. Friedan Art. 1987, 140).
Sowohl hiermit verbundene Schmerzerfahrungen, die (bei aller einer subjektiven Erfahrung inhärenten "Unzulänglichkeit" bez. eines umfassenden
Aussagewertes) die zitierten Erfahrungen indizieren, als auch besonders
der ökonomische Aspekt korrespondieren dem im theologischen Teil dargelegten Begriff von "verhinderter Gerechtigkeit". Denn biblisch von Gerechtigkeit reden meint explizit den Schutz der Armen und der Frauen
und heißt, Möglichkeiten schaffen, "zu wachsen, zu lieben oder zu leben"
(Heyward 1986, 63; cf. 3.3.2 (1)).
Zugleich plädierten jene Ausführungen im Kontext von Gerechtigkeit für
eine Unmittelbarkeit gegenüber einem Jetzt, einem Sinn für die Gegenwart, einem Gefühl für Dringlichkeit (s. 3.1.2 (3)), so daß nicht länger eine Berührungsangst zwischen theologischem Denken und gesellschaftlicher Wirklichkeit aufrecht erhalten werden kann, sondern daß postuliert
werden muß, daß, wenn der konkrete Ort für jene Kooperation zwischen
Menschen und Gott für Gerechtigkeit immer die Erde sein soll, eben diese
Frauenunterdrückung angegangen werden muß.
Und verstärkt werden kann dieses Postulat noch, wenn die Ausführungen
zum relationalen, Gott auch immanent denkenden Gottesbild einbezogen
werden. Denn aus dieser Perspektive kann die Unterdrückung der Frauen
nicht anders gesehen werden denn als Leiden Gottes in der Welt. Und entsprechend ist die Herstellung der Gerechtigkeit für Frauen als ein Stück
kooperativer Erlösung beider zu qualifizieren (cf. 3.3.2 (2)).
Die Formulierung von Zielen, Strategien und Kooperationsformen kann vorläufig - wie eingangs erwähnt - nur auf das zurückgreifen, was die "säkulare" Frauenbewegung bislang entwickelt hat. Und in dieser Funktion ist
dieser nur schlecht messianische Qualität (cf. 3.1.2 (6)) abzusprechen,
insofern sie theoretische und praktische Defizite der Theologinnen auszugleichen vermag (s. 5.1.1): In den Diskussionen der weltlich frauenbewegten Frauen zielt die Aufhebung[90] der Frauenunterdrückung im Kontext

---

90 Cf. Birk/Stoehr 1987, 59.

geschlechtlicher Arbeitsteilung gerade auf deren Auflösung hin ab. D.
h. erstens muß sowohl zunächst ein gleichberechtigter Platz für Frauen
(und Männer) in Erwerbsleben , ehrenamtlicher Tätigkeit und Hausarbeit
und damit ein Ende von Rollenzuweisungen[91] eingeklagt und durchgesetzt
werden, so daß Aufgaben nach Bedürfnissen und Präferenzen verteilt werden können (Friedan 1982, 193; Dobberthien Art. 1983, 440; Möller Art.
1983, 14) und sich jede/r materiell und immateriell 'reproduzieren'
kann (Backes/u. a. Art. 1983, 100); und damit einher ginge die endgül-
tige Dementierung der Mütterideologie und der Existenzformen "Hausfrau"
und "Ernährer" (Mies Art. 1987, 48).

Und zweitens meint diese anvisierte Auflösung der Arbeitsteilung ein
Eindringen sog. "weiblicher Eigenschaften" in öffentliche Bereiche[92],
d. h. Strukturen sollen geschaffen werden, in denen Frauen (und Männer)
bestätigt und nicht unterdrückt werden (cf. Collins Art. 1977, 11).

Bereits im letzten Kapitel wurde auf die Wechselbeziehung zwischen
vermeintlich geschlechtsspezifischen Eigenschaften und der Dichotomisierung der Lebensbereiche in "öffentlich" und "privat" hingewiesen.
Und auch Theologinnen haben diese Trennung durchschaut, durch die

> "der Mann |...| die (seine) Frau auf Werte und Eigenschaften |ver-
> pflichtet|, zu denen er selber gar nicht kommt, die er aber gerne
> bei ihr antreffen will. Er privatisiert diese Werte, so daß sie
> sich in der Gesellschaft als solche nicht auswirken können" (Hal-
> kes 1985, 23).

(Und dies schadet - abgesehen von einer Martialisierung des öffentlichen
Lebens - insbesondere den Frauen, die wieder einmal mehr "festgelegt,
zum Objekt fremder Bedürfnisse gemacht und ihrer Selbstbestimmung beraubt" werden (Moltmann-Wendel 1985, 95).)

---

91 Gemeint ist nicht eine Aufgabe von Kompetenzen der Frau, sondern
    eine Ausweitung dieser auch auf Männer und Kinder (cf. Mies Art.
    1987, 48); hilfreich, so Möller, könnte ferner auch ein "Grundge-
    halt für unter- und unbezahlte gesellschaftlich notwendige Arbeit"
    sein (Möller Art. 1983, 14).

92 Dies erscheint viel sinnvoller als die Ghettoisierung weiblicher Eigen-
    schaften, wie Erler sie anvisiert (cf. Pinl Art. 1987, 115).

Daher plädieren auch feministische Theologinnen dafür, daß "das sich-
Aussetzen, sich Betreffen-lassen und das Geltenlassen des anderen" Werte des öffentlichen Lebens werden (Moltmann-Wendel 1985, 52) und

> "daß sich das Öffentliche und das Private, |...| in einem neuen Auf-
> einander-Bezogensein integrieren, das es dem denkend Beziehungen
> herstellenden Selbst ermöglicht, in allen Wirkungsbereichen mensch-
> lichen Seins als ein zu einer Ganzheit gewordenes Selbst zu han-
> deln, statt die Psyche gemäß den Erfordernissen einer ganzen Serie
> von verschiedenen sozialen Rollen aufzuspalten. |...| Das erfordert
> nicht nur ein neues, ganzheitliches Ich, sondern auch eine neue
> integrierte Gesellschaftsordnung" (Ruether 1985, 142).

In letzter Konsequenz heißt dies also, der "Hausfrauisierung" der Arbeitsverhältnisse eine, im emanzipativen Sinn, "Feminisierung" entgegenzusetzen
mit ihren "small rituals of love, care, nurturance and mutual responsi-
bility and validity" (Collins Art. 1977, 11; cf. 4.4).
Hinter letzterem, dem Wunsch nach Eindringen 'weiblicher Eigenschaften'
in öffentliche Bereiche, steht natürlich ein Glaube an die "Attraktivität" des weiblichen Arbeitsvermögens, das Ganzheit fördert und das bei
aller Vorsicht gegenüber möglichen Vereinnahmungen hier doch propagiert
werden soll[93], - nicht zuletzt auch um an dem repressiven Ideal von Geld
und beruflicher Anerkennung als höchsten Werten (cf. Kurz-Scherf Art.
1983, 72, Bubeck Art. 1979, 70; Werlhof Art. 1983, 158) rütteln zu können (bei aller Einsicht in die Notwendigkeit des Geldverdienenmüssens
und ohne Zynik gegen die ganz existentiellen Bedürfnisse vieler).
Auf diesem Arbeitsvermögen mit seinen Qualitäten der 'Empathie, der Geduld, der Ausdauer, des Erfahrungswissens und des divergierenden Denkens'
(5.1.2(5)(b)) zu bestehen und sie gesamtgesellschaftlich einzufordern, löst dann gerade jene Forderung Heywards ein, auf den Wert menschlicher Erfahrung zu beharren (Heyward 1986, 201; cf. 3.1.2 (5)).
Und insofern geschlechtliche Arbeitsteilung das Produkt des Kapitalismus ist, sind die

---

93 Zur gesunden Wirkung eines Ineinanders von häuslicher Arbeit und
    Leben cf. Schmidbauer 1984.

Zielbestimmungen schließlich auch der Kampf gegen die ökonomischen und ideologischen Implikationen des Kapitalismus inhärent.
Im Detail meint so eine langfristige Zielvorstellung einen Kampf für veränderte Arbeitsbedingungen und -zeiten (Friedan 1982, 108; Möller Art. 1983, 14), für eine "Absicherung der Teilzeitarbeit" (Kurz-Scherf Art. 1985, 93), für eine ausgebaute Infrastruktur, für gerechte Lohnverhältnisse (Reepen Art. 1983, 140) und tatsächliche Schutzbestimmungen, ein Angehen gegen das Austragen ökonomischer Krisen auf Kosten der Frauen und ein entschiedenes Ablehnen aller unfundierten Mütterideologien, um nicht 'die Familie der Reaktion zu überlassen' (Friedan 1982, 202)[94]. Dafür ist es strategisch wichtig, die "geschlechtliche Arbeitsteilung" nicht länger als reines Frauenproblem zu verhandeln (ebd. 98, 107, 261; cf. 90), Hausfrauen politisch zu aktivieren (Robitzsch Art. 1983, 124)[95] und Widerstandsformen zu kultivieren (Westphal-Georgi Art. 1983, 73), und nicht zuletzt ist eine Veränderung des Produktivitätsbegriffes anzuvisieren, dessen Norm nicht mehr 'Profitorientierung', sondern Produktion an "der Schaffung und dem Erhalt von Leben" ist (Möller Art. 1983, 14).[96]
Getragen wird dieser Kampf derzeit von autonomen (Fleßner Art. 1983, 112) und gewerkschaftlichen Gruppen (Dobberthien Art. 1983, 442 ff), denen christlich verbundene Frauen sich anschließen sollten, wenn sie es ernst nehmen wollen, daß Macht (in Beziehung) nur im Miteinander zu realisieren ist (cf. 3.3.2 (3)).
Das Engagement christlicher Gruppen, in denen Anspruch auf jesuanische dynamis erhoben werden könnte, steht jedoch noch weitgehend aus.

---

94 Cf. Friedans wohl realistischere Sicht der "Familie": Eine Familie besteht "'aus Mutter, Vater und 2,4 Kindern, einem Paar und 2 Kindern (seinem, ihrem, seinen, ihren oder gemeinsamen), einer 26jährigen Sekretärin und ihrem Adoptivsohn, einem Paar, das alles teilt, bis auf die Heiratsurkunde, einer geschiedenen Frau und ihrer Stieftochter, einem Rentnerehepaar, das seinen Enkel aufzieht, allen oben genannten zusammen'" (nach einer Anzeige aus "Reader's Digest" ohne genauere Angaben, Friedan 1982, 308).

95 Cf. Werlhof Art. 1982 a, 21.

96 Vorsicht, so Friedan, ist jedoch vor der "Superfrauenfalle" geboten, d. h. einer völligen beruflichen und privaten (Selbst-)Überforderung von Frauen (Friedan 1982, 100; cf. dies 1987, 140).

(2) Strukturelle und inhaltliche Korrespondenzen zwischen der Situation
     und den Erfahrungen der Frauen und Heywards Passionsbegriff

Im Konzept Heywards war das Bemühen (Jesu) um Gerechtigkeit nicht von
dem Gedanken der Passion zu trennen. In diesem Sinne soll nun dieser
auf die Situation der Frauen appliziert werden.
Auffällig und mit jenem Konzept vergleichbar scheint mir bei der Beschreibung der Arbeitswelt und der Hausarbeit, daß jeweils Erfahrungen von Ganzheit und eine zunehmend verstärkende Ausbeutung aneinandergeraten.

Der theologische Begriff der Passion nun wurde beschrieben als Macht-
in-Beziehung und Gerechtigkeit realisieren   wollen, als sein Leben
dem heil-Machen verschreiben, was schließlich aber zur (tödlichen) Konfrontation mit der Umwelt führt. M. E. läßt sich hier - wenn wir auf
die Konvention feministischer Theologie referieren, Erkenntnisse und
Begriffe aus Extremsituationen auf den Alltag zu applizieren - eine
Gemeinsamkeit auftun: Auch der Kampf der Frauen um Gleichberechtigung
(in der BRD) ist ein Ort, in dem Erfahrungen individueller Stärke/Macht
und Sehnsucht nach Ganzheit in Beruf und Hausarbeit einerseits und Erfahrungen gesellschaftlicher Ohnmacht andererseits aufeinanderstoßen.
   Ich denke, frau soll daher diesen Kampf, in dem Frauen "alles wollen - Beruf, Familie, Politik" (Kessler Art. 1983, 28)–,selbstbewußt
als ihre "Passion" begreifen lernen, insofern sie heilsame Eigenschaften zu favorisieren und lebensschaffende Beziehungen zu etablieren
versucht: "Passion heißt, das zu tun, was gerecht ist, oder unsere Beziehungen gerecht zu machen" (Heyward 1986, 201; cf. 3.1.2 (5)).

Da diese Bestrebungen aber stets vom Scheitern bedroht oder begleitet
sind - so wie das Vieldeutige und Plurale an dem Bestreben zu polari-
sieren, kategorisieren, kontrollieren und ordnen scheitert (cf. Heyward
1986, 178; cf. 3.1.2 (5)) - wird es sinnvoll und hilfreich sein, den
Zorn der jesuanischen Passion nicht zu vergessen[97]: Jenen Zorn über

---

97 Cf. Mitscherlich 1987; cf. 1.2.2.

Ungerechtigkeiten und über nicht realisierte oder zerstörte Beziehungen, der oft die einzige Alternative zu Entmutigung, Depression und Selbstzweifel ist, von denen insbesondere die oben zitierten Erfahrungen zeugen.[98]

Die hier aufscheinenden Kategorien von Kampf, Schmerz und der Bedeutung der einzelnen, sind die Kategorien, die der Passion zugeordnet wurden (3.3.2 (2)) und im Kontext der Entfaltung dieses Begriffs erwies sich dieser Weg der Passion als letztlich gangbarer als der der Gleichgültigkeit und Stagnation, des 'nichts Tragens, Ertragens, Aushaltens, Duldens'[99].

Das feministisch-theologische Plädoyer gilt somit dem spirituell-politischen[100] Aktivwerden der einzelnen in (organisierter) Gemeinschaft, eingedenk der Tatsache, daß die anvisierten Ziele der Ganzheit und Gerechtigkeit noch lange ausstehen werden.

(Welche Rolle dabei Pastoraltheologie und Kirche spielen können, soll im Schlußteil angegangen werden (Kap. 9).

---

98 Cf. Marcuse: "Ich glaube, daß wir Männer für unsere Sünden der patriarchalischen Zivilisation und Tyrannei bezahlen müssen: Die Frauen müssen frei werden, um ihr eigenes Leben selbst zu bestimmen, nicht als Ehefrau, nicht als Mutter, nicht als Hausfrau, nicht als Freundin, sondern als individuelles menschliches Wesen. Das wird ein Kampf sein, geistig wie auch körperlich von bitteren Konflikten, Qual und Leiden durchdrungen." (Marcuse Art. 1974, 95).

99 Noch einmal soll mit Heyward darauf hingewiesen werden, daß dies nicht "masochistisch" verstanden werden und alte Frauenverhaltensmuster wiederbeleben soll. Ohne den Preis jenes autonomen und freiwilligen Tragens und Duldens der jesuanischen Passion scheint jedoch (vorläufig) Gerechtigkeit nicht möglich.

100 Zum Verhältnis von Politik und Spiritualität cf. Rib Art. 1979; Weaver/Davis Art. 1978.

Frau und Natur

Einleitung: "Das Demeterlein zieht bei mir ein" (Krattinger 1985, 118;
cf. Moltmann- Wendel 1985, 102)

Im Sommer, in der Toscana:

> "Die Toscana glüht in all ihren Farben -
> Strohgold der Felder, Ocker und Ochsenblut
> der Häuser und Palazzi, verwaschen rosa, weiß
> und moosgrün der Marmor, staubig silbern die
> Oliven und in hohem Dunkel die Zypressen."
> (Krattinger 1985, 118)

Im Sommer in der Toscana findet Ursa Krattinger ihr "Demeterlein", nimmt
es mit "über die Berge nach Norden. An den Rhein":

> "In mein Zimmer. Stelle sie auf den Fenstersims.
> Und nehme eines Tages wortlos das Kruzifix aus dem
> Sterbezimmer meiner Mutter von der Wand. Werde
> gewahr, daß ich nicht nur die Frau Sommer vom
> Ponte della Santissima Quaternità mit nach
> Hause gebracht habe, sondern Einzug hat bei mir
> die Große Göttin gehalten, die Große Mutter,
> der Schoß aller Dinge." (Ebd. 119)

Und "von seinem Fenstersims aus" beginnt "das Demeterlein" "Denken und
Wahrnehmen" zu beeinflussen, das "Weltbild" der Autorin zu verändern
(ebd. 120): Geistig-körperliche Ortlosigkeit verwandelt sich in beruhi-
gende Bezogenheit auf eine sich stets wandelnde, doch bergende Natur
in und um Frauen, denn "'es gibt nichts, das keine Mutter hätte' (Miriam
und José Arguelles" (ebd. 123).
Und im Kontext der Lektüre von Dalys "Beyond God the Father" definiert
Krattinger schließlich ihr Gottesbild neu: "die Gottheit als Seinsmächtigkeit, als Macht und Kraft des Seins und Werdens" (ebd. 121).[101]

---

101 Hier überschneiden sich Dalys Immanenz und Heywards Immanenz und
Transzendenz betonender Gottesbegriff im Wort "Macht", was einmal
mehr die Schwierigkeit der Grenzziehung andeutet (s. Kap. 2 Anm.
13).

Mit diesem plastisch-konkreten und zugleich programmatischen Einzug des
"Demterleins" soll eine Richtung feministischer Schöpfungslehre angedeutet und darauf hingewiesen werden, daß feministische Theologie in
diesem Bereich eine besonders kritische Haltung gegenüber konventioneller Theologie einnimmt: Feministische Theologie macht eine kritische
Bestandsaufnahme der mißhandelten, bedrohten Schöpfung, erkennt die nicht
unwesentliche Beteiligung, die die jüdisch-christliche Tradition daran
hat, versucht Korrekturen, Veränderungen dieser Theologie und wendet
sich daher zuweilen "anderen Göttern", insbesondere "Göttinnen" zu,
- im Sinne einer Aufwertung all dessen, was als 'weiblich' konnotiert
und unterdrückt wurde (Frauen wie "Mutter Erde") und einer Aufhebung
des dominant transzendenten Schöpfungsglaubens jüdisch-christlicher Theologie.

Im Folgenden soll eine solche anklagende Bestandsaufnahme fortgeschrit-
tener-fortschreitender Naturzerstörung skizziert werden, wiederum mit
Seitenblick auf die "säkulare" Frauenbewegung, d. h. auf Soziologinnen,
Grüne   und Naturwissenschaftlerinnen (5.2.2). Danach wird nach Zusammenhängen zwischen diesen Zerstörungen einerseits und erstens weißer
männlicher Theologie und zweitens einem männlichen naturwissenschaftlichen Denken andererseits zu suchen sein, - nicht zuletzt als Suche nach
Ursachen eben dieser Zerstörung (5.2.3). Ein dritter Schritt wird für
einen neuen "ökofeministischen Naturbegriff" plädieren, der sich zum
einen in einer Korrektur von "Lebenswerten", wirtschaftlichen Konzepten, in
einer Korrektur des gängigen Arbeitsbegriffes und des Wissenschaftsverständnisses
ausdrückt und zum anderen auch gängige Theologie revolutionieren will, indem erstens das Verhältnis von Mensch und Natur wieder als das (teilweise
auch alttestamentliche) Verhältnis wechselseitiger Abhängigkeit erinnert und
zweitens Natur als Ort der Erfahrung von "Macht in Beziehung" aufgezeigt wird (5.2.4).

2   Kritische und anklagende Bestandsaufnahme von der Zerstörung der Natur

Aus ihrer Verbundenheit mit der "Mutter Erde", dem Gefühl der Geborgenheit und wiederentdeckten guten Abhängigkeit, Gebundenheit an die "Gros-
se Mutter",   die die Einleitung veranschaulichen wollte, erkennen und
erfahren - (mit-)leidend und zornig - feministische Theologinnen die
Zerstörung , "Vergewaltigung" (cf. 1.2.2 (3)) des "Schoßes aller Dinge".
Durch die völlige Verschmutzung von Luft, Wasser und Erde, die Zerstörung des ökologischen Gleichgewichts (Ruether 1985, 111 f) aller natürlichen Regenerationskreisläufe hat der Mensch die Erde und damit
seine eigene Existenzgrundlage an den Rand des Abgrunds[102] gebracht.
Die Zeit scheint nicht mehr weit, da

> "das Universum |...| schließlich unter der Belastung der menschli-
> chen Zerstörungswut Reaktionen erzeugen |wird|, die das ganze System
> der Erhaltung des menschlichen Lebens gefährdet. Oder wir reißen
> die Erde mit in unseren Untergang hinein. Vielleicht zerstören wir
> einen Großteil der evolutionären Entwicklung, fahren sie auf die
> primitivste Stufe von Mineralien zurück und hinterlassen sogar
> diese hochgiftig und unfähig, neues Leben zu erzeugen. Wir beneh-
> men uns wie die Elephanten im Porzellanladen und trampeln die Na-
> tur tot." (Ebd. 112)

Die Erde ist den "Herren der Schöpfung" Objekt geworden, Objekt der "im-
perialistischen" Ausbeutung, - eine "Handelsware", "als wäre Land be-
liebig vermehrbar" (Sölle 1986, 51), Objekt des sich selbst genügenden
technologischen Fortschritts, dem einzigen 'Gott der maskulinen Kultur'
(Halkes 1985, 30, 48). In der atomaren Bedrohung durch Aufrüstung, einem
"weiteren Abgott" der Ersten Welt, der 'Leben verspricht aber Tod gibt'
(Sölle 1986, 210), findet dies seinen sinnfälligsten Ausdruck: "Jede Atom-
bombe ist ein Bote des Nichts" (ebd. 56, 11).

Naturverbundenheit gilt und galt von jeher vielfach als minderwertig (Ruether
1985, 96), wird bespöttelt, doch so die drohend prophetische Rede
Ruethers:

---

102 Cf. hierzu auch die von Perincioli gesammelten "Bilder" nach dem
    Reaktorunfall von Harrisburg (Perincioli Art. 1984, 41-45).

"Die Erde läßt sich nicht spotten. Sie spricht ihr Urteil, und der Urteilsspruch darf nicht nur die Armen in den Gettos und Slums treffen.
Der Gestank davon, das treibende Gift und das unterschwellige Grollen dringen langsam bis zu den Prachtbauten der Reichen vor, und geben das Zeichen, daß der Anfang vom Ende gekommen ist, |...|" (Ebd. 307)

Einmal mehr trifft sich hier die Kritik und die Klage feministischer Theologinnen mit der anderer Frauen: Auch die "säkulare" Frauenbewegung prangert aus einem Gefühl der 'Verbundenheit mit dem Leben- und Todesrhythmus' (Foglia/Wolffberg Art. 1984, 72), insbesondere nach den Katastrophen von Harrisburg, Tschernobyl und der Baseler Chemie (Bennholdt-Thomsen Art. 1987, 72; Hickel Art. 1987, 100, 108; Foglia/Wolffsberg Art. 1987, 72; Perincoli Art. 1984, 41) die Umweltzerstörung und den dahinterstehenden "Machbarkeitswahn" (Quistorp Art. 1987, 16), den "Omnipotenzwahn" (Bennholdt-Thomsen Art. 1987, 29 f), das "Mackertum" (Hickel Art. 1987, 107; cf. King Art. 1984, 88) und die "Wertschätzung des Toten" (Bennholdt-Thomsen Art. 1987, 30) in der patriarchalischen Kultur an. Als Ergebnis davon beklagen Frauen 'den Müllterror, die Giftflüsse, die stinkenden Städte, die bis zu Tausendschaften gequälten Labortiere und die brutalisierten Experimentatoren, bis hin zu verstrahlten Kindern, deprimierten Jugendlichen, denen dann die Wissenschaft mit sog. 'Sonnenbrillen für die Seelen' wieder aufhelfen muß' (Hickel Art. 1987, 108; cf. Foglia/Wolffberg Art. 1984, 72 f; Bennholdt-Thomsen Art. 1987, 29).

5.2.3   Zusammenhänge zwischen der Naturzerstörung und abendländischem Denken

(1)   Zusammenhänge zwischen der Naturzerstörung und christlich-jüdischem Denken

Auf die Frage nach Zusammenhängen und Ursachen des hier skizzierten welt- und selbstzerstörerischen Irrsinns führen die Spuren in die Anfänge semitischen und klassisch-griechischen Denkens (Ruether Art. 1978, 196; Sölle 1986, 36, dies. Art. 1979, 19; Halkes 1985, 73; Ruether 1974 a, 115, 120; dies. 1979, 203 f).

Hier setzt jener "Humanozentrismus" (Ruether 1985, 38) ein, der dem
Menschen/dem Mann Unabhängigkeit von der Erde und völlige Verfügbarkeit
über diese suggerieren konnte. Männlich-monotheistisch Geschichte auf
Kosten kosmologischer Zusammenhänge betonend, dualistisch (cf. Ruether
1974 a, 115) den Geist über die Materie stellend hat der Mensch sich
von seinen "Wurzeln in der Erde, im Himmel und im Wasser" (dies. 1985,
307) getrennt, ein 'gestörtes Bewußtsein' erworben, eine 'Ideologie
etabliert, die ihn glauben macht, die Natur hänge von ihm und seiner
Pflege ab (s. Gen 1,28; s. u. 5.2.5) und nicht umgekehrt (ebd. 111-
114; Sölle 1986, 35, 53; Ruether Art. 1974 a, 119).
Gegenüber den Religionen der Umwelt, in denen man sich männliche und weibliche Gottheiten als "innerhalb, nicht außerhalb der Matrix von Chaos-Kosmos
befindlich (Ruether 1985, 100; cf. Sölle Art. 1979, 19), vorstellte, etablierte
man in Israel apologetisch (Sölle 1986, 26,24) die Religion von dem
einen Gott, der "über seiner Schöpfung |stand|, die er 'gemacht' hat|te|"
(Ruether 1985, 100) und der "Alleinherrscher über Kosmos und Chaos ist"
(ebd. 100). Beziehungslos steht er seiner Schöpfung gegenüber, die er
"aus Nichts gemacht hat" (Sölle 1986, 27, 38), und Theologie betont
noch heute die Trennung von Schöpfer und Schöpfung[103] (ebd. 26; cf.
Ruether 1985, 91).
Die früheren, z. T. matriarchalischen Religionen ordneten den Menschen
bezüglich Herkunft, Lebenslauf und Ende einer naturverbundenen weiblichen
Gottheit zu:

---

103 "Der Keim dieser Trennung zwischen Gott und Welt liegt in der Genesis und im ganzen Pentateuch; die dort überlieferten Geschichten
sind auch deswegen verfaßt worden, um Jahwes Überlegenheit über
Baal, Astarte, Marduk und andere Naturgottheiten zu demonstrieren.
Die Gegenwart Gottes in der Welt, die überall sonst im Alten Testament ganz offenkundig in Erscheinung tritt, rückt in der Schöpfungs-
geschichte in den Hintergrund. In der kultischen Verehrung der fremden Götter sah und bekämpfte Israel die pantheistischen Züge. Das
Christentum |...| verstärkte diese antipantheistische Tendenz, und
das führte schließlich zur völligen Trennung von Gott und Welt.
Pantheismus galt im Christentum sehr bald als Ketzerei. Gott als
der einzige Ursprung allen Lebens wurde gleichgesetzt mit dem creator
ex nihilo. Das Gesondertsein wurde zum Merkmal des Göttlichen an
und für sich. Die Unabhängigkeit Gottes wurde als das eigentlich
Göttliche verstanden, Beziehungslosigkeit wurde zum Signum von Gottes
Größe und Herrlichkeit" (Sölle 1986, 26 f).

"In einer früheren Periode unserer Kultur hat man sich wahrschein-
lich mehr zur Natur zugehörig und von ihr abhängig gefühlt.|...|
Mutter Erde, Mutter Natur war die schützende, mächtige Gottheit,
die Leben und Fruchtbarkeit spendete, zu der das Leben zurück-
kehrte, die auch unerwartet Leben gleichsam verschlang. Das mütterliche Prinzip ist das erste, ist sichtbar, ist von einer Macht,
die noch Geheimnis war, wird deshalb verehrt und gefürchtet. In
einem Zyklus von Geborenwerden, Heiraten, Sterben, Tod und Wiedergeburt setzen sich diese Prozesse fort. Es ist eine Erfahrung kosmischer Einheit, von allem mit allen, in einem zyklischen Rhythmus"
(Halkes Art. 1978, 184; cf. Krattinger 1985, 125; Ruether 1985,
67-71).

Die semitische Vaterreligion aber zerstörte diese "kosmische Einheit
und Geborgenheit" (Halkes Art. 1978, 184; cf. Sölle Art. 1979, 19)[104],
versuchte den Kult weiblicher Gottheiten zu verdrängen und teilweise
die Attribute dieser Gottheiten zu usurpieren (Ruether 1985, 75-78);
Frauen (heute) erfahren dies als absurde Perversion aller Natürlich-
keit:

"Da ist etwas ver-kehrt, ver-dreht, um-gedreht worden - in unserer
Religion, in unserer Kultur. Diese Verkehrtheit drückt sich auch
darin aus, daß wir in einer Welt, in die wir alle von einer Mutter
geboren sind, noch und noch den Vater preisen - und nur ihn (ich
rede wieder aus meiner reformierten Erfahrung). In einem Leben,
wo sich alle unsere Urerfahrungen - und das gilt für Frauen wie
für Männer - auf die Mutter beziehen, bietet uns das religiöse
System, das uns Antwort geben will auf die tiefsten Fragen nach
'woher' und 'wohin', keine Mutter und keine Frauengestalten an:
da kann doch einfach etwas nicht stimmen!" (Krattinger 1985, 129)

Konsequenterweise präsentiert sich der männlich transzendente Gott Israels dann auch mehr und primär als geschichtsmächtiger Exodusgott (Sölle
1986, 17, 19): Soteriologie rangiert fortan vor Kosmologie:

"der babylonische Kampf zwischen Chaos und Kosmos |ist| im hebräischen
Denken verändert worden in ein moralisches, historisches Geschehen,
das Anfang und Ende der Schöpfung festlegt." (Ruether 1985, 101)

---

104 Cf. Sölle: "Der überkommene Gott hat zur Erde genau das Verhältnis,
das der überkommene Mann zur Frau hat. Herrschen und erobern, jagen
und Beute machen, kommandieren und unterwerfen sind seine Haupttätig-
keiten" (Sölle Art. 1979, 19).

Und Jahwes Volk feiert zum Zeitpunkt des Erntefestes (cf. Zimmerli 1982, 110) den Auszug aus Ägypten und setzt bis heute, in säkularisierter Variante/(Per-)Version, auf linearen Fortschritt[105] (Ruether 1985, 296, 298; Sölle 1986, 32, 36).

Und schließlich schlagen sich individualistische und weltverneinende Tendenzen der antiken Philosophie im Christentum nieder (Ruether Art. 1978, 198; Sölle 1986, 36): Geist geht vor Materie, die als das Ergebnis eines "Devolutionsprozesses" aus dem früheren Geist oder körperlosen Ego (cf. Ruether 1985, 74, cf. 101 f) angesehen wird; und die ebenso wie die zugeordneten Frauen (cf. 5.3.1 (1)) untergeordnet und kontrolliert werden muß (ebd. 102) oder vergewaltigt werden kann (ebd. 96, 103 ff, 311; Sölle 1986, 11, 36, 39, 52; Halkes 1985, 48)[106].

Feministische Theologie, die, wenn sie Gottes Immanzenz konsequent denkt, auch von Gottes Leiden in der Natur sprechen muß (cf. Sölle 1986, 11 ff, 59, 210 ff), wendet sich gegen ein solcherart von allen natürlichen Gegebenheiten entfremdetes Menschsein und die daraus resultierende Bedrohung durch ein "weltweites Desaster" (Ruether 1985, 108).

Gesucht wird eine lebenspraktische, spirituelle und theoretisch-theologische Reintegration des Menschen in den Kosmos, eine "Rückkehr zur Harmonie innerhalb des Schöpfungsbundes" (ebd. 301), die die "Unverfügbarkeit der Erde" (Sölle 1986, 12) wieder wahrnimmt.

Damit ist jedoch nicht ein Zurückdrehen der Zeit[107] gemeint, denn:

---

105 "Der Wirklichkeitsbegriff, den die modernen Naturwissenschaften entwickelt haben, entbehrt der theologischen Dimension der Schöpfung. Descartes will die Menschen als Meister und Besitzer der Natur verstehen, |...|, die damit als schrankenlos zur Verfügung stehend gedacht wird" (Sölle 1986, 31; s. u.).

106 Wie dies auf das seelische Gleichgewicht der Menschen zurückschlägt, hat Schmidbauer gezeigt (Schmidbauer 1984).

107 Wohl aber ist eine "Rückentwicklung" hinter den derzeitigen Stand technisierten Lebens denkbar (cf. Mies Art. 1987, 47; s. u. 5.2.4 (1) (d)).

"Jedes neue Erreichen von lebensfähiger menschlicher Gleichgewich-
tung wird anders sein; es geht von neuen Technologien und Kulturen
aus und gehört einem neuen Umstand in Zeit und Ort zu. Es ist eine
historische Aufgabe, die wieder und wieder unter sich verändernden Umständen zu bewältigen ist." (Ruether 1985, 301)

Die Vertreterinnen dieses Ansinnens bedienen sich hierbei, wie eingangs
angedeutet, unterschiedlicher inner- und außerchristlicher Traditionen
und lehnen einhellig den Irrweg ab, durch noch mehr technologische Ma-
nipulation das Problem lösen zu wollen (Ruether Art. 1978, 199). Denn
gerade die gängige männliche Technologie und Naturwissenschaft können,
was im folgenden Punkt gezeigt werden soll, als weitere Ursache der Naturzerstörung entlarvt werden, die die bisher aufgezeigte Einschätzung
von Natur prolongiert.

(2)   Zusammenhänge zwischen Naturzerstörung und naturwissenschaftlichem
      Denken

Eine ähnlich dualistische (nicht polar Gegensätze aufeinander bezogen
denkende) Opposition findet sich im Verhältnis von Natur (Objekt) und
Naturwissenschaft(ler) (Subjekt) wieder (Ruether 1979, 210; Hickel Art.
1987, 103), die auch bereits aus der Dichotomisierung männlich-öffentlich
vs. weiblich-privat (cf. 4.4; 5.1) bekannt ist, hier aber wesentlich
fatalere Folgen zeitigt (Hickel 1987, 103, 108).
Historisch[108] erklärt sich diese Opposition aus der seit Bacon[109] betriebenen völligen Ablösung der Wissenschaft von einer magischen Welt-
sicht, die die 'Beherrschung der Natur' zum Ziel hatte (Ruether 1979, 205),
und aus der von Descartes favorisierten 'Verdinglichung der Natur' (ebd.
206; Birk/Stoehr Art. 1987, 65). Die positiven Erwartungen, die einst-

---

108   Auch aus dieser Geschichte des Denkens wurden Frauen verdrängt (cf.
      Hickel Art. 1987, 110; cf. Merchant 1987).

109   "Sein Bild von der Natur ist von einer sexuell-aggressiven Metapho-
      rik durchsetzt. Er verglich die Natur im Experiment mit der Frau
      im Hexenprozeß. Der Vergleich kam nicht von ungefähr: Bacon war
      Naturforscher und Hexenverfolger in einer Person" (Scheich Art.
      1987, 96).

mals hieran geknüpft waren - nämlich die 'Befreiung von Naturgewalten'
und "Verständnis und Bewunderung für die Natur" (Hickel Art. 1987,
101) - wurden nicht eingelöst. Die "Heilsversprechungen" haben sich in
ihr Gegenteil verkehrt (ebd. 101): Die Wissenschaft wurde mehr und mehr
zum Handlanger der Zerstörung und der Zerstörer.
Aufgezeigt werden kann dies u. a. an einer Betrachtung von Wissenschaft/
Technik, dem Wissenschaftler und dem gesellschaftlichen Eingebundensein
von Wissenschaft und Forschung in Herrschaftszusammenhänge[110].
Zum ersten: Wissenschaft und Technik werden als "wertneutral", "nütz-
lich" und als von einem objektiven Standpunkt aus betrieben definiert
(Scheich Art. 1987, 91, 93). In diesem scheinbaren Ablösen der Wissenschaft und des Wissenschaftlers vom Gegenstand[111], dieser vermeintlichen
Subjekt-Objekt-Trennung, werden sowohl im Forschungsprozeß selbst Momente wie persönliche Erfahrung, Eros, Faszination, Spaß (ebd. 1987, 97,
92; Hickel Art. 1987, 109) ausgeschaltet als auch eine existentielle
"Beziehungslosigkeit" betrieben (Scheich Art. 1987, 93), die als Ursache
der eingangs erwähnten Katastrophen ausgewiesen werden kann, insofern
sie die Macht des Menschen über die Natur und seine Unabhängigkeit von
dieser suggerierte.
Eine Ursache wird feministischerseits darin gesehen, daß - vorwiegend
männliche[112] - Naturwissenschaftler sich aus ihrer Abhängigkeit von

---

110 Das Folgende besonders nach Hickel Art. 1987, 100-112 und Scheich
Art. 1987, 87-99; cf. ferner Fox 1986.

111 Für Bacon sollten Wissenschaftler und Natur in "keuscher Ehe" nebeneinander stehen (ebd. 96).

112 "Wir haben uns daran gewöhnt, daß die Menschen in unserer Zivilisation *Natur* immer in der Rolle der Frauen sehen, *Naturwissenschaft*
und *Technik* dagegen in der Rolle des Mannes. Diese Einseitigkeit
entstellt beides: einmal den Naturbegriff - bestimmte Aspekte von
Natur werden gar nicht bemerkt, interessieren auch gar nicht -
und zum anderen unser Wissenschaftsideal. Andere Möglichkeiten,
die in unserer Wissenschaft vielleicht stecken könnten, werden ver-
nachlässigt, ja gar nicht wahrgenommen" (Hickel Art. 1987, 104).

der Natur durch diese Subjekt-Objekt-Trennung befreien wollen (Scheich 1987, 97; cf. Foglia/Wolffberg Art. 1984, 88)[113], deren Folge dann aber gerade das Opfer-Werden von selbstinitiierter Umweltzerstörung ist. Derartige Distanzierungsbestrebungen zeigen sich etwa bei einer Betrachtung der experimentellen Methode oder der mathematischen Naturgesetze[114] (Scheich Art.1987, 95): Männliche Naturwissenschaft (Physik) hält das Experiment als Methode hoch, verkennt aber, bei Erhebung ihres Wahrheitsanspruchs die Rolle der Gestalters:

> "Der Beobachter des Versuchs ist nicht einfach ein Beobachter der Natur, sondern auch der Gestalter des Experiments. Diese *reale* Beziehung, die im Experiment hergestellt wird, wird in der Theorie nicht bedacht. In die Theorie, in den Begriff der Natur, geht nur das ein, was in einer ganz spezifischen - höchst distanzierten - Beziehung zur Natur an Erkenntnis gewonnen wurde. Alle anderen Erkenntnisse sind nicht wissenschaftlich." (Ebd. 95)

---

113 Cf. hierzu zwei Kenner der Aufklärung: "Hier bei den Naturwissenschaftlern wurde an Stelle der bisherigen halb-mystischen Entelechien, Gattungen und Formen des Artistotelismus eine durchaus rationale und anschauliche Erklärung der physischen Welt aus reinen, von der Subjektivität der sinnlichen Qualitäten befreiten Raumgrößen und deren Bewegungsregeln gesetzt. |...| Das Ideal des Denkens wurde mathematische Klarheit, die die Axiome oder Erfahrungsthatsachen feststellt und aus ihnen streng folgerichtig alle weiteren Sätze entwickelt. |...| Damit war aber |...| die Wendung zum Klaren, Bewußten, Verständigen entschieden, alles Mystische, Dunkle, Phantastische überwunden" (Troeltsch Art. 1897, 230).
"|...| it is possible that the deepest meaning and aim of Newtonianism or rather, of the whole scientific revolution of the seventeenth century, |...|, is just to abolish the world of the 'more or less.', the world of qualities and sense perception, the world of appreciation of our daily life, and to replace it by the (Archimedean) universe of precision, of exact measures, of strict determination" (Koyré 1965, 4 f).

114 Hierzu nochmals Koyré: "Some people stress the role of experience and experiment in the new science, the fight against bookish learning, the new belief or modern man in himself, in his ability to discover truth by his own powers, by excercising his senses and his intelligence so forcefully expressed by Bacon and by Descartes, in contradiction to the formerly prevailing belief in the supreme and overwhelming value of tradition and consecrated authority.
Some others stress the practical attitude of modern man, who turns away from the *vita comtemplativa*, in which the medieval and antique mind allegedly saw the very acome of human life, to the *vita activa*; who therefore is no longer able to content himself with pure speculation and theory; and who wants a knowledge that can be put to use" (Koyré 1965, 5), - was zugleich die ehemals emanzipatorische Intention, nämlich die Befreiung von nicht-legitimierten Autoritäten und Abhängigkeiten veranschaulicht.

Die "individualpsychologischen Wahrnehmungsmuster",die hinter den gängigen naturwissenschaftlichen Entwürfen stehen, zeigen, daß Naturwissenschaftler erst dann befriedigt sind, wenn sie in ihren Forschungsgegenstand

"Gesetze hinein interpretieren können,
wenn der vorliegende Abschnitt von Natur gesetzmäßig angeordnet
und erfaßt wird,
wenn er möglichst nach dem Modell einer Maschine, der jeweils zuletzt erfundenen Maschinen interpretiert werden kann, das heißt,
wenn er auf eine beschränkte Anzahl von Bauelementen zurückgeführt
wird mit einer beschränkten Anzahl von Rückkoppelungen, die man
zählen und messen kann" (Hickel Art. 1987, 105).

Nicht intendiert wird ein Verstehen "wildwüchsige|r| Selbstorganisation" oder ein 'mutiges Anerkennen auch des Unberechenbaren|, sondern im Modus der Angst, des Kontrollierenwollens und des Abklärens von Hierarchien (auch unter den Wissenschaftlern selbst) wird hier geforscht (ebd. 105 ff)[115].

Entsprechend wird der Wissenschaflter in feministischer Kritik als "extrem reduzierte Persönlichkeit, weitgehend unfähig im Umgang mit dem Leben"[116],beschrieben und als mit der Rolle des Machtlosen kokettierend

---

115 Scheich beschreibt, leider ohne konkretisierende Argumentation,
wie gerade solche vermeintlich neutralen Weltbilder Tendenzen der
Hierarchisierung in sich tragen: Newton "formulierte die ersten
universellen physikalischen Gesetze. In der Natur erkennt er nur
noch gleichförmige Teilchen, die von äußeren Kräften nach universellen, mechanischen Gesetzen durch den homogenen Raum bewegt werden.
Das Newtonsche Weltbild hat seinen Ursprung in der Erfahrung von
Gesellschaft und den politischen Idealen seiner Zeit. Hier ist es
der Kampf aller gegen alle, der von den Gesetzen des Souveräns bzw.
des Parlaments geregelt wird. Der Zusammenhang der männlichen Individuen und der Massenpartikelchen ist beide Male ein abstrakter.
Gegenseitige Abhängigkeit, qualitative und Zusammenhang stiftende
Differenzen existieren in diesen Vorstellungen nicht. Was hier als
prinzipielle, unterschiedslose, qualitätslose Gleichheit definiert
wird, birgt die schärfsten Hierarchien in sich:
Die Hierarchie des Mehr oder Weniger, die Hierarchie der Moleküle,
Atome, Elementarteilchen" (Scheich Art. 1987, 96).

116 Sarah Jansen: Magie und Technik, in: beiträge zur feministischen
theorie und praxis, Nr. 12, 79, zitiert nach Scheich Art. 1987,
87, 99.

entlarvt, der sich dadurch aus der Verantwortung stehlen will (Hickel Art. 1987, 108).

Als dritte Komponente der feministischen Wissenschaftskritik ist die Einbindung von Wissenschaft in den Herrschaftsapparat zu nennen: Forschung und Technik sind, da "kapitalintensiv", von der Wirtschaft abhängig, vom "Karriere-, Macht- und Profitinteresse" "ihrer Giganten, nicht aber von den 'Betroffenen, den Verbrauchern oder potentiellen Krankheitsopfern' (ebd. 101); nicht die 'gesamte Bevölkerung', sondern allein die Fachleute haben das Sagen, und zwar sowohl bez. des angeschlagenen 'Tempos' (s. Molekulargenetik) als auch bez. der Inhalte und "Vielfalt" resp. Einseitigkeit des Forschungsinteresses (z. B. Molekulargenetik und Gentechnik statt (auch) Evolutionsbiologie und Ökologie) (ebd. 102).

5.2.4   Zu einem ökofeministischen Naturbegriff

Love The Earth[117]

Rosalie Bertell

Air, clear and cool
water, limpid and free
food, lush and savoury

freely given in profuse richness - not to be hoarded
or destroyed in wanton orgy
of technological fascination

butterfly, shy and graceful
daisy openfaced and fresh
a child, questioning and unspoiled
apolitical, pregnant with farflung dreams not be crushed
or stifled with stale slogans
born of ego-trips

a wish, embedded in new hope
a dream, of what we could do
a joy, resting in the truth

---

117 In: Die Grünen im Bundestag 1987, 13.

shining from old eyes, oozing from tired laughter - not to be mocked
or cast aside as uneconomical
or not street-wise

peace of heart and mind
consensus, on what really counts
a global village, in which we grow and are challenged
the one hope for survival of life on this fragile blue ball
spinning in black space - called earth

No forceful grip can make them yield -
being devious or brutal is being blind
and deaf to the real

A gentle warm touch sets them free
A relaxed grasp makes them
spring to life
And flourish

Gegen die skizzierte destruktive Einschätzung und den tödlichen Umgang
mit der Natur in der partriarchalischen Kultur[118] setzen feministische
Ökologinnen und ökologisch-feministische Theologinnen andere Erfahrungen, Weltbilder und Ziele - und damit verbundene Strategien -, die sich
aus ihrem anderen Bezug zur Natur ergeben.
Hier ist als Ausgangspunkt dieses Vorgehens zunächst auf die in der patriarchalischen Kultur übliche Identifikation von Frau und Natur zu verweisen, die von Frauen als gemeinsame Unterdrückung erfahren wird (Scheich
Art. 1987, 98)[119], aus der es sich gemeinsam zu befreien gilt.
Zugleich wird aber auch - bedingt durch die Bindung der Frauen an den
Reproduktionsbereich[120] - Natur als ein Ort von konstruktiven und er-
mutigenden Erfahrungen (cf. Stichwort "Naturwüchsigkeit" des vorherigen
Teils), als 'gute Ordnung', als Wert und lebensspendende Kraft wahrgenom-

---

118 Cf. kontrastierend Bookchins Ausführungen über "das Weltbild organisierter Gesellschaften" (Bookchin Art. 1984, 125-138).

119 Cf. Ruether 1979, 200; Ortner 1974, 68; Mies Art. 1987, 39; Scheich
Art. 1987, 98; Strauss-Kloebe Art. 1967, 70; Mollenkott 1984, 107.

120 Nach Bennholdt-Thomsen ist die Frau "mit dem verachteten Geschäft
der Sorge für das unmittelbare Überleben befaßt" (Bennholdt-Thomsen Art. 1987, 31).

men. Und diesen Erfahrungen im Alltags-Kontext korrespondieren schließlich spirituelle Erfahrungen von Frauen in der Natur.[121]
Im Folgenden sollen unter dem Stichwort der "Entkolonisierung" und der
"Reziprozität" ein öko-feministischer Naturbegriff umrissen (a), ein
feministischer Arbeitsbegriff - der den zuvor (5.1.2 (5) (b)) vorgestellten durch Einblenden, Entgrenzen auf Natur hin erweitert und radikalisiert - formuliert werden (b); die Vermittlung beider Begriffe
wird durch einen erzählerischen Textausschnitt aus "Die Schwaigerin"
einzuholen versucht (c); und für die Realisierung jenes anderen Umgangs
mit Natur und Arbeit sind schließlich ökonomisch-gesellschaftliche,öko-
logische und wissenschaftliche Postulate aufzustellen (d).

(1) Überlegungen zu einem ökofeministischen Natur- und Arbeitsbegriff

a) "Entkolonisierung" und "Reziprozität" als Bestandteile des Natur-
begriffs

Aus der Erkenntnis, daß Geld und Rechte nicht genug für die Frauenbewegung sind(Bennholdt-Thomsen Art. 1987, 29), sondern nur ein gesamtgesellschaftlich veränderter Umgang mit der Natur - als Leben mit und
nicht gegen die Natur - ihre (und aller) "Freiheit" ermöglicht (ebd. 29),
fordern Frauen diesen anderen Umgang mit Natur, ihnen selbst und der
"Dritten Welt", der unter dem Stichwort der "Entkolonisierung" (Mies Art.
1987, 39 f)[122] beschrieben wird (cf. Kap. 1 Anm. 68).
Charakteristikum dieser "Entkolonisierung" soll es sein, daß sie nicht
mit der Unterdrückung, Kolonisierung anderer einhergeht: "Es ist also
ein Befreiungskonzept zu entwickeln, das darauf beruht, daß nicht mehr
eine Kolonie auf Kosten der anderen 'entkolonisiert' wird (ebd. 40).
Und das heißt dann, daß "mit der Analyse der Gesamtheit der Verhältnisse

---

121 Durch das Beharren auf die Pluralität von Einzelerfahrungen unterscheidet sich feministische Ökologie von der Ideologie des "New
Age", die "Natur und Gesellschaft |...| im Biologismus" vereint
(cf. hierzu die kritischen Anmerkungen Neidigs und Selders (Neidig/
Selders Art. 1987, 80 f)).

122 Das Folgende besonders nach Mies Art. 1987.

|Mann-Frau, Industrieländer-Dritte Welt, Kopf-Bauch, Produktion-Repro-
duktion|" begonnen werden muß (ebd. 40, 42).

Ein ökofeministischer Naturbegriff muß die Begrenztheit von 'Welt, Wirklichkeit, Erde, Körper und Leben' als Ausgangspunkt seiner Überlegungen
haben (ebd. 40) und auf ein 'reziprokes Verhältnis zwischen Mensch und
Natur' abzielen (ebd. 41; cf. Lenz Art. 1987, 73). Dies kann nur dadurch erreicht werden, daß Menschen bei sich selbst anfangen und ihr
Verständnis von 'Glück' und 'Freiheit', 'Arbeit und Zeitökonomie' und
besonders ihre wirtschaftlichen Konzepte umdefinieren oder gar gründ-
lich, von Grund auf ändern:
Freiheit und Glück müssen an "Schaffung und Erhaltung des unmittelbaren
Lebens", nicht an "Warenbesitz", "Ausbeutung und Unterdrückung" gebunden sein (Mies Art. 1987, 41)[123]; Bedürfnisse müssen sich an der Begrenztheit der Erde orientieren und dürfen nicht zu "Süchten" degenerieren
(ebd. 41).

b) Aspekte eines alternativ-feministischen Arbeitsbegriffs

In diesem Kontext einer neuen Ökonomie, die dem geweiteten Blick auf
die gesamte Natur entspringt (nicht mehr nur den Natur-Kontakten im
häuslichen Bereich), ist aber auch der Arbeitsbegriff noch einmal zu
revidieren[124]. Was im vorangegangenen Kapitel unter dem Stichwort des
'weiblichen Arbeitsvermögens' formuliert wurde, muß hier nochmals radikalisiert werden[125], und zwar in zweierlei Hinsicht: Zum einen als Aus-

---

123 Zu diesem Begriff von "Glück" cf. Marcuse: "'Befriedigung des Daseins'
     will keine Akkumulation von Macht nahelegen, sondern eher das Ge-
     genteil. Friede und Macht, Freiheit und Macht, Eros und Macht kön-
     nen durchaus Gegensätze sein! Ich werde jetzt zu zeigen versuchen,
     daß der Umbau der materiellen Basis der Gesellschaft im Hinblick
     auf Befriedigung eine qualitative und quantitative *Verringerung*
     der Macht mit sich bringen kann, um den Raum und die Zeit zur Ent-
     wicklung der Produktivität unter autonomen Antrieben zu schaffen"
     (Marcuse 1984, 246 f).

124 S. den eingangs gemachten Hinweis auf jenes spiralisch denkende
     Vorgehen im "Diskurs der Nähe", das immer wieder Themen aufgreift
     (1.2.5).

125 Cf. auch die Kritik von Mies an den Zielvorstellungen der Grünen
     (Mies Art. 1987, 45).

weitung des Arbeitsbegriffs auf alle Formen gesellschaftlicher Arbeit und zum anderen geschieht dies auf weitaus autonomere, selbstbewußtere, "naturwüchsigere" und sinnlichere Art als zuvor dargelegt:

1. Die beschriebene "Naturwüchsigkeit" von Hausarbeit wird radikalisiert in einer Definition von Arbeit insgesamt als "Mitwirkung mit der Natur":

> "Ein neuer Arbeitsbegriff kann |...| nicht mehr von der Herrschaft des Menschen über die Natur ausgehen, sondern muß dieses Herrschaftsverhältnis durch ein reziprokes Verhältnis ersetzen, durch die *Mitwirkung mit der Natur*, von der wir ja ein Teil sind." (Mies Art. 1987, 43)

2. Die Kompetenz für Hausarbeit wurde im Rekurs auf "Erfahrungswissen", "Intuition", "Empathie" beschrieben. In einem anderen Zusammenhang hat Mies dieses Erfahrungswissen - selbstbewußter und sinnlicher als in den Ausführungen von Beck-Gernsheim und Ostner - beschrieben als "Erwerb von Wissen über die Produktionskräfte der Natur, über Pflanzen und Tiere, Erde, Wasser, Luft" (Mies Art. 1980, 64 f), das sich Frauen "bewußt", "historisch, gesellschaftlich angeeignet haben (ebd. 64).
Und dies soll nun ausgeweitet werden:

> "Ein neuer Arbeitsbegriff müßte |...| die Beibehaltung der Arbeit als direkte und sinnliche Interaktion mit der Natur und mit lebendigen Organismen beinhalten. Im herrschenden Arbeitsbegriff gilt direkte sinnliche Berührung mit der Natur als 'rückständig' und soll möglichst eliminiert werden. Immer mehr Maschinen schieben sich zwischen den menschlichen Körper und die Natur. Diese Maschinen geben dem Menschen zwar Herrschaft über die Natur, sie zerstören aber auch zunehmend seine eigene Sinnlichkeit, die ja an seinem Körper und dessen Fähigkeit, mit anderen lebenden Körpern zu kommunizieren, hängt. Damit wird aber auch die Fähigkeit für Genuß, für sinnliche und erotische Befriedigung zerstört. Da unser Körper aber stets die Grundlage für Genuß und Glück sein wird - wir sind eben keine reinen Geister oder Maschinen - müssen wir daran festhalten, daß die sinnliche, körperliche Interaktion mit der Natur Bestandteil der Arbeit bleibt" (Mies Art. 1987, 43 f).

3. War bei Ostner die Rede davon, daß Hausarbeit sich gegen die "Zeitökonomie" des Berufslebens sperrt, so ist mit Mies über eine grundsätzlich neue "Ökonomie der Zeit" nachzudenken. Diese müßte "an den Rhythmen
und Kreisläufen des Lebens orientiert bleiben", so daß die Arbeitspro-
zesse 'verlangsamt und gemächlicher' werden und schließlich "Lust wieder Teil der lästigen Arbeit werden" kann (ebd. 43): "Dann wären auch
ein langer Arbeitstag und ein langes Arbeitsleben kein Fluch, sondern
bedeuteten menschliche Erfüllung und Glück" (ebd. 43)[126].

4. Beck-Gernsheim und Ostner sprachen von Eigenschaften, auf die das
"weibliche Arbeitsvermögen" rekurriert resp. die es sukzessive hervorbringt, so daß Hausarbeit schließlich auch als "Beziehungsarbeit" definiert werden konnte. Mit Mies ist für einen neuen Arbeitsbegriff zu plädieren, in dem Arbeit als Miteinander von Menschen und Menschen und Natur verstanden wird. Sie schreibt in diesem Sinn:

> "Ich erinnere mich an die Zeiten des Heumachens, des Kornerntens,
> des Dreschens auf unserem Bauernhof als glückliche Zeiten. Eine
> der Hauptquellen der Lust bei diesen lästigen Arbeiten ist die Tat-
> sache, daß die Arbeitsprozesse, bei denen Menschen noch nicht ganz
> durch Maschinen[127] ersetzt sind, menschliche gesellschaftliche Be-
> ziehungen schaffen, daß Menschen andere Menschen brauchen, um ihr
> Leben herzustellen und zu erhalten. Freiheit von notwendiger Arbeit
> bedeutet im Endeffekt aber auch Freiheit von menschlichen Beziehun-
> gen. Die Kälte, Indifferenz und das Unglück in den Industrie-
> gesellschaften ist ein direktes Resultat der Übertragung aller not-
> wendigen Arbeit an die Maschinen." (Mies Art. 1987, 43)

Das Verständnis von Arbeit als Beziehungsarbeit mit Natur und Menschen
auf der Basis intuitiv-empathischen sowie auch bewußt angeeigneten Erfahrungswissens soll ein Zitat auf anderer, erzählerischer Ebene nochmals zusammenfassen/vermitteln und das vertiefen, was soziologische Rede nicht vollständig auszudrücken vermag. Zugleich entspricht die Länge
des Zitats der nicht-ökonomisierbarkeit organischen, mit und in der Natur
verwachsenen Arbeitens.

---

126 "In einer solchen Zeitökonomie kann es nicht mehr nur um die Verkür-
zung der Arbeitszeit oder des Arbeitslebens als Vorbedingung für
Freiheit und Glück gehen" (Mies Art. 1987, 43).

127 Cf. ähnlich Schmidbauer 1984, 58 ff.

c) Ein Textausschnitt aus Rehmanns "Die Schwaigerin" als erzähleri-
sche Vermittlung zwischen einem feministischen Natur- und einem
feministischen Arbeitsbegriff

"Ich versuche, sie zu sehen, wie sie damals war und erfahre, daß
ihre Gestalt sich entzieht. Es gelingt mir nicht, sie zur Betrachtung zu isolieren und ruhigzustellen. Immer ist das Sach dabei,
Dinge, mit denen sie umgeht, Verrichtungen, die sie erledigt. Rie-
senfrau ist sie nur in meiner Einbildung. In Wirklichkeit war sie
kleiner als ich, und der Eindruck von rund bezog sich weniger auf
ihren Umfang als auf die Art ihrer Bewegung, die rasch war, aber
nicht so aussah, weil sie sich ohne Ecken und Brüche, ohne Lärm
und Kollisionen vollzog: ein sanftes beständiges Rotieren in unserer Nähe, das als Ruhe empfunden wurde, obwohl es weder verstohlen
noch leise vor sich ging.
Sie und ihre Arbeit befanden sich in einem vollkommenen Einverständ-
nis, als hätte jedes Ding in einer längst vergangenen Zeit Ja gesagt
zu seiner Rolle und liefe nun von selbst, lege sich willig in ihre
Hand, erriete ihre Absicht, füge sich in einen nie ausgesprochenen,
vermutlich nie gedachten Plan. Auch wir verhielten uns so. Nie habe
ich sie befehlen oder anordnen hören. Mit 'magst du' und 'du darfst'
setzte sie uns in Bewegung, dann liefen wir mit und ob wir unsere
Rolle selbst gewählt oder von ihr erhalten hatten, war nicht mehr
auszumachen.
Ich bin sicher, daß keiner im Haus ihre Verrichtungen als ihre persönliche Arbeit oder überhaupt als Arbeit gesehen hat. Da war ständig etwas das lief. Was dieses Etwas mit ihr zu tun hatte, wurde
erst wahrgenommen (und augenblicklich wieder vergessen) als es nicht
mehr lief. Sie selbst wurde uns nur sichtbar, wenn ein gezieltes
Interesse den Gewohnheitsschleier zerriß. |...|
Wenn ich heute noch alle Phasen des Knödel-Einmachens vor Augen
habe, dann hat das etwas mit der Gier zu tun, die mich seit der
Hungerzeit des letzten Kriegswinters verfolgte |...|
Mit beiden Händen greift sie in die große weiße Emailleschüssel
mit dem Semmel-Milch-Ei-Gemisch, das zwischen ihren Fingern auf-
quillt. Beim Durchwalken stehen ihre Arme wie Henkel neben dem Körper. Da sie klein ist, arbeitet sie nicht von oben, sondern von
beiden Seiten nach innen hin, bis der Teig glatt und geschmeidig
ist. Dann trägt sie die Schüssel zum Wandbord neben dem Herd, nimmt
Teigklumpen heraus, rollt sie zu Kugeln, die sie wie ein Jongleur
von einer Hand in die andere und schließlich ins kochende Wasser
rollen läßt. Die Einteilung ist perfekt, kein Rest bleibt in der
Schüssel, alle Kugeln sind gleich groß und vollkommen rund. Auch
die Konsistenz gelingt immer, nicht zu locker, nicht zu fest, gar
bis in den Kern. Wenn es zum Essen ist, hebt sie die Knödel mit
dem Schaumlöffel aus der Brühe, läßt abtropfen und in die Teller
rollen. |...|

Annis Hände sieht man nie in Ruhe, die Finger nie ausgestreckt.
Wenn die Rillen schwärzlich sind von der Feldarbeit, denkt man
nicht an Schmutz, sondern an Erde. Beim Streichen über Stoff macht
die rauhe Innenfläche mit dem Gewebe ein knisterndes Geräusch. Die
Berührung ihrer Hände ist angenehm, warm, trocken, ihr Griff fest,
aber nicht schmerzhaft. Alle Leute im Haus, manchmal auch Nachbarn,
kommen mit Verletzungen zu ihr. Sie sticht Blasen und Furunkel auf,
schneidet ohne Fackeln in Haut und Fleisch, ekelt sich nicht vor
Blut. Als Weltverdruß-Joe vom Umgang mit Farben ein Ekzem bekam,
hat sie ihn jeden Abend verbunden, jeden Finger einzeln, den Arm
bis zum Ellbogen hinauf. Das Köpfen von Hühnern, das Töten alters-
schwacher Hunde und Katzen besorgt sie rasch und unauffällig hinter
dem Haus. Mitleid beim Töten nennt sie verächtlich 'G'schiß'. Wo
sie Lebenskraft spürt, pflegt sie mit Geduld und Geschick, badet
entzündete Katzenaugen mit Kamille, päppelt Rehjunge mit der Fla-
sche auf, schient gebrochene Flügel, Entzündungen heilt sie mit
Schweinehaut, die sie vom Schlachten verwahrt.
Sie selbst kann Schmerz aushalten, ohne eine Miene zu verziehen,
das ist ihr Stolz, ihr Heldentum. Wenn ich beim Splitterausziehen
die Hand wegziehe, lacht sie mich aus. Um die Hand mit der ausge-
glühten Nadel nicht sehen zu müssen, konzentriere ich mich auf ihr
Gesicht - die niedrige Stirn unter dem straff zurückgekämmten, braun-
blonden Haar, die über der Nasenwurzel zusammengewachsenen Brauen,
die kleinen, grünen, spöttisch blinkernden Augen. Es ist ein Gesicht
mit starken Kontrasten, helles Rot auf den hohen Wangenknochen,
dunkles Rot in den Lippen, braune Haut, über der Oberlippe eine
kleine weiße Narbe, die ihrem Mund einen Ausdruck verschmitzter
Überlegenheit verleiht. Ich weiß, daß sie mir nicht mehr Schmerz
als nötig bereiten wird und halte still, bis sie meine Hand losläßt.
Ihre Kompetenz erzeugt vertrauen. |...|
Beim Eingrasen früh um vier führt sie die Sense in knappen, genauen
Streichen von rechts nach links durch ein Stück Wiese in der Nähe
des Hauses. Beim Ausholen wölbt sich der Unterleib vor. Durch einen
kraftvollen Stoß aus der Hüfte versetzt sie den Oberkörper in eine
halbe Drehung, die sich durch den Arm in die Sense fortsetzt. Während die Schneide knapp über dem Wiesenboden einen Halbkreis zieht,
krümmt sich der Rücken, der Bauch tritt zurück, die rechte Schulter
schwingt vor, die linke nach hinten. Über die sinkenden Schwaden
treten die nackten Füße. Die Bewegung wirkt leicht und flüssig.
Der Kraftaufwand tritt nicht in Erscheinung. Die Gewichtsverlagerungen
des Oberkörpers werden von Gegenbewegungen der Hüften und Beine
aufgefangen, so daß sich der Körper an jedem Punkt der Bewegung im
Gleichgewicht befindet.
Beim Eingrasen trägt sie das Stallgewand, eine Art Kittel, kurz,
ärmellos, halsfrei. Wenn sie sich bückt, wird das kleine dunkle Fell-
dreieck sichtbar, das ihr zwischen den Schulterblättern wächst.
Sie packt die grasbeladene Schubkarre an den Handgriffen und hebt
sie auf. Dabei schwellen die Muskeln in ihren Oberarmen. Über den

vom Gewicht der Karre heruntergezogenen Schultern spannt sich der
kurze kräftige Hals, an beiden Seiten treten Muskelstränge hervor.
Sie legt den Kopf zurück und pfeift gellend in den Morgendunst.
So schiebt sie die Schubkarre auf die offene Stalltür zu und mit
Schwung über die Schwelle.
Bei schönem Wetter waschen wir die Wäsche im Freien. Anni hat in
der Frühe Feuer unter dem Kessel im Waschhaus gemacht, Wasser ein-
gefüllt, Schmierseife zugegeben. Wenn wir nach dem Frühstück her-
auskommen, kocht die erste Ladung. Umwölkt vom Wasserdampf steht
sie vor dem Kessel und rührt, das Waschholz mit beiden Händen ge-
packt, die Wäsche um. Dabei schwingt der kurze stämmige Körper im
Kreise. Nur die nackten Füße stehen fest und breit im Nassen. Mit
dem Waschholz hebt sie die triefenden Stücke aus der Lauge, läßt
abtropfen, klatscht sie in die Wanne, gießt Lauge nach, zieht die
Wanne am Henkel über den Waschhausboden nach draußen, wo die Wasch-
bänke stehen. |...|
Wenn es Zeit zum Rübenpflanzen ist, und der Vater in der Herrnber-
ger Ökonomie arbeiten muß, spannt sie selbst die Arbeitskuh an und
zieht mit dem Pflug Rillen in ein Handtuch von Acker. Dann geht
sie mit einer Kiste vor dem Bauch die Zeilen entlang und legt in
Abständen Häufchen von Pflanzen aus. In zwei nebeneinander verlau-
fenden Zeilen arbeiten wir mit dem Pflanzholz voran: Löcher bohren,
mit der Rechten das Wurzelende der Pflänzchen hineinhalten, mit
der Linken die ausgeworfene Erde ins Loch schieben und andrücken,
nicht zu fest, die Wurzeln müssen Platz haben, fest genug, daß sie
stehen können. Sie macht das sehr schnell, mit einer einzigen run-
den, ununterbrochenen Bewegung. Ihre Pflanzen stehen aufrecht und
in gleichen Abständen, meine kippen manchmal um oder verschwinden
bis zu den Blättern in der Erde. Ich merke es beim Vergleichen,
schäme mich, gebe mir Mühe, bleibe zurück. Dann arbeitet sie lang-
samer, bis ich wieder neben ihr bin. So sagt sie mir, daß sie mich
mag.
Ich frage, warum sie beim Pflanzen nicht in die Hocke oder auf die
Knie geht, was ich weniger mühsam finde. Sie bleibt immer auf den
Beinen, auch wenn sie am Boden arbeitet. Stundenlang kann sie, Hin-
tern hoch, Kopf vor den Knien, Hände in der Erde, voranarbeiten.
Daß das Bücken anstrengender sei als das Hocken oder Knien bestreitet sie nicht, grinst nur, zuckt die Achseln. Ich habe den Eindruck,
daß sie das Hocken oder Knien übertrieben findet. Kinder hocken
beim Spielen. Feiertags wird in der Kirche gekniet. Bei der Arbeit
bückt sich der Mensch. Wenn sie sich am Ende der Zeile aufrichtet,
stöhnt sie ein bißchen und stemmt die Hände in die Hüften, bis das
Rückgrat sich wieder ans Aufrechte gewöhnt hat. |...|
Für Anni gibt es kein Ende. Das Leben ist Arbeit. Ist die eine getan, fängt die nächste an, langsam, stetig, ohne Hast, ohne Rast.
|...|

Wenn die Himbeeren reif sind, geht Anni mit mir in den Wald. Einen
Strick um den Bauch, an dem die Milchkanne hängt, streifen wir durch
das Fichtendickicht zu den guten Stellen, die nur sie kennt. Beim
Suchen und Pflücken führen wir lange Gespräche über das Wetter,
die Leute und wie es früher war. Unsere Stimmen knüpfen ein Netz,
in dem das Leben des Tals, Vergangenes und Gegenwärtiges einge-
fangen ist." (Rehmann 1987, 19-30)

(d)   Emanzipatorische Postulate für Ökonomie, Ökologie und Wissenschaft
      zur Realisierung alternativen Umgangs mit Natur und Arbeit

Die Veränderung menschlicher Lebenswerte und -inhalte kann aber nur durch
eine Veränderung ökonomischer Strukturen erreicht werden. Diese hat zur
Voraussetzung, daß Wirtschaft wieder von "ethischen Prinzipien" (Mies
Art. 1987, 45) bestimmt wird, und d. h. dann, daß 'Land, vorhandene Bo-
denschätze , klimatische Bedingungen, vorhandene Menschen und ihre Fähigkeiten'(ebd. 46) zum Ausgangspunkt wirtschaftlicher Konzepte gemacht
werden.

Dies bedeutet in erster Linie eine Ausweitung der Agrararbeit (ebd. 46)
und eine "Reduzierung überflüssiger Arbeit, vor allem im Dienstleistungs-
sektor" (ebd. 46) sowie in letzter Konsequenz auch eine Veränderung der
internationalen Arbeitsteilung (ebd. 46).

Im Kontext dieser "Rückentwicklung" zur "Selbstversorgungsgesellschaft"
(ebd. 47 f) ergeben sich, so Mies weiter, für Frauen bestimmte Forderungen, die zugleich der Frauenbefreiung dienen können (ebd. 47):
Die bereits propagierte Aufhebung der geschlechtlichen Arbeitsteilung
soll vorangetrieben werden (s. 5.1.3 (1)), denn hierdurch wird

"die Herstellung und Erhaltung des unmittelbaren Lebens, keine
'wertlose' Nebensache mehr, die erst nach dem 'Geldverdienen' kommt,
sondern die wichtigste Sache für alle, auch für Männer. Männer und
auch Kinder müßten sich, wie die Frauen, an diesen lebensnotwendigen
Arbeiten beteiligen, wie z. B. Kinder, Alte und Kranke versorgen,
Hausarbeit machen, aber auch Lebensmittel herstellen usw." (ebd.
48).

Die zweite Forderung zielt auf den Erwerb von Machtmitteln, d. h. Sub-
sistenzmitteln wie "ein Haus, Werkzeug, Hausrat" für Frauen (ebd. 49)

und besonders von Land[128] (ebd. 48), um die Ziele einer Selbstversorgungsgesellschaft durchsetzen zu können.

Drittes Postulat ist die Entwaffnung und Entmilitarisierung der Männer
(ebd. 49), was insofern ein realistisches Ziel sein kann als eine Selbstversorgungsgesellschaft "keine fremden Territorien zur Bereicherung und
Machterweiterung oder auch zur angeblichen Sicherung ihres Überlebens"
(ebd. 49) braucht.[129]

Um all dies zu realisieren, müssen Frauen, im Sinne von "Übergangsstra-
tegien" (ebd. 49), ihre "Komplizenschaft mit dem System" aufkündigen,
"die Brückenköpfe, die das System in uns selbst errichtet hat" (ebd.
52), beseitigen und 'konsequent die Konsumsphäre politisieren', d. h.
nicht länger "Süchte"[130] fördern, "Waren, die die *sexistischen Tendenzen* in unserer Gesellschaft und ein sexistisches Frauenbild fördern"
(ebd. 51), boykottieren und die Wahl der Produkte am "Grad der Ausbeutung
der Produzenten und vor allem der Produzentinnen in der Dritten Welt" orientieren (ebd. 51); und mit Neidig und Selders ist hinzuzufügen, daß Frauen bewußt die Politik als Ort der Erreichung ihrer Ziele wahrnehmen müssen
(Neidig/Selders Art. 1987, 74).

Schließlich dürfte auch Wissenschaft nicht länger losgelöst von der Natur betrieben werden; ähnlich wie bei soziologischen Untersuchungen ist
auch bez. der Naturwissenschaft für eine Aufteilung der Trennung zwischen
Subjekt und Objekt zu plädieren. Voraussetzung ist ein Akzeptieren der
eigenen Unvollkommenheit[131], das Naturwissenschaft zu einem sensiblen,

---

128 "In der Dritten Welt haben Frauen diese Bedeutung der Verfügung
über Land schon erkannt. Sie sind es, die häufig die Initiative
zu Landbesetzungen ergreifen und sie fordern heute zunehmend Land
anstelle von 'Entwicklungshilfe'"(ebd. 48).

129 Immer haben solche ernsten Utopien einen Anteil, der uns lächelnd
abwinken läßt. Aber das ist kein Grund, sie nicht ernsthaft zu verfolgen.

130 Gemeint sind "Alkohol, Tabak, Drogen, aber auch Luxusnahrungsmit-
tel aller Art" (ebd. 51).

131 "Ich akzeptiere meine eigene Unvollkommenheit als Mensch, als Ge-
schlechtswesen, das einer Ergänzung bedarf, als sterbliches Wesen,
das den Tod als Teil des Lebens sieht, als Geisteswesen, das prin-

'sich sinnlich orientierenden' "Hinhören" auf Natur werden läßt (Hickel
Art. 1987, 106), die als sich selbst regulierend begriffen und "'herr-
schaftsfrei' angeeignet" werden soll (Lenz Art. 1987, 73)[132].
"Über Äonen hat sich die Natur zu einem komplizierten, selbstperpetuie-
renden und selbsterhaltenden Ganzen entwickelt" (Foglia/Wolffberg Art.
1973); und dies gilt es einzusehen, zu verstehen, zu respektieren, und
damit heißt es umzugehen.

5   Theologische Bemerkungen zu einem ökofeministischen Naturbegriff

Meines Erachtens hat feministische Theologie zwei miteinander in Beziehung stehende Richtungen einzuschlagen, die das bislang Dargelegte und
Postulierte religiös vertiefen können: Zum einen hat sie die auch im
AT angelegte Gegenseitigkeit von Mensch und Natur zu reaktivieren und
ernst zu nehmen. Andererseits gilt es, die Natur selbst als "göttlich"
wahrzunehmen, d. h. als Ort, wo Macht in Beziehung bergend und behütend
wahrgenommen werden kann - im Sinne einer weiteren Spielart der eingangs
beschriebenen Aufhebung von Transzendenz und Immanenz.

(1)   Erinnernde Bemerkungen zum alttestamentlichen wechselseitigen Ver-
      hältnis von Mensch und Natur

Bei aller Trennung zwischen Natur und Gott und Mensch, wie sie in 3.1.1
beschrieben wurde, stellt der "Herrschaftsauftrag" in Gen 1,28 - geht

---

zipiell nicht die Möglichkeit hat, alles an der Natur zu erkennen;
und der daraus folgende Respekt vor der Natur, der Ehrfurcht vor
den Zusammenhängen, die ich nicht erkennen kann. Die anderen, die
das nicht akzeptieren können, in ihrer ewigen Angst vor der eigenen
Unvollkommenheit und vor der Natur, nehmen Zuflucht zu immer neuen
Tricks der Selbsterhöhung, der Selbstabsicherung, indem sie das
Unübersichtliche in sich selbst und in der Natur in Gesetze und
Disziplinen wie in Käfige einsperren. Die Vielfalt des Lebendigen
kann sie dann nur noch erschrecken. Sie bezähmen sie mit Disziplin-
einteilungen: erst mit Biochemie, dann mit Biophysik, schließlich
mit Instituten für 'biophysikalische Chemie', in denen dann all
das wirklich Lebendige gänzlich zerstört ist" (Hickel Art. 1987, 106).

132 Bez. der Strategien von Frauen in Naturwissenschaften, s. Hickel Art.
     1987, 109, 111.

frau/man hinter die "Perspektiven 'männlicher Stereotype'", mit denen
der Text gelesen wurde und aufgrund dessen man sich für alle Formen der
Naturausbeutung legitimiert glaubte (cf. Mollenkott 1984, 108), zurück
- einen Imperativ zur "Gegenseitigkeit" auf[133], der dem ökofeministischen Postulat, mit den Grenzen der Erde zu leben, entgegenkommt. Nach
jenem muß "die natürliche Umwelt als Gemeingut, das respektiert und gepflegt werden" muß (Mollenkott 1984, 108), wahr- und ernstgenommen werden:

> "Es ist Wahnsinn, das zu zerstören, was uns erhält. Wie jeder Athlet
> oder Gärtner bezeugen kann, ist der einzige Weg, die Natur 'un-
> tertan zu machen', ihr zu gehorchen. Wenn wir die Gesetze mißach-
> ten, nach denen Pflanzen wachsen, werden wir keine Pflanzen ha-
> ben." (Ebd. 108)[134]

Menschen müssen einsehen, daß der "Auszug" und der "Weg"[135], alle Ausschließlichkeit beanspruchende Linearität männlichen/menschlichen Denkens und Handelns symbolisch und real an ihre Grenzen gestoßen sind.
Aufgabe des Menschen ist es, wieder zu lernen, die Abhängigkeit des Menschen von der Natur auch als gut zu begreifen[136] (Sölle Art. 1979, 27),

---

133 Cf. Zimmerli Art. 1979, 146-149, 157; Lohfink Art. 1974.

134 Wie in 3.3.2 (1) dargelegt, meint der alttestamentliche Begriff
von "Gerechtigkeit" ein Einbeziehen auch von Natur.

135 "Das junge Christentum wurde manchmal 'der Weg' genannt, wie im
übrigen auch die Religion Israels ein Zug, ein 'Auszug' war und
damit eine Reaktion auf die Natur- und Mutterreligionen der sie
umgebenden Völker, für die als Symbole der Zyklus, der Kreis, der
Schoß genannt werden können.
Die feministische Theologie plädiert für eine Neubewertung und Integration beider Symbole, beider Aspekte: des *linearen und* des
kreisförmigen; |...|, der aufgerichteten Männlichkeit *und* des schüt-
zenden, umfassenden Schoßes" (Halkes Art. 1978, 187).

136 Cf. Fuchs Art. 1985 e, Anm. 12; Cobb/Griffin 1979.

einzusehen, daß er zur Erde "gehört" und daher auf diese Erde "hören"[137] muß:

> "Der Mensch gehört der Erde an, er schuldet sich ihr, er kann nicht gegen sie leben, er kann nicht in Mißachtung der Erde leben, er kann Tag und Nacht, Sommer und Winter, Wärme und Kälte nicht ohne Schaden aus seinem Leben vertreiben." (Sölle Art.1979, 27).

Tatsächlich ist sie - was manchem Angst machen und mancher Kraft verleihen mag[138] - "Schoß aller Dinge", "Boden, Mutterboden, Matrix, Mater, Mutter Erde, Erde, Acker, Fruchtbarkeit" (Krattinger 1985, 121)[139]. Unterstützt wird diese Einsicht in die notwendige und wechselseitige Abhängigkeit zwischen Mensch und Natur durch die Beobachtung, daß im AT "Gesellschaft und Natur |...| in einer einzigen erschaffenden Gemeinschaft unter der Herrschaft Gottes miteinander verbunden" sind (Ruether 1979, 201). Damit ist gemeint, daß jeder Bund mit Gott verknüpft ist mit Fruchtbarkeit und Wohlgesonnenheit der Natur: Mit der "Vision von einem Milch-und-Honig-Land" (Moltmann-Wendel 1985, 9); ein Treuebruch aber mit "Dürre, Umweltzerstörung und Krankheit" (Ruether 1979, 202; cf. Jes 24).

"Natürlich" darf nicht verschwiegen werden, daß Natur, besonders in alttestamentlichen Kontexten, auch als bedrohlich erfahren wird[140], und auch heute, wenn sich unsere Naturerfahrungen nicht gerade auf Kakteen am Fensterbrett, verkrüppelte Stadtbäume und durchkultivierte Wäldchen beschränkt - gibt es diesen Aspekt der Bedrohung durch Natur: Daß Natur Menschenleben sekundenschnell auslöscht, jenseits aller Gleichgültigkeit und allen Unbeteiligtseins - denn auch dies sind noch an-

---

137 Die Beziehung von אדם und אדמה sagt aus, "daß Mensch und Erde zusammengehören: daß die Erde für den Menschen da ist und der Mensch, die Erde zu bevölkern" (Westermann 1974, 281).
138 In diesem Kontext erhält der Name "Eva" ("Mutter aller Lebenden") seine alte Würde zurück und Maria, als "Gottesgebärerin", wird zur positiven Figur feministischer Theologie (cf. Krattinger 1985, 123, 127, 132).

139 Cf. hierzu bes. die US-amerikanische "Goddess"-Bewegung (Hundrup 1984, 129-137).

140 Cf. Zimmerli Art. 1979, 144.

thropomorphe Kategorien.[141]
Damit soll jedoch nicht das bislang im Kontext eines feministischen Öko-
begriffs Ausgeführte zurückgenommen werden. Vielmehr meine ich, daß
gerade im Bereich Religion und Natur erstens noch viele Erfahrungen ausstehen, um auch hier eine extensivere Erfahrungssystematik, die Linearität und Zyklisches aussöhnt, formulieren zu können, und zweitens gilt
es stets darauf zu achten, daß nicht Einzelerfahrungen darwinistischen
Abstraktionen vom nur guten Walten der Natur einverleibt werden. Derartiges würde sich weder mit der hermeneutischen Norm Heywards (s. 1.2.2
(3)) noch den Inhalten ihrer Theologie und dieser Arbeit vereinbaren
lassen.
Mehr als alles andere scheint mir die so unbekannte und entfremdete Natur um und in uns Ort zu sein, wo jene jesuanische "dynamis" (s. 3.3.2
(4)) als "rätselhaft" und "vieldeutig" erfahren wird, und die 'Unterscheidung der Mächte', ihr behutsames, konstruktives und Beziehungen nicht
verleugnendes oder aufkündigendes Regulieren kann abermals mit dem Stichwort der "Passion" benannt werden.
Diese Ambivalenz scheint auch im Folgenden auf.

(2) Natur als Ort der Erfahrung von Macht-in-Beziehung

Sölle kritisiert die "reaktionären Tendenzen des Schöpfungsglaubens",
wie etwa "die überzogene Unterscheidung, ja Trennung von Gott und Welt"
(Sölle 1986, 26) und postuliert einen beziehungsfähigen Gott (ebd. 29) und

---

141 Von Touren durch skandinavische Moore und Fjäll-Gebiete habe ich
folgende Erinnerungen: Knietief in Sümpfen, anfangs jeweils mit
ziemlichem Schrecken, manchmal unfähig, einen Schritt weiterzugehen.
Bäume, die tot sind, seit langem, Rinden, Äste, Stämme wie Stein.
Kaltes Wasser in Seen, eiskaltes, reißendes Wasser in Flüssen. Wieder Moore. Moore, die keine/r durchqueren kann. Dann Kargheit der
Fjälls. Keinen Laut ... Solcherart eine Weile der Natur ausgesetzt
kann ich sie nicht für in jeder Weise menschenfreundlich halten,
nicht einmal vor ihrer "zärtlichen Gleichgültigkeit" (Camus) reden.
Trotzdem auf eine mir selbst sonderbare, fremde Weise finde ich
eine Achtung vor dieser Überlegenheit, die einen Augenblick lang
gesagt sei (ohne Zynismus gegenüber denen, die in Naturkatastrophen
ihr Opfer werden).

eine "creatio ex amore" (ebd. 29), denn "eine Theologie der Schöpfung muß in der Lage sein, uns zu lehren,wie wir die Erde mehr lieben können" (ebd. 36):

> "Transzendenz ohne Immanenz ist verdinglicht und verkommt zu einer beziehungslosen dogmatischen Behauptung, die uns in keiner Weise persönlich betrifft und unser Weltverhältnis nicht bestimmt." (Ebd. 31)

Worum es feministischen Theologinnen geht, ist, jenen transzendent unbeteiligten Gott wieder ein Stück zurückzuholen in Natur, von Gottes Rückkehr in die Natur zu erzählen: "'Mir ist Gott überhaupt 'sie', die Natur — die 'Bringende', die das Leben hat und schenkt'", hat Paula Modersohn-Becker gesagt.[142]

Auch die zweite Richtung feministisch-theologischer Korrektur gängiger Naturbetrachtung kann teilweise auf biblische Vorgaben rekurrieren, wird sich dann aber auch neueren spirituellen Naturerfahrungen zuwenden (die vielleicht ein wenig befremdlich erscheinen mögen, insofern hier Immanenz als Macht in Beziehung erfahren wird, Früchte trägt (autonomes, mündiges Leben), aber nicht mehr in transzendentaler Rede über Gott aufgehoben wird).

a) Biblische Vorgaben

Zunächst zu ersterem: Mollenkott hat gezeigt, daß es durchaus in der Bibel Bilder aus der Natur für Gott gibt und daß Natur gleichsam als göttlich erfahren wird. Diese Bilder gilt es zu erinnern, um zu verstehen, daß "'alles, was lebt, heilig ist' (William Blake: A Song of Liberty)" (Mollenkott 1984, 108), um "unsere Umwelt als göttlich anzuerkennen" (ebd. 110)[143].

---

142 Paula Modersohn-Becker an Rainer Maria Rilke, in: H.W. Petzet. Das Bildnis des Dichters, insel taschenbuch 198, 1976, 32, zitiert nach Krattinger 1985, 124.

143 Cf. hierzu die Frömmigkeit des Franz von Assisi (Mollenkott 1984, 109).

Hierzu gehören Bilder von Gott als die vier Grundelemente: Gott als Wasser[144], Gott als Liebe oder Christus als Boden, in dem der/die Glaubende verwurzelt ist[145], Gott als Feuer[146] und Gott als Wind[147]. Zusammenfassend urteilt Mollenkott: "So schlossen die biblischen Bilder von Gott als Fels und Boden (Erde, Wind, Luft), Feuer und Wasser das ganze Universum ein und bestätigten die Heiligkeit der Dinge" (ebd. 109). Hinzu kommen Bilder von Gott als Regen und als Tau[148] und als heilendes Öl[149]. Und zu erwähnen sind die "spezifisch weibliche|n| Bilder" von Gott als Henne, Pelikan und Adler, die als "deutliche Warnung vor dem Mißbrauch von Tieren" (ebd. 109 f) ernst genommen werden sollten. Und als weiteres Zeichen für das Ineinander von Geschichte und Natur sind jene "Dinge zu betrachten, die Jesus zur Beschreibung des Reiches Gottes heranzog: gewöhnliche Samen, ein von Unkraut verdorbenes Weizenfeld, einen winzigen Senfsamen, |...|, eine kostbare Perle, ..." (ebd. 110): Aus der Kooperation von Gott und Mensch in der Geschichte kann die Natur nicht herausfallen, sie ist integrativer Bestandteil göttlichmenschlichen Miteinanders.[150] Mit Mollenkott ist daher dafür zu plä-

---

144 Ps 1,3; 46,4; Jes 27,3.6; 41,17 f; 44,3.4; 55,1; 58,11; Ez 16,9; 36,25; Joh 3,5; 7,37 ff; Eph 5,26; Hebr. 10,22 (cf. Mollenkott 1984, 109; die folgenden Bibelstellen werden zitiert nach ebd. 109).

145 Eph 3,17; Kol 2,7.

146 Ex 13,21; Ps 78,14; Jes 4,4; Sach 4; Maleachi 3,2 f; Apg 2,3; Hebr 12,29.

147 1 Kg 9,11; Ez 37,9-14; Joh 3,8; 1 Kor 12,11.

148 Ps 68,9; 72,6; 133,3; Jes 18,4; Ez 34,26 f; Hos 6,3; 10,12; 14,5.

149 Ps 45,7; Offb. 3,18; Ex 29,7; 30,30; Jes 61,1; Mt 25,3-4; 1 Joh 2,20.27.

150 Im Rekurs auf Teilhard de Chardins Evolutionstheorien verweist Ruether darauf, daß "die Natur selbst |...| Geschichte hat. Das Universum ist ein großes Sein, das geboren ist, wächst und irgendwann einmal vergeht" (Ruether 1985,110).
     Selbst menschliche Intelligenz ist nur ein sehr spätes Produkt der Entwicklung von Kosmos und Materie; "sie ist die reflektierende oder *denkende Dimension* der radikalen Energie, der Materie" (Ruether 1985, 110).

dieren, daß Liturgie, Gebete, Predigt und Lieder diese Kooperation feiern und realisieren.[151]

b) Spirituelle Erfahrungen

"Gott ist nicht mein, sondern unser; und Gott gehört nicht nur uns, sondern auch anderen Menschen, und nicht einmal einfach anderen Menschen. Gott ist die Macht in Beziehung zwischen Pflanzen und Hunden und Walen und Bergen und Städten und Sternen" (Heyward 1986, 30, s. 2.3.2 (2)).

Wie aber Macht in Beziehung auch außerhalb des zwischenmenschlichen Bereichs erfahrbar und verbalisierbar ist, versucht das Folgende anzugehen.

Für eine spirituelle Verbindung zur Natur plädiert auf der Grenze zwischen ökofeministischer und spiritueller Frauenbewegung Jansen, (jedoch allein im Rekurs auf frühere Gesellschaften, Jansen Art.1984, 122 f), denn in diesem Verhältnis zur Natur scheint es möglich zu werden, Natur nicht als Besitz zu verstehen, sondern als autonomes Gegenüber, als Quelle von Macht, Kraft und Ermutigung, als Ort der Erfahrung von sowohl Bedrohung als auch Geborgenheit, in dem die zuvor schon angedeutete Ambivalenz der 'rätselhaften' dynamis der Natur aufscheint.

Ein Blick auf Christ und ihre Besprechung von Chopins Roman "The Awakening" (Christ 1980, XII, 27) kann dies verdeutlichen helfen, - wenn ich auch ihre Position nicht für die letztgültige halte (s. Kap. 2 Anm. 13) -, solange eine konstruktive Bezugnahme zu anderen traditionellen (männlichen) Gotteserfahrungen und -bildern noch aussteht. (Vorläufig steht sowieso erst einmal die Explikation der spirituellen Frauenerfahrungen an und kann eine Weile sich selbst genug sein.)

Von daher ist es nicht länger möglich, Geist gegen Materie auszuspielen, denn ersterer ist aus letzterer entstanden. Und daher steht der Mensch, auch intellektuell, in "Bruder"-Schwester-Gemeinschaft mit allem Leben, und er ist verpflichtet, mittels seiner Intelligenz "die Gesamtheit des vorhandenen Ökosystems |zu| sehen und |zu| lernen, |sich| in diesen ökologischen Lebenskreis harmonisch einzufügen" (ebd. 112).

151 Cf. hierzu etwa Heywards "Litanei" "Blessing the Bread" (Heyward 1984, 49 ff); s. ferner die Gabenbereitung der alten Kirche und den Blumensegen in der Pfingstliturgie der Ostkirche (zur Ostkirche cf. Moltmann-Wendel 1985, 106).

Für sich selbst, am eigenen Körper, hat Christ das Meer als "intuition
of great power" entdeckt:

> "As a young girl I spent long summer days at the beach, blissfully
> curling my toes in the sand, licking salt from my lips, attuning
> my body to the rhythms and currents of the waves, refusing to come
> out of the water even when my knees turned blue. As a teen-ager
> floating on my back out beyond the breakers, I remember thinking
> I was perfectly happy and could die at that moment without regret.
> Once when I was eighteen my eight-year-old brother and I were playing
> in the heavy surf on a deserted beach in early September. Unaware
> of a swift undertow, we were pulled out over our heads. Unable to
> gain a footing, I scooped my little brother into my arms, threw
> him with all my power toward shore, and a wave carried him in. As
> I fought to swim to shore the waves crashed faster and faster over
> my head; there wasn't time between breakers to catch my breath.
> Thinking I would die, I said a last prayer, stopped struggling,
> and felt my body carried to shore. I cannot remember a time when
> I have not known in my bones that the sea is a great power. And
> though now I am more cautious, I still fell a sense of elation and
> peace at the beach." (Ebd. IX f)

Der Text beschreibt einen Bogen von einer verspielten, über eine gewaltsam bedrohliche zu einer rettenden und Geborgenheit vermittelnden Erfahrung in
der Natur, die frohen Stolz und Frieden vermittelt.
Vor dem Hintergrund eines nur transzendent unbeteiligten Gottesbildes
ist er als religiös-spiritueller Text nicht identifizierbar. Haben Menschen aber den Mut, sich auch auf diese durch die Erfahrung der Frauen
evozierte "Vieldeutigkeit" einzulassen, Gott auch "als Seinsmächtigkeit,
als Macht und Kraft des Seins und Werdens" (Krattinger 1985, 121; s.
o.) zu bekennen, wird die beschriebene Erfahrung doch als spirituelle
sichtbar, und dies ist vielleicht eine Chance, den in Gotteshäusern ein-
gesperrten und domestizierten Gott in seiner Vielfältigkeit und Tiefe
zu erfahren.
Anhand von literaturwissenschaftlichen Untersuchungen, im Kontext einer
Suche nach weiblicher Spiritualität, entdeckt Christ - ihren eigenen
Erfahrungen korrespondierend - die Erfahrung von Macht, die 'einem Ver-
wurzeltsein in der Natur' entspringt ("power stemmed from the clear un-

derstanding of her |the heroine's| rooting in nature" (ebd. XIV (cf.
das Bild des Schoßes in 5.2.1)).
Im Ozean entdeckt Edna, die Hauptfigur in Chopins Roman mit dem programmatischen Titel "Awakening", in einer Art 'religiöser Konversion'
die Entgrenzung ihres Selbst, über das Medium ihres Körpers und des
Meeres macht sie leiblich und seelisch Erfahrungen ganzheitlicher Geborgenheit:

> "Die Stimme des Meeres ist verführerisch; ohne Unterlaß flüsternd,
> tosend, leise raunend lädt sie die Seele ein, für eine Weile in
> Abgründen der Einsamkeit zu wandern, sich in Irrgärten der inne-
> ren Betrachtung zu verlieren.
> Die Stimme des Meeres spricht zur Seele. Die Berührung des Meeres
> aber ist sinnlich, sie umschließt den Körper in sanfter, fester
> Umarmung" (Chopin 1978, 57 f).

Christ beurteilt diese Passage folgendermaßen:
"Edna's experience is a classical mystical experience of temporary union
with a great power, and the experience provides her with a sense of il-
lumination" (Christ 1980, 30).
Daß aber solche Erfahrungen christliche Systematik entgrenzten, steht
noch aus.
Ruether hat Ansätze gegeben, wenn sie Natur und Kosmos als Matrix formulierte, "die 'ewigdauernd'   die   Grundlage des ins Sein Eintretens
und Vergehens von individualisierten Wesen und sogar planetarischen Welten ist
und die "erlösenden Charakter" für Menschen haben kann, wenn sie ihr
Verhältnis der "eigenen Desintegration-Reintegration" (Ruether 1985,
304) bezüglich dieser Matrix erwachend erfahren und erkennen.
Vorläufig aber lassen sich nur brüchige Linien auftun zwischen jener
Erfahrung von Chopins Heldin, einer naturbezogenen, theologischen Erfahrungssystematik und ihren wieder konkreten Lebensvollzügen und politischen Durchsetzungsstrategien[152]; und bislang kaum vermittelt erscheint

---

152 Von der rührenden Hilflosigkeit relationalen Erwachens ohne poli-
    tische Strategien zeugt eindrücklich das Musical "Hair".

sie in (christlich) sozialen Kontexten[153].
Entsprechend ist der Verlauf von Chopins Roman: Edna beginnt auf ihr Erwachen hin, tatsächlich ihr Leben zu verändern, es selbständig zu gestalten, "scheitert" aber schließlich an der Begrenztheit gesellschaftlicher (Rollen)Muster: "Spiritual awakening without social support can lead to tragedy, and provides convincing testimony that women's quest must be for full spiritual and social liberation" (Christ 1980, 27).

5.3 Frau und Körper

Die Unterdrückung der Frauen und die gewaltsame Dichotomisierung aller Lebensbereiche betrifft nicht zuletzt auch den Körper des Menschen und insbesondere den Körper der Frau.
Im Folgenden soll daher zunächst dessen ideologische und materialistisch-physische Diskriminierung in der abendländischen Theologie und Kultur aufgezeigt (5.3.1) und dann mit Erfahrungen und Einsichten von Frauen konfrontiert werden (5.3.2), die den menschlichen Körper als in sich gut darstellen (1), Sexualität aufwerten und Körperlichkeit einen spirituell-religiösen Wert zugestehen (2) und menschliches Leben aus seiner Diskreditierung sowie menschliches Sterben aus seiner ideologischen Überhöhung befreien, - um mit dieser Würdigung von Körperlichkeit einen längst fälligen Aspekt theologischer Inkarnations-Lehre ernst zu nehmen (3).

5.3.1 Weltflüchtige Diskriminierung der Körperlichkeit, Misogynie und Vergewaltigung in der abendländischen Kultur

Die jüdisch-christliche Kultur zeichnet sich durch ein im Wandel der Zeiten zunehmend "gebrochenes Verhältnis zu unseren Körpern" (Ruether 1985, 93) aus.

---

153 Einen positiven Beleg finde ich jedoch bei Bührig 1987, 14-18.

Diese These versucht der folgende Abschnitt kurz zu explizieren und dann
in der ausdrücklichsten Form dieses Mißtrauens gegenüber dem Körper -
nämlich abendländischer Misogynie - in den Jahrhunderten stichwortartig
zu verfolgen und zu verifizieren und zwar sowohl in explizit christlicher Tradition (1), und dann aber auch in der sog. "säkularisierten"
Gegenwart, wo unschwer Prolongationen jener kirchlichen Misogynie erkennbar sind[154] (2).

Ungefähr seit dem ersten Jahrtausend vor Christus, sowohl in der beginnenden jüdischen Stammesreligion als auch in einigen Entwürfen der klassischen Philosophie (Ruether Art. 1978, 196 f), begannen die Menschen

> "ihre eigenen Körper als etwas Fremdes zu betrachten und sich nach
> einer himmlischen Heimat zu sehnen, in der sie von dem Gefängnis
> des Irdischen befreit würden. Die Erde hörte auf, des Menschen
> eigentliche Heimat zu sein" (ebd. 196).

Aufgrund seiner "weltflüchtigen Spiritualität" scheint "alles, was physi-
sches Leben erhält - Sexualität, Essen, Fortpflanzung, sogar Schlaf |...|
das Reich des 'Todes' zu stärken" (Ruether 1985, 103), und alle 'Gotteserfahrung ist von materiellen Gegebenheiten abgeschnitten' (Sölle Art.
1979, 22). Und bis zur Stunde machen insbesondere christlich geprägte
Menschen den Eindruck, als ob ihr Körper etwas unendlich, kaum zumut-
bar Fremdes wäre (was keine leichtfertige Polemik gegen all jene Körper-
Ängste und Wirrungen sein will, aber es soll jetzt die Frage an das Abendland sein, ob tatsächlich die Körper "böse" und "schlecht" sind oder, ob
unser moralisch und ästhetisch normenüberlastetes Verhältnis zu ihnen,
das jene Ängste und Wirrungen hervorbringt, defizitär ist):

> "How many folks do not fear the body's changes, the mysteries of
> our cells and pulses, the fleetingness of bodily plearsure, the
> unpredictability of bodily pain, accident, loss, and death? How
> many of us do not fear losing control over our own bodies, or being
> introduced to new and seemingly alien feelings, functions, fanta-
> sies in our bodies?" (Heyward 1984, 143)

---

154 "'In unserer katholischen Erziehung' |...| 'ist die Frau der Teufel.
Doch wie kann man ohne sie leben?'", hat Marcello Mastroianni gesagt (Pepper Art. 1988, 74).

Allem Körperlichen und Erdgebundenen gegenüber wurde "der mentale Bereich des Bewußtseins als 'wahres Leben' hervorgehoben" (Ruether 1985,
103), menschliche Identität und gläubiger Lebensvollzug definierte sich
zunehmend in und durch ihre "Entfremdung" von Erde und Welt (dies. Art.
1978, 197) und aller Körperlichkeit.

Heyward resümiert:

> "Es war uns theologisch nicht erlaubt, an einen radikal transzen-
> denten Gott zu glauben, dessen Wesen gerade darin besteht, uns über
> die Grenzen unserer eigenen Haut in gegenseitiger Beziehung zu Schwe-
> stern und Brüdern zu tragen. Deshalb waren wir nicht dazu fähig,
> diese so natürliche und moralische Regung in uns und zwischen uns
> als gut zu erfahren. Wir waren nicht fähig, zu erleben, daß diese
> Regung mit Gott verknüpft ist, daß sie von Gott ist und durch Gott
> Macht empfängt. Im Gegenteil, wir Christen sind jahrhundertelang
> zu der Überzeugung erzogen worden, dieses menschliche Verlangen,
> zu berühren und tief in unserem Kern berührt zu werden, sei falsch.
> Kirche und Staat haben diese Auffassung legitimiert; sie sagten
> den Menschen, ihr Verlangen nach Berührung laufe dem 'Willen' unse-
> res 'Vaters' zuwider" (Heyward 1986, 168)[155].

Mit der die Körperlichkeit abwertenden Dichotomie Leib-Seele, Körper-
Geist/Intellekt[156] (Ruether Art. 1978, 198) ging gleichzeitig eine besondere Diffamierung der Frau einher: "als Sinnbild für Körper, Sexualität und Mutterschaft repräsentiert die Frau die böse niedere Natur" (dies.
1985, 103; cf. 117), währenddessen sich der Mann der Seite von "Licht
und Leben" (ebd. 103) zuordnete (cf. dies. Art. 1978, 197).
Der folgende Blick in die ältere und neuere Theologiegeschichte kann
dies verdeutlichen und versteht sich zugleich als Vertiefung der in 3.1.1
aufgestellten These von dem in Verruf gebrachten Wert des Menschen im
(christlichen) Abendland.

---

155 "Most of us *say* this, of course: that the body is holy. After all,
     it is the handiwork of God. But I wonder how many of us really be-
     lieve this. Few, I think - at least among Christians, who usually
     follow up our affirmations of body with qualifications about how
     much *more* important the soul is, or the spirit, or things unseen"
     (Heyward 1984, 139).

156 Nach Ruether versuchte die orthodoxe Theologie gerade "durch die
     positiveren Lehren von der Schöpfung und Inkarnation" diese Dichotomi-
     sierung zu korrigieren (Ruether Art. 1978, 198), und dies soll auch
     in dieser Arbeit ansatzweise versucht werden (s. 5.2.5 und 3.1.2
     (3)).

(1)   "Ich bin gekommen, die Werke der Frau zu zerstören".
      Frauenfeindliche Äußerungen in älterer und neuerer Kirchengeschich-
      te

"Ich bin gekommen, die Werke der Frau zu zerstören", 'läßt das Evangelium
der Ägypter Jesus verkünden' (Ruether Art.1982, 222). Natürlich handelt
es sich um einen nicht-kanonisierten Text.
Aber daß sich misogyne Aussagen auch in nicht-apokryphen Texten finden,
soll im Folgenden aufgezeigt werden.
Und zwar geschieht dies insbesondere aus dem Grund, daß ich - wie andere auch - vermute und es sich im Kontext der Einbeziehung von Frauenbio-
graphien in den Diskurs der Nähe (s. 1.2.2 (1)) nahelegte, daß jene mit-
telalterliche Misogynie keineswegs "Geschichte" ist. McLaughlin hatte
wohl denselben Eindruck als sie ihren Aufsatz schrieb, denn dort heißt
es einleitend:

> "This paper will at times move from high theology to this second
> level of discourse |= the lives of the ordinary priest, monk, or
> nun, layman or laywoman|, for popular belief, unarticulated assump-
> tion, and prejudices, however mysteriously passed on over genera-
> tions, are possibility a more persistent portion of the medieval
> inheritance than the logical and carefully qualified statements
> of Thomas Aquinas. As an historian and a reasonybly 'conscious'
> woman, I have been continually amazed at the extent to which these
> attitudes toward the female regarding her sexuality, her roles,
> and her personality characteristics, reflected in medieval popular
> piety and theology, remain with us today. By 'us' I do not mean
> solely those who stand closer to a continuity with the medieval
> Christian tradition. Roman Catholics, Eastern Orthodox or Angli-
> cans - but I refer also to our secularized society, which in its
> assumptions about the woman and all her works has deep and un-
> conscious roots in medieval culture" (McLaughlin Art.1974, 215).

In den Aussagen der Texte zeichnen sich - je nach thematischem und hi-
storischem Kontext - verschieden radikale Frauendiskriminierungen ab,
die sehr deutlich die ausschließlich männliche Urheberschaft verraten
(cf. Halkes Art. 1980 b, 23) und schon dadurch auf der Ebene der Ideo-
logiebildung, ein Herrschaftsmoment darstellen.

Einige solcher Diskriminierungen seien im Folgenden nach thematischer, nicht historischer Ordnung zitiert:

Das gängige Klischee von der Unterordnung der Frau unter den Mann soll dabei den Anfang bilden. In der dualistisch-hierarchisch Seele und Leib trennenden Anthropologie des Augustinus wird der Frau eine seelische Gleichwertigkeit mit dem Mann zugestanden, bezüglich des Körpers aber gilt sie gegenüber jenem als untergeordnet, was der Kirchenvater durch seine Hypothese über die menschliche Zeugung – bei der der Frau die passive Funktion, den Samen des Mannes aufzunehmen (für Augustinus vergleichbar der Rolle der Erde in Gen 1,28), zukomme – glaubt belegen zu können (Børresen Art. 1976, 10; Meyer-Wilmes 1979, 113 f). Und aus dieser Unterordnung konnte Augustinus dann auch die 'Vielweiberei im Alten Israel' erklären, denn "ein Diener (d. h. eine Frau) kann nicht viele Meister haben, aber ein Meister (d. h. der Mann) kann wohl viele Diener haben" (Swidler Art. 1981, 230).

Für Johannes Chrysostomos ergibt sich die Unterordnung der Frau aus der späteren Erschaffung im Schöpfungsbericht (Daly 1970, 56; Meyer-Wilmes 1979, 112), im Ambrosiaster daraus, daß nur der Mann nach dem Ebenbild Gottes, die Frau aber aus einem Teil des Mannes geschaffen sei (Daly 1970, 56; Meyer-Wilmes 1979, und bei Tertullian aus dem Sündenfallmythos (cf. 3.1.2 (2)):

> "'Weißt du nicht, daß du eine Eva bist? Es lebt der Richterspruch Gottes über deinem Geschlecht. Auch die Beschuldigung soll ihre Kraft behalten. Du bist die Tür des Teufels, du bist die Entsieglerin jenes Baumes, du hast zuerst das göttliche Gesetz im Stich gelassen, du hast jenen überredet, den zu überreden der Teufel nicht die Macht hatte; du hast das Bild Gottes, den Menschen, so leichtfertig zerschlagen, wegen dessen, was du verschuldet hast, den Tod, mußte sogar der Gottessohn sterben'"[157].

---

157 Heiler, F.: Die Frau in den Religionen der Menscheit, Berlin 1976, 137, zitiert nach Meyer-Wilmes 1979, 114 f.

Leo XIII. berief sich in seiner Argumentation für die 'Unterwerfung'
der Frau auf Paulus[158], während Johannes Paul II. meint, Gen 4,1 als
Beleg heranziehen zu können.[159]
Bleibt noch ein Blick auf die protestantisch-calvinistische Theologie:
Für Calvin gibt es keine naturgegebenen Unterschiede, die eine Herrschaft
des Mannes legitimieren könnte; hier ist es mehr eine Art "göttliche|n|
Plan|s|" bezüglich der unterschiedlichen Bestimmung zur Ausübung von
Funktionen in der Gesellschaft. Der Mann herrscht nicht, weil er über-
legen ist, sondern weil Gott es ihm befohlen hat".Und bei Barth, wo
"dieses gedankliche Grundmuster |...| voll entfaltet ist", spiegelt "die-
se festgegründete, von Gott geschaffene Ordnung des Männlichen über das
Weibliche den Schöpfungsbund wider" (Ruether 1985, 123).

Den androzentrischen Charakter, der diese These von der Unterordnung
der Frau charakterisiert, verraten auch Spekulationen über die Existenz-
berechtigung der Frau.
Augustinus kann ihr keine andere als die der "Gehilfin" bei der Fortpflan-
zung zugestehen: "Dem Adam würde bei seiner Arbeit besser geholfen durch
einen Mann, und ein zweiter Mann würde ihn auch in seiner Einsamkeit besser trösten als eine Frau" (Børresen Art. 1976, 10).
In der "neueren Theologie" findet man diesbezüglich "höfliche Worte",
die "männliche Selbstgefälligkeit und Selbstherrlichkeit" verraten

---

158 "'Daher ist nach der Mahnung des Apostels, wie Christus Haupt der
     Kirche, so der Mann Haupt des Weibes; und wie die Kirche Christus
     untergeben ist, |...|, so ziemt es sich,daß auch die Frauen ihren
     Männern unterworfen seien, die sie hinwieder mit treuer und stand-
     hafter Hingebung zu lieben haben" (Enzyklika "Quod Apostolici Mu-
     neris" vom 28. Dezember 1878, zitiert nach Daly 1970, 83; cf. Meyer-
     Wilmes 1979, 118).

159 Halkes zitiert aus einer Ansprache des Papstes vom 12. März 1980:
     "Gemäß Genesis 4,1 ist der Mann derjenige, der erkennt (in der
     hebräischen Bedeutung bezieht sich das auch auf das Geschlechtliche),
     und die Frau diejenige, die erkannt wird" (Halkes Art. 1980 b, 23).

und deren 'trauriges Ergebnis'[160] Swidler folgendermaßen zusammenfaßt:
"Die Frau scheint nach wie vor dazusein, um im Dienst des Mannes zu
stehen und von ihm geführt zu werden" und:

> "Mitleid, Fürsorge und Erbarmen: das scheinen die Aufgabe und das
> Ideal der Frau zu sein. In der Praxis soll das heißen, daß sie
> für jede Form der menschlichen Not bereitsstehen muß.|s. 5.1|
> |...| Die in der katholischen Kirche heute meistbewunderte Frau,
> Mutter Theresia von Kalkutta, lebt völlig nach diesem Ideal. Ohne
> ihr Engagement in Zweifel ziehen zu wollen, möchten wir dennoch
> fragen, weshalb das kirchliche Ideal der mitfühlenden, mitleids-
> vollen Frau viel mehr das Herz als den Kopf betont" (Swidler Art.
> 1981, 232).

Und in den Äußerungen Johannes Pauls II. findet frau/man Entsprechendes
in seiner Ansicht von 'Mutterschaft als eigentliche Berufung der Frau',
der gegenüber alle Formen einer andern "Lebensberufung", alles Streben
nach "Autonomie und Selbstbestimmung" als Egoismus abgetan wird. Daß wir
Frauen den Wunsch haben, "Subjekte des eigenen Lebens zu werden wie die
Strukturen von Kirche und Gesellschaft durch unser Mitwirken zu vermensch-
lichen", wird ignoriert (Halkes Art. 1980 b, 23).

----

160   "Pater Louis Bouyer zum Beispiel philosophiert eingehend darüber,
      daß Gott deshalb Vater ist, weil er aus sich allein heraus, ohne
      Mithilfe einer Mutter, seinen Sohn erzeugt und Urheber der Schöp-
      fung ist. Dennoch will er auch der Frau gerecht werden, indem er
      schreibt: 'So wie im ureigentlichen Sinne Gott Vater ist, so kommt
      das Muttersein dem Geschaffenen zu, das dadurch auf die bestmögliche
      und vollkommenste Weise zum Bild Gottes erhöht wird'"(Bouyer, Louis:
      The seat of wisdom, New York, 1962, 100, zitiert nach Swidler Art.
      1981, 229);   Jean Guitton schreibt: "'Eine Frau hat wenig Inter-
      esse an rationalen Beweisen. Es ist schwer, sie mit logischen Argu-
      menten zu überzeugen, daß sie unrecht hat'. Guitton vermag aber
      auch Positives bei der Frau zu entdecken: 'Eine Frau braucht Schutz
      und Unterstützung, Führung und Kontrolle. Aber Impulsivität, Be-
      geisterung, instinktive Orientierung auf die Zukunft hin, Bereit-
      schaft,die Vergangenheit zu vergessen, wo sie lähmt, und Mut, den
      Wagnissen des Lebens entgegenzutreten, kommen meistens von ihr'"
      (Guitton, Jean: Feminine fulfillment, Chicago 1965, 1, zitiert nach
      Swidler Art. 1981, 229).

Auf eine schärfere Form der Misogynie stößt frau/man bei Thomas, der
im Rekurs auf Aristoteles eine "biologische Theorie der weiblichen Minderwertigkeit" versuchte (Ruether 1985, 120). Für ihn ist die Frau
ein

> "durch einen unglücklichen Zufall mit Mängeln behafteter Mann ('mas
> occasionatus'). Der Same des Vaters wäre an sich auf die Hervor-
> bringung eines ihm vollkommen ähnlichen Kindes, also eines Kindes
> männlichen Geschlechtes, angelegt. Daß ein Mädchen erzeugt wird,
> ist das Ergebnis einer Schwäche der aktiven Kraft des Samens, einer
> Art von Indisponiertheit der Materie oder auch die Folge des Ein-
> flusses negativer äußerer Faktoren wie der Schwülen Mittagswinde"
> (Børresen Art. 1976, 12; cf. Meyer-Wilmes 1979, 116 f; Ruether 1985,
> 120).

Entsprechend der "physiologischen Mehrbeteiligung" (Meyer-Wilmes)[161]
des Mannes bei der Zeugung, gilt es auch den Vater mehr zu lieben als
die Mutter (Swidler Art. 1981, 231).

Die physische Unvollständigkeit setzt sich bei Thomas in einer intellektuellen Minderwertigkeit (Ruether 1985, 120), die auch Clemens von Alexandrien[162] und Ambrosius[163] propagieren, und schließlich in einer moralischen Minderwertigkeit (Ruether 1985, 120) fort, - eine Gedankenfolge,
die sich verschärft bei den Inquisitoren Krämer und Sprenger wiederfin-
det, die nämlich "viel Mühe darauf verwandt hatten, rational zu beweisen,

---

161 "'Zum Zeugungsakt des Mannes steuert die Mutter die amorphe Materie
     des Körpers bei; und die letztere erhält ihre Form durch die ge-
     staltende Kraft, die im väterlichen Samen enthalten ist'" (Daly
     1970, 63; cf. Meyer-Wilmes 1979, 117).

162 "Clemens von Alexandrien meinte einen Grund zu haben, um zu erklä-
     ren, weshalb Maria Magdalena den auferstandenen Jesus nicht sofort
     wiedererkannt hatte, als er schrieb: 'Diese Frau ist wie die Frauen
     im allgemeinen ein bißchen langsam im Verstehen'" (PL 35, 2244,
     zitiert nach Swidler Art. 1981, 229).

163 Ambrosius führte das Wort 'vir' auf 'animi virtus' (Kraft der Seele),
     'mulier' auf 'mollities mentis' (Geistesschwäche) zurück (PL 74,
     689, zitiert nach Swidler Art. 1981, 229).

daß die erste Frau sehr unvollständig sein und viele Fehler haben mußte,
da sie aus einer krummen gebogenen Rippe entstanden sei" (Swidler Art.
1981, 230).
Bei diesen, wo Frauendiskriminierung sich nicht mehr allein in Ideologien
niederschlägt, sondern in Folter und Verbrennung von "Hexen"[164] fortsetzt, findet sich dann auch eine weitere Argumentation für den minderen
Charakter der Frauen, gleichsam als Tor zur dominikanischen Hölle. Frauen
seien nämlich für Aberglauben und Versuchungen des Bösen anfälliger,
so die Behauptung der Frauenverbrenner. Auf die Frage, warum man unter
Frauen mehr Aberglauben fände, heißt es: "Frauen seien leichtgläubig,
man könne sie leichter beeindrucken und verführen, sie verlören sich
in einem leeren, nutzlosen und bösen Gerede, sie seinen 'fleischlicher'"
(Swidler Art. 1981, 230).
Und Prototyp dieser Schaltstelle zwischen Mensch/Mann und dem Bösen ist
in der dominikanischen Argumentation Eva (Meyer-Wilmes 1979, 116; Mc-
Laughlin Art. 1974, 252, 255; s. u.), während Augustinus noch die "Haupt-
verantwortung" beim Sündenfall Adam zusprechen wollte (Børresen Art.
1976, 12), da der Frau in seinem Konzept keinerlei Autonomie oder Aktivität zukommen konnte, – was letztlich auf die Beliebigkeit der
Argumente bei gleichbleibend frauenfeindlicher Intention sowie auf den
Hintergrund und die Ursache dieser Polemiken hinweist:
Daly hat bereits in ihrem frühen Buch auf eine tiefsitzende Furcht vor
allem Körperlichen und insbesondere vor Sexualität als Grund des kir-
chenväterlichen Frauenhasses hingewiesen:

> "Im Denken aller Kirchenväter waren Frauen und Sexualität identisch.
> Ihr Abscheu vor dem Geschlechtlichen war auch ein Abscheu vor der
> Frau. Es gibt keinen Hinweis darauf, daß sie die Projektionsme-
> chanismen, die in dieser um die Männer kreisenden Einstellung ent-
> halten waren, wahrgenommen hätten. In der Tat übertrug man männliche
> Schuldgefühle gegenüber dem Geschlechtlichen und die Überempfäng-

---

164 McLaughlin Art. 1974, 254 f; cf. das allseits erwachte Interesse
an diesem Thema (s. bes. Schlangenbrut Nr. 19 (1987)).

lichkeit für sexuelle Erregung und Reize auf 'das andere', das 'schuldige' Geschlecht" (Daly 1970, 59).[165]

Die Verbindung von Angst vor dem Bösen und dem " Fleischlichen " der Frauen belegt schon das obige Zitat der Inquisitoren; sie scheint weiter auf in den Überlegungen von Hieronymus und Ambrosius, daß nur die Frau, die keine oder nicht mehr Kinder zur Welt bringt, dem Mann ähnlich und Christus nahe sein könne[166]; sie findet sich in der Warnung der Prediger des 13. Jahrhunderts vor der "Gefahr" der Frauen, die an den biblischen Figuren Eva, Jezebel, Delilah, Batheseba und Salome demonstriert werden soll (McLaughlin Art. 1974, 252); und sie schlägt sich schließlich ebenso in den gregorianischen Zölibatsformen nieder (ebd. 253) wie in der Skulptur der "Frau Welt" als "embodiment of the seductive and damning blandishments of the world" (ebd. 254), die zahlreiche deutsche Kirchen des 13. und 14. Jahrhunderts "ziert" (ebd. 253). Religionspsychologisch wird diese Zuordnung oft als "Projektion" (Ruether 1985, 118; cf. Kap. 4 Anm. 17) interpretiert und beschrieben: Alle durch die eingangs skizzierte Körper-Geist-Dichotomie abgewerteten, nicht mehr annehmbaren Anteile menschlicher Existenz, "Leib, Triebe und Sexualität" (Moltmann-Wendel 1984, 24), projizierten Männer, "die die theologische Selbst-Definition für sich monopolisiert" hatten, in Frauen (Ruether 1985, 118).

---

165 Cf. McLaughlins interessante These: "Could the frequent outcries against the dangerous female be a projection of that fear of the implications of friendship among the brothers?" (McLaughlin Art. 1974, 252 f).

166 "'Solange die Frau Kinder zur Welt bringt und aufzieht, unterscheidet sie sich vom Manne wie der Körper von der Seele. Wenn sie Christus abermehr als der Welt zu dienen verlangt, wird sie aufhören, eine Frau zu sein, und man wird sie Mann (vir) nennen'", so Hieronymus (Daly 1970, 55); bei Ambrosius steht, daß "'diejenige, welche nicht glaubt, eine Frau ist und mit dem Namen ihres Geschlechts bezeichnet werden sollte, während diejenige, welche glaubt, zum vollkommenen Mannestum voranschreitet, |...|. Sie läßt alsdann mit der Bezeichnung ihres Geschlechts die verführerischen Reize der Jugend und die Geschwätzigkeit des Alters hinter sich'" (ebd. 55; cf. Meyer-Wilmes 1979, 112).

Einher ging all jene ideologische und existentielle Frauendiskriminierung stets mit einer Idealisierung Mariens, so daß Frauen nicht nur verleumdet, unterdrückt, gemordet wurden, sondern bis heute mit "Zerrbil-
dern" der Mythen von der 'guten' und der 'bösen' Frau konfrontiert wurden, die der individualpsychologischen Entwicklung und der Herausbildung
eines natürlichen Körperbewußtseins bis dato hinderlich ist (cf.
Halkes Art. 1981, 257), wovon im Folgenden die Rede sein soll.

(2) Misogynie in der sogenannten "säkularisierten " Welt

Welche Freiheiten auch immer die Säkularisation dem Abendland beschieden
haben mag, die Freiheiten, die sie den Frauen gebracht hat, sind in den
hier angesprochenen Kontexten nicht schwer zu überschätzen.
Wohl sind die Texte der "Väter" moderater oder tatsächlich dialogfreu-
diger geworden, und die Zeiten der Hexenverbrenner und kirchlich sanktio-
nierten Folter von Frauen ist vorbei, aber der Frauenhaß des Abendlandes ist noch immer ablesbar, u. a. in den Körperhaltungen der Frauen
selbst und in publizistischer, alltäglicher und krimineller Gewalt gegen
diese.
Zum ersten: Jenseits der Revolutionierung und Entheiligung aller Lebensvollzüge hat sich die Misogynie der Kirche hartnäckig gehalten, zeigt
sich eingraviert in Frauenkörper, schlägt sich in regressiver Körperhal-
tung, mangelndem Körperbewußtsein und defizitärer Integriertheit physisch-
psychischer Bezogenheiten sowie Äußerungen verletzter Integrität nieder:
Geht frau/man davon aus, daß 'Gesten und äußere Körperformen kulturell
und sozial geformt' sind (Woesler-de Panafieu Art. 1983, 61)[167], so lassen sich an ihnen Spuren der Unterdrückung, der Einschränkung, des 'ganz
wörtlich eingeengten Bewegungsraumes' (Wex Art. 1977, 27) ablesen:

---

167 "Ich gehe davon aus, daß Frauen und Männer von Kind auf lernen,
sich unterschiedlich zu bewegen, und daß diese geschlechtsspezifische Körpersprache mit allem anderen weiblich bzw. männlich kondi-
tionierten Rollenverhalten in Zusammenhang steht" (Wex Art. 1977,
26).

"Ich sehe einen direkten Zuammenhang zwischen der Art, wie sich
Frauen bewegen, und dem engen ökonomischen und psychischen Raum,
der ihnen für ihre Entwicklung unter Männerherrschaft zugestanden wird. Arme und Beine eng am Körper gehalten, sich schmal machend, verkleinernd, verniedlichend, verharmlosend, demütig, sich
anbietend für Sex und sonstige Bedienung des Mannes, defensiv, sich
versteckend, wirken die Körperhaltungen von Frauen vorwiegend angst-
bestimmt." (Ebd. 27)

Woesler-de Panafieu hat gezeigt, wie Frauenkörper von 'männlicher Feti-
schisierung besetzt' sind (Woesler-de Panafieu Art. 1983, 69), insofern
sie Ausdruck einer 'inneren Entleerung bei gleichzeitig äußerer Verschö-
nerung' sind (ebd. 62), wie sie 'auf den Markt getragen werden', "aus-
tauschbare, gesellschaftsfähige Körper", die "nur Spiegelbild männlicher
Begierde, männlicher Lust" sind und deren Wert durch den Mann geeicht
ist (ebd. 62 f); wie sie Objekte "ganzer Industriezweige" (Kosmetik,
Mode, (ebd. 63)) und männlicher Medizin und Mediziner (Lorenzen/Menzel 1984,
29) sind; wie sie in der Färbung der Haut (braun oder blaß) oder "an
Körperidole" (als "sexiger Brigitte-Bardot-Typ, als Kindfrau" |...| oder
im Sinne von "Partner-Look" männlichen Körpernormen, ebd. 63 f; cf. Lo-
renzen/Menzel 1984, 29, 34 f) angepaßt werden, so daß Frauen vielfach
mit Eigenhaß (Woesler-de Panafieu Art. 1983, 66), Verweigerungen und
'Furcht vor der eigenen Erotik und Sexualität' (ebd. 70) reagieren, ihnen
jegliche physische Autonomie aus ihren Körpern heraus fehlt.
In . sexistischer Gewalt gegen Frauen[168] (cf. Millet 1971, 54-58),
sadistischer Pornographie und Vergewaltigung findet jener Frauenhaß
schließlich seinen sinnfälligsten Ausdruck[169]: Denn hier werden Frauen

---

168 Cf. hierzu auch die von Schwarzer gesammelten Frauenprotokolle
     (Schwarzer 1981).

169 Dem korrespondiert die allgemeine Kommerzialisierung von Sexualität:
     "Die Perversion der ursprünglichen Ziele der sexuellen Befreiungs-
     bewegung läßt sich nachweisen im Aufkommen einer ganzen Literatur-
     sparte von populären Sex-Handbüchern bis zum 'Playboy', die mensch-
     liche Sexualität als genitale Eroberung darstellen. |...|
     Sex ist eine 'nichts als'-Angelegenheit, und es gibt nur ein Gebot:
     den Selbstgenuß. Der blanke Zynismus gehört unabdingbar zur Kom-
     merzialisierung der Sexualität. Sex muß zu einer gewöhnlichen Ware
     gemacht werden, käuflich, quantifizierbar und austauschbar wie je-

gänzlich zum Objekt gemacht (Meulenbelt 1982, 205-213), - insbesondere Vergewaltigungen[170] sind sowohl als Einzelverbrechen Ausdruck extremster Formen von 'Aggressionen, Haß, Verachtung und dem Wunsch, eine
Person zu brechen oder zu schänden' (Millet 1971, 56; Dröge 1976, 26;
cf. Meulenbelt 1982, 164 ff, 206), als sie auch eine grundsätzliche Einstellung der patriarchalischen Gesellschaft zur Frau, eine "Mentalität"
unserer Kultur spiegeln, "die den Vergewaltiger zum männlichsten der
Männer mythologisiert und die Frau zur Verführerin macht, die angeblich
nach sexueller Gewalt begehrt"[171] (Sölle 1986, 177). Und dies heißt

---

de andere Ware auch. Die liberale Vorstellung von der Sexualität
als Privatsache steht dieser Art Zynismus und der Kommerzialisierung nicht weniger hilflos gegenüber als der Konservatismus vor
dem Zusammenbruch der sexualethischen Normen, die Generationen lang
gegolten hatten" (Sölle 1986, 185).

170 Im Patriarchat gilt die Vergewaltigung vielfach als Vergehen gegen
Besitzverhältnisse von Männern (Millet 1971, 56).

171 "Wenn sich die Grenzlinien zwischen Lust und Körperverletzung über-
haupt verwischen läßt, |...|, dann muß es in der Lust selbst ein
Moment von (potentieller) Verletzung, von Gewaltsamkeit geben, oder,
um es in den klassischen Termini auszudrücken, Sexualität als nicht-
pervertierte müßte mit einem Stück Sadismus und seinem Komplement,
dem Masochismus, legiert sein" und: "Eine sexuelle Beziehung ohne
'Militanz', ohne Schmerz-Lust, ist etwas Gekünsteltes" (Sichtermann Art. 1986 b, 37 f).
Derartiges zu lesen, besonders von einer, die für sich die Zugehörigkeit zur Frauenbewegung reklamiert (Mies Art. 1988 a, 27), ist
gleichermaßen ärgerlich und erschreckend. Die anvisierte "Grenzziehung" zwischen 'Sexualität und Vergewaltigung' scheint gründ-
lich mißlungen, insofern hier lediglich ein Hang zur (Selbst-)Zer-
störung favorisiert scheint, und die von Frauen selbstzerstörerisch
internalisierte männliche Projektion, Gewaltanwendung wäre lust-
voll, völlig unkritisch reproduziert wird (cf. auch Bachmanns "Malina", - ein trauriges Buch (Bachmann 1980, insbes. 288)); als Erleichterung nach der Lektüre von Sichtermanns Artikel, der u. a.
auch auf den japanischen Film "Im Reich der Sinne (Autor: Oshima
(ebd. 38)" eingeht, sei Meulenbelts fröhlicher Kommentar zu eben
diesem empfohlen (Meulenbelt 1982, 189 f).

letztlich für Frauen, im "permanenten Kriegszustand" leben zu müssen
(Lorenzen/Menzel 1984, 325)[172]:

> "Nur als ein Beispiel: ein Gespräch mit einer kleinen Gruppe von
> Frauen. Gerade erst ist eine, die wir kennen, vergewaltigt worden.
> Im klassischen Sinn, draußen ins Gebüsch gezerrt worden, nachdem
> er sie von ihrem Fahrrad heruntergerissen hatte. Wir zitterten al-
> le. Gott sei dank ist noch nie eine der anderen Anwesenden jemals
> vergewaltigt worden, aber es kann uns allen jederzeit passieren.
> Sagen wir.
> Wir reden über die Gefahr auf der Straße. Darüber, daß wir die Stras-
> senseite wechseln, wenn uns eine Gruppe lärmender Männer entgegen-
> kommt. Daß ich doch lieber nicht die engen kleinen Gassen nehme,
> wenn ich vom Hauptbahnhof nach Hause gehe. Dann folgen die Geschich-
> ten: gerade noch entkommen zu sein, indem sie sich in einer fast
> leeren Bahnhofshalle sofort in die Nähe anderer Leute geflüchtet
> hat. Kleine Kämpfe auf der Straße, der Mann in der Straßenbahn,
> der seine Hand auf deinen Hintern legt. Die Hand unter deinem Rock,
> wenn du die Treppe hochgehst. Sich gegen einen Mann wehren, der
> versucht, dich auf der Straße festzuhalten |...|.
> Zwei Stunden später stellen wir verbittert fest, daß nicht eine
> von uns *keine* Erfahrungen in irgendeiner Form mit Vergewaltigung
> gemacht hat. Und daß wir nur deswegen glaubten, uns sei sie noch
> nicht passiert, weil als Vergewaltiger noch immer der Fremde, der
> dich in die Büsche zerrt, definiert wird. Wir werden nicht nur durch
> das konkrete Verhalten der Männer unterdrückt, sondern auch dadurch,
> daß wir uns und unsere Empfindungen aus ihrer Sicht definieren."[173]
> (Meulenbelt 1982, 165)

2   Vom Wert des menschlichen Körpers (aus der Sicht der Frauen)

(1)   Feministische Befreiung der Körperlichkeit

Gegen diese Negationen stellen Feministinnen und feministische Theologinnen ihre vitalen, körperlichen, ästhetischen und spirituellen Erfahrungen vom Wert der Körperlichkeit, der Mutterschaft, der Schönheit der
Körper und ihrer Heiligkeit.

---

172 Eine Fixierung des feministischen Diskurses auf das Thema "Vergewaltigung" halte jedoch auch ich nicht für sinnvoll (cf. Moltmann-
Wendel 1985, 33; Friedan 1982, 235).

173 Dies zeigt sich am deutlichsten daran, daß vergewaltigte Frauen
sich tatsächlich für "entehrt" oder gar "schuldig" halten.

Orte dieser Entwicklung waren die in 2.1 beschriebenen Frauengruppen,
in denen Frauen sich die Möglichkeit gaben, jenseits aller gesellschaft-
lich-ästhetischen Normen ihre Zugehörigkeit zu ihren Körpern und darin
ein Stück ihr individuelles Schönsein zu entdecken (cf. Meulenbelt 1979,
167-172).

(Ab-)lesbar ist diese Entwicklung in Stefans ganz wichtigen und populären "autobiographischen Aufzeichnungen" "Häutungen" (Stefan 1984), in
der frau sich von allen ideologischen und physisch internalisierten Diskriminierungen zu befreien begann. Dort heißt es am Ende des Buches:

> "Cloe trägt flicken ihrer alten häute an sich herum. sie ist bunt
> gescheckt und geht kichernd durch die straßen. im wechsel von licht
> und schatten schillern hier und da die hauptverschiedenheiten auf.
> die sanfte kompromißbereite haut, die sei-doch-nicht-so-mimosen-
> haft-haut, die ich-strahle-ruhe-aus-haut, die sinnliche neugierige
> haut, die alles-erkennen-wollen-haut.
> Wer kann bunte haut lesen?" (Ebd. 124)

Antithetisch zu all jener abendländisch christlichen Körperfeindlichkeit
und Weltflucht begannen Frauen,davon ausgehend , daß "unser Körper |...|
die physische Grundlage ist, von der aus wir uns in die Welt begeben"
(Lorenzen/Menzel 1984, 36), eine im guten Sinne (d. h. als Ausdruck von
ganzheitlichem selbst-bewußt-Sein) auto-erotische[174] Wieder-Aneignung

---

174 Cf. das Folgende:
"Das Bräunen geht weder in seiner Bestimmung der Erhöhung erotischer
Attraktivität noch in seinem Selbstzweck auf. |...| Denn in der
äußeren Passivität des Sonnens ist eine aktive Lust im Spiel, wenn
die Sonne leicht prickelnd über die Haut in den Körper eindringt und Hitze erzeugt, der in wellenförmigen Bewegungen durch den über die Haut streifenden Wind
ihre Unerträglichkeit genommen wird. In dieser Bewegung von Sonne,
Wind, Haut und Körper vergißt der Geist seine starre Logik und läßt
sich in das Spiel der Assoziationen, der Farben und der Körperphan-
tasien davontragen.
Auch die sich zu der Öffnung von Flaschen, Tuben und Dosen, von Creme,Puder
und Lack gesellenden sinnlichen Bewegungen sind bei der Produktion
und Gebrauchsanweisung nicht eingeplant. Unter der Hand, im Gebrauch
durch Frauen gelangen diese Mittel eine über das Industrieprodukt
hinausgehende Qualität. Zwischen Berühren von Hand, Creme und Körper entfalten sich Auto-Erotiken und sprachlose Imaginationen"
(Woesler-de Panafieu Art. 1983, 70).
Cf. Friedan: "Ich habe nie behauptet, sich zu emanzipieren hieße,
sich nicht zu schminken oder zu schmücken. Gleichberechtigung heißt
doch nicht, wie ein Mann zu sein" (Friedan Art. 1987, 140).

ihrer Körper[175], um "vollwertige Menschen", "bessere Freundinnen, bes-
sere Liebende, bessere Menschen |...|: selbstbewußter, autonomer und
stärker" zu werden (ebd. 36, 32).[176]
Mit dieser Wiederaneignung wurde schließlich auch der zeitweise im Feminismus diskreditierte[177] Kinderwunsch (Sichermann Art. 1986 a, 27)
rehabilitiert, entdeckten Frauen "Sinnlichkeit und Erotik |auch| in der
Mutterschaft" (Woesler-de Panafieu Art. 1983, 74; cf. Moeller-Gambaroff
Art. 1985) sowie die Gebärfähigkeit[178] der Frau - von allen Tabus befreit - als gute Macht, die mit allem Leben verbindet[179].

---

175 Cf. den programmatischen Titel des populären "handbuchs von frauen für
     frauen": "unser körper- unser leben" (Lorenzen/Menzel 1984).

176 "Wer hat denn je behauptet, Feminismus dürfe nicht sexy sein!",
     so der Schlußsatz eines Interviews mit Friedan: Auch solche Sätze
     haben, jenseits journalistischer Verve, ihre Klugheit, weil sie
     die unfeministische Regression, die Selbstverleugnung und andere Ar-
     ten heimlicher Anpassung von Frauen an die Misogynie des Abendlan-
     des provokant herausstellen" (Friedan Art. 1987, 140).

177 Cf. Beauvoire 1981, bes. 652; Firestone 1976.
     "Radikale Feministinnen haben diese weiblichen Instinkte ideologisch
     verleugnet. Sie haben ein männliches Modell von Gleichheit aufge-
     baut, in dem das Frausein keinen Platz hat. Das war am Anfang auch
     richtig. Man mußte ja erst einmal aus dem weiblichen Getto heraus-
     kommen; |...|" (Friedan Art. 1987, 140).

178 Gegen eine Fixierung der Frauen auf die Gebärfähigkeit spricht sich
     u. a. Halkes aus (Halkes Art. 1980 b; cf. Anm. 71).

179 Wie die wachsende Zahl von Gruppen der Art "Mütter für den Frieden",
     "Mütter gegen Atomenergie" oder die Frauen des "Müttermanifestes" zei-
     gen, gibt es ein kultiviertes Mütterbewußtsein. Daß jedoch die
     Gebärfähigkeit spezifisch weibliche Eigenschaften generierte, die
     dann zu verantwortlicherem Handeln führte, so daß letztlich doch von
     einer geschlechtsspezifischen Psyche auszugehen wäre, scheint mir
     nicht daraus ableitbar, und kann auch kaum letztgültig geklärt wer-
     den, solange ihr Pendant, die Zeugungsfähigkeit(schamhaft) verschwie-
     gen bleibt,und Väter nicht ebensoviel Zeit mit ihren Kindern ver-
     bringen wie Mütter, um jene Sensibilität für Schutzbedürftigkeit
     zu erwerben und operationalisieren zu lernen. Jene erwähnte Stärke
     aus Körperintegriertheit ist in der von mir durchgesehenen psycho-
     logischen Literatur übrigens nie erwähnt worden!

(2) Feministisch-theologische Würdigung der Körper

a) Vom heilsamen Wert der Körper

Feministische Theologie wendet sich gegen die zuvor ausgeführte 'histo-
rische Synonymie |von| Frau, Sexualität und Tod' (Heyward 1986, 40) und
proklamiert, daß der Körper "in sich gut ist" (ebd. 40). Und für Heyward
ist er nicht zuletzt dadurch wertvoll, daß er alle anderen Körper repräsentiert:

> "My body is valuable because this flesh and blood and mind and heart
> and spirit represent the flesh and blood and dreams of every woman
> and man that has ever lived on this earth." (Heyward 1984, 142)

Über jene ausgelebte feministische Befreiung der Körper hinaus zielt
das Interesse feministischer Theologinnen damit auf eine gedankliche
und lebenspraktische "Wiederversöhnung von Körper und Geist" ab (Ruether
Art. 1978, 201); u. a. ist es ihr Ziel, "mehr und mehr in eine Annahme
und Würdigung unseres Körpers hineinzuwachsen" (Heyward 1986, 29).

> "Wenn der Körper einen positiven moralischen Wert, einen hohen spi-
> rituellen Wert hat, wie steht es dann um die Sinne des Körpers,
> um den Sinn für Berührung, um den Geruchssinn, um den Geschmack?
> Was ist mit den körperlichen Freuden, mit der Freude an gutem Es-
> sen oder mit sinnlicher oder sexueller Freude? Worin mag der mo-
> ralische Wert gegenseitiger Erfahrung von körperlicher Freude, se-
> xueller Lust bestehen, wenn der Körper gut ist?" (Ebd. 40)

Damit einhergehend wird auch menschliche Sexualität neu und positiv ein-
geschätzt: Sie stärkt die Lebensenergie des Menschen: "Die sexuelle Erfahrung ist eine Form, wie wir an der das Selbst transzendierenden schöp-
ferischen Kraft des Lebens teilhaben" (Sölle 1986, 174; cf. 194)[180].
Und sie läßt ihn/sie zugleich seine zwischenmenschliche Gebundenheit
auf wunderbare und freudvolle Weise erfahren:

---

180 Als biblische Würdigung von Eros und Sexualität, s. das biblische
     "Hohelied" (cf. Heyward 1986, 54).

"Das ekstatische Vermögen entspricht unserer oft verleugneten An-
gewiesenheit aufeinander. Die Ekstase der Sexualität läßt uns erkennen, was uns fehlte: wie allein wir waren, wie unvollständig
und gebrochen, ohne Anteil an der Ekstase zu haben. Sexualität
ist eines der Kennzeichen der Erneuerung des Lebens auf Erden |...|
Die Erde ist ein sexueller Planet, und wir sagen endlich mit Gott:
'Ja, es ist alles sehr gut'. Der Eros verbindet uns mit der Welt."
(Sölle 1986, 176)[181].

Sexualität wird in der feministischen Theologie verstanden und erkannt
als eine Möglichkeit und Weise, andere Gutes erfahren zu lassen; sie
wird, so Moltmann-Wendel, ein "Modellfall für neue Sensibilität und Offenheit für die Bedürfnisse des Anderen" (Moltmann-Wendel 1984, 49),
sie ist "eine Weise, den Partner, uns selbst, die Gemeinschaft und die
Welt, in der wir leben, zu erkennen." (Sölle 1986, 191); sie ist "unser
Mittel, in der Welt Liebe und Gerechtigkeit" herzustellen (Heyward 1986,
201).[182]

b) Vom spirituellen Wert der Körper

"Wie sollte, wenn ich liebe/leibe, nicht in jedem Stück Haut auch
meine Seele mittasten und in jedem Atemzug auch mein Geist mit-
schwingen" (Krattinger 1985, 206).

Den spirituellen Wert der Körper wiederentdecken, meint für feministische Theologinnen diesen als Ort wahrzunehmen, wo Macht in Beziehung
erfahren und durch den diese Macht von Menschen realisiert wird.
Zu ersterem kann einmal mehr paradigmatisch auf Krattinger referiert
werden. Sie hat für sich entdeckt, daß nicht der Verstand (allein), son-

---

181 Daß folglich eine Entgrenzung bürgerlicher Moral und eine Revision
     auch fortschrittlicher Moraltheologie, die sich zuweilen zu ver-
     schämten und abstrakt-hölzernen Zugeständnissen an die Sinnhaftig-
     keit der Liebe hinreißen läßt, ansteht, versteht sich dann auch
     von selbst (zu letzterem cf. etwa den Abschnitt "Liebe und Lust" in:
     Häring 1980, 485-488.

182 Daß solche Texte aus Kontexten von Frauenliebe kommen (cf. Heyward
     1986, 17; s. auch 1.1 und Kap. 1 Anm. 47), stimmt nachdenklich in
     Hinblick auf (christliche) Heterosexualität, die jahrhundertelang
     Sexualität so nicht thematisieren wollte (cf. hierzu auch Anm.171).

dern ihr Körper der Ort ist, der Macht in Beziehung gewahr zu werden[183]:

> "Früher suchte ich 'Erkenntnis des Herrn' auf dem Weg des ratio-
> nalen Erkennens und las theologische Bücher. 'Erleuchtung' stellte
> ich mir als eine Art hell-lichte Explosion im Kopf vor. Heute er-
> lebe ich Offenbarung in Erfahrungen der Vereinigung. Unio. Coin-
> cidentia. In Erfahrungen der Versenkung. Atem-Meditation. Bildbe-
> trachtung. Aufgehen im Sehen. Mich ganz vergessen im Lesen, im
> Schreiben. Etwas hören, schauen, betasten, riechen können -
> ganz daran hingegeben, nichts anderes mehr. Inneres Schweigen."
> (Ebd. 203 f; cf. 108).

Und "in solcher Unio" erfährt sie sich "als Ganze: Leib, Geist, Seele -
ganz" (ebd. 205).

Auch bei Heyward wird dem Körper ein "hohe|r| spiritueller Wert" (Hey-
ward 1986, 40) und eine religiöse Dimension zugesprochen.
Im Kontext ihrer relationalen und auf Gottes Inkarnation[184] bestehenden
Theologie kommt dem menschlichen Körper wesentliche Bedeutung bei der
Realisierung von "Macht-in-Beziehung" zu (Heyward 1984, 142, 147).
Glauben Christen an Gottes Inkarnation, Fleischwerdung, an das trans-
zendierende Körperlichwerden Gottes in der Welt, so können sie ihren
eigenen Körper nicht länger die Gabe der Güte, Seligkeit und Barmherzigkeit absprechen.
Und wird über Heyward hinaus Chalcedon feministischerseits positiv rezipiert, so kann mit dieser Verstärkung von Menschsein-Körperhaben um so
entschiedener der Körper als 'Grund aller Heiligkeit' ("ground of all

---

183 "Manchmal könne er mit dem Körper beten, las ich in einem Buch von
Frère Roger, Abt von Taizé. Manchmal könne er bloß dasitzen, nur
mit seinem Körper da sein, in seinem Leib still werden - und plötzlich bete es dann aus ihm heraus" (Krattinger 1985, 205).

184 Zur Definition von "Spiritualität " cf. Hundrup 1984, 142; Krattinger 1985, 78. "God is here/now. She is no absent deity, no God away
in God's heaven, but rather the power of *actual* love among us. This
is our God incarnate. Our Got in flesh. Our God with us, among us,
between us" (Heyward 1984, 145);cf. Sölle: "Gott wurde mehr aus
dem Fleisch fortgedrängt, die Inkarnation,die Fleischwerdung rück-
gängig gemacht" im Laufe der Entwicklung des Christentums (Sölle
Art. 1979, 20).

holiness", ebd. 139) ausgesagt werden, insofern er Teil von 'Gottes Körper in der Welt' ist:

> "Our hand's are God's hands in the world. Our hearts are God's heart
> in the world. God pulsating. God beating. God yearning and open and
> growing in history. Our suffering and our tears are God's pain and
> trauma in history. Our laughter and our pleasure are God's own joy
> in history. |...| Our sexualities, our expressions of sexuality,
> our lovemaking in this world, is God's own expressiveness, God's
> own lovemaking, in history." (Ebd. 140)

(3) Nach-denkliches über das Aufhören des Lebens

Über das Leben nachdenken kann nicht heißen, das Sterben auszublenden.
Daher wird in diesem letzten Abschnitt, abermals kritisch, dem letzten
der drei diskreditierten und tabuisierten[185] 'Synonoyme Frau Sexualität Tod' (s. o.) nachgegangen, was wesentlich heißt, eine feministische
Aussöhnung von Leben und Sterben anzudeuten, ohne jedoch die Pein der
einzelnen Menschen zu vergessen.
All jene feministischen (theologischen) Innovationen sollen ja nicht
als falsche Idealisierungen des menschlichen Körpers[186] verstanden werden, denn gerade "mein Leib sagt mir, daß ich Schmerzen habe, Hunger
|...|" (Sölle 1986, 48). Aber dieser "Widerspruch" (ebd. 48) zu dem vor-
her Angeführten kann nicht dadurch aufgelöst werden, daß der menschli-
che "Leib mit seinen Bedürfnissen verleugnet und unterdrückt |würde/wird| zugun-
sten einer idealisierten, von allen leiblichen Begierden gereinigten Spiritualität" (ebd. 48). Ziel kann es nur sein, eine "geschöpfliche Spi-
ritualität" (ebd. 48) zu erlangen, in der "Sexualität |...| von Ver-
achtung und Beschämung, das Gefühlsleben von seiner Trivialisierung
und der Tod und das Sterben von Scham und Verleugnung" befreit werden

---

185 Cf. Richter 1985.

186 Zum Leiden an Körperlichkeit und in und durch Körper cf. Fuchs
Art. 1985 e.

(Heyward 1986, 41); daß wir begreifen, daß wir 'unser Leib sind'[187] (Sölle Art. 1979, 16). Dies, so Sölle, ist gerade der Sinn des zweiten Schöpfungsberichtes: Wir sind von Gott gemacht, aus Erde, und in dieser Materialität bejaht und bestätigt: "Ich bin aus Erde gemacht, und eben dieses sinnlich-vergängliche, krebsanfällige Fleisch soll 'sehr gut' sein" (ebd. 16): Es gilt das 'materialistische und holistische Menschenbild der Bibel zurückzugewinnen, in dem 'Physis, Sozialität und Psyche' ausgesöhnt sind (ebd. 18) und in dem nicht eine Ideologie verhindert, daß das Leben lebbar und der Tod sterbbar, "lebenssattes Dahinwelken" ist (Krattinger 1985, 164, 195, 198; cf. Mies Art. 1987, 41). Bereits im Kapitel "Frau und Natur" wurde das Sterben thematisiert als "Reintegration in die große Matrix" (s. 5.2.5 (2) b)). Noch einmal soll hier darauf eingegangen werden, nun aus der Perspektive der physischen und bewußtseinsmäßigen Einzelexistenz. Organismus und Bewußtsein können nicht getrennt voneinander existieren, und der Tod wird eine Transformation beider in andere, neue oder ewige Formen des Lebens sein, denn, noch einmal: "eher als unsere individualisierten Zentren des Seins ist es diese Matrix, die 'ewigdauernd' ist" (Ruether 1985, 304) und in die Menschen wie nach Hause kommen können.[188]

---

187 Dies ist auch als Kritik an einem naturwissenschaftlichen Materiebegriff zu verstehen, der Materie als beherrschbar und besitzbar vorstellt (cf. Sölle Art. 1979, 19).

188 "Es ist so, daß unsere Existenz als individualisiertes Ego/Organismus aufhört und sich zurück in die kosmische Matrix von Materie/Energie auflöst, aus der neue Zentren der Individuation aufgehen. |...| Alle Komponenten oder Teile von Materie/Energie, die sich miteinander verbunden haben, um unser individualisiertes Selbst zu bilden, sind nicht verloren. Vielmehr verändern sie ihre Gestalt und werden zu Nährstoffen für neue Wesen, die aus unseren Knochen wachsen. Uns in Stahlsärgen zu begraben, so daß wir nicht in die Erde hineinvergehen können, bedeutet soviel wie sich zu weigern, diesen Prozeß des Wiedereintretens in die Matrix erneuerten Lebens zu bejahen. Eine solche Art des Beerdigens stellt eine grundsätzliche Weigerung dar, die Erde als unser Zuhause und die Tiere dieser Erde als unsere Verwandten zu akzeptieren. Auf diese Weise erkennen wir auch nicht den erlösenden Charakter unserer eigenen Disintegration-Reintegration zurück in den Boden an" (Ruether 1985, 304).

Doch das mag vielen nicht genügen: "Aber hat unser Leben dann einen
Sinn? |...| Geht es nur um die Desintegration von Zentren der Perso-
nalität in eine 'unpersönliche Matrix des Alls'?" (ebd. 304), fragt
Ruether selbst.
Zunächst verweist sie aber, und das will auch ich tun, auf den egoisti-
schen Seperatismus[189] dieser abendländischen Frage. Denn es gibt ja
durchaus andere Kulturen, z. B. indianische, in denen das Sterben fried-
lich und beruhigend begriffen wird als Weiterleben "in der kollektiven
Seele des Stammes", der wiederum in enger "Beziehung zu seiner natürlichen Umwelt" steht (ebd. 296):

> "Der Indianer akzeptiert persönliche Endlichkeit und kann den Tod
> als die angemessene Kulmination des Lebens empfangen. Da Indianer
> nicht individualistisch leben, ist Tod nicht das Ende, sondern nur
> ein Zeitpunkt der Transformation zu einem anderen Lebenszustand.
> Erde und Volk sind eins. Eine Generation geht aus dem Mutterleib
> der Erde auf wie die vorangegangene Generation in ihn zurückkehrt."
> (Ebd. 296 f)

Und nur das Abendland mit seinem fetischisierten "Ich" tut sich schwer,
darin ein gutes Stück Erlösung und Ewigkeit wahrzunehmen: "|...| das
Problem persönlicher Unsterblichkeit |ist| durch das Bestreben geschaf-
fen worden, das persönliche oder individuelle Ego selbst als ewigdauernd
gegenüber der gesamten Gemeinschaft allen Seins zu verabsolutieren" (ebd.
304).
Über diese Einsicht in die Reintegration der einzelnen in die Matrix
der Schöpfung hinaus bleibt nur ein agnostisches Vertrauen in Gott, die
Macht in Beziehung, unserem Einsatz, mit dem wir "für unsere Generation
ebenso wie für unsere Kinder eine gerechte und gute Gemeinschaft |...|
schaffen", ihren Sinn und 'Erfolg' und damit unserer individuellen Exi-

---

189 Zu dem unterschiedlichen Interesse von Männern und Frauen, "ihre
     Sterblichkeit mit Hilfe von Doktrinen von einem Leben nach dem Tod
     zu leugnen" cf. Ruethers Ausführungen (Ruether 1985, 279 f; dort
     auch weiterführende Literatur): Frauen haben offensichtlich ein
     geringeres und wenn, dann Beziehungen reflektierendes Bedürfnis,
     über den Tod nachzudenken, während "männliche Wesen sich in erster
     Linie mit ihrer eigenen Selbst-Verewigung beschäftigen"(ebd. 279 f).

stenz ihre Bedeutung, fortdauerndes Gewicht zu verleihen:

"Es ist die Sache der Heiligen Weisheit, unseren begrenzten Kampf
umzuschmieden in Wahrheit und Sein für immerwährendes Leben. Die-
ser unser Agnostizismus |s. o.| ist also Ausdruck unseres Glau-
bens, unseres Vertrauens, daß die Heilige Weisheit unserer Arbeit,
die durch Raum und Zeit begrenzt ist, transzendente Bedeutung geben wird". (Ebd. 305).

Solchermaßen Leben und Sterben in Ahnungen aussöhnend darf aber nicht
blind machen gegen alle Erfahrungen von Schmerzen, denen Körper, Seele und Geist nicht gewachsen sind, und gegen Todesangst.[190] Und ebenso können
das frühe Sterben, das Getötet- und Gemordetwerden, das Ende in quälen-
den Schmerzen dem bisher Ausgeführten nicht auf systematischer Ebene
subsumiert werden, und ihre Vermittlung steht im Lebensvollzug des einzelnen, wenn es gut geht, noch je aus. Im Kontext der jesuanischen Passion war bereits die Rede von jenen einsamen und angstvollen Erfahrungen, die Sterbende wie Weiterlebende "lebensendlich"
hilflos machen: "Die Erfahrung des Todes, Verlust der Beziehung, Trennung, Schmerz und Einsamkeit können eine grundlegende Herausforderung
für das unmittelbare Selbstgefühl der Menschen sein" (Heyward 1986, 99).

Feministische Theologinnen werden über diese Erfahrungen nicht hin-
weggehen wollen, können, dürfen; wie im Kontext der als ambivalent erkannten Naturerfahrungen (s. 5.2.5 (1)) werden sie die Geschichten der
einzelnen nicht übergehen wollen, auch dieser Passion, die meint,(sich)
hinter Protesten[191], Verzweiflungen und Angst mühsam und immer wieder
scheiternd Wege zur Macht in Beziehung zu bahnen, nicht aus dem Wege
gehen.

Aber sie mag auch ihre Sehnsucht äußern nach weniger Heimatlosigkeit

190 Cf. Fuchs 1982.

191 Cf. den Protest Jesu: "Wir können uns den Zorn Jesu nicht als Zorn
gegen Gott vorstellen. Eine Ausnahme finden wir vielleicht in seinem Schrei 'Elohi, Elohi, lama sabachthani?' (Mk 15,34)" (Heyward
1986, 105; cf. Fuchs 1982).

auf der Erde, nach einer ganz anderen, entwickelteren Spiritualität des Lebens und Sterbens[192], - gerade um der heute Sterbenden willen.

Zusammenfassung

Das vorangegangene Kapitel hat versucht, die Selbstvergewisserung in ihrer Relationalität zu (bundesrepublikanischen-)gesellschaftlichen Verhältnissen, ökologischen und körperlichen Gegebenheiten zu entfalten und die Beziehungen, in denen Frauen leben,sich definieren und handeln," organisch werden" zu lassen.

Dabei wurden eine Reihe von innovatorisch-ganzheitlichen Erfahrungen sowie aber auch solchen der Unterdrückung eingesammelt, die den den Frauen durch Sozialisation, Ökonomie und die (christlich-)abendländische Ideologie zugewiesenen Bereichen entnommen worden waren.

Zunächst war es da nötig, Unterdrückungen zu benennen: Die ökonomische Benachteiligung von Frauen, die Ausnutzung ihres Arbeitsvermögens, die Verhinderung von positivem Selbstwertgefühl und von Lebensglück - was alles durch die Wenderegierung und andere Wendedenkerinnen vorangetrieben wird; Beschneidungen von Leben in und Arbeiten mit Natur, von physischen Lebensvollzügen, von spirituellen Erfahrungen, die in Natur und über das Medium des Körpers sich ereignen, wurden aufgedeckt.

Und zum anderen konnten dann die Potenzen der Frauen aus ihren Diskreditierungen befreit, freigelegt werden: Das weibliche Arbeitsvermögen aus seiner Privatisierung, Natur und Körper (mit seinen "Unabdinglichkeiten" der Sexualität sowie des Sterbens) aus ihren Tabuisierungen und Vergewaltigungen, die wesentlich darauf gründen, daß der "einsame Range" in Theologie und Wissenschaft meint(e), sich intellektuell und damit auch real aus den Beziehungen der Menschen zu Natur und Körper und deren

---

192 Zu einem anderen enttabuisierenden Umgang mit dem Sterben cf. Beauvoir 1986; Meulenbelt 1987, Noll 1984; cf. dazu Camus:"Aber ich sehe Djemila und weiß: der einzige wahre Fortschritt der Kultur, den von Zeit zu Zeit ein Mensch für sich verwirklicht, besteht darin: bewußt zu sterben" (Camus 1973, 90).

Mächtigkeit, die einzelnen und ihre Selbstbilder (Herr in der Gesellschaft, Herr über die Natur, Herr über den Körper) zu verändern, her-
ausstehen zu können.
Frauen haben sich erhoben (cf. Schaumberger(Maaßen Art. 1984) in und
mit diesen Bereichen,denen sie in gemeinsamer Diskriminierung verbunden waren, sie haben ihre lebensspendende und lebenermöglichende Kraft
erkannt (in Beziehungs-/Familienarbeit, Erwerbsarbeit, in Arbeit mit der
Natur, in ihren Körpern) und sich und diesen Bereichen ihren ursprünglichen
und heilsamen Wert zurückerobert, was gleichzeitig wundersame Potentia-
le an Lebenslust, autonomer und natürlicher Ästhetik und Verantwortlichkeit hervorbringen konnte und kann.
Immer wieder erwies sich die Selbstvergewisserung aber auch als ambivalentes Unterfangen, insofern etwa konventionell im gesellschaftlichen
(Befreiungs-)Streben anvisierte Ziele (mehr Geld, mehr gesellschaftliche
Anerkennung) kritisch reflektiert werden müssen und insofern sich Natur
um und in uns sich als auch rätselhaft machtvoll erweist.
Theologisch meinte jene dreidimensionale Selbstvergewisserung außerdem
sowohl ein Wahrnehmen und Qualifizieren von verhinderter Gerechtigkeit
(bez. des Lebens der Frauen und der Zerstörung der Natur) als auch ein
Gewahrwerden der ideologischen und politischen Leugnung der Inkarnation
Gottes in der Welt (in der Natur und in menschlicher Körperlichkeit.)
Die Auseinandersetzung für Gerechtigkeit als korrekte Regelung menschlicher,ökologischer und physisch-intersubjektiver Bezüge aber konnte
als (sich) Realisieren von Macht in Beziehung benannt und erkannt werden.
Jeweils hatte die Selbstvergewisserung ferner ihren Hang evoziert, sich
in Praxis - hier in Gestalt von Postulaten - hinein fortzusetzen: Postulate für die Aufhebung der Trennung zwischen beruflicher und priva-
ter Welt, für eine Umstrukturierung der Ökonomie, für einen anderen
Umgang mit Natur, eine andere Einstellung zur Arbeit, zu Körpern, zu
Sexualität und zum Sterben des Menschen, eine Praxis, die von Macht
in Beziehung ihren Ausgang nimmt und Beziehungen wahrnimmt und schafft,

nicht zerstört; und sie realisierte mit diesem Ruf nach Konkretisierung
zugleich - unter dem Stichwort der Passion - die Wirklichkeiten und die
Möglichkeiten ihres Scheiterns.

Und schließlich war die Selbstvergewisserung stets gewillt, da ihre
theologische Systematik aus den Erfahrungen der einzelnen kommt, sich
nicht moralistisch oder darwinistisch über weitere Erfahrungen anderer
hinwegzusetzen.

In diesem Sinne - weitere Einzelerfahrungen in ihren Details wahrzunehmen - folgt nun die Textarbeit.

6.   Relationale Selbstvergewisserung und androzentrischer Text
     Hinführende Bemerkungen zu Textanalyse und -kommentar anhand von Lot-
     mans Textbegriff

6.1 Vorbemerkung

Die relationale Selbstvergewisserung der Frauen war sich bereits eingangs ihres Eingebundenseins in die androzentrische Kultur des Abendlandes bewußt (1.1), hatte diese im theologischen Teil der Arbeit
im Raum der Anmerkungen situiert und versucht nun - zu sich selbst gekommen - mit einem exemplarischen Repräsentanten[1] dieser Kultur in Dialog zu treten[2], wobei sich aus dem Interesse der Selbstvergewisserung
und der zentralen Rolle der (theologischen) Anthropologie in dieser Arbeit (sowie innerhalb der feministischen Theologie allgemein), die Frage nach der Hauptfigur, dem Helden des Textes, als von besonderer Bedeutung erweisen wird.
Das Bemühen um diesen Dialog ist von dem eingangs angedeuteten Interesse,
"Modelle der Gegenseitigkeit" (1.2.3) zu etablieren, bestimmt, und von
daher ist es zunächst einmal nötig, überhaupt die Legitimität der Fragen
(nach einer androzentrischen Welt und ihrem Helden) an den Text zu prü-
fen und zu belegen: Inwiefern darf denn ein Text, resp. ein Textausschnitt,

---

1   Dieser ist Hemingways Roman "For Whom The Bell Tolls". Der Titel
    dieses Buches soll im Folgenden durch die Großbuchstaben FW abgekürzt
    werden, was gleichzeitig den Status des Textes als Gegenstand struk-
    turalistischer Analyse (und nicht schöngeistiger Betrachtung) andeu-
    ten soll.

2   Zur Fragestellung nach dem Verhältnis zwischen Theologie und Litera-
    tur allgemein cf. u. a. Sölle 1973;   Kurz 1969;
    Mieth 1978; Jens, 1986; die Offenheit für Erfahrungen in der femini-
    stischen Theologie kann jedoch auf die hier vielfach anvisierte
    Theologie/Theologisierung der (nicht) christlichen Literatur verzich-
    ten. Feministische Theologie sucht, wie 7.4 zeigen wird, den Dialog
    mit dem literarischen Text auf anderem paritätischerem Wege.

als 'Repräsentant seiner Kultur' angesehen und inwiefern darf seine
Hauptfigur aufgesucht und kommentiert werden.
Darüberhinaus ist ferner nach dem methodischen Vorgehen zu fragen, das
jenes "Modell der Gegenseitigkeit" ermöglichen kann, und diese Frage
erweist sich schließlich als kritisches Potential, das an Lotman herangetragen werden muß und zu Barthes Textbegriff und Analyseverfahren
überleitet (s. Kap. 7).

Lotmans Textbegriff

Aus den umfangreichen Überlegungen Lotmans zur "Struktur literarischer
Texte" sollen im Folgenden der Gedanke vom Text als "Modell der Welt"
und der des Handlungsträgers bei der Grenzüberschreitung von sujetloser
zu sujethaltiger Textschicht beschrieben sowie der Schluß des Textes
als wesentlicher Bestandteil der modellbildenden Funktion von Texten
ausgewiesen werden.

1   Der Text als "Modell der Welt"

Das Interesse, das Verhältnis einer Fragestellung zu einem Text zu klä-
ren, muß zunächst eine Vorstellung davon haben, wie dieser Text, seine
Aussage, seine Geschichte, seine Struktur erfaßt und handhabbar "auf
einen Nenner" gebracht werden kann.
M. E. stellt der Textbegriff von Lotman, d. h. seine Überlegungen zum
Modellcharakter von Texten, näherhin zum Sujet (sujetlose, sujethaltige Textschicht, Handlungsträger) eines Textes, - wenn auch mit einem gehö-
rigen Quantum an Abstraktion (s. u. 6.2.3) - einen Ansatzpunkt für die
Beantwortung dieser Frage dar.
Lotman geht davon aus, daß "Kunst und Leben" miteinander zu tun haben
(Lotman 1981, 31; ders. 1972, 22-31) und zwar in dem Sinne, daß literarische Texte außerliterarische Wirklichkeit abbilden und deuten wollen
und können, indem sie ein "Modell der Welt", in Form einer "Übersetzung",

nicht einer "Kopie"[3] entwerfen: "Das Kunstwerk, das selbst begrenzt
ist, stellt ein Modell der unbegrenzten Welt dar" (ders. 1981, 301),
oder: "Während das Kunstwerk ein Modell des unbegrenzten Objektes (der
Wirklichkeit) mit Hilfe eines endlichen Textes schafft, ersetzt es durch
seinen Raum nicht einen Teil (richtiger: nicht nur einen Teil), sondern
das ganze Leben in seiner Gesamtheit" (ebd. 303). Exemplifiziert wird
dies an Tolstojs Roman "Anna Karenina", dessen "Sujet |...| einerseits
ein bestimmtes verengtes Objekt" abbildet, nämlich "das Schicksal der
Heldin, das wir durchaus mit dem Schicksal einzelner Menschen vergleichen können, die uns in der alltäglichen Wirklichkeit umgeben" (ebd.
303). Andererseits aber stellt dieses Sujet noch

> "die Abbildung eines anderen Objektes dar, das zu unbegrenzter Aus-
> weitung tendiert. Das Schicksal der Heldin läßt sich vorstellen
> als Abbildung des Schicksals *jeder* Frau einer bestimmten Epoche
> und einer bestimmten sozialen Schicht, *jeder* Frau überhaupt, ja
> jedes Menschen. Anderenfalls würden die Peripetien ihrer Tragödie
> nicht mehr als historisches Interesse wecken, und für einen Leser,
> der dem Spezialstudium bereits historisch gewordener Sitten und
> Lebensumstände fern steht, wären sie einfach langweilig" (ebd. 303).

Bei diesem modellbildenden Charakter des Kunstwerkes sind nun zwei Aspekte zu unterscheiden: Zum einen bildet der Text eine "bestimmte Episode der Wirklichkeit" ab: Dies ist seine Fabel (ebd. 303).
Zum anderen aber deutet, interpretiert, "modelliert" er "das ganze Universum": Dies nennt Lotman den "mythologischen" Aspekt des Sujets (ebd. 303).

In diesem Sinne stellt der Text, stellt FW - als 'modellierte'
Fabel - ein Modell unserer androzentrischen Welt, ein Weltbild dar und
appelliert selbst in seiner 'Tendenz zur Ausweitung', das 'allgemein Menschliche' in ihm wahrzunehmen.

---

3   Cf. Lotmans Argumentation: "Und schon allein deshalb, weil das Kunst-
    werk grundsätzlich eine Abbildung des Unendlichen im Endlichen,
    des Ganzen in einer Episode ist, kann es nicht als Kopie seines
    Objektes in dessen eigenen Formen angelegt sein. Es ist die Abbil-
    dung einer Realität auf eine andere, das heißt immer eine *Über-
    setzung*" (Lotman 1981, 301).

Wie aber solch ein Modell aufgebaut wird, soll im Folgenden anhand der Begriffe der "sujetlosen" und der "sujethaltigen" Textschicht des "Handlungsträgers" aufgezeigt werden, die sogleich auf Hemingways Roman angewendet werden sollen.

.2   Sujetlose Textschicht, sujethaltige Textschicht und Handlungsträger

Für Lotmans Textbegriff entscheidend ist die Differenzierung von "sujetloser" und "sujethaltiger" Textschicht, die "zueinander immer |in einem| konfliktbeladenen Verhältnis" stehen (ebd. 339).

(1) Die sujetlose Textschicht

Kennzeichnend für die sujetlose Textschicht ist deren "deutlich klassifikatorisch(er) Charakter", durch sie wird "eine bestimmte Welt und deren Organisation" "bestätigt" (ebd. 336). Näherhin ist nach Lotman diese "innere Organisation der Textelemente" auf einer "binären semantischen Opposition"[4] aufgebaut (ebd. 337), die dann "im Text |...| fast immer eine räumliche Realisierung" erfährt. ("Die klassifikatorische Grenze zwischen den kontrastierten Welten bekommt die Merkmale einer Linie im Raum - der Lethe-Strom, der die Lebenden von den Toten trennt, das Höllentor mit seiner Aufschrift, die jede Hoffnung auf Rückkehr raubt, |...|", ebd. 337 f).

Die Welt nun von FW ist die Welt des Spanischen Bürgerkrieges mit den widerstreitenden, oppositionellen Gruppen der Republikaner und der Faschisten.

Als "Grenze" läßt sich zunächst im sowohl semantischen als auch ganz plastisch-räumlichen Sinn die Grenze zwischen den Gebieten der Bürgerkriegsmächte anführen.

---

4   Zum Begriff der Opposition cf. Titzmann 1977, 120; einem Briefwechsel mit Herrn Dr. Dr. Titzmann verdanke ich wichtige Hinweise zur strukturalistischen Textwissenschaft, seiner Publikation zur "Strukturalen Textanalyse" (1977) ein Stück kritischer Distanz zu Lotman und Barthes.

So spielt der Hauptteil der Handlung im Lager der republikanisch ge-
sinnten Partisanen[5],"'in the hills'" (2)[6], "behind the enemy lines" (4),
so daß also bereits die topographische Situierung des Hauptgeschehens
eine Spannung ("strukturbedingte Erwartung", Lotman 1981, 340) aufbaut,
die sich im Handlungsverlauf tatsächlich als Konfliktpotential erweisen resp. "entladen" wird.
Die so räumlich, topographisch strukturierte Organisation der Textwelt
formiert zugleich auch die "Verteilung der Figuren" (ebd. 330). So gehören etwa zur republikanischen Seite die Guerilleros, Maria, Jordan,
El Sordo und seine Leute, etc..

(2) Die sujethaltige Textschicht

Die sujethaltige Textschicht wird nun "auf der Basis des sujetlosen (Textes) errichtet als dessen Negation" (Lotman, 338), "als Überwindung jener Verbotsgrenze, die von der sujetlosen Struktur festgelegt ist" (ebd.
338)[7].
In diesem Sinne läßt sich als Sujet des Romans der Angriff der Republikaner auf die von den Faschisten besetzten Gebiete beschreiben, in dessen
Zentrum die damit verbundene rechtzeitige Sprengung der Brücke durch
Jordan und die Guerilla-Gruppen steht, die dazu dienen soll, den Feind
von seiner Verstärkung zu trennen. Dies wäre nach Lotman 'die Hauptepi-
sode, auf die das Sujet zusammengezogen werden kann' (ebd. 338).
Daß es sich bei Sprengung/Angriff um das zentrale und - sowohl im textu-
ellen als auch allgemeinsprachlichen Sinn - um das "revolutionäre Ereig-

---

5 Dieser Bereich der Partisanen ließe sich nun wiederum genauer eintei-
len, etwa in 'Innenraum und Eingang der Höhle','das Gebiet um die
Höhle, das Sprenggebiet um die Brücke' - Gebiete, die also teilweise ineinander verschachtelt sind (cf. Renner 1983, 112 ff) - und
auf der Ebene der Gespräche und der der Erinnerungen wären weitere
topographische Orte aufzutun, die aber hier nicht weiter von Belang
sind.

6 Die Seitenzahlen in Klammer beziehen sich auf Hemingway 1940.

7 Cf. das Verhältnis von Textoberfläche und Tiefenstruktur eines Textes
bei Fuchs 1978, 41, 118-121; Große Art. 1977, 25-27; Dressler 1973,
50; Titzmann 1977, 349.

nis"[8] (Lotman 1981, 334) des Textes handelt, belegen die gegen Ende zunehmend kürzeren Kapitel, das sprunghafte Ansteigen von Einzelaktionen und der Figurenzahl sowie der Ortswechsel, samt Einführung völlig neuer Orte und die Gleichzeitigkeit von Handlungssequenzen, die den Eindruck des erzählerischen Höhepunktes wecken.

Bei Sprengung/Angriff handelt es sich um ein Überschreiten der Ordnung der sujetlosen Schicht auf gewaltsame und für den Feind wahrnehmbare Art, die im Gegensatz zum rein geographischen und heimlichen Wechseln der Feindeslinien durch Anselmo, Fernando oder Andrés steht (dies kann als Hinweis dafür gelten, daß die topographische Ordnung nicht in jeder Hinsicht die Grenze, die in der sujethaltigen Textschicht überschritten wird, bildet) und sich aus dem Dasein einer Partisanengruppe eo ipso ergibt.[9]

Ordnet die sujetlose Textschicht die Figuren in bestimmten Kombinationen an (s. o.), so gibt es auf der sujethaltigen Textschicht "bewegliche Figuren", "die das Recht |haben| die Grenze zu überschreiten" (ebd. 338). Im Roman Hemingways erweist sich als solche Figur Robert Jordan. Dieser verfügt über "einen gewissen Satz von Merkmalen" (ebd. 341); als der, der die Grenze überschreitet, das Sujet trägt/realisiert, ist er mit der "Fähigkeit" dazu oder zumindest mit einer "nicht-Übereinstimmung mit (seiner) Umwelt" (Lotman, 342) ausgestattet. Im Gegensatz zu anderen Figuren ist er eine "bewegliche" Figur, sind ihm "bestimmte Handlungen erlaubt" (ebd. 346).

---

8   Hierin liegt der utopische Reiz literarischer Texte: Was real nicht möglich ist, wird in ihnen vorgestellt; zur mißlungenen Grenzüberschreitung in der Gesellschaft cf. beispielsweise Fuchs 1986.

9   Daß allerdings bei der Grenzüberschreitung der sujethaltigen Textschicht die rein topographische Grenze mittlerweile schon bedeutungslos geworden ist - die Faschisten haben nämlich vorher von dem geplanten Angriff erfahren und die betreffenden Gebiete bereits geräumt, so daß die Republikaner leeres Gelände bombardieren (376) - wirft ein anderes Licht auf die textimmanente Bewertung des Sujets/zentralen Ereignisses, auf den "Blickpunkt" (ebd. 374-393).

In diesem Sinne ist nun zu fragen, worin Jordans besondere "Fähigkeit"
liegt, worin er sich von den anderen Figuren unterscheidet, die zwar
zum größten Teil den Angriff mitmachen, aber offenbar nicht über eine
eigene "Beweglichkeit" verfügen, sondern an der Jordans partizipieren.

Hier seien , nur stichwortartig, einige Größen in diesem Sinne genannt:

Zunächst hebt sich Jordan von den anderen Figuren dadurch ab, daß er
von Golz beauftragt wird, die Brücke zu sprengen. Zudem ist er sowohl
von seiner physischen Konstitution (3 f) als auch seinen Kenntnissen
und seiner Ausbildung her für die Arbeit prädestiniert (Golz nennt ihn
einen Sprengfachmann: "They tell me you blow bridges very well. Very
scientific", 7; und im weiteren Erzählverlauf wird deutlich,daß er bereits drei Züge sprengte, 23). In Hinblick auf die dabei drohenden Gefahren wird er als mit Gleichgültigkeit gegenüber seinem Schicksal ausgestattet charakterisiert ("he did not give any importance to
what happened to himself", 4). Er ist in der Lage, klare Gedanken zu
fassen (226) und mit akut auftretenden Schwierigkeiten umzugehen (394).
Außerdem hebt er sich von den anderen dadurch ab, daß er Ausländer ist[10]
(209 f), der aber Spanien - auch durch frühere Reisen - gut kennt(4,
109 f, 247). Zusammenfassen läßt sich all dies mit einem Spruch Karkovs:
"A young American of slight political development |!| but a great way
with the Spaniards and a fine partizan record" (372). Und Jordan selbst
versteht sich als Werkzeug und mahnt sich selbst immer wieder zu Pflichtbewußtsein und Disziplin ("You are instruments to do your duty", 45,
etc.) im Dienst seines Auftrags[11].

---

10 Im Text wird Jordan "'Ingles'", "'Don Roberto'", "'that american'"
    und "a foreigner" (21) genannt.

11 Seit den Untersuchungen von Propp ist deutlich geworden, daß es
    neben dem Helden noch weitere Figuren im Rahmen der Sujetentfal-
    tung gibt, worunter sowohl weitere Figuren (Helfer, Widersacher)
    als auch Hilfen, Umwelt, Hindernisse und Gegenumwelt zu zählen sind
    (so Lotman 1981, 343), die sich nach Lotman besonders an der Grenze
    ansiedeln (ebd.342). Ferner fällt hierbei auf, daß eine Figur durch-
    aus zwei oppositionelle Funktionen realisieren kann: So vernich-
    tet Pablo einen Teil des Sprengmaterials, andererseits bringt er
    aber Ersatzleute für El Sordo.

3

Der Schluß eines Textes als entscheidender Ort für das modellierte
Weltbild

Nach der Grenzüberschreitung, so Lotman, kommt die Bewegung des Sujets
eines Textes zum Stillstand.
FW endet nach dem geglückten Sprengen der Brücke mit dem in Kürze ab-
sehbaren Ende des Helden (s. Kommentar zu Lexie (= L) 114).
Daß das Ende des Romans zum Gegenstand der weiteren Textanalyse und des
feministischen Kommentars werden kann, soll nun der folgende Abschnitt
durch verschiedene Argumentationen legitimieren.
Einleitend sei im Sinne eines kulturellen Arguments bemerkt, daß Lotman
darauf hingewiesen hat - und dies kann die individuelle Lebenspraxis
heutiger Leser/innen unseres Kulturkreises sicher bestätigen -, daß dem
Endes des Textes eine wesentliche Bedeutung zugemessen wird: "Verglei-
che die Versuchung, ein Buch von hinten zu lesen oder wenigstens 'mal
nach dem Ende zu schauen'" (Lotman 1981, 309).
Zweitens, ebenfalls mit der Kultur oder kulturanthropologisch argumen-
tierend (und dies ist erlaubt, wenn man mit Lotman davon ausgehen will,
daß Kunst und Leben durchaus etwas miteinander zu tun haben) kann davon
ausgegangen werden, daß in den Augenblicken des Lebensendes Wichtiges
aus diesem Leben in den Vordergrund rückt und Unwichtiges im Nebel ver-
sinkt, und somit dem Ende von FW besondere Aufmerksamkeit zu schenken ist, insofern hier der innere Monolog (der mehr als die Hälfte des
Schlußteils ausmacht) der sterbenden Figur sich selbst und dem Leser
nochmals Wesentliches erinnert.
Drittens: Im Kontext seiner Ausführungen zur modellbildenden Funktion
von Texten mißt Lotman dem "Rahmen", d. h. Textanfang und -ende (ebd.
305), besondere Bedeutung zu. Er ist die"Grenze, die den künstlerischen
Text von allem trennt, was Nicht-Text ist" (ebd. 300), er grenzt das
Modell von der "unbegrenzten Welt" ab (ebd. 301).
Bei dieser Relevanz des Rahmens verhält es sich nun so, daß der Textanfang den "Kode", die "Definition" angibt, nach denen der Text zu lesen
ist und der "mit der Modellierung der Ursache verknüpft ist" (ebd. 311,

305, 307). Das Textende hingegen "aktiviert |...| das Merkmal des Ziels" (ebd. 307)[12].

Zudem steht das Textende in enger "Verbindung mit der mythischen" Funktion des Textes:

> "Im Kunstwerk kommt der Gang der Ereignisse in dem Augenblick zum Stillstand, wo die Erzählung abbricht. |...| indem es |das Kunstwerk| ein einzelnes Ereignis abbildet, bildet es gleichzeitig auch ein ganzes Weltbild ab, und wenn es vom tragischen Schicksal der Heldin erzählt, so berichtet es vom tragischen Wesen der Welt. Deshalb ist ein gutes oder schlechtes Ende für uns so bedeutsam: es bezeugt nicht nur den Abschluß irgendeines Sujets, sondern es legt auch Zeunis ab von der Konstruktion der Welt als ganzer" (ebd. 310)[13].

Kommt also dem Textende solche Schlüsselfunktion für das Modell/Weltbild des Gesamttextes zu, so legt sich eine Untersuchung dieses Textteils besonders nahe.

Ein weiteres Argument auf dieser Ebene kann ebenfalls mit Lotman formuliert werden: Lotman verweist darauf, daß "alle Arten von Hindernissen im Text in der Regel an dieser Grenze konzentriert sein" werden (ebd. 342), so daß der Schlußteil, der die Grenzüberschreitung Jordans erzählt, als besonders reichhaltig für eine Textanalyse vermutet werden kann.

6.3   Feministisch theologische Schlußbemerkungen

Die Ausführungen zu Lotman wollten klären, inwiefern ein Text, sein Handlungsträger und sein Schluß im Kontext der relationalen Selbstvergewisse-

---

12   "Im Zusammenhang mit der unterschiedlichen Akzentuierung des Anfangs oder des Endes in verschiedenen Typen von Kulturmodellen treten Geburt oder Tod als die entscheidenden Augenblicke der Existenz in den Vordergrund und es tauchen Sujets auf wie 'Geburt eines Menschen', 'Drei Tode', 'Der Tod des Ivan Il'ič'"(cf. ebd. 307).

13   "Betrachten wir die abgedroschenste Vorstellung vom 'Ende' eines Textes, das sogenannte 'happy end'. Wenn der Held stirbt, empfinden wir das Werk als tragisch endend. Wenn er sich aber verheiratet, eine große Entdeckung macht oder den Produktionserfolg seines Betriebes steigert, dann wird das als glücklicher Schluß empfunden." (Ebd. 309)

rung der Frauen als Repräsentant der beiden gemeinsamen Kultur fungieren kann.

Mit den Überlegungen Lotmans zum modellierenden Charakter von Texten konnte FW als die die androzentrische Welt 'modellierende Fabel' ausgewiesen werden, die in ihrer 'Tendenz zur Ausweitung' selbst für Kommentare offen scheint. Daher kann es sinnvoll sein und als begründet gelten, für einen feministischen Dialog mit der androzentrischen Kultur einen Text, solchermaßen verstanden, zum Partner zu wählen.

Daß dabei immer wieder Fragen an den Helden gestellt werden, ist dadurch begründbar, daß dieser (wie es die strukturalistische Betrachtung des Sujets auf verschiedenen Textschichten zeigt) vom Text selbst her als zentral herausgestellt wird.

Die Analyse des Schlußteils schließlich kann sich auf die kulturell und texttheoretisch belegte These vom Informationsreichtum eben dieses Textes stützen.

Kritisch muß nun aber Lotmans Ansatz nach seinen Hilfestellungen für die weitere Operationalisierung des angestrebten Dialogs befragt werden.

Doch über wesentliche Einsichten in inner- und außertextliche Strukturen Bezüge hinaus vermag dieser Ansatz keine Methode an die Hand zu geben: Die Figuren treten nicht plastisch in ihren Eigenschaften und Gefühlen, Gedanken und Handlungen vor Augen, geschweige denn andere Textbezüge; und die Linie vom Text zur Kultur wird nur formal ausgesagt, aber wie diese Linie sichtbar gemacht werden soll, bleibt offen.[14]

Daher scheint weiterführend Lotmans Ansatz nicht dienlich, jenes feministisch theologische Modell der Gegenseitigkeit Wirklichkeit werden zu lassen und dem von Empathie bestimmten Willen feministischer Wissenschaft zu Konkretionen und dynamischem Denken entgegenzukommen - wofür nicht zuletzt jenes eingangs erwähnte "Quantum an Abstraktionen" verant-

---

14 Auch Lotmans Oppositionsbegriff - zwischen zwei Welten (republikanischer und falangistischer) - erweist sich als für die feministische Kritik zu global.

wortlich gemacht werden kann.

Deswegen ist auf einen zweiten strukturalistischen Ansatz, den Barthes'
in "S/Z", zurückzugreifen.

Zur Analyse von FW nach Barthes'Methode der Textlektüre in "S/Z"

Das folgende Kapitel will zur Analyse des Schlußteiles von FW hinführen.
Dafür ist es zunächst notwendig, Barthes' Textbegriff (7.1.1) und sein
methodisches Vorgehen der Code-Lektüre (7.1.2) zu klären, wie sie in
dem Buch "S/Z" (1976) dargelegt wurden, und diese dann auf den Roman
Hemingways zu applizieren (7.2).
Bez. letzterem sollen dann einige allgemeine Bemerkungen zur Vorgehensweise, der Verwendung der Sekundärliteratur sowie zu den weiteren Hilfsmitteln erfolgen (7.2.1). Sodann werden die Codes von FW dargelegt (7.
2.2). Nachdem die Methode und ihre Anwendung erklärt sind, kann eine
positive Würdigung von Barthes' Ansatz aus feministischer Perspektive
erfolgen (7.3). Abschließend wird der Code der feministischen Kommentierung von FW vorzustellen sein (7.4).

Was ist ein Text? Wie soll er gehandhabt werden?
Bemerkungen zu Barthes' Textbegriff und Analysemethode in "S/Z"

Zu Barthes' Textbegriff

Idee und Bestrebungen von Barthes' "S/Z" liegen darin, einen einzelnen
Text vor dem Hintergrund seiner jeweiligen Kultur (in der er geschrie-
ben und gelesen wurde) (Barthes 1976, 25)[1] und damit zugleich in seiner
Einmaligkeit (ebd. 7) zu sehen, darüberhinaus aber auch, in gleichem
Maße, der Materialität dieses Textes und seiner inneren Dynamik Rech-
nung zu tragen.
Die verhältnismäßig knappe theoretische Einführung,der sukzessive in
Einzelabschnitten evaluierte Textbegriff und die durchgeführte Analyse
in "S/Z" zeigen, daß Barthes danach fragt, wo der Text herkommt, woraus
er gemacht ist, wie er gemacht ist und wie er (etwas) be-deutet.

---

1   Cf. hingegen Greimas 1971.

Barthes geht davon aus, daß ein Text an einem bestimmten historischen
Ort einer Kultur entsteht und daß er deswegen die verschiedensten Phänomene dieser betreffenden Kultur widerspiegelt; darunter zählen dann
sowohl konkrete historische Fakten, wie in FW etwa der Spanische Bürgerkrieg, als auch Verhaltensweisen und Klischees dieser Kultur, etwa
"typisch männliches" Verhalten in FW, die nicht nur dafür verantwortlich sind, was im Text[2] geschieht, sondern auch dafür , daß überhaupt
etwas geschieht, eine Geschichte einen Anfang hat, sich entwickelt, zu
Ende geht.[3]

Der Text wird damit also von seiner Produktion, der "Praxis des Schreibens" (ebd. 8) her begriffen. Und für diese Produktion eines Textes aus
den verschiedensten Daten seiner Kultur hat Barthes ein anschauliches
Bild entworfen:

> "Der Text gleicht in seinem Entstehen einem Spitzenwerk aus Valen-
> ciennes, das vor uns unter den Händen der Spitzenstickerin ent-
> stände" (ebd. 160),

indem Fäden 'ineinander verflochten werden, abwechselnd einige stets
reihen,andere auf den Stickrahmen geführt und eingearbeitet werden' (cf.
ebd. 160).

Zum weiteren Verständnis dieses Textbegriffs kann nun gefragt werden:
Was entspricht diesen Fäden in der Produktion eines Textes? Den Fäden
entsprechen die einzelnen "Codes", oder "Stimmen", eines Textes ("Jeder
Faden, jeder Code ist eine Stimme" (ebd. 160)).[4]

---

2   Gemeint ist nur der "klassische Text", d. h. der 'begrenzt plurale/
    polyseme' Text, der "dem geschlossenen System des Abendlandes ver-
    pflichtet, den Zwecken dieses Systems entsprechend fabriziert und
    dem Gesetz des Signifikants ergeben" ist (ebd. 12, 10).

3   Dieses zu-Ende-Kommen einer Geschichte, "Auflösung und Enthüllung"
    eines Rätsels, das Versehen eines Subjektes mit einem Attribut,
    dies ist nach Barthes ein dominantes Streben unserer Kultur, "die
    Mutterzelle des ganzen Abendlandes" (ebd. 187).

4   Cf. hierzu auch die Analyse des Markus-Evangeliums von Belo (Belo
    1980).

Der Text ist dann also ein "Geflecht" (ebd. 160), ein "Netz" (ebd. 25),
ein "Gewebe" (ebd. 160) aus diesen Stimmen, und seine Einheiten markieren
stets zugleich "Ausgänge" zum "große|n| Buch (der Kultur)" (ebd. 25).
Um nun textwissenschaftlich und konkreter zu werden: Was versteht Barthes
unter einem "Code", wie werden diese "Stimmen" definiert?
Ein Code kann beschrieben werden als "Gruppierung" (Belo 1980, 124) von
gleichartigen Konnotationen, und das heißt z. B. von Semen, von Geschehen
(Handlungen und Überlegungen), von Symbolen oder von Bezügen zur
außertextlichen Wirklichkeit:

> "Von der Definition her ist es |die Konnotation | eine Bestimmung,
> eine Beziehung, eine Anapher, eine Linie, die sich auf vorherge-
> gangene, spätere oder von außen kommende Hinweise, auf andere Orte
> des Textes (oder eines anderen Textes) zu beziehen vermag" (ebd. 12).

Der Text also ist aus verschiedenen Codes geflochten, und diese unter-
teilen sich wieder in verschiedene Einzelelemente: Der Code der SEMe
sammelt verschiedene Bedeutungsmerkmale im Sinne eines "Signifikates
par excellence" (ebd. 22), der Code der Handlungen setzt sich aus verschiedenen Aktionen zusammen, der Code, der sich explizit auf die außertextliche Welt bezieht, gruppiert verschiedene Beziehungsstränge, die
von ihm ausgehen zu eben dieser außertextlichen Wirklichkeit.
Aus dieser Vielfalt der Elemente und Beziehungen und der oft hohen Anzahl
der Terme[5] resultiert das "begrenzt Plurale" (ebd. 12) von Texten: "Al-
les |im Text| ist signifikant ohne Unterlaß und mehrere Male" (ebd. 16)[6].

---

5   "Term = beliebige Größe eines semiotischen Systems, gleichgültig
    ob es sich bei der jeweiligen Betrachtungsebene um ein Element,
    eine Relation, eine (Teil-) Struktur handelt; |...|" (Titzmann
    1977, 168 f).

6   Ja es ist ein idealer Text denkbar, 'bei dem die Beziehungen im
    Textgewebe so vielfältig sind und so zueinander ins Spiel treten,
    daß keine von ihnen alle anderen abdecken könnte. Dieser Text ist
    eine Galaxie von Signifikanten' (ebd. 9 f).

7.1.2   Zur Methode der Analyse: Die Textlektüre

Aus diesem Textverständnis folgt eine entsprechende Methode des Umgangs
mit dem Text und ergibt sich das spezifische Ziel der Textanalyse.
Ausgehend von den Signifikanten an der Oberfläche des Textes, dem sicht-
baren Ausgangspunkt all jener Bedeutungs- und Beziehungssträngen, dem
(Geschehens-)Ablauf - "Diskurs"[7] genannt - versucht Barthes dem Plura-
len der Texte nachzugehen (ebd. 19): "Einen Text interpretieren |...|,
heißt |...| abschätzen, aus welchem Pluralen er gebildet ist" (ebd. 9).
    Ziel des Umgangs mit dem Text ist es also nicht, seine (vermeintliche)
"Wahrheit" zu finden, die (einzig richtige) Interpretation zu liefern,
sondern um dem Pluralen des Textes, der Vielfalt seiner Bedeutungssträn-
ge auf die Spur zu kommen, wird der Text "Schritt für Schritt" (ebd.
16) "willkürlich" (ebd. 18) in einzelne Abschnitte, "Lexien" genannt,
zerlegt, der Text wird in diesem Sinne "mißhandelt" (ebd. 19), "sternenförmig aufgelöst" (ebd. 17), um den Beziehungen der einzelnen Elemente im Text und zur Textaußenwelt zu folgen.[8]
Die dadurch erhobenen "Sinneinheiten (Konnotationen)" (cf. ebd. 10-14)
werden dann "einzeln aufgereiht", ohne jedoch " mit einem Metasinn versehen zu werden" (ebd. 19).
Dabei ist zu beachten, daß Barthes' Methode sich darauf beschränkt, den
Konnotationen des Textes nachzuspüren, und diese streng von Ideenassozia-
tionen eines Interpretierenden trennt: "Diese |die Ideenassoziation|
verweist auf das System eines Subjektes, jene |die Konnotation| ist eine
dem Text, den Texten immanente Korrelation" (ebd. 12).
Wohl kann die "Materie verschiedener Kritiken (der psychologischen,psycho-
analytischen, thematischen, historischen, strukturalen)" (ebd. 19) an

---

7   Zu dem Begriff des "Diskurses" s. u. a. Link 1979, 282-310.

8   Cf. hierzu Titzmann: "Nun möchten wir es in diesem Falle mit Levi-
     Strauss' Behauptung halten, ein wenig Strukturalismus entferne vom
     'Konkreten', viel Strukturalismus führe hingegen dorthin zurück
     |...|" (Titzmann 1977, 168 f).

die einzelnen erhobenen Textterme herangetragen werden, um mit ihnen
zu "spielen", jedoch nur soweit,wie dies dazu dient, die 'dadurch im
Text angesprochene Stimme hörbar zu machen' (ebd. 19), - um "den Zauber
der Signifikanten, die Wollust des Schreibens - |denn hier ist der Le-
ser zum Schreibenden geworden, der den Text neu   schreibt, cf. ebd.
8 | ganz wahrzunehmen" (ebd. 8). "Abgleiten" oder "Spiel" (ebd. 21, 20)
- das sind die "Figuren" dieses Vorgehens.
Was in traditionellen wie auch aktuellen literaturwissenschaftlichen
Analyse- und Interpretationsvorgehen, insbesondere der klassisch-struk-
turalen Greimas' (cf. Greimas 1971), gängig ist, nämlich eine völlige
"Verarmung des Textes durch Abstraktion" (Titzmann 1977, 30), kann durch
diese sinnliche, sinnenhafte Haltung gegenüber dem Text und seiner Materialität vermieden werden. Vielmehr erweist sich das Verfahren der
Code-Analyse als flexible Art, den Text sowohl in seiner Stringenz als
auch in seiner Tiefe, in seinen Details und seinem Umfang, in seiner
inneren Dynamik und in seiner relativen oberflächlichen Geschlossenheit
zu sehen, mit der er sich von anderen Texten und seiner Kultur abhebt,
um zu sein.
Voraussetzung dieser Analysemethode, die ihre ganze Leidenschaft diesem
einen Text, seiner Einmaligkeit in seiner Kultur und seiner Vielfalt (durch
seine zahllosen Beziehungen zu eben dieser Kultur) verschrieben hat,
ist die "wiederholte Lektüre" (Barthes 1976, 20). Nur sie macht es
möglich, das Material und die Dynamik des Textes zu erfassen.
Und nicht zuletzt geschieht dies ganz bewußt im Kontext einer ganz bestimmten gesellschaftskritischen Position: Die "wiederholte Lektüre"
ist nämlich

"eine Operation, die den kommerziellen und ideologischen Gewohnhei-
ten unserer Gesellschaft zuwiderläuft, die es gerade nahelegt, die
Geschichte 'wegzuwerfen', sobald sie konsumiert ('verschlungen')
worden ist, damit man dann zu einer anderen Geschichte greifen,
ein anderes Buch kaufen könne, und die nur bei bestimmten Randgrup-
pen von Lesern toleriert wird (Kinder, Greise und Lehrer), |...|"
(ebd. 20).

7.2   Zur Analyse von FW

7.2.1   Allgemeine Bemerkungen zu Vorgehensweise, Sekundärliteratur und
Hilfsmitteln

(1)   Zur Vorgehensweise

Barthes' Textbegriff und Analysevorschlag folgend, sollen nun
zunächst die Codes des Textes "FW" benannt und beschrieben werden.
Versucht wird ein Mitgehen mit dem Diskurs, möglichst eng am Text, des-
sen Ziel es ist, eben diesen Text besser zu verstehen[9], wahrzunehmen
und darzulegen[10], woraus er gemacht ist, zu beobachten, wie er seine
Bedeutungen entwickelt und entfaltet.
Hierfür wurde der Schlußteil des Romans in Lexien unterteilt, die z.
T. nur wenige Wörter oder Satzglieder, z. T. mehrere Sätze umfassen.
Kriterium dieser Einteilung sind die relative Abgeschlossenheit einer
Bedeutungseinheit (die häufig 'mehrere Male signifikant ist' (Barthes 1976,16;
s. 7.1.1), so daß verschiedene analysierende Kommentare nötig sind),
der Umfang und die Überschaubarkeit der Lexie selbst und der sich daran
anschließenden Ausführungen und letztlich eben doch Barthes' zitierte
"Willkür" (cf. ebd. 18).
Barthes' Repertoire der Codes wurde für die Analyse von FW um einen sechsten,
den "mythischen Code" erweitert. Dieser sammelt eine Gruppe von vergleichbaren Bedeutungen, die jedoch nicht als Konnotationen im bisher beschriebenen Sinne zu verstehen sind, sondern das Produkt einer besonderen Weise des Bedeutens, nämlich der "mythischen", sind (s. u. 7.2.2 (6)).

---

9   Cf. Titzmanns Ausführungen zu Zielen und Vorgehensweisen der "Textanalyse" (ebd. 381-388); cf. auch die auf Titzmann referierende Arbeit
von Kügler 1988.

10   Darin weiß sich die folgende Analyse Titzmanns "elementare|n| Inter-
pretationsregeln", die den "üblichen wissenschaftstheoretischen
Normen" angeglichen sind, verpflichtet: "Interpretatorische Aussagen
müssen eindeutig intersubjektiv verstehbar sein, (also z.B. mit
möglichst präzisen Definitionen oder doch wenigstens Umschreibungen
ihrer Begriffe arbeiten)"; "Interpretatorische Aussagen müssen wi-
derspruchsfrei sein"; "Interpretatorische Aussagen müssen unmittelbar
oder mittelbar empirisch nachprüfbar, d. h. verifizierbar bzw. fal-
sifizierbar sein" (Titzmann 1977, 21 f).

Von "S/Z" unterscheidet sich die folgende Textanalyse weiterhin dadurch, daß sie nur einen Ausschnitt des gesamten Diskurses, nämlich den Schluß- teil, untersucht; eine Analyse des Gesamtromans mit der von Barthes vor- geschlagenen Methode wäre ebenso undurchführbar wie, gegenüber einem potentiellen Rezipienten, unzumutbar. Jedoch wird bei der Analyse des Schluß- teils[11] immer wieder auf den gesamten Roman zurückgegriffen (s. 7.2.1 (2), (4)), wodurch selbstredend nicht der Anspruch erhoben wird, dem gesamten Diskurs gerecht geworden zu sein.

Auch bezüglich Sprache und Stil der folgenden Ausführungen sind einige Anmerkungen nötig: Sie sind im wesentlichen knapp, vielleicht karg ge- halten, um - bei der Vielzahl der semantischen Einheiten und der "All- täglichkeit" der Thematik noch lesbar zu bleiben; und dies geschieht nicht zuletzt auch deswegen, da die Analyse das Gewebe des Textes auf- decken will und sich nicht in der Hypostase eigener Interpretationen ver- lieren möchte.
Soweit möglich wurden Begriffe aus dem feministischen und feministisch- theologischen Sprachspiel vermieden, um nicht den Rahmen der Textanalyse zu sprengen.
Werden ferner im Folgenden Termini wie etwa "Transzendenz", "Wahrheit" oder "authentisch" im nicht-theologischen Sinn gebraucht, so ist dies nicht jeweils angemerkt, da die Verfasserin nicht von einem kirchlich- theologischen Bedeutungs-Monopol der Begriffe ausgeht.
Der Wechsel von Deutsch und Englisch schließlich ergab sich aus der Un- möglichkeit, einzelne Ausdrücke gleichzeitig in allen Bedeutungsschat- tierungen und prägnant in der deutschen Sprache wiederzugeben.

(2) Zur Verwendung von Sekundärliteratur zu FW

Barthes schreibt, daß "S/Z" das Produkt, "die Spur einer zweijährigen Se- minararbeit" (ebd. 5) ist.

---

11 Sinn und Legitimität dieses Vorgehens wurden im vorherigen Kapitel bereits verhandelt.

Um dieser Pluralität der Interpretierenden zu folgen, wurde für die Textanalyse von FW entsprechende Sekundärliteratur befragt und hinzugezo-
gen (s. u.).

Nicht zuletzt erweist sich dies deswegen als wertvoll, da in Opposition
zu diesen Hilfsmitteln (und traditionellen "Interpretationsverfahren")
die Eigenart der barthesschen Methode sich noch weiter profiliert.

Diese interessiert sich, soweit es die Analyse selbst betrifft, beispiels--
weise nicht dafür, wer den Text gemacht hat, genauerhin, welcher psychologische Typ oder welche seelische Verfassung hinter dem Text steht[12],
da dies letztlich nur mehr oder weniger geniale Spekulationen zu leisten
vermögen und der Struktur- und Bedeutungsanalyse nicht hilfreich ist.[13]

Ebensowenig versucht Barthes' Vorgehensweise den Text von anderen Texten
desselben Autors[14] oder anderer Autoren[15] her zu interpretieren. Da im
Vordergrund des Interesses der Text in seiner "Einmaligkeit" steht, würde jede mehr oder weniger angebrachte Parallelisierung nur stören, zumal deren heuristischer Wert u. U. grundsätzlich in Frage zu stellen
ist: Denn was ist letztlich über einen Text ausgesagt, wenn man/frau
die Feststellung trifft, die Figur des einen Textes sei wie die eines
andern (Jordan beispielsweise wie Jake Barnes (cf. Halliday Art. 1952,
203))?

Auch einer außertextlichen "Voreingenommenheit"[16] kann die barthessche
Methode bis zu einem gewissen Grad Einhalt gebieten: Sie versucht nicht,
den Text von einem bestimmten politischen, ethischen oder weltanschauli-

---

12   Cf. Frohock Art.1969, 290; Bardacke Art. 1969, 341.

13   Cf. Titzmann 1977, 330.

14   Cf. Halliday Art. 1956, 19; Williams 1981, 137.

15   Cf. Weeks Art. 1971, 102 f; Gray Art. 1969, 226 f; Frohock Art.
     1969, 285; Wylder 1969, 133; Moynihan Art. 1959, 127.

16   Titzmann 1977, 225.

chen Standpunkt aus zu sehen und zu beurteilen: Ihr Anliegen ist es
nicht, die eigene Ideologie im Diskurs wiederzuerkennen oder sich ihr
gegenüber zu behaupten (cf. L 26).

Gegenüber einem amerikanischen Wissenschaftsstil - dessen oberste Norm
es zu sein scheint, zu allen im Diskurs angesprochenen "Themen" einige
Worte zu verlieren - erweist sich ein Vorgehen nach Barthes Methode ferner als effizienter und, bezüglich des Textes, solidarischer, - wie der
folgende Teil hoffentlich zeigen wird.

Nicht zuletzt liegt der Vorzug der barthesschen Methode auch darin, dem
abendländischen Begriffs- und Ideenwahn entgegenzustehen: Dem in der
Sekundärliteratur gängigen Interpretationsverfahren, mittels einiger
mehr oder weniger einem Text adäquater Begriffe einen Roman oder einen
Aspekt daraus zu interpretieren[17], läuft Barthes Lexienkommentierung
diametral entgegen: Dieses sich der Materialität des Textes, d. h. seiner Nähe zum Leben der abendländischen Menschen - denn letztlich daraus
wird das Gewebe der Stimmen geflochten - bewußte Analyseverfahren, versucht nicht, Prozesse, Geschehnisabläufe im Text in Begriffe zusammenzu-
fassen, so daß beispielsweise der etliche physische und psychische Krisen durchlaufende Held nur noch von dem "Endergebnis" des "heroischen
Märtyrers" her gesehen wird.

Außerdem geht Barthes' Verständnis von der Gleichwertigkeit aller Terme
aus, ihm sind Gedanken oder die Ideenwelt des Helden nicht weniger wichtig als Handlungen oder Gefühle wie Freude, Schmerz oder Angst. Genausowenig
tabuisiert oder diskriminiert es - gesellschaftliche Normen reprodu-
zierend[18] - verschiedene Bereiche, beispielsweise den sexuellen oder
den der Leiderfahrung.

---

17 Cf. die nach existentialistischen Aspekten suchende Arbeit Killin-
    gers (Killinger 1960).

18 Zur unkritischen Reproduktion eines gesellschaftlich tabuisierten
    Themas (nämlich das der Hilflosigkeit) als literarischer Kategorie
    (Segebrecht 1982, 13; cf. auch Sölles Ausführungen zu 'künstlerischem
    Unvermögen als Konsequenz radikaler Aufrichtigkeit' und 'dem Begriff
    des naiven Genies' (Sölle 1973, 128-136).

(3) Weitere Hilfsmittel

Über Barthes' Methode hinaus wurden im Folgenden zuweilen weitere Hilfsmittel[19] herangezogen.

Zunächst zu erwähnen sind zwei weitere Publikationen Barthes', nämlich eine zum "Diskurs der Liebe" (Barthes 1984) und eine zur Funktion des Mythos (ders. 1964).

Hingewiesen werden muß ferner auf verschiedene Geschichtswerke zum Spanischen Bürgerkrieg, die eine Einordnung des Textes in seine Kultur ermöglichen (s. 7.2.2 (5)).

Für die genaue Bedeutungsanalyse einzelner Lexien erwies es sich als notwendig, auf sprachwissenschaftliche Untersuchungen, insbesondere die Nespitals[20], zurückzugreifen.

Um die "lexikalische Einzelbedeutung" (Nespital) einzelner Wörter genau zu erfassen, wurde zudem ein Wörterbuch aus den 30er Jahren zitiert[21], um mögliche Bedeutungsveränderungen zu umgehen.

Zudem erwies sich schließlich der Rückgriff auf weitere textwissenschaftliche Publikationen[22] und solche zu verschiedenen Themenstellungen (u. a. dem Witz[23], der Zahlensymbolik[24], der Psychologie der Farben[25]) als hilfreich, um die Konnotationen des Textes zu erfassen und zu beschreiben.

---

19   Auch Barthes hat seine "Kritiken" (1976, 19) und Kombattanten (ebd. 49, 56, 60, 71, 101, 105, 124, 167, 203, 208 f).

20   Die folgenden sprachwissenschaftlichen Gedankengänge und Termini beziehen sich im wesentlichen auf meine Mitschriften aus den folgenden Vorlesungen von Herrn Prof. Dr. Nespital an der Universität Bamberg: Einführung in die Allgemeine Sprachwissenschaft (SS 1984, WS 1984/85); Genus Verbi (SS 1984); Modus (WS 1985/86; SS 1986); Satzstruktur und Satzbedeutung (WS 1983/84, WS 1984/85); Semantische Strukturen des Verbs (SS 1984, WS 1984/85).

21   Oxford Dictionary 1970-86 (1933).

22   Lausberg 1973; Lämmert 1975; Andreotti 19 ;

23   Röhrich 1977.

24   Endres/Schimmel 1984.

25   Birren 1982.

2   Die Codes von FW

(1) Der Code der Handlungen: AKT

Zunächst sei der Code der "Handlungen" oder "Verhaltensweisen" (seine
Einheiten werden mit AKT = Aktionen bezeichnet) beschrieben. Denn als
"stärkste Armatur" des Textes gibt dieser Code "das beste Material" für
eine strukturale Analyse ab (Barthes 1976, 85, 24, 201 f).
Die Aktanten dieses Codes sind durchgängig menschliche Subjekte. In fast
allen Lexien ist es Jordan, in einer einzigen L. Berrendo, was abermals die Sonderstellung Jordans im (Schluß-)Text begründet (s. 6.2.2
(2)).
Mit Belo läßt sich die Eigenart dieses Codes weiter dahingehend präzisieren, daß "die Verben[26] des AKT vielfach eine gewollte Entscheidung"
(Belo 1980, 126) (dann aber auch deren Scheitern) bezeichnen. Wenn Jordan sich für den Kampf präpariert, sich umzudrehen versucht, seinen Blick
auf die ihn umgebende Landschaft und Natur richtet oder sich immer wieder ermutigt oder zwingt durchzuhalten, setzt er willentlich den dynamischen Gang der Ereignisse fort (freilich ohne daß der Diskurs jeweils
einen Entscheidungsprozeß präsentieren würde). Und darin unterscheidet sich
dieser Code auch von ANAL (s.u.(2)), in welchem u. a. die Handlungen von AKT,
rückblickend, analysiert werden[27] (s. u. (2)).

---

26   Hier ist allerdings zu fragen, ob man mit Nespital nicht besser
     von "Verbbedeutungen" anstatt von "Verben" sprechen sollte, denn
     ein Verb hat ja verschiedene lexikalische Einzelbedeutungen, "Verb-
     bedeutungen", die der Text zur Bedeutungskonstituierung und -dif-
     ferenzierung einsetzt. So konstituiert ein und dasselbe Verbum "to
     say" durch seine unterschiedlichen Verbbedeutungen Einheiten sowohl
     des analytischen als auch des proairetischen Codes, je nachdem ob
     es mit "konstatieren, feststellen, aussprechen" (L 35, 40, 82) oder
     "sich etwas befehlen", "sich zum Durchhalten zwingen" (L 33, 50,
     53, 90) zu paraphrasieren ist (cf. Nespital, Allgemeine Sprachwissen-
     schaft SS 1984).
27   Eine dieser Unterscheidung von Handlungen und Betrachtungen ver-
     gleichbare Differenzierung findet sich bei Nahal: "In Hemingway
     there are similarly two modes of action: the systolic, the active
     action, and the diastolic, the passive action. In the latter |...|

Bezüglich der Strukturen des Textes und dessen "Strukturation" (Barthes 1976, 25) schreibt Barthes, daß "jede Inventur des Codes |...| beglei- tend Merkpunkte setz|t|",indem sie unter verschiedenen "Namen" "Infor- mationen", "Folgen von Handlungen" sammelt, die als "Entfaltungen" eines solchen Namens zu verstehen sind (ebd. 24). Durch das Auffinden der "Na- men" erfolgt die "Konstituierung der Sequenzen" (ebd. 85).

Im Schlußteil des Romans wird es sich um vier solcher Namen handeln, deren lexikalische Terme z. T. dem Text selbst entnommen sind und zu- gleich die Bedingung der ausreichenden "Transzendenz" erfüllen (d. h. daß sie umfassend genug sind), um eine Folge von Handlungen bezeichnen zu können (ebd. 201). Ihre "Verschiedenheit" braucht dabei nicht zu stö- ren (cf. ebd. 201): 1.AKT."Landschaft und Natur", 2.AKT."Kampf", 3.AKT. "Durchhaltestrategien", 4.AKT."get turned over".

Voraussetzung dieser Strukturierung des Codes ist die 'Macht der wieder- holten Lektüre' (ebd. 201). Mehrfach betont Barthes, daß diese "Aufstel- lung" der Sequenzen "ungewiß" ist, daß sie keine andere Logik aufweisen kann als die des Wahrscheinlichen und der Empirie, des 'Schon-Getanen, Schon-Vollendeten, Schon-Gelesenen'. Was also unter AKT beschrieben wird, ist "die Wirkung eines Kunstgriffs der Lektüre", "lebt nur" und "ent- wickelt sich im Rhythmus der Benennung" (ebd. 24, 201; auch 85 f).

Da das "Ideologem"[28], dem der Text zuzuordnen ist, als realistisch

---

the movement of the forward action comes to a standstill. Then fol- lows the diastolic period, when the individual returns to a deep mystery within himself through passivity and makes himself ready for the next systolic move." (Nahal 1971, 126). Eine andere Text- strukturierung versucht Wylder, indem er, in Anlehnung an Baker (1972, 245 ff) verschiedene "konzentrische Kreise" (der politischen, religiösen |?|, gesellschaftlichen, primitiven |?| und sexuellen Erfahrung) unterscheidet, (Wylder 1969, 138). Doch, abgesehen von der Unklarheit und Fragwürdigkeit der postulierten Kreise, wird dieses Vorgehen der Dynamik des Textes in keiner Weise gerecht.

28   "Die Umbildung einer bestehenden Textorganisation (einer semiotischen Praxis) und ihrer Aussagen (Sequenzen), die sie innerhalb ihrer Grenzen assimiliert oder auf die sie im Bereich der ihr äußerlichen Texte (semiotische Praktiken) verweist, bezeichnen wir als *Ideologem* (*idéologème*). Das Ideologem ist die intertextuelle Funktion, die während der Lektüre auf den verschiedenen Ebenen einer jeden Text- struktur 'Gestalt annimmt', die den Text bei seiner Entfaltung

(cf. Anm. 59) zu qualifizieren ist, kann für die Textanalyse "jene Praxis-
reserve kleiner landläufiger Verhaltensweisen" (Barthes 1976, 201) verwendet werden, d. h. die Strukturierung und Benennung der Sequenzen
schöpft aus weit verbreiteten Erfahrungen: Etwa wenn es darum geht, sich
für einen Angriff zu rüsten, dann beobachtet man/frau den Feind, prüft
das Gewehr, etc.

Durch ihre Beziehungen zur Empirie sind die Einheiten von AKT außerdem
"vektorisiert" (ebd. 35), d. h. einer "irreversiblen", "logisch zeitli-
chen Ordnung unterworfen" (ebd. 35, 201). Die Sequenzen von "get turned
over" beispielsweise werden, stark schematisiert, in einer Abfolge von
Thematisierung – Zögern – Durchführen aneinander gereiht. Eine Umkehrung
der Reihenfolge wäre in FW nur um den Preis eines "Skandals" (ebd. 56),
nicht einordnenbarer Absurdität möglich.

Aufgrund dieser logisch-zeitlichen Ordnung ist es ferner möglich, die
einzelnen Sequenzen durchzunummerieren und die jeweilige Nummer durch
eine weitere Benennung zu konkretisieren: AKT. "get turned over": 1:"...".

Durch ihre Vektorisierung kennzeichnet die Sequenz das "Paradigma
'von der Art beginnen/beenden (und andauern/aufhören)'[29] (ebd. 56).
Dabei richtet Barthes sein Interesse besonders auf das Ende der Sequenzen: Jede Sequenz wird "mit einem Schluß gekrönt", denn der Text "af-
firmiert |...| sich als ein geschichtlicher", so daß die "Eintragung
|eines| Zweckes" ermöglicht wird (ebd. 56).

Dies veranlaßt Barthes dazu, den Code der Handlungen als "proaïretischen"
zu bezeichnen:

---

begleitet und das sozio-historische Koordinatensystem liefert,
in dem er entsteht" (Kristeva 1978, 194 f); cf. Belo 1980, 122).
Anderen Ideologemen verpflichtet sind verschiedene Texte aus dem
Bereich des "nouveau roman", etwa Robbe-Grillet 1979, die eine Analyse, wie sie hier vorgestellt wird, kaum ermöglicht/erlaubt.

29 Hier ist zu beachten, daß sich drei der erhobenen Sequenzen, nämlich
    "Kampf", "Landschaft und Natur" und "Durchhaltestrategien", durch
    den gesamten Diskurs hindurchziehen, so daß sie hier, bei der Analyse
    des Schlußteils, nur als ein relativer "Beginn" zu notieren ist.

"Mit Bezug auf die aristotelische Terminologie, welche die *Praxis*
mit der Proaíresis - der Fähigkeit, das Ergebnis eines Handelns
zu befragen - verbindet, wird dieser Code der Handlungen und Verhaltensweisen *proaíretisch* genannt." (Ebd. 22; cf. Belo 1980, 126)

Beispielsweise die mit Lexie 3 einsetzende Sequenz "get turned over" dauert
in den folgenden Lexien an und findet schließlich ihren Abschluß in L 51.
Eine dann nicht zu Ende geführte Sequenz ("Kampf") stellt daher ein besonders auffallendes und zu allerlei Interpretationen verleitendes "Text-
Datum" (Titzmann 1977, 368) dar.
Abschließend sei Folgendes bemerkt: Die Strukturierung und Thematisierung der Sequenzen zeichnet sich durch etliche Ähnlichkeiten, ja Redundanzen aus und mag daher auf den ersten Blick zwar systemtreu und konsequent, aber sinnlos erscheinen. Bei genauerem Hinsehen erweist sich diese
Vorgehensweise jedoch als gerechtfertigt, ja unverzichtbar. Denn gerade
sie reproduziert durch ihre akribisch differenzierende Notierung der einzelnen Sequenzeinheiten die Materialität und Eigenart des Schlußtextes,
und die Mühseligkeiten, Anstrengungen und die Ausdauer Jordans letzter
Aktionen.

(2) ANAL

Der zweite stringente, kontinuierlich sich im Text entwickelnde Code
(Barthes 1976, 35) präsentiert Jordans (sinnliche) Wahrnehmungen seiner
Situation und Umgebung und die von ihm diesbezüglich angestellten Refle-
xionen. In Anlehnung an Belo wird dieser Code der "Lektüre bzw. Analyse
|...| von der Erzählung (die im AKT steht)" "analytischer Code" (ANAL)
genannt.[30]
Ebenfalls mit Belo, und im Gegensatz zu Barthes[31], erhebt die "Inventur"

---

30   Belo 1980, 125; bei Barthes heißt der entsprechende Code "hermeneu-
      tischer" (cf. Barthes 1976, 21).

31   Bei dem von Barthes als "hermeneutisch" bezeichneten Code stellen
      offensichtlich nicht nur die Aktanten und mit ihnen die Leser Fragen,
      sondern auch teilweise die Leser alleine, so beispielsweise schon
      in der allerersten Einheit von HER: "Der Titel |!| eröffnet eine
      Frage: *Sarrasine, was ist das?* |...|" (Barthes 1976, 21): Einen fra-
      genden Aktanten hat der Diskurs hier noch gar nicht eingeführt.

(Barthes 1976, 24) dieses Codes ausschließlich die Analyse der "Aktanten" (Belo 1980, 125) des Textes. Und einziger Aktant des Schlußteils, dem diese Funktion der "Lektüre" zukommt, ist Robert Jordan (der übrigens auch den dominanten Handlungsträger dieses Codes im gesamten Roman darstellt)[32].

Von diesen Variationen abgesehen gilt für den analytischen Code in FW dasselbe, was Barthes über den "hermeneutischen" Code geschrieben hat (und daher lehnen sich die nun folgenden Ausführungen wieder an Barthes an): Er umfaßt

"die Gesamtheit der Einheiten, deren Funktion darin besteht, auf verschiedene Weise eine Frage, die Antwort und die verschiedenen Zufälle zu gliedern, die die Frage vorbereiten oder die Antwort verzögern können oder auch ein Rätsel formulieren oder seine Dechiffrierung herbeiführen" (Barthes 1976, 35).

Hierin wird bereits deutlich, daß auch ANAL, wie AKT, "vektorisiert" ist, über eine "irreversible Ordnung" (ebd. 25)[33] verfügt. Denn die Wahrnehmungen, Reflexionen, die Fragen und Antworten dieses Codes sind auf

---

Die Fragen, die aber in FW vorwiegend vom Leser alleine gestellt werden, sind dem mythischen Code zuzuordnen. ANAL (im Sinne Belos) und MYTH (s. u.) ergeben dann zusammen den vollständigen HER nach der Definition Barthes'. Da sich aber ANAL und MYTH in FW sowohl durch ihre dominanten Fragesteller als auch insbesondere durch ihre "Weise des Bedeutens" (cf. ders. 1964, 85) unterscheiden, werden die Codes auch getrennt verfolgt.

32 Die traditionelle Literaturwissenschaft verwendet dafür den Begriff des "inneren Monologs", cf. Yokelson 1960, 146; Halliday Art. 1953, 216.

33 Barthes vergleicht den hermeneutischen Code daher mit einer "Melodie" oder "Fuge": "Beide enthalten ein *Sujet*, das einer *Exposition* unterworfen ist, ein *Divertimento* (das von Verzögerungen, Zweideutigkeiten und Täuschungen besetzt wird, durch die der Diskurs das Geheimnis verlängert), eine *Stretta* (ein geraffter Teil, in dem Bruchstücke der Antwort schnell aufeinanderfolgen) und einen *Abschluß.*" (Ebd. 33 f)

eine bestimmte "Lösung"[34] ausgerichtet, der Aktant sucht im Verlauf von
ANAL eine "Wahrheit" (ebd. 79); darin liegt die Funktion dieses Codes.
Dabei referiert "Lösung" und "Wahrheit" in FW nicht auf einen rein intellektuell wißbaren Gegenstand, sondern vielmehr geht es in diesem
Code um die möglichst authentische Formulierung, die Jordan im Kontext
der Betrachtung seines Lebens findet. Das Ziel dieser Sequenzen liegt
also in einer abschließenden[35] Beurteilung 'dessen, was war', liegt darin,
das "Verlieren und nicht-Verlieren"[36] (s. L. 114) dieses Lebens festzu-
halten[37], was erst "am Ende des Wartens", "der Erwartung und das Begehren
nach Lösung" erfolgen kann (ebd. 79, 78).

Da sich Jordans Analyse auf verschiedene Bereiche erstreckt, ergibt sich
auch hier wieder eine Unterteilung des Codes in verschiedene Einheiten:
1. Die Rettung der Freunde, 2. Jordans Bekenntnis/Überzeugung, 3. Sterben, 4. Die Verwundung, 5. Das Bürgerkriegsgeschehen, 6. "doom", 7. Sich
töten. D. h. es werden sowohl abstrakt-geistige als auch an die Situation gebundene, materialistisch-konkrete "Themen" verhandelt. (Dies sei
in Anbetracht der in der Sekundärliteratur gängigen Verabsolutierung
einzelner Aspekte des Diskurses und dieses Codes nochmals betont (s.
7.2.1 (2)).

---

34   Ebd. 78; cf. das "Ergebnis" des proai͏̈retischen Codes.

35   "... die Wahrheit vervollständigt und schließt ab." (Ebd. 79; s.
     auch 186 f).

36   Entsprechend können die Terme dieser Einheit "euphorisch" resp.
     "dysphorisch" genannt werden; zu diesen Kategorien "positive|r|
     und negative|r| Wertung" cf. Fuchs 1978, 66 f; Greimas 1971, 209,
     212.

37   Darin unterscheidet sich die Analyse von FW von der in"S/Z", wo
     es darum geht, ein "Rätsel" zu lösen, und zwar der Art: "Sarrasine,
     was ist das?", "Woher kommt dieser Reichtum der Lantys?", "Wer ist
     der Greis?", etc. (cf. Barthes 1976, 21, 35, 45).

Wie bereits bei AKT stößt die "Inventur" dieses Codes auf Einheiten,
die sich durch den gesamten Diskurs hindurchziehen, so daß also hier
im Schlußteil des Romans nur die Endpunkte der meisten Sequenzen vorliegen. Die Analyse des Codes wird daher z. T. auf den Vorkontext zurückzugreifen haben (wodurch u. a. die in der Sekundärliteratur umstrittene
Überzeugung Jordans unter einem neuen Licht erscheint (s. L 26)).

(3) Der Code der SEMe

Der dritte Code umfaßt die Seme (Kürzel: SEM), die "Signifikate par excellence" (Barthes 1976, 22). Sie besitzen "die Fähigkeit, eine Zusam-
mensetzung mit anderen Elementen gleicher Art einzugehen, um Charaktere,
Atmosphären, Figuren und Symbole zu bilden" (ebd. 22), indem das Signifikat einen "Charakter" ("ein Adjektiv, ein Attribut, ein Prädikat")
(ebd. 189) darstellt.
Am Beispiel der "Person" soll dies näher erläutert werden, denn, so
schreibt Barthes: "Die Inventur und die Strukturation der Seme, das Hö-
ren auf diese STIMME der Person können |...| für die psychologische Kri-
tik" von großem Nutzen sein (ebd. 190)[38],und dies kommt der feministisch-
theologischen Kommentierung mit ihrem grundsätzlich   anthropologischen
Interesse entgegen.
In FW sind solche 'Adjektive, Attribute oder Prädikate' etwa "Vitalität",
"Pflichtbewußtsein", "Nüchternheit", "Lebenwollen","Sachlichkeit", "Rationalität", "Militärische Begabung", "Skrupel", "Furcht vor dem Sterben",
"Wahrheitsliebe","Emotionalität", "Männlichkeitswahn" (Rhode/Dudek 1985,
26), "Furcht vor Schmerzen", "Körperlichkeit". Indem diese SEMe denselben Eigennamen "Robert Jordan"" "durchqueren", lassen sie eine bestimmte
Person entstehen. Die "Person" definiert Barthes als "Produkt einer Kombinatorik", und diese Kombinatorik ist dabei "relativ stabil (von der

---

38   Denkbar wäre eventuell auch die Anordnung der SEMe zur "Thematik"
     des "sich-aufrechthaltenden Verlierers" (cf. Barthes 1976, 189,
     96 f). Doch für eine feministisch-theologische Diskussion ist das
     "Arrangement" (ebd. 189) der SEMe zu einer "Person", der "Individua-
     lität", "moralische Freiheit", "Beweggründe" und "Sinn" zugeschrie-
     ben werden können (cf. ebd. 98), entgegenkommender (s. u.).

Rückkehr der SEMe markiert)"(Barthes 1976, 71) , d. h. die oben genannten SEMe sind im Diskurs rekurrent.
Neben dieser Rekurrenz ist eine gewisse "Komplexität" der Merkmale für
das Entstehen der "Person" verantwortlich, d. h. alle Merkmale zusammen
machen erst die Person "Robert Jordan" aus:

> "Die Kombination |der Merkmale| ist |...| mehr oder weniger kom-
> plex (mit Merkmalen, die mehr oder weniger kongruent, mehr oder
> weniger widersprüchlich sind |z. B. die Merkmale Wahrheitsliebe"
> und "Euphemismus", "Furcht vor dem Sterben" bei Robert Jordan|);
> diese Komplexität bestimmt die 'Persönlichkeit' der Person, die
> ebenso kombinatorisch ist wie der Geschmack einer Speise oder die
> Blume eines Weins" (ebd. 71).

Im Gegensatz zur "Figur" ("ein unpersönliches Netz von Symbolen") (ebd.
98) wird die Person dadurch definiert, daß sie über "eine moralische Freiheit, die mit Beweggründen und einer Überfülle an Sinn ausgestattet ist"
(ebd. 98), verfügt. Die Einzelbetrachtung der Seme, die etwa die Person
"Robert Jordan", aber auch "Pilar" oder "Pablo" ausmachen, wird dies zeigen (s. beispielsweise L 11).

Beim Entstehen der Person funktioniert der Eigenname "wie das Magnetfeld
der Seme" (ebd. 71). Er ist eine Art "Tauschinstrument", denn er "gestattet, eine nominale Einheit einer Ansammlung von Merkmalen zu substituie-
ren, indem |...| |er| eine Äquivalenzbeziehung zwischen Zeichen und Sum-
me setzt" (ebd. 98): "Der Eigenname erlaubt der Person, außerhalb der
Seme zu existieren, von deren Summe sie jedoch ganz konstituiert wird"
(ebd. 190). Und er ist es auch, der dann die "Illusion" der "Individualität" einer Person im Diskurs erweckt:

> "Die Illusion, daß die Summe |der Merkmale| durch einen kostbaren
> Rest ergänzt wird (so etwas wie *Individualität*, wenn sie als Quali-
> tatives, Unauslöschliches dem vulgären Zählsystem der Charakterbe-
> standteile entgeht), entsteht durch den Eigennamen, |...|" (ebd.
> 190).

Besonders für die angestrebte "psychologische Kritik" ist es weiter wichtig zu wissen, daß die Seme in enger Beziehung zum hermeneutischen resp.

analytischen Code stehen, beide verbindet ein gemeinsames Streben nach
jener in HER/ANAL anvisierten "Wahrheit":

> "Der semische Raum klebt am hermeneutischen: es geht immer darum,
> eine tiefe oder endgültige Wahrheit in die Perspektive des klassi-
> schen Textes |cf. Anm. 2| einzusetzen (das Tiefe ist das, was *am
> Ende* entdeckt wird)" (ebd. 171).

Die "Wahrheiten", die in ANAL (von Jordan) verfolgt werden, etwa bezüglich des Schicksals der Freunde, seines Sterbens oder der Überzeugung,
stehen also in Verbindung zu den SEMen "Wahrheitsliebe", "Nüchternheit",
"Emotionalität", "Lebenwollen", "Männlichkeitswahn". Damit wird zugleich
der semantische Code in Hinblick auf seine Relevanz für die "psychologische Kritik" eingeschränkt: Er allein kann beispielsweise die Frage
nach dem sich-aufrechthaltenden Verlierer, die FEM (7.4) in der L 114 an
den Text heranträgt, nicht beantworten: "Alle diese Seme bezeichnen die
Wahrheit, aber, selbst wenn sie alle zusammenkommen, reichen sie nicht
aus, die Wahrheit zu nennen" (ebd. 65).

Doch zurück zur Beschreibung des semantischen Codes: Im Gegensatz zu
den Funktionen und Hermeneutemen sind die SEMe keiner logischen und zeit-
lichen Ordnung unterworfen, ihnen eignet diesbezüglich eine "Labilität",
eine "Zerstreuung", sie sind wie "Staubteilchen", "scheinen frei zu schwe-
ben und eine Milchstraße winziger Informationen zu bilden" (ebd. 24,
27).
Barthes nennt sie "Wanderelemente", die "sich an mehreren Orten des Textes festzusetzen" (ebd. 22) vermögen; so sind etwa die SEMe "Erschöpfung" oder "Männlichkeitswahn" "Wanderseme", die bei verschiedenen Personen erscheinen: Jenes bei Robert Jordan sowohl als auch bei L. Berrendo (L 113), dieses bei Robert Jordan und Pablo, aber auch Pilar und Maria (s. u. L 69).
Oft stehen mehrere Terme des Diskurses für ein SEM[39]: Jordans unterschied-

---

39 In "Sarrasine" ergeben z. B. die Informationen, daß 1. ein Fest,
    2. in einer Villa und 3. in einem vornehmen Stadtviertel stattfindet,
    das SEM "Reichtum" (ebd. 26).

liche Verhaltensweisen konnotieren das SEM "militärische Begabung" (L 10, 54). Und untereinander stehen die SEMe z. T. in paradigmatischen Beziehungen (cf. ebd. 61): Pablos männliche "Schlauheit" steht Pilars weiblicher "Fürsorglichkeit" diametral gegenüber.

Barthes schreibt, die "klassische Erzählung gibt immer den Eindruck, der Autor ersinne zunächst das Signifikat (oder ein Allgemeines) und suche dann dazu, |...|, die 'richtigen' Signifikanten und probanten Beispiele, |...|" (ebd. 172 f); er scheint der "Performator" eines Sinns zu sein, "ein Gott", dessen "Priester" der Kritiker ist, "darauf bedacht |...|, die Schrift dieses Gottes zu entziffern", indem er den umgekehrten Weg beschreitet, "von den Signifikanten zum Signifikat" (ebd. 173 f). Doch dieses "priesterliche Amt" ist mit großer Diskretion durchzuführen: Die SEMe sollen "nur notiert" werden, mittels eines "approximativen Wertes" (ebd. 23, 22): Schließlich ist, obgleich die Konnotation evident ist, |...| die Nennung ihres Signifikats ungewiß, approximativ und labil" (ebd. 189).

(4) Der Symbolische Code

a) Vorbemerkung:"Wehe dem, der Symbole sieht"[40]

Die Untersuchung des symbolischen Codes will sich unterschieden wissen von der Fragestellung 'Hemingway ein Symbolist?' und Fragen nach symbolischer Bedeutung oder symbolischem Wert einzelner Figuren oder Textgrößen, wie sie im Laufe der Jahre und Jahrzehnte von der Sekundärliteratur hervorgebracht wurden: Cowley erklärte 1944, Hemingway sei als Symbolist ("symbolist") unter Poe, Hawthorne und Melville einzureihen[41], während Halliday fragt:

---

40 So die Devise einer Zeit, in der Samuel Beckett 80 Jahre wird (cf. Endres Art. 1986, 57).

41 Cowley,M.: The Portable Hemingway, NY, 1944, VII, zitiert nach Halliday Art. 1956, 4.

"Is Hemingway genuinely a symbolist? I think he uses certain techni-
ques of symbolism, but I think he does so in a very limited and
closely controlled way, and that failure to recognize the controls
leads - already has led - to distortions of his meaning and mis-
appreciations of his narrative art." (Halliday Art. 1956, 5).

Baker zeigt sich "dazzled by a vision of Hemingway the 'poet-symbolist'",
so Yokelson (Yokelson 1960, 1), der selbst wieder eine Anzahl (" a num-
ber") von Symbolen ("symbols and symbolic patterns") zusammenstellt und
untersucht (ebd. 14).

Wie hier bereits deutlich werden kann, herrscht innerhalb der Sekundärliteratur große Unklarheit und Meinungsverschiedenheit über das Verhältnis von Autor (als Symbolist) und Text, über Bedeutung und Verwendung
des Begriffs "Symbol" sowie über die Ebenen und Bereiche,innerhalb derer
Symbole ihre Bedeutungsfunktion ausüben: Da wird Maria "symbolically"
als Tochter Pilars beschrieben (Bardacke Art. 1969, 351), Sexualität
gilt innerhalb des Textes als "symbol of the protagonist's relation to
life" (ebd. 342), so wie es "sexual symbols" im Text gibt, die Hemingways "frustrations and desires of the modern world" (ebd. 341) ausdrük-
ken, und überhaupt scheint die Frage nach Symbolen und Hemingways Unbewußtem und Unterbewußtsein durchaus nicht gerade unbeliebt zu sein:

"Ph. Young's psychoanalytic study, though persuasive and full of
fine insights |...|, was recognizied as not being essentially new
in its approach: the Hemingway psyche had been taken through a good
deal of amateur analysis."[42]

Einzig Bovie bemüht sich um eine Definition des Begriffs "Symbol" und
bezeichnet damit "situations, events, acts by man, woman or beasts |?!|,
and certain geographical and topographical areas" (Bovie 1957, XVII-XVIII),
die im Gesamtwerk Hemingways wiederholt auftreten. Doch erweist sich dieser

---

42 Yokelson 1960, 1, 4; cf. Bardacke Art. 1969, 341, 351; cf. Fietz:
    "Was immer ein Mensch denkt, schreibt, tut oder auch unterläßt,
    kann dazu verführen, es als autobiographisches Beweismaterial für
    oder gegen ihn ins Feld zu führen. Hemingway scheint ein solches
    Vorgehen mehr als jeder andere zeitgenössische Schriftsteller gerade-
    zu herausgefordert zu haben" (Fietz 1980, 139).

Symbolbegriff als zu weit und unkonkret, zudem angewiesen auf eine
Analyse des gesamten Oeuvres Hemingways sowie abhängig von Spekulationen
über Hemingways "mind", um hier von Interesse sein zu können.[43]
Oft werden Figuren zu Symbolen erklärt, z. B. Pilar wird als "symbol
of emotional and instinctive courage rather than intellectual bravery"
(Bardacke Art. 1969, 351) oder als "earth symbol" (Unfried 1976, 82 f)
bezeichnet; Maria hingegen "seems to be a young Pilar, a young earth"
(ebd. 84), wird als "abstract fertility symbol" (ebd. 84; Bovie 1957,
210) verhandelt, ferner gilt sie als

> "living symbol of the way fascism not merely overrides the elementary
> rights of men, but brutally invades the most sacred places of the
> soul and deprives men |?| of the last shreds of personal dignity
> and self-respect" (Beach Art. 1951, 326),

als Symbol für Spanien ("the spanish land, - which remains innocent and
fresh and lovely dispite its rape by the Fascists") (Kinnamon Art. 1959,
59) und für "the image of 'home'" (Baker 1972, 256). Jordan schließlich
erscheint als "symbolischer Charakter" mißglückt: "How is Robert Jordan,
as a symbol character supposed to get under our skins?" (Frankenberg
Art. 1942, 786), und Unfried identifiziert ihn als "type of second Christ",
nachdem Cooperman ihn zur "parody of another Savior" (Coopermann Art.
1966, 95) erklärt hat (der L. Berrendo, "the gentle soldier |...| who
prays to that true Savior whom Jordan has long since forgotten", tötet)
(ebd. 96).[44]
Bei anderen wiederum werden andere Textterme zu Symbolen erhoben: Marias
Haar steht für ihre verlorene und wiedergewonnene Weiblichkeit (Yokelson
1960, 2; Bardacke Art. 1969, 351) oder ihre Genesung (Bovie 1957, 210),

---

43 Cf. auch Bovies eigene Einschränkung: "I found that though any given
    symbol seldom meant precisely the same thing each time it appeared,
    it nevertheless could be described in general terms which fit all
    its appearence", Bovie 1957, XIX.

44 Unfried 1976, 89; s. auch 88, 86; sie zitiert Cooperman und folgert
    daraus gerade das Gegenteil.

der Schlafsack für den Mutterschoß (Nucci 1968, 198; Halliday Art. 1956, 4) oder die Höhle für eben diesen (Williams 1981, 147), Flugzeuge, Schnee und Nebel für das Unglück (Yokelson 1960, 149; Bovie 1957, 174, 193 f, 217), die Berge für positive Werte und einen "geschützten Ort" und "Hafen" (ebd. 185, 192, 214; Baker 1972, 257).

Allen Ausführungen ist es gemeinsam, daß "Ideenassoziationen" (der Interpreten) mit Konnotationen (d. h. "den Texten immanente Korrelationen") "verwechselt" (Barthes 1976, 12) und dadurch unzutreffende oder nicht nachvollziehbare Aussagen getroffen werden.

Im Folgenden gilt es daher – von einem präzisierten Symbolbegriff ausgehend – die Ebenen des symbolischen Bedeutens, das Bedeutete oder Dargestellte und die Mittel dieser Darstellung zu untersuchen.

Dabei ist ebenfalls auf den gesamten Roman Bezug zu nehmen, insbesondere da SYM keinen stringent sich entwickelnden Code darstellt (cf. ebd. 35).

b) Zur Beschreibung des symbolischen Codes

Barthes schreibt: Ein Text, eine Geschichte "erzählt" etwas, "stellt etwas dar", baut mittels verschiedener Größen ein "symbolisches Feld" (ebd. 212) auf, das wie ein Bedeutendes für etwas Bedeutetes steht.[45]

---

45 Cf. Links Definition des Begriffs "Symbol":
"Unter *Symbol* (griech. symbolon = Merkzeichen) verstehen wir eine in bestimmter Weise verfremdete Pictura: und zwar wird dabei das komplexe Signifikat einer Pictura auf ein anderes komplexes Signifikat, das wir *Subscriptio* (lat. = Unterschrift) nennen, *abgebildet*. Das Symbol stellt insgesamt die semantische *Vereinigung* der beiden komplexen Signifikate dar. Als Beispiel diene die Eichendorff-Stelle:
'Da steht eine Burg überm Tale
Und schaut in den Strom hinein.'
Würde das komplexe Signifikat dieser Pictura vom Leser auf folgende Subscriptio abgebildet
'Hoch oben die festen ritterlichen Werte,
Darunter die Welt in ihrer raschen Bewegung'
so läse der Leser die Stelle als Symbol." (Link 1979, 168);
Die Pictura stellt dann hier der Roman dar, das "Dargestellte" des symbolischen Codes die Subscriptio; cf. ferner in Anschluß an Kap. 6 nochmals Lotman:
"*Die Kunst ist ein sekundäres modellbildendes System. 'Sekundär im Verhältnis zur (natürlichen) Sprache' ist nicht nur zu verstehen als 'die natürliche Sprache als Material benutzend'*". Und:

Es ist also nicht davon auszugehen, daß einzelne Textterme "irgendetwas"
symbolisieren, geschweige denn in Beziehung zu einem Psychogramm des
Autors zu stellen sind, sondern daß eine Anzahl von Texttermen gemeinsam mittels Konnotationen etwas Bestimmtes, Kohärentes darstellen.[46]
Was wird nun in FW dargestellt, "erzählt"?

Unter dem Stichwort "theme(s)" findet man/frau in der Sekundärliteratur
eine beträchtliche Anzahl von Äußerungen, die offensichtlich ihr Zustan-
dekommen eher völlig willkürlichen Generalisierungen einzelner Aspekte
und einer theoretisch nie begründeten Zusammenstellung verschiedener
Textzittate verdanken als einer explizierten und durchgeführten Methode: West beschreibt FW als "variation upon the theme of death" (West
Art. 1944, 575), Fadiman als "interplay of death and sex" (Fadiman Art.
1942, 416); Beach nennt als "Thema" des Romans "transcendental values
of courage and love" (Beach 1941, 89, 92), Adler spricht von "themes
of insubordination and courage" (Adler Art. 1964, 293), Moynihan von
"oneness" of mankind". (Moynihan Art. 1959, 127). Bei Wilson liest man/frau:

"Die aus dem Material der (natürlichen) Sprache geschaffene kom-
plizierte künstlerische Struktur gestattet es, einen Informations-
umfang zu übermitteln, der mit Hilfe der elementaren eigentlich
sprachlichen Struktur gar nicht übermittelt werden könnte." (Lotman
1981, 24; cf. auch ders. 1972, 21 f); cf. schließlich auch
Müller:
"Darüber jedoch läßt Goethe selbst keinen Zweifel, daß Kunst eine
andere, eine eigene 'Weltgegend' ist, und wenn das unerläßliche
Beachten von Entsprechungen in ein Gleichsetzen verkehrt wird, so
zerstört das die Grundlagen einer Dichtungsmorphologie. Deren Voraussetzung ist ja nicht, daß die Bildungsgesetze von Dichtungen
dieselben sind wie die der Organismen, sondern vielmehr, daß hier
und dort Grundgesetze der Natur sich abwandeln je nach der Eigenart der beiden Weltgegenden." (Müller 1948, 195)

46   In "Sarrasine" ist es die "katastrophale" Aufhebung aller Gegen-
     sätze (cf. Barthes 1976, 213).

"he (Hemingway) has aimed to reflect in this episode the whole cause
of the Spanish war" (Wilson ARt. 1947, 197), ähnlich bei Gray: "man
against war" (Gray Art. 1969, 230, 233), bei Guttmann: "his (Hemingways)
version of the Spanish tragedy" (Guttmann Art. 1960, 558) und Baker:
"Spain's civil tragedy" (Baker 1972, 144). Bei Ihlenfeld ist dann bezüglich des Themas des Romans von der "Wiederkehr" und "Wiedergeburt
des Menschen" die Rede (Ihlenfeld 1951, 145), und Unfried schreibt
schließlich in ihrer verhältnismäßig neuen Publikation (ohne aber Quel-
len zu nennen!): "Most critics agree |!| that the theme of FW concerns
the brotherhood of man" (Unfried 1976, 81).

Anders hingegen dann doch Yokelson. Er schreibt: "There is much in the
novel to suggest that Jordans sojourn among the guerillas is the equivalent of a full lifetime"[47] und gibt dann eine Reihe von Belegen dafür
an:

> "I prefer to see the opening as indicating |...| the beginning of
> a life, a rebirth -- |...|. We meet J. not while he is completing
> an old assignment but at the very beginning of a *new one*, at the
> threshold of a new life, as it were. In his affair with *Maria*, J.
> goes through a kind of *rebirth of love*: she is the first woman who
> has completely satisfied him. |...| The scattered *flashbacks*[48] of
> J.s childhood and adolescence complete the picture of a whole life
> lived in three days J. himself speculates on the *compression of
> time* ..." (Yokelson 1960, 153).

---

47 Yokelson 1960, 153, so auch Frohock Art. 1969, 287, Parsons Art.
    1971, 110, Carpenter 1955, 188; cf. Rovit:
    "Simultaneously the suspension of space and time make it possible
    for Hemingway to get the effect of *always*-time; the removal of the
    events and human actions makes a hiatus between the reader's normal
    sense of time and that of the novel, imparting to the latter a tinge
    of 'mythic' or 'make-believe' time. And this tendency is also
    strengthened by several devices. The recurrent references to gypsy
    and folk superstitions have an enduring quality quite harmonious
    to the long view of time. The stylized pidgin-Spanish dialogue with
    its 'thee's' and 'thou's' is purposely archaic in sound to reinforce
    the 'long' time" (Rovit Art. 1971, 117 f).

48 Carpenter 1955, 188; Gray Art. 1969, 234; Frohock Art. 1969, 287.

Im Roman lassen sich hierfür eine Reihe von Belegen finden, auf die Yokelson z. T. selbst eingeht:

> "But Maria has been good |...|. Maybe that is what I am to get now from life. Maybe that is my life and instead of it being threescore years and ten it is fortyeight hours |...|
> I suppose it is possible to live as full a life in seventy hours as in seventy years; granted that your life has been full up to the time that the seventy hours start and that you have reached a certain age." (151)[49]

> "So if your life trades its seventy years for seventy hours I have that value |d. i. Liebe zu und mit Maria| now and I am lucky to know it." (152)

> "You have it |die Liebe| now. and that is all your whole life is; now. There is nothing else than now |...|. A good life is not measured by any biblical span." (154)[50]

> "And now you have Maria, too. Why, you've got everything." (296)

> "Maybe I have had all my life in three days." (313 f)

Dargestellt, erzählt wird also in FW der umfassende Entwurf eines Lebens (cf. Beach Art. 1951, 320). Dafür spricht auch die Fülle gewichtiger Phänomene menschlichen Lebens, die der Text darstellt:

> "FW becomes the distillation of many things. It was as if the writer had to say it all and make it complete in one novel. |...|
> The time span of the novel is three days, and in that three days is compressed love, brotherhood, death, and much more." (Unfried 1976, 91)[51]

---

49 Cf. Yokelson 1960, 153; s. auch Fadiman: "Between the opening and closing pass a lifetime for the reader." (Fadiman Art. 1942, 417)

50 Cf. Yokelson 1960, 154; cf. Carpenter 1955, 190: "In the ecstatic experience of perfect unsion with his beloved, time has stood still, and value of intensity has been substituted for that of duration." (Cf. L 12, Figur 3, FW 333)

51 Ob man/frau in diesem Sinne,wie Yokelson,auch auf den Schnee hinweisen soll, der Jordan erlaubt, alle Jahreszeiten an einem Tag ("all the seasons in one day" (Yokelson 1960, 153) zu erleben, erscheint mir zweifelhaft. Schließlich gehören zu einem vollständigen Jahreszyklus auch lange trockene Sommer und der Herbst.

Die hier zitierte Dreizahl gilt es ebenfalls zu beachten, denn der Diskurs bemüht sich immer wieder um sie (167, 313 f, 356, 465). Und insofern diese Zahl in unserem Kulturkreis Vollständigkeit konnotiert[52],

---

52 Cf. Endres/Schimmel: Es "findet sich schon bei frühen Völkern das Gefühl, daß Zahlen eine Realität sind, ein Kraftfeld um sich haben und wirken können, |...|."
"In einem reichhaltigen Aufsatz hat Raimund Müller 1903 |Die Zahl Drei in Sage, Dichtung und Kunst, O. O. 1903| versucht, die Wichtigkeit der Drei in Sage, Dichtung und Kunst zu erklären, und hat darauf hingewiesen, daß sich aus der Naturbetrachtung mühelos die Dreiheit erfahren läßt: der Mensch sah Wasser, Luft und Erde, welche Erfahrung sich dann zu der Vorstellung dreier Welten erhob (so im Germanischen Midgard, Asgard und Niflheim); er sah drei Aggregatzustände (fest, flüssig, gasförmig), fand drei Gruppen geschaffener Dinge (Mineralien, Pflanzen und Tiere), und entdeckte an den Pflanzen Wurzeln, Schaft und Blüte, wie an der Frucht Schale, Fleisch und Kern; die Sonne erschien ihm in ihrer Morgen-, Mittags und Abendgestalt. Ja, alles Erfahren spielte sich innerhalb der Raumkoordinaten lang, hoch und breit ab: die Welt unserer Wahrnehmung ist dreidimensional. Das gesamte Leben erscheint unter dem dreifachen Aspekt von Anfang, Mitte und Ende, der sich als Werden, Sein und Vergehen abstrahieren läßt, und ein vollkommenes Ganzes formt sich aus Thesis, Antithesis und Synthesis. Man darf auch an die drei Grundfarben Rot, Gelb und Blau denken, aus denen sich die ganze Farbvielfalt mischen läßt.
Die Drei ist, |...|, die erste Zahl, die Anfang, Mitte und Ende hat, und die einzige, die jeweils *eines* dieser Glieder besitzt.
Seit ältester Zeit haben die Denker die Entfaltung des Einen in die Vielfalt mit besonderer Betonung der Drei zu erklären versucht. Wie Laotse sagt: 'Das Tao erzeugt die Einheit, die Einheit erzeugt die Zweiheit, die Zweiheit erzeugt die Dreiheit – die Dreiheit erzeugt alle Dinge', so hatten die Pythagoräer die Teilung der undifferenzierten Einheit in zwei entgegengesetzte Kräfte zur Schaffung der Welt und die endliche Drei-Einigung zur Erzeugung des Lebens postuliert. Und für Dante stellt die Drei (wie sie sich ihm in der Trinität verkörperte) das Prinzip der Liebe dar, das ist: die synthetische Kraft."
(Endres/Schimmel 1984, 22; 73 f)

bestätigt sie die These, daß in FW ein Lebensentwurf dargestellt ist.
Zudem unterstreicht die Begrenzung resp. Einheit von Raum, Zeit und Handlung (ein Ort in den Bergen, drei Tage, eine Brücke sprengen) den symbolischen Charakters des Sujets[53].

---

53 Cf. hierzu die Vorstellung von einer Verbindung zwischen der "Einheit des Mythos" (Pfister 1977, 331) und der "Nachahmung" bei Aristoteles (ebd. 331);
zum Verständnis der "Einheit des Mythos" seien noch einige ausführlichere Zitate nach Aristoteles erlaubt, zumal sie z. T. in enger inhaltlicher Nähe zu den von Yokelson angeführten Belegen und dem bisher Gesagten stehen:
"Ein Ganzes ist, was Anfang, Mitte und Ende hat. Ein Anfang ist, was selbst nicht mit Notwendigkeit auf etwas anderes folgt, nach dem jedoch natürlicherweise etwas anderes eintritt oder entsteht. Ein Ende ist umgekehrt, was selbst natürlicherweise auf etwas anderes folgt, und zwar notwendigerweise oder in der Regel, während nach ihm nichts anderes mehr eintritt. Eine Mitte ist, was sowohl selbst auf etwas anderes folgt als auch etwas anderes nach sich zieht. Demzufolge dürfen Handlungen, wenn sie gut zusammengefügt sein sollen, nicht an beliebiger Stelle einsetzen noch an beliebiger Stelle enden, sondern sie müssen sich an die genannten Grundsätze halten.|...|
Demzufolge müssen, wie bei Gegenständen und Lebewesen eine bestimmte Größe erforderlich ist und diese übersichtlich sein soll, so auch die Handlungen eine bestimmte Ausdehnung haben, und zwar eine Ausdehnung, die sich dem Gedächtnis leicht einprägt." |...|
Demnach muß, wie in den anderen nachahmenden Künsten die Einheit der Nachahmung auf der Einheit des Gegenstandes beruht, auch die Fabel, da sie Nachahmung von Handlung ist, die Nachahmung einer einzigen, und zwar einer ganzen Handlung sein. Ferner müssen die Teile der Geschehnisse so zusammengefügt sein, daß sich das Ganze verändert und durcheinander gerät, wenn irgendein Teil umgestellt oder weggenommen wird. Denn was ohne sichtbare Folgen vorhanden sein oder fehlen kann, ist gar nicht ein Teil des Ganzen.
9. Aus dem Gesagten ergibt sich auch, daß es nicht Aufgabe des Dichters ist mitzuteilen, was wirklich geschehen ist, sondern vielmehr, was geschehen könnte, d. h. das nach den Regeln der Wahrscheinlichkeit oder Notwendigkeit Mögliche. Denn der Geschichtsschreiber und der Dichter unterscheiden sich |...| dadurch, daß der eine das wirklich Geschehene mitteilt, der andere, was geschehen könnte. Daher ist Dichtung etwas Philosophischeres und Ernsthafteres als Geschichtsschreibung; denn die Dichtung teilt mehr das Allgemeine, die Geschichtsschreibung hingegen das Besondere mit."
(Aristoteles 1982, 25-29)

Indem der Text ferner von Anfang an eine Extremsituation[54] erzählt, nämlich die von Menschen angesichts des Todes (s. Romantitel), schafft er die Bedingung für die Möglichkeit, etwas so Komplexes wie "Leben" vereinfacht darzustellen.[55]

Und schließlich sei noch das dem Roman vorangestellte Predigtzitat Donnes erwähnt, das eine allgemeine Rede über Leben und Sterben indiziert, was noch durch das jeden und jede anredende "thee" verstärkt wird.

War bislang von dem Erzählten, Dargestellten in FW die Rede, so ist nun noch der Blick auf Art und Mittel der Darstellung zu lenken: "Das symbolische Feld ist von einem einzigen Gegenstand besetzt, dem es seine Einheit entnimmt" (Barthes 1976, 212), einer Art Repertoire, aus dem geschöpft wird, um das Dargestellte zu 'erzählen'.

Dieser Gegenstand, dieses Repertoire in FW sind der Bereich menschlicher Wahrnehmungen und Erfahrungen[56] bzw. die Erlebnisse Jordans im Spanischen Bürgerkrieg (cf. Kap. 8, Anm. 27); indem diese erzählt werden, wird ein allgemeiner Entwurf menschlicher Existenz vorgeführt.[57] So

---

54   Zum erkenntnistheoretischen Wert der Extremsituation cf. Benjamin 1972, 16-31; Fuchs Art. 1984 a, 221; ob das Arbeiten mit Extremen auch für die Figuren des Romans gilt, die als Spanier Menschen extremster Gegensätze sind (cf. Unfried 1976, 93), kann hier nicht entschieden werden.

55   Daß sich der Text allerdings damit in biblische Tradition stellen will, wie Moynihan (Moynihan Art. 1959, 132) behauptet, erscheint mir fragwürdig, d. h. der Diskurs gibt hierfür keine Indizien (und noch weniger dafür, Jordans Tod auf die neutestamentliche neunte Stunde zu datieren).

56   Cf. Paul de Kruif: "'Ich habe mich bemüht, bei Hemingway zu lernen, aber keineswegs den Stil, sondern jene geheimnisvolle Alchimie |...|seine schlichten Worte |...|, die wahrheitsgetreu sind, nicht im Sinne fotografischer Genauigkeit, sondern im Sinne der Lebenstreue, da sie das eigentliche Empfinden der realen Wirklichkeit wiedergeben" (cf. Kaschkin Art. 1980, 217).

57   Die enge Verknüpfung von symbolischem Feld und dem Gegenstand, aus dem es schöpft, kann als ein weiterer Beleg für Robert Jordan als Hauptfigur in FW genommen werden. Zudem kann hierdurch verständlich

formuliert Nahal: "We see this vision[58] through the mind of Robert Jordan" (Nahal 1971, 145) und Wilson: "Here Hemingway |...| has reverted to seeing events in terms of individuals pitted against specific odds" (Wilson Art. 1947, 196).

Dieser Festlegung von "Gegenstand" und "Dargestelltem" in FW entspricht auch Sickels Charakterisierung des Buches mit dem Ausdruck "realistic idealism" (Sickels 1941, 36)[59]: Realistisch, d. h. ganz und gar aus dem Leben gegriffen, sind Jordans Erfahrungen, und idealistisch ist der dargestellte Entwurf, die Vision menschlicher Existenz.

Nach Barthes ist es weiter möglich, im symbolischen Feld mehrere "Gebiete" zu unterscheiden, in die hinein sich der Gegenstand entfaltet (Barthes 1976, 22, 212 f)[60].
Für FW lassen sich m. E. drei Gebiete festmachen:
1. "Individualität"
2. "Eine Gemeinschaft"
3. "Das Idyll"

---

gemacht werden, warum in der Sekundärliteratur Pilars Erzählung vom "Anfang der Bewegung" als störend kritisiert wird:

Diese Passage sprengt nämlich die durchgängig enge Verbindung des symbolischen Feldes mit Jordans Erfahrungen als symbolischem Gegenstand.

58 Nahal bezeichnet diese als "religious", "mystic" vision of "the life of the senses", "the physical life of man" und "the larger life of the universe" (Nahal 1971, 144 f; cf. L 26).

59 Der realistische Charakter des Romans wird auch bestätigt von Fadiman Art. 1942, 420; Halliday Art. 1956, 18, 22; Sickels Art. 1941, 31 f, 34; Beach Art. 1951, 321, Killinger 1960; Halliday: "In any case, it can be said that in its use of narrative perspective, FW is a competent novel, enjoying the advantage of a technique well chosen in the light of its theme, and applied with sufficient attention to the demands of realism to create, on the whole, a steady and powerful artistic illusion." (Halliday Art. 1952, 216)

60 Diese Gebiete stattet das symbolische Feld mit mehreren Eingängen aus und sind die Ursache für seine "Multivalenz" und "Umkehrbarkeit" (cf. Barthes 1976, 24).

Die Analyse des symbolischen Codes bedient sich einer Vorgehensweise
und Notierung, die (vorwiegend) der des SEM-Codes entspricht, d. h. sie
sammelt diejenigen Seme (ebd. 22), die Indices der einzelnen symbolischen Gebiete (und damit des symbolischen Feldes insgesamt) sind, so
etwa zu 1. "Individualität": SYM. "Ein glückliches Lebens", SYM. "Eine
Mission, SYM. "Ein guter Tod,   zu 2. "Eine Gemeinschaft": SYM. "Eine
Liebe", SYM. "Verbundenheit", SYM. "Verrat", SYM. "Ein Feind", und
zu 3. "Das Idyll": SYM. "Ein Fluß", SYM. "Ein grüner Hügelhang", SYM.
"Ein Baum", SYM. "Ein Himmel voll weißer Wolken".

Charakteristisch, das wird sich noch zeigen, für diese Seme und damit
die Gebiete und das symbolische Feld insgesamt ist ihre häufige Anordnung in oppositioneller[61] Struktur, d. h. SYM. "Ein glückliches Leben"
steht "SYM. "Ein guter Tod" und SYM. "Verbundenheit" steht SYM. "Verrat" oder SYM. "Ein Feind" gegenüber, oder "Das Idyll" wird im Gegensatz zur
"Feindlichen Natur" aufgebaut, d.h. der Entwurf menschlicher Existenz
umfaßt sowohl Terme eines gelungenen, vollständig ausgelebten Lebens
als auch Kontingenzerfahrungen[62], ja FW "erzählt" gerade das Aufeinanderstoßen dieser Gegensätze[63].

(5) Der referentielle Code: REF

Die Beziehungen, "die sich auf |...| von außen kommende Hinweise, auf
andere Orte des Textes (oder eines anderen Textes) zu beziehen" vermögen (Barthes 1976, 12), bilden den referentiellen Code. Durch ihn erfährt

---

61 Cf. Baker, der von "double perspective of life and death" spricht
    und ausführt: "the sane consciousness of death will give added depth
    and meaning to the events of life" (Baker 1972, 255).

62 Über den Sinn, auch das Schlechte und Böse nicht zu verschweigen,
    reflektierten schon die Brüder Grimm: "Darin bewährt sich jede ächte
    Poesie, daß sie niemals ohne Beziehung auf das Leben sein kann, denn
    sie ist aus ihm aufgestiegen und kehrt zu ihm zurück |...|" (Grimm
    1977, 58).

63 Demgegenüber erzählt Sarrasine gerade den "katastrophalen" Versuch
    ihrer Aufhebung, ihrer Nivellierung (cf. Barthes 1976, 213).

der Text seine Einordnung in eine bestimmte historische Zeit und einen
konkreten geographischen Raum und erhält seine chronologische Abfolge
.des Geschehens. Ferner speist der referentielle Code den kulturellen,
politischen und gesellschaftlichen "Hintergrund" des Romans.

Dominant verweisen die kulturellen Referenzpunkte in FW auf Spanien:
In erster Linie auf das Spanien des Bürgerkriegs (s. u.), dann aber auch
auf das Spanien der berühmten Stierkämpfer[64], Spaniens Geographie[65]
und Kultur(geschichte) (Lope de Vega, der Prado, die Jungfrau von Pilar,
Cortes, Pizarro, Menendez de Avila), was insbesondere die spanische Sprache[66] und die vom Diskurs als typisch spanisch gekennzeichneten menschlichen Verhaltensweisen suggerieren (cf. 92, 145 f, 205, 324).

Daneben referiert der Diskurs auf die Geschichte des Amerikanischen
Bürgerkrieges, die Geographie Montanas, (amerikanische) Filmschauspielerinnen (Jean Harlow, Greta Garbo; 136). Dünn gesät sind daneben die
Hinweise auf gesellschaftspolitische Theorien, die des Sozialismus und
demokratischer Staatsformen (s. u. L 26).
Eine weitere Gruppe referentieller Bezugspunkte stellen schließlich allgemeine kulturelle Klischees des Abendlandes dar: "Muster typisch männlichen oder weiblichen Verhaltens", "die große Liebe", "der Lebensrück-
blick des Sterbenden".

Innerhalb des Textes erscheinen diese Beziehungen, ähnlich wie die SEMe,
als "permutible", "reversible Merkmale, die einer Einschränkung durch
die Zeit nicht zugänglich sind" (Barthes 1976, 35). Notiert werden sie

---

64   Cf. Yokelson 1960, 157 f; nach Baker finden sich in FW zahlreiche
     Zitate aus "Death in the Afternoon" (Baker 1972, 148, 260).

65   Genannt werden u. a.: La Granja (4), Barco de Avila (3), Escorial
     (4), Segovia (6), Arévala (14), Sierra de Gredos (15), Estremadura
     (23), Kastilien (75), Colmenar (76), Avila (81), Valladolid (81),
     Valencia (84), Tafalla (301), Pamplona (301), Aranjùez (376), Irein
     (301).

66   Cf. Josephs Art. 1983; Barea Art. 1941, 358 f; Allen Art. 1971.

daher auch ähnlich wie die Einheiten des semantischen Codes, ihr Kürzel ist REF.
Diese außertextlichen Beziehungen, in denen der Diskurs steht, sind
schließlich auch dafür verantwortlich, daß ein Text "veraltet" (ebd.
101, 203) als "Erbrechen |von| Stereotypen" (ebd. 101) erscheint. So
können die historischen Datailinformationen und die Anspielungen auf
historische Persönlichkeiten, ihre Bewertungen und alle Kritik an ihnen
- wie sie etwa in den Gesprächen zwischen Karkow und Robert Jordan oder
El Sordo und seinen Leuten auftreten - heute nur noch mühsam erkannt
oder dechiffriert werden. Und ähnlich mögen die Rollenklischees auf man-
che/n Leser/in enervierend wirken.
Umso mehr ist es nötig - freilich nur in einer kurzen Skizze - den historischen Hintergrund des Romans kurz zu umreißen, insbesondere auch
deswegen, da erst dies die Einschätzung der Fiktionalität des Romans
(s. bes. L 22, 114) ermöglicht (cf. Titzmann 1977, 86-91, 149-179).

a) Der Spanische Bürgerkrieg - 'Die größte Tragödie der Geschichte Spaniens'[67]

> "Eine Übersicht über das innenpolitische Konfliktpotential des ibe-
> rischen Landes zu geben fällt angesichts der Fülle der vielen Front-
> linien, die seine Gesellschaft durchzogen, außerordentlich schwer,
> |...|" (Mühlen 1983, 15), -

so beginnt Mühlen seine "Spanien war ihre Hoffnung" betitelte Abhandlung
über die Beteiligung der deutschen Linken am Spanischen Bürgerkrieg.
Von dieser Schwierigkeit zeugt auch die Einschätzung Brenans, der von
einer "Atomisierung" innerhalb der einzelnen Gruppen und Lager spricht
(Brenan 1978, 267, zitiert nach Mühlen 1983, 18).
Eine kurze Skizze des historischen Hintergrundes von FW muß daher höchst
unvollständig und schemenhaft werden.
Brenans Kategorie der allseitigen "Atomisierung" soll dabei leitend sein.

---

67   Thomas Art. 1985, 1.

Nach Aussagen von Mühlen (1983, 18, 29), aber auch in dem von Thomas
in der Oktober-Nummer des Diario 16 veröffentlichten Artikels (Thomas
Art. 1985) sind die Ursachen des Bürgerkrieges zunächst rein spanischer
Natur, jedoch ist dieser zunehmend von einem "Hineinwachsen in die internationale Großwetterlage" (Mühlen 1983, 15) gekennzeichnet – womit
die Anwesenheit nationalsozialistischer Propagandamittel ab 1934 und
der Kontakt der Generäle um Franco zu Berlin und Rom lange vor dem Militärputsch jedoch nicht geleugnet werden soll (ebd. 20; Rhode/Dudek 1985,
124 f).

Die sozialen Probleme des Landes stellten sich je nach Region unterschiedlich dar: In Andalusien gab es einige Großgrundbesitzer und eine "be-
sitzlose Schicht von Landarbeitern", in Galicien hingegen "selbständiges
Bauerntum", das aber auf Nebenverdienste und Heimarbeit angewiesen war.
"In den meisten Landesteilen herrschten noch feudale Verhältnisse; 1931
standen 2 Millionen besitzlosen Landarbeitern etwa 50.000 Großgrundbesitzer gegenüber, die über die Hälfte des spanischen Bodens verfügten"
(Mühlen 1983, 16).

Der Uneinheitlichkeit im landwirtschaftlichen und sozialen Bereich ent-
sprach eine völlig diffuse Arbeiterbewegung in den Zentren Madrid und
Barcelona, aber auch Valensia und Aragon (ebd. 16).

Ethnische Minderheiten, Basken und Katalanen, die einen nationalistisch
und konservativ, die anderen bürgerlich und weltoffen, sorgten für eine
weitere Zersplitterung des "Spanischen Volkes" (Goytisolo 1982, 203).

Zersplittert war auch das Parteienspektrum: Auf der Linken Anarchisten,
Sozialisten, Kommunisten, Syndikalisten, weitere sozialistische Splitter-
parteien, später dann auch die republikanischen Parteien (cf. Rhode/Du-
dek 1985, 114 f), auf der Seite der Rechten gab es Monarchisten, Carlisten
und die Falange (Mühlen 1983, 18). Für beide Seiten ist ein frühzeitiger
Hang zur Gewalttätigkeit (Goytisolo 1982, 217) und Militanz charakteristisch: Auf Seiten der Rechten stehen das Militär, die Guardia Civil,
Carabineros, Polizei, Requetes (carlistische Miliz) und Pistoleros (Mühlen 1983, 20, 19), auf Seiten der Linken sind zahlreiche anarchistische

"Bombenattentate auf Politiker, Unternehmer und Geistliche" zu verzeichnen (ebd.19).

Der 1931 ausgerufenen Zweiten Spanischen Republik (cf. Goytisolo 1982,
203) gelang es weder die notwendigen Reformen durchzuführen, um Streiks,
Landbesetzungen, anarachistische Revolten überflüssig zu machen (cf.
Rhode/Dudek 1985, 113), noch sich dauerhaft der "Konspirationen und
Putschversuche des Militärs und der Guardia Civil" zu erwehren, währenddessen die Kirche "ein festes Bollwerk gegen Reformen" bildete.[68]
1933 folgte daher schließlich eine Regierung aus mehrheitlich Rechts-
parteien und eine "Zeit der Restauration" (Mühlen 1983, 18). Zunehmend
wurde versucht, die Reformansätze der vorherigen Regierung zu revidieren, so daß es zu zahlreichen Aufständen und blutigen Auseinandersetzungen zwischen der Bevölkerung und den militärischen Einheiten der Rechten
kam (ebd. 19).

Bis 1936 dauerte dieses "schwarze Doppeljahr (bienio negro)", als schließlich das gemeinsame Vorgehen der Volksfront wieder eine bürgerlich-libera-
le Regierung an die Macht brachte (ebd. 19).

Der am 17. Juli 1937 erfolgte Militärputsch Francos und zahlreicher Gar-
nisonsstädte (cf. Rhode/Dudek 1985, 124) leitete schließlich den Spanischen Bürgerkrieg ein. Goytisolo schreibt:

> "Was 1936 angeht, muß man der Genauigkeit wegen noch hinzufügen,
> daß der 'Aufruhr' nicht von unten kam, sondern von oben: Die Mo-
> bilmachung des Volkes im ganzen Land war nur die Antwort auf den
> Staatsstreich des Militärs gegen die Republik" (Goytisolo 1982,
> 216).

Trotz eines offiziellen Nichteinmischungspaktes von 1936 setzten Berlin
und Rom ihre, z. T. über Portugal führende, Unterstützung der faschistischen Seite fort, so daß ab Oktober 1936 auch Rußland Waffen nach Spanien
brachte und, z. T. durch die Internationalen Brigaden[69], Einfluß auf

---

68 Cf. insbesondere Sender 1980.

69 Cf. Riedl Art. 1986.

die Situation in Spanien nahm: Spanien wird "in jenen Jahren zum Schlacht-
feld, auf dem die verschiedenen europäischen Mächte ihre Streitfragen
austragen und ihre Waffen ausprobieren" (Goytisolo 1982, 216).

b) FW und der Spanische Bürgerkrieg

Die historischen Tatsachen des Spanischen Bürgerkrieges dringen nun allerdings nur verhältnismäßig dezimiert in den Diskurs ein: In Kapitel
18 befindet sich ein umfangreicher "Rückschritt"[70]: Jordan reflektiert
seine Aufenthalte im umkämpften Madrid (ja, eigentlich handelt es sich
um eine zweifache "Rückwendung", da meist Karkow erzählt, also Jordan sich
in der Höhle teils gar nicht selbst erlebter Dinge erinnert). Darüberhinaus scheinen in "Rückgriffen"[71] immer wieder historische Tatsachen auf.

---

70 Zu diesem Begriff cf. Lämmert: "Der Rückschritt. Einschnitte im
    Erzählfluß, an denen der Erzähler eine neue Richtung nimmt oder
    mit anderen Mitteln die bisherige fortsetzt, können in mancher Hin-
    sicht eine Neuorientierung des Lesers notwendig machen. Was auf
    dem neuen Schauplatz bislang geschah, was die neu eingeführte Per-
    son bisher erlebte, das mag für den weiteren Verlauf notwendig zu
    wissen oder doch merkwürdig genug sein, um hier mitgeteilt zu wer-
    den. Da die neue Handlung noch nicht im Fluß, neue Spannung noch
    nicht gewachsen ist, kann der Erzähler sich hier in Ruhe 'die Zeit
    nehmen', Wissenswertes oder Kurioses aus der Vergangenheit mitzu-
    teilen.
    Er kann dabei zurückgehen bis zu einem Zeitpunkt, der weit vor dem
    Beginn der Haupthandlung liegt; er erzählt dann die besondere Ge-
    schichte |...| einer Person bis zu ihrem Eintritt in die Handlung
    in mehr oder weniger großen Schritten nach |...|" Lämmert 1975,
    112;
    cf. Rovit: "Because of the fictional requirement that a lifetime
    be compressed into three days, Hemingway made a fuller dramatic
    use of the memory flashback and of the interior monologue in this
    novel than in any of his fictions" (Rovit Art. 1971, 117).

71 "Der Rückgriff. Auf vielgestaltige Weise können sich auch in den
    fortschreitenden Handlungsfluß selbst Rückwendungen einschieben,
    ohne daß dadurch eine merkliche Unterbrechung des Gegenwartsgesche-
    hens stattfände. An beliebiger Stelle der Erzählung holen Erzähler
    oder handelnde Personen ein Requisit oder ein Erlebnis aus der Ver-
    gangenheit bei, um damit die augenblickliche Situation in Zusammen-
    hänge einzuweisen oder den augenblicklichen Erzählgegenstand an
    Ort und Stelle ausholend zu erläutern. |...|
    Der wesentliche Unterschied zum Rückschritt besteht jedoch darin,
    daß der Rückgriff keine eigene *Geschichte* zum Inhalt hat. Er bleibt
    ganz dem Gegenwartsgeschehen verbunden und erzählt lediglich bei-
    fügend oder vergleichend ein isoliertes Stück Vergangenheit."
    (Lämmert 1975, 123).

Diese wenigen Beziehungen zur historischen Wirklichkeit erweisen sich
dann allerdings als "verifizierbar"[72], insbesondere durch die exakte
Reproduktion historischer Details, in deren Zentrum die Verteidigung
des republikanischen Madrids steht:
Miaja wird erwähnt, der Kommandant der Hauptstadt, der, nachdem sich
die Regierung nach Valencia zurückgezogen hatte (246), die Stellung
hielt (cf. Thomas 1962, 241, 250; Beevor 1982, 131 f): "the old bald,
spectacled, conceited, stupid-as-a-owl, unintelligent-in-conversation,
brave-and-as-dumb-as-a-bull, propaganda-built-up defender of Madrid,
Miaja, |... |" (233).
Die an der Verteidigung Madrids wesentlich beteiligten Milizkommandeure
Lister, Modesto und "El Campensino" werden genannt, auf ihre nicht so
ganz authentische Herkunft als 'Männer aus dem sich erhebenden Volk'
wird angespielt:

> "Gaylord's was the place where you met famous peasant and worker
> Spanish commanders who had sprung to arms from the people at the
> start of the war without any previous military training and found
> that many of them spoke Russian." (229)

Lister, Steinbrucharbeiter in Galicien, wuchs in Kuba auf, wurde dort
gewerkschaftlich geschult, studierte an der russischen Frense-Militär-
akademie (cf. 310 ; cf. Thomas 1962, 193; Dahms 1962, 305, 64; Beevor
1982, 107), galt tatsächlich als zuverlässiger und hervorragender Kommandant (252; cf. Beevor 1982, 245 f).
Modesto, Zimmermann aus Andalusien (230), hatte ebenfalls die Frense-
Militärakademie besucht (230, 310) und erwies sich als ebenso zuverlässiger und hervorragender (245) Verteidiger der republikanischen Sache.

---

72   Nach Barthes stellen die außertextlichen Bezugspunkte nicht die
      historisch-faktische Realität selbst dar, vielmehr spricht er von
      einem "Prospekt", einer "Vulgata des Wissens" (Barthes 1976, 101),
      deren Zitate im Diskurs einem "anonymen Buch entnommen" zu sein schei-
      nen (ebd. 202). Zur Problematik der Geschichtsschreibung cf. Ollig Art. 1985.
      In diesem Sinne stützen sich die folgenden Ausführungen auf die
      hier zitierten Publikationen: Beevor 1982, Bernecker 1978; Brenan
      1978; Dahms 1962, Thomas 1961; Goytisolo 1982; Rhode/Dudek 1985;
      cf. aber auch aus dem Bereich der Autobiographien und Aufzeichnungen
      Koester 1980; Orwell 1975; García 1981, El Campensino 1983.

Ferner "El Campensino", der tatsächlich "niemals Bauer war" (229), sondern (wie Modesto) in Marokko gekämpft hatte und desertiert war (229),
aber als hervorragender Partisanenführer galt, sonst aber ein redseliger
Mensch war (230; cf. Thomas 1962, 193) und dessen propagandistisches
Erkennungszeichen sein Bart war (230) [73].

Zu den weiteren Verteidigern Madrids zählen die Kommandeure der Internationalen Brigaden: "Der ungarische Schriftsteller Mata Zalka, der als
"Lukács" die 12. Brigade kommandierte (233, cf. Dahms 1962, 140; Thomas
1962, 255), der deutsche Kommunist Oberst Hans Kahle, Kommandant der
11. Brigade (233, cf. Thomas 1962, 252, 295), der Exmusiker Duran (233,
cf. Thomas 1962, 355, 380, Dahms 1962, 199), der ungarische Jude Lazar
Stern, der unter dem Decknamen "Kleber" kämpfte und auf dessen Streit
mit Miaja der Diskurs ebenfalls referiert (371, cf. Thomas 1962, 282,
Dahms 1962, 140, Beevor 1982, 144, 127).

Ferner wird der allseits verhaßte Ungar Gal (d 233, cf. Thomas 1962,
292, 303) zitiert.

Bereits am Anfang des Romans ist von dem "unglücklichen Professor Vincente
Rojo die Rede (6), der tatsächlich Professor der Taktik an der Militärakademie in Madrid war und sich im Bürgerkrieg auf die Seite der Republikaner stellte (cf. Thomas 1962, 219; Dahms 1962, 117, Beevor 1982,
134).

Auch die Abspaltung der trotzkistisch ausgerichteten POUM von der KP
unter Nin wird in FW erörtert (cf. Thomas 1962, 349 ff; Brenan 1982,
264; Bernecker 1978, 25), - noch unter dem Stichwort der "faschistischen
Verschwörung" (246 f), die sich erst nachträglich als geschickt getarnte
Farce der russischen Berater erwies, um Nin zu beseitigen (Thomas 1962,
349).

Ebenso findet Sotelo,"bei |den| extremen Rechten der einzige mit politischen
Fähigkeiten" (Brenan 1982, 353), als "hervorragender Faschist" und kluger
Mensch Erwähnung (244); und schließlich, im Zusammenhang mit Jordans

---

73   El Campesino 1983, 73; cf. auch die Äußerungen El Campesinos über
      Hemingway (ebd. 109).

Einschätzung von Pablo der opportunistische Lerroux (162), der sich, als er an die Macht kam, vom geschickten anitkirchlichen Demgagogen zum Verbündeten der katholischen Partei entwickelte (cf. Thomas 1962, 32, 37; Brenan 1978, 39, 42, 46; Beevor 1982, 21, 26; Dahms 1962, 42):"'It would certainly be interesting to see what his |Pablos| political development had been. The classical move from left to right, probably; like old Lerroux" (162), sinniert Jordan.

"Anmaßend, inkompetent und brutal", "weder fähig noch human" und wegen nur "angeblicher militärischer Kenntnisse" sowie durch die "Gunst der Russen" zum Kommandanten von Albacete berufen war André Marty (cf. Thomas 1962, 236 f), dem der Diskurs relativ breiten Raum für eine höchst authentische Darstellung gewährt (Kapitel 42): Marty litt unter der Furcht vor faschistischen Spionen (cf. Thomas 1962, 237; Beevor 1982, 127), "nicht einmal Stalin war so mißtrauisch" urteilt Thomas (Thomas 1962, 237; cf. Beevor 1982, 222).
Bei dem letzten Wortwechsel El Sordos und seiner Leute wird La Pasionaria ("die Passionsblume") erwähnt, Dolores Ibárruri, bedeutendste Vertreterin der spanischen KP, große Rednerin und vielen eine "Art revolutionärer Heilige" (Thomas 1962, 28), deren Aufruf an die Frauen von Madrid: "'Es ist besser, auf den Füßen zu sterben, als auf den Knien zu leben. No pasarán!'" (308) alsbald zum Schlachtruf der Republik wurde (cf. Thomas 1962, 120; Dahms 1962, 88; Beevor 1982, 51).

An Gefechtsorten werden - bezeichnenderweise im Zusammenhang mit Kaschkin (236) - San Sebastián, Irún und Vitoria genannt, allesamt Orte republikanischer Niederlagen (cf. Thomas 1962, 269); ferner die blutigen Kämpfe in den Vorstädten Madrids Carabanchel und Usera (Thomas 1962, 250, 254), die - wenn auch nicht sonderlich erfolgreich - dennoch ein selten dagewesenes Zusammengehörigkeitsgefühl unter den Verteidigern Madrids hervorrief (238 f), und an denen -ebenso charakteristisch - Robert Jordan beteiligt war.
Darüberhinaus wird die Schlacht in Guadarrama erwähnt (235) (cf. Rhode/ Dudek 1985, 33), sowie der denkwürdige Kampf bei Guadalajara (233), in dem die Republikaner durch Flugblätter die gezwungenermaßen auf faschistischer Seite kämpfenden Italiener dazu bewegen konnten, auf ihre Seite

überzulaufen (cf. Thomas 1962, 300; Gonzales 1983, 105 f; (233)).

Und schließlich findet auch das "bekannte Kommunique" der Cordoba-Front (cf. Thomas 1962, 270) seinen Weg in den Diskurs: "Nuestra gloriosa tropa siga avanzando sin perder ni una sola palma de terreno" ("Unsere ruhmreichen Truppen setzen ihren Vormarsch fort, ohne auch nur einen Fußbreit Terrain zu verlieren" (238).

Selbst für den von "Golz" (s. u.) unternommenen Angriff lassen sich historische Belege zitieren: Hierbei handelte es sich um einen gescheiterten Entlastungsangriff der Republikaner vom 31. Mai 1937 unter General Walter und dem Kommandanten der 14. Brigade, Dumont, die über die Schlacht in heftige Kompetenzstreitigkeiten gerieten (Thomas 1962, 343 f).

Mit Baker kann zudem dieser Zeitpunkt als einer beschrieben werden, da der Sieg der Republikaner noch möglich und denkbar war:

> "Hemingway's choice of the early summer of 1937 as the time of Jordan's action thus takes on special importance. He wanted a period deep enough into the war so that the possibility of republican defeat could be a meaningful psychological force. But the time must also be far enough removed from the end of the war so that some of his people could still believe in a republican victory. The struggle could not seem to be hopeless." (Baker 1972, 251).

Soweit die freilich nicht umfassende Einordnung des Romans in seinen historischen Ort und seine Zeit.

Folgendes ist dabei nun auffällig:

All jene historischen Fakten, die sich auf den Spanischen Bürgerkrieg beziehen, kreuzen - bis auf die Passagen über André Marty - ausschließlich im Diskurs den ANAL, nicht aber AKT, werden also nur gedacht, erinnert oder erzählt, sind nie integrativer Bestandteil der Handlung und bilden somit "nur" eine Art - wenn auch höchst illustrer - Hintergrund: Sie sind tatsächlich "entbehrliche Vorgänge"[74]. Zwar ist es ganz gewiß der Spanische Bürgerkrieg, in dem Robert Jordan kämpft und fällt, doch

---

74 Zur Funktion solcher "entbehrlicher Vorgänge" cf. Lämmert 1975, 113.

das historische Chaos, die eingangs beschriebene "Atomisierung" der geschichtlichen Wirklichkeit und die Desorganisation der republikanischen Front sowie all jene Absurditäten, das grauenvolle Abschlachten und Niedermetzeln des Bürgerkrieges[75], (zer)stören weder die Geschlossenheit und kontinuierliche Progression des Diskurses[76] noch den Verlauf von Jordans persönlicher Entwicklung. Wohl wird Jordan ein Opfer dieses mehr oder weniger glaubhaften spanischen Chaos', seine Integrität als "Person" (cf. Barthes 1976, 98) wird dadurch jedoch nicht angetastet, geschweige denn eliminiert.

Besonders deutlich wird dies, wenn man/frau die Figur Robert Jordan[77] mit ihrem vermutlichen historischen "Vorbild" vergleicht: Hierbei handelte es sich wohl um einen kalifornischen Professor, Robert Merriman, der als einer der ersten Amerikaner im Januar 1937 in Spanien eintraf und als Brigade-Kommandant erfolgreich kämpfte und bekannt wurde. Von diesem historischen Modell unterscheidet sich Jordan nun nicht nur durch die Situierung des Geschehens in der überschaubaren Partisangruppe (s. L 22), sondern auch durch sein Sterben, das ihm Zeit zur Sammlung, Ruhe, Sinnfindung erlaubt, während von Merriman nur bekannt ist, daß er einfach irgendwann verschwand: Lapidar beendet Eby die Schilderung von Merrimans letztem Einsatz mit den Worten: "Robert H. Merriman was never seen again" (Eby Art. 1971, 46).

Eby urteilt daher m. E. richtig über das Schicksal der Figur Robert Jordan : Robert Jordan ist "defeated but not overwhelmed by conditions beyond himself. He does not surrender his faith in the dignity and the importance of a solitary man" (ebd. 47; cf. hierzu L 114).[78]

---

75   Selbst die, schenkt man Thomas Glauben, Schilderung des Massakers von Ronda bleibt, da von Pilar erzählt (Kap. 10), zumindest formal bewältigt (cf. Thomas 1962, 146).

76   Und dies ist ganz im Sinne des abendländischen, geschlossenen, "klassischen", "begrenzt pluralen" Textes (cf. Bartes 1976, 10 f).

77   Eby Art. 1971.

78   Damit gelingt es dem Diskurs bis zuletzt, das Konzept des klassischen Helden aufrechtzuerhalten, von dem Andreotti schreibt: "Die axiomatische Vorstellung von einem festen Ich und damit der

(6) Der mythische Code

Neben dem ANAL-Code erhebt sich in FW von Anfang an eine weitere Stimme,
die sich ebenfalls auf Jordans Ergehen und die Fragestellung "verlieren
- nicht verlieren" bezieht. Jedoch unterscheidet sie sich von ANAL sowohl
in ihrem Bedeuteten als auch in der "Weise des Bedeutens" (Barthes 1964,
85).

Zum ersten: Diese Stimme prognostiziert und wiederholt beharrlich den
definitiven Untergang Jordans. Die Vielfältigkeit, die Einzelerwägungen,
das schrittweise sich Vortasten und die detaillierten Antworten des analytischen Codes sind ihr unbekannt.[79]

Ein Blick auf verschiedene Äußerungen der Sekundärliteratur kann dies
bestätigen: West schreibt: "And there is the implication all through
FW that the result of Robert Jordans mission, |...|, will result in death
for him" (West Art. 1944, 576); Geismar: "If he is now fighting for the
good life, Jordan is nevertheless surrounded by the omens of death"
(Geismar 1942, 80); Frohock: "The essential mood of the book is tragic"
(Frohock Art. 1969, 286); Moynihan bezeichnet das Buch als "a study of
men under the sentence of death" (Moynihan Art. 1959, 130), - Äußerungen,
die allesamt für diesen Aspekt der Unausweichlichkeit des Schicksals
in FW stehen.

Die abendländische Kultur hat für dieses Phänomen den Begriff "Verhängnis"
geprägt; "|...| Unglück, |...|, Unheil (dem man nicht entgehen kann)"
(Duden 1981, 2750). Das entsprechende Wort, das auch der Text verwendet

---

Mythos von der Persönlichkeit führten in der traditionellen Epik
zur Idee, daß im Mittelpunkt des Geschehens der *Held* als feste, mit
sich selbst identische Figur stehe. Diesem Helden als erzählter
Figur eignen *Individualität*, *Identität* und damit harmonische Ganzheit. Zu ihnen findet er durch *Entwicklung* und *Entscheidung*, durch
die das Ich über die Dinge empor zur Gewißheit seiner *Autonomie*,
zur Möglichkeit souveräner Weltbewältigung geführt wird." (Andreotti
1983, 106; cf. Bakker, der von einem "heroe able to cope with life"
spricht (Bakker 1983, 105).

79   Da aber auch sie eine "Bestimmungslinie" (Barthes 1976, 146) vom
     Diskurs sowohl zum Leser als auch zu Textfiguren darstellt, kann
     man sie zusammen mit ANAL als hermeneutischen Code im Sinne Barthes'
     bezeichnen (s. Anm. 31).

|s. u.|, lautet "doom" ᵗ "fate, lot, irrevocable destiny. (Usually of ad-
verse fate; rarely in good sense) |...| final fate, destruction, ruin,
death" (Oxford Dictionary 1969, 600).

Der End-gültigkeit und Ausschließlichkeit dieses Bedeuteten entsprechend
bedient sich dieser zweite Code einer alternativen "Weise des Bedeutens",
nämlich nicht mehr der Analyse der Aktanten, sondern der des "Mythos",
wie   Barthes sie in "Mythen des Alltags" beschrieben hat. Die Stimme
wird daher fortan als "mythischer Code" (MYTH) bezeichnet.
Was unter dieser "Weise des Bedeutens" zu verstehen ist, und wie diese
innerhalb des Textes wirkt, Bedeutung produziert, soll Gegenstand der
folgenden Ausführungen sein, wobei entsprechende Sekundärliteratur zum
Roman wiederum berücksichtigt werden soll.

a) Der "Mythos" als Weise des Bedeutens

Ein "Mythos", das ist eingangs sofort hervorzuheben, ist also für Barthes
"kein Objekt, kein Begriff oder eine Idee" (Barthes 1964, 85), hat nichts,
wie Miller einmal sagte, mit dem "Kern des Lebens" (Miller 1980, 182)
zu tun. Vielmehr definiert Barthes ihn als "eine Form", "ein Mitteilungssystem, mittels dessen Bedeutungen 'ausgesagt' werden (Barthes 1964,
85). Genauerhin beschreibt Barthes dieses Mitteilungssystem folgendermaßen: Über einem primären "linguistischen", 'objektsprachlichen' Zeichen-
system wird ein "sekundäres", ein "metasprachliches" und das ist eben
das mythische System aufgebaut (ebd. 92-95). Das primäre System verfügt,
gemäß der Definition Saussures über drei Terme: 1. das Bedeutende, 2.
das Bedeutete und 3. das Zeichen, "das die assoziative Gesamtheit der
ersten beiden Termini ist" (ebd. 90-93).
Doch der "Sinn", "Endterminus des primären Systems", wird nahezu völlig
'entleert', "getötet" (ebd. 96 f), "deformiert", "entfremdet" und dadurch
zur "Form", zum "einfach Bedeutenden" des sekundären Systems (ebd. 93,
96). Auf der Ebene dieses zweiten mythischen Systems wird diese Form
mit einem neuen "Bedeuteten" (ebd. 96) angefüllt, so daß eine neue "Bedeutung" entsteht (ebd. 101).

Den Ausführungen Barthes entnehme ich zur Veranschaulichung des Gesagten folgendes "Schema", das ich um einige von ihm verwendete Termini erweitere (hinter dem Pfeil):

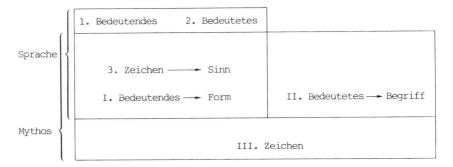

Mit "Originalton" Barthes kann das Schema exemplifiziert werden:

> "Ich sitze beim Friseur, und man reicht mir eine Nummer von *Paris-Match*. Auf dem Titelbild erweist ein junger Neger in französischer Uniform den militärischen Gruß, den Blick erhoben und auf eine Falte der Trikolore gerichtet. Das ist der *Sinn* des Bildes. Aber ob naiv oder nicht, ich erkenne sehr wohl, was es mir bedeuten soll: daß Frankreich ein großes Imperium ist, daß alle seine Söhne, ohne Unterschied der Hautfarbe, treu unter seiner Fahne dienen und daß es kein besseres Argument gegen die Widersacher eines angeblichen Kolonialismus gibt als den Eifer dieses jungen Negers, seinen angeblichen Unterdrückern zu dienen. Ich habe also auch hier ein erweitertes semiologisches System vor mir: es enthält ein Bedeutendes, das selbst von einem vorhergehenden System geschaffen wird (ein *farbiger* Soldat erweist den *französischen militärischen* Gruß), es enthält ein Bedeutetes (das hier eine absichtliche Mischung von Franzosentum und Soldatentum ist), und es enthält schließlich die *Präsenz* des Bedeuteten durch das Bedeutende hindurch" (ebd. 95).

Diesen Prozeß der Zerstörung des primären Zeichens und seines "Sinns" und die Errichtung eines neuen Zeichens mit neuem Bedeuteten und neuer Bedeutung auf den Ruinen des alten Zeichensystems gilt es nun im Text aufzuspüren.

b) Die "Produktionsweise" des Mythos in FW

Nach Barthes kann "alles" zum Mythos werden (ebd. 85), bez. der Beschaf-
fenheit der primären Zeichen kennt Barthes keinerlei Einschränkungen:
Sowohl mündliche als auch schriftliche Zeichen, sowohl Architektur als
auch "Darstellungen" aus dem Bereich von Presse und Politik, sowie "ein
ganzes Buch" können "Beute des Mythos" werden (ebd. 106 f, 86, 95, 123-
147, 100, 115), - und so schließlich auch Terme in FW (was besonders
durch die von Barthes postulierte "wiederholte Lektüre" bestätigt werden
kann (cf. Barthes 1976, 115).
Der primäre Sinn des Textes ist die sich über einen Zeitraum von drei
Tagen hinziehende Geschichte des Dozenten Robert Jordan im Spanischen
Bürgerkrieg, und dieser primäre Sinn ist, wie Barthes auch schreibt,
ganz und gar "bereits vollständig, er postuliert Wissen, eine Vergangenheit, ein Gedächtnis, eine vergleichbare Ordnung der Fakten, Ideen und
Entscheidungen", enthält "ein ganzes Wertsystem: eine Geschichte, eine
Geographie, eine Moral" (ders. 1964, 96 f).
1. Doch indem der Text ein Zitat aus einer Meditation[80] John Donnes vor-
anstellt und eine Zeile daraus zum Titel des Romans erhoben wird, wird
die Geschichte Jordans in ein sekundäres System eingebaut und zur Geschichte dessen "deformiert" (s. u.), dem 'die Stunde schlägt', dessen
Schicksal von Anfang an besiegelt ist. Denn der Text Donnes in Kombination
mit dem Titel läßt keinen Zweifel: Die Totenglocke[81] wird (auch) für den
geläutet, der nach ihr fragt: "Don't send to know for whom the bell tolls;
It tolls for thee" - und im Text ist es Jordan, als die Hauptfigur, der
fragt.

---

80   Cf. Frankenberg Art. 1942, 785; Fadiman Art. 1942, 417; Guttmann
     Art. 1960, 544; Nahal 1971, 123; Nucci 1968, 189; Young 1973, 19.

81   Die Überschrift der 17. Meditation lautet: "Nunc lento sonitu di-
     cunt, Morieris. Now, this bell tolling softly for another, saies
     to me, Thou must die." (Cf. Raspa 1975, 86; cf. auch Young 1973,
     19).

Diese tod-sichere Mitteilung zu Anfang des Textes bedingt die "Regression vom Sinn" ('die Geschichte des Amerikaners Jordan im Spanischen Bürgerkrieg') zur Form ('die Geschichte eines unausweichlichen Todes')[82].
Der mythische Code hat sich damit etabliert, noch bevor der Diskurs beginnt.
Doch der Sinn, sagt Barthes, wird "nicht ganz getötet", er fungiert "wie
ein Vorrat an Geschichte, wie ein unterworfener Reichtum, der in raschem
Wechsel zurückgerufen und wieder entfernt werden kann", er ist das "be-
arbeitete Material", in dem der Mythos "Wurzel |...| fassen" kann (ebd.
97, 87, 98).
Die Beziehung von Sinn und Begriff im Mythos kann daher als "Deformie-
rung" beschrieben werden: "Deformiert wird von dem Betriff natürlich
der Sinn |...|. Aber diese Deformierung ist keine Vernichtung" (ebd.
103). Sowie der farbige Soldat, der den militärischen Gruß erweist, in
Barthes' Beispiel 'dableibt', bleibt auch die Geschichte Robert Jordans,
denn "der Begriff bedarf ihrer; man amputiert sie, man raubt ihnen das
Gedächtnis, nicht die Existenz. Sie sind da, zugleich beharrlich, stumm
verwurzelt und geschwätzig, ganz und gar verfügbare Aussage im Dienste
des Begriffs" (ebd. 103).

Die mythische Stimme, die sich erhoben hat, noch bevor der Roman eigentlich beginnt, kehrt im weiteren Textverlauf unregelmäßig, aber beharrlich wieder: Immer wieder taucht hinter einzelnen Termen des Textes dieses zweite semiologische mythische Bedeutungssystem mit seinem konstan-
ten Begriff "Verhängnis" auf. Und dabei spielt es keine Rolle, daß diese
Terme höchst unterschiedlicher Natur sind, denn, wie gesagt, "alles kann
|...| Mythos werden" (ebd. 85), und "ein Bedeutetes kann mehrere Bedeu-
tende haben", und "das heißt, daß der Begriff *quantitativ* wesentlich

---

82 Allerdings muß hier von dem Kontext der 17. Meditation und ihres
    todessüchtigen und -fürchtigen (cf. Carey 1981, 229 f) Verfassers
    abstrahiert werden: Nur das in FW Zitierte kommt für die Analyse des
    MYTH in Betracht.

ärmer ist als das Bedeutende, |...|" (ebd. 99 f)[83].

2. Das erste Element innerhalb des Romans liefert Jordan selbst: Jordan hat Anselmos Namen vergessen (cf. Nahal 1971, 126). Und diese an sich belanglose Kleinigkeit rezipiert er selbst als "schlechtes Zeichen" ("It was a bad sign to him that he had forgotten.", 3). Durch diese Deutung Jordans erhebt sich hinter dem vergessenen Namen, dem fast bedeutungslosen Ereignis, die "Verhängnis bedeutende Stimme", der mythische Code.

3. Daß Unheil im Gange ist, wird ein wenig später bestätigt, als der Diskurs mitteilt, daß Jordan "voll Sorgen" ("worried", 4) ist. An dieser Stelle begegnet man/frau erstmals zugleich einer Vorliebe der mythischen Weise des Bedeutens in FW für ein bestimmtes Mittel: Bevorzugt bedient sich diese des vom Diskurs nicht Genannten, des Unbekannten. So werden an dieser Stelle die Gründe für Jordans Besorgnis verschwiegen, ja der Text selbst hebt dieses Verschweigen noch explizit hervor, indem erklärt wird: Nicht die Partisanenarbeit und die möglicherweise damit verbundenen Gefahren sind Ursache für Jordans Zustand, sondern "andere Dinge", die dann aber unbenannt bleiben ("But there were other tings", 4) (cf. ebd. 126). Und dieses Ungenannte, Unbekannte, das grundsätzlich immer Raum gibt für Spekulationen aller Art, verstärkt hier die zweite Bedeutung, die Suggestion, daß der Anfang von Jordans Ende bereits begonnen hat.

4. Zum dritten Mal erhebt sich die mythische Stimme bei der Rückblende in die republikanische Kommandantur, wo Jordan seinen Auftrag erhalten hatte. Hier wird zum einen die hohe Schwierigkeit, ja fast Unmöglichkeit des Unternehmens deutlich, wenn Jordan seinen Auftrag kommentiert: "I do not say I like it very much'" (6) (cf. Young 1973, 19; s. bes. L 67) und Golz einräumt: "'I do not like to ask people to do such things and

---

83 Hierin liegt nach Barthes auch die Möglichkeit, "den Mythos zu entziffern: durch das insistierende Verhalten wird dessen Intention aufgedeckt." (Ebd. 100).

in such a way', |...| 'I could not order you to do it.'" (6).[84]

Zum anderen erklärt Golz – präzise das Kommende vorwegnehmnd![85] –,

daß er seine Offensiven nie von anderen Instanzen ungestört durchführen

kann, ja es scheint schlechterdings unmöglich, überhaupt mit dem spani-

schen Volk einen Angriff durchzuführen:

> "'They are never my attacks', Golz said. 'I make them. But they are
> not mine. The artillery is not mine. I must put in for it. I have
> never been given what I ask for even when they have it to give.
> That is the least of it. There are other things. You know how these
> people are. It is not necessary to go into all of it. Always there
> is something. Always someone will interfere." (5)

Mit diesem Hinweis auf 'das Unvermögen der republikanischen Bürokratie'

und 'das spanische Temperament' (cf. Baker 1972, 251) rückt der Erfolg

des geplanten Angriffs weiter in den Bereich des Unmöglichen und Unwahr-

scheinlichen[86], und empfänglich gemacht für die mythische Stimme vermag

man/frau auch hinter diesen Äußerungen der Figuren erkennen,[87] daß für

Jordan in dem Augenblick, als er den Auftrag annimmt, 'seine Stunde ge-

schlagen' hat.[88]

So kommentiert Frohock dieses Gespräch in der republikanischen Kommandan-

tur m. E. zu Recht folgendermaßen:

---

84   Frankenberg spricht, nicht ganz korrekt, von "the impossible |!|
      condition attaching to the bridge blowing" (Frankenberg Art. 1942,
      797).

85   Tatsächlich scheitert ja Jordan daran, daß Golz seinen Angriff nicht
      wie geplant durchführen kann, daß Andrés aufgrund von chaotischen
      Zuständen sowohl bei den anarchistischen Grenzposten (375 f) als
      auch bei Marty (416-428) zulange aufgehalten wird, um Golz recht-
      zeitig warnen zu können (428).

86   Cf. Unfried: "Since no attack, according to General Golz, |...|,
      has ever gone as it should, the success of this one cannot be
      guaranteed." (Unfried 1976, 80)

87   "Der Mythos hat einen imperativen und interpellatorischen Charakter.
      Ausgehend von einem historischen Begriff, direkt aus der Kontingenz
      auftauchend |...|, sucht er *mich*: er ist mir zugewandt, ich erleide
      seine intentionale Kraft, er mahnt mich, seine (expansive) Doppeldeu-
      tigkeit entgegenzunehmen." (Barthes 1964, 106).

88   Struktural verstärkt wird dies noch dadurch, daß dieses Gespräch
      zwischen Golz und Jordan bez. der erzählten Zeit der eigentlichen

"Jordan has to die, from the start, because the stupid inefficiency and political maundering oft the people on his side have to kill him. Golz is a good and intelligent soldier, |...|, but Golz is not good enough to defeat the Fascists and his own side also; the irreparable lack of cohesion, the in subordinate and loose-tongued individualism, and the treachery of comrades in arms must throttle the offensive as surely as Jordan must blow the bridge." (Frohock Art. 1969, 285 f).

5. Den nächsten Term des mythischen Codes, ebenfalls noch Bestandteil des ersten Romankapitels, stellt die Erscheinung Pablos: Pablos "Traurigkeit" verspricht nichts Gutes:

"|...| in his (Pablos) sullenness there was a sadness that was disturbing to Robert Jordan. He knew that sadness and to see it here worried him." (12)

Und:

"But I don't like that sadness, |...| he | Robert Jordan | thought. That sadness is bad. That's the sadness they get before they quit or before they betray. That is the sadness that comes before the sell-out." (12) (Cf. Baker 1972, 251. 254)

Und: 'Verrat', 'Schlapp-machen', 'Betrug' - das bezeichnet genau das, was Pablo tun wird.

6. Zudem stellt Pablo Jordan die Unheil prophezeiende Frage: "'If you are wounded in such a thing as this bridge, you would be willing to be left behind?'" (21) (cf. Moynihan Art. 1959, 131).

7. Diese Frage fällt im Kontext eines Gesprächs über Kashkin, eine Figur, die ein weiteres Element des mythischen Codes darstellt (cf. Nahal 1971, 125). Auch diese Figur hat zunächst ihre eigene primäre Bedeutung, ihre authentische Geschichte im Spanischen Bürgerkrieg: Kaschkin hatte vor Jordans Einsatz mit demselben Guerilla-Trupp gearbeitet und erfolg-

---

Romanhandlung vorangeht, den Roman also zeitlich einrahmt und zum zweiten Mal inhaltlich vorherbestimmt, festlegt.

reich einen Zug gesprengt (21). Bei einem späteren gemeinsamen Einsatz von Kaschkin und Jordan wurde Kaschkin auf der Flucht schwer verwundet, und Jordan erschoß den Russen auf dessen eigenen Wunsch. Soweit Kaschkins eigene Geschichte (148).

Doch von Anfang an wird in verschiedenen Gesprächen (21, 148, 288) Kaschkin immer wieder mit Jordan verglichen, ja identifiziert.[89] Und diese Identifizierung, die sich zwar sachlich zunächst nahe legt - beide sind für die Guerilleros "Fremde" ("foreigners", 20, 21) und sehen sich äußerlich etwas ähnlich (Pablo: 'He was fair, as you are, but not as tall |...|'", 20), - dient zunehmend der Produktionsweise des Mythos, indem Kaschkins eigene Geschichte zurücktritt und zum Modell von Jordans Untergang wird; so daß schließlich Jordan, als er den Unterschied zwischen dem Russen und sich beschreiben will, selbst nur noch sagen kann:'Jener ist tot, ich selbst aber lebe |noch|'(288).

8. Eine wesentliche Voraussetzung für das Funktionieren des Mythos, so Barthes, liegt in dessen "Motivierung", und diese beruht auf einer "Analogie zwischen Sinn und Begriff" (Barthes 1967, 108). Am folgenden Term des mythischen Codes, den falangistischen Flugzeugen[90], wird dies besonders deutlich.

Die italienischen Fiats und die deutschen Heinkel-Bomber, - das sind zunächst die militärischen Waffen der Gegner, ihr "Sinn" liegt in ihrer potentiellen, und mit der Vernichtung El Sordos faktischen Gefahr und in ihrem Vermögen, allein durch ihr Erscheinen panischen Schrecken, Furcht, Angst auszulösen: Der Diskurs konnotiert dies auf verschiedene Weise:

---

89 "We never see Kashkin in the story, but every now and then his name is cleverly brought up by Hemingway to provide us with a counterpart to Robert Jordan" und "Robert Jordan und Kashkin are in reality two different sides of the same personality." (Nahal 1971, 125)

90 "But the most awesome symbol of doom is the air-power of the foreign enemy" (Baker 1972, 251).

Wenn die falangistischen Flugzeuge das Gebiet der Guerilleros überflie-
gen, werden sie stets zuerst gehört, bevor jene sie sehen und sich, er-
schrocken und ohnmächtig, orientieren, verstecken, retten können (74,
86, 266, 278, 305, 323). Der Lärm, mit dem die Flugzeuge sich ankündi-
gen, wird zudem plastisch beschrieben ("noise", 266; "sound", 86; "the
apporaching |...| roar", 74; "high, throbbing murmur", 278). Ihre op-
tisch sichtbare Erscheinung trägt die Merkmale des Häßlichen und Bösen
("pointed formations of threes, threes and threes", 74; "in fast, ugly
arrow-heads", 86; "like clattering, wing-tilting, pinch-nosed ugly toys,
to enlarge suddenly, fearfully to there actual size", 86). Ihre Bewegungen erscheinen gespenstisch ("seeming hardly to move", 278), vor einem
wehrlosen Himmel ("Fast moving across the mountain sky", 74; "beating
the sky apart", 86; "hammering the sky apart", 74).[91]
Auf diese Weise konnotiert der Text geschickt die Merkmale 'Gefährlichkeit', 'Bedrohlichkeit', 'Ohnmachtsgefühle hervorrufend', 'panische Angst
auslösend'[92]. Dies aber sind zugleich analog |!| die Merkmale von "doom",
so daß sich mit den Flugzeugen jeweils die "Verhängnis"-bedeutende mythische Stimme erhebt: Die italienischen und deutschen Bomber sind dann
nicht mehr einfach nur gefährliche Waffen der faschistischen Verbündeten,
Repräsentanten einer gegnerischen militärischen Macht, sondern Repräsentanten des sicheren Untergangs. Am eindrücklichsten präsentiert diesen
Bedeutungsvorgang Jordans eigene "Analyse":

---

91 Ferner sei darauf aufmerksam gemacht, daß die Flugzeuge jeweils
    an strukturell exponierter Stelle, nämlich am Kapitelanfang oder
    -ende (cf. Lotman 1981, 85) erscheinen: Am Anfang in Kapitel 8, 9, 22
    und am Ende von Kapitel 8, 23, 26. Auch bez. der "Grenzüberschreitung"
    (6.2.2 (2)) nehmen sie eine Sonderstellung ein, da sie ständig die
    Grenze überfliegen ohne auf das Textsujet Einfluß zu nehmen.

92 "Yet within the shadowy subconscious, the perennial human capacity
    for fear and awe remained to be touched by any artist who could
    empower new symbols with old terrors." (Baker 1972, 253).

"They *are* shaped like sharks, Robert Jordan thought, the wide-finned,
sharp-nosed sharks of the Gulf Stream. But these, wide-finned in
silver, roaring, the light mist of their propellers in the sun,
these do not move like sharks. They move like no thing there has
ever been. They move like mechanized doom." (86)

9. Schließlich wird sogar die Naturerscheinung zur "Beute des Mythos"
(Barthes 1967, 115), nämlich der Schneesturm ("'a great storm and much
snow'" (Pablo), 180;"storm", 257), der, wenn auch nicht, wie Baker behauptet, "unseasonal" (Baker 1972, 254; cf. auch Bardacke Art. 1969,
341) ist - dagegen steht Pablos Erklärung (164) -, so doch für Jordan,
den Ausländer, plötzlich, unerwartet und vehement einsetzt:

"While they had spoken the sun had clouded over and as he looked
back up toward the mountains the sky was now heavy and gray.
'Sure', Pilar said to him, looking at the sky. 'It will snow'.
'Now? Almost in June?'
'Why not? These mountains do not know the names of the months. We
are in the moon of May.'
'It can't be snow,' he said. 'It *can't* snow.'
'Just the same, Inglés,' she said to him, 'it will snow.'
Robert Jordan looked up at the thick gray of the sky with the sun
gone faintly yellow, and now as he watched gone completely and the
gray becoming uniform so that it was soft and heavy; the gray now
cutting off the tops of the mountains." (176)
"By the time they reached the camp it was snowing and the flakes
were dropping diagonally through the pines. They slanted through
the threes, sparse at first and circling as they fell, and then,
as the cold wind came driving down the mountain, they came whirling
and thick |...|" (177 f.).

Auch hier wird wiederum eine Analogie zwischen "Sinn" und "Begriff",
nämlich 'die verhängnisvolle Wirkung' eingesetzt, um die mythische Stimme
im Text verlauten zu lassen. So wie das anschaulich beschriebene Un-wetter
indizieren zunächst expressive Verben die Ausweglosigkeit der Lage, in
die El Sordo aufgrund des Schneesturms geraten ist: Er und seine Leute
sind "lost" (295), "ruined" (306), "sunk" (386).
Zugleich aber entfällt mit der Vernichtung [93] dieser Truppe eine wesent-

---

93 Daß El Sordos Vernichtung selbst auch ein Element des mythischen
    Codes darstellt, wie Baker (1972, 254), Frankenberg (Art. 1942,
    783) und Frohock (Art. 1969, 286) behaupten, ist dem Text nicht
    zu entnehmen.

liche Unterstützung für Jordan und seine Aktion, und dies wiederum bewegt Pablo endgültig zur Flucht. Der Schneesturm wird daher schließlich
als Anfang einer nicht zu durchbrechenden Abfolge von Unglücksfällen
interpretiert: "pattern of tragedy into which the whole operation had
seemed grooved ever since the snow" (394). Das Wort "pattern", hier wohl
in einer Modifikation seiner lexikalischen Bedeutung "sufficient quan-
tity of material for making a garment, esp. a dress"[94], trägt dieselben
Merkmale wie "doom", nämlich 'sich über alle Dinge ausbreitend' und 'un-
durchdringbar', so daß der Term "pattern of tragedy" den Schneesturm
als letztes Beutestück dem Mythos ausliefert.

c) Zum "Sinneffekt"[95] des Mythos in FW

Nachdem nun die verschiedenen primären Zeichenträger des sekundären mythischen Systems vorgestellt und (samt ihrer sekundären Bedeutung) analysiert
worden sind, soll abschließend der "Sinneffekt" für das Menschen-
und Weltverständnis dieses Codes in FW reflektiert werden.
Barthes sieht das "eigentliche Prinzip des Mythos" darin, den jeweiligen
Begriff "'natürlich' zu machen" (Barthes 1967, 113), 'Geschichte in Natur zu verwandeln' (ebd.113)[96] und damit schließlich die Welt zu 'entpoli-
tisieren' und "unbeweglich" zu machen (ebd. 131 f, 147).
Für FW heißt dies, daß der Begriff "doom" nicht mehr als das Ergebnis
eines sekundären Bedeutungs- und Interpretationsprozesses erkennbar ist,

---

94   Oxford Dictionary 1970, 565; Baudisch übersetzt den Audruck mit
      "Unglücksgewebe" (Hemingway 1983, 397).

95   Cf. hierzu Fuchs 1978, 62.

96   Denn: "Ob weit zurückliegend oder nicht, die Mythologie kann nur
      eine *geschichtliche* Grundlage haben, denn der Mythos ist eine von
      der Geschichte gewählte Aussage; aus der 'Natur' der Dinge vermöch-
      te er nicht hervorzugehen" (ebd. 86).

sondern als selbstverständliche, natürliche, selbsttätig wirkende Macht erscheint bzw. identifiziert wird.[97]
Wie aber geschieht dies? Wodurch vermag der Mythos derartiges? Wie kann ein Leser[98] 'unschuldig' den Mythos "konsumieren, |...|, daß er in ihm kein semiologisches, sondern ein induktives Systems sieht?" (Ebd. 115)
Barthes erklärt:

> "Dort, wo nur eine Äquivalenz besteht, sieht er (der Leser) einen kausalen Vorgang. Das Bedeutende und das Bedeutete haben in seinen Augen Naturbeziehungen |...|. Der Mythos wird als ein Faktensystem gelesen, während er doch nur ein semiologisches System darstellt." (Ebd. 115)

Auf FW appliziert heißt dies: Zwischen dem Schnee und den Flugzeugen einerseits und "doom" andererseits besteht eigentlich nur ein Verhältnis der Äquivalenz, insofern beide "Untergang" bedeuten. Nun aber liest der unschuldig-mythensüchtige Leser nicht "doom" als sekundären semiologischen Begriff, der über den semantischen Termen "Schnee" und "Flugzeuge" aufgebaut wird, sondern er läßt sich von diesen zu "doom" (wie zu ihrer Ursache) hinführen (in-duzieren).
Wird aber ein Begriff als "Natur" und nicht mehr als Geschichte – und d. h. als gemacht und veränderbar – gelesen, verstanden und hingenommen, so erscheint die Welt tatsächlich "entpolitisiert" und "unbeweglich", und dies insbesondere, wenn der Begriff "Verhängnis" lautet.[99]
Denn wenn Menschen und ihre Lebensgeschichte, wenn militärische Pläne, menschliche Fehlleistungen und Vergeßlichkeit gleichermaßen wie Kampf-

---

97 In der Etymologie des deutschen Lexems "Verhängnis" ist dies bereits angelegt: Die ausführlich zitierte Paraphrasierung des Wortes lautet: "(von einer höheren Macht über jmdn. verhängtes) Unglück" (Duden 1981, 2750)

98 Unter "Leser des Mythos" ist hier sowohl der Leser des Romans als auch dessen Figuren zu verstehen.

99 Zwar ist mit Barthes davon auszugehen, daß es keine "zwangsläufig suggestive|n| Objekte" (1964, 86) gibt; jedoch legt der Text "doom" als für die mythische Weise des Bedeutens besonders prädestinierte Größe nahe.

flugzeuge und Naturerscheinungen, wenn all diese verschiedenen Phänomene nur noch leere Hülsen für ein allgewaltiges Schicksal sind, ist
jede Handlung des Menschen, jede intellektuelle Leistung, jede politische Parteinahme, die kleinste emotionale Geste ebenso wie ein grundsätzlicher Lebensentwurf von vorneherein zur Bedeutungslosigkeit verurteilt. So wirkt der Mythos entmutigend und entmündigend auf den Menschen,
macht ihn handlungsunfähig, ja infantilisiert ihn letztlich, da er ihm
den Blick auf die primäre Bedeutung der Erscheingungen seiner Welt, auf
deren "Sinn" verwehrt, der einzig den Anknüpfungspunkt fruchtbarer
Analysen und Handlungen darstellt.

Damit ist der Bedeutungseffekt des mythischen Codes in FW ebenso grausam
wie klar: Was auch immer ein Mensch tun wird, wofür auch immer er sich
entscheiden wird, wofür auch immer er sich, sein Leben und die Welt halten mag, seine 'Stunde hat ihm schon geschlagen' und er ist nicht mehr
als eine wehrlose Partikel im Walten einer unbekannten Vorsehung.
Inwieweit aber der Mythos auch bei Jordan als Leser und Konsument der
mythischen Bedeutungsweise seine Wirkung zeitigt, inwieweit Jordan selbst
seine Geschichte im Spanischen Bürgerkrieg als schicksalhaft vorherbestimmt oder nicht doch als selbstgestaltete und verantwortete Parteinahme für die Sache der Republikaner ansieht, wird die Analyse der Schluß-
passage (L 34-40, 74) zeigen.

"Das Spitzenwerk aus Valenciennes" (Barthes)
Feministisch-theologische Bemerkungen zur Analyse-Methode Barthes in
"S/Z"

Warum die Methode Barthes'? Welches spezifisch feministisch-theologische Interesse gibt es an der Code-Analyse? Wie kann feministische Wissenschaft, bei ihrem allemal selektiven Verhalten (cf. 1.2.4) auf die
Methode eines männlichen Wissenschaftlers zurückgreifen?
Feministische Theologie hat sich der hermeneutischen Norm der Nächstenliebe verschrieben, sie ist auf der Suche nach "Modellen der Gegensei-

tigkeit", und sie hat den christlichen Anspruch der Universalisierbarkeit dahingehend erhoben, offen zu sein für die Erfahrungen anderer (cf. 1.2).

Dies kann dadurch eingelöst werden, daß in den Dialogen, die feministische Theologie führen möchte, den "anderen" der größtmögliche Raum gegeben wird, um ihnen die Chance einzuräumen, sich selbst, so gut es eben geht, zu sagen. Gerade für diese Intention erweist sich die Inanspruchnahme von Barthes' Methode als sinnvoll, was nun erklärt werden soll.

Im Einleitungskapitel war gefragt worden, wie sich am besten den Erfahrungen der Frauen zu "nähern" sei, d. h. wie diese wahrgenommen und beschrieben werden sollen, so daß jene oben genannte Norm eingelöst werden kann, nicht zuletzt auch im Sinne einer Selbstvergewisserung.

Dabei erwiesen sich die Kategorien des Relationalen, des Konkreten, des offenen und spiralenförmig Dynamischen und der Emotionalität - nicht zuletzt bereits aus dem Kontext der Kritik an traditioneller, weißer, männlicher Theologie - als zentral: Es ist die Erfahrung der Frauen, daß nichts Lebensnahes (oder was Lebensnähe beanspruchen will) in dominant gedanklicher und/oder biographischer Unverbundenheit, Abstraktheit, statischen Systemen oder linearem Fortschreiten und in Bedürfnisse verschweigender "Objektivität" zu verhandeln sei.

Diese Kategorien gilt es daher im Folgenden in der Analyse von Barthes nachzuweisen, um die Verwendung dieser Methode zur Etablierung eines Modells der Gegenseitigkeit legitimieren zu können.

Zur erstgenannten Kategorie: Feministische Theologinnen gehen davon aus, daß nur relationales Denken die Welt gemäß ihren eigenen Erfahrungen und Wahrnehmungen ausdrückt. Dieser Relationalität[100] als unabdingbarer Voraussetzung feministischer Wissenschaft entspricht Barthes' These, daß der Text eine Art "Netz" darstellt oder ein Gewebe, in dem alles

---

100 Auch auf interpretatorischer Ebene ist die Kategorie der Relationalität nochmals von Bedeutung: So wie "S/Z" das Produkt eines Seminars ist (Barthes 1976, 5), ist das Folgende u. a. das Ergebnis der Lektüre von Sekundärliteratur.

miteinander verknüpft ist. Sich auf dieses Gewebe in seiner Vielschich-
tigkeit und seinem "Gewirr" einzulassen, ist für Barthes die Bedingung
dafür, einen Text lesen zu können, so wie es die Überzeugung der Frauen
ist, die Welt und sich verstehen und erzählen zu können, indem frau
ihrer Ver- und Gebundenheit nachspürt.
Barthes profilierte die Fäden seines Netzes als Codes: Als Codes, die
Denken (ANAL) und Handeln (AKT) als 'getrennt und ineinander vermischt'
vorstellen, als Code, der Personen und Situationen Eigenschaften zuschreibt, als Code, der abstrahierende Konzeptionen von Leben für real
hält, die aber subjektiv gebunden sind und bleiben (in FW etabliert
sich SYM dominant durch Jordans Wahrnehmung (s. 7.2.2 (4)), als Code,
der die Abhängigkeit, Bedingt- und Bestimmtheit eines Textes von seiner
Kultur akzeptiert und be-denkt.
Dieses Set von Codes kann leicht mit den Momenten der relationalen Selbstvergewisserung in Beziehung gesetzt werden: Daß Denken von Handeln nicht
zu trennen ist, postulierte die Einleitung und affirmierte sich in der
Tendenz der Selbstvergewisserung, sich in Praxis hinein fortzusetzen
(s. 5.4). Daß es sich selbstvergewissernd um Zuordnungen von Eigenschaften geht, jenseits einer dualistischen Kategorisierung als "männlich"
und "weiblich", zeigte das vierte Kapitel. Daß zudem Systematisierungen aufgrund persönlicher Erfahrungen dem Selbst der Frauen dienlich
sein können, zeigte das Kapitel 3.
Zugleich verweist jenes Netz von Codes auch auf das Bemühen um Konkretionen,
womit die zweite Kategorie besprochen werden soll. Aus der Erfahrung,
daß Frauen sich in abstrakten Systematisierungen kaum wiederfinden und
dies auch kaum möglich ist, da vielfach unter der Kategorie des "Menschen" nur männliche Erfahrungen verhandelt werden (s. 1.2.1), postulierte feministische Theologie die Konkretheit aller Aussagen und eines
entsprechenden Instrumentariums (s. 1.1; 1.2).
Dieses Postulat der Konkretion vermag Barthes' Methode insofern einzulösen, als sie über die flexible Fähigkeit verfügt, sich dem Gegenstand
anzupassen, den Text in seiner Einmaligkeit wahrzunehmen, ihn nicht mit
eigenen Erwartungen zu überrennen, sich sowohl effizient als auch solidarisch gegenüber dem Text zu verhalten.

Diese Methode hat in der Codeanalyse ein Feinwerkzeug entwickelt, das
auch Lotmans Textmodell nicht liefern konnte, das aber dem Interesse
der Frauen entgegenkommt: Durch sie wird der Text in seiner Materialität, seiner Konkretheit und von seiner Produktion her wahrgenommen, was aus
der feministischen Perspektive der Bevorzugung von allem Konkretem nur begrüßenswert sein kann: Das Bild vom Diskurs als "Spitzenwerk aus Valenciennes" (Barthes 1976, 160; s. o. 7.1.1) muß da geradezu als eine
Einladung an die Textanalytikerin erscheinen, denn sie sieht darin die
Wertschätzung der künstlerischen Arbeit von Frauenhänden.

Das Vorantreiben feministischer Reflexion wurde ferner durch offene und
spiralenförmige Dynamik[101] charakterisiert. Es ist die Überzeugung feministischer Wissenschaft - die etwa das Moment des Erfahrungswissens,
wie es im Kontext der These vom "weiblichen Arbeitsvermögen" formuliert
wurde, bestätigen kann -, daß Erkenntnis nicht durch statische Systeme
oder Linearität, sondern dadurch vorangetrieben wird, daß Wahrnehmungen
immer wieder aufgegriffen und mit anderen und neuen in Beziehung gesetzt
werden, und darin Freiheit realisiert wird.
Genau dies macht Barthes, wenn er versucht, einen Text "sternenförmig
aufzulösen", die Konnotationen eines Diskurses freisetzt, in das "Gewirr seiner Stimmen" entläßt, aus der jene gekommen sind.
Zugleich deutet dieses tat-sächliche, befreiende Arbeiten das wohltuende
Desinteresse an jeglicher Hierarchisierung an: Jede Konnotation hat ihren
Wert wie feministischerseits jedes Erfahrungsmoment, jede Beobachtung
gewürdigt wird.
Zudem zeigt sich Barthes' Vorgehen sowohl bezüglich seines Gegenstandes
als auch bezüglich der weiteren methodischen Zugriffe als einem Bestreben nach Offenheit entgegenkommend, insofern für beide Pluralität gefor-
dert wird: Weder gibt es die eine Wahrheit des Textes noch einen Metasinn,

---

101 Aus diesem Grunde ist auch die von Titzmann an Barthes herangetragene
und auch m. E. sicherlich mögliche 'weitere Systematisierung' (Titzmann 1977, 219) sowohl der Analyse Barthes' als auch der folgenden
nicht wünschenswert, da sie mit der Option feministischer Wissenschaft
für alles Dynamische, Konkrete und Sinnliche nicht mehr vereinbar ist.

und die Verwendung vieler "Kritiken" (ebd. 19) entspricht der Vielfalt
der Sprachspiele im "Diskurs der Nähe". Und darüberhinaus erweist sich
das Interesse Barthes' in seinem Postulat der wiederholten Lektüre als
bis zu einem gewissen Grad unlinear und erinnert an das "spiralische
Denken" des "Diskurses der Nähe", - und ein wenig an die sich ständig
wiederholende Arbeit der Frauen im Reproduktionsbereich: Es gibt keine
"Wahrheit", die einmal abgeschlossen und erledigt wäre.

Als letzte Kategorie wurde die der Emotionalität genannt. Feministinnen
betreiben ihre Entdeckungen und Untersuchungen mit Empathie, sie halten
sozialwissenschaftlicherseits (5.1) wie theologischerseits (1) Emotionalität im wissenschaftlichen Arbeiten für fruchtbringend. Und dies generiert nicht zuletzt eine gewisse Lust beim Arbeiten und bezüglich des
Gegenstandes.
Gerade diese Art von Engagement verrät aber auch Barthes' Methode in ihrer Diffusität: Sie ist, wie feministische Wissenschaft, im guten Sinne
neu-gierig, will Verdecktes, Verstecktes, Verschwiegenes aufspüren.
Und in ihrer lustvollen Emotionalität hat sie etwas Spielerisches, wie
es aus dem "Entwerfen" Heywards oder dem "Phantasiebegriff" Sölles bekannt ist (s. 3.3.2 (3) und auch 7.1.2).
Damit soll und kann dann freilich nicht geleugnet werden, daß auch die
Codeanalyse subjektiv ist, doch gibt das Vorgehen mit Barthes die Möglichkeit, sensibel, möglichst nahe an den Text heranzugehen und - bei allem
liebevoll spöttischen "Maltretieren" (s. L 1) - ein Stück weit die Gänge
im Text von den eigenen Gedankengängen zu trennen.
Von diesen eigenen soll im Folgenden die Rede sein, bevor jenes neu-gie-
rige Spiel beginnt.

Der feministische Code: FEM

Neben den konnotativen Codes etabliere ich einen Code der (meiner!) subjektiven Assoziationen, einen Code, der kommentiert und evaluiert, nicht

Einheiten aus dem Text erhebt.[102] (Seinem eigenen Status soll daher
durch ein besonderes Schriftbild Rechnung getragen werden, und es sei
erlaubt, dem/der Leser/in vorzuschlagen, erst die konnotative Analyse
zu lesen und in einem zweiten Leseschritt diesen assoziativen Code mit-
zulesen.)
Diese Kommentierung geschieht in der Weise, daß aus der Perspektive der
bisher dargelegten feministischen Überlegungen auf das in der Analyse
Erhobene eingegangen wird. Wegen des spezifisch feministischen Charakters dieser Assoziationen wird dieser Code/diese Stimme FEM genannt.
Tatsächlich ist diese Stimme nur sich selbst, der Intention der relationalen Selbstvergewisserung (die seine Art der 'Wahrheitssuche' darstellt)
und ihrer Tradition verpflichtet, d. h. sie ist gespeist von den Erfahrungen, Gedanken und Begriffen des ersten Teils der Arbeit. Aus dieser
Selbstvergewisserung trägt sie ihre Ansichten und Begriffe an den Text
heran, zitiert zuvor Gesagtes, nimmt Phänomene des Diskurses FW wahr,
kommentiert sie, will in Gegenseitigkeit "Wahrheiten" auftun.
Ihre Arbeitsweise erinnert damit an das methodische Vorgehen des "Entwerfens":Sie will Beziehungen herstellen zwischen dem, was feministische
Christinnen denken, und dem, was der Text konnotiert, zwischen zwei "Modellen der Welt" (s. 6.2), ihren je eigenen Weisen, auf der Welt zu sein,
- und stellt sich dabei auf die dem Text und der feministischen Theologie gemeinsame Basis der aus Extremsituationen sowie aus dem alltäglichen Leben genommenen Erfahrungen und Ansichten.
FEM wird sowohl Gemeinsamkeiten entdecken und begrüßen, als auch Grenzen
nicht verwischen wollen, Ideen "weiterklöppeln" oder entschieden kritisieren. In ihren Inhalten sowohl dem Gesagten treu als auch bez. des
Textes und seiner Welt entgegenkommend haftet auch ihrem Vorgehen etwas
Spielerisches an (cf. Barthes 1976, 20 f; Heyward 1986, 4): Sie will Position beziehen, nicht aber Recht behalten. Ihr Vorgehen ist zudem viel-

---

102 So gesehen ist FEM die sujethaltige Textschicht zur Textanalyse
von FW (sf. Kap. 6).

fältig, so wie der Diskurs der Nähe sich verschiedener Sprachspiele bedient: Mal äußert sie sich sofort (LL 64, 82), mal wartet sie ab, bis jener
"Sinn" sich herauskristallisiert hat oder die 'Mutterzelle Lösung' gefunden ist (LL 64, 74, 99), um effizienter reden zu können. (Und nicht zuletzt tut sie dies auch deswegen, weil sie sich in Extension und Häufigkeit den Gesetzen der Lesbarkeit verpflichtet fühlt.)
FEM liest verschiedene Terme auf, sammelt ihre Realisierungen ein, erlaubt
sich auch einmal vorzugreifen (LL 11, 41) und setzt die Stimmen des Textes und deren Untereinheiten miteinander in Beziehung (s. L 110, 67,
L 99, L 102).
Unmißverständlich hebt sie sich von den anderen Codes/Stimmen dadurch ab, daß
sie Subjekt ist, transzendiert, Verbindungen knüpft. Dabei ist es ihr
Interesse, die durch die Codes distinguierten Aussagen wahrzunehmen und
dankbar aufzugreifen, die Einmaligkeit und Eigenart der Stimmen gerade
nicht zu verwischen; was etwa im Kontext des Themas "Sterben" von besonderer Bedeutung ist: Hier gilt es die kulturellen Konnotationen einzuholen (FEM, L 18), die Einzelerfahrung und -bewertung der Figur
Jordan (ANAL, L 99) und die mit dem Sterben verbundenen Gefühle (SEM,
L 102), seinen Stellenwert im symbolischen Lebensmodell des Diskurses (SYM,
L 63) und besonders den verschwiegenen Vollzug (AKT, L 114).
Entschieden greift diese Stimme - mit einer Seitendrehung auch zum/r Le-
ser/in hin - auf das Feinwerkzeug Barthes' zurück, um jenes alle Frauenbefreiung lähmende "Erbrechen von Stereotypen" (Barthes 1976, 101), das
das der Eigenname Maria sammelt zu demontieren (L 69).
Zuweilen kann frau/man sie dabei antreffen, wie sie auf ihre Kultur späht; deren Wechselspiel von Heroisierungen einzelner (L 114) und Verleugnungen
des/r Helden/in in uns aufgreift; oder Interesse an Gramsci (L 75) entwickelt.

Und noch an anderer Stelle, in anderer Weise offenbart sich ihre Offenheit nach außen und ihre innere Dynamik: Sie ist gewillt, Themen aufzugreifen, die sie bislang noch nicht reflektiert hat, nun aber der Text
auf den Plan ruft (L 113); sie versucht ein Ohr zu haben für die Religionskritik des Diskurses und - getrieben von Macht-in-Beziehung - ent-

wickelt sie sich, läßt Traurigkeiten (L 67) hinter sich, um wieder Beziehungen einzugehen (L 114) und in der Kategorie des "sich-aufrechthaltenden Verlierers" einen Vorschlag zur Versöhnung der Kulturen zu
machen, nicht, indem eine inhaltliche Identität gesucht oder nachgewiesen würde, sondern FEM sich offen für gute, gemeinsame Partialitäten
erweist - ohne die Differenzen zu verschweigen.
Ihre bedrängte, aber auch akzeptierte und letztlich gewollte Stellung
innerhalb der konnotativen Analyse entspricht der Stellung der Frauen
in der patriarchalischen Kultur, ihren Erfahrungen von der Kompliziert-
heit und Komplexität der Wirklichkeit, in der alles ineinandergeht und
zusammenhängt: Mittendrin, mit vielfachen Eindrücken und Anforderungen
konfrontiert, ist sie gewillt, diese aufzugreifen, aber auch entschieden
sich auf sich selbst zu besinnen, - und sie ist sich letztlich gar nicht so sicher, ob ein anderer Standpunkt: außerhalb, über, nach der Analyse -
nicht der eigenen Entscheidung gegen allen Separatismus und für jede
mögliche Gegenseitigkeit widerstreiten würde. Ihre Situierung und ihre
sicher nicht ganz leicht zu verzeihende Weigerung Konklusionen zu ziehen, drückt somit gar nicht so sehr die Wirrnis der noch nicht abgeschlossenen, pilgernden Selbstvergewisserung der Frauen aus, sondern
stellt eine bewußt gewählte Art von Gewaltverzicht dar.

Feministisch-theologische Textlektüre des Schlußteils von "For Whom
The Bell Tolls"

L 1

"Robert Jordan looked down the green slope of the hillside"

* "Die Arbeit des Kommentars besteht, |...|, gerade darin, den Text zu
mißhandeln, ihm das Wort abzuschneiden" (Barthes 1976, 19; s. 7.1.2).
So wird gleich der erste Satz des Romanschlusses in zwei Lexien unterteilt. Das ist aber nicht nur jene reine "Willkür": Daß Jordan seinen
Blick zunächst über den Hügelhang schweifen läßt, und dann erst auf die
Straße richtet, will beachtet werden, insbesondere da diese Aufmerksam-
keit Jordans für die ihn umgebende Landschaft ihre Parallelen sowohl
in etlichen der folgenden Lexien als auch im gesamten Roman findet.[1]
Unter dem Namen "Landschaft und Natur" sollen im Folgenden all jene Se-
quenzen, in denen sich Jordan durch Blick-oder physischen Kontakt der
Natur zuwendet, gesammelt und aufgestellt werden. Fortschreitend soll
dabei die Erweiterung ihrer Terme konstatiert und der "Sinn"[2] dieser
Handlung aufgedeckt werden.
AKT. "Landschaft und Natur: 1: Hügelhang

---

1   Insofern die hier erhobenen Codes den ganzen Diskurs durchziehen,
     kann entlang ihrer Spuren oder Linien ein Weg rückwärts durch den
     Diskurs verfolgt werden; zu einem mehr statischen (Greimas) und
     einem eher dynamischen (Bremond) Textverständnis cf. Titzmann 1977,
     166-169 .

2   "Für jede Romanhandlung (die der Diskurs dem klassischen Roman ent-
     nimmt) gibt es drei mögliche Bereiche des *Ausdrucks*. Entweder der
     Sinn wird ausgesagt und die Handlung genannt, aber nicht detailliert
     |...|. Oder aber die Handlung wird, während der Sinn immer noch
     ausgesagt wird, mehr als nur benannt: sie wird beschrieben |...|.
     Oder die Handlung wird beschrieben, der Sinn jedoch verschwiegen:
     der Akt wird mit einem impliziten Signifikat |...| einfach (im eigent-
     lichen Sinn) konnotiert" (Barthes 1976, 82); aufgrund des zuletzt
     Zitierten ist der Terminus "Sinn" im Kontext des proaíretischen
     Codes von demselben Terminus im Kontext des mythischen Codes zu
     unterschieden: Hier stellt der Sinn eine Konnotation dar, dort eine
     primäre Bedeutung.

** Ein grüner Hügelhang, besonders in Zentralspanien, konnotiert Lebendigkeit, Leben. SEM.Lebendigkeit.Leben.

L 2

"to the road and the bridge."

* Wie der Vorkontext erzählt und die folgenden Lexien bestätigen, befinden
sich auf der Straße und Brücke die feindlichen Verfolger (= Feinde[1]")
Jordans und seiner Leute. Diese zu beobachten und eine zweite Gruppe
Verfolger (= "Feinde[2]") so lange und effizient wie möglich, und u. U.
unter Preisgabe des eigenen Lebens, aufzuhalten, ist der "Sinn" dieser
zweiten Sequenz.
Da sie jene "Folge von Handlungen" präsentiert, in der Jordan seinen
sich durch den gesamten Diskurs durchziehenden hartnäckigen Kampf zu
Ende führt, wird sie "bis zu Ende kämpfen" genannt.
AKT."bis zu Ende kämpfen": 1: Feinde[1] beobachten

** Zugleich konnotiert die Lexie Jordans Fähigkeit zur Kriegsführung, seine
Wachsamkeit und strategische Klugheit. Sowohl theoretisch als auch praktisch verfügt Jordan über eine große militärische Begabung, was sich
an der Ausarbeitung und flexiblen Änderung seines Brücken-Planes (37,
42 f, 152, 160, 226, 387, 403), der Handhabung von Waffen, Munition und
Sprengstoff (267 ff, 386) und schließlich der Durchführung seines Auftrags (334, 430-447) zeigt. "'They tell me you blow bridges very well.
Very scientific'" (7), sagte Golz zu Jordan wohl mit Richtigkeit. SEM.
Militärische Begabung.

*** Die Brücke im richtigen Augenblick einer republikanischen Großoffensive
zu sprengen, war Jordans Auftrag, den er nun erfolgreich durchgeführt
hat und von dem er manchmal gerne glaubte, die Zukunft des gesamten Men-
schengeschlechts könne davon abhängen (43, cf. 161 f; 234). Die Brücke
zu sprengen ist Jordans Mission[3] (und damit ist der erste Term des

---

3   Von "mission" reden Unfried 1976, 92; Fadiman Art. 1942, 420; West
     Art. 1944, 576; ders. Art. 1945, 123; Gray Art. 1969, 234; Parsons
     Art. 1971, 109 ("knight's |?| mission").

symbolischen Gebietes "Individualität" gegeben).

SYM.Eine Mission

**** SYM.Ein Feind.

L 3

"I'm as well this way as any, he thought. It wouldn't be worth getting over on my belly yet, not as close as that thing was to the surface, and I can see better this way."

* Unter dem Namen "get turned over", der dem Diskurs selbst entnommen wurde (s. L 33, 42) wird eine dritte Sequenz aufgestellt, die eine zunächst fast scheinbare Kleinigkeit zum Gegenstand hat. Jordan, verletzt und auf eigenen Wunsch von den Freunden alleine zurückgelassen, liegt auf dem Rücken, muß sich aber umdrehen, um in Kampfstellung zu gelangen. Dies jedoch heißt riskieren, daß der beim Sturz gebrochene Knochen den Oberschenkel durchbohrt. Jordan schiebt diese Aktion erst einmal auf, wofür er gute Gründe angeben kann: Zum einen bleibt noch bis zum Eintreffen der Feinde Zeit, zum anderen kann er in Rückenlage besser seine Umgebung beobachten.

AKT."get turned over": 1. Thematisierung und Aufschieben

** SEM.Sachlichkeit.Rationalität

L 4

"He felt empty and drained and exhausted from all of it and from them going and his mouth tasted of bile."

* SEM.Erschöpfung

L 5

"Now, finally and at last, there was no problem. However all of it had been and however all of it would ever be now, for him, no longer was there any problem.

* SEM.Relative Erleichterung

L 6

"They were all gone now and he was alone"

* SEM.Einsamkeit

L 7

"with his back against a tree."

* AKT."Landschaft und Natur": 2: Ein Baum

Sich an einen Baum lehnen, sich anlehnen, d. h. den Baum zur Hilfe nehmen. Ist das der "verschwiegene Sinn" der unter "Landschaft und Natur"
gesammelten "Informationen"? (Barthes 1976, 24) Erst die weiteren Lexien
können dies bestätigen oder verwerfen.

L 8

"He looked down across the green slope, seeing the gray horse where
Agustín had shot him, and on down the slope to the road with the timber
covered country behind it."

* AKT."Landschaft und Natur": 3: Das bewaldete Land
** SEM.Leben.
*** Dem grünen Hügelhang wird das graue tote Pferd gegenübergestellt. Der
Diskurs verwendet Farbadjektive, um semantische Oppositionen aufzubauen.[4]
Dem Lebendigen steht das Leblose, Tote gegenüber. SEM.Das Leblose.Das
Tote.

---

4   Daß Farben für den Menschen etwas bedeuten, und, bezüglich geschrie-
    bener Texte, Farbadjektive des Diskurses folglich Bedeutungen kon-
    notieren, bestätigt Birren: "The physical effects of color on the
    human organism will induce psychological reactions. As John Ott
    writes, 'Behind the psychological responses to color are more basic
    responses to specific wavelenghts of radiant energy.' A person is
    likely to feel cheerful on a sunny day and glum on a rainy one.
    Conversely, psychological attitudes toward color will affect bodily
    responses. Red may seem exciting and blue subduing. In other words,
    the whole of man, his body, mind, emotion, spirit, represents a
    coordinated unity, a microcosm, and color pervades all aspects
    of it. As B.J. Kouwer writes, 'Color perception is not an art invol-
    ving only the retina and 'consciousness' but the body as a totality."

L 9

"and watched the activity on the bridge and the road. He could see the trucks now, all down the lower road. The gray of the trucks showed through the trees."

  * AKT."bis zu Ende kämpfen": 2: Feinde[1] beobachten

 ** Abermals dient das Farbadjektiv "grau" dazu, Lebloses, nicht aus eigener Kraft Lebendes, Totes und Todbringendes zu konnotieren. SEM.Das Leblose. Das Tote.Das Todbringende.

*** SYM.Ein Feind

L 10

"Then he looked back up the road to where it came down over the hill. They will be coming soon now, he thought."

  * AKT."bis zu Ende kämpfen": 3: Feinde[2] erwarten

 ** SEM.Militärische Begabung

L 11

"Pilar will take care of her as well as anyone can. You know that. Pablo must have a sound plan or he would not have tried it. You do not have to worry about Pablo."

  * Das Nachdenken über die Freunde eröffnet die erste Einheit von ANAL, und zwar mit einem euphorischen[5] Term; insofern nämlich Marias Rettung, die Rettung des geliebten Menschen, durch Pilars Fürsorge und Pablos Schlauheit gesichert scheint.
ANAL."verlieren - nicht-verlieren": Die Rettung Marias

 ** Das SEM, das konstant den Eigennamen "Pilar" "durchquert" (Barthes 1976, 71), ist das der "Fürsorglichkeit": Pilar achtet nicht allein auf Maria (28 ff; 51), sie versorgt auch die ganze Truppe (22, 25, 53 f, 79, 178).

"Probably it (die Farbe Grün!) suggests escape from anxiety, sanctuary in the untroubled greenness of nature." (Birran 1982, 27, 31).

5   Cf. Kap. 7 Anm. 36.

Sie ist äußerlich robust ('so groß wie breit', 28; mit tiefer Stimme,
28, 66; häßlich ("ugly")˙96, 140, 156), - physische Garantie ihrer Be-
schützerinnenfunktion. Zahlreich sind die Belege für ihre Lebenserfahrung (57, 89, 97 f, 154, 181 ff) und ihre Eigenständigkeit und Unabhängigkeit[6] (28, 51 f, 89, 150 f, 215, 218), die es ihr ermöglichen, auch
tatsächlich für Maria sorgen zu können. Zuweilen erscheint sie sogar
als "zartfühlend" ("very delicate", 155)[7]. SEM.Fürsorglichkeit.Unab-
hängigkeit.

"'Vivo'" (94) ("smart", 93, 283; ("schlau"))[8] ist das Wort, mit dem
Agustín hingegen Pablo beschreibt, und dies ist das SEM, das zum großen
Teil diese Figur konstituiert:
Pablo erkennt von Anfang an und lange als einziger unter den Guerilleros
die Gefährlichkeit von Jordans Vorhaben (53, 55, 215, 283); wegen seiner
Schlauheit war er bislang der erfolgreiche Führer der Bande (85); er
schafft am Ende fünf Leute zur Verstärkung herbei, die den ausgefallenen
El Sordo ersetzen (392); durchgängig wissen sich alle im Falle einer
Flucht einzig und völlig auf ihn angewiesen (93 f; 454). SEM.Schlauheit.

Pilar ist fürsorglich, Pablo ist schlau, und an der "Figur" (Barthes
1976, 98; cf. 7.2.2 (3)) Maria hängt das SEM."Hilfsbedürftigkeit" (cf.
22, 28, 289, 349 f, 433, 463). SEM.Hilfsbedürftigkeit.
*** REF.Figuren aus Klischees. Konventionell patriarchalisches Figurenrepertoire.

---

6 Pilars (Lebens-)Erfahrung wird in der Sekundärliteratur nicht selten
polemisch und sexistisch folgendermaßen dargestellt: Sie wird als
"whore of whores" (Unfried 1976, 83) und "great old Earth Mother
whose heavy breasts have overhung Hemingway's writing" (Alridge 1951,
35) bezeichnet; cf. Frankenberg 1942, 782 f.
Während die Sekundärliteratur ferner im Zusammenhang von Pilars
Fürsorglichkeit von ihrer 'Mütterlichkeit' und 'Erdhaftigkeit' spricht
(Unfried 1976, 82 f; Alridge 1951, 35; Guttmann Art. 1960, 546; Gray
Art. 1969, 234), ist bezüglich ihrer Unabhängigkeit und Eigenständigkeit von ihrer "Männlichkeit" (!) die Rede (cf. Bovie 1957, 207, zitiert nach Unfried 1976, 82; Wylder 1969, 149).

7 Cf. Unfried 1976, 84.

8 Cf. Bakker 1983, 107; Sickels Art. 1941, 32.

**** FEM. Zur verräterischen Distribution der Seme, sowie eine weitere interessante Beobachtung

1. Eingangs wurde schon auf die "paradigmatische Anordnung", die eindeutige Distribution der Seme bez. der Geschlechter, die scharfe, oppositionelle Grenzen zwischen Mann und Frau zieht, hingewiesen (7. 2.2. (3)). Diese ergibt sich daraus, daß ein konventionell patriarchalisches Inventar den Diskurs speist und außerdem REF zu einem durch und durch machistischen Ort hinführt: Spanien, das Spanien des Bürgerkriegs und des Stierkampfs.

"Schlauheit" für Pablo, "Hilfsbedürftigkeit" für Maria und "Fürsorglichkeit" für Pilar, - "verräterisch" soll diese Distribution genannt werden, denn sie verrät sowohl die chauvinistische und damit kulturell affirmative Intention des Diskurses - was noch durch die Rekurrenz jenes enervierend aktiven "Wandersems" "Männlichkeitswahn" unterstützt wird - als auch die Möglichkeit eines jeden Menschen zur Ganzheit. Dies aber muß vor dem Hintergrund der Unhaltbarkeit einer definitiven Geschlechterpsychologie widerrufen werden, da hier menschliche Entfaltungsmöglichkeiten beschnitten werden. Folglich postuliert FEM Fürsorglichkeit für Pablo, Autonomie für Maria, Hilfsbedürftigkeit. Mädchenhaftigkeit.Verliebtheit[9] für Pilar.

2. Unverkennbar tritt jedoch hinter dem SEM der "Fürsorglichkeit" jene als "weibliches Arbeitsvermögen" charakterisierte Kompetenz auf, die im Falle von Pilar tatsächlich Selbständigkeit - bis hin zur zeitweisen Übernahme der Anführerschaft - generiert.
Darüberhinaus fällt der Blick auf zwei weitere Seme, die zu Pilar gehören: "Kontakt zur übernatürlichen Welt" und "das Bizarre". Auch sie sind jener verräterischen Distribution unterworfen und erweisen sich im Diskurs als leicht diffamierbar:
"The crazy bitch, he |Robert Jordan| thought, and he said, 'That is more of her gypsy manure. That is the way old market women and café cowards talk. That is manuring obscenity'" (346 f; cf. 251-257).

---

9   Bez. der mädchenhaften Gefühle Pilars und ihrer Verliebtheit cf. 96 f; 172-175.

Doch können sie auch als Indizien weiblicher Autonomie und Originalität gelesen werden: Pilars Wissen um andere, nicht rationale Gesetzmäßigkeiten und das Fehlen jeglicher Berührungsangst bezüglich allem Häßlichen ist ihre Macht, - Macht, die aus ungebrochener Ursprünglichkeit kommt und die frauenbewegten Frauen ein Ort der Inspiration sein kann, insofern beides dem alltäglichen, wohlgeordneten Chauvinismus entgegensteht, widersteht.

***** SYM.Verbundenheit

Pilar nahm sich vom ersten Augenblick Marias an, nachdem diese den Faschisten entkommen war, sorgte für sie, wachte über sie (28 ff, 135, 289, 349 f), und auch jetzt wird sie sich wieder um diese kümmern. Mit Jordan geht sie sofort ein spontanes und doch tiefes Vertrauensverhältnis ein (30, 34, 62, 91, 296 f); sie ermöglicht, schützt und wacht über die Liebe zwischen Jordan und Maria (30,91, 149, 166 f, 259). Ihren Kampf versteht Pilar als leidenschaftlichen Kampf für die Republik, d. h. eine große Gemeinschaft (52, 64 f, 90 f, 62), und die Guerilla-Truppe bekundet demzufolge ihre Solidarität mit Pilar (52).

Auch Anselmo kämpft für die Republik (62, 441), und Anselmo ist Jordans Freund (382); mit diesem zusammen zu sein, macht beide "froh" ("glad", 180, 199 ff). Und Jordan denkt gern an "die echte Kameradschaft der Revolution" ("the true comeradeship of the revolution", 235 ff, 170); die Brücke zu sprengen stellt er sich als 'möglichen Wendepunkt für das ganze Menschengeschlecht' vor (43, 161 f)(s. o.).

El Sordo schenkt Jordan echten Whisky (204); und El Sordo fällt im Kampf für die Guerilla-Truppe und Jordans Auftrag (Kap. 27), und die Guerilleros sind nur mit Mühe davon abzubringen, sich ins sichere Verderben zu stürzen, um dem Guerillakämpfer beizustehen (Kap. 25).

Selbst Pablo kehrt zurück, denn:

"'*No me gusta estar solo,*'|...|. 'I do not like to be alone. *Sabes?* Yesterday all day alone working for the good of all I was not lonely. But last night. *Hombre! Qué mal lo pasé!*'"(392)[10];

---

10   Cf. French: "man hates to be alone" (French Art. 1971, 70, 68).

und er wird durch seine "Schlauheit" und seinen Plan den Trupp zu retten versuchen.
Und so ist es schließlich auch nicht verwunderlich, daß Agustíns endgültiger Abschied von Jordan wie eine Flucht ist, - ausdrucksstarke Geste dafür, das unabänderliche Ende der gemeinsamen Zeit und ihrer Gemeinschaft nicht unwidersprochen hinnehmen zu wollen:

> "'*Salud, Ingles*,' Agustín said, clenching his right fist. '*Salud*,' Robert Jordan said. 'But get along, man.' Agustín wheeled his horse and brought his right fist down as though he cursed again with the motion of it and rode up the draw." (464)

Das Merkmal "Verbundenheit" durchzieht den gesamten Diskurs und baut damit einen weiteren Teil des symbolischen Feldes auf: Zum vollständigen menschlichen Leben gehört die menschliche Gemeinschaft, die sich in Haltung und Verhalten der Figuren ausdrückt, - ohne daß je das Wort "Solidarität" programmatisch oder pathetisch fiele. Statt dessen äußert, deskriptiv und pragmatisch, Pilar:

> "'Everyone needs to talk to someone,' |...|. 'Before we had religion and other nonsense. Now for everyone there should be someone to whom one can speak frankly, for all the valour that one could have one becomes very alone.'" (88)

und:

> "'For what are we born if not to aid one another? And to listen and say nothing is a cold enough aid.'" (137)

Mit "brotherhood of man"[11] und "oneness of mankind" (Moynihan Art. 1959,

---

11 Unfried 1976, 79, 81; Killinger 1960, 99; French Art. 1971, 68; Sickels Art. 1941, 33, 35 f; Beach Art. 1951, 320; es kann nicht ohne kritische Anmerkung hingenommen werden, daß Pilar in der Sekundärliteratur als Integrationsfigur des SYM.Verbundenheit erkannt wird, aber gleichzeitig stets von "brother(!)hood of man(!)" die Rede ist.

127) hat die Sekundärliteratur diesen Term beschrieben[12] und m. E.

zu Recht die Verbindung zu den dem Roman vorangestellten Zeilen John

Donnes gezogen:

> "No man is an *Iland*, intire of it selfe; every man is a peece of
> the *Continent*, a part of the *maine*; if a *Clod* bee washed away by
> the *Sea*, *Europe* is the lesse, as well as if a *Promontorie* were,
> as well as if a *Mannor* of thy *friends* or of *thine* owne were; any
> mans *death* diminishes *me*; because I am involved in *Mankinde*;|...|."[13]

Sich über die Rettung Marias freuen zu können, befreit Jordan endgültig

von seiner Sorge und affimiert - besonders da er selbst verloren ist,

aber noch immer den Rückzug der Freunde deckt - den Term Verbundenheit.

SYM.Verbundenheit.

L 12

"It does not good to think about Maria. Try to believe what you told her.
That is the best. And who says it is not true? Not you. You don't say
it,"

* SEM.Einsamkeit

** Die letzte Handlungssequenz entfaltet unter dem Namen "Durchhaltestrate-

---

12   Cf. auch Alridge 1951, 36; "they (= Figuren) affirm life by collective action and collective sacrifice"; cf. Williams: "They (= men)
owe everything including their lives, the book says, and man's chief
duty is to do everything he can do for collective human dignity
and freedom. The definitive act in the face of catastrophe should
be an act in behalf of the human commonalty; it is the individual's
chief obligation to sacrifice himself for the human community -
and his greatest opportunity for a transcendent act" (Williams 1981,
142). Einzig Trilling urteilt: "a novel which, undertaking to cele-
brate the community of men, actually glorifies the isolation of
the individual ego." (Trilling Art. 1941, 67).

13   Cf. Halliday Art. 1952, 214 f; Moynihan Art. 1959, 131; daß durch
diese Verbundenheit Unsterblichkeit ("immortality") erreicht wird,
wie Unfried (1976, 82) oder auch Fadiman (Art. 1942, 421) behaupten,
konnotiert der Text an keiner Stelle; abermals handelt es sich um
eine Assoziation der Rezensenten.

gien"[14] eine Anzahl von heterogenen Termen[15], die z. T. zunächst Einheiten des analytischen Codes zu sein scheinen, deren Bedeutung aber gerade nicht in einer Analyse früherer Geschehen liegt, sondern in einem (aktiven) Vorantreiben der Handlung.

Die erste Einheit der Sequenz führt einen Versuch Jordans vor, sich gut zuzureden, sich selbst das glauben zu machen, was er eine Weile zuvor Maria einzureden versucht hatte:

> "'Listen to this well, rabbit', he said. He knew there was a great hurry and he was sweating very much, but this had to be said and understood. 'Thou wilt go now, rabbit. But I go with thee. As long as there is one of us there is both of us. Do you understand?'
> |...|
> He looked at her and he was sweating heavily and he spoke now, trying harder to do something than he had ever tried in all his life. 'Now you will go for us both', he said. 'You must not be selfish, rabbit. You must do your duty now.'" (462)

AKT."Durchhaltestratgien": 1: Sich etwas einzureden versuchen

*** SYM.Liebe

Maria. Der Name ist - noch einmal - genannt. Für die Untersuchung des symbolischen Feldes ist damit ein neuer Term gegeben[16]: Zum "dargestellten" "vollständigen Leben" gehört eine Mann-Frau-Liebe (und wie der Diskurs konnotiert, ausschließlich eine solche).

Der "Gegenstand", von dem dieses "Gebiet" gespeist wird, ist Jordans (Marias?) dreitägige Erfahrung einer Liebe-auf-den-ersten-Blick-Beziehung, ein Gegenstand, der sich aller Raster konventionalisierter abendländischer

---

14 Cf. Wylder: "He (Robert Jordan) has disappointments, it is true, but he consistently acts |...|" (Wylder 1969, 86) und Unfried: "She (Pilar), like Robert Jordan, must act in an attempt to control her own destiny and the destiny of all men." (Unfried 1976, 83).

15 "Die proaïretische Sequenz ist |...| eine Serie, das heißt, 'eine Vielheit, die mit einer Ordnung versehen ist' (Leibniz)", Barthes 1976, 86.

16 Yokelson spricht von einem 'love-time-complex' in FW als zentralem symbolischen Muster (Yokelson 1960, 150).

Liebesvorstellungen, ja -klischees bedient.[17]

Gerade deshalb - und überhaupt - über die Liebe, eine Liebe zu schreiben, und sei es nur im Rahmen einer Textanalyse, bringt heute manche/n
in Verlegenheit - und zwar in die Verlegenheit, eine Textanalyse zu ver-
fassen, die Peinlichkeiten umgehend lesbar und   dem Text treu bleibt.
Daher sei es erlaubt, einige formale und stilistische Anleihen bei Barthes' Buch "Fragmente einer Sprache der Liebe" (Barthes 1984) zu machen.
Dies legt sich insbesondere dadurch nahe, daß auch Barthes den "Diskurs
der Liebe" (Barthes 1984, 13) als in der "Abdrift des Unzeitgemäßen"
(ebd. 13, auch 15) situiert hat:

> "|...| der Diskurs der Liebe |ist| heute von extremer Einsamkeit
> |...|. Dieser Diskurs wird wahrscheinlich (wer weiß?) von Tausenden
> von Subjekten geführt, aber von niemandem verteidigt; er wird von
> den angrenzenden Sprachen vollständig im Stich gelassen: entweder
> ignoriert oder entwertet oder gar verspottet, abgeschnitten nicht
> nur von der Macht, sondern auch von ihren Mechanismen (Techniken,
> Wissenschaften, Künsten)." (Ebd. 13)

In den "Fragmenten" beschreibt Barthes eine Anzahl von "Redebruchstücken",
"Figuren" (ebd. 16), die aus dem "Diskurs"[18] des "Liebenden" (ebd. 20)
genommen sind. Die Figur wird definiert als ein "Ort (topos)" der Topik
(oder des Codes) der Liebe (ebd. 17), und sie ist "eingekreist (wie ein
Zeichen) und erinnerbar (wie ein Bild oder eine Geschichte)" (ebd. 16).
Solche Figuren sind beispielsweise "Hingerissenheit", "Ich liebe dich",
"Liebeserklärung", "Sehnen", "Umarmung", "Verrückt", "Wolken" oder "Zärt-

---

17 Cf. Fadiman: "But the love of Robert and Maria is a structural part
    of FW. It is not 'love interest', nor is it the whole story, either;
    it is an integral portion of three days and three nights of life
    lived by two young people facing death." (Art. 1942, 419).

18 "Dis-cursus - das meint ursprünglich die Bewegung des Hin-und-Her-
    Laufens, das ist Kommen und Gehen, das sind 'Schritte', 'Verwicklungen'!
    Der Liebende hört in der Tat nicht auf, in seinem Kopf hin und her
    zu laufen, neue Schritte zu unternehmen und gegen sich selbst zu
    intrigieren. Sein Diskurs existiert immer nur in Gestalt von Sprach-
    'Anwandlungen', die ihm nach Maßgabe geringfügiger, aleatorischer
    Umstände zustoßen." (Barthes 1984, 15);
    Im Folgenden ist dieser Diskurs-Begriff von dem der Textanalyse
    zu unterscheiden!, cf. aber 1.2.5.

lichkeit" (ebd. 128, 136, 162, 196, 214, 240, 254, 256).
Bezüglich ihrer Herkunft läßt sich sagen, daß die Figuren "Bruchstücke
verschiedensten Ursprungs" (ebd. 21) darstellen, sie sind belletristi-
schen Texten wie Goethes "Werther" entnommen, aus dem,

> "was aus wiederholter Lektüre hervorgegangen ist (das *Symposion* von
> Plato, Zen-Texte, die Psychoanalyse, manche Mystiker, Nietzsche,
> die deutschen 'Lieder'). Da ist, was aus der Gelegenheitslektüre
> stammt. Was aus der Unterhaltung mit Freunden stammt. Da ist schließ-
> lich, was aus meinem eigenen Leben stammt." (Ebd. 22)

Der "Führer" bei der Suche dieser Figuren ist lediglich das "Liebesge-
fühl" (ebd. 16)[19]. In den Fragmenten werden sie ohne eigentliche innere
Ordnung aufgelistet, denn "der Diskurs der Liebe |ist| lediglich ein
Schwarm von Figuren |...|, die sich in unvorhersehbarer Reihenfolge,
nach Art der Zickzackflüge einer Fliege im Zimmer jagen" (ebd. 50, s.
auch 20); die Figuren haben "kein gemeinsames Ziel" (ed. 21).

Im Folgenden sollen einzelne Figuren des Liebesdiskurses im Romantext
verfolgt und unter Zuhilfenahme von Barthes' "Bruckstücke|n|" (ebd. 21)
beschrieben werden. Die Reihenfolge der angeführten Figuren folgt hier,
im Gegensatz zu Barthes, dann doch einer chronologischen Ordnung, nämlich der des sich Kennenlernens, Verliebens und Liebens von Jordan und
Maria.
Hierbei ist der "horizontale" (ebd. 20) Charakter (d. h. "der Liebende
spricht in Satzbündeln, faßt diese Sätze aber nicht auf einer höheren
Ebene zusammen" (ebd. 20), es gibt also keine interpretierende Meta-Ebene)
des von Barthes beschriebenen Diskurses von besonderem Nutzen: Zur Dar-

---

19   "Für bestimmte Operationen ihres Metiers bedienen sich die Lingui-
     sten eines recht vagen Instruments: des Sprachgefühls; um die Figu-
     ren zu konstituieren, ist nicht mehr und nicht weniger vonnöten
     als der folgende Führer: das Liebesgefühl." (Ebd.17)

368

stellung des symbolischen Gebietes der Liebe wird ein Instrument der Beschreibung, nicht der Analyse verwandt[20].
Geeignet erscheint dieses Vorgehen auch deshalb, da dieser Diskurs Barthes' nicht vorgibt,"objektiv" zu sein: Einleitend heißt es in den "Fragmenten": "Es ist also ein Liebender, der hier spricht und sagt" (ebd. 23); und: Die "entscheidende Hauptperson" des Diskurses ist das liebende "Ich" (ebd. 15). Und dies entspricht dem Romantext insofern, als auch hier das symbolische Gebiet wesentlich durch Jordans Erfahrungen und Bewußtsein ("mind", s. o.) aufgebaut wird. Somit scheint es möglich, den eingangs gesuchten Weg zwischen Desavouierung, Ernsthaftigkeit und Lesbarkeit zu gehen.
Und schließlich kann ein Vergleich zwischen Barthes' Repertoire an Figuren und der in FW erzählten Liebe deren symbolischen Wert, d. h. ihre Zugehörigkeit zu SYM besonders deutlich aufzeigen.

Die Figuren

1. "Die Verzückung
Hingerissenheit. Schwärmerisch gepriesene Anfangsperiode |...|, in deren Verlauf sich das liebende Subjekt vom Bild des Liebesobjekts 'hingerissen' (gefangengenommen und verzaubert) fühlt (populärer Name: Liebe auf den ersten Blick |...|)." (Ebd. 128)

Und so beginnt die Beziehung von Jordan und Maria:
Maria verläßt die Höhle, kommt auf Jordan zu. "She smiled and said, '*Hola, Comrade*', and Robert Jordan said '*Salud*', and was careful not to stare and not to look away." (22).Jordan ist von Anfang an 'gefangen', "hingerissen"; "die Liebe auf den ersten Blick"[21] ist Hypnose: ich bin von einem Bild fasziniert: zunächst erregt, elektrisiert, verwandelt, aufgewühlt, 'betäubt', |...|" (Barthes 1984, 129, cf. auch 132). Das Bild, das Jordan fasziniert,ist eines aus Natürlichkeit und Anmut, bei

---

20 "dieser Diskurs hat seine entscheidende Hauptperson zurückerstattet bekommen, das *Ich*, und zwar so, daß eine Ausdrucksweise inszeniert wurde, keine Analyse." (Ebd. 15)

21 Cf. Parsons Art. 1971, 109.

dem "der Körper des anderen" (ebd. 158) und seine Bewegungen (in FW
werden Marias Bewegungen mit denen eines Füllen (136) oder Kätzchens
(67) verglichen) von großer Bedeutung sind. So entwirft der Diskurs
beim ersten Auftreten Marias ein Bild, das er konsequentwiederholt:
Maria: "handsome brown hands" (27), her teeth |...| white in her brown
face" (22), "skin and her eyes |...| the same golden tawny brown" (22,
43, 136, 270), "high dark bones" (22), "merry eyes" (22, cf. auch 91),
"a straight mouth with full lips" (22), "her hair |...| the golden brown
of a grain field, that has been burned dark in the sun but it was cut
short all over her head so that it was but little longer than the fur
on a beaver pelt" (22, 67, 157, 379, 270, 136, d 379), "her legs slanted long and clean from the open cuffs of the trousers as she sat with
her hands across her knees and he could see the shape of her small,
uptilted breasts under the gray shirt" (22, 157, 261, 342).
Und entsprechend die Wirkung auf Jordan: "Every time Robert Jordan looked
at her he could feel a thickness in his throat" (22, 346, 43, 67, 379);
"You were gone when you first saw her" (152) sinniert er später.
Wie aber ist diese "Hingerissenheit" möglich und erklärbar?

> "Der hypnotischen Episode, sagt man, geht gewöhnlich ein Dämmerzu-
> stand voraus: das Subjekt ist gewissermaßen leer, disponibel und,
> ohne es zu wissen, offen für den 'Raub', dem es anheimfallen wird."
> (Barthes 1984, 130)

Und das gilt auch für Robert Jordan: Gegenüber Golz äußerte er, er habe
'keine Zeit für Mädchen' ("No, there is no time for girls", 7) und ge-
genüber Pilar: "I like them |women| very much, but I have not given them
much importance" und "|...| I have not found one that moved me as they
say they should move you" (90).
Doch was ist nun genauerhin das, was die 'Faszination des Bildes' (cf.
Barthes 1984, 131) ausmacht? "Was kümmert |...| also die Ästhetik des
Bildes?" (ebd. 131). Barthes Antwort lautet: "Irgend etwas paßt sich
genau meinem Verlangen an" (ebd. 131, 134). Der andere erscheint als

"von immer wieder unvorhersehbarer Originalität" (ebd. 44):

> "*Atopos* ist der andere, den ich liebe und der mich fasziniert. Ich
> kann ihn nicht einordnen, eben weil er der Einzigartige ist, das
> besondere Bild, das sich wunderbarerweise herbeigelassen hat, auf
> die Besonderheit meines Verlangens zu reagieren." (Ebd. 44)

Diese Figur des Atopos wird besonders deutlich in Jordans Vergleich zwischen Maria und den Filmschauspielerinnen, von denen er träumte: Auch
diese waren in seinen Träumen 'freundlich und lieb' ("kind and lovely",
126), aber Maria ist real:

> "Maybe I could reach over and touch that Maria now, he said to him-
> self. Maybe you would find out that it never happened and it was
> not true and it was something you made up like those dreams about
> the people of the cinema |...|.
> He took a step across the trail and put his hand on the girl's arm.
> Under his fingers he felt the smoothness of her arm in the worn
> khaki. She looked at him and smiled." (136)

2. "'Wie war der Himmel blau'
   Begegnung: Die Figur bezieht sich auf die glückliche Zeit unmit-
   telbar nach der ersten Verzückung, |...|".

Es ist "die eigentliche Zeit der Idylle", die von der "Süße des Anfangs"
gekennzeichnet ist und der "Kategorie der ersten Lust" untersteht. Da
gibt es das Erstaunen "darüber, jemanden gefunden zu haben, der in sukzes-
siven und stets erfolgreichen, nie versagenden Anläufen, dem Bild meiner
Phantasie gerecht wird" (Barthes 1984, 50 f):

> "What a business. You go along your whole life and they seem as
> though they mean something and they always end up not meaning
> anything. There was never any of what this is. You think that is
> one thing that you will never have. And then, on a lousy show like
> this, co-ordinating two chicken-crut guerilla bands to help you
> blow a bridge under impossible conditions, |...|, you run into a
> girl like this Maria." (166)

Der Liebende gleicht hier "dem Spieler, dem das Glück treu bleibt, jenes
Glück, das ihn die Hand auf eben das kleine Teilstück legen läßt, das

das Puzzle seiner Begierde auf Anhieb vervollständigt" (Barthes 1984, 51).

Hierher gehört auch das "ich-liebe-dich", jene "Tautologie" ("ich-liebe-dich bedeutet ich-liebe-dich"), "Proferation (Äußerung, Aussage, Sprechakt") (ebd. 144, 138) und "Aktion", die "ich spreche, damit du antwortest" (ebd. 142):

> "'Maria, I love thee and thou art so lovely and so wonderful and
> so beautiful and it does such things to me to be with thee that
> I feel as though I wanted to die when I am loving thee.'
> 'Oh', she said. 'I die each time. Do you not die?'" (159, cf. 262,
> 389).

Die Gespräche zwischen Jordan und Maria erweisen sich damit als ganz von der Figur der "Unterhaltung" besetzt:

> "Neigung des Liebenden, das geliebte Wesen mit verhaltener Erregung
> und ausgiebig über seine Liebe, es selbst, ihn selbst und sie bei-
> de ins Bild zu setzen: die Erklärung bezieht sich nicht auf das
> Eingeständnis der Liebe, sondern auf die uferlos kommentierte Form
> der Liebesbeziehung" (Barthes 1984, 162).

Wenn beide getrennt sind, "sehnen" (ebd. 29)[22] sie sich nacheinander: "Come now, Maria. Please come here now, quickly, he thought. Oh, come here now. Do not wait." (261, cf. auch 252, 66, 129).
Und:

> "Was ich von der versprochenen Präsenz erwarte, ist eine unerhör-
> te Summierung von Wonnen, ein Gelage; ich jubele wie das Kind, das
> sich das Wesen zu sehen freut, dessen bloße Gegenwart eine Fülle
> von Befriedigungen verheißt und bedeutet: ich werde, für mich ganz
> allein, die 'Quelle alles Guten' (Lacan) vor mir haben."
> Denn: "Das liebende Subjekt erlebt jede Begegnung mit dem gelieb-
> ten Wesen als Fest" (Barthes 1984, 114).

---

22 "Sehnen. Subtile Form des liebenden Begehrens, die, jenseits allen
    Habenwollens, als Mangel erlebt wird." (Ebd. 196)

3. "'Im sanften Frieden deiner Arme'
   Umarmung. Die Geste der liebenden Umarmung scheint für das Subjekt
   eine Zeitlang den Traum der totalen Vereinigung zu erfüllen" (ebd.
   214, cf. auch 231):

   > "'Afterwards we will be as one animal of the forest and be so close
   > that neither one can tell that one of us is one and not the other.
   > Can you not feel my heart be your heart?'
   > 'Yes. There is no difference.'
   > 'Now, feel. I am thee and thou art me and all of one is the other.
   > And I love thee, oh, I love thee so. Are we not truly one? Can't
   > thou not feel it?'
   > 'Yes', he said. 'It is true.'
   > 'And feel now. Thou has no heart but mine.'
   > 'Nor any other legs, not feet, nor of the body.'" (262)

Der symbolische Code macht sich die vitale Erfahrung sinnlicher, körperlicher Liebe zunutze, verbalisiert sie mit expressiven Bildern: Daß die
Liebenden "la gloria" ("to be ... in la gloria", 334) erfahren und daß
die Erde zittere ("the earth moved", 158). Es gibt den Zustand des "ver-
zaubert-,betört-" Seins, und dies bedeutet, einen "Augenblick der Bejahung"
zu erleben: "für eine bestimmte Zeit hat es einen wirklichen Abschluß
gegeben, einen *Umbruch*, ist etwas gelungen: ich habe Erfüllung erlebt
(alle meine Begierden waren in der Erfülltheit ihrer Befriedigung aufgehoben)" (Barthes 1984, 214 f):

> "they knew that nothing could ever happen to the one that did not
> happen to the other, that not other thing could happen more than
> this; that this was all and always; this was what had been and now
> and whatever was to come. This, that they were not to have, they
> were having. They were having now and before and always and now
> and now and now." (380)

4. "'Ich leide am Anderen'
   Mitleid. Der Liebende erlebt angesichts des Liebesobjektes ein Gefühl heftigen Mitleids, und zwar immer dann, wenn er es aus diesem
   oder jenem der Liebesbeziehung selbst äußerlichen Grunde unglück-
   lich oder bedroht sieht, fühlt oder weiß." (Barthes 1984, 166)

So denkt Jordan über Maria: "She must have been in an awful shape" (125),
und später: "Maria was sound enough now" (126).

5. "'Alle Wollust des Erdreichs'
Erfüllung. Das Subjekt äußert und beteuert hartnäckig den Wunsch
und die Möglichkeit einer vollen Befriedigung der in der Liebesbeziehung vorausgesetzten Begierde und eines bruchlosen und gleichsam ewigen Erfolges dieser Beziehung: paradiesisches Bild des Höchsten Guten im Sinne von Geben und Nehmen" (Barthes 1984, 93).

Pilar fragt:

"'But you care for Maria.'
'Yes. Suddenly and very much.'
'I, too. I care for her very much. Yes. Much.'
'I, too', said Robert Jordan, |...|. It gave him pleasure to say
it and he said it quite formally in Spanish. 'I care for her very
much.'" (90)[23]

Und immer wieder beteuert Jordan, Maria nach dem Einsatz mitnehmen zu

wollen (gegenüber Pilar 31 ff, Agustín 289 f, Maria 163, 345), malt sich

ihre gemeinsame Zukunft aus (228-234, 343 f, 347 f) und als ihm sein

Untergang sehr wahrscheinlich erscheint, heißt es:

"He would like to spend some time with Maria. That was the simplest
expression of it. He would like to spend a long, long time with
her.
He did not believe there was ever going to be any such thing as
a long time any more but if there ever was such a thing he would
like to spend it with her." (163)

Zusammenfassend läßt sich sagen:

Wie deutlich wird, bedient sich das symbolische Feld hier fast ausschließ-

lich positiver Figuren eines möglichen Diskurses der Liebe. Dies hat seine

schlichte Ursache darin, daß die Beziehung zwischen Robert Jordan und

Maria kaum das Stadium der "ersten Verzückung" überschreitet, Figuren

der Krise oder "Katastrophe" (cf. Barthes: Fragmente 151, 160, 41, 72, 80)

(schon rein zeitlich) nicht zu erwarten sind.

Darüberhinaus aber erhellt dies die symbolische Funktion (und nicht rea-

---

23 Cf. ebd. 202: "In einer Regung, die Sie durchaus mystisch nennen
    mögen, liebe ich nicht, was er ist, sondern: *daß er ist.*"

listisch gemeinte Darstellung) dieser Liebe, denn gerade dieses Verbleiben im Bereich positiver Figuren, ihr Übermaß ermöglicht einen suggesti-
ven und damit zugleich symbolischen Charakters dieses Terms "Eine Liebe".

**** REF.Die große Liebe

***** FEM.Die Liebe ist schön.Die Erde das Paradies.

*FEM begrüßt die sich hier mit allen Klischees, aber auch aller Wahrhaftig-
keit manifestierende Bekräftigung einer Begegnung zweier Menschen, die
satt macht und erlöst, weil sie seelisch und körperlich ausgelebt, weil
hier eine Liebe frei und selbstvergessen gegeben und genommen wird.
Feministische Theologie, die menschliche Körperlichkeit und Sexualität
würdigt, als heilig empfindet, unterstreicht und bestätigt diese symbolische Äußerung über das Lieben der Menschen: Daß es gut und in sich
selbst genug ist.*

*Natürlich muß dann aber auch Kritik geübt werden: An der hoffnungslos
definitiven Heterosexualität des hier symbolisierten Liebesbegriffs (s.
o.) und der unglaublich großen Entfernung von dem, was frau alltäglich,
im wirklichen Leben erfährt (cf. 2.1).*

*FEM nimmt sich also gegenüber SYM heraus, dann doch zu fragen, wie die-
se Liebe weitergehen sollte, was kommen wird an hilflosem nicht-Wissen,
wie der andere zu verstehen und zu ertragen ist, wie es auszuhalten ist,
wenn die Freiheit auch hier 'die Freiheit des je anderen', anders Denken-
den/anders Fühlenden (Luxemburg, s. Kap. 1 Anm. 27) sein soll und
eine/r daran tausend kleine Tode stirbt[24], wenn man/frau nach aller
"Hingerissenheit" sich wieder gegenübersteht mit seinen/ihren nie ganz
vergangenen, "alten" Geschichten, allem, was gut und schlecht gemacht
wurde, den Träumen für heute und morgen und der Erinnerung an die Toten,
- sich gegenübersteht als ganz und gar nicht unbeschriebenes Blatt.*

---

24 Cf. etwa die folgende kleine Alltäglichkeit: "Nein, sagt Daniel, |...|
Ich möchte mich lieber nicht verabreden, ich möchte mich lieber mal wieder um meine eigenen Sachen kümmern. Er hat schon eine Verabredung
für morgen abend, schießt mir der unkontrollierte Gedanke in den Kopf.
Ich versuche ihn zu verdrängen, aber die Dämonen sind losgelassen. Ich
will das nicht, ich will nicht hereinkommen und fragen, von wem hast du
die Blumen, ich will nicht, ich will nicht auf die Absender auf den
Briefumschlägen gucken, die ich herumliegen sehe. Das bin ich nicht. Das
ist ein Ungeheuer, eine Bestie von früher. Gut, sagt mein vernünftigeres
Selbst, mein erwachsenes Selbst, laß uns erst einmal arbeiten". (Meulenbelt 1985/86), 92 f.).

Wird es dann weitergehen, wird frau/man hineinwachsen in eine Beziehung, die mehr darstellt als eine "das-ist-dein-Problem"-Struktur, wird man/ frau ertragen, daß die Liebe keine süße Gefühlsseligkeit (cf. Heyward 1986,61 f) ist, sondern häufig erst wieder errungen, erkämpft sein will und erst dann wieder reich machen kann(als ein sich-Vertragen, einander-Kennen und nacheinander-Zeitlang-Haben der Jahre). Welchen Wert hat also jene Selektion positiver Figuren aus dem "Diskurs der Liebe"? Ist die damit gezielte Entfernung von der Wirklichkeit nicht ein Grund, sich mißtrauisch vom Text abzuwenden? Ist der Text hier, dadurch daß ihm der referentielle Code die Kategorie der "großen Liebe" herangetragen hat, nicht am Ende, zumindest in Hinblick auf seine Intention, "Einzigartigkeit"[25] zu suggerieren, "veraltet" (cf. Barthes 1976, 101; cf. 7.2.2 (5))?

L 13

"any more than you would say the things did not happen that happened."

* Der erste Versuch Jordans, sich über die Realitäten seines Untergangs hinwegtäuschend[26] zum Durchhalten zu bewegen, scheitert, endet fast im Zynismus: Die Macht des Faktischen ist zu groß, um geleugnet zu werden. AKT."Durchhaltestrategien": 2: Scheitern

---

25 Cf. die folgende Passage aus Meulenbelts "Gewöhnung ans alltägliche Glück": "Wir könnten natürlich versuchen, die Orte zu meiden, wo wir einmal mit unseren Liebhabern und Liebhaberinnen gewesen sind, aber - ach, haben wir festgestellt - in unserem Alter, und mit den vielen Beziehungen, die wir hinter uns haben, bleiben dann nicht mehr so fürchterlich viele Orte übrig, in die man seine Geliebten noch mit hinnehmen kann" (Meulenbelt 1985/86, 121).

26 Daß dies, wie West behauptet, Jordans feste Überzeugung darstellt, erscheint angesichts seiner Aufforderung an sich selbst, es zu glauben, unwahrscheinlich. Auch ein Verweis auf ein Gedicht Donnes, das ähnliche Vorstellungen propagiert ("So let us melt, and make no noise,/No tearfloods, nor sigh tempests move;/|...|/Our two souls therefore, which are one,/Though I must go, endure not yet/A breach but a expansion/Like gold to airy thinness beat.") und Hemingway

L 14

"Stay with what you believe now. Don't get cynical. The time is too short and you have just sent her away. Each one does what he can. You can do nothing for yourself but perhaps you can do something for another."

* Daher versucht Jordan nun seinen Blick auf einen noch möglichen Nutzen seines Durchhaltens zu lenken, nämlich möglichst lange und effektiv die Verfolger seiner Freunde aufzuhalten.

  Akt."Durchhaltestrategien": 3: Der Nutzen des Durchhaltens
** SYM.Verbundenheit

L 15

"Well, we had all our luck in four days. Not four days. It was afternoon when I first got there and it will not be noon today. That makes not quite three days and three nights. Keep it accurate, he said. Quite accurate."

* "Luck" wird hier in der Bedeutung "a person's condition with regard to the favourable |...| character of some fortinous event, or of the majority |!| of the fortinous events" (Oxford Dictionary 1970,486) verwendet: Rückblickend bewertet Jordan sein Leben als glücklich und gelungen.

  ANAL."verlieren - nicht-verlieren":Ein glückliches Leben.
** Das "all" und die Dreizahl indizieren Vollständigkeit. SYM. Ein glückliches Leben[27]

---

vielleicht gekannt haben mag, kann Wests These nicht stützen. Derartiges zeugt lediglich von einer hoffnungslosen Verwirrung verschiedener textinterner und -externer Bedeutungslinien sowie der vermeintlichen Position des Textproduzenten.
Cf. West Art. 1944, 577-579; ders. Art. 1945, 124; cf. auch Nucci 1968, 205.

27 Die Zugehörigkeit eines Terms zu zwei Codes stellt kein Problem dar: "In der Erzählung (und das ist vielleicht ihre 'Definition') ist das Symbolische und das Operatorische unentscheidbar und der Herrschaft des *und/oder* unterworfen. Daher ist das Wählen, das Entscheiden über eine Hierarchie des Codes |SYM vs. HER|, über eine Vorbestimmung der messages, wie in der Textinterpretation, *im-pertinent*, sonst würde das Geflecht des Schreibens einer einzigen Stimme unterworfen, die hier psychoanalytisch, dort poetisch (im aristotelischen Sinne) ist. Mehr noch, das Plurale der Codes verfehlen, heißt die Arbeit des Diskurses einer Zensur unterwerfen: Die Unentscheidbarkeit definiert ein Tun, die Performanz des Erzählenden; |...|." (Barthes 1976, 81)

L 16

"I think you better get down now, he thought. You better get fixed around
some way where you will be useful instead of leaning against this tree
like a tramp."

* Um sich dazu zu bringen, sich umzudrehen, verwendet Jordan ein in seinen
Entscheidungsprozessen gängiges Argument: Das Richtige ist das (für die
Gemeinschaft) Nützliche, dies gilt es zu tun, auch wenn man von eigenen
Bedürfnissen und Interessen absehen muß, oder gar gezwungen ist, ihnen
zuwider zu handeln (cf. L 88).
AKT."get turned over": 2:Erwägen
** SEM.Pflichtbewußtsein[28]
*** REF. Tödlich verwundet zu sein und sich dann nicht einmal erlauben, die
denkbar erträglichste und schmerzfreieste Haltung einzunehmen unter dem
Hinweis, man sei ja schließlich kein "tramp", zeugt von einem kulturel-
len Phänomen besonderer Art: Die puritanische Moral[29].

L 17

"You have had much luck."

* ANAL."verlieren - nicht-verlieren": Ein glückliches Leben.
** SYM.Ein glückliches Leben.

L 18

"There are many worse things than this. Everyone has to do this, one
day or another. You are not afraid of it once you know you have to do
it, are you? No, he said, truly."

* SEM.Sachlichkeit.Rationalität
** Die Pronomen "this" and "it" referieren auf eine selten direkt benannte
Größe: Jordans Sterben. Mit ihr wird ein weiterer dysphorischer, ein

---

28 Cf. Williams: Jordans "commitment to duty is so total that he ist
    duty incarnate" (Williams 1981, 140).

29 Cf. Cooperman Art. 1966, 90, 92.

weiterer Verlierer-Term in Jordans Analyse eingeführt. Zwar kann Jordan sich Schlimmeres vorstellen, und sterben zu müssen bereitet ihm keine Furcht (s. sog. "Erzählerkommentar"[30]: "truly"), doch die folgenden Lexien werden darüber Aufschluß geben, inwiefern dieses Sterben negativ zu beurteilen ist.

Auch ist diese Analyseeinheit keineswegs neu, sondern durchzieht den gesamten Diskurs, und zwar stets als negativer Term (88, 167, 356, 382, 394 f, 407, 450 f).

*** Euphemismus für das Wort "sterben"[31]. Wenn Jordan vom Sterben, seinem Sterben (und später dem sich-Töten) spricht, erscheint als lexikalischer Term das Verbum "to leave" (cf. L 21, 27) oder ein Pronomen (cf. L 56, 78, 86, 87, 100, 102: "this", "it", "that", "that business"; einzige Ausnahme bildet L 63, in der Jordan das Sterben an sich abstrakt verhandelt).

Dient diese euphemistische Umschreibung allgemein der Vermeidung und Verdrängung "furchterweckender Vorstellungen" (Brockhaus 1968, 760), so kann daraus Sterben als für Jordan furchterregend abgeleitet werden. SEM.Euphemismus für das Wort "Sterben".Furcht vor dem Sterben.

* *** REF.Tabu auf den Tod.

***** FEM.*In der androzentrischen, dualistischen Kultur ist das Sterben vom Leben abgespalten, wird der Tod - Auslöschen der Individualität, unerträglichster Verlust in der abendländischen Kultur - verschwiegen. (Dies ist keine (zynische) Kritik an Jordans Angst. Diese gehört dem Code der SEMe an, s. L 86.)*

---

30   Cf. auch L 94.

31   "Death, we are frequently told, has replaced sex as the great forbidden subject"; zur allgemeinen Tabuisierung des Todes in unserer Kultur cf. Gross 1985, 203.

L 19

"It was lucky the nerve was crushed, though. I cannot even feel that there is anything below the break. He touched the lower part of his leg and it was as though it were not part of his body."

* Als dritte Einheit von ANAL findet Jordans eigene, konkrete und unmittelbar erlebte, gegenwärtige Situation Eingang in seine Analyse: Jordan reflektiert seinen Unfall, untersucht, diagnostiziert seine vorläufig schmerzfreie Verwundung.

Diese zunächst relativ sachlich-distanzierte Analyse (die Zerstörung des Hauptnerves ermöglicht diese Schmerzfreiheit) wird ab L 51, Ende von AKT."get turned over" von dem SEM."starke Schmerzen" begleitet, ja zeitweilig überdeckt (L 71, 77, 81, 83, 85, 89, 100). Die Analyse der eigenen aktuellen Situation fällt damit eindeutig unter die dysphorische Kategorie.

ANAL."verlieren - nicht-verlieren": Die Verwundung

L 20

"He looked down the green slope again"

* Der Diskurs selbst setzt "again". Ist Quantität ein Argument[32], so bestätigt sich hier die grundsätzliche Relevanz dieser Sequenz.

Zugleich scheint diese Lexie die folgende vorzubereiten. Liegt der Sinn dieser Sequenz darin, eine enge emotionale Bindung Jordans zur Natur zu konnotieren?

AKT."Landschaft und Natur": 4: Der Hügelhang

L 21

"and he thought, I hate to leave it, that is all. I hate to leave it very much"

* ANAL."verlieren - nicht-verlieren": Sterben

---

32 Cf. Titzmann 1977, 349.

"Sterben" ist ein negativer Term, denn es beendet Jordans lebendige Be-
ziehung zur Natur, sein Leben in ihr.
** SEM.Euphemismus für das Wort "Sterben".Furcht vor dem Sterben.
*** SEM.Lebenwollen.[33] Emotionalität

L 22

"and I hope I have done some good in it. I have tried to with what talent
I had."

* ANAL."verlieren - nicht-verlieren": Die Überzeugung
Mit der hier einsetzenden Sequenz des ANAL, in der er zunächst sein
Handeln reflektiert, beginnt Jordan seine eng damit verbundene Überzeugung abschließend zu formulieren. Dies geschieht schrittweise, über mehrere Lexien hinweg, die kontinuierlich fortschreitend Jordans Beweggründe, sein Selbst- und Weltverständnis präzisieren und bringt damit eine
Sequenz zu Ende, die sich durch den gesamten Text hindurchgezogen hat
(s. u.).
"Etwas Gutes" tun, "etwas Schlechtes" tun, das sind relative Werte: Der
Hedonist hat andere als der Egoist oder der Altruist, andere als der
christliche Moraltheologe oder der kommunistische Parteisekretär. So
wird also auch "some good" nur durch Jordans eigene Vorstellungen zu
konkretisieren[34] (und daran zu messen) sein, und die folgenden Lexien
dieser Sequenz können dies ermöglichen.
Durch das vorangestellte Verb "hope" und den Verweis auf Talent und Fähigkeit wird das Unterfangen der Selbstbefragung von Anfang an durch Redlichkeit gekennzeichnet.

---

33 Im Verlauf des Textes erscheint dieses SEM in Verbindung mit Jordans
Gefühlen zu Maria: "But in the night he woke and held her tight
as though she were all of life and it was being taken from him.
He held her feeling she was all of life there was and it was true"
(264, cf. auch d 382).

34 Cf. Killinger 1960, 11 ff.

** Etwas Gutes tun, seine Mission zu erfüllen, hat in jedem Fall zur Voraussetzung, selbständig autonom handeln zu können. So hat Eby auf die sehr
aufschlußreiche und signifikante Situierung des Geschehens im Bereich
einer Guerilla-Truppe - und nicht etwa innerhalb der Internationalen
Brigaden, wo Jordan eher zu erwarten wäre - hingewiesen: Dies ermöglicht
zunächst oder scheinbar (s. L 73) eine Art von autonomem, unabhängigem
Handeln[35]. French spricht sogar von Jordans "separate war"[36]. Trotzdem
darf nicht übersehen werden, daß dieser isolierte und einsame Kampf immer im Kontext von Jordans Mission und dem allgemeinen Nutzen steht.
So schreibt etwa Sickels:

---

35 "The most striking difference between the historical Robert Merriman
    and the fictional Robert Jordan is found in the nature of the war
    each man fought. Within the ranks of the Spanish army Merriman was
    involved in a huge, collective struggle under conditions of mecha-
    nized warfare; Jordan, on the other hand, fought as an individual,
    isolated from his superiors, under circumstances which permitted
    a certain freedom of action in achieving his objective - demolition
    of the bridge. Hemingway's reason for this shift is obvious enough.
    The backdrop of a guerrilla action, in which the combatant retains
    at least the illusion of free will and independence not only suited
    his own anti-associational temperament but also was necessary for
    the romantic version of war which he intended to write" (Eby Art.
    1971, 47).

36 "|...| the more sophisticated Robert Jordan attempts to carry on 'a se-
    parate war'. He attempts to fight alongside the Loyalists without
    becoming more than technically associated with them" (French Art.
    1971, 61; cf. dazu L 26); French spricht von Robert Jordan als
    "autonomous person", "'one man's journey' through a sorry world"
    und: "the novelist was not thinking of individual man merging his
    identity into some kind of order or cause" (ebd. 58, 64, 68); cf.
    Cooperman Art. 1966, 87: "It is still the individual human being
    - not idelogy with which Hemingway is concerned", und Bury Art.
    1959, 104: "FW ist only secondarily propaganda: primarily it is
    a work of art about an eternal human problem, namely man's re-
    sponsibility to society."

"It (FW) is, |...|, a reaffirmation of the value of the individual
in an age of collectivation. Not that there is any lack of reali-
zation in the keenly analytical mind of the hero of the necessity
for social coordination and discipline - for lack of which (partly)
the war was drifting to disaster - but that always the emphasis
is on the individual as a responsible unit, as a human being to
be valued both in relation to the whole and in his essential self."
(Sickels Art. 1941, 32, cf. auch 34).

SYM.Individualität. SYM.Eine Mission
*** REF.Lebensrückblick des Sterbenden

L 23

"Have, you mean. All right, have."

* Indem sich Jordan korrigiert, seine Aufmerksamkeit, nicht ganz ohne Härte gegen sich selbst, auf die Gegenwart und das ihm Bevorstehende lenkt,
versucht er seine Kräfte zusammenzuhalten, um weiter durchhalten zu können.
AKT."Durchhaltestrategien": 4: Sich korrigieren

L 24

"I have fought for what I believed in for a year now."

* ANAL."verlieren - nicht-verlieren"
Das "some good" der Lexie 22 läßt sich nun in einem ersten Schritt formal präzisieren: "some good" umfaßt drei Größen: Eine Überzeugung ("believe"), eine Handlung ("fight") und die Koinzidenz von beiden (s. die
Präpositionen "for"/"in"): Denken und Handeln (Theorie und Praxis) müssen also zusammengehen, um "etwas Gutes" tun zu können.
Worin aber diese Überzeugung besteht und was "kämpfen" bedeutet, das
zu klären, steht noch aus.
** Die Überzeugung ist wesentlicher Bestandteil der Mission[37]. SYM.Eine Mission

---

37   Cf. Hoffmann: "the action is always accompanied, implicitly or ex-
     plicitly, by a slick ideological apologetic." (Hoffmann 1951, 101).

*** FEM.Affirmation der Diesseitigkeit.

Der Diskurs spricht davon, was menschliches Leben sein soll. Er tut dies auf abstrakte, "symbolische" Weise und bedient sich einer Extremsituation.

Der Diskurs der Frauen, der sich dem Alltag (cf. 1.2.2) und der Konkretheit verpflichtet weiß, wird daher hier zur Vorsicht mahnen:

Die einzelnen Bestandteile von SYM decken sich auf den ersten Blick mit dem, was im theologischen Teil dargelegt wurde: Von Frau und Gesellschaft, Frau und Natur, Frau und Körper können leicht Parallelen zu den Termen von SYM gezogen werden: Zum abendländischen Lebensentwurf gehören Individualität, Selbstbestimmung und eine Aufgabe - in Theorie und Praxis -, ein Leben soll glücklich verlaufen (L 15, 17), Genuß bieten (L 44) und schließlich ein gutes Ende (L 115) finden.

Feministische Theologie wird davon nicht so schnell Abstand nehmen wollen. Jedoch ist dieses Lebenskonzept zum einen auch für Frauen einzuklagen, und zum anderen werden diese Größen - die dem Ideal des "einsamen Rangen" verhaftet sind - zu modifizieren sein: Ich-sein, über sich selbst bestimmen, etwas in die Tat umsetzen, ins Leben rufen geschieht für Frauen aus einer Wechselbeziehung mit anderen. Wie wenig der Diskurs FW dazu in konkreten Vollzügen bereit ist, zeigt aber etwa die Geschichte Marias (cf. L 69).

Wohl bindet Jordan abstrakt seine Mission an das allgemeine Schicksal der Menschheit; in der kleinen Guerillagruppe aber bleibt er ein Fremdkörper, sich zu integrieren macht er keinerlei Anstalten. Darin, daß er allein und unabhängig handelt, in einer Form von Macht also, die andere ausschließt, etabliert sich Jordans Identität. Nichts von jenem "Betastil" (cf. 5.1.2 (1)), nichts davon, Subjektsein in erfahrener Relationalität zu formulieren. Individualität ist in SYM abgegrenzt von den zwei anderen Bereichen: von der Verbundenheit mit einem/r Partner/in und einer Gemeinschaft sowie mit der Natur.

Erfahrung und Vision feministischer Theologie aber ist ein Ineinander-

gehen dieser drei Bereiche und deren Durchlässigkeit auf Gott hin. Keiner der Bereiche aus SYM soll eliminiert werden, aber sie sind - so die Einsicht der Frauen - hineingenommen in jene Macht-in-Beziehung. Somit etabliert sich der in SYM formulierte Lebensentwurf als entschiedene Affirmation der Diesseitigkeit - begrüßenswert (gegenüber traditioneller Weltflucht weißer, männlicher Theologie) und befremdend separatistisch und dadurch traurig machend zugleich.

L 25

"If we win here we will win everywhere."

* Das Bürgerkriegsgeschehen, an dem Jordan durch die Sprengung der Brücke selbst aktiv beteiligt ist, und insbesondere der Angriff der Republikaner auf die nur vermeintlichen falangistischen Stützpunkte, stellt einen weiteren Gegenstand von Jordans Reflexionen dar. Dieser Angriff ist verloren[38], darüber läßt der Diskurs keinen Zweifel; und insofern müßte sich das Bürgerkriegsgeschehen als dysphorischer Term in Jordans Analyse etablieren.

Doch diese "Wahrheit" der verlorenen Schlacht wird von Jordan nur "gestreift", "abgelenkt", "geht |fast| verloren" (cf. Barthes 1976, 78). Am Ende von Jordans Analyse (L 75) wird eine andere "Lösung" stehen, die sich allmählich in den vorhergehenden Lexien angebahnt hat. Eine sorgfältige Untersuchung der Wort- und Satzsemantik dieser Analyseeinheit (insbesondere der jeweiligen "Modalitätskomplexe"[39]) kann dies zeigen: Bei dem ersten Term dieser Einheit handelt es sich um einen Konditionalsatz mit indikativischem Verb, der einen Sieg der Republikaner im Modus der "Präsumtion", der Annahme vorstellt; von der verlorenen Attacke also keine Rede.

ANAL."verlieren - nicht-verlieren": Das Bürgerkriegsgeschehen.

---

38   Cf. Sickels Art. 1941, 33.

39   Cf. Nespital, "Modus" (Sommersemester 1986).

L 26

"The world is a fine place and worth the fighting for"

* SEM.Lebenwollen.Lebensbejahung.

** ANAL."verlieren - nicht-verlieren": Die Überzeugung

Der in Lexie 24 angefragte Gegenstand, Jordans Überzeugung, wird hier
dahingehend entfaltet, daß er die Welt, abermals im Ton des "understate-
ments" (cf. L 22), als "fine place" bezeichnet, und somit für eine des
Kampfes und der Verteidigung werte Größe hält. Die Frage nach Jordans
Überzeugung, seinen Beweggründen, seinem "Credo", führt somit zu einer
tief verankerten Sympathie, zu einer emotionalen Verbundenheit mit der
Welt. Entsprechend redet Nahal bei der Interpretation des Schlußteils
von FW (und in Verbindung mit dem Zitat John Donnes) von Jordans "mystical[40] union with the cosmos, with created life in general" (Nahal 1971,
148).

Verfolgt man/frau Jordans Äußerungen bez. seiner Überzeugung und seiner
Motivation im Vorkontext, so stößt man/frau u. a. auf Begriffe der Französischen Revolution und der Amerikanischen Unabhängigkeitserklärung:
"You believe in Liberty, Equality and Fraternity. You believe in Live,
Liberty and the Pursuit of Happiness" (304); ferner auf Ideale demokratischer oder sozialistischer Weltanschauungen[41]: Der Kampf für die Armen
in der Welt ("the poor in the world", 236), für das Recht der Menschen
auf politische Selbstbestimmung ("people and their right to govern themselves as they wish", 303), für eine "neue Welt" ("for a new world",
236), gegen alle Tyrannei ("against all tyranny", 236). Der Einsatz hierfür präzisiert obiges "some good".

---

40   Den Begriff "mystical" hat Nahal folgendermaßen definiert: "By
      mysticism we do not mean here esoteric practices or faiths; the
      term suggests rather an unverbalized awareness of something other
      than the physical life of man, awareness of what has been called
      earlier the larger life of the universe" (Nahal 1971, 144). Cf.
      auch Moynihan: "|...| he (Robert Jordan) achieves a 'community
      with humanity' (Moynihan Art. 1959, 132).

41   Cf. Kirchner 1976, 164.

Die Literaturkritik hat diese Passagen häufig aufgegriffen und verworfen: Jordan resp. Hemingway (!) ergehe sich in Schlagworten, Slogans[42], Klischees[43], vagen und naiven[44] Allgemeinheiten[45], die zum einen das Verhalten der Figur bzw. den Ablauf der Geschichte nicht genügend motivieren könnten[46] und zum anderen den Bedingungen einer Gesellschaftsanalyse nicht gerecht[47] oder wegen ihres moralischen Tones dem künstlerischen Wert des Romans Abbruch tun würden.[48]

---

42 Cf. Cooperman Art. 1966, 93.

43 Cf. Nahal 1971, 129.

44 Cf. Moynihan Art. 1959, 129.

45 Cf. West Art. 1945, 127 ff.

46 Cf. Trilling: "The clue to the failure is the essential, inner dulness of the hero, for Jordan is dull because he does not have within himself the tensions which, in historical fact, the events he lives through actually did have. Because Jordan does not reproduce in himself the moral and political tensions which existed in the historical situation, his story is at best cinematic; and since his story must provide whatever architectonic the novel is to have, the novel itself fails, not absolutely but relatively to its possibility and implied intention" (Trilling Art. 1941, 64).

47 Cf. Geismar: "But beyond the broad outlines of the Spanish Civil War, we are given relatively little of the impact of the struggle in either sociological or personal terms. Malraux's 'Man's Fate', Silone's 'Bread and Wine', or lately Arthur Koestler's 'Darkness at Noon' - these works are filled with penetrating insights on the patterns of social crisis, the gains and losses worked by such crisis upon the human temperament, the problems of human behavior today when individuals and societies are making inestimable decisions as to the future" (Geismar 1942, 183 f.); cf. hierzu auch Kirchner 1976, 160.

48 Cf. West: "Robert Jordan did not believe in Marxism, he believed in democracy. But what is democracy? It is life, liberty, and the pursuit of happiness. This is the answer of the rhetorician, the public orator, or the moralist, it is not the method of the artist."

"The weakness of Hemingway, from the beginning, has been that he has attempted |...| to force it to his own ideological end - to moralize." (West Art. 1945, 134, 127).

All diesen Vorwürfen ist es gemeinsam, daß sie nicht die Zugehörigkeit dieser Äußerungen zur "Lektüre", "Analyse" des Helden, zum analytischen Code beachten. Übersehen wird, daß dieser Code verschiedene "Bestimmungslinien" (Barthes 1976, 133) aufstellt, unter denen die Bestimmungslinie vom Diskurs zum Leser nur eine unter mehreren ist, während es aber genauso noch Linien der Figuren untereinander und Bestimmungslinien einer Figur zu sich selbst gibt.

Die Kritik hat hier oftmals jene erstgenannte Linie verabsolutiert, und dann den Roman als Hemingways (!) unmittelbares politisches Credo aufgefaßt. Sie hat damit den relativen Stellenwert dieser Äußerungen innerhalb von ANAL und dem gesamten Diskurs verkannt (Jordans Überzeugung ist nicht das Thema des Romans und auch nicht mit Hemingways politischer Position gleichzusetzen; sie ist Teil einer Stimme, die sich unter anderen im Diskurs erhebt); geschweige denn ist die Kritik dem prozessualen und jeweils vorläufigen Charakter dieser Analyse der Figur "Robert Jordan" gerecht geworden.

Dabei ist der Diskurs selbst voll von Andeutungen über die allmähliche Entwicklung[49], der Jordans Überzeugung unterliegt: Darauf deuten die im Verlauf von ANAL immer wieder gestellten Fragen Jordans an sich selbst, die Überlegungen und versuchten Antworten, auf die das "learned" von Lexie 29 noch deutlich hinweist; und darauf deutet auch Jordans eigene Analyse seines Werdegangs von den frühen Einsätzen in Estremadura über einen Aufenthalt in kommunistischen Führungskreisen (24) bis hin zu seiner Bekanntschaft mit der Welt des "Gaylord", das zwar unverhältnismäßig luxuriös und korrupt scheint (231), aber die Überlebenden der "Ersten Tage" beherbergt:

---

49 Die Vorstellung einer Entwicklung innerhalb des Welt- und Selbstverständnisses Jordans findet sich lediglich bei Nahal 1971, 148, der diesbezüglich von "transformation" und "presence of a new (!) faith" spricht; cf. - mit Einschränkung - auch Moynihan Art. 1959, 129: "Jordan, |...|, struggles to find a rationale for his martyrdom |?| and finds it."

"You are a long way from how you felt in the Sierra and at Carabanchel and at Usera, he thought. You corrupt very easily, he
thought. But was it corruption or was it merely that you lost
the naîveté that you started with? Would it not be the same in
anything? Who else kept that first chastity of mind about their
work that young doctors, young priests, and young soldiers usual-
ly started with?" (239)[50]

Jordan liest Burns "Handbuch des Marxismus" (243), aber er ist kein

Marxist ("You're not a real Marxist and you know it. |...| Don't ever

kid yourself with too much dialectics." (269) und behält sich vor, zu

allem Geschehenen eine eigene kritische Meinung zu entwickeln (125).

Sein Standpunkt ist, wie Kirchner bemerkt, nur "ex negativo" eindeutig

beschreibbar: Robert Jordan ist kein Faschist (Kirchner 1976, 164).

Schließlich haben ihn mehr pragmatische als ideologische Gründe dazu

veranlaßt, sich auf der Seite der Republikaner kommunistischen (und nicht

etwa anarchistischen (cf. Kap. 36) oder sozialistischen) Kampfeinhei-

ten anzuschließen:

"He was under Communist discipline for the duration of the war.
Here in Spain the Communists offered the best discipline and the
soundest and sanest for the prosecution of the war. He accepted
their discipline for the duration of the war because, in the con-
duct of the war, they were the only party whose programme and whose
discipline he could respect." (149)[51]

Die letztendliche Klärung von Jordans Überzeugung steht also den gesamten

Diskurs hindurch immer noch aus. All seine 'schlagwortartigen' Äußerun-

gen und Parteinahmen sind daher eher als vorläufige Verbalisierungen,

Artikulationen seiner Überzeugung zu verstehen, die sich erst allmäh-

lich und im Wechselspiel mit seinen Erfahrungen und Handlungen[52] heraus-

bildet oder vervollständigt, um in dem obigen Bekenntnis dieser Lexie zu einer

als schön und verteidigungswert erfahrenen Welt ihre authentischste For-

mulierung, ihre "Wahrheit" zu finden.

---

50 Cf. Sickels Art. 1951, 33.

51 Die Betonung von befristeter Dauer und Zweck zeigen Jordans Vorbe-
    halte und Distanz.

52 Cf. Beach 1951, 324. "Robert Jordan is, ... , determined to bring
    all abstractions to the tests of practical experience."

"kämpfen"

Bleibt der zweite Term zu klären. "Kämpfen", was heißt das? Verfolgt
man/frau auch diesen Term nach rückwärts im Text, so kann auch er präzisiert werden: "Kämpfen", darüber läßt der Diskurs keinen Zweifel, d.
h. töten: Den militärischen Gegner, wie den feindlichen Reiter (265)
töten, den gerade erwarteten Feind L. Berrendo töten, Leute aus dem geliebten Navarra töten, Zivilisten töten (302 f), immer die Falschen
töten (303), Menschen töten. Daß dies für Jordan keineswegs unproble-
matisch ist, erweisen die häufigen Reflexionen (cf. 432, 436 f) und Gespräche, besonders mit Anselmo (39), zu diesem Thema und die Wiederholung immer gleicher inquisitorischer Selbstbefragungen, wie etwa nach
der Erschießung des Reiters (302 f).
Vertretbar ist für Jordan ein derartiges Handeln nur dadurch, daß er
glaubt, Schlimmeres verhüten zu können und zu müssen ("prevent something
worse", 303) und nur so die Möglichkeit schaffen zu können, daß man in
diesem Land noch leben kann (162).

** SEM.Skrupulöser und hilfloser Humanist.

*** FEM.Solidarität

*Ist feministische Theologie Befreiungstheologie, die für die politische
und gesellschaftliche Befreiung der Frauen kämpft, und weiß sie sich
in Empathie, Optionen und Aktionen den Befreiungsbestrebungen aller Unterdrückten verbunden (s. Anm. 3, Kap. 5.1), so mag sie sich solidarisch
erklären mit denen, die für dieselben Ziele ihr Leben leben und lassen:
Denn 'das Böse in der Welt' ist "unser Problem" und unsere Aufgabe, weil
'das Gute nicht allmächtig ist' (Heyward 1986, 163; cf. 3.1.2).*

L 27

"I hate very much to leave it."

* ANAL."verlieren - nicht-verlieren": Sterben

** Diese Einheit bringt ein wörtliches Zitat von L 21, doch läßt sich durch
den Text dazwischen die Negativität des Terms weiter konkretisieren

und begründen: Sterben ist ein dysphorischer Term, denn es steht im Gegensatz zu Jordans positiver Lebenseinstellung und Weltliebe.
SEM.Euphemismus für das Wort "Sterben".Furcht vor dem Sterben.Emotionalität.

L 28

"And you had a lot of luck, he told himself, to have had such a good
life. You've had just as good a life as grandfather's though not as long.
You've had as good a life as anyone because of these last days. You do
not want to complain when you have been so lucky."

* Auch diese Lexie könnte auf den ersten Blick dem analytischen Code zugeordnet werden, als Re-flexion Jordans über sein Leben, das mit den
lexikalischen Termen "good life" and "luck" positiv bewertet wird.
Doch Verschiedenes deutet darauf hin, daß diese vermeintliche "Analyse"
einen integralen Bestandteil von AKT."Durchhaltestrategien" darstellt:
Dafür spricht zunächst das Sprechhandlungsverb "tell" mit dem Reflexiv-
pronomen[53], das auf ein sich-etwas-einreden-Wollen schließen läßt. Ferner fällt die Wiederholung sowohl gleicher Lexeme ("a good life"/"good
a life"; "luck"/"lucky") als auch gleicher syntaktischer Strukturen
(Subjekt: "you" + Form von 'to have' als Hilfs- oder/und Vollverb) auf.
Da Wiederholungen grundsätzlich ihren rhetorischen Zweck in einer "af-
fektbetont|en|" "Vereindringlichung"[54] haben, wird auch durch sie die
Zugehörigkeit des Terms zum Code der Handlungen offensichtlich. Schließ-
lich deuten auch die für diese Sequenz charakteristische Anrede Jordans
an sich selbst mittels des Personalpronomens "you" und die Satzmodalität
"Kohortation"[55] des letzten Satzes auf den persuasiven Zweck dieser Rede.
AKT."Durchhaltestrategien": 5: Sich etwas einreden

---

53 Cf. Nahal 1971, 128: "'He said to himself.' 'Himself said back to
    him.' That is how it goes most of the time."

54 Lausberg 1973, 310.

55 Nespital: "Satzstruktur und Satzbedeutung" (WS 1983/84; WS 1984/85).

** Jordans Großvater, renommierter Kämpfer des Amerikanischen Bürgerkrieges
(336-339), Führer irregulärer (!) Truppen (339) und eine bekannte Figur
des öffentlichen Lebens nimmt die Rolle des positiven Vorbildes ein,
dem Jordan mit Bewunderung und Stolz gegenübersteht: Von diesem lernte
Jordan den Umgang mit der Waffe, und diesen möchte er auch jetzt noch
manchmal um Rat fragen (336-340), sogar mit Golz möchte Jordan von seinem
Großvater sprechen: "his (Jordans) grandfather, |...|, represents the
courageous man. Jordan tries to model himself on his grandfather and
finds a spur to courageous action by invoking his memory" (Adler Art.
1964, 297). SEM.Positives Vorbild.Autorität.

L 29

"I wish there was some way to pass on what I've learned, though. Christ,
I was learning fast there at the end"

* "Sterben" ist ein Verlierer-Term, denn Sterben bedeutet, weder Gelern-
tes weitergeben zu können noch weiter lernen zu können.
ANAL."verlieren - nicht-verlieren": Sterben

L 30

"I'd like to talk to Karkov."

* Karkov, russischer Journalist und Insider der höchst komplizierten Verhältnisse auf republikanischer Seite (242-248), ein Mann der Superlative
("the most intelligent man he (Jordan) had ever met", 231; "he had more
brains and more inner dignity and outer insolence and humour than any
man that he (Jordan) had ever known", 231), ist Jordans Lehrer und Freund
(242-248). SEM.Lehrer und Freund.
** REF. Folgt man/frau Krzyzanowski, so handelt es sich bei "Karkow" um
den 1947 hingerichteten russischen Journalisten und Schriftsteller Mikhail
Koltsow, 'der über eine direkte Verbindung zu Stalin verfügte und zu
den drei wichtigsten Männern Stalins in Spanien gehörte', so Hemingway
in einem unveröffentlichten Brief (Krzyzanowski ARt. 1962, 73 f). In

Anbetracht der komplizierten und prekären Lage der russischen Berater
sowohl in Spanien selbst als auch in Bezug auf ihre Befehlshaber im
Heimatland habe Hemingway aus Vorsicht den Namen des ihm nahestehenden
Koltsow verändert (ebd. 73 f).

L 31

"That is in Madrid. Just over the hills there, and down across the plain.
Down out of the gray rocks and the pines, the heather and the gorse,
across the yellow high plateau you see it rising white and beautiful.
That part is just as true as Pilar's old women drinking the blood down
at the slaughterhouse. There's no one thing that's true. It's all true.
The way the planes beautiful whether they are ours or theirs."

* SEM.Materialität.Das Metallene (der Flugzeuge).

** "Pilars old women drinking the blood down at the slaughterhouse." Diese
Passage referiert auf eine Schilderung Pilars der "Bestandteile des Todes-
geruchs", den ein Mensch an sich habe, wenn er bald sterben wird:

> "'You must go down the hill in Madrid to the Puente de Toledo early
> in the morning to the *matadero* and stand there on the wet paving
> when there is a fog from the Manzanares and wait for the old women
> who go before daylight to drink the blood of the beasts that are
> slaughtered. When such an old woman comes out of the *matadero*,
> holding her shawl around her, with her face gray and her eyes hol-
> low, and the whiskers of age on her chin, and on her cheeks, set
> in the waxen white of her face as the sprouts grow from the seed
> of a bean, but not bristles, but pale sprouts in the death of her face;
> put your arms tight around her, *Inglés*, and hold her to you and
> kiss her on the mouth and you will know the second part that odour
> is made of.'" (254 f)

*** Dort, wo REF.Aberläubische Zigeunerweisheiten in den Diskurs eindringt,
macht sich zuweilen das SEM.Das Bizarre fest. SEM.Das Bizarre.

**** Jordan erinnert sich verschiedener Dinge, die er gesehen oder von denen
er gehört hat. Damit wird die abstrahierende Bewertung "a fine place"
konkretisiert und zugleich weiter zum Kern von Jordans Überzeugung und
Motivation vorgestoßen.

"A fine place", d. i. eine Stadt (wie) Madrid, eine Landschaft (wie) die Ka-
stiliens), die auch noch so bizarren menschlichen Verhaltensweisen, auch der Fort-

schritt der Technik. Dies alles ist wirklich ("true") und in diesem wirklich-Sein gleich ("it's all true") und genau darin liegt für Jordan der
Wert.[56] Darauf deutet das zweimalige "beautiful" und der verhältnismäßig lange und bewegte Satz mit seiner konkret-anschaulichen Beschreibung eines schnellen Weges nach Madrid: Die Hügel, die Ebene, die grauen
Felsen, die Pinien, die Heide, der Ginster, das gelbe Hochplateau - sie
sind da und damit schön. Und dann Madrid: Weiß und schön. Und die alten
Frauen: Makaber, unglaublich aber real und: schön. Uns selbst die Flugzeuge, Ursache äußerster Furcht und Pein, vermögen auf eine Art schön
zu sein.

Dies also ist das Zentrum und der Urgrund von Jordans Überzeugung: Eine
Begeisterung für die Welt, und besonders dieses geliebte Spanien (cf.
auch 162), seine Leidenschaft für alles Reale, seine Verbundenheit mit
allem in Farben und Formen Wahrnehmbaren, Greifbaren, Erlebbaren, mit aller
konkreten Materialität.[57] Und nachdem Jordan bislang diese seine Über-

---

56 Cf. Nahal: Life is beautiful, no matter what the impediments "(1971, 149); und
Baker:"A marked 'capacity for life' a full acceptance and love of the world
is always a driving motive with the Hemingway hero" (1972, 254).
Zugleich wird hier deutlich, daß Wilson mit seiner auch nicht weiter belegten These keinesfalls recht hat: "By the time that he (Jordan) comes to die, he has little to sustain him but the memory of
his grandfather's record as a soldier in the American Civil War."
(Wilson Art. 1947, 196).

57 Cf. hier auch die letzten Gedanken des auf republikanischer Seite
kämpfenden El Sordo: "Dying was nothing and he had no picture of
it nor fear of it in his mind. But living was a field of grain
blowing in the wind on the side of a hill. Living was a hawk in
the sky. Livining was an earthen jar of water in the dust of the
threshing with the grain flailed out and the chaff blowing. Living
was a horse between your legs and a carbine under one leg and a
hill and a valley and a stream with trees along it and the far side
of the valley and the hills beyond." (312)

zeugung in Ausdrücken demokratischer und sozialistischer Wertvorstellungen artikulierte und zusammen mit deren Vertretern realisiert hatte, findet er ihre authentische Formulierung in diesem Bekenntnis zur Welt; nicht in einem abstrakt-intellektuellen, diskutier- und hinterfragbaren, ideologisch gefärbten Weltbild, sondern in diesem erinnernd-sich-die-Welt-Sagen.[58]

ANAL. "verlieren – nicht-verlieren": Die Überzeugung

L 32

"The hell they are, he thought."

* ANAL. "verlieren – nicht-verlieren": Die Überzeugung.
Jordan negiert das zuletzt Genannte: Ob Militärflugzeuge der eigenen oder der feindlichen Seite gehören, kann nicht aufgrund ihrer besonderen Ästhetik und einer allgemeinen Weltbegeisterung vergessen werden. Feindschaft, Feindlichkeit, Menschen als Feinde können nicht geleugnet werden – weder als Erfahrung Jordans noch als Bestandteil des dargestellten Lebensentwurfes im symbolischen Code.
** SYM.Ein Feind.[59]

L 33

"You take it easy, now, he said. Get turned over now while you still have time."

* Das Erwägen der vorhergehenden Sequenzeinheiten wird hier durch einen Imperativ, den Jordan an sich selbst richtet, abgelöst. Diente eingangs

---

58 Dieser Verknüpfung von Weltliebe und demokratischen und sozialistischen Weltanschauungen in ANAL steht auf Diskursebene eine häufige Verbindung von Faschismus und katholischer Religiosität gegenüber (41, 108, 317, 376); s. auch Fadiman Art. 1942, 418.

59 Davon, daß es in FW um eine grundsätzliche Opposition zwischen Natur und Technik ("nature" und "mechanization", "men" and "machines") geht, wie Guttmann (Art. 1960, 543, 558) behauptet (cf. auch Kirchner 1976, 165; hingegen: French Art. 1971, 60 f), kann jedoch nicht ausgegangen werden. Das zeigt gerade diese Stelle: Eigene Technologie ist für Jordan durchaus begrüßenswert, verabscheut wird nur die Rüstung der Feinde (cf. auch L 75).

die Referenz auf die noch vorhandene Zeit dazu, ein Aufschieben zu begründen, so soll sie hier der Aufforderung zur Durchführung Nachdruck
verleihen. Eingeleitet wird jene durch einen Befehl, die Durchführung
leicht zu nehmen. Ein paradoxes Unterfangen: Gelassenheit kann nicht
befohlen werden. Und so manifestiert sich statt des Geäußerten gerade
sein Gegenteil: Sich umzudrehen ist keine bedeutungslose, leichtzuneh-
mende Kleinigkeit, sondern ein großes Problem.
AKT. "get turned over": 3: Befehle an sich selbst

L 34

"Listen, one thing. Do you remember? Pilar and the hand? Do you believe
that crap?"

* Ein weiteres SEM, das an dem Eigennamen "Pilar" haftet, ist: "Kontakt
  zur übernatürlichen Welt"[60]. Im Romanverlauf wird dies ferner durch die
  Behauptung konnotiert, Pilar 'habe Zigeunerblut' (28, 255; cf. 174), durch
  ihren Aberglauben   (33) und ihre Schilderung vom 'Todesgeruch eines Tod-
  geweihten' (cf. L 31). SEM.Kontakt zur übernatürlichen Welt.
** In den folgenden Lexien reflektiert Jordan die Möglichkeit einer Vorsehung und deren übersinnlicher Wahrnehmbarkeit. Zugleich erscheint er
  nicht nur als Aktant von ANAL, sondern auch als ein Leser, oder Konsument
  jenes Mythos, dessen Begriff "doom" lautet und dessen Bedeutungseffekt
  eingangs beschrieben wurde (7.2.2 (6)).
  Jordans Erinnerung bezieht sich hier auf eine Episode vom Anfang des
  Romans, die der Diskurs in seinem Verlauf immer wieder aufnimmt (34,
  57, 90 f, 174). Denn diese Episode stellt den ausdrücklichsten und zugleich eindringlichsten Term[61] des Mythischen Codes dar, der sich zudem
  noch durch eine Besonderheit seiner "Produktionsweise" auszeichnet:

---

60   Cf. West Art. 1944, 576; Baker 1972, 253; Wylder 1969, 137, 149.

61   Cf. Yokelson: "doom stalks and overtakes Robert Jordan, |...|, and,
     indeed, we are too sure of his end from the moment Pilar reads his
     hand." (Yokelson 1960, 144)

"'Let me see thy hand,' the woman said. Robert Jordan put his hand
out and the woman opened it, held it in her own big hand, rubbed
her thumb over it and looked at it, carefully, then dropped it.
She stood up. He got up too and she looked at him without smiling.
'What did you see in it?' Robert Jordan asked her. 'I don't believe
in it. You won't scare me.'
'Nothing,' she told him. 'I saw nothing in it.'
'Yes you did. I am only curious. I do not believe in such things.'
'In what do you believe?'
'In many things but not in that.'
'In what?'
'In my work.'
'Yes, I saw that.'
'Tell me what else you saw.'
'I saw nothing else,' she said bitterly. 'The bridge is very difficult
you said?'
'No. I said it is very important.'
'But it can be difficult?'
'Yes. And now I go down to look at it. How many men have you here?'"
(33)

Durch Pilar spricht die mythische Stimme am vehementesten, penetrantesten
und zugleich un-mittel-barsten. D. h. das primäre semiologische System
und sein "Sinn" sind völlig deformiert, fast aufgelöst: Der Diskurs ver-
schweigt kontinuierlich, was Pilar gesehen hat, eine Leerstelle ist zur
Form des Mythos geworden, wodurch das bereits bekannte "Spiel" der mythischen Weise des Bedeutens mit Unbekanntem und Unbenanntem seinen Höhepunkt erfährt. Um so eindringlicher verschafft sich auf der Ebene des
mythischen Codes der Begriff "Verhängnis" Raum.
Als Einheit des analytischen Codes wird dieses im Folgenden Gegenstand
von Jordans Reflexionen. Denn das Schicksal eines Menschen aus seiner
Hand lesen zu können, (was im Text an die besondere Welt der Zigeuner
gebunden ist), setzt voraus, daß dieses von vornherein besiegelt und
beschlossen ist, und der Mensch auf seinem Lebensweg lediglich diesen
Schicksalsfaden abspult; etwas anderes als seine Vorsehung würde er niemals realisieren können. Jordan fragt sich an dieser Stelle, ob er einem
derartigen Deutungsmuster menschlicher Existenz glauben schenken soll.
Dabei deutet der lexikalische Term "crap" mit seinem negativ-evaluieren-

den Denotat auf Jordans Betroffenheit und zugleich seinen Versuch, sich dagegen zu verwehren,hin. Mit Barthes kann diese Reaktion[62] folgendermaßen erklärt werden: Welch rationale Erklärungen auch immer ein Mensch finden kann, der Mythos zeitigt doch seine Wirkung:

> "Zunächst erkennt man |...| in aller Deutlichkeit den eindringlichen Charakter des Mythos. Man erwartet von ihm eine unmittelbare Wirkung. Es ist nicht wichtig, ob der Mythos anschließend wieder auseinandergenommen wird. Seine Wirkung wird für stärker gehalten als die rationalen Erklärungen, die ihn etwas später dementieren könnten." (Barthes 1964, 114).

SEM.Ängstliche Betroffenheit im Zurückweisen der Bedrohung.
*** ANAL. "verlieren - nicht-verlieren": doom

L 35

"No, he said"

* Jordan verneint entschieden "doom" als Deutungsmuster menschlicher Existenz. Dies geschieht hier nicht zum ersten Mal. Im Verlauf des Romans war immer wieder auf oben zitierte Episode Bezug genommen worden, und dabei zeigte sich, daß zum einen Pilar fest an eine Vorsehung und die Möglichkeit ihrer übersinnlichen Wahrnehmbarkeit glaubt (57, auch 91), während Jordan, der anfangs nur neugierig war (21), unter dem Druck der Ereignisse dann aber empfänglicher und interessierter auf Pilars Botschaften reagierte (175), letztlich doch immer bei seiner Devise bleibt: "Fewer mysteries and more work" (175).
ANAL. "verlieren - nicht-verlieren": doom

L 36

"Not with everything that's happened?"

* Jordan wiederholt seine Frage und führt das vergangene Geschehen an,

---

62 Hier wird davon ausgegangen, daß Jordan auf "doom" als "Begriff" des Mythischen reagiert wie in 7.2.2 (6) beschrieben.

das "doom" als Erklärungsmuster seines Lebens bestätigen könnte.
ANAL. "verlieren - nicht-verlieren". doom

L 37

"No, I don't believe it."

* Jordan verneint abermals.
ANAL. "verlieren - nicht-verlieren": doom

L 38

"I don't though. But she does. They see something. Or they feel something. Like a bird dog."

* Selbst nachdem sich Pilars Deutungen und Ideologie zu bewahrheiten scheinen, verneint Jordan all jene Erklärungsmuster, die jenseits von Logik und Empirie liegen.[63] Vielmehr versucht Jordan seine rationalen Kategorien gegen diese Welt der Zigeunerweisheiten zu behaupten. Der Vergleich mit einem Jagdhund stellt dabei die anschaulichste Bekräftigung seiner Denkrichtung dar.
ANAL. "verlieren - nicht verlieren": doom
** SEM.Fürsorglichkeit. Am Morgen vor dem Angriff, leugnet Pilar, selbst an Wahrsagerei zu glauben ("'gypsy nonsense that I |Pilar| make to give myself an importance'", 388), um Jordan zu beruhigen. Jordan durchschaut dies.
*** SEM.Kontakt zur übernatürlichen Welt.

L 39

"What about extra-sensory perception?"

* Auch die Möglichkeit der übersinnlichen Wahrnehmung hat der Diskurs bereits verhandelt, und zwar im Kontext der Gespräche über Kaschkin. Gegen-

---

63 Cf. West Art. 1944, 577.

über Jordan versuchen die Spanier, Kaschkins ständig wiederholte Bitte,
ihn im Falle seiner Verwundung zu erschießen, damit zu erklären, daß
der Russe sein Ende klar voraussah (250). Bereits an dieser Stelle stellte Jordan seine rationalen Erklärungen gegen jenen "Aberglauben" ("su-
perstition", 250): Kaschkin offenbar nach Spanien strafversetzt (231),
war nervös (20 f, 148, "nervous", 250), vielleicht "verrückt" ("crazy",
21), er litt unter Zwangsvorstellungen ("obsessions", 250) und "Ein-
bildungen" ("imagining", 250), die einzig das Produkt seiner pausenlosen
Überanstrengung waren.[64]
ANAL. "verlieren - nicht-verlieren": doom

L 40

"What about obscenity? he said"

* ANAL. "verlieren - nicht verlieren": doom
Wiederum verneint Jordan die Irrationalität seiner Umwelt,
** jedoch wiederum nicht, ohne in seinem Zynismus ein gewisses Maß an Betroffenheit zu verraten. SEM.Ängstliche Betroffenheit und emotionale Abwehr.

L 41

"She would't say goodbye, he thought, because she knew if she did Maria
would never go. That Pilar."

---

64 "|...| he was very nervous from being too much time at the front.
He had fought at Irun which, you know, was bad. Very bad. He had
fought later in the north. And since the first groups who did this
work behind the lines were formed he had worked here, in Estremadura and in Andalucía. I think he was very tired and nervous and
he imagined ugly things.'" Und: "'I believe that fear produces
evil visions', Robert Jordan said", und: "'Seeing bad signs, one,
with fear, imagines an end for himself and one thinks that imagining
comes by divination,' Robert Jordan concluded. 'I believe there
is nothing more to it than that. I do not believe in ogres, nor
soothsayers, nor in supernatural things.'" (250)

* Jordan erinnert sich Pilars spontaner, schneller Hilfe bei seinem Abschied von Maria. Dabei bringt das Syntagma aus Demonstrativpronomen und Eigennamen ("that Pilar") Jordans spezifische Haltung von Distanz und Bewunderung gegenüber Pilar zum Ausdruck. SEM.Fürsorglichkeit, Weitblick, Klugheit.

** SYM.Verbundenheit.

L 42

"Get yourself turned over, Jordan."

* AKT. "get turned over": 4: Erneuter Befehl an sich selbst. Der Befehl der vorherigen Einheit wird wiederholt und durch die Distanz zu sich selbst versuchende Anrede mit dem Zunamen verstärkt. Der Sinn dieser Wiederholung und Steigerung, das Problem der Sequenz wird langsam greifbar: Die Wiederholung deutet auf einen Widerstand, und der Widerstand liegt in Jordans Furcht vor physischen Schmerzen.

L 43

"But he was reluctant to try it."

* Das Zögern, das bisher nur indirekt an den wiederholten Aufforderungen ablesbar war, wird nun vom Diskurs ins Wort erhoben, die Konnotation "Furcht" weiter verstärkt.
AKT. "get turned over": 5: Zögern aus Furcht.

L 44

"Then he remembered that he had the small flask in his hip pocket"

* "There is much drinking in |FW|" schreibt Fadiman (Art. 1942, 418) und tatsächlich wird im Roman viel und oft getrunken: Whisky, Absinth und Wein. Zum Essen (19 f, 287, 289), zum Genuß (56, 50), um sich zu wärmen (56,

205), um sich zu erinnern und zu träumen[65] , um zu vergessen und sich zu betäuben (180, 205, 50) sowie aus Verzweiflung (56, 78, 204, 329). Trinken ist Medizin, die alles heilt ("it curses everything", 50). Trinken ist eine "ernste Sache", voll "Würde" ("a serious thing", "drinking has dignity", Fadiman Art. 1942, 418): Getrunken wird bei der Planung militärischer Aktionen (140 f), auf Posten und bevor ein Kampf beginnt (287, 289). Trinken ist ein Zeichen der Gastfreundschaft. Das Trinken begleitet somit zahlreiche Handlungen, daß es als Bestandteil des Entwurfes menschlicher Existenz in FW den symbolischen Code mit etabliert.

SYM.Ein glückliches Leben

** Um den physischen Schmerz und die Furcht davor zu betäuben, verfällt Jordan auf den Gedanken, die Wirkung von Alkohol einzusetzen. Dieses Vorhaben zieht sich über mehrere Lexien hin (bis L 49) und stellt damit eine "Verzweigung" oder "Knospenbildung" innerhalb des "proaïretischen Baumes", den die Sequenz bildet, dar. So wirken Form und Inhalt zusammen[66], um Jordans angstvolles Zögern zu bedeuten:

---

65   "|...| one cup of it took the place of the evening papers, of all the old evenings in cafés, of all chestnut trees that would be in bloom now in this month, of the great slow horses of the outer boulevards, of book shops, of kiosks, and of galleries, of the Parc Montsouris, of the Stade Buffalo, and of the Butte Chaumont, of the Guaranty Trust Company and the Ile de la Cité, of Foyot's old hotel, and of being able to read and relax in the evening; of all the things he had enjoyed and forgotten and that came back to him when he tasted that opaque, bitter, tongue-numbing, brain-warming, stomach-warming, idea-changing liquid alchamy."(50)

66   Cf. Titzmann 1977, 80.

402

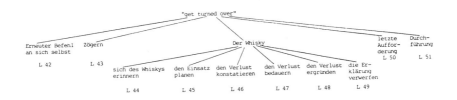

```
                                        "get turned over"

Erneuter Befehl   Zögern                        Der Whisky                      letzte      Durch-
an sich selbst                                                                  Auffor-     führung
                                                                               derung
      L 42          L 43                                                         L 50       L 51
                            sich des Whiskys   den Einsatz   den Verlust   den Verlust   den Verlust   die Er-
                            erinnern           planen        konstatieren  bedauern      ergründen     klärung
                                                                                                       verwerfen
                              L 44              L 45          L 46           L 47          L 48          L 49
```

AKT. "get turned over": 6: Sich des Whiskys erinnern

L 45

"and he thought, I'll take a good spot of the giant killer and then
I'll try it."

* AKT. "get turned over": 7. Den Einsatz von Alkohol planen

L 46

"But the flask was not there when he felt for it."

* AKT. "get turned over": 8. Den Verlust des Whiskys konstatieren

L 47

"Then he felt that much more alone because he knew there was not going
to be even that. I guess I'd counted on that, he said.

* AKT. "get turned over": 9: Den Verlust bedauern

** SEM.Einsamkeit

L 48

"Do you suppose Pablo took it?"

* AKT. "get turned over": 10: Den Verlust ergründen
** Neben seiner "Schlauheit" kennzeichnet den Bandenführer ein weiteres dominantes Merkmal: "Falschheit und Verrat"[67]: Der, dem von Anfang an alle mißtrauen (9-17, 26, 31, 45 f, 54, 89, 222 f, 370, bes. aber 17), verläßt in der Nacht vor dem Angriff die Truppe und stiehlt und vernichtet Jordans Sprengsätze (370 f) (genauso wie er die fünf Ersatzmänner ermordet, um in den Besitz ihrer Pferde zu gelangen, 454). SEM.Falschheit.
*** SYM.Verrat.

L 49

"Don't be silly. You must have lost it at the bridge."

* AKT. "get turned over": 11: Die Erklärung verwerfen
** SEM.Wahrheitsliebe

L 50

"'Come on now, Jordan,' he said. 'Over you go.'"

* AKT. "get turned over": 12: Letzte Aufforderung

L 51

"Then he took hold of his left leg with both hands and pulled on it hard, pulling toward the foot while he lay down beside the tree he had been resting his back against. Then lying flat and pulling hard on the leg, so the broken end of the bone would not come up and cut through the thigh, he turned slowly around on his rump until the back of his head was facing downhill. Then with his broken leg, held by both hands, uphill, he put the sole of his right foot against the instep of his left foot and pressed hard while he rolled, sweating, over onto his face and chest. He got onto his elbows, stretched the left leg well behind him with both hands and a far, sweating, push with the right foot and there he was. He felt with his fingers on the left thigh and it was all right. The bone end had not punctured the skin and the broken end was well into the muscle now."

---

67 Cf. Sickels Art. 1941, 32; Moynihan Art. 1959, 130.

* AKT. "get turned over": 13: Durchführung

Die Sequenz "get turned over", die nur zögernd ihren vollständigen Sinn preisgab, wird in dieser verhältnismäßig längsten und ausführlichsten Einheit des Schlußtextes zu Ende gebracht. Das formal und inhaltlich von Verzögerungen bestimmte Vorhaben entlädt sich nun endlich in einer detailreichen Beschreibung, die im Nachhinein die Länge und die scheinbaren Redundanzen ihrer Vorbereitung rechtfertigt: Denn ein vermeintlich einfacher physischer Akt kann, wenn er mit Schmerzen, großer Anstrengung und Pein verbunden ist, zum beklemmenden, fast unlösbaren Problem werden. So dient die Sequenz durch ihre oben beschriebene Eigenart in anschaulicher Weise einer authentischen Darstellung von Körperlichkeit, menschlicher Kontingenz und ihrer teilweisen Bezwingung, Überwindung.

** SEM Materialität. SEM.Körperlichkeit. SEM.Äußerste Anstrengung

L 52

"The big nerve must have been truly smashed, when that damned horse rolled on it, he thought. It truly doesn't hurt at all. Except now in certain changes of positions. That's when the bone pinches something else."

* ANAL. "verlieren - nicht-verlieren": Die Verwundung

Hat die Zerstörung des Hauptnervs bislang Schmerzfreiheit ermöglicht, so realisiert Jordan nun, nach Veränderung der Lage, einen beginnenden Schmerz.

** SEM. Beginnender Schmerz

L 53

"You see? he said. You see what luck is? You didn't need the giant killer at all."

* "Luck", ein frequenter Term dieser Sequenz wird hier in seiner lexikalischen Einzelbedeutung "good fortune; success, prosperity or advantage coming by chance rather than as the consequence of merit or effort" (Oxford Dictionary 1970, 486) verwendet, dient wiederum einer Handlung und kann kaum als Analyse qualifiziert werden. Unterstützt wird dies

noch von der rhetorischen Frage und schließlich der Tatsache, daß
diese Lexie ja auch auf den in L 52 konstatierten beginnenden Schmerz
re-agiert.

AKT. "Durchhaltestrategien": 6: Sich beschwichtigen

L 54

"He reached over for the submachine gun, took the clip out that was in
the magazine, felt in his pocket for clips, opened the action and looked
through the barrel, put the clip back into the groove of the magazine
until it clicked,"

* Das bisher passive Warten und Schauen wird durch eine aktive Tätigkeit
  abgelöst. Ihre detailreiche Beschreibung verrät ein gewisses Interesse
  des Diskurses an waffentechnischen, vielleicht militärischen Dingen.
  AKT. "bis zu Ende kämpfen": 4: Das Gewehr laden
** SEM.Materialität. Das Metallene. Militärische Begabung
*** FEM. Konkretionen
   In seiner Beschreibung von konkreten Vorgängen (L 54, 51), seiner Prä-
   sentation von Farben (L 1, 8), von Bizarrem (L 31), das nicht den Gesetzen
   der Ästhetik, sondern denen der Realität unterworfen ist, von körper-
   licher Bewegung (L 51) und von Naturdetails zeigt der Diskurs einen Sinn
   für konkrete Materialität, dem FEM sehnsüchtig entgegenspürt: Dinge de-
   tailliert, Vorgänge prozessual wahrzunehmen,ermöglicht die gesuchte Re-
   integration des Menschen in seine (Um)Welt.

L 55

"and then looked down the hill slope. Maybe half an hour, he thought."

* AKT. "bis zu Ende kämpfen": 5: Feinde² erwarten

L 56

"Now, take it easy."

* AKT. "Durchhaltestrategien": 7: Aufforderung, es leicht zu nehmen – und
  was leicht genommen werden <u>soll</u>, ist nicht leicht, leicht zu nehmen.
** SEM. Euphemismus für das Wort "Sterben". Furcht vor dem Sterben.

L 57

"Then he looked at the hillside and he looked at the pines"

* Nachdem eine erste Sequenz bereits ihren Abschluß gefunden und die zweite einen wesentlichen Fortschritt gemacht hat, meldet sich wieder jene verschwiegene Handlung: "Landschaft und Natur" - eine beharrliche Sequenz.
AKT. "Landschaft und Natur": 5: Pinien

L 58

"and he tried not to think at all."

* AKT. "Durchhaltestrategien": 8: Nicht denken, wodurch die Sequenz um einen neuen Term erweitert wird.

L 59

"He looked at the stream"

* AKT. "Landschaft und Natur": 6: Der Fluß
Die Sequenz wird weiter variiert,
** und bereitet die Opposition "frühere Kühle - jetzige Hitze" vor.

L 60

"and he remembered how it had been under the bridge in the cool of the shadow."

* SEM.Hitze

L 61

"I wish they come, he thought. I do not want to get in any sort of mixed-up state before they come."

* ANAL. "verlieren - nicht-verlieren": Die Verwundung
Jordan beginnt die Folgen der Verwundung und stärkerer Schmerzen zu bedenken: Die Bewußtlosigkeit.

Nur das rechtzeitige Eintreffen der Feinde kann ihn davor bewahren. Fortan konnotiert daher ein Herbeiwünschen der Feinde ein Stärkerwerden der
Schmerzen (ANAL geht in SEM über und betont damit den Schmerz struktural).

L 62

"Who do you suppose has it easier? Ones with religion or just taking
it straight? It comforts them very much but we know there is nothing
to fear. It is only missing it that's bad."

* SEM.Sachlichkeit. Rationalität

** Seiner relativen Bedeutungslosigkeit entsprechend (Religion beruhigt
und tröstet zwar, aber es besteht kein Grund zu Beunruhigung und Furcht:
Religion ist somit überflüssig) wird der Term "Religion" knapp verhandelt.

Insofern sich Religion auf Furcht ohne Grund, auf nichts Reales bezieht,
steht dieser Term in Opposition zu all dem was Jordan in dieser Sequenz
bislang als Wert formuliert hat: Ein parteiliches Eingebundensein in
eine konkret und unmittelbar erfahrbare Welt. Die positive Wertung "true"
kann Religion somit nicht zugesprochen werden.
ANAL. "verlieren - nicht-verlieren": Die Überzeugung

L 63

"Dying is only bad when it takes a long time and hurts so much that it
humiliates you."

* ANAL. "verlieren - nicht-verlieren": Sterben
"Sterben" ist ein negativer Term, wenn es dem Menschen seine Würde raubt.
** Ansonsten präsentiert es sich als "neutral": Zu einem guten Leben gehört
ein guter Tod. SYM.Ein guter Tod.
*** FEM. Leben und Sterben
*Auf der Ebene des symbolischen Codes präsentiert der Text die Zusammenge-
hörigkeit von Leben und Sterben. Dies entspricht den Bemühungen femini-
stischer Thoelogie um eine andere Bewertung und Gewichtung des Sterbens,*

um seine Entmystifizierung, was der Ausdruck vom "lebenssatten Dahin-
welken" (s. 5.3.2 (3)) signalisieren soll.

Doch "Sterben" grundsätzlich anders zu begreifen, scheint mir das Werk
generationenlanger Kulturarbeit zu sein: Das Sterben wieder hineinzu-
nehmen ins Leben und dem einzelnen ein Eingebundensein in den Kosmos
und in das Gedächtnis der anderen sowie Vertrauen auf die transformato-
rische Kraft der Macht-in-Beziehung zu vermitteln, das die Furcht viel-
leicht nehmen kann.

L 64
"That is where you have all the luck, see? You don't have any of that."

* AKT. "Durchhaltestrategien": 9: "Glück im Unglück"

L 65
"It's wonderful they've got away. I don't mind this at all now they are
away. It is sort of the way I said. It is really very much that way.
Look how different it would be if they were all scattered out across
that hill where that gray horse is. Or if we were all cooped up here
waiting for it. No. They're gone. They're away."

* Indem der Untergang der ganzen Gruppe plastisch vorgestellt wird, tritt
ihre Rettung um so befriedigender, auch für Jordan selbst, hervor.
ANAL. "verlieren - nicht-verlieren": Die Rettung der Freunde
** SYM. Verbundenheit
Immer wieder hatten Jordan Sorge und Skrupel ergriffen, u. U. das Leben
seiner eigenen Leute, seiner Freunde zu gefährden:

"So now he was compelled to use these people whom he liked as you
should use the troops toward whom you have no feeling at all if
you were to be successful." (161)

"No, he would carry out the orders and it was bad luck that you liked
the people you must do it with." (161)

"You will kill off Pilar, Anselmo, Agustín, Primitivo, this jumpy
Eladio, the worthless gypsy and old Fernando, and you won't get
your bridge blown. Do you suppose there will be a miracle and Golz

will get the message from Andrés and stop it? If there isn't you
are going to kill them all off with those orders. Maria too." (386)

*** SEM.Skrupel

L 66

"Now if the attack were only a success."

* ANAL. "verlieren - nicht-verlieren": Das Bürgerkriegsgeschehen
In diesem zweiten Term ist der Grad der Wahrscheinlichkeit bezüglich
eines Sieges der republikanischen Angreifer bereits geringer: Das Kondi-
tionalgefüge der ersten Lexie ist durch einen Wunschsatz mit konjunkti-
vischer Verbform ersetzt, d. h. das Gelingen des Angriffs wird nicht
mehr angenommen, sondern kann nur noch gewünscht werden.

L 67

"What do you want? Everything. I want everything and I will take whatever I get."

* SEM.Lebenwollen. Lebensbejahung. Lebensleidenschaft.
** ANAL. "verlieren - nicht-verlieren": Die Überzeugung
Alles haben wollen, nehmen, was immer man kriegen kann: Die Rettung der
Freunde sowie den militärischen Sieg. Dieses. Jenes. Jedes. Alles. Damit
bekräftigt Jordan abschließend sein Bekenntnis zur Welt und verstärkt
es noch einmal: Die Welt wird nicht nur als "fine place" beurteilt und
bekannt, sondern erscheint als das, was Jordan für sich selbst haben,
besitzen, wo er hingehören will.
Mit dieser Bekräftigung seines Bekenntnisses zur Welt schließt Jordan die
Sequenzeinheit, die sich auf seine Überzeugung bezieht, im Bereich der
euphorischen Beurteilungen ab: Er hat eine Überzeugung, er ist für diese
unter Einsatz seines Lebens eingestanden,und er bleibt bis zu seinem
Ende dieser Lust auf Welt treu.

*** FEM. Über das "eine-Ideologie-Haben'

Die Einheit des ANAL, in der Robert Jordan versucht, die Wahrheit seines Lebensentwurfes aufzuspüren und auszuformulieren, hat hier ein Ende gefunden, - Zeit für den feministischen Code, der ebenfalls der Suche nach Wahrheiten, nach des 'Lebensrätsels Lösungen' verpflichtet ist (cf. 7.4), kommentierend das Wort zu ergreifen, um neben diesem gemeinsamen Interesse an subjektiver Wahrheitsfindung weitere Verbindungen zu ziehen zwischen Jordans überzeugung und dem, wie die feministische Bewegung ihre "Ideologie" versteht.

Gemeinsamkeiten lassen sich hier sowohl formal als auch inhaltlich aufzeigen, und nicht zuletzt sind dann aber auch die Grenzen zwischen den beiden Welten behutsam anzudeuten.

Zurück zum Anfang dieser ANAL-Einheit: Jordans hoffendes Bekenntnis, 'etwas Gutes getan zu haben', erscheint aus der Perspektive feministischer Theologie, die verschiedener traditionell kirchlicher Diskreditierungen menschlicher Leistungen müde ist, hartnäckig pelagianisch nach dem Gutsein des Menschen fragt und auch das Gute in der Welt als sein Resultat erkennen und verstehen möchte, - aus dieser Perspektive erscheint Jordans Art, abschließend auf sein Leben zurückzublicken als gute Art, - zumal, wie die Entwicklung dieser analytischen Einheit gezeigt hat, Jordan tatsächlich, im Rahmen seines Lebensentwurfes, "Gutes" getan hat.

Und nicht zuletzt steht das Zögern bei dieser abschließenden Lebensbefragung in der Nähe der Einsicht feministischer Theologie, daß es nicht so leicht ist zu wissen, zu entscheiden und zu ertragen,was gut und was schlecht ist, - wovon beispielsweise die Geschichte vom Sündenfall und die Kategorie der Ambivalenz (3.1.2 (2) und (5)) zeugt.

Und entsprechend gilt es die Lapidarität der letzten Äußerungen Jordans zu beachten, die eine Redlichkeit und Bescheidenheit andeuten und die jenem kritisierten wortgewaltigen Heilsaktionismus und zermürbendem Leistungszwang und -drang (cf. 1.2.1) positiv gegenübersteht.

Für die im Fortgang der analytischen Einheit entfaltete überzeugung Jordans kristallisierte sich ferner zunehmend ein Ineinander von Wahrneh-

mungen und persönlichen Erlebnissen einerseits und einer Ideologie andererseits heraus, die dem eingangs charakterisierten "Diskurs der Nähe"
verwandt scheint: überzeugungen - sowohl im Diskurs "FW" als auch im
Diskurs der Nähe - werden eng am Gelebten, Erlebten entlang formuliert,
an den Erfahrungen, die reich machen. "Alles Wissen gründet auf
Erfahrung", schreibt Heyward (1986, 39): Erfahrungen von der Schönheit der Erde (FW) oder Erfahrungen von menschlichen Beziehungen (Kap.
2). überzeugungen bleiben für beide ursprünglich, einfach, - skeptisch
gegen Metaebenen, abgehobene, erdlose Theorien, gegen jegliche ideologische Indoktrinationen, seien sie nun marxistisch(wie in FW) oder kirch-
lich-dogmatisch (wie im Diskurs der Nähe): Die Welt, wie sie erfahren
wird, hat und behält ihren Wert (L 31) durch ihr wirklich-Sein resp.
durch ihr real erfahrbar-Sein und initiiert eine Weltliebe, die fast
mystisch den einzelnen mit der Welt (Jordan) und den Menschen mit den
Menschen, der Natur und ihren Körpern verbindet (cf. L 22; Kap. 5).
Was Heyward "Passion" nennt - sich auf die Tiefen menschlicher Erfahrungen einzulassen und auf deren Wert zu beharren - kann auch bei Robert
Jordan entdeckt werden: Jordan gelingt es, die zitierte menschliche Angst
vor der Passion, davor, lebendig in der Welt zu sein, zu durchbrechen,
sich, wie berauscht, zu dieser zu bekennen und für diese Erfahrung, daß
'die Welt schön und des Kampfes wert sei', mit der eigenen Existenz ein-
zustehen, - eine Formulierung in ANAL, die durch das SEM "Lebenwollen.
Lebensbejahung. Lebensleidenschaft" sekundiert wird.
Doch dieser Standpunkt ist das Ende des Prozesses, bedurfte des Lernens
und Fragens, der Veränderung, - was wiederum in Korrespondenz zu Heywards
Betrachtungen steht, die einer "Wahrheit ohne Veränderung, Reife ohne
Wachsen" skeptisch gegenüberstehen (Heyward 1986, 178).
Bleibt zuletzt auf einige Werte einzugehen, die bei der Entfaltung von
Jordans überzeugung auftreten:
Genannt wurden die Ideale der Französischen Revolution, der amerikanischen
Unabhängigkeitserklärung und des sozialistischen Engagements für die Ar-
men und Unterdrückten. Ohne Schwierigkeiten läßt sich hier eine Parallele

zu dem Bestreben der Christen nach "Gerechtigkeit" im Sinne Israels als "korrekte Regelung menschlicher Beziehungen" ziehen: Der Einsatz für die gleichen Rechte für alle Menschen kann leicht als verbindender gemeinsamer Nenner für alle genannten Bestrebungen und Strömungen angesehen werden.

Für christliche Frauen aber bedeutet dieses Ziel zugleich auch, Gott zu inkarnieren, kooperativ Partner/innen Gottes zu sein - so daß Ideologie, Überzeugung zu Glauben wird - und diese Auffassung trennt sie, abermals traurigerweise (cf. L 24), von anderen Gruppen und treibt sie zugleich um so dringlicher auf diese zu.

L 68

"If this attack is no good another one will be. I never noticed when the planes came back."

ANAL. "verlieren - nicht-verlieren": Das Bürgerkriegsgeschehen

* Der dritte Term dieser Einheit präsentiert nun eine Annahme des genauen Gegenteils des bisher Vorgestellten: Präsumiert wird nicht mehr das Gelingen, sondern das Scheitern des Angriffs[68], und zwar in einem Konditionalsatz mit indikativischer Verbform, d. h. mit einem hohen Grad an Potentialität.

Diese Kapitulation wird noch durch zwei weitere Elemente verstärkt: Zum einen durch den Gedanken eines anderen Angriffs, der jetzt die Funktion der Voraussetzung für einen Gesamtsieg übernimmt.

Das zweite Element bildet die Feststellung, daß die Flugzeuge der Republikaner nicht mehr zurückgekehrt sind, und das legt die Vermutung nahe, daß sie im feindlichen Gebiet abgeschossen wurden.

Doch auch dieser "Wahrheit" geht Jordan nicht nach; sie wird "gestreift", aber im Blick auf eine andere Schlacht "abgelenkt"[69].

---

68 Cf. Guttmann Art. 1960, 560.

69 Um so deutlicher geht natürlich eine zweite Bestimmungslinie (neben der von Jordan zu sich selbst) vom Diskurs zum Leser, die durch eine "Gegenkommunikation" die "message" von der verlorenen Schlacht endgültig bestätigt (cf. Barthes 1976, 146).

413

L 69

"God, that was lucky I could make her go."

* SEM.Emotionalität

** ANAL. "verlieren - nicht-verlieren": Erleichterung über die Rettung Marias. Dabei stellt die Äußerung "God" einen lokutiven, nicht illokutiven Akt[70] dar.

*** FEM. Die Religion (1)

Der Diskurs hat in L 62 Kritik an der Religion geübt und nun gezeigt, wie "Gott" aus der Illokution in die Lokution gedrängt wurde, d. h. nicht mehr kooperative/r Partner/in im Lebensgeschehen der Menschen ist. Feministische Theologie will diese Kritik ernst nehmen als Herausforderung, ihre Religiosität immer wieder zu bedenken. Zu einer Religion, die 'nur Trost' in irgendeiner Situation zu irgendeinem Zeitpunkt ist, soll sie nicht degenerieren. Die Beziehung der Menschen zu Gott muß lebendig und gegenseitig sein, gelebte Macht-in-Beziehung, sonst mißrät sie tatsächlich zur billigen und überflüssigen Tröstung.

**** SYM. Eine Liebe

***** Maria, nach der Massakrierung ihrer Eltern, von Faschisten malträtiert, gedemütigt und vergewaltigt (351-354), findet durch ihre Beziehung zu Jordan endlich wieder einen Grund zum Leben, Freude am Leben (160). In dem Augenblick, als Jordans Todesurteil sicher ist, möchte daher auch Maria nicht mehr weiterleben (cf. 169). Doch das ist nicht erlaubt. Jordan möchte alleine seinen (Helden-)Tod sterben, Maria hat sich dem zu fügen.

"Die fügsame Frau" (Rhode/Dudeck 1985, 29) und der dominierende Mann stellen als kulturellen Hintergrund das Figurenrepertoire von FW.[71]

---

70 Zu den Begriffen "lokutiv" und "illokutiv" cf. Austin 1981. Innerhalb von Jordans Analyse spielt "Religion" als Deutungs- und Bewältigungsmuster menschlicher Existenz überhaupt keine Rolle. Seine Kenntnisse der christlichen Religion dienen ihm allenfalls gegenüber Maria zur Beschwörung einer traditionellen Eheschliessung (70).

71 Cf. Moynihan Art. 1959, 130: "The coldness of Robert Jordan, his occasional indifference to Maria, |...|" und Yokelson 1960, 154 f.

Das wird durchgängig an Jordans Verhalten gegenüber Maria deutlich,[72] aber auch Maria selbst verhält sich nach den Maßstäben einer patriarchalischen Kultur: Jordan nennt Maria "kleines Kaninchen" ("rabbit", 68, 158, 169 f, 342, 355, 433), Maria darf keinen Whisky und Absinth trinken (49, "it is not good for a woman", 344), Maria gegenüber redet Jordan nicht von der zunehmend wahrscheinlicher werdenden Katastrophe (346), hat er Maria geliebt, wendet er sich sogleich seiner Arbeit zu (160, 169), ja grundsätzlich stört Maria ihn bei seiner Arbeit (77, 160, 267, 269 f, cf. 455), seine Pläne gehen Maria auch nichts an (343), und sie soll ja auch nicht mit diesen "belästigt" werden (372, 433). Die Arbeit ist wichtiger als die Beziehung zu Maria (372 f, 386 f), ebenso auch die männlichen Vergnügungen im Gaylord ("she could do what she liked while he went up there and he'd come back from Gaylord's to her. She had waited up in the hills all this time. She could wait a little while at the Hotel Florida", 231). Von ihren eigenen Erfahrungen und ihrem eigenen Schicksal darf Maria nicht reden ("'Do not talk of it'", 354, cf. 70, 357, 353), nicht einmal oder:gerade diesen grausamen Teil ihres "Eigenlebens" (Rhode/Dudeck 1985, 29) läßt Jordan nicht gelten. - Diesem kulturellen Muster entsprechend ist Maria bemüht um "Schönheit und Haushaltskünste (ebd. 29) ("'I will learn form Pilar what I should do to take care of a man well and those things I will do,' Maria said. 'Then, as I learn, I will discover things for myself and other things you can tell me.'", 169; cf. 349 f), um das beständige Vorantreiben ihrer "Verunselbständigung".

Maria versorgt Jordan, gibt ihm zu Essen (82, 323), trocknet ihm Füße und Kleidung (202 ff), bereitet den Schlafsack (383), gibt sich "very seriously and womanful" (170), ist sexuell ebenso unerfahren wie inaktiv (262 ff) und ihr schlichtes Lebensziel heißt Kinderkriegen (354).

---

72 "By now the relation between men and women in Hemingway's novels has fixed itself into a rather dull convention in which the men are all dominance and knowledge, the women all essential innocence and responsive passion; |...|" (Trilling Art. 1941, 66).

Auch auf Pablo und sogar Pilar ruht das Merkmal "Männlichkeitswahn",
so in Pablos sexistischen Beschimpfungen Pilars:"'Now if you are a woman
as well as a commander, that we should have something to eat'"(55 f),
"'You are a woman and you do not understand'" (208),"'|...| you are
a group of illusioned people', |...|. 'Led by a woman with her brains
between her thighs |...|'" (215).

Pilar wiederum übernimmt gegenüber Maria die traditionelle Rolle der
Wächterin und Beschützerin, hält Maria von allen Männern fern (cf. Rhode/
Dudek 1985, 29), währenddessen sie selbst in ihrem relativ freien und
unabhängigen Leben doch nur die Rolle, die die patriarchalische Kultur
einer Zigeunerin zuschreibt, realisiert.[73]

REF. Die fügsame Frau. Die mütterliche Frau. Der dominierende Mann.

****** SEM. Männlichkeitswahn.

******* FEM. Maria. Figur, nicht Person[74]

*Bei der Einführung des Codes der SEMe wurde als Charakteristikum der
Person "eine moralische Freiheit, die mit Beweggründen und einer überfülle an Sinn ausgestattet ist" (Barthes 1976, 98), genannt. Der Figur
hingegen eignet dies nicht. Bei ihr "werden Konnotationen entwickelt,
keine Nachforschungen angestellt"; ihre 'Wahrheit wird nicht gesucht,
sondern nur die Systematik eines (transitorischen) Ortes im Text', und:
"Dieser Ort wird |...| markiert, damit er zu den Alibis des Operatorischen*

---

73 "Ängste vor weiblicher Sexualität und erotisch-sinnlicher Ausstrahlung tauchen immer dann auf, wenn sie sich mit einer für den *macho*
undefinierbaren, mysteriösen Ausstrahlung umgibt, die aus der Unabhängigkeit der Frau resultiert. Es sind nicht von ungefähr meist
Frauen aus der Unterschicht oder marginalisierten Gruppen, wie die
Zigeunerin, die diese Gefühle auslösen. Ihnen gegenüber hat er kein
Machtmittel der Unterwerfung (weder unmittelbare Verfügungsgewalt wie
über Dienstmädchen und Bäuerinnen noch den auf verdrängter Sexualität
beruhenden Psychoterror), den er gegenüber den auf Ehrsamkeit bedachten Frauen seiner Klasse ausüben kann. Sinnfällig zum Ausdruck kommt
diese Bedrohung und der daraus resultierende Vernichtungswille in
der Geschichte der Carmen." (Rhode/Dudek 1985, 29).

74 Im Folgenden benutzt FEM Barthes, um in der Distanz des "Diskurses
der Nähe" Raum zu schaffen, sich von der Kolportage, die der Name
"Maria" abdeckt, durch Demontage zu befreien.

hinzutritt" (ebd. 98).

Maria ist Figur, nicht Person.

Sie ist ein solcher Ort in einem Text, der derart von der Person der Hauptfigur besetzt scheint, daß die Konnotationen, die der Eigenname "Maria" sammelt, nur einen Hintergrund, nur einen Ort für die Geschichte Jordans abgeben können, 'ohne moralische Freiheit, ohne Beweggründe, ohne eigenen Sinn' bleiben, wofür der referentielle Code mit seinem "Erbrechen" unerträglichster Klischees und Konventionalismen verantwortlich scheint (cf. L 11). Das Benennen jener "Stereotypen" soll im Folgenden den Mangel an 'Freiheit, Beweggründen und Sinn' aufdecken: Maria. Was diese Figur erlebt hat, ist ihr geschehen: Das Heranwachsen im väterlichen Haus, die Vergewaltigung durch Falangisten, die Rettung durch Pablos Truppe, das "wieder zum Leben erweckt werden" durch Robert Jordan. Immer ist ein Mann dagewesen, der ihre Geschichte gemacht hat, nie ist die Figur selbst deren Subjekt gewesen. Ihr geschieht das Schlimmste, was einer widerfahren kann: Vorsätzliche, inszenierte Schändung ihres Körpers, ihres Jung- und Schönseins, ihres gerade begonnenen Lebens, grauenvoll zelebrierte Zerstörung ihrer Menschen- und Frauenwürde - und letztlich gilt auch dies nicht einmal ihr als Person, sondern nur als Tochter des sozialistischen Bürgermeisters. Sie ist der öffentliche Ort, ihr Körper die Litfaßsäule, an der der gewaltsame Machtwechsel illustriert werden soll.[75]

Dann wird sie der Ort der "Hingerissenheit" Jordans (cf. L 12); ja, diskursiv auch der ihrer eigenen. Aber welche mag das glauben, daß die Geschändete, Vergewaltigte ausgerechnet durch die sexuelle Lust des männlichsten Mannes, den der Diskurs präsentiert, "erlöst" würde.

Und über diese "Sinn"-Lücke im Diskurs hinaus treibt dieser ihr Objektsein durch ihre Phantasien und Aktivitäten, die ohne Freiheit sind, voran;

---

75   Cf. Millet 1971, 56: Vergewaltigung ist immer "nur" ein Vergehen unter Männern, das die Besitzrechte des je anderen verletzt (s. 5.3.1. (2).

mit unglaublicher Penetranz schreibt der Diskurs ihre nicht-Geschichte fort: Machtlose Hausfrauenexistenz, Verzicht auf Selbständigkeit und Unabhängigkeit, auf eigene soziale Kontakte und beruflichen Erfolg, stumme Dienstfertigkeit, der es an jeglicher Autonomie, Ganzheitlichkeit und für den Reproduktionsbereich spezifischer Weisheit fehlt.[76] Trostlose Internalisierungen, devote Regression, unsichtbare Dienste. Ferner kein Raum, mit Jordan, der "Person", die Geschichte der an ihr verübten Greueltaten auszureden, obwohl auch diese Geschichte, die der Diskurs ja ins Wort erhebt, der Ort eigenen Handelns werden könnte. Aber sie scheitert an Jordan, wird und bleibt Geschichte ohne Motivierung für eigene Existenz. Und hinzu kommt, daß über dieses Verstummen der eigenen Geschichte sie keinen Platz erhält in der Jordans: Jordan gibt ihr keinen Raum, an seiner Arbeit und seinem Schicksal teilzuhaben, seine Pläne bleiben sein Geheimnis, aus allem wird sie herausgehalten: In Watte gebettet, in Watte erstickt. Partnerin wird sie nie sein - nur "privates Naherholungsgebiet" (Schwarzer) für den erschöpften Helden, der sich sein Bedürfnis nach süßer und freudvoller Harmonie nicht durch Fragen nach seinem und ihrem und ihrem gemeinsamen Schicksal stören lassen will: Transistorischer Ort für die Geschichte einer (anderen) Person.

"Von Sarrasine wird hier manchmal gesprochen, als hätte er ein Dasein, eine Zukunft, ein Unbewußtes, eine Seele", schreibt Barthes (ebd. 98). Auch von Maria wird so gesprochen. Doch die Realtität der Figur ist, daß sie keine Zukunft hat. Für Maria, wenn sie entkommen sollte, oder besser: noch einmal durch Pablos Schlauheit und Pilars Fürsorglichkeit gerettet werden sollte, - wie peinvoll wird dann ihr Leben sein? Lieber wäre sie mit Jordan gestorben, doch er hat es nicht erlaubt! Zu allem,, was man ihr angetan, erfährt sie nun auch noch, wie leicht es wäre, 'den eigenen Tod zu sterben', doch man erwartet statt dessen von ihr, 'mit dem Tod des anderen zu leben'.[77]

---

76 Cf. ihre ständige Ratsuche bei Pilar.

77 Cf. Kaléko: "Den eigenen Tod, den stirbt man nur, doch mit dem Tod der andern muß man leben".

L 70

"I'd like to tell grandfather about this one. I'll bet he never had to
go over and find his people and do a show like this. How do you know?
He may have done fifty. No, he said. Be accurate. Nobody did any fifty
like this one. Nobody did five. Nobody did one maybe not just like this.
Sure. They must have."

* SEM Positives Vorbild. Autorität.

** SEM.Wahrheitsliebe

L 71

"I wish they would come now, he said. I wish they would come right now
because the leg is starting to hurt now. It must be the swelling."

* SEM. Starke Schmerzen.

L 72

"We were going awfully good when that thing hit us, he thought. But it
was only luck it didn't come while I was under the bridge."

* AKT. "Durchhaltestrategien": 11: "Glück im Unglück"

L 73

"When a thing is wrong something's bound to happen. You were bitched
when they gave Golz those orders."

* Daß Jordan im Auftrag von General Golz handelt, ist von Anfang an klar[78];
daß aber auch Golz nur auf Befehle von oben hin reagiert, hat der Diskurs
bisher verschwiegen[79]. Warum diese späte Offenbarung? Will sie den allgemeinen und symbolischen Charakter von Jordans Mission indizieren?
SYM. Eine Mission

78   "By introducing Golz at the very opening and again in the next-to-
     last chapter, Hemingway creates a frame, as it were, for Robert
     Jordans' actions and deepens the meaning of his tragic heroism",
     (Krzyzanowski Art. 1962, 69).

79   Darauf hat lediglich Krzyzanowski hingewiesen: "he (Golz) is keenly
     aware that his freedom to act as he must in order to win is limited
     by his superiors, to whom non-military considerations are more im-
     portant than the battle itself" (ebd. 70).

** REF. Dasselbe was für "Karkow" gesagt wurde, gilt für "Golz": Auch hinter dieser Figur verbirgt sich eine historische Persönlichkeit, der russische General Karol Świerczewski[80], der unter dem Pseudonym "Walter" (cf. Thomas 1962, 299, 444, zitiert nach Krzyzanowski Art. 1962, 71) im Spanischen Bürgerkrieg die XIV. Internationale Brigade kommandierte. Auch Golz - Walters Name wurde nach Krzyzanowski aus Vorsicht geändert, während sowohl die äußere Beschreibung (8) als auch seine Abneigung gegen Marty sowie das Gefühl völliger Ohnmacht historisch sind (Krzyzanowski Art. 1962, 73).

Durch dieses vorsichtige Zitieren "geschichtlicher Persönlichkeiten" erhält der Diskurs einen "Abglanz von Realität" (Barthes 1976, 105), wobei diese wie sämtliche historische Persönlichkeiten (cf. auch La Pasionaria, Marty, etc. s. o.) nur "von der Seite her, von schräg her, im Vorbeigehen in die Fiktion eingeführt werden (ebd. 105). Denn nur diese Sparsamkeit, das "Wenig" an Bedeutung für den gesamten Diskurs, diese "Bescheidenheit" (ebd. 105) ermöglichen dieser ihre "Authentizität" (ebd. 105) und Glaubwürdigkeit.[81]

L 74

"That was what you knew and it was probably that which Pilar felt."

* ANAL. "verlieren - nicht-verlieren": "doom" (MYTH)
Jordans Auseinandersetzung mit der These eines alles bestimmenden und vorhersehbaren Schicksals findet hier ihren Abschluß, indem er endültig

---

80 Cf. bez. der strukturalen Interdependenz von SEM, REF und AKT Krzyzanowski: "Certain of Golz's attitudes toward people like Marty and his feeling of being powerless correspond to the facts of Świerczewski's life. One must admire Hemingway's psychological insight. When he chose to make Golz the frame for his epic novel, he not only conveyed the tragedy of the Spanish War but also created a peerless portrait of a man defeated by his doom" (Krzyzanowski Art. 1962, 74).

81 Cf. etwa auch Salvador Allende Gessens und Pablo Neruda in Allendes Roman "Das Geisterhaus" (Allende 1985).

zu seinen rationalen, logisch-empirischen Deutungsmustern zurückfindet[82]:
Pilar fühlte Jordans eigene Besorgnis, die ihn seit der Übernahme seines Auftrages nicht verlassen hatte (s. 3.2), unddies veranlaßte sie zur
vermeintlichen "Prophezeiung" der Katastrophe, - nicht aber eine übersinn-
liche Wahrnehmung: (genauso wie sie bei Kaschkin dessen Angst fühlte,
und nicht den Tod auf dessen Schultern sitzen sah und roch (223)).
Damit hat Jordan die Wahrheit, seine Wahrheit bez. "doom" gefunden; er
hat sich erfolgreich dem eingangs beschriebenen Bedeutungseffekt des Mythos
entzogen und rational seine Autonomie gegen alle anderen Deutungsmuster menschlicher Existenz behauptet. Damit ist diese Analyseeinheit
abgeschlossen. Da aber auch die mythische Stimme nach dieser Lexie nicht
wiederkehrt, scheint sie in Jordans Analyse hinein aufgehoben.

** FEM. Bemerkungen darüber, daß es so etwas wie eine Vorherbestimmung gebe
*Zwei Bemerkungen sollen gemacht werden. Die erste: Nicht "Figur in einem
göttlichen Spiel zu sein " (Heyward 1986, 48), sondern selbst das Leben
gestalten zu können und zu müssen, ist Bestandteil feministisch-theologischer Rede von der Mündigkeit des Menschen.
In seiner Leugnung von Verhängnis und Vorsehung behauptet Jordan seine Autonomie, die der feministischerseits postulierten Freiheit sehr nahe kommt.[83]
Für Jordan geht dieser Entscheidung ein langer Weg aus Betroffenheit,
Furcht und Auseinandersetzung mit Pilar und sich selbst voran, der sich*

---

82   Cf. das Folgende: "'Irdische Begegenheiten hatten irdische Ursachen;
     punctum.'", so der aufgeklärte Astronom Keppler zu seinem Auftragge-
     ber Wallenstein. Zur Verdeutlichung von Jordans Position sei ein
     ausführlicheres Zitat des Rationalisten Keppler erlaubt: "'Wer in
     den Sternen wissen wollte, was Wallenstein verlangte, der sei noch
     nie recht in die Schule gegangen und habe das Licht der Vernunft,
     das Gott ihm angezündet, noch nie recht geputzt. Konnte der böhmische
     Herr nicht endlich von dem Wahne lassen, der die Ursachen aller
     Particularia am Himmel suchte?|...|Glaubte denn sein Befrager, es
     drehe sich alles um ihn allein und müsse das große Ganze sich zum
     Schicksal seiner Einzelperson zusammenfügen? Andere Menschen lebten
     doch neben ihm, sehr viele von ihnen, jeder unter einer besonderen
     Konstellation geboren.'" (cf. Mann 1971, 356).

83   Cf. hierzu bes. 3.1.1 und 3.1.2.

noch hier im Schlußteil über einige aufeinanderfolgende Lexien hingezogen hat und ihr dadurch Glaubwürdigkeit verleiht.

Zum andern fällt die strenge Dichotomie auf, die Jordan zwischen "Autonomie" und "Bestimmung" aufzubauen bestrebt ist. Aus einer feministischen Perspektive, die zuläßt, was Menschen 'zwischen Himmel und Erde nicht rational erklären können', ist anzufragen, ob nicht ein integrativer Autonomiebegriff denkbar ist, der Pilars Wahrnehmung ernst nimmt, ohne darin menschliche Freiheit bedroht zu sehen, d. h. der die Möglichkeit kultiviert, daß Menschen Dinge, die sind und kommen, wissen und sich gerade darin behaupten.

L 75

"But later on we will have these things much better organized. We ought to have portable short-wave transmitters. Yes, there's a lot of things we ought to have."

* ANAL. "verlieren - nicht-verlieren": Das Bürgerkriegsgeschehen

Der letzte Term dieser Einheit sieht nun gänzlich von aktuellen Angriffen ab und wendet Interesse und Hoffnung einer späteren Zeit zu. Nicht die Gegenwart, sondern die Zukunft, die einen Sieg der eigenen Sache denkbar macht, ist Jordans "Wahrheit", die "Lösung" dieser Frage. So wird aus einem "faktisch" negativen ein potentiell euphorischer Term.

** FEM. Ein Vorschlag zur Güte

Das hat immer etwas Peinliches an sich, weckt immer ungute Gefühle, wenn einer die Wirklichkeit nicht wahrhaben will, von der Wahrheit ablenkt. Aber Jordan, am Ende seines Lebens und am Ende seiner Kräfte - soll er nicht das Recht haben, sich in Hypothesen, Konjunktiven, Wünschen und Hoffnungen aus der Realität zu stehlen?

Oder ist diese Flucht nicht auch eine Art letzten "wider-defaitistischen" Aufbegehrens gegen "das Böse in der Welt" (cf. 3.1.1 (4)), etwa im Sinne Gramscis: "Der Vernunft nach ein Pessimist, dem Willen nach ein Optimist".

L 76

"I ought to carry a spare leg, too. He grinned at that"

* REF. Über die erlösende Funktion des Witzes: "Das Lachen über einen Witz
gilt manchen Menschen als eine wesentliche Lebenshilfe. |...| Es gibt
geradezu das Lachen als Ventil in einer Krisen-Situation" (Röhrich 1977,
34).

L 77

"sweatily because the leg,where the big nerve had been bruised by the fall,
was hurting badly now. Oh, let them come, he said."

* SEM. Starke Schmerzen

L 78

"I don't want to do that business that my father did. I will do it all
right but I'd much prefer not to have to. I'm against that."

* Hier setzt eine sowohl für den Schlußteil als auch den gesamten Diskurs
völlig neue analytische Einheit ein. Jordan erwägt aufgrund der immer
stärker werdenden Schmerzen und der drohenden Bewußtlosigkeit, sich selbst
zu töten. Sich selbst zu töten, steht aber für Jordan unter dem negativen
"Beispiel" seines Vaters. Davon zeugt der lexikalische Term "that business": Wer sich selbst tötet, der ist in Jordans Augen ein "Versager",
ein "Feigling", stellt sich nicht Konfrontationen und Kampf, kapituliert,
gibt den Willen zum Leben auf. ANAL. "verlieren - nicht-verlieren": Sich
töten
** SEM. Euphemismus für das Wort "Sterben". Furcht vor dem Sterben
*** Durchgängig kleben an der Figur des Vaters die SEMe Feigheit und Schande.
Schmach. Beschämung. Peinlichkeit. "His (Jordans) father represents a
man without courage", schreibt Adler Art. 1964, 297 (cf. Frohock Art.
1969, 289), und Beach:

"Robert Jordan cannot bear to think of his father, who had denied his manliness by committing suicide.|...|Courage is important in itself, but it is above all important as a condition for meeting one's obligation to one's comrades in struggle." (Beach 1941, 89)

So ergeht an Jordans Vater auch der Vorwurf, sich zu sehr mit sich selbst beschäftigt zu haben ("You have to be awfull occupied with yourself to do a thing like that", 298), während sich der Großvater in den Dienst der Allgemeinheit stellt (s. L 28). Dieser Gegensatz zwischen Vater und Großvater wird damit zum Modell von Jordans eigener Entscheidung: Sich ausschließlich seiner Erschöpfung und seinen Schmerzen hingeben oder seine Aufmerksamkeit wachhalten für den Einsatz und die Hilfe für die Freunde.

SEM. Feigheit.

SEM. Schande. Schmach. Beschämung. Peinlichkeit.

**** FEM. Vom widersinnigen Heroentum

Im Handeln Robert Jordans fällt immer wieder ein widersinniger Hang zur Härte gegen sich selbst auf, die mehr oder weniger unverhältnismäßig (L 16, 23, 28) oder absurd (L 33) erscheint[84], wie seine Versuche, sich nicht gehen zu lassen und den Anwandlungen von Furcht, Müdigkeit und Erschöpfung nicht nachzugeben, oder etwa seine Art, von der Selbsttötung des Vaters peinlich berührt zu sein, davor (ängstlich) auszuweichen, oder schließlich seine einsam-männliche Entscheidung, Maria fortzuschicken (und damit eine mentale Gemeinschaft einer realen vorzuziehen). Dies alles sind Haltungen und Verhaltensweisen einer patriarchalischen Kultur,

---

84 Gemeint ist hier nicht das, was Frankenberg äußerte (cf. L 88), denn schließlich hat es einen Sinn, die Flucht der Freunde zu decken.- Ein gutes Beispiel für falsche Heroisierungen innerhalb der Sekundärliteratur liefert Eckerts in seiner Rezension von Hemingways Roman "Across The River And Into The Trees". Er schreibt: "Der Titel des Buches zitiert die Worte eines amerikanischen Generals, der während des letzten Kriegs bei einem Flußübergang schwer verletzt wurde, sich in einem Schlauchboot über den Fluß bringen ließ, um seine im Angriff stockende Truppe zu veranlassen, ihm zu folgen, und der im Wald jenseits des Flusses starb" (Eckert Art. 1975, 747). Vertraut man hingegen Chambers' Biographie über Stonewall Jackson, so ist in Erfahrung zu bringen, daß er nicht bei einem Angriff, sondern zu Hause im Bett, im Kreis von Frau und Freunden starb, und die zitierten Worte nicht der Ermutigung seiner Truppen dienten, sondern eher die Worte eines Mannes zu sein scheinen, der endlich seinen Frieden gefunden hat (cf. Chambers 1959, 446 f). Das Abendland hat ein sonderbares Bedürfnis nach Heroen!

in der ein Mann keine Schwächen haben darf, jeder, stahlhart, ein Held sein muß, - Lächerlichkeit und Repressivität des Männlichkeitswahns, sagt FEM.

L 79

"Don't think about that."

* ANAL. "verlieren - nicht-verlieren": Sich töten
Daher weist Jordan jegliches Nachdenken darüber zurück.

L 80

"Don't think at all."

* AKT. "Durchhaltestrategien": 13: Nicht denken

L 81

"I wish the bastards would come, he said. I   wish so very much they'd come.
His leg was hurting very badly now. The pain had started suddenly with the swelling after he had moved"

* SEM. Starke Schmerzen

L 82

"and he said, Maybe I'll just do it now. I guess I'm not awfully good at pain. Listen, if I do it now you wouldn't misunderstand, would you? Who are you talking to? Nobody, he said. Grandfather, I guess. No. Nobody.

* SEM. Einsamkeit. Hilflosigkeit.
** ANAL. "verlieren - nicht-verlieren": Sich töten
Der schnell von sich gewiesene Gedanke, sich zu töten, kehrt ebenso schnell wieder: Wie weit Jordan jedoch von einer Durchführung dieses Vorhabens entfernt ist, indiziert die Verwendung von Modalverben und Konjunktiven. Der spontan aus Jordan ausbrechende Versuch eines Gesprächs konnotiert Jordans Einsamkeit und Hilflosigkeit. Den Adressaten des Ge-

sprächs kann der Leser/die Leserin so wenig ausmachen wie Jordan selbst.

*** FEM. Die Religion (2)

Mag sein, daß manche/r hier gerne einen Ansatz zu einem Gebet sehen will: Daß Jordan, getrieben von der Not der letzten Stunde, sich doch noch Gott zuwendet.

Der Text selbst indiziert dies nicht! Die abgebrochene Rede so zu lesen, wäre eine Unterstellung, bestenfalls eine unter anderen ebenso möglichen und gültigen Interpretationen.

Feministische Theologinnen mögen sich daran halten, sich ihrer Macht in Beziehung zu erinnern, die stark, freundlich und offen macht und sie andere, dialogische Wege suchen läßt (s. L 114) zu Menschen und Textfiguren.

L 83

"Oh bloody it, I wish they would come."

* SEM. Starke Schmerzen

L 84

"Listen, I may have to do that because if I pass out or anything like that I am no good at all and if they bring me to they will ask me a lot of questions and do things and all and that is no good. It's much best not to have them do those things. So why wouldn't it be all right to just do it now and then the whole thing would be over with? Because"

* ANAL. "verlieren – nicht-verlieren": Sich töten

"if you were caught" (4) – der Gefahr der Folter ist sich Jordan von Beginn seines Einsatzes an bewußt. Hier bestärkt diese Möglichkeit seine Erwägung sich zu töten.

** REF. Menschen werden gefoltert, von Menschen.[85]

---

85 Zu den Bestialitäten des Spanischen Bürgerkriegs cf. – kritisch – die zuweilen beschönigenden Ausführungen Bareas (Art. 1941).

*** FEM.

Menschen werden gefoltert - von Menschen - und jene Opfer, die mit dem Leben davonkommen, wünschen vielfach, nicht mit dem Leben davongekommen zu sein (Schottroff/Sölle Art. 1983, 74 f). Feministische Theologinnen sind nicht bereit, jenes von Menschen an Menschen verübte "Böse" zu verschweigen (cf. 3.1.2 (4)). Sie werden dieses Leiden von Menschen durch Menschen immer wieder anprangern.

Das heißt aber für sie selbst, die Konfrontation mit jener Menschenverachtung zu ertragen.

Doch wie? Welche Messiasse (cf. 3.1.2 (6)) können angerufen werden?

Helfen soll die Erinnerung an die "Mütter des Glaubens". Sölle schreibt:

> "Die in Wirklichkeit Mächtigen, die, denen wir Macht über unser Leben geben und denen wir unsere Hoffnung anvertrauen, daß sie nicht zertrampelt werde, das sind die Mütter des Glaubens. Das sind die Verrückten von der Plaza Mayo und nicht die Offiziere aus den Folterlagern |...| Sich an die Mütter des Glaubens zu erinnern, auch gegen das eigene Ohnmachtsgefühl, bedeutet Stärke. Die Tradition, aus der wir leben, hat auf der Stärke der Schwachen bestanden." (Ebd. 78 f)

L 85

"oh, listen, yes, listen, let them come now."

* SEM. Starke Schmerzen

L 86

"You're not so good at his, Jordan, he said. Not so good at this. And who is good at this? I don't know and I don't really care right now. But you are not. That's right. You're not at all. Oh, not at all, at all."

* SEM. Starke Schmerzen

SEM. Euphemismus für das Wort "Sterben". Furcht vor dem Sterben.

SEM. Das Heldentum.

L 87

"I think it would be all right to do it now? Don't you?"

* ANAL. "verlieren - nicht-verlieren": Sich töten
** SEM. Euphemismus für das Wort "Sterben". Furcht vor dem Sterben.

L 88

"Not it isn't. Because there is something you can do yet. As long as you know what it is you have to do it. As long as you remember what it is you have to wait for that."

* Frankenberg hat gegen die Figur Robert Jordan den Vorwurf des "nutzlosen Heroentums" ("useless heroism", cf. L 78)[86] erhoben. Aber ist dies legitim, wenn es noch etwas gibt, wofür zu kämpfen sich lohnt, nämlich das Überleben der Freunde.

AKT. "Durchhaltestrategien": 15: Die Aufgabe
** SEM. Pflichtbewußtsein.

L 89

"Come on. Let them come. Let them come. Let them come!"

* SEM. Starke Schmerzen

L 90

"Think about them being away, he said. Think about them going through the timber. Think about them crossing a creek. Think about them riding through the heather. Think about them up the slope. Think about them O.K.tonight. Think about them travelling,all night. Think about them hiding up tomorrow. Think about them. God damn it, think about them."

* Wieder wird der rhetorische Effekt der "Vereindringlichung" durch Wiederholungen eingesetzt, um die Gedanken vom eigenen Verlieren zur Rettung

---

86   Cf. auch Nahal: "There is no withdrawal of the individual into himself; rather such moments are determinedly pushed aside by the hero for the job in hand." (Nahal 1971, 120)

der Freunde hinzulenken, und dadurch durchhalten zu können.
AKT. "Durchhaltestrategien": 16: Sich abzulenken versuchen.

L 91

"That's just as far as I can think about them, he said."

* AKT. "Durchhaltestrategien": 17: Scheitern des Ablenkungsversuchs

L 92

"Think about Montana."

* AKT. "Durchhaltestrategien": 18: Erneuter Ablenkungsversuch

L 93

"I can't."

* AKT. "Durchhaltestrategien": 19: Erneutes Scheitern

L 94

"Think about Madrid."

* AKT. "Durchhaltestrategien": 20: Widerholter Versuch, sich abzulenken

L 95

"I can't."

* AKT. "Durchhaltestrategien": 21: Wiederholtes Scheitern

L 96

"Think about a cool drink of water."

* SEM. Hitze. Durst
** AKT. "Durchhaltestrategien": 22: Vierter Ablenkungsversuch. Mit ihm endet
die Dramatik der vorangegangenen Lexien, die sich aus der Kürze dieser
ergab und nun in eine Phase der Analyse übergeht.

L 97

"All right. That's what it will be like. Like a cool drink of water."

* ANAL. "verlieren - nicht-verlieren": Sterben

"Sterben" ist ein negativer, ein Verlierer-Term, denn Sterben beendet das Leben in und mit der Natur, steht im Gegensatz zu Jordans Liebe zur Welt und zum Leben, zu seinem Wunsch nach Erkenntnis und Verstehen, kann demütigen, den natürlichen Stolz des Menschen brechen.

In der Sekundärliteratur wird dies durchgängig übersehen, indem Jordans eigene Analyse übergangen und vorschnell und zum Teil triumphalistisch auf "Nutzen", "Sinn" und "Zweck" dieses Todes hingewiesen wird.[87] Für Jordan aber ist der Tod, als definitives Ende des Lebens, durchgängig negativ besetzt.

Was aber das Sterben selbst ist, fragt er sich hier zum ersten Mal. Über drei Lexien hinweg, die verschiedene "Hermeneuteme"[88] präsentieren,

---

87 Cf. Alridge: "He is Hemingway's new complete man facing death |...| as a courageous human being dying so that all humanity may live. It is a good death he is going to" (1951, 37 f); Sickels: "Death, he knows, is nothing; but how one meets it is, to one's self, very important also" (Art. 1941, 33); Fadiman: "Robert, his left leg smashed, alone and on the threshold of delirium, trains his machine gun on the advancing Fascists and prepares himself, knowing at last why he is doing so, to die" (Art. 1942, 420); Young: "he |Jordan| behaves well. He dies, but he has done his job, and the manner of his dying convinced many readers of what his thinking had failed to do: that life is worth living and that there are causes worth dying for" (1973, 20); Beach: "If the mere courageous meeting of our mortal destiny may give us 'a feeling that mortality is not a curse', the meeting with death in the interest of some positive human good may even better illustrate |...| 'the glory of man'." (Art. 1951, 322)

88 Cf. Barthes: "Der Wahrheitssatz ist ein 'gelungener' Satz; er hat ein Subjekt (das Thema des Rätsels), die Aussage der Frage (die Formulierung des Rätsels), seine Markierung als Frage (die Setzung des Rätsels), verschiedene Nebensätze, eingeschobene Sätze und Katalysen (die Aufschübe der Antwort), die alle dem Schlußprädikat (der Enthüllung) vorausgehen. |...| Dieser Kanon kann modifiziert werden |...|, wenn nur die wichtigsten Hermeneuteme (die 'Kerne') in dem Diskurs zu irgendeinem Zeitpunkt anwesend sind |...|." (Barthes 1976, 88)

bis die Lösung gefunden ist: 1. Hermeneutem: These: Sterben ist wie ein
kühler Schluck Wasser (in der Hitze), also erlösend.

L 98

"You're a liar."

* ANAL. "verlieren - nicht-verlieren": Sterben.

2. Hermeneutem: Zurückweisen der These

** Sich nichts vormachen ("'don't fool yourself'", 16; "'don't kid your-
self'", 336), sich nicht belügen (166 f, 303, 394), den Dingen ins Auge
sehen   (161, 164, 303 f) ist immer wieder Jordans Anliegen.SEM. Wahrheitsliebe.

L 99

"It will just be nothing. That's all it will be. Just nothing."

* ANAL. "verlieren - nicht-verlieren": Sterben

3. Hermeneutem: Die Lösung, die Antwort, die "Mutterzelle des Abendlandes": "Sterben" ist keine Tragödie und keine Erlösung, es bedeutet das
Ende von vielem, es selbst aber ist: Nichts.

** FEM. Bemerkungen zu einer singulären Aussage über das Sterben
Jordan hat gerne gelebt, er stirbt ungern, läßt ungern dieses Leben.
Gegen die Heroisierungstendenzen der Sekundärliteratur will auch FEM
dies wahrnehmen und betonen.
Es gibt die subjektive, vom einzelnen erfahrene Trauer über das Lebens-
ende, die in kein Modell von Leben und Tod hinein aufzuheben ist.
Darüberhinaus entsprechen weiterhin der beschriebenen feministischen
Kritik an einer Hypostasierung des Todes Jordans sachliche und konkrete
Äußerungen über den Tod als Ende seines Lebens, seines Engagements, sei-
ner Begeisterung, seines Lernens und seiner freien Existenz in der Natur
und über das Sterben als "nichts" (wenn ihm dies tatsächlich als "Lösung"
zu glauben ist; daß diese ANAL-Einheit nicht mehr auftaucht, spricht
jedenfalls dafür) - was heißen mag: Weder gut noch schlecht, man weiß

es einfach nicht.
Das Problem der ausgelöschten Individualität ist damit freilich nicht
aus der Welt, aber unverhältnismäßiger, menschenunfreundlicher Drama-
tisierungen enthoben.

L 100

"Then do it. Do it. Do it now. It's all right to do it now. Go on and
do it now."

* SEM. Starke Schmerzen. Unter den starken Schmerzen, aller Qual, der Pein
ist aus dem Erwägen eine Aufforderung geworden.
ANAL. "verlieren - nicht verlieren": Sich töten
** SEM. Euphemismus für das Wort "Sterben". Furcht vor dem Sterben.

L 101

"No, you have to wait. What for? You know all right. Then wait."

* Sich seiner Arbeit ("our work", 395), seiner Pflicht ("duty", 62; "obligation", 62; "You are instruments, to do your duty", 43) und seiner Verantwortung ("But what will happen in all the other days that ever come
can depend on what you do today", 431) zu erinnern, stellt eine durch-
gängige Motivierung im Handeln Jordans dar, veranlaßt ihn häufig, wie
auch hier (cf. auch L 104) alle eigenen Bedürfnisse hintan zu stellen.[89]
AKT. "Durchhaltestrategien": 23: Die Pflicht
** SEM. Pflichtbewußtsein.

---

89 Aufgrund dieses "absoluten Geheimnisses" sah Burgum sich dazu veranlaßt, Jordan faschistoide Züge zuzuschreiben: "As such, the psychology of Robert Jordan is, I should say, strangely enough that typical
of the authoritarianism of fascism." (Burgum Art. 1969, 323). Ein
derartiges Urteil ist nicht allein Ausdruck der "Befremdung, mit
welcher der erneute literarische Rückzug Hemingways von der aktuellen
Politik in weiten Kreisen der Intelligenz registriert wurde"(Kirchner
1976, 161), sondern zeugt von einer mangelhaften Textanalyse und
ignoriert in nicht nachvollziehbarer Weise die wohl doch näherliegende
Möglichkeit einer Erklärung von Jordans Verhalten im Rahmen einer
(ebenso autoritätsgläubigen) kommunistischen (Partei-)Disziplin.

L 102

"I can't wait any longer now, he said. If I wait any longer I'll pass
out. I know because I've felt it starting to go three times now and I've
held it. I held it all right. But I don't know about any more. What I
think is you've got an internal haemorrhage there from where that thigh
bone's cut around inside. Especially on that turning business. That makes the swelling and that's what weakens you and makes you start to pass.
It would be all right to do it now. Really, I'm telling you that it would
be all right."

   * ANAL. "verlieren - nicht-verlieren": Die Verwundung

  ** ANAL. "Verlieren - nicht-verlieren": Sich töten

Diese Lexie führt die beiden ANAL-Einheiten zusammen und greift ihre

einzelnen Elemente nochmals auf: Die veränderte Lage, der Knochen, der

ins Fleisch eindringt, die innere Blutung, die Schwellung, die Schmerzen,

die drohende Bewußtlosigkeit - Kette schmerzhafter Kausalitäten, an deren

Ende als letzte Konsquenz Jordans Selbsttötung steht.

  *** SEM. Sachlichkeit. Rationalität.

 **** SEM. Euphemismus für das Wort "Sterben". Furcht vor dem Sterben.

***** FEM. Passion ohne Gott

*Der Diskurs bietet die Aktivität/Anstrengung verschiedener Codes auf,
um Schmerz und Angst der letzten Stunde Jordans plastisch werden zu lassen: Im Code der Handlungen indizieren Redundanzen (s. 7.2.2 (1)) (besonders beim Versuchen und Scheitern der Durchhaltestrategien (L 12,
13, 91-95)) die qualvolle Mühseligkeit des Endes, und die Einheiten von
"get turned over" signalisieren Schmerzen und Angst, physisches Leid
und Furcht vor körperlichem Schmerz (ab L 42).
Die Stimme der SEMe unterstreicht dies durch das folgende Repertoire:
Schmerz (L 52, 71, 72, 77, 81, 88, 85, 86, 89, 100), Erschöpfung
(L 4), Einsamkeit (L 6, 12, 47), Anstrengung (L 51).
In ANAL deuten Lexien des aufgeben- und sich-töten-Wollens (L 78, 79, 84,87,100)
das Ende aller Kräfte an und zeigen, daß Jordan weder Herr seiner selbst
geschweige denn der Lage ist (L 61). Zudem wird "Sterben" als Bedrohung
der Menschenwürde vorgestellt (L 63); und die Unerträglichkeit der physischen Schmerzen führt das Realisieren der Verletzung und den Wunsch, sich*

zu töten nun in letzter Steigerung in einer Lexie zusammen.
Der gewaltsame und frühe Tod, das Sterben in Schmerzen und Angst ver-
langt eine andere Entgegnung (cf. 5.3.2 (3)) von FEM als sie auf der
Ebene von SYM im Sinne eines 'guten Todes' nach einem 'guten Leben' oder
auf der Ebene von ANAL als abgeklärte - wenn auch individuell nicht ab-
klärbare - Trauer gegeben werden konnte. Denn gerade die Erfahrungstheologie der Frauen, die aus Konflikten heraus Leben-ermöglichende Beziehungen und Reflexionen auftat, wird nicht zu imperialistischer Systematik degenerieren dürfen, der es an jeglicher Offenheit[90] gegenüber weiteren Erfahrungen mangelt.
Sowohl im Jesus Entwurf Heywards (3.3.2 (4)) als auch im Nach-denken
über das Sterben (5.3.2 (3)) war von der Bedrohung des 'unmittelbaren
Selbstwertgefühls der Menschen' durch den Tod (Heyward 1986, 99) und
der Erfahrung, daß 'der Tod den Menschen zum Narren macht' (Heyward 1986,
99 f) die Rede.Und dies ist genau die mit Körper, Geist und Seele gemachte verzweifelte Erfahrung Jordans.
Eine Erfahrung ohne Sinn.

Menschen haben immer wieder versucht, dem Leiden einen Sinn abzuringen[91],
was aber hier weder auf Kosten einer literarischen Figur noch irgend-
eines Menschen geschehen soll. Immer wäre dies nur Zynismus.
Die einzige Antwort, die feministische Theologie geben kann, ist die
Frage, was wir tun: "Die einzige Aussage, die zählt, ist die gerechte
Beziehung im menschlichen Leben" (Heyward 1986, 159).
Und der einzige Trost, wenn es überhaupt einen geben kann, ist unser
Anwesendsein und unsere Hingabe: "Wenn Gott allmächtig ist, ist er es
in und durch die Macht menschlicher Liebe. Nur wenn wir die Menschheit
zu ihren eigenen Bedingungen ernst nehmen, kann Gott mit uns vom Bösen

---

90 Das ist die Lehre Wiesels, wie Heyward sie formuliert: "Gepeinigt
    und zornig über die Menschheit und Gott, bietet Wiesel keine Systeme,
    keine Kategorien, keine formalen Hypothesen an. Er erzählt Geschich-
    ten und stellt Fragen. Seine Worte brechen unsere theologischen
    Kategorien auf " (Heyward 1986, 137).

91 Cf. Pröpper Art. 1983.

434

befreit werden" (Heyward 1986, 164).
Und die Frage, was wir tun, ist die Frage, wie wir die Lebenden (messianisch) zur Passion ermutigen (cf. 3.1.2. (5)), die Sterbenden begleiten und todbringende Systeme und Strukturen bekämpfen; wie wir uns anrühren lassen von Macht in Beziehung, wie wir Macht in Beziehung wirklich werden lassen, oder wie wir unsere Verzweiflung, ähnlich dem markinischen Jesus (cf. 3.3.2 (4), paradoxerweise, in das Schwinden dieser Macht hineinsprechen.

L 103

"And if you wait and hold them up even a little while or just get the officer that may make all the difference. One thing well done can make -"

Der Kursivdruck[92] verleiht der Lexie fast den Charakter eines Kryptozitates und bestätigt (damit) den hohen Stellenwert verantwortlichen und solidarischen Handelns in Jordans Lebensentwurf und -praxis.

* AKT. "Durchhaltestrategien": 24: Der Auftrag
** SEM. Pflichtbewußtsein
*** FEM. Vom Jetzt

"Unsere Zeit, die einzige Zeit, die wir hatten, die einzige Zeit, die wir haben werden, ist jetzt, immer jetzt" (Heyward 1986, 174).
Feministische Theologie lenkt den Blick auf die Gegenwart, ihr eignet ein Gefühl der Dringlichkeit: Was Menschen heute tun, nicht was ihnen für morgen verheißen wird, ist wichtig, bedeutet Passion. Eine entsprechende Einstellung verrät Jordans Tun, wenn er versucht, die Feinde aufzuhalten, um den Rückzug der Freunde zu decken (L 88), und bis zuletzt durchzuhalten, um noch die allerletzte Chance zu nutzen.

---

92 Zu einigen 'elementaren Kriterien struktureller Relevanz' cf. Titzmann 1977, 347-380.
Der Kursivdruck im Originaltext wurde hier durch Unterstreichung gekennzeichnet.

L 104

"All right,he said. And he lay very quietly and tried to hold on to himself that he felt slipping away from himself as you feel snow starting
to slip sometimes on a mountain slope, and he said, now quietly,then
let me last until they come."

* Das Erinnern seines Auftrags verhilft Jordan dazu, sich zu sammeln, zu
beruhigen und auszuharren.

AKT. "Durchhaltestrategien": 25: Beruhigung

** SEM. Erschöpfung

L 105

"Robert Jordan's luck held very good"

"Wer spricht?", hat Barthes in seiner Analyse gefragt (Barthes 1976,
46). Diese Frage ist auch hier zu stellen.
Da es sich bei "FW" um einen "klassischen Text" handelt, kann davon ausgegangen werden, daß "die meisten Aussagen mit einem Ursprung versehen
sind, ihr Vater[93] und Besitzer kann identifiziert werden", und hier legt
es sich nahe als "Ursprung" 'das Bewußtsein einer Person, des Autors'
anzunehmen (ebd. 46).
Und die Tatsache, daß dieser sich für das Glück seines Helden interessiert, erlaubt ihm eine gewisse Sympathie für Jordan zu unterstellen.
Mehr ist nicht zu sagen - "denn das Sein des Schreibens (der Sinn der
Arbeit, die es konstituiert) ist es, zu verhindern, daß jemals auf die
Frage geantwortet wird: Wer spricht?" (Ebd. 141).[94]

---

93 Natürlich gibt es auch bei Barthes chauvinistische Tendenzen zu
kritisieren.

94 Diese Ausführungen verstehen sich als höfliche Provokation an die
Adresse all derer, die leidenschaftlich Dichterpsychen sezieren
(cf. 7.2.2 (4) , bes. Anm. 42).

L 106

"because he saw, just then, the cavalry ride out of the timber and cross
the road. He watched them coming riding up the slope. He saw the trooper
who stopped by the gray horse and shouted to the officer who rode over
to him. He watched them both looking down at the gray horse. They recognized him of course. He and his rider had been missing since the early
morning of the day before.
Robert Jordan saw them there on the slope, close to him now,"

* Nach langer Unterbrechung, Zeit der Kampfunfähigkeit, meldet sich wieder
die "Kampf"-Sequenz. Die bisher nur erwarteten Feinde treten in Erscheinung.
AKT. "bis zu Ende kämpfen": 6: Feinde[2]
** SYM. Ein Feind

L 107

"and below he saw the road and the bridge and the long lines of vehicles
below it."

* AKT. "bis zu Ende kämpfen": 7: Feinde[1]
** Zwei aufeinanderfolgende Lexien, zwei feindliche Gruppierungen, Feinde
hier, Feinde dort: Jordans Lage ist hoffnungslos.
SYM. Ein Feind

L 108

"He was completely integrated now"

* SEM. Konzentration

L 109

"and he took a good long look at everything."

* Erschienen bislang in dieser Sequenz nur Konkreta, so tritt hier erstmals ein Kollektivum auf, jedoch eines, das zugleich jedes einzelne Phänomen würdigt: "everything", nicht: "all". Dem entspricht die Entfaltung

des Verbs "to look" zu dem Funktionsverbgefüge "to take a good long look".
Doch warum diese Ausdrücklichkeit? Und warum das Einsammeln aller
Phänomene unter einem Begriff? Es ist der letzte konzentrierte Blick
Jordans auf seine Umgebung, Blick des Abschieds.
AKT. "Landschaft und Natur": 8: "Everything"

L 110

"Then he looked up at the sky. There were big white clouds in it."

* AKT. "Landschaft und Natur": 9: Der Himmel
Von einigem informativen Wert sind die Präpositionen dieser Sequenz:
(Fast) ausschließlich mit demselben Verb (to look) kombiniert, beschreiben sie einen Halbkreis von dem nach unten gerichteten Blick ("down",
1, 6 (2x); 15; 48), über den Blick in Augenhöhe ("at", 51) nach oben
("up"), um in der folgenden Lexie durch einen Wechsel von Verb und Geschehen zu Robert Jordan selbst zurückzukehren. Der so beschriebene Halbkreis läßt auf "Geborgenheit und Natur" als Sinn der Sequenz schließen,
denn Geborgenheit erfahren Menschen in und unter dem, was sie wohltuend
und hilfreich umgibt.
** Ein Himmel voll weißer Wolken. - Immer wieder sind in den Diskurs Bilder, Momentaufnahmen einer idyllischen Landschaft eingeflochten: Jordan
geht seiner Arbeit nach, oder er ist mit Maria zusammen, - dann fällt
sein Blick auf ein Stück friedvoller Natur:

"Robert Jordan walked through the pines, feeling his way from tree
to tree to the edge of the meadow. Looking across it in the darkness, lighter here in the open from the starlight, he saw the dark
bulks of the picketed horses." (61 f)

"He looked at her (Maria) and across the meadow where a hawk was
hunting and the big afternoon clouds were coming now over the mountains." (159)

"Robert Jordan went to the mouth of the cave, lifted the blanket
and looked out. It was clear and cold in the night outside and
no snow was falling. He looked through the tree trunks where the
whiteness lay and up through the trees to where the sky was now

clear." (257, die Kälte und Klarheit der Nacht steht hier im Gegensatz zur feuchtwarmen, Streit-geladenen Atmosphäre in der Höhle).

"A warm wind came with daylight and he could hear the snow melting
in the trees and the heavy sound of its falling. It was a late spring
morning." (265)

"The sun was coming over the mountains now. A warm wind was blowing
and the snow was melting. It was a lovely late spring morning."
(269)

"He (Robert Jordan) looked back and saw her (Maria) standing there,
the first morning sunlight on her brown face and the cropped, tawny,
burned-gold hair." (270 f)

"The sun was bright on the snow and it was melting fast. He could
see it hollowing away from the tree trunks and just ahead of the
gun, before his eyes, the snow surface was damp and lacily fragile
as the heat of the sun melted the top and the warmth of the earth
breathed warmly up at the snow that lay upon it." (281)

"Now the morning was late May, the sky was high and clear and the
wind blew warm on Robert Jordans' shoulders. The snow was going
fast and they were eating breakfast." (287, cf. 292: Robert Jordan:
"'The day is good.'")

"Robert Jordan lay behind the trunk of a pine tree on the slope of
the hill above the road and the bridge and watched it become daylight. He loved this hour of the day always and now he watched it;
feeling it gray within him, as though he were a part of the slow
lightening that comes before the rising of the sun; when solid things
darken and space lightens and the lights that have shone in the
night go yellow and then fade as the day comes." (430)

"He (Robert Jordan) lay there and watched the road and tried not
to think at all. A squirrel chattered from a pine tree below him
and Robert Jordan watched the squirrel come down the tree trunk,
stopping on his way down to turn his head and look toward where
the man was watching. He saw the squirrel's eyes, small and bright
and watched his tail jerk in excitement. Then the squirrel crossed
to another tree, moving on the ground in long, small pawed, tail-
exaggerated bounds. On the tree trunks he looked back at Robert
Jordan, then pulled himself around the trunk and out of sight."
(432)

In der Sekundärliteratur wird daher bezüglich des Verhältnisses von
Mensch und Natur von "integration of man into nature", "most intimate
possible association with nature" (French Art. 1971, 60) und "elemental
symbiosis of man and nature" (Guttmann Art. 1960, 543) gesprochen: Die
eingangs mit   Donne   proklamierte "Bruderschaft"gilt auch der Natur
(cf. ebd. 545).
Damit ist der letzte Term des symbolischen Codes gegeben:
Zum Entwurf des vollständigen Lebens gehört der Mensch in der Natur.
Der Literaturwissenschaft wird - mit vielen Einschränkungen[95] - die Benennung für diesen Term entnommen:
SYM. Das Idyll[96].

*** FEM. FW, Feminismus und Natur
*In verschiedenen Codes taucht der Term "Natur" auf und indiziert damit
seine Relevanz: Im symbolischen Code präsentiert er sich als Bestandteil
menschlicher Existenz, in SEM haftet an ihm das Merkmal "Lebendigkeit.*

---

95 Über Gemeinsamkeiten mit der abendländischen Tradition der Idylle
    verfügt der Term lediglich in Bezug auf den dargestellten Einklang
    von Mensch und Natur. Dieses "harmonische" Verhältnis (cf. Geißler
    1961, 275) des "natürliche|n|, ursprüngliche|n|, elementare|n|,
    ewige|n| Mensche|n|" (Sengle Art. 1963, 621) zu seiner naturhaften
    Umwelt ist aber - u. a. - nicht "Gegenbild" (ebd. 621) der Realität,
    entspringt nicht "Wunschträume|n| und Sehnsüchte|n|, die wegen ihrer
    Irrealität an der rauhen Gegenwart zerbrechen müssen" (Geißler Art.
    1961, 277), ist nicht Versatzstück einer utopischen "Wunschlandschaft
    der Schönheit, der Erhabenheit |...| im ästhetischen Vor-Schein"
    (Bloch 1959, 981), sondern muß als wirklich erlebbare Gegenwart
    verstanden werden. Denn der Gegenstand, dem der symbolische Code
    seine Einheiten entnommen hat, sind die authentischen Erfahrungen
    der Figur Robert Jordan (s. 7.2.2 (4)). Auch meint der Begriff
    "Idylle" keineswegs die literaturwissenschaftliche Gattungsbezeich-
    nung, sondern versteht sich lediglich im "weiteren Sinn" als "Be-
    zeichnung für jede Dichtung, die in räumlich-statischer Schilderung
    unschuldsvolle, selbstgenügsam-beschauliche Geborgenheit darstellt."
    (cf. Meyers Enzyklopädisches Lexikon 1974, 448).

96 Cf. Baker: "Hemingway has achieved a kind of idyll in the midst
    of war, an island |...| surrounded by the sinister." (1972, 257).
    Guttmann Art. 1960, 455: "The guerrilla unit is a compromise which
    permits the maintenance of a closeness to nature |...|. "; cf. ferner
    French Art. 1971, 60; Gordon Art. 1949, 219.

Leben" (L 1) und in AKT offenbart er sich als verschwiegene und beständige letzte Hilfe und Zuflucht für Robert Jordan (L 57).

Sowohl dieser Erfahrung und Einschätzung von Natur als auch dem differenzierten - optischen und physischen (L 1, 7) - sowie sensiblen, Details würdigenden Kontakt kann feministische Theologie nur engagiert beipflichten:

Losgelöst von mißachtenden und zerstörerischen Haltungen, an denen sowohl die jüdisch-christliche Religion als auch das sie fortführende naturwissenschaftliche Denken der Neuzeit beteiligt sind, findet das abendländische Individuum zur Natur zurück als Ort des Heils.

Eine solche Rede will jedoch nicht dem Diskurs "FW" jene Erfahrung von Macht in Beziehung, wie in "Frau und Natur" beschrieben, unterstellen, noch jene identifikatorische Schwesternschaft zwischen Frau und Natur dem Diskurs aufdrängen. Jedoch sind einige Korrespondenzen zwischen den "Stimmen" des Textes und einem ökofeministischen Naturbegriff zu entdecken:

Der Text spricht sich für eine Naturverbundenheit aus, die in keinster Weise als "minderwertig", "rückständig" oder 'zu bespöttelnd' (cf. 5.2. 3) denunziert wird. Die Figur Robert Jordan erfährt Natur als Hilfe, Kraft spendend, steht ihr nicht dualistisch losgelöst und furchtsam kontrollierend gegenüber, vielmehr wurzelt Jordan in der Natur. Dialektisch geht sein Weg von einem zurückhaltenden optischen Kontakt über ein tiefes Interesse und innere Beteiligung verratende Betrachtung ihrer einzelnen Erscheinungsformen zu einer Hineingabe in die Natur (als Geborgenheit) und zu vitaler Verbundenheit mit ihr. Natur wird hier spontan - eben nicht qua naturwissenschaftlicher oder theologischer Reflexion - als autonome und gute Ordnung vorausgesetzt und erlebt, der man (frau) sich, der eigenen Endlichkeit gewahrgeworden, anheim geben kann.

Wie in feministischer Theologie und Eschatologie Herkunft, Lebenslauf und Sterben nicht von der Natur entfremdet, sondern in kosmischer Einheit mit dieser verbunden sind, so geht auch Jordans Lebensgeschichte am Ende in Natur ein.

L 111

"He touched the palm of his hand against the pine needles and the muzzle
of the submachine gun resting against the trunk of the pine."

* Nachdem sich Jordan durch einen langen Blick all dessen vergewissert
hat, was ihm wert ist und Halt gibt, berührt er mit der Hand, was er
davon erreichen kann.
AKT. "Landschaft und Natur": 10: Piniennadeln (und Pinienstamm)

L 112

"Then he rested as easily as he could with his two elbows in the pine
needles and the muzzle of the submachine gun resting against the trunk
of the pine tree."

* So wie Jordan auf Piniennadeln ruht, ruht sein Gewehr am Baum. Durch
die Wiederholung desselben Verbs (to rest) verknüpft der Diskurs in einer
Lexie zwei Sequenzen und affirmiert damit formal die Interdependenz von
Jordans-in-der-Welt-verankert-Sein und seinem Einsatz für diese.
AKT. "bis zu Ende kämpfen": 8: Sich kampfbereit machen
** AKT. "Landschaft und Natur": 10: Piniennadeln

L 113

"As the officer came trotting now on the trail of the horses of the band
he would pass twenty yards below where Robert Jordan lay. At that distan-
ce there would be no problem. The officer was Lieutenant Berrendo. He
had come up from La Granja when they had been ordered up after the first
report of the attack on the lower post. They had ridden hard and had
then had to swing back, because the bridge had been blown, to cross the
gorge high above and come around through the timber. Their horses were
wet and blown and they had to be urged into the trot.
Lieutenant Berrendo, watching the trail, came riding up, his thin face
serious and grave. His submachine gun lay across his saddle in the crook
of his left arm."

* Erstmals und auch alleinig ist hier nicht Jordan, sondern ein anderes
Subjekt Träger der Handlung. Und indem Lieutenant Berrendo aus der Position

des syntaktischen Objektes und der semantischen Rolle des Patiens[97]
heraustritt, wird er zum gleichwertigen Gegner Jordans.

AKT. "bis zu Ende kämpfen": 9: Feinde² nähern sich

** Strategische Klugheit wird hier mit äußerster Nüchternheit kombiniert.
SEM. Strategische Begabung. Nüchternheit.

*** SEM. Erschöpfung, das als "Wandersem" von Jordan zu Lieutenant Berrendo gewandert ist.

**** Wie Robert Jordan und seine Freunde trägt auch L. Berrendo, der Feind,
einen Namen. Wie Jordan handelt auch dieser, bewaffnet, auf Befehl
("ordered"), durch Einsatz des eigenen Lebens (s. Kap. 27), wie Jordan
hat er seine eigene Überzeugung und seine eigenen humanen Werte[98], wie
Jordan machte auch er die Erfahrung von Verbundenheit und Leiden aufgrund
des Verlustes seines Freundes (315, 317), wie Jordan ist er nun, am Ende
des Romans, völlig erschöpft ("trotted", "ridden hard"), doch noch immer
ernst und diszipliniert ("his thin face serious and grave"). L. Berrendo
ist ein Mensch, wie Jordan auch. Und dies ist die besondere Aussage dieser Lexie und dieses symbolischen Terms: Zur Darstellung menschlicher
Existenz gehört der tödliche Kampf von Menschen gegen Menschen.[99]
SYM. Ein Feind

***** FEM. *Verschiedene SEMe (militärische Begabung, L, 2, 54; das Tote, L 8; Skrupel,
L 65) und das Laden des Gewehrs (L 54) verwiesen bereits auf das, was*

---

97 Nespital, "Genus Verbi" (Sommersemester 1984).

98 "'Qué cosa más mala es la guerra,' he (Lieutenant Berrendo) said
to himself, which meant, 'What a bad thing war is.' Then he made
the sign of the cross again and as he walked down the hill he said
five Our Fathers and five Hail Marys for the repose of the soul
of his dead comrade. He did not wish to stay to see his orders being carried out"(d. i. das Abschlagen der Köpfe der Guerilleros
als Beweismaterial)(322; cf. auch 317).

99 Cf. Halliday Art. 1956, 20 f: "It is he (L. Berrendo) who looms
in the sights of Robert Jordans machine gun in the last paragraph
of the story, lending the finale an ironic depth that protects it
from false heroics."

mit dem Näherkommen der Feinde immer plastischer vor Augen tritt: Ein Kampf mit Waffen, ein Gemetzel.

Damit bringt diese Lexie ein Thema in FEM ein, das bislang nicht behandelt wurde. Hier ist zu sagen, daß sowohl die säkulare[100] als auch die christliche[101] Frauenbewegung Gewalt, insbesondere militärische Gewalt, verabscheut und verurteilt. Und wie sinnlos und absurd letztlich der Kampf von Menschen gegen Menschen ist, konnotiert der Diskurs u. a. durch das "Wandersem" "Erschöpfung" (L 4, 104, 113), ja selbst. Letztendlich kann feministische Theologie aber auch nicht umhin, mit Girardi gegen jene wirklichkeitsferne Naivität zu polemisieren, in der "Verweigerung der Gewalt eine Negierung der Konfliktsituation und eine Einladung zur Resignation bedeutet", ja "paradoxerweise |...| in eine Komplizenschaft mit institutionalisierter Gewalt" mündet (Girardi 1983, 85 f)[102], - was jedoch niemals bedeuten darf, die Gewaltfreiheit der Kooperation Jesu mit Gott und Menschen als zentralen Orientierungspunkt aus dem Blick zu verlieren.

---

100 Cf. beiträge 8: "Gegen welchen Krieg - für welchen Frieden?"

101 Cf. Heyward 1986, 24, 28; Sölle 1986, 11 ff.

102 Cf. hierzu ausführlicher Girardi: "Die gewaltlosen Strategien sind zweifellos für die Verwirklichung eines Friedens- und Befreiungsprojektes am angemessensten. Sie entsprechen wohl auch am ehesten der Dynamik einer Kultur des Friedens. Der Griff zur Gewalt, auch im Hinblick auf die Freiheit, führt in den Prozeß einen Widerspruch zwischen dem Ziel und den Mitteln ein, der die Erreichung des Ziels schwer bedroht. Daher sind gewaltlosen Strategien, wenn sie möglich sind, immer und überall der Vorzug zu geben. Wenn sie möglich sind, wohlgemerkt! Die strukturelle Gewalt kann nämlich Dimensionen erreichen, die einer halbwegs wirksamen gewaltlosen Reaktion jeden Spielraum nehmen. Sie kann Dimensionen erreichen, die das Mittel der gewaltlosen Aktion konkret in eine Art Resignation münden läßt, d. h. paradoxerweise also in eine Komplizenschaft mit der institutionalisierten Gewalt. In dem Moment kann der Griff zu den Waffen konkret die weniger gewaltsame Form der Antwort auf die Gewalt werden" (Girardi 1983, 85 f).

L 114

"Robert Jordan lay behind the tree, holding onto himself very carefully and delicately to keep his hands steady. He was waiting until the
officer reached the sunlit place where the first trees of the pine forest
joined the green slope of the meadow."

* AKT. "bis zu Ende kämpfen: 10: In Gefechtsstellung

Barthes hat den Code der Handlungen "proaïretisch" genannt, um auszudrücken, daß jene stets ihr Ende finden und daher bezüglich ihres Er-
gebnisses befragbar sind (s. o.). Hier aber bricht der Diskurs ab, bevor
die Sequenz "bis zu Ende kämpfen" tatsächlich ihr Ende erreicht hat.
(L 115 beendet nur die Sequenz "Landschaft und Natur".)
Daß jedoch Jordan sterben wird, kann dadurch nicht bezweifelt werden;
denn im Vorkontext ist dies schon viel zu eindeutig festgelegt.[103]
Durch dieses Abbrechen aber bezieht der Diskurs Position, er wird par-
teiisch[104]: Indem er den Helden, nicht nur physisch, relativ integer
aus der Geschichte entläßt, affirmiert er dessen eigene Aussöhnung mit
seinem Schicksal und der Welt (s. L 67) und bestätigt damit letzt-
endlich dessen gesamten Lebens- und Weltentwurf.[105]

** FEM

*So werden aus Menschen Helden gemacht[106]: Das Gemetzelt- und Gemordet-
werden wird verschwiegen, der Diskurs enthält Jordan (und dem/r Leser/in)
den Vollzug seines Todes vor. Doch kann dieser - vorschlagsweise - leicht*

---

103 Cf. Young 1973, 19; Hoffmann 1951, 101; Guttmann Art. 1960, 547;
     Nahal 1971, 147.

104 So kann es also vorkommen, daß das "Interesse des Diskurses" und
     "die Freiheit der Person" nicht einander entgegengesetzt sind, wie
     in Sarrasine (cf. Barthes 1976, 136 f), sondern einander sehr ähnlich.

105 Insofern das "'Interesse' der Geschichte" dem "'Interesse' ihres
     Produzenten" (Barthes 1976, 54) entspricht, Aufschluß über dessen
     "Modell von Wirklichkeit" und "der unbegrenzten Welt" (Lotman 1981,
     301, 22-25, 35-37; cf. Fuchs Art. 1978, 629; Lotman 1972, 21 ff)
     gibt, kann hier ein wesentlicher Anknüpfungspunkt für das "soziale"
     (Titzmann 1977, 332) Interesse am Autor gegeben sein.

106 Cf. insbesondere den Kommentar zu L 22 und Anm. 35, sowie die Aus-
     führungen zum historischen Vorbild der Figur "Robert Jordan" in 7.
     2.2 (5).

aus einer jener 'landläufigen Praxisreserven' (Barthes 1976, 201) re-
konstruiert werden: Schüsse, Schreie, Schmerzenslaute, Blutlachen, weit
aufgerissene, ins Leere starrende Augen, oder ein zerfetztes Gesicht,
ein zerschmetterter Schädel, verrenkte Gliedmaßen.
Verschwiegen wird der getötete, "tot gemachte" "Held", sein Sterben
(und nicht sein Tod).
Wann und wo jedoch auch immer politischer Kampf gegen Unterdrückung,
(d. h. die Verunmöglichung, daß 'Menschen sich selbst als Menschen erfahren' (Heyward 1986, 145)) nicht gewaltfrei möglich ist, soll das Sterben derer, die darin ihr Leben lassen, nicht verschwiegen werden. Feministische Theologie lehnt Heroisierungen dieser Art ab! Denn sie nehmen die Menschen, die im Kampf fallen (und ebenso die Text-Figuren und
ihre Überzeugung), nicht ernst und verschleiern die politischen und
gesellschaftliche Mißstände, die solches Sterben erzwingen.

*** SEM. Angespanntes Warten

**** FEM. Vom "sich-aufrechthaltenden Verlierer"
Der Ausdruck stammt aus einer Rezension[107] zu einem Film von Huston,
und ich lasse ihn hier zur privilegierten Kategorie werden, nicht nur
aus einem Interesse an dem Helden in FW, sondern auch aus Interesse an
dem, was jede/r einzelne von uns vermag ("der/die Held/in in uns") -
inmitten und trotz des frequentierten Gefühls, im Leben immer mehr Ver-
lierer/in zu sein als irgendetwas anderes sonst.
Was ist nun damit gemeint: "Der sich-aufrechthaltende Verlierer"?
(Und wie konkretisiert sich diese Kategorie im Text?)
Einmal mehr in unserer Struktur-verliebten Zeit[108] soll eine Struktur

---

107 Cf. Iden Art. 1984, 72.

108 Zum diskreten theologischen Interesse an Literatur cf. Fuchs:"Es
     ist ja kaum einzusehen, warum die Philosophen wichtiger zu nehmen
     seien als die erzählenden Dichter, deren Produkte immerhin in ihrem
     Spiel von Figuren und Handlungen, von Zeit und Geschichten die ent-
     scheidenden Kategorien konkreten menschlichen Lebens und Verhaltens
     beinhalten" (Fuchs Art. 1984 a, 242, auch 214; cf. ders. Art. 1983 a;
     s. ferner 9. 2 und schließlich im Kontrast Kap. 6 Anm. 1).

zum Vexierbild werden und helfen. "Sich aufrecht halten - verlieren"
drückt eine Spannung aus: "Verlieren" meint das, was den Menschen jeden Tag geschieht; und sich-aufrechthaltend, das heißt ein Gegengewicht
einrichten (wobei das Partizip I die ständige Spannung und Anspannung
verrät), wodurch Menschen sich wieder als Subjekt setzen und erfahren.
Der Schlußteil von FW ist voll von dieser Spannung: Noch einmal - die
Codes "berührend" - darauf zu verweisen und eine "Beziehung" zur feministischen Theologie und darin zu jener Dualität menschlicher Existenz
herzustellen, soll das abschließende Werk von FEM sein. Dabei trägt FEM
die Kategorie des "sich-aufrechthaltenden Verlierers", die sie aus ihrer
Kultur "gestohlen" hat, an den Text heran, liest ihre Spuren in diesem auf, indem sie die Codes und Einheiten zueinander in Beziehung setzt;
und bezieht schließlich selbst beziehungshaft Position: Denn Beziehungen
herzustellen, zu "entwerfen", ohne Identitäten oder Grenzen zu verletzen,
das ist viele Seiten lang das Bemühen des Diskurses der Nähe gewesen
und soll auch jetzt noch einmal versucht werden - Barthes' heuristisch
fruchtbringender, entgrenzender und geliebter Diffusität für einen Moment Einhalt gebietend.
Im Folgenden wird also zu fragen sein, wo genau im Text die Spannung
von "sich aufrechthalten" und "verlieren" liegt und welche Inhalte sich
bezüglich jener Dualität aufmachen lassen. Und die kritische, feministisch-
theologische Frage - aus der erfahrenen Bezogenheit aller Phänomene -
wird dann sein: Wie gelungen sind die Pole dieser Dualitäten zueinander
in Beziehung gesetzt? - so daß sich die feministische Fragestellung letztlich als eine Art behutsamer Ideologiekritik erweist, mit dem Ziel, der
Begrenzung von Lebensräumen entgegenzuwirken.
Zunächst aber zur ersten Frage: Wo liegt die Spannung von "sich aufrechthalten" und "verlieren" im Text?
Sie ist sowohl in den einzelnen Codes angelegt als auch in deren Verhältnis zueinander:
SEM, REF und SYM haben ihre positiven und negativen Merkmale, ANAL ist

in euphorische und dysphorische Terme strukturiert, ANAL und MYTH stehen in dieser Spannung zueinander, und AKT, die Stimme der Entscheidung, erhebt sich mit durchgängig positiven Termen gegen ANAL wie eine letzte Flut entschiedener Selbstbehauptung, und nicht zuletzt entdecke ich jene Spannung wieder in dem beschriebenen Verschweigen des Endes (wie auch in den 'Gramsci-Lexien' 25, 75).

Aber zurück zu den Codes im einzelnen:

In SEM lassen sich aus dem Bereich figuraler und atmosphärischer Seme als positiv festmachen:

Lebenwollen, Lebensbejahung, Lebensleidenschaft, Vitalität, das positive Vorbild, Sinn für die Gegenwart, Nüchternheit, Sachlichkeit, Rationalität, (militärische Begabung), Wahrheitsliebe, Pflichtbewußtsein.

Ihnen stehen gegenüber:

Furcht vor dem Sterben, Furcht vor Schmerzen, Erschöpfung, Schmerzen.

Ähnliches gilt für SYM: Ihre Bekräftigung der Diesseitigkeit ließ gegenüber der Individualität das Vergehen der Einzelexistenz gewahr werden (L 63), gegenüber der Gemeinschaft den Verrat (L 48) und den Feind (L 113), gegenüber dem Idyll die zerstörerische Kraft der Natur (s. Schnee cf. 7.2.2 (4)), ohne jeweils zwischen diesen symbolischen "Gebieten" Interdependenzen zu etablieren (cf. L 24).

Was der Diskurs - durch die Perspektive Jordans gleichsam wohlgeordnet - weiter präsentiert, ist ebenso eindeutig: Gut ist die Rettung der Freunde, die ausformulierte und authentische Überzeugung;

negativ bewertet wird das Sterben, die Verwundung, das sich-Töten: Und die Analyse des Bürgerkrieges entgleitet in die Vagheiten einer Hoffnung. Gerade gegen diese dysphorischen Terme aber lehnt AKT sich mit seinem Inventar auf:

1) bis zu Ende kämpfen; 2) Durchhaltestrategien; 3) 'get turned over' 4) auch: Landschaft und Natur und verwirklicht die euphorischen Terme der ANAL-Einheit 'Eine Überzeugung'.

MYTH, der bedrohliche Code, ist in ANAL aufgegangen: Ein Verhängnis gibt es nur für die, die daran glauben; wer dies nicht tut, wird nicht sein Opfer, selbst das Ende des Lebens hat damit nichts zu tun.

REF schließlich verweist auf die Zugehörigkeit des Textes zu einer patriarchalischen Kultur, und dieser verdankt der Text jene Distribution der SEMe bezüglich der Figuren.

Die Frage aus der Perspektive feministischer Kritik, wie gelungen nun jene Pole menschlicher Existenz im Text aufeinander bezogen sind, kann leicht bei diesem letzten Punkt einsetzen, und zwar sowohl mit einer Kritik der Verteilung von Merkmalen in SEM als auch bezüglich des Verhältnisses von diesem Code zu REF.

Zunächst zu Letzterem: Der Diskurs übernimmt unkritisch die Geschlechterklischees seiner Kultur, kein Gedanke, all seine Möglichkeiten zu mobilisieren, um jene Klischees zu hinterfragen. Ganz im Gegenteil: Das Verhältnis von SEM zu REF ist wechselseitig affirmativ.

Dies bringt dann innerhalb von SEM jene "verräterische Distribution" zustande, die die Figur Robert Jordan ihrer Ganzheit beraubt, ihr die Chance nimmt zu berühren, die anderen intim zu kennen, im Verlieren nicht allein zu sein (s. L 78).

Und diese Distribution aufgrund kultureller Klischees verursacht ferner die Ausschließlichkeit des männlichen Helden: Selbst die SEMe aller weiblichen Textfiguren zusammengenommen ergäben keine politisch und militärisch handlungsfähige "Heldin"[109].

Feministische Ideologiekritik aber muß beides in Frage stellen: Die Einsamkeit des Helden und das Monopol männlichen Heldentums, denn beides verhindert Ganzheit, und zwar sowohl für das einzelne Individuum als auch gesellschaftlich zwischen den Geschlechtern.

Mißlungen aus feministischer Perspektive erscheint ferner die Beziehung zwischen MYTH und ANAL. Das sich-Aufrechthalten des Helden erlaubt es

---

109 Vom weiblichen Helden in vergleichbarer Literatur erzählt Debray 1979.

nicht, kreativ Autonomie und Bestimmung zueinander in Beziehung zu setzen, erstere von letzterer hinterfragen und inspirieren zu lassen. Sich aufrechthalten heißt hier in Rationalität zu absorbieren, was nicht kontrollierbaren Gesetzen untersteht und signalisiert damit eine Verarmung, Dürftigkeit (L 74).

Kritisiert werden muß weiter die Aufspaltung von Individualität und Verbundenheit in zwei Gebiete des symbolischen Feldes: Erstere definiert sich - abermal dem Ideal des "einsamen Rangen" verhaftet - solitär und lediglich in abstrakter Beziehung zur menschlichen Gemeinschaft, was gleicherweise für Maria grausam ist (L 69) und Jordans Hilflosigkeit im Verlieren verursacht.

Feministische Kritik stellt dem die Erfahrung der Frauen entgegen: Daß sich Individualität aus der Bezogenheit zu anderen bestimmt und menschliches Miteinander - real erfahren und theologisch-systematisch entfaltet - "der Boden unter den Füßen" ist.

Ebenfalls erweist sich aus feministischer Perspektive die Thematisierung menschlichen Sterbens als nicht ganz gelungen. Zustimmen kann feministische Kritik wohl jener Realisierung der Vielfalt des Sterbens, die nämlich in der Vielfalt der Codes keine "Lösung" suggerieren oder erlauben will und die vor dem Hintergrund gesamtgesellschaftlicher Tabuisierung (REF) Sachlichkeit und Nüchternheit (ANAL), Angst, Verzweiflung und Schmerz (SEM) sowie die Einsicht in die gegebene Sterblichkeit des Menschen (SYM) als die Aspekte kreatürlicher Existenz nebeneinander - und als zu durchlebende - stehen läßt.

Höchst ambivalent erschien jedoch jene nicht zu Ende gebrachte Einheit in AKT ("bis zu Ende kämpfen"), die wohl dem Leser Hoffnung zu vermitteln vermag[110], aber das Sterben in seinen ganzen Wirklichkeiten - und

---

110 Cf. Lotman über den Schluß eines Romans: "Dabei ist es übrigens nicht uninteressant zu beobachten, daß die Empfindungen anläßlich eines glücklichen oder unglücklichen Textschlusses ganz andere sind, als wenn es sich um tatsächliche Ereignisse handelte. Wenn man uns nach dem mündlichen Bericht über ein tatsächliches historisches Ereignis aus dem letzten Jahrhundert mitteilt, daß die Hauptperson

damit den möglichen Preis eines auf Befreiung zielenden Lebenskonzep-
tes-verschweigt: Das Verlieren des Helden scheint aus feministischer
Perspektive insofern nicht ernst genug genommen; und den Tod nur teilweise zu erzählen, erscheint feministischer Kritik als kein Gewinn: Denn
was am Sterben der Menschen verschwiegen wird, kann nicht heimlich oder
hinterrücks dem Leben zugeschlagen werden.[111]

Gelungen hingegen erscheint das Verhältnis von Überzeugung und Lebensvollzug, das die Codes gemeinsam etablieren: Jordan realisiert, lebt
tat-sächlich das aus, was er denkt und woran er glaubt, sein Verlieren
konnotiert keinen Verrat an seiner Überzeugung, und seine Überzeugung
bleibt im Verlieren unangefochten, aufrecht bekannt.
Begleitet und unterstützt wird dies von Nüchternheit und Rationalität,
die jedoch Engagement und Vitalität nicht negieren, und von einer Lebens-
begeisterung, die kreatürlich den Schmerzen, der Erschöpfung und der
Furcht weicht.
Gelungen erscheint ferner die symbolische Akzeptanz der Zusammengehörig-
keit von Leben und Sterben: Das "glückliche Leben" definiert sich nicht
durch Unbegrenztheit, was auch die Überzeugung feministischer Theologie
ist.
Und gelungen erscheint die Ambivalenz von zerstörerischer und bestärken-
der Natur, die der feministischen Einschätzung von deren "rätselhafter
dynamis" entspricht: So wie der Schnee den Plan der Guerilleros verei-
telt, (aber dagegen auch angegangen wird), so findet Jordan am Ende zu
ihrer Geborgenheit zurück.

---

jetzt schon tot sei, so werden wir diese Mitteilung nicht als traurig
empfinden: wir wußten ja vorher, daß ein Mensch, der vor hundert
Jahren gewirkt hat, heute nicht mehr am Leben sein kann. Sobald
aber das gleiche Ereignis zum Gegenstand eines Kunstwerkes gemacht
wird, ändert sich die Lage vollkommen".(Lotman 1981, 310; cf. auch
6.2.3.

111 Liegt darin die beständige Aktualität und die "Tiefe" der biblischen
Ölberg-Geschichten: In diesem unverhohlenen und plastischen Bekennen panischer Angst?

Authentisch erscheint schließlich auch die im Diskurs vorgestellte Ambivalenz von sinnlicher Freude sowie Genuß einerseits und unerträglichem Schmerz andererseits, die nicht aufgehoben, nur erlebt und dann irgendwie durchlebt werden kann; dies entspricht den Ausführungen feministischer Theologie, die weder den einen noch den anderen Aspekt der Körperlichkeit verschweigen wollten.

All diese gelungenen Polaritäten legten es nahe, jeweils auf den Begriff der "Passion" zurückzukommen, der sukzessiv entfaltet wurde als weltverbundenes Eintreten für Gerechtigkeit, das Scheitern in Schmerz, Pein, Angst und Tod nicht verschweigen kann, als Leben mit und zwischen natürlichen Ambivalenzen in und um den Menschen (cf. L 102).
Doch nicht zu übersehen bleibt auch hier eine Divergenz:
In FW heißt Passion immer: Passion ohne Gott - kein Hineingenommensein und kein sich-Hineingeben in eine Kooperation mit Gott (die vielleicht den heimlichen Raum für den jesuanischen Zorn schafft, den FW nicht kennt, aber der jesuanischen Passion nochmals eine ganz andere Tiefe und Schärfe verleiht); ein Leben nicht nur ohne die "Arbeitshypothese Gott", sondern auch ohne das Gefühl, die Gewißheit, den Glauben dabei doch vor Gott zu stehen.
Was sollen Theologen/innen dazu sagen?
Zuerst: Daß es an der Zeit ist, diese Weise, in der Welt zu sein, als definitive Wirklichkeit zu akzeptieren:
Für viele gibt es diese Weise, ohne Gott zu sein, und sie wird subjektiv als genügend und gelingend erfahren. Jedweder Verurteilung[112] oder symbiotischer Annäherung, allen Vereinnahmungen, Behinderungen oder mehr oder weniger gutgemeinten Qualifizierungen des anderen - etwa als "anonymer Christ" (Rahner) - die Grenzen verwischen, sind nicht zuletzt als redundant abzulehnen. Ein Dialog per Partialitäten war angesagt, die Rede von zweien, nicht von einem/r.

---

112 Wie ernst kann man/frau ein Angebot zum Dialog nehmen, das damit beginnt, den anderen zu "verurteilen" ("Gaudium et Spes" Art. 21).

Wie sehr auch immer für Christen Passion mit Gott ein Moment der Erlösung, der Inspiration, des Antriebes, des Geborgen- und Getragenseins, der Ermutigung zu Duldung, Auseinandersetzung und Kampf sein mag, hier wird nach all dem nicht gefragt: "|religion| comforts them very much but we know there is nothing to fear." (L 62)

Es gibt also eine Grenze zwischen denen, die sich allein für die Welt, und denen, die sich für eine Welt mit und in Gott, für und von Gott entschieden haben, - aber Macht in Beziehung treibt uns, über diese Grenze hinweg zu verhandeln, sich auszutauschen, zu lieben, zu achten und behutsam Gemeinsamkeiten aufzuspüren, zu benennen und zu beleben. Eine dieser Gemeinsamkeiten mag sein: Das Leben im Körper und in der Natur. Mit letzterer gibt FEM das Wort, diskret und höflich, an den Diskurs, an die letzte seiner Stimmen, zurück, als Ovation an die - bedrohte - Schöpfung, aus der beide kommen, in die beide zurückkehren und ohne die, so der Glaube der Frauen, keine friedliche Transformation in ewige Bezüge sein wird.

L 115

"He could feel his heart beating against the pine needle floor of the forest."

* SEM. Körperlichkeit

Die Seme, die in zunehmender Steigerung Jordans leidenschaftliches Verhältnis zum Leben beschreiben (s. L 21, 26, 67), finden hier ihren Höhepunkt: SEM. Das Vitale

** Die Parteilichkeit des Diskurses (L 114) konnotiert, auf der Ebene von SYM, auch einen guten Tod: Jordan stirbt, nach einem vollständigen, glücklichen Leben einen guten (nicht demütigenden) (s. L 63) Tod.

*** AKT. "Landschaft und Natur": 12: Der Waldboden

Der Roman endet wie er begonnen hat[113]: Robert Jordan liegt auf dem 'von

---

113 "He lay flat on the brown, pine-needled floor of the forest, his chin on his folded arms, and high overhead the wind blew in the tops of the pine trees." (1); cf. Fadiman Art. 1942, 416; Guttmann Art. 1960, 541; Moynihan Art. 1959, 132; French Art. 1971, 60.

Piniennadeln bedeckten Boden des Waldes'. Dadurch wird der durch seine Schlußposition schon als wichtig gesetzte Term noch weiter hervorgehoben[114]. Der beharrlichen, doch verschiegenen Sequenz wird damit vor allen anderen der Vorzug gegeben: Nicht Jordans Kampf und all seine diesen Kampf vorbereitenden Maßnahmen gibt der Diskurs dem Leser als letzte Erinnerung mit auf den Weg, sondern Jordans Integration in eine Welt von Bäumen, Pinienlandschaft, Fluß, Hügeln, Himmel, Wolken, Heidekraut, Ginster.

Aus der Perspektive dieser letzten Lexie kann ferner auch der Sinn der vorherigen Einheiten dieser Sequenz bestätigt werden. Jordans Beziehung zur Natur, die bislang mit den Termen "Hilfe", "emotionale Beziehung", "Geborgenheit" beschrieben wurde, scheint eine Entwicklung, ein sich-Nähern und Zusammenwachsen zu bezeichnen, welche in dieser Lexie den Höhepunkt (und Abschluß) ihrer Verbundenheit erreicht hat: Kein Blick, keine Geste stehen zwischen ihm und seiner Umwelt: Sein Herz - Zentrum des Menschen - steht in unmittelbarem und vitalem Kontakt zur Erde.

---

114 Cf. Lotman 1981, 305, 307 ff.

9.   Schlußbemerkungen

9.1   Rückblick und Folgerungen

9.1.1   Rückblick

Feministische Theorie und besonders feministische Theologie geht davon
aus, daß mit der Kategorie der Dualismuskritik die Grundübel (nicht
nur) menschlicher Existenz auf dieser Erde in ihrem Nerv getroffen sind
(cf. 1.2.3) und alle Befreiung - vorrangig die der Frauen, im Sinne ihres
vollen und relationalen Menschseins - bei einem ideologischen und praktischen Aufdecken und Umstrukturieren dieses Phänomens ansetzen muß. Die
Selbstvergewisserung in dieser Arbeit stellte daher einen Versuch dar,
sich aus den dualisierenden Beschränkungen weiblichen "Selbstvollzugs"
zu befreien und konnte dies weniger reflexiv als in Auseinandersetzung
mit den verschiedenen Lebensbereichen der Frauen realisieren.
Wurde bislang jene grundlegende Kategorie zwar jeweils thematisiert, so
wurde doch prinzipiell über sie hinweggeschrieben, um sich ihr nicht wieder anzupassen, sie hinter sich zu lassen. Nun aber soll sie als ein-
sammelndes Raster für den Schluß aufgegriffen werden, um die "wunden
Punkte" der Frauenexistenz (und nicht nur dieser) zu erinnern.
Als rekurrente Beschränkung "weiblicher" Selbstwahrnehmung und weiblichen Selbstvollzugs erwies sich bei der Selbstvergewisserung insbesondere der Dualismus
von Theorie und Praxis, von abstrakter, unauthentischer und lebensfrem-
der Theologie einerseits und Lebenswirklichkeit der Frauen andererseits,
während die Kategorie der "Erfahrung" die unmittelbarste Informationsquel-
le bezüglich der Unterdrückung und Befreiung der Frauen darstellte.
Das erste Kapitel dieser Arbeit hob, von Frauenerfahrungen ausgehend,
jenen Theologie-Leben-Dualismus daher entsprechend ausführlich und vehement ins Wort und schlug unter dem Stichwort "Diskurs der Nähe" ein al-
ternatives hermeneutisches Konzept vor, bei dem den (realisierten und
beschriebenen) Biographien, Erfahrungen und Wahrnehmungen, sowie den präzisierten Zielen und Methoden besondere Bedeutung zukamen und ein bestimmtes Maß an Emotionalität ausdrücklich als wünschenswert erschien.

Im einzelnen konnten im ersten Kapitel folgende Aspekte thematisiert werden: Die Ausgrenzung der Frauen und besonders auch der feministisch-theologischen Wissenschaftlerinnen in Kirche und Theologie, die sich sowohl
im Lebensalltag als auch im universitären Fächerkanon niederschlägt. Als
rettender 'Sitz im Leben' erwies sich daher die gesamtgesellschaftliche
Frauenbewegung, mit der viele Theologinnen im lebendigen Austausch stehen.
Thematisiert wurde weiter die Trennung von Einzelerfahrung und Universalität, die durch Offenheit, Dialogfähigkeit und Einsicht in den begrenzten,
aber auch exemplarischen Charakter der eigenen Erfahrung auflösbar scheint.
Besondere Bedeutung kam dann ferner der Kategorie der "Wahrnehmung" zu,
die den Blick aus der Einzelexistenz entgrenzt.
Bezüglich der Bereiche Tradition und Rezipient/in wurde aufgezeigt, daß
Frauen jene von ihrer eigenen Erfahrung, ihrem Standpunkt und ihren Anliegen her lesen; analog war dieses Kriterium der eigenen Befreiung aus-
schlaggebend für die Einbeziehung alternativer Traditionen und die Rezeption der Erhebungen, Untersuchungen und Äußerungen sog. "nicht-christli-
cher" Frauen. Und dieses Kriterium wurde ferner bemüht, um eine Identität
von Inhalt und Form in beziehungshafter theologischer Sprache, die Neu-
belebung alter theologischer Symbole und schließlich ein Changieren theologischer Denkweisen zu ermöglichen. Feministische Theologie wird um ihrer
Identität und der Befreiung ihrer Subjekte willen auf diese nicht mehr
verzichten können.

War im Einleitungskapitel bereits auf die Spaltung der Frauen in der androzentrischen Kultur hingewiesen worden (1.1), so entfaltete das zweite
Kapitel (gemäß dem Postulat, Erfahrungen konkret zu machen) deren Auflösung. Im Sinne jenes "mit dir, statt gegen dich" konnte das sich Öffnen
der Frauen zueinander (2.1) und darin auf Gott hin (2.3) beschrieben werden, in dem schließlich ihre lebenspraktische Kraft und ihr diskursiver
(Über-)lebenswille wurzeln, der sich dann im dritten Kapitel entfaltete.
Ferner wurde hier ein in-Beziehung-Setzen der christlichen und säkularen Frauenbewegung versucht, das keineswegs als abgeschlossen verstanden werden darf, da ideologisch und lebenspraktisch (s. bes. 5.1.1) erstere

ohne letztere nicht weitreichend aktiv werden können, ja vielleicht beide einander brauchen...

Zugleich lieferte das zweite Kapitel die Grundlage für die Erfahrungssystematik des dritten Kapitels. In diesem konkretisierte sich die erwähnte feministische Kritik an dem Dualismus zwischen Theologie und Leben
in einer Kritik an herkömmlicher Anthropologie, Theologie und Christologie.
Erstens zeigte sich, daß aus der Lebenserfahrung der Frauen heraus dem
Menschen mehr Verantwortung und Bewußtsein dieser Verantwortung zugesprochen werden kann und muß.
Diese Einsicht brachte es dann mit sich, differenzierter die Ambivalenzen
und Anstrengungen menschlichen Handelns zu begreifen, d. h. zu sehen,
daß es auf uns ankommt, wie wir 'ohne Gott mit Gott' sind, und daß das
Wissen um "gut" und "böse" nur in einem befreienden, aber auch uns fordernden
Schritt erworben werden kann.
Entsprechend selbstbewußt wurde dann die Christologie des Chalcedonense
rezipiert als Entwurf eines Ineinander von Göttlichem und Menschlichem,
das letzteres nicht aufgrund des ersteren diffamiert, sondern entschieden das Menschliche und Göttliche in Mensch, Gott und Jesus artikuliert.
   Ist es ein Anliegen feministischer Theologie, die Mündigkeit des Menschen mit ihren Ambivalenzen und Anstrengungen zu betonen, so kann nicht
von dem menschenverachtenden, Menschen folternden, Menschen tötenden Mißbrauch dieser Mündigkeit abgesehen werden. Dieser aber kann nur immer
wieder erinnert, gesagt und bekämpft werden.
Darüberhinaus aber ist - im Sinne einer Maßnahme gegen jenes "Böse" -
von der Fähigkeit des Menschen zum Bösen eine Linie zu ziehen zur alltäglichen Unfähigkeit der je einzelnen, eine Beziehung, die sie selbst verändern könnte, zu leben. Dies aber doch zu wagen, wurde unter dem Stichwort der "Passion" (als praktiologisches Pendant der diskursiven Selbstvergewisserung) thematisiert, und der Verweis auf den einen oder anderen
Messias um uns konnte als Ermutigung dazu dienen.

Diesem Menschenbild korrepondierend wurden zweitens die dem Leben der
Frauen fremden und sie beengenden Aspekte des traditionellen Gottesbildes (seine Unnahbarkeit, seine 'Männlichkeit', seine Väterlichkeit) de-
montiert und Gott, aus der Erfahrung der Schwesternschaft als "mit uns,
in uns, zwischen uns, für uns" beschrieben.
Drittens wurde in diesem Kapitel eine mündige Lesart - die von anderen,
zuvor dargelegten und z. T. weniger emanzipatorischen alt- und neutesta-
mentlichen Bibelhermeneutiken zu unterscheiden war - der markinischen
Jesusgeschichte als ein Entwurf menschlichen Lebensvollzugs im göttlich-
menschlichen Miteinander vorgestellt. War dabei der Begriff der "Gerechtigkeit" erinnert worden als Ziel dieses "Kooperierens", so konnten - über
den methodischen Schritt des "Entwerfens" - die Kategorien der "dynamis"
sowie des "Berührens" und der "Intimität", die Identität von Erstem und
Zweitem Gebot, die zornige und schmerzhafte Passion Jesu und die Auferstehung der in der Nachfolge Jesu Macht in Beziehung Wahrnehmenden und Rea-
lisierenden als die Wirklichkeiten dieser Kooperation benannt werden.

Im vierten Kapitel wurde jene Theorie-Leben-Kritik auf den Bereich der
Psychologie ausgeweitet. Hier konnten die alltäglichen Klischees vom "weiblichen Wesen" oder "typisch weiblichem Verhalten" auf wissenschaftlicher
Ebene zum einen verfolgt und entlarvt und zum anderen aber als veränder-
bare und zu verändernde Sozialisationsprodukte ausgewiesen werden.

Aus diesem Bereich der Sozialisation heraus erwuchs das fünfte Kapitel.
Hier wurde die im vierten Kapitel bereits angedeutete Dichotomisierung
von öffentlich - privat, Gesellschaft - Kosmos, Geist - Körper als Folge
und gleichzeitige Affirmation eines Mann-Frau-Dualismus entdeckt.
Dabei halfen einerseits die Kategorie der (verhinderten) Gerechtigkeit
die sich ökonomisch und psychisch auswirkenden Unterdrückungsstrukturen,
aber auch entsprechende Utopien, im Bereich der "geschlechtlichen Arbeitsteilung" zu benennen und zu vermitteln und andererseits konnte mit dem
Verständnis vom Kampf der Frauen für diese Gerechtigkeit als Passion ein
wenigstens ideeller Handlungsspielraum für die Aufhebung dieser Unter-

drückung anvisiert und schließlich auch die Macht der Frauen in Gestalt
des "weiblichen Arbeitsvermögens" als ihre konstruktive, innovatorische
Basis erkannt werden.
Als zweite relevante Dichotomie wurde die von Mensch/Gesellschaft und
Kosmos sichtbar, die Frauen deswegen so engagiert und profiliert artiku-
lieren, da der Bereich der Natur ihnen stets in beide diskriminierender
Absicht zugeordnet wurde.
Als verantwortlich für jenen Dualismus, der mittlerweile das Leben aller
auf dieser Erde und deren Existenz selbst gefährdet, konnten Einflüsse
der jüdisch-christlichen Theologie und,als ihrer Fortsetzung, der abendländischen Naturwissenschaften entdeckt werden. Alternativ wurden ein
anderer ökofeministischer Natur- und Arbeitsbegriff und ein anderer, integrativer Wissenschaftsbegriff, eine Erinnerung an die unaufkündbare Interdependenz von Mensch und Natur im Alten Testament und schließlich das
Postulat einer ganzheitlichen und naturbezogenen Spiritualität vorgeschlagen.
Der dritte Dualismus dieses Kapitels war der von Geist und Körper, der
mit ideologischer Diskriminierung, Verhinderung voll entfalteter Körperlichkeit und tat-sächlicher Vergewaltigung einhergeht.
Dem wurde mit der Betonung des erfahrenen, heilsamen und spirituellen
Wertes der Körper zu begegnen versucht, was schließlich auch ein Umdenken
bezüglich menschlichen Sterbens anregen wollte.

Nach diesem Einholen und Reflektieren jener Dualismen, die die Existenz
von Frauen beschränken, beschäftigten sich die Kapitel sechs und sieben
mit textwissenschaftlichen Ansätzen, um eine erste dialogische Auseinandersetzung mit einem androzentrischen Text zu versuchen, d. h. um jene
"männlich-weiblich"-Dichotomie konstruktiv ein Stück anzugehen.
Konnte der Ansatz Lotmans die Legitimität dieser Auseinandersetzung klären
und sichern - unabdingbare Voraussetzung eines echten Dialogs, oder wie
es hieß, "Modells der Gegenseitigkeit" - so wurde im Kapitel sieben das
Feinwerkzeug für diesen dargelegt, das einen Dialog per Partialitäten
ermöglichen sollte.

Das <u>achte</u> Kapitel realisierte diesen Dialog durch eine Codeanalyse im
Stile von Barthes' "S/Z" und durch das Hinzutreten einer feministischen
Stimme zu dieser.
Dabei mußten natürlich Diskrepanzen zwischen dem "Modell der Welt" des
Hemingway-Textes und der Welt der feministischen Theologinnen benannt
werden, die erstens den Dualismus von männlich-weiblich (bezüglich des
Textes selbst und seines Verhältnisses zu seiner Kultur), der ganzheit-
liche Lebensvollzüge für beide Geschlechter verunmöglicht, betreffen.
Zweitens wurde der Dualismus von Rationalität und integrativer Lebensschau,
drittens der Dualismus von einzelnem und Gemeinschaft, viertens der Dualismus von verschiedenen theoretischen Aspekten menschlichen Sterbens
einerseits und dessen Vollzug andererseits und fünftens schließlich die
Ausgrenzung menschlichen Lebens aus der Möglichkeit, Macht in Beziehung
wahrzunehmen und zu realisieren, thematisiert.
Andererseits aber konnten gerade in diesem gänzlich säkularen Text bemer-
kenswerte Interessengemeinschaften aufgedeckt werden, die nochmals im
nachhinein die These von der Abspaltung von Leben aus gängigen theologischen
Texten bestätigen kann. Denn hier wurden an gemeinsamen Partialitäten
(die also säkulare Texte offenbar selbstverständlicher äußern als viele
theologische das tun) erhoben: Die Interdependenz von Überzeugung, Leben
und Lebenswerk, sowie von Vernunft und Engagement, das Durchleben von
Begeisterung und Lebensmüdigkeit und die realisierte und gelebte Spannung
von guten und schmerzhaften Kräften in menschlicher und außermenschlicher
Natur.

2   Folgerungen

Die Selbstvergewisserung der Frauen, die sich als intellektuelle "Passion"
durch alle Dichotomisierungen fortschrieb, wird hier gemäß ihrer Tendenz,
sich in Praxis hinein fortzusetzen, zwei Komplexe von Folgerungen und
Postulaten darlegen.
Der erste betrifft die Frauen selbst. An ihnen liegt es in Hinblick auf
die theologische Reflexion, weiterhin ihre Biographien, Erfahrungen und
Wahrnehmungen ernst zu nehmen, ihre Ziele durchzusetzen und sich dabei

autonom ihrer Methoden zu bedienen, um eigene Anthropologien, Theologien
und Christologien oder alternativ strukturierende theologische Konzepte
in Durchdringung mit ihrer er-lebten Wirklichkeit zu entwickeln.
In Hinblick auf ihre Lebens- und Arbeitswelt aber gilt es, sich im Kampf
für eine Umstrukturierung der abendländisch-kapitalistischen Gesellschaft
mit ihren ökonomischen, ideologischen und psychischen Unterdrückungsme-
chanismen zu engagieren, etwa im ausgeführten Sinn.
Dafür wird eine neue Spiritualität zu kultivieren sein, die diesem gesellschaftspolitischen Kampf zuträglich ist, indem sie die Unterdrückung
der Frauen als theologisch relevant einsichtig macht und feministisch-
pastorale Konzepte entwickelt (cf. Pfäfflin Art. 1987), die diese Mechanismen um und in uns angehen helfen, die die politische Aktion in ihren
Wahrnehmungen und Strategien strukturiert und ihre Momente des Scheiterns
aufzufangen hilft.
Als Ort solcher Maßnahmen sind zunächst jene bereits existierenden Netz-
werke (cf. Meyer Art. 1986), christliche Frauenverbände, (Frauen-)
Akademien und Berufsverbände (für den wissenschaftlichen Bereich etwa
die "Europäische Gesellschaft für Theologische Forschung von Frauen")
zu nennen, aber es ist auch an die Solidarisierung mit säkularen Organisationen (Gewerkschaften, autonomen Frauengruppen) zu denken, nicht zuletzt
auch um überhaupt erst einmal gesamtgesellschaftlich wahrnehmbar und wahrgenommen zu werden.
Mit der Frage, inwieweit traditionelle Theologie, Kirche und Gemeinde
hier als Ort anvisiert werden können, beginnt die Thematisierung des zweiten Komplexes. Hier wird zu fragen und zu postulieren sein, daß Kirche
Frauen Raum gibt im Sinne von mehr struktureller Macht und Arbeitsmöglichkeiten, mehr Raum gibt für das unabdingbare und autonome Zusammenkommen von Frauen verschiedenster Herkunft und Interessenlage[1]; daß Theologie
und Kirche Frauen mehr Raum geben für alternative theologische Inhalte,
aber auch Methoden (wie das "Entwerfen" Heywards als lebensschaffende
Verbindungssuche zwischen Tradition und Rezipient/in; die Aufhebung von
Subjekt-Objekt und der Theorie-Praxis-Trennung im theologisch-soziologi-
schen Bereich; oder wie die minutiöseren sensibleren, durchschaubareren,

---

1 Cf. Bühler-Schlecher Art. 1986.

operationalisierteren und weniger symbiotischeren Vorgehensweisen, wie sie die Kapitel 6 bis 8 für den Bereich "Theologie und Literatur" entfalteten); daß Kirche ferner die jahrhundertealte Festlegung der Frauen auf sog. "weibliche Eigenarten" und Handlungsfelder aufgibt und ihnen statt dessen ein Ort wird, wo sie gesamtgesellschaftlich gegen jene Festlegungen in politischer Auseinandersetzung angehen können und daß Frauen schließlich mehr Raum erhalten für alternative, ganzheitliche, Natur und Körperlichkeit würdigende Spiritualität und Liturgien.

Und zusätzlich zu all diesen Forderungen nach mehr Raum ist zu postulieren, daß Kirche all jene Aktivitäten der Frauen als kirchlich anerkennt, d. h. als integrativ zu ihr gehörig, als Teil ihres Selbstvollzugs wahrnimmt.

Um entgegenkommend diese Postulate ein Stück realisierbar zu machen, versucht der folgende Abschnitt einen Dialog mit einer nachkonziliaren praktisch-theologischen Konzeption anzuregen, den ich gesamtkirchlich und -gesellschaftlich weniger als Hoffnungsschimmer, denn als disziplinierte Selbstverpflichtung verstehe. [2]

Feministische Theologie und die "praktische Theorie" von Fuchs

Das Zweite Vatikanum hat immer wieder und in Hinblick auf verschiedenste Gruppen zum Dialog aufgerufen. In "Gaudium et Spes", Art. 92, wird die Voraussetzung dieses Dialogs dargelegt: Dieser

> "verlangt von uns, daß wir vor allem in der Kirche selbst, bei Anerkennung aller rechtmäßigen Verschiedenheit, gegenseitige Hochachtung, Ehrfurcht und Eintracht pflegen, um ein immer fruchtbares Gespräch zwischen allen in Gang zu bringen, die das eine Volk Gottes bilden, Geistliche und Laien. Stärker ist, was die Gläubigen eint als was sie trennt. Es gelte im Notwendigen Einheit, im Zweifel Freiheit, in allem die Liebe." (Rahner/Vorgrimler 1980, 550; cf. Fuchs Art. 1984 a, 212)

---

2 Beispielsweise sind mir in den vergangenen drei Jahren, insbesondere außerhalb jener als "rückständig" verschrienen Theologie, ausgesprochen selten "Lehrende" begegnet, die profunde Kenntnisse über feministische Theorie und Praxis hätten, und für mich stellt sich dies zunehmend als Mißbrauch der ihnen zur Verfügung stehenden institutionellen Macht dar.

Auf diese Äußerung will ich mich berufen, wenn ich im Folgenden einen
Vorschlag für einen Dialog mit der nachkonziliaren Theologie von Fuchs
versuche.
Ich meine dies nicht, wie bereits erwähnt, als Anbiederung, nicht als
Suche nach Legitimation oder Heimat (obwohl wir sie bräuchten, s. u.);
vielmehr legt sich jener Versuch nahe aus dem Anliegen der Arbeit, Dichotomien zu überwinden, also auch die zwischen männlicher und feministischer
Theologie, und aus dem vorgestellten Bemühen um Entgrenzungen, das sich
dezidiert im Bild von Gott als Macht in Beziehung niederschlägt. Das heißt,
ich glaube nicht an den definitiven Separatismus und möchte lieber Kirche sein als Kirche nicht sein (cf. Heyward 1986, 118; Kap. 3 Anm. 21).
    Die Theologie von Fuchs, die hier als Ansprechpartner gewählt wurde,
ist eine, die sich ebenfalls auf jenes letzte Konzil - resp. ganz entschieden auf dessen Darlegung in der Theologie Klingers (cf. Klinger Art. 1981;
ders. Art. 1984; ders. Art. 1985; ders. Art. 1986) - beruft, und zwar auf
die seinerzeit propagierte "Durchdringung von Dogma und Pastoral", "Lehre und Existenz" [3] und die unter Hinzunahme gängiger handlungswissenschaft-
licher Ansätze Pastoraltheologie als "konkrete Theorie" und d. h. als
"biblisch-kritische Handlungswissenschaft zur Praxis der Befreiung"
(Fuchs Art. 1984, 210 ff, 235) formulieren möchte.
Die Ausführungen im Folgenden wollen zu einigen Implikationen dieser Pastoraltheologie Beziehungen herstellen und werden dabei sowohl einige
gute Partialitäten als auch Differenzen auftun können und dann noch einmal grundsätzlich den unterschiedlichen "Sitz im Leben", die unterschiedliche Herkunft und Richtung dieser Theologie und der feministischen darlegen.
Dabei wird hier nicht der Anspruch erhoben, jene Theologie totaliter verstanden oder sie hier irgendwie genügend dargelegt zu haben. Gesucht werden nur einige Anknüpfungspunkte, versucht wird nur die Anregung zum Gespräch.

---

3   Cf. Klinger Art. 1984, 615; ders. 1986, 145 ff; Fuchs Art. 1983 c,
    415; ders. 1984 d, 21; ders. Art. 1985 a, 43; ders. Art. 1985 c,
    230; ders. 1985 d, 90 ff, 96; ders. Art. 1986, 213.

.1   Gemeinsame Partialitäten

Eine erste Implikation der Pastoraltheologie als "konkreter Theorie" stellt
die Kritik vieler anderer Theologien dar, was zugleich als ein erster
Diskussionspunkt zwischen jener Theologie und feministischer Theologie
aufgegriffen werden kann.

Fuchs kritisiert das "Abstraktionsniveau abendländischer Theologie" und
zwar in zweifacher Hinsicht, nämlich zum einen diskursiv bez. der Texte
selbst und zum anderen kommunikativ und soziologisch bez. der Durchlässigkeit dieser Texte zum Leben (der Basis) hin, resp. bez. der (ökonomischen) Exklusivität ihrer Produzenten (ebd. 209 f).

Dies erinnert an die "subjektive Kritik" des ersten Kapitels dieser Arbeit,
auch hier wurde jenes Niveau angefragt, um einer Theologie für das Leben willen. Doch scheint die Kritik der feministischen Theologinnen umfangreicher, selbst konkreter und schließlich emotionaler. Eingeklagt
wurden nämlich hier auch die in den Ausführungen von Fuchs nicht benannte individuelle (biographische, körperbezogene) und die den Frauen nahe-
stehende ökologische Situation, sowie in der soziologischen und kirchen-
hierarchischen Kritik aus der Perspektive der Frauen die Kritik der Ge-
schlechtsspezifik als zentraler Aspekt hinzutrat. Kritisiert wurde ferner
die Redundanz (also nicht nur die Ungerechtigkeit) jener Abstraktion bez.
der Bedürfnisse und (Er-)Lösungen der Menschen und schließlich auch deren
sprachliches Gebaren.

Emotionaler ist die Kritik der Theologinnen, da sie als Betroffene - und
d. h. in ihrer (theologischen) Identität Getroffene - jener Abstraktion
zu reden beginnen.

Feministische Theologie kann es also begrüßen, wenn einer, der es ja nicht
nötig hat, "abendländische Theologie" in dieser doppelten Weise kritisiert, andererseits aber sehe und empfinde ich mich not-gedrungen in jener Kritik zu "einer gewissen Maßlosigkeit" (Christa Wolf), im Sinne jenes
inhaltlichen und formalen "Mehr", veranlaßt.

Gegenüber jener kritisierten Theologie will, so Fuchs weiter, Pastoraltheologie nun den "Praxisbezug im Herzen der Theologie selbst" entfalten (ebd. 211). Pastoraltheologie soll in ihrer "inhaltlichen Form" (ebd.
211) "interaktional" sein, d. h. die kommunikative[4] Praxis, die sie leisten will, bestimmt von vorneherein ihre Struktur;und damit wird eine
Spaltung in Theorie und praktische Verhaltensregeln, allgemeine und spezielle Pastoraltheologie (ebd. 217) hinfällig.
In   diesem Sinne werden eine Reihe von Konkretisierungen vorgestellt,
auf die nun einzugehen ist.

(1) Die "Schule" der Campesinos

Einen ersten Vorschlag zur Realisierung jener praktiologischen Umstrukturierung besteht darin, bei dem "Theologisieren" (cf. Kap. 1 Anm. 92)
der Campesinos Südamerikas in die Schule zu gehen. Denn sie scheint eine,
wenn nicht gar die Art von Theologie zu sein, die jenes Postulat nach
konkreter Theorie einlöst, insofern sie aus dem "individuellen und gesellschaftlichen Lebensraum" der Campesinos erwächst (ebd. 213 ff).
Eine ebensolche Theologie ist nun aber auch feministische Theologie. Anhand des Begriffes der "Passion" kann dies kurz erinnert werden: "Passion"
wurde beschrieben als das Ringen der einzelnen, ihr Leben durch alle Ambivalenzen hindurch in Beziehungen und Bezogenheit auf sowohl die eigene
Geschichte und die soziale wie psychische und physische Situation als
auch andere Menschen und Natur hin zu gestalten (cf. 2.1, 3.1.2 (5) und
(6), 5.2, 5.3); Passion meinte einen Kampf für ökonomische Gerechtigkeit
und Umstrukturierung der Gesellschaft (5.1) und die Momente des Schmer-
zes und des Zorns mußten dabei von vorneherein als ihr zugehörig akzeptiert werden (s. 3.3.2 (4), 5.1.3 (2)).

---

4 Kommunikation wird definiert als "auf dem unbedingten Grund gegen-
   seitiger Anerkennung, selbst über den Tod hinaus, ja gerade im Bewußtsein der eigenen Endlichkeit und der Sterblichkeit des anderen"
   fußend (ebd. 212).

In diesem Sinne kann feministische Theologie jener Theologie, die sich durch eine 'Aufnahme der interaktionalen Handlungsdimension in ihr Zentrum' (ebd. 214) definiert, entgegenkommen.

Und ergänzen läßt sich dies durch die Akzeptanz von Details, Konkretem und Alltäglichem, die jene Pastoraltheologie in der Schule der Campesinos lernen will und um die auch feministische Theologie sich bemüht (s. bes. Kap. 1 Anm. 47).

Umkehrbereit (cf. Fuchs Art. 1983 c, 422 ff) realisiert sie ferner die strukturelle Schuld des Abendländers gegenüber jenen Menschen der sog. "Dritten Welt" und wird schließlich der "vorteilhafteren Hermeneutik" (ebd. 417; cf. ders. Art. 1984 a, 215) jener gewahr.

Aus der Perspektive feministischer Theologie ist jenes Ansinnen ambivalent zu betrachten. Zum einen sind auch wir Frauen in jene strukturelle Schuld verstrickt (s. die wiederholte Rede von unserer "Mittäterinnenschaft")[5], andererseits aber begreifen sich Frauen - und sind es auch jenseits ihrer subjektiven Wahrnehmung - ebenfalls als in einer Situation vielfachen Behindertwerdens befindlich. Frauen erleben ferner, analog den Campesinos, viel mehr Gemeinschaftsbezogenheit als Ort des Indikativs (s. Kap. 2), was die Beschreibung von Gott als Macht-in-Beziehung am profiliertesten thematisiert, so daß auch ich in unserer Frauentheologie jenen 'Vorteil der Hermeneutik' zu entdecken vermag.

Gegenüber jener "konkreten Theorie" der Pastoraltheologie ist dann aber, in aller Höflichkeit und Bescheidenheit und ohne die Schuldgefühle der Männer noch vergrößern zu wollen (cf. Stefan 1984, 49)   anzufragen, warum so wenig die Theologie der Frauen wahrgenommen und ernstgenommen wird, warum man von Campesinos lernen möchte, aber Frauen als theologische Subjekte nicht realisiert (nur als Objekte von Unterdürckung in der "Ersten Welt"[6]).

---

5   Zur differenzierteren Betrachtung dieses Schuldigseins und sich-einer-Schuld-bewußt Seins, cf. bes. Kap. 1 Anm. 32.

6   Und da stehen wir nun neben "Arbeitslosen, nationalen Minderheiten und sogenannten Gastarbeitern" (cf. ebd. Anm. 57, in Anlehnung an Girardi), anstatt daß man uns auch einmal als Aktive sehen würde (s. u.).

(2) Sozial- und Humanwissenschaften

Ein zweiter Gedankengang im Kontext jener "konkreten Theorie" beschäf-
tigte sich mit dem Postulat der Rezeption von Sozial- und Humanwissen-
schaft (Fuchs Art. 1984 a, 218 f). Feministische Theologie, die ohne Berührungsangst (cf. 1.2.4), ja lernwillig mit diesen kooperiert (da sie
helfen, die Orte der Unterdrückung in der Gesellschaft, im Komplex "Frau und
Natur" und die Niederschläge dieser Unterdrückung in der Körperlichkeit der
Frauen zu begreifen und zu verändern sowie kritisch das eigene Theologietreiben zu hinterfragen (cf. 5.1.1)) kann zu solcher Rezeption nur ermutigen:
Sie kann als Fremdprophetie die verlorene Ganzheit der Frauen und Männer
in die Theologie, die ein Herz hat (s. o.), hineinsagen.

(3) "Schrift und Leben"

Als dritten Komplex jener Pastoraltheologie läßt sich ein Bemühen um das
Verhältnis von Tradition, "Schrift und Leben" (Fuchs Art. 1984 a, 220)
nennen. Besonders durch ihre Auseinandersetzung mit der Theologie der
Campesinos, so mein Eindruck, bemüht sich jene Theologie intensiv um einen
gelingenden Umgang mit der Bibel, die "Maßstab der Mustergültigkeit für
die Kritik gegenwärtiger individueller und institutioneller Handlungen"
(ebd. 236) sein soll.
Hier ist nun zunächst zu erinnern, daß die Bibelhermeneutik feministischerseits nicht umhin konnte, im Kontext ihrer Betrachtung des Alten Testaments, jenes als "garstiges" zu qualifizieren.[7] Die Bibel ist somit kaum
unmittelbar als kritischer Maßstab für Frauen lesbar.
Andererseits aber war es gerade ein "Entwurf" in Beziehung auf einen neu-
testamentlichen Text, der die "funktionale Christologie" Heywards ermöglichte und dadurch gerade die äußerste Radikalität des jesuanischen Lebens offenlegte (seine dynamis, sein Berühren, sein Bemühen um Intimität,

---

7 Zu einem sehr differenzierten Bibelbezug cf. übrigens Fuchs selbst
   (ebd. 238).

seine Passion, die Identität von Erstem und Zweitem Gebot) und schließlich die Kommunikation von FEM mit einem säkularen Text über die Kategorie des "sich-aufrechthaltenden Verlierers" ermöglichte.
Nehmen wir jenes "Entwerfen" als Brückenschlag, so können zunächst einzelne Texte zurücktreten, über die noch viel (oder vielleicht gar nicht mehr)
zu streiten sein wird, und ein Weg wird dann sichtbar von diesem Entwurf
zur Pastoraltheologie, die den "Kontakt" zwischen Schrift und Leben über
die Reflexion des (jesuanischen und menschlichen) Extremfalls als "er-
kenntnistheoretische|r| Testfall von Wahrheit und Wirklichkeit" (ebd. 221)
vorschlägt.
Daneben kennen schließlich beide Theologien den Alltag als 'freieren Asso-
ziationsort' (ebd. 222), der zwischen Schrift und Leben verbindet (cf.
die alternativen Bibelrezeptionen in 3.1.3 und den Weg des Begriffs der
Passion vom Alltag der Frauen (Kap. 2 und 3.1.2), über die Christologie
(3.3.2) zurück zum Alltag (Kap. 5)), der aber gleichzeitig in Korrespondenz zu jenem ersten Ort (des Extremfalls) steht - feministischerseits
nicht unbedingt im Modus des 'Lauerns' (Fuchs 1984 e, 223), sondern als
Naturgegebenheit, die wir begreifen lernen müssen.

(4)   Pastoraltheologie als wahrnehmende "Handlungswissenschaft"

Da viertens Pastoraltheologie sich als "Handlungswissenschaft" formulieren möchte, ist auch ihr die von feministischer Seite gewürdigte Kategorie
der "Wahrnehmung" wichtig. Sie soll sich nun nicht nur auf "reale Subjekte"
(ebd. 241), sondern auch auf literarische beziehen, insofern literarische
Texte "in ihrem Spiel von Figuren und Handlungen, von Zeit und Geschichten die entscheidenden Kategorien konkreten menschlichen Lebens und Verhaltens selbst beinhalten" (ebd. 242; cf. Kap. 8 Anm. 112). Ein solches
Unterfangen aus der Perspektive feministischer Theologie beschrieben die
Kapitel 6 bis 8 und sie erhoben solche gemeinsamen und divergierenden
Kategorien zentral im Kommentar zu dem "sich-aufrechthaltenden Verlierer".

(5) Praxis der Befreiung

Formuliert sich Pastoraltheologie als Handlungswissenschaft so ist natürlich nach dem Ziel dieser Handlung zu fragen. Ihre zentrale Option [8]
gilt der "Praxis der Befreiung", die im Kontext feministischer Theologie
als Befreiung zum "vollen Menschsein von Frauen", vorläufig, konkretisiert
wurde.

(6) Christologie

Als Focus und Prüfstein jener "konkreten Theorie" ist sechstens ihre Re-
formulierung der Christologie, die diese als "in einem Subjekt und dessen
interaktionalen Handlungen in Raum und Zeit" vollzogene Offenbarung Gottes definiert, zu erwähnen: "Die Erfahrung des Indikativs der Gnade" er-
eignet sich "in konkreten intersubjektiven Begegnungen, in namhaften Geschichten und erzählbaren Be- und Gegebenheiten" (ebd. 225; cf. ders.
Art. 1985 d, 98; ders. Art. 1985 c, 225; ders Art. 1985 a, 41).

Dieser Vorstellung entspricht das Moment des "Berührens" in der funktionalen Christologie Heywards als Initiation und Realisation von Heilungspro-
zessen. Zugleich wird hier aber auch einmal mehr der physisch-materiale
Aspekt der Kommunikation verbalisiert und vermag in seiner Interdependenz
zur Kategorie der "Intimität" ein präzisierendes Postulat darzustellen:
Heilsame Interaktionen setzen sensible Kenntnisse des/r anderen und von
sich selbst voraus.

9.2.2   Divergenzen

Konnten nun einige Verbindungslinien zwischen Pastoraltheologie und feministischer Theologie gezogen und gleichzeitig divergierende Details be-

---

8   Zu diesem Begriff cf. Fuchs Art. 1984 a, 238; ders. 1984 d; ders.
     1987, 503.

nannt werden, so ist nun noch eine grundsätzliche Konfrontation bez. Herkunft und "Sitz im Leben" dieser Theologien zu leisten.
Mehrfach fiel im Vergleich beider Theologien das Mehr an Konkretionen innerhalb der feministischen Theologie auf, das sich wohl aus ihrer Konzeption als "Diskurs der Nähe" erklären läßt, so daß der Eindruck entstehen kann, feministische Theologie realisiere, löse das ein, was Pastoraltheologie fordere. (D. h. aber nicht, daß sie sich künftig ergänzen sollten, sondern mir erscheint ein wirklicher Dialog allein dadurch möglich, daß Pastoraltheologie sich selbst weiter konkretisiert. An ein "Ergänzungsmodell" etwa im hierarchischen Verhältnis von theoretischem Überbau und feministischer Realisation ist nicht zu denken, zumal ja feministische Theologie ihre eigene 'Distanz zur Welt' (cf. 1.2.5) hat.)
Dies aber kann andeuten, wo der gravierende Unterschied zwischen beiden Theologien liegt: Feministische Theologie ist eine Theologie, die aus den einzelnen, konkreten und alltäglichen Erfahrungen der Frauen erwächst; die rekurrente Rede von der "Erfahrungssystematik" wollte dies zeigen. Pastoraltheologie im oben beschriebenen Sinn aber ist eine Theologie, die Erfahrungen ernst nimmt[9], aber bezüglich ihrer Herkunft und ihrer Existenz dem Zweiten Vatikanum sowie handlungstheoretischen Entwürfen zuzuordnen ist, wobei gleichzeitig ihre Subjekte in ihren eigenen Biographien und ihren eigenen persönlichen Erfahrungen sonderbar dahinter zurücktreten. Aus diesen beiden Konstituenten heraus will sie sich, wenn auch mit dem Willen um Konkretionen, so doch als "Theorie" formulieren und sich dann in Praxis hinein verausgaben, anstatt selbst Praxis (reflektierendes Leben, lebendiges Denken) zu sein. Am deutlichsten schlägt sich dieser Unterschied daher zunächst weniger in den Inhalten, sondern in den Denkstrukturen nieder: Hier werden aus Postulaten, Erkenntnissen, Theorien und Traditionen und dominant Fremderfahrungen mit aller um Details sich bemühender Redlichkeit neue, vi-

9 Cf. ders. 1985 a, 38 f; ders. Art. 1985 c, 227.

sionäre Theorien konstruiert, anstatt durch Denken handelnd, beispielsweise sich selbst relational vergewissernd, sich diesen Visionen anzu-
nähern.

So steht Pastoraltheologie feministischer Theologie gegenüber mit einem
mehr an theoretisierendem Rüstzeug, an (auch institutionalisierter) Heimat für sich und Anonymität gegenüber uns, während es die Bestimmung feministischer Theologie und ihrer Subjekte zu sein scheint, ihre Heimat
'in der Verwandlung der Welt'[10] zu finden.

---

10   Nelly Sachs hat gesagt: "An Stelle von Heimatlosigkeit halte ich
     die Verwandlung der Welt" (Sachs 1961, 262).

Literaturverzeichnis

Aufgrund der Themenstellung legt es sich nahe, wenigstens im Literatur-
verzeichnis die Vornamen der Autoren/innen auszuschreiben (und damit auch
die Unhöflichkeit, Personen nur mit dem Nachnamen zu nennen, ein Stück weit
aufzuheben). Soweit mir dies möglich war, habe ich dies getan. Darüberhinaus wird von einer mehr als alphabetischen Gliederung bewußt abgesehen,
da zahlreiche Titel immer an verschiedenen Grenzbereichen anzusiedeln wären und es daher leichter erscheint, sich mechanisch nach dem Alphabet
zu orientieren.
Die Literaturliste enthält nur in dieser Arbeit verwendete Literatur.

Adler, Jack: Theme and Character in Hemingway. For Whom the Bell Tolls,
   in: University Review, Kansas City, 30, 164, 293-299.

Adler, Rachel: A Mother in Israel. Aspects of the Mother Role in Jewish
   Myth, in: Gross 1977, 237-255.

AGG (Hg.): Schlangenlinien: Feministische Wissenschaft/Feministische Theologie, AGG Frauenbroschüre, Bonn 1984.

Agudelo, Maria: Die Aufgabe der Kirche bei der Emanzipation der Frau,
   in: Brocten/Greinacher 1982, 175-185.

Albertz, Heinrich: Was meine ich, wenn ich das Vaterunser bete, Concilium,
   1981, 264 f.

Albus, Michael/Zulehner Paul M. (Hg.): Nur der Geist macht lebendig, Mainz
   1985.

Alcalà, Manuel: Die Frauenemanzipation: Ihre Herausforderung an die Theologie und an die Reform der Kirche, in: Concilium, 1980, 283-287.

Alejchem, Scholem: Tewje, der Milchmann, Leipzig 1984.

Allerz, Christine G.: Who was Rebekah? "On Me Be the Curse, My Son!",
in: Gross 1977, 183-216.

Allen, John J.: The English of Hemingway's Spaniards, in: Grebstein 1971,
91 ff.

Allende, Isabel: Das Geisterhaus, Frankfurt[16] 1985 (o.O. o.J.).

Alridge, J.W.: After the Lost Generation, New York 1951.

Alves, Rubem: From Paradise to the Desert. Autobiographical Musings, in:
R. Gibellini: Frontiers of Theology in Latin America, New York 1979,
284-303.

Anderson, Gerald H./Stransky, Thomas F. (Hg.): Liberation Theologies.
North American and European, New York/Ramsey/Toronto 1979 (= Mission
Trends No. 4).

Andolsen, Barbara H./u. a.: Women's Consciousness, Women's Conscience,
A Reader in Feminist Ethics, Minneapolis/Chicago/New York 1985.

Andreotti, Mario: Die Struktur der modernen Literatur. Neue Wege in der
Textanalyse. Bern 1983 (= UTB 1127).

Anlage zu V 13. Stellungnahme grüner Frauen zum Müttermanifest. 9. Ordent-
liche Bundesversammlung.Die Grünen, 1.-3. Mai 1987, Duisburg.

Apfelbacher, Karl-Ernst: "Warten wir eigentlich auf den Herrn?", in: Der
Prediger und Katechet, H 1, 1988, 3 ff.

Aristoteles: Poetik, hg. v. M. Fuhrmann, Stuttgart 1982.

Arnold,Jean: Karl Barth's Theology of the Word of God: Or, How to Keep
Women Silent and in Their Place, in: Plaskow, J./Arnold, J.: Women
and Religion, Missoula/Montana 1974.

Augustinus: Confessiones. Bekenntnisse. Lateinisch und Deutsch, München[2]
1960 (1955).

Austin, John L.: Zur Theorie der Sprechakte (How to do things with Words),
Stuttgart [2]1981 (Oxford 1962, 1975).

Bachmann, Ingeborg: Malina. Roman, Frankfurt 1971.

Backes, Gisela/u. a.: Sie nützen viel und kosten nichts, in: beiträge 9/10, 1983, 92-104.

Baker, Carlos: Hemingway. The Writer as Artist, Princeton[4] 1972 (1956), 289-328.

Bakker, J.: Fiction as Survival Strategy, A comperative Study of Major Works of Ernest Hemingway and Saul Bellow, Amsterdam 1983.

Bardacke, Theodore: Hemingway's Women, in: McCaffery, 1969 (1950), 340-351.

Barea, Arturo: Not Spain but Hemingway, in: Horizon 3 (1941), 350-361.

Barrett, Michèle: Das unterstellte Geschlecht. Umrisse eines materialistischen Feminismus, Berlin 1983 (o.O o.J.).

Barthes, Roland: Mythen des Alltags, Frankfurt 1964 (Paris 1957).

Barthes, Roland: Fragmente einer Sprache der Liebe, Frankfurt 1984 (Paris 1977).

Barthes, Roland: S/Z, Frankfurt 1976 (o. O. 1970).

Bartholomeyczik, Sabine: Was kann sozialmedizinische Forschung zum Gesundheitszustand von Frauen sagen? Stichworte zur Situation von Frauen in unserer Gesellschaft, in: AS 1, Berlin 1984.

Beach, Joseph W.: American Fiction 1920-1940, New York 1941.

Beach, Joseph W.: Arts and Letters, How do you like it now, Gentelman?, in: Sewanee Review, 59, 1951, 11-328.

Beauvoir, Simone de: Das andere Geschlecht. Sitte und Sexus der Frau, Reinbek b. Hamburg 1981 (Paris 1949).

Beauvoir, Simone de: Ein sanfter Tod, Reinbek b. Hamburg 1986 (Paris 1964).

Beck-Gernsheim, Elisabeth: Das halbierte Leben. Männerwelt, Beruf, Frauenwelt, Familie, Frankfurt 1980.

Beck-Gernsheim, Elisabeth: Der geschlechtsspezifische Arbeitsmarkt. Zur Ideologie und Realität von Frauenberufen, Frankfurt/New York [2]1981 (1976).

Beer, Ursula: Theorien geschlechtlicher Arbeitsteilung, Frankfurt/New York 1984.

Beevor, Antony: The Spanish Civil War, London 1982.

beiträge zur feministischen theorie und praxis, hg. v. Sozialwissenschaftliche Forschung & Praxis für Frauen e. V.: 1 (1978); 2 (1979); 3 (1980);
4 (1980); 8 (1983); 9/10 (1983); 11 (1984).

Belo, Fernando: Das Markusevangelium materialistisch gelesen, Stuttgart
1980 (Paris 1974).

Bengs, Ute: Frauenordination? Nein Danke! in: Schlangenbrut 6, 1984, 28-31.

Benjamin, Walter: Ursprung des deutschen Trauerspiels, Frankfurt 1972.

Bennholdt-Thomsen, Veronika: Investition in die Armen. Zur Entwicklung
der Weltbank, in: Lateinamerika. Analyse und Berichte 4. Internationale
Strategien und Praxis der Befreiung, Berlin 1980.

Bennholdt-Thomsen, Veronika: Frauen, die letzte Kolonie, Reinbek b. Hamburg 1983.

Bennholdt-Thomsen, Veronika: Zur Bestimmung der geschlechtlichen Arbeitsteilung im Kapitalismus, in: dies. 1983, 194-209.

Bennholdt-Thomsen, Veronika: Die Zukunft der Frauenarbeit und die Gewalt
gegen Frauen, in: beiträge 9/10, 1983 a, 207-222.

Bennholdt-Thomsen, Veronika: Die Ökologiefrage ist eine Frauenfrage, in:
Die Grünen 1987, 29-38.

Bernecker, Walther L.: Anarchismus und Bürgerkrieg. Zur Geschichte der
Sozialen Revolution in Spanien 1936-39, Hamburg 1978 (= Historische
Perspektiven 10).

Bertell, Rosalie: Love The Earth, in: Die Grünen 1987, 13.

Bianchi, Eugene/ Ruether, Rosemary R.: From Machismo to Mutuality, Essays
on Sexism and Woman-Man-Liberation, New York 1976.

Bird, Phyllis: Images of Women in the Old Testament, in: Ruether 1974,
41-88.

Bird, Phyllis: "Male and Female he created Them." Gen 1,27 b in the Con-
text of the Priestly account of Creation, in: Havard Theological Review, Vol. 74 (1981), 129-159.

Birk, Angelika/Stoehr, Irene: Der Fortschritt entläßt seine Tochter, in:
Die Grünen 1987, 59-70.

Birren, F.: Light, Color, and Enviroment. A discussion of the Biological
and Psychological Effects of Color, with Historical Data and Detailed
Recommendations for the Use of Color in the Enviroment, New York 1982.

Bitter, Wilhelm (Hg.): Krisis und Zukunft der Frau. Psychotherapie, Religion, Gesellschaft. Ein Tagungsbericht, Stuttgart [2]1967 (1962).

Bleich, Anet/u. a.: "Lob der Vernunft", in: beiträge 11, 1984, 26-39.

Bloch, Ernst: Das Prinzip Hoffnung, 2 Bde, Frankfurt 1959.

Böttger, Barbara: Steht die Vertreibung der Frauen aus Büro und Verwaltung bevor?, in: beiträge, 9/10, 1983, 33-74.

Bookchin, Murray: Das Weltbild organischer Gesellschaften oder Natur als Leben, in: Lutz 1984, 125-138.

Boovie, Verne: The Evolution of a Myth: A Study of the Major Symbols in the Works of Ernest Hemingway, Diss. Abstracts, XVIII, o. O., May 1957.

Børresen, Kari E.: Die anthtropologischen Grundlagen der Beziehung zwischen Mann und Frau in der klassischen Theologie, in: Concilium 12 (1976), 10-17.

Børresen, Kari E.: Männlich-weiblich. Eine Theologiekritik, in: Una Sancta 35 (1980), 325-334.

Bourbon Parma - van Oranje Nassau, Irene de: Woran denke ich, wenn ich das Vaterunser bete?, in: Concilium 1981, 266 ff.

Brand, Karl-Werner/u. a.: Aufbruch in eine andere Gesellschaft. Neue soziale Bewegungen in der BR, Frankfurt/New York 1986 (1983).

Brecht, Bertholt: Die Dreigroschenoper, in: ders.: Die Stücke, Frankfurt 1978, 165-202.

Brehmer, Ilse: Sexismus in der Schule, in: Kuhn/Appenzeller 1985, 177-189.

Brenan, Gerald: Geschichte Spaniens, Berlin 1978.

Brockhaus Enzyklopädie in 20 Bd.en, Wiesbaden [17] 1966-1981

Brooten, Bernadette/Greinacher Norbert (Hg.): Frauen in der Männerkirche, München/Mainz 1982 (= Gesellschaft und Theologie: Abt. Praxis der Kirche 40).

Brooten, Bernadette: Jüdinnen zur Zeit Jesu, in: dies./Greinacher 1982, 141-148.

Bubeck, Marta/ Leistner, Herta: Frauenarbeitslosigkeit: Ursachen, Folgen, Schicksale, in: Wege zum Menschen, 1979, 69-77.

Bucher, Rainer: Zum Beispiel Nietzsche. Prinzipien einer innovatorischen Apologetik (1), in: Concordia 12, 1988, 29-43.

Bühler-Schleicher, Marga: Frau denkt immer: Andere haben's besser als ich ... Selbstorganisierte Frauengruppen in Gemeinden, in: Schaumberger/Maaßen 1986, 173-176.

Bührig, Marga: Spät habe ich gelernt, gerne Frau zu sein, Stuttgart 1987.

Bürkhardt, Dagmar/Oppen, Maria: Frauenerwerbstätigkeit und Arbeitsunfähigkeit. Gibt es einenfrauenspezifischen Krankenstand, in: Schröder, W./u. a. (Hg.): Krankheit und Arbeitswelt, Berlin 1985.

Burgum, Edwin B.: Ernest Hemingway and the Psychology of the Lost Generation, in: McCaffery 1969 (1949), 308-328.

Burmeister, Elisabeth: Labyrinth. Hymnen und Lieder, München 1982.

Burmeister, Elisabeth: Marie-Theres Wacker: Der Gott der Männer und die Frauen, Rezension, in: Schlangenbrut 18 (1987), 55.

Burrichter, Rita/Lueg, Claudia: Aufbrüche und Umbrüche. Zur Entwicklung Feministischer Theologie in unserem Kontext, in: Schaumberger/Maaßen 1986, 14-35.

Bury, John P.: Hemingway in Spain, in: Contemporary Review, 1118, 1959, 103 ff.

Bußmann, Magdalena: Anliegen und Ansatz feministischer Theologie, in: Dautzenberg G./ u. a. (Hg.): Die Frau im Urchristentum, Freiburg/Basel/Wien 1983, (= Quaest.Disp. 95), 339-358.

El Campesino: Morgen ist ein anderer Tag, Frankfurt/Berlin/Wien 1983 (1978).

Camus, Albert: Hochzeit des Lichts, in: ders.: Literarische Essays, 1973, 76-120 (Paris 1950).

Carey, John: John Donne. Life, Mind and Art, London 1981.

Carpenter, F.: Hemingway achieves the fifth Dimension, in: ders.: American Literature and the Dream, New York 1955, 185-193.

Carr, Anne: Theological Anthropology and the Experience of Women, in: Chicago Studies 19, 1980 , 114.

Carroll, Elizabeth: Kann die Männerherrschaft gebrochen werden, in: Concilium 16, 1980, 251-258.

Chambers, L.: Stonewall Jackson. The Legend and the Man, Bd. 2, New York 1959.

Chodorow, Nancy: Family Structure and Feminine Personality, in: Michelle Z. Rosaldo/Lamphere, Louise: Woman, Culture, Society, Stanford 1974, 43-66.

Chopin, Kate: Geschichte einer Stunde. Erzählungen und der Roman ''The Awakening'',Frankfurt ²1979 (1899).

Christ, Carol P.: Diving Deep and Surfacing. Women Writers on Spiritual Quest, Boston 1980.

Christ, Carol P./Plaskow, Judith: Womanspirit Rising.A Feminist Reader in Religion, New York/Hagerstown/San Francisco/London 1979.

Christenrechte in der Kirche e. V. (Hg.): Toward a Full and Equal Sharing. Pastoralbrief über die Gleichberechtigung in der Kirche, Frankfurt 1987 (o. O. 1985).

Cobb, John B., Jr./Griffin, David R.: Process Theology, Philadelphia 1976.

Collins, Sheila: A Different Heaven and Earth, Valley Forge 1974.

Collins, Sheila: Historical Turning Point: Feminism and Socialism, in: Radical Religion, Vol. 3, No. 2, 1977, 5-12.

Collins, Sheila: Reflections on the Meaning of Herstory, in: Christ/Plaskow 1979, 68-73.

Concilium, Dezember 1987.

Condren, Mary: Für die verbannten Kinder Evas. Eine Einführung in die feministische Theologie, in: Una Sancta 32, 1977, 300-307.

Cooperman, Stanley: Hemingway's Blue-eyed Boy: Robert Jordan and "Purging Ecstasy", in: Criticism 8, 1966, 88-96.

Craven, Toni: Tradition and Convention in the Book of Judith, in: Semeia 28, 1983, 50-61.

Culver, Th. a. Elsi: Women in the World of Religion, New York 1967.

Dahms, Hellmuth G.: Der Spanische Bürgerkrieg, 1936-39, Tübingen 1962.

Daly, Mary: Kirche, Frau und Sexus, Olten 1970 (o. O. 1968).

Daly, Mary: Jenseits von Gottvater, Sohn & Co. Aufbruch zu einer Philosophie der Frauenbefreiung, München [2]1982 (Boston 1973).

Daly, Mary: Der qualitative Sprung über die patriarchale Religion, in:
  Moltmann-Wendel 1983 (1978).

Datenreport 1987. Zahlen und Fakten über die BRD, hg. v. Statistischem
  Bundesamt. In Zusammenarbeit mit dem Sonderforschungsbereich der Universitäten Frankfurt und Mannheim, Bonn 1987 (= Arbeitshilfen für
  politische Bildung Bd. 257).

Debray, Régis: Ein Leben für ein Leben, Roman, Düsseldorf 1979 (Paris
  1977).

Delaney, Carol: The Legacy of Abraham, in: Gross 1977, 217-235.

Demmer, Hildegard/u. a.: Frauenarbeitsschutz: Gesundheitsschutz oder Ideologie, in: beiträge 9/10, 1983, 24-32.

Dewey, Joanna: Frauenbilder, in: Russel 1979, 52-69.

Dobberthien, Marliese: Frauenarbeit. Zwischen Chance und Diskriminierung,
  in: Pusch 1983, 421-447.

Dowling, Colette: Der Cinderella Komplex. Die heimliche Angst der Frauen
  vor der Unabhängigkeit, Frankfurt 1984 (Summit Book 1981).

Dressler, W.: Einführung in die Textlinguistik, Tübingen [2]1973 (= Konzepte der Sprach- und Literaturwissenschaften 13).

Dröge, Annette: Sexualität & Herrschaft, Münster 1976

Duden. Das große Wörterbuch der deutschen Sprache in 6 Bd.en, hg v. d. Du-
  denredaktion, Mannheim/Wien/Zürich 1976-1981.   •

Duelli-Klein, R./u. a. (Hg.): Feministische Wissenschaft und Frauenstudium.
  Reader mit Originaltexten zu Women's Studies, Hamburg 1987 (= blickpunkt
  hochschuldidaktik 71).

d'Eaubonne, Francoise: Feminismus oder Tod. Thesen zur Ökologiedebatte,
  München [4]1981 (Paris 1974).

Ebeling, Gerhard: Wort und Glaube. Bd. 3. Beiträge zur Fundamentaltheologie, Soteriologie und Ekklesiologie, Tübingen 1975,

Eby, Cecil D.: The Real Robert Jordan, in: Grebstein 1971, 43-49.

Eckert, Thomas: Across The River and Into The Trees, in: Kindlers Literaturlexikon, Bd. 3, München 1974, 747.

Eisenberg, Léon: Die differentielle Verteilung der psychiatrischen Störungen auf die Geschlechter, in: Sullerot 1982, 377-398.

Endres, Franz C./Schimmel, Annemarie: Das Mysterium der Zahl. Zahlensymbolik in Kulturvergleich, Köln 1984.

Endres, Ria: Verstehe, wer kann. Zum 80. Geburtstag von Samuel Backett, in: Die ZEIT, 16, 1986, 57.

Engelen-Kefer, Ursula: "Die restriktive Personalpolitik wirkt sich auf die Chancen aus", in: Frankfurter Rundschau 120, 27.5.1986, 14.

Engelsman, Joan Ch.: The Feminine Dimension of the Divine, Philadelphia 1979.

Erler, Gisela: Einige - vielleicht gar nicht "feministische" - Anmerkungen zur Frauenpolitik in der BR, in: beiträge 2, 1979, 11-37.

Erler, Gisela: Erdöl und Mutterliebe. Von der Knappheit einiger Rohstoffe, in: Schmid, Thomas: Das pfeifende Schwein. Über weitergehende Interessen der Linken, Berlin 1985.

Erni, Margrit: Das Vaterbild der Tochter, Einsiedeln/Zürich/Köln 1965.

Exum, J. Cheryl: "You Shall Let Every Daughter Live". A Study of Exodus 1,8-2,10, in: Semaia 28, 1983, 63-82.

Fadiman, Cliften: Ernest Hemingway Crosses the Bridge, in: Gates, J./ Wright, A.: College Press, Boston 1942, 416-421.

Faxon, A.: Frauen im NT. Vom Umgang Jesu mit Frauen, München 1979.

Feuerbach, Ludwig: Das Wesen des Christentums, hg. v. Heinrich Schmitt, Leipzig 1909.

Fietz, Lothar: Die strukturelle Bedeutung des "Happiness"-Begriffes in Ernest Hemingways Romanwerk, in: Weber 1980, 139-153.

Firestone, Shulamith: Frauenbefreiung und sexuelle Revolution, Frankfurt 1975

Fischer, Mechthild: Arbeit in Ehrenämtern, in: Pinl 1978, 75-102.

Flatters, Jutta: "Probier, den alten weißen Mann aus meinem Kopf zu treiben ... jetzt, wo meine Augen aufgehen ...".Feministische Theologie in den USA, in: Schaumberger/Maaßen 1986, 37-50.

Fleßner, Heike/Knake-Werner, Heidi: Veränderte Lebensansprüche und Wertvorstellungen von Frauen, in: IMFS 1983, 75-91.

480

Foglia, Gina/Wolffberg, Dorit: Feministische Perspektiven der Anti-
Atom-Bewegung, in: Lutz 1984, 72-81.

Fox-Keller, Evelyn: Liebe, Macht und Erkenntnis. Männliche oder weibliche
Wissenschaft, München /Wien 1986 (New Haven/London 1985).

Frankenberg, Lloyd: Themes and Characters in Hemingway's Latest Period,
in: Southern Review VII, 1942, 776-788.

Freedman, Richard: Hemingway's Spanish Civil War Dispatches, in: Texas
Studies in Literature and Language 1, 1959, 171-180.

French, Warren: From the Social Novel and the End of an Era, in: Grebstein 1971, 56-70.

Friedan, Betty: Der zweite Schritt, Reinbek b. Hamburg 1982 (o.O. o.J.).

Friedan, Betty: der weiblichkeitswahn oder die selbstbefreiung der frau,
Reinbek b. Hamburg 1986 (New York 1963).

Friedan, Betty: Über die neue Weiblichkeit. Interview von Gabriele von
Arnim, in: Vogue 9, 1987, 140.

Frohock, W.M.: Violence and Discipline, in: McCaffery 1969, 262-291 .

Fuchs, Ottmar: Sprechen in Gegensätzen. Meinung und Gegenmeinung in kirchlicher Rede, Diss., München 1978.

Fuchs, Ottmar: Laien in pastoralen Berufen der Kirche, in: Diakonia 10,
1979, 4, 221-236.

Fuchs, Ottmar: Die Klage als Gebet. Eine theologische Besinnung am Beispiel des Psalm 22, Habilitation, München 1982.

Fuchs, Ottmar: Glaubensvermittlung im Horizont kirchendistanzierter Christ-
lichkeit, in: Stimmen der Zeit 107, 1982, 8, 549-560.

Fuchs, Ottmar: Literarische Prosa und biblische Geschichten. Was heißt
erzählen?, in: Theologia Practica 18, 1983 a, 3/4, 28-40.

Fuchs, Ottmar: Jeder war wichtig. Bemerkungen und Beobachtungen zum DKK,
in: Katechetische Blätter 108, 1983 b, 11, 832-834.

Fuchs, Ottmar: Wir haben viel zu lernen! Vamos Caminando in seiner Bedeutung für unsere Standortbestimmung und Wegweisung in Kirche und Gesellschaft, in: Equipo Pastoral de Bambamarca, Vamos Caminando:Machen
wir uns auf den Weg! Glaube, Gefangenschaft und Befreiung in den perua-
nischen Anden, Freiburg (Schweiz)/Münster [3]1983 c, 413-430.

Fuchs, Ottmar: Die Praktische Theologie im Paradigma biblisch-kritischer Handlungswissenschaft zur Praxis der Befreiung, in: ders.: Theologie und Handeln, Düsseldorf 1984 a, 209-244.

Fuchs, Ottmar: Spuren auf meinem Glaubensweg, in: Deutscher Katecheten-Verein e. V. (Hg.), "Miteinander glauben lernen in Familie, Gemeinde, Schule". Dokumentation des Deutschen Katechetischen Kongresses 1983, München 1984 b, 256-265.

Fuchs, Ottmar: Zur Spiritualität der Laientheologen im pastoralen Dienst, in: Diakonia 15, 1984 c, 3, 150-157.

Fuchs, Ottmar: "Umstürzlerische" Bemerkungen zur Option der Diakonie hierzulande, in: Deutscher Caritasverband (Hg.), Caritas '85 (Jahrbuch), Freiburg 1984 d, 18-40.

Fuchs, Ottmar (Hg.): Theologie und Handeln. Beiträge zur Fundierung der Praktischen Theologie als Handlungstheorie, Düsseldorf 1984.

Fuchs, Ottmar: Die Kirche als Ernstfall der Diakonie, in: Albus, M./Zulehner P.M. (Hg.): Nur der Geist macht lebendig. Zur Lage der Kirche in Deutschland nach 20 Jahren Konzil und 10 Jahren Synode, Mainz 1985 a, 38-52.

Fuchs, Ottmar: Christlicher Umgang mit den 'Folgen der Sünde' im Horizont von Geschichte und Gesellschaft. Gedanken zu einem konsequenten Ablaßverständnis, in: Brakel, H.-U. v./Mette, N. (Hg.): Kommunikation und Solidarität. Beiträge zur Diskussion des handlungstheoretischen Ansatzes von Helmut Peukert in Theologie und Sozialwissenschaften, Freiburg (Schweiz)/Münster 1985 b, 179-197.

Fuchs, Ottmar: Ernstfall Diakonie. Christliches Handeln als Verkündigung, in: Theologisch-praktische Quartalschrift 3, 1985 c, 223-230.

Fuchs, Ottmar: Persönlicher Glaube und der Glaube der Kirche in der Glaubensvermittlung, in: Katechetische Blätter 110, 1985 d, 2, 90-102.

Fuchs, Ottmar: Die Autonomie des Menschen - Begrenzungen aus der Geschöpflichkeit und dem Dasein, in: Verband katholischer Einrichtungen für Körperbehinderte in Deutschland (Hg.), Freiburg 1985 e (= Beiträge zur Körperbehinderten-Fürsorge, 40), 6-38.

Fuchs, Ottmar: Prophetische Kraft der Jugend? Zum theologischen und ekklesiologischen Ort einer Altersgruppe im Horizont des Evangeliums, Freiburg i. B. 1986.

Fuchs, Ottmar: Evangelisation: Prinzip der Hoffnung für Christ und Kirche in der Welt, in: Hierold/u. a. 1986, 213-223.

Fuchs, Ottmar: Ist der Begriff der Evangelisierung eine 'Stopfgans'?, in: Katechetische Blätter 7, 1987, 498-514.

Fuchs, Ottmar: Die Entgrenzung zum Fremden als Bedingung christlichen Glaubens und Handelns, in: ders.: Die Fremden, Düsseldorf 1988 a, 240-301.

Fuchs, Ottmar: Umgang mit "Aids" in christlicher Gemeinde, in: Kruse, Horst/ Wagner, Harald: AIDS. Anstöße für Religionsunterricht und Gemeindearbeit, München 1988 b.

García, Consuelo: Die Hand des Herzens. Leben und Kämpfe der Spanierin Soledad Real, München 1981.

Geffré, Claude: "Vater als Eigenname Gottes". Biblische und systematische Zugänge, in: Concilium, 1981, 202- 209.

Geismar, Maxwell: Writers in Crisis, Boston 1942, 143-189

Geismar, Maxwell: Ernest Hemingway.You could always come back, in: Mc Caffery 1969 (1942), 167-189

Geißler, R.: Versuch über die Idylle, in: Wirkendes Wort 11, 1961, 271-278.

Gerber, Uwe: Feministische Theologie, in: Theologische Literaturzeitung, Nr. 8, August 1984.

Gerstenberger, Erhard: 4 Mose 12,1-15: Mirjam - eine Frau in der religiösen Opposition, in: Schmidt 1988, 53-59.

Gilligan, C.: Die andere Stimme, München 1982 (Cambridge, Mass. 1982).

Girardi, Giulio: Für eine Kultur des Friedens, in: Christen für den Sozialismus (Hg.): Kultur des Verstehens gegen Kolonialismus der Ideen, Münster 1983, 74-93.

Girardi, Giulio: Christen für den Sozialismus, in: Christen für den Sozialismus (Hg.), Münster o. J., 66-95.

Das Glaubensbekenntnis der Kirche. Katholischer Erwachsenen-Katechismus, hg. v. der Deutschen Bischofskonferenz, Köln [3]1985.

Gössmann, Elisabeth: Die streitbaren Schwestern. Was will die Feministische Theologie?, Freiburg/Basel/Wien 1981.

Goldenberg, Naomi R.: Jung after Feminism, in: Gross 1977, 53-65.

Goldenberg, Naomi R.: Träume und Phantasien als Offenbarungsquellen: eine feministische Auslegung von C.G. Jung, in: Brooten/Greinacher 1982, 235-244.

Goldstein, Valerie S.: Die menschliche Situation: Ein weiblicher Standpunkt, in: Moltmann-Wendel 1978, 152-178.

Gordon, Caroline: Notes on Hemingway and Kafka, The Sewanee Review, LXII, 1949, 215-226.

Goytisolo,Juan: Spanien und die Spanier, München/Luzern 1982 (o.O. 1979).

Gramsci, Antonio: Intellektuelle. Traditionelle Intellektuelle, in: ders. 1980 a (1930-1935), 222-230.

Gramsci, Antonio: Zur Politik, Geschichte und Kultur. Ausgewählte Schriften, Leipzig 1980.

Gramsci, Antonio: Die Herausbildung der Intellektuellen, in: ders. 1980 b (1930-1932)

Gray, James: Tenderly Tolls the Bell, in: Mc Caffery 1969 (1946), 226-235.

Grebstein, S.N. (Hg.): The Merrill Studies in For Whom the Bell Tolls, Columbus/Ohio 1971.

Greimas, Algirdas: Strukturale Semantik. Methodologische Untersuchungen, Braunschweig 1971 (= Wissenschaftstheorie, Wissenschaft und Philosophie, Bd. 4) (Paris 1966).

Greinacher, Norbert/Elizondo, Virgil: Ist die Emanzipation des Mannes zu weit vorangeschritten?, in: Concilium 1980, 239.

Brüder Grimm Kinder- und Hausmärchen, hg. v. Friedrich Panzer, Wiesbaden 1977.

Gross, J.: Intimations of Mortality,in: Enright, D.J.: Fair of Speech. The Uses of Euphemism, Oxford/New York 1985.

Gross, Rita: Beyond Androcentism. New Essays on Women and Religion, Missoula/Montana 1977.

Große, Ernst U.: Current Trends in French Narrative Research, in: Linguistica Biblica 40, 1977, 21-54.

Die Grünen im Bundestag/Arbeitskreis Frauenpolitik (Hg.): Frauen & Ökologie: Gegen den Machbarkeitswahn (Dokumentation zum Kongreß vom 3.-5.10.1986 in Köln), Köln 1987.

Gurko, Leo: Hemingway in Spain, in: Mc Caffery 1969, (1947), 258-261.

Guttmann, Allen: Mechanized Doom. Ernest Hemingway and the Spanish Civil War, Massachusetts Review 1, 1960, 541-561.

Häring, Bernhard: Frei in Christus, Moraltheologie für die Praxis des christlichen Lebens, Bd. II. Der Weg des Menschen zur Wahrheit und Liebe, Freiburg/Basel/Wien 1980.

Halkes, Catharina: Über die feministische Theologie zu einem neuen Menschenbild, in: Moltmann-Wendel 1978, 179-191.

Halkes, Catharina: Feministische Theologie. Eine Zwischenbilanz, in: Concilium 1980 a, 293-300

Halkes, Catharina: Die Theresas, Katharinas und Marias von heute. Brief einer Katholikin an Papst Johannes Paul II, in: Publik Forum 23, 1980 b, 23 f.

Halkes, Catharina: Motive für den Protest in der feministischen Theologie gegen den Vater, in: Concilium 17, 1981, 256-262.

Halkes, Catharina: Gott hat nicht nur starke Söhne. Grundzüge einer feministischen Theologie, Gütersloh [4]1985 (1980).

Halliday, E. M.: Hemingway's Narrative Perspective, in: Sewanee Review 60, 1952, 202-218.

Halliday, E. M.: Hemingway's Ambiguity: Symbolism and Irony, in: American Literature, XXVIII, 1956, 1-22.

Hamman, A.: Pelagianismus, in: LThK, 8. Bd, Freiburg 1963, 246-250.

Handke, Peter: Wunschloses Unglück, Salzburg [10]1980 (1972).

Haney, Eleanor H.: What is Feminist Ethics? A Proposal for a Continuing Discussion, in: Journal of Religious Ethics, 8/1, 1980, 115-124.

Hanson, Paul D.: Männliche Metaphern für Gott und die unterschiedliche Behandlung der Geschlechter im AT, in: Moltmann-Wendel 1978, 81-92.

Haug, Frigga: Frauenformen, Berlin 1980 (=AS 45).

Haug, Frigga/Hauser, Kornelia: Subjekt Frau. Kritische Psychologie der Frauen, Bd. 1, Berlin 1985 (=AS 117).

Hayghton, Rosemary: Ist Gott ein Mann?, in: Concilium 16, 1980, 264-270.

Heilbrun, Carolyn G.: Toward a Recognition of Androgyny, Inc., 1973 (New York 1964).

Heiler, Anne Marie: Die Stellung der Frau in den Religionen, in: Bitter 1967, 191-206.

Die Heilige Schrift. Einheitsübersetzung, Stuttgart 1981.

Helbig, Gisela: Frauen gegen Apartheid, in: Schlangenbrut 7, 1984, 7-17.

Hemingway, Ernest: For Whom the Bell Tolls, New York 1940.

Hemingway, Ernest: Wem die Stunde schlägt. Übers. v. Paul Baudisch, Frankfurt 1983 (o. O. 1940).

Heschel, Susannah: Jüdisch-christlicher Dialog über Feminismus und Religion, in: Schlangenbrut 16, 1987, 9-13.

Heyward, Carter: Und sie rührte sein Kleid an. Eine feministische Theologie der Beziehung, Stuttgart 1986 (Washington,D.C. 1982).

Heyward, Carter: Rosemary R. Ruether/Mary Daly: Theologians-Speaking and Sparking, Building and Burning, in: Christianity and Crisis, Vol. 39, Nr. 5, 1979, 66-72.

Heyward, Carter: Our Passion for Justice. Images of Power, Sexuality and Liberation, New York 1984.

Hickel, Erika: Entstellt männliches Denken die Naturwissenschaft?, in: Die Grünen 1987, 100-112.

Hierold, Alfred/u. a. (Hg.): Festschrift für Josef Schneider, Bamberg 1986.

Hoffmann, J. F.: The Modern Novel in America, Chicago 1951.

Horney, Karen: Neue Wege in der Psychoanalyse, München [2]1977 (New York o.J.).

Hund, Johanna: Frauenerwerbsarbeit und Persönlichkeitsentwicklung, in: IMFS 1983, 15-23.

Hundrup, Reinhild: Wandlungen des Gottesbildes. Ein Weg zur Befreiung der Frau? Zum Selbstverständnis der feministischen Theologie als Befreiungstheologie, Schriftliche Hausarbeit im Rahmen der Ersten Staatsprüfung, Münster 1984.

Hurwitz, Siegmund: Lilith - die erste Eva, Zürich 1980.

Iden, Peter: Der eiserne John, in: Zeitmagazin Nr. 48, 1984, 68-73.

Ihlenfeld, Kurt: Poeten und Propheten, Witten/Berlin 1951.

IMSF (Hg.): Wir wollen alles! Beruf, Framilie, Politik. Frauenarbeit und Frauenbewegung. Materialien der Frauenkonferenz des IMSF vom 20./21. November 1982 in Frankfurt, Frankfurt 1983.

Innerhofer, Franz: Schöne Tage, Roman, Salzburg 1980 (1974).

Jacobi, Carola: Frauen als Naturressource: "Überlebens-Produktion" in Dritter und Erster Welt, in: beiträge 3, 1980, 79-89.

Jansen, Mechthild: "Motherhood is beautiful". Ein Beitrag zur Auseinandersetzung um das Mütterkonzept, in: Kommune 6, 1987, 66-70.

Jansen, Sarah: Ritual und Technik. Ansätze für feministische Utopien zur Naturnutzung, in: Lutz 1984, 120-124.

Janßen, Renate: Frauen in die Bundeswehr, in: Kuhn/Appenzeller 1985, 119-143.

Janssen-Jurreit, Marielouise: Sexismus - Über die Abtreibung der Frauenfrage, Frankfurt 1979.

Jens, Walter/u. a. (Hg.): Theologie und Literatur. Zum Stand des Dialogs, München 1986.

Josephs, Allen: Hemingway's Poor Spanish: Chauvinism and Loss of Credibility in For Whom the Bell Tolls, in : Noble, D.: Hemingway. A Reclamation, New York 1983, 205-223.

Jung, Carl Gustav: Psychologische Typen, Gesammelte Werke, Bd. 6, Zürich 1960, 515 ff.

Jung, Carl Gustav: Zwei Schriften über Analytische Psychologie, Gesammelte Werke, Bd. 7, Zürich/Stuttgart 1964.

Jung, Carl Gustav: Die Archetypen und das kollektive Unbewußte. Gesammelte Werke, Bd. 9/I, Olten/Freiburg [2]1976.

Jung, Carl Gustav: Aion. Beiträge zur Symbolik des Selbst, in: Gesammelte Werke, Bd. 9/II, Olten/Freiburg 1976.

Jurinek-Stinner, Angela/ Weg, Marianne (Hg.): Frauen lernen ihre Situation verändern. Was kann Bildungsarbeit dazu beitragen?, München/Wien/Baltimore 1982.

Kahl, Susanne/u. a. (Hg.): Feministische Theologie - Praxis. Ein Werkstattbuch, Bad Boll 1981 (= Heft 3 der Arbeitshilfen der Akademie Bad Boll).

Kant, Immanuel: Beantwortung der Frage: Was ist Aufklärung, in: Werke Bd. 6, hg. v. Wilhelm Weischedel, 1964 (1783), 53-61.

Kaper. Gudrun: Eva, wo bist du? Frauen in internationalen Organisationen der Ökumene. Eine Dokumentation. Gelnhausen/Berlin/Stein, Mfr. 1981 (= Kennzeichen 8).

Kaplow, Susi: Zornig werden, in: Frauenoffensive Journal Nr. 1, Dezember 1974, 14-17.

Kassel, M.: Biblische Urbilder. Tiefenpsychologische Auslegung nach C.G. Jung, München 1980.

Kaschkin, Iwan: Inhalt - Form - Inhalt, in: Weber 1980, 202-232.

Katholische Frauengemeinschaft Deutschlands (Hg.): Arbeit im Leben der Frauen. Rückblick auf vier Jahre Tätigkeit des Führungskreises der kfd - Berufstätige Frauen, Düsseldorf 1985.

Kazin, Alfred: Hemingway: Synopsis of a Career, in: McCaffery, 1969, 190-204.

Keen, S.: Manifesto for a Dionysian Theology, in: Cross Currents 19, 1968/69, 37-55.

Kegler, Jürgen: Debora - Erwägungen zur politischen Funktion einer Frau in einer patriarchalen Gesellschaft, in: Schottroff/Stegemann 1980, 37-59.

Keller, Catherine: Feminism and the Moral Subject, in: Andolsen 1985, 251-264.

Kelly, Robert H.: Gott als Vater in der Bibel und in der Erfahrung Jesu. Eine Bestandsaufnahme, Concilium 17, 1981, 247-255.

Kessler, Gisela: Gewerkschaftliche Kampferfahrungen und Persönlichkeitsentwicklung, in: IMFS 1983, 24-33.

Kiltz, Erika: Raum für alle Frauen in der Realität und im Programm. Zur Debatte um Mütter und Nichtmütter bei den Grünen und in der Frauenbewegung, in: Kommune 6, 1987, 64 f.

King, Ursula: Der Beitrag der feministischen Bewegung zur Veränderung des religiösen Bewußtseins, in: Wolf, Knut (Hg.): Stille Fluchten. Zur Veränderung des religiösen Bewußtseins, München 1983, 38-61.

King, Ynestra: Feminismus und Revolte. Was uns eint und trennt, in: Lutz 1984, 87-93.

Kinnamon, Keneth: Hemingway, the Corrida, and Spain. Texas Studies in Literature and Language, I, 1959, 44-61.

Kirchner, G.: Der Einfluß der "Frontier" auf das literarische Werk Ernest Hemingway's, Magisterarbeit, Frankfurt 1976.

Killinger, J.: Hemingway and the Dead Gods. A Study in Existentialism, Lexington/Kentucky Pr. 1960.

Klinger, Elmar: Politik und Theologie. Eine deutsche Stellungnahme zu Puebla, in: Theologie und Glaube 71, 1981, 184-207.

Klinger, Elmar: Der Glaube des Konzils. Ein dogmatischer Fortschritt, in: ders./Wittstedt, Klaus: Christsein nach dem II. Vatikanum, FS für Karl Rahner, Freiburg 1984, 615-626.

Klinger, Elmar: Der Glaube an den Menschen - eine dogmatische Aufgabe. Karl Rahner als ein Wegbereiter des Zweiten Vatikanischen Konzils, in: Theologie und Glaube 75, 1985,

Klinger, Elmar: Das Zweite Vatikanische Konzil als ein Gesamtentwurf. Der Plan von Kardinal Suenes, in: Hierold 1986, 142-149.

Knauer, Peter: Die chalkedonensische Christologie als Kriterium für jedes christliche Glaubensverständnis, in: Theologie und Philosophie 60, 1985, 1-15.

Koestler, Arthur: Ein spanisches Tagebuch. Aufzeichnungen aus dem Bürgerkrieg, Frankfurt 1980 (Zürich, 1938).

Kontos, Silvia/Walser, Karin: Hausarbeit ist doch keine Wissenschaft!, in: beiträge 1, 1978, 66-80.

Koppers, Christiane: Die dreimal Geborene ... Dimensionen weiblicher Spiritualität, in: Schaumberger/Maaßen 1986, 240-254.

Koyré, Alexandre: Newtonian Studies, London 1965.

Krattinger, Ursa: Die perlmutterne Mönchin. Reise in eine weibliche Spiritualität, Zürich ^{3}1985 (1983).

Krings, Hermann: Freiheit. Ein Versuch, Gott zu denken, in: Philosophisches Jahrbuch, 1977, 225-237.

Kristeva, Julia: Die Revolution der poetischen Sprache, Frankfurt 1978 (Paris 1974).

Krückeberg, E.: Authentizität, in: Ritter, Joachim (Hg.): Historisches Wörterbuch der Philosophie, Bd. 1, Basel/Stuttgart 1961, 692 f.

Krzyzanowski, Jerzy R.: "For Whom the Bell Tolls": The Origin of General Golz, in: Polish Review 7, 1962, 69-74.

Kügler, Joachim: Der Jünger, den Jesus liebte. Literarische, theologische und historische Untersuchungen zu einer Schlüsselgestalt johanneischer Theologie und Geschichte. Mit einem Exkurs über die Brotrede in Joh 6, Stuttgart 1988.

Küng, Hans: Für die Frau in der Kirche, in: Brooten/Greinacher 1982, 186-190.

Kuhn, Annette/Appenzeller, Detlef (Hg.): Mehrheit ohne Macht. Frauen in der BRD. (= Studien Materialien Bd. 34), Düsseldorf 1985.

Kurz, Paul K.: Moderne Literatur und ethischer Glaube, München [2]1969 (1967) (= Studien und Berichte der Katholischen Akademie in Bayern, Heft 41).

Kurz-Scherf, Ingrid: Teilzeitarbeit - ein reines Frauenproblem, in: Kuhn/ Appenzeller 1985, 66-96.

Lämmert, Eberhard: Bauformen des Erzählens, Stuttgart [6]1975 (1955).

Lampert, Gabi: Rundfunksendung im Magazin "Kirche und Welt" des Bayerischen Rundfunks II, 16.7.1987, 18.30 Uhr.

Langer, Heidemarie/u. a.: Mit Mirjam durchs Schilfmeer, Stuttgart 1982.

Langer, Heidemarie/u. a.: Wir Frauen in Ninive, Gespräche mit Jona, Stuttgart 1984.

Laurentin, René: Jesus und die Frauen: Eine verkannte Revolution?, in: Concilium 1980, 275-283.

Lausberg, Heinrich: Handbuch der literarischen Rhetorik. Eine Grundlegung der Literaturwissenschaft, München [2]1973 (1960).

Lent, Dora: Gott ist anders - aber wie?, in: Wege zum Menschen 1969, 281-289

Lenz, Ilse: Subsistenzproduktion, Moderne und Freiheit, in: Die Grünen 1987, 71-74.

Lind, Sofia: Gewalt gegen Frauen - Frauenhäuser und ihre Probleme, in: Kuhn/Appenzeller 1985, 144-158.

490

Link, Jürgen: Literaturwissenschaftliche Grundbegriffe, München [2]1979 (1974) (= UTB 305).

Lohfink, Norbert: "Macht Euch die Erde untertan"?, in: Orientierung 38, 1974, 137-142.

Loos, Eva: Bibelarbeit mit Frauen, in: Schottroff/Stegemann 1980, 134-144.

Lorenzen, Kerstin/Menzel, Beate (Redaktion): unser körper unser leben. ein handbuch von frauen für frauen, Reinbek b. Hamburg 1980 (New York 1971).

Lorenz, R.: Pelagius und Pelagianismus, in: RGG, Bd. 5, Tübingen [3]1961, 106 f.

Lotman, Jurij M.: Die Struktur literarischer Texte, München [2]1981 (1972) (= UTB 103).

Lotman. Jurij M.: Vorlesungen zu einer strukturalen Poetik. Einführung, Theorie des Verses. Hg. v. K. Eimermacher, München 1972 (= Theorie und Geschichte der Literatur und Schönen Künste 14).

Lowe, Marian: Wie affig ist das Weib?, in: Emma 9, 1979, 16-20.

Luria, Zella: Geschlecht und Etikettierung: Der Pirandello-Effekt, in: Sullerot 1982, 272-283.

Lutz, Rüdiger (Hg.): Frauen Zukünfte. Ganzheitliche feministische Ansätze Erfahrungen und Lebenskonzepte, Weinheim/Basel 1984 (= Öko-Log-Buch, 3).

Mann, Golo: Wallenstein, Frankfurt [4]1971 (1971).

Marga: Unterwegs zu einem neuen Gottesbild, in: Schlangenbrut 2, 1983, 5-14.

Maaßen, Monika: Feministisch-theologische Biographieforschung. Eine neue Methode, in: Schlangenbrut 8, 1985, 24-28.

Maaßen, Monika/Schaumberger, Christine: "Wenn wir uns erheben ..." Über die Rückkehr der vergessenen und übersehenen Frauen durch Feministische Theologie, in: Dunde, Siegfried R. (Hg.): Katholisch und Rebellisch, Hamburg 1984, 199-223.

Maccoby, Eleanor: Die Psychologie der Geschlechter: Implikationen für die Erwachsenenrolle, in: Sullerot 1982, 284-310.

Maguire, D.: The Feminization of God and Ethics, in: Christianity and Crisis, 42:4 (15 March 1982), 63 f.

Malinowski, Bronislaw: Die Dynamik des Kulturwandels, Wien/Stuttgart 1951 a.

Malinowski, Bronislaw: Kultur und Freiheit, Wien/Stuttgart 1951 b.

Malinowski, Bronislaw: Kultur und Verdrängung in primitiven Gesellschaften, Frankfurt[3] 1977.

Marcuse, Herbert: Marxismus und Feminismus, in: Jahrbuch Politik, 6, hg. v. Wolfgang Dreßen, Berlin 1974.

Marcuse, Herbert: Der eindimensionale Mensch. Studien zur Ideologie der fortgeschrittenen Industriegesellschaft, Darmstadt 1984 (Bosten 1964).

Mc Caffery, J.K.M.: Ernest Hemingway. The man and his work, New York 1969.

Mc Glone, Jeanette: Sex differences in human brain asymmetry: a critical survey, in: The Behavioral and Brain Sciences, 1980, 215-263.

Mc Laughlin, E.C.: Equality of Souls, Inequality of Sexes: Woman in Medieval Theology, in: Ruether 1974, 213-266.

Menne, Ferdinand: Kirchliche Sexualethik und Geschlechterrollen in der Kirche, in: Brooten/Greinacher 1982, 22.

Menschik, Jutta: Feminismus. Geschichte, Theorie, Praxis, Köln 1977 (= Kleine Bibliothek Politik, Wissenschaft, Zukunft 87).

Merchant, Carolyn: Der Tod der Natur. Ökologie, Frauen und neuzeitliche Naturwissenschaft, München 1987.

Merode-de Croy, Marie de: Die Rolle der Frau im AT, in: Concilium 16, 1980, 270-275.

Metz, Johann B.: Glaube in Geschichte und Gesellschaft, Studien zu einer praktischen Fundamentaltheologie, Mainz 1977.

Metz, Johann B./Schillebeeckx, Edward: Gottvater?, in: Concilium 1981, 173.

Metz-Göckel, Sigrit: Frauenarbeit und weibliche Produktivität, in: beiträge 1, 1978, 81-94.

Meulenbelt, Anja: Die Scham ist vorbei. Eine persönliche Erzählung, München [4]1979 (Amsterdam 1976).

Meulenbelt, Anja: Für uns selbst. Körper und Sexualität aus der Sicht von Frauen, München [2]1981

Meulenbelt, Anja: Feminismus. Aufsätze zur Frauenbefreiung, München 1982 (Amsterdam 1982).

Meulenbelt, Anja: Weiter als die Wut. Aufsätze, München 1983 (Amsterdam 1983).

Meulenbelt, Anja: Die Gewöhnung ans alltägliche Glück. Reinbek b. Hamburg 1985/86 (Amsterdam 1984).

Meulenbelt, Anja: Ich wollte nur dein Bestes. Roman, Reinbek b. Hamburg 1987 (Amsterdam 1985).

Meulenbelt, Anja: "Für manche Frauen ist die Emanzipation eine Bedrohung", ein Interview von Ursula Nuber, in: Psychologie heute 1987, 14-20.

Meyer, Evi: Frauen wollen nicht nur mitspielen dürfen, in: Albus/Zulehner 1985, 66-75.

Meyer, Evi: Frauennetzwerk Kirche, in: Schaumberger/Maaßen 1986, 162-168.

Meyer-Wilmes, Hedwig: Die Bedeutung der sog. Frauenfrage für die Kirchen und die Theologie. Eine (vor-)theologische Studie zur Erhellung des weiblichen Lebenszusammenhangs, Diplomarbeit, Münster 1979.

Meyers Enzyklopädisches Lexikon, 27 Bd.e, Mannheim/Wien/Zürich 1971-1979

Millett, Kate: Sexus und Herrschaft. Die Tyrannei des Mannes in unserer Gesellschaft, München 1971 (New York 1969).

Mies, Maria: Methodische Postulate zur Frauenforschung - dargestellt am Beispiel der Gewalt gegen Frauen, in: beiträge 1, 1978, 41-63.

Mies, Maria: Gesellschaftliche Ursprünge der geschlechtlichen Arbeitstei- lung, in: beiträge 3, 1980, 61-78.

Mies, Maria: Subsistenzproduktion, Hausfrauisierung, Kolonisierung, in: beiträge 9/10, 1983, 115-123.

Mies, Maria: Die Debatte um die "Methodischen Postulate zur Frauenforschung", in: Methoden in der Frauenforschung, Symposion a. d. FU Berlin, 30.11. -2.12.1983, hg. v. d. Zentraleinrichtung zur Förderung von Frauenstu- dien und Frauenforschung an d. FU Berlin, Frankfurt 1984, 165-187.

Mies, Maria: Konturen einer öko-feministischen Gesellschaft, in: Die Grü- nen 1987, 39-53.

Mieth, Dietmar: Dichtung, Glaube und Moral. Studien zur Begründung einer Narrativen Ethik. Mit einer Interpretation zum Tristanroman Gottfrieds von Strassburg, Mainz 1978 (= Tübinger Theologische Studien, Bd. 7).

Miller, Henry: Der Koloß von Maroussi. Eine Reise nach Griechenland, Reinbek b. Hamburg 1980 (New York o.J.).

Mitscherlich, Margarete: Im Gefängnis der eigenen Psyche, in: Emma Nr. 5, 1978, 18 f.

Mitscherlich, Margarete: Die friedfertige Frau. Eine psychoanalytische Un- tersuchung zur Aggression der Geschlechter, Frankfurt 1987.

Mödl, Ludwig: Für euch hingegeben, in: Der Prediger und Katechet, H. 2, 1988, 216 f.

Möller, Carola: Ungeschützte Beschäftigungsverhältnisse - verstärkte Spaltung der abhängig Arbeitenden, in: beiträge 9/10, 1983, 7-15.

Moeller-Gambaroff, Marina: Das emotionale Erleben von Generativität, in: Wulf, Christoph (Hg.): Lust und Liebe, Wandlungen der Sexualität, München 1985, 367-380.

Mollenkott, Virginia: Gott eine Frau? Vergessene Gottesbilder der Bibel, München 1984 (New York 1984).

Moltmann, Jürgen: Der mütterliche Vater. Überwindet trinitarischer Patri-passianismus den theologischen Patriarchalismus, in: Concilium 17, 1981, 209-213.

Moltmann-Wendel, Elisabeth (Hg.): Frauenbefreiung. Biblische und theologische Argumente, Mainz ²1978 (München 1978).

Moltmann-Wendel, Elisabeth: Der lange Weg der Emanzipation, in: dies. 1978, 63-77.

Moltmann-Wendel, Elisabeth: Frau und Religion. Gotteserfahrungen im Patriarchat, Frankfurt 1983.

Moltmann-Wendel, Elisabeth: Freiheit, Gleichheit, Schwesterlichkeit. Zur Emanzipation der Frau in Kirche und Gesellschaft, München ⁴1984 (1977).

Moltmann-Wendel, Elisabeth: Das Land wo Milch und Honig fließt. Perspektiven einer feministischen Theologie, Gütersloh 1985.

Money, John: Der Transsexualismus und die Grundzüge einer Feminologie, in: Sullerot 1978, 262-271.

Morton, Nelle: The Rising of Woman Consciousness in a Male Language Structure, in: Andover Newton Quaterly 12, 1972/4, 177-190

Morton, Nelle: Auf dem Weg zu einer ganzheitlichen Theologie, in: Moltmann-Wendel 1983 (1974), 202-209.

Moynihan, William T.: The Martyrdom of Robert Jordan, in: College English 1959, 127-132.

Müller, Günther:Erzählzeit und erzählte Zeit, in: Festschrift für P. Kluckhohn und H. Schneider, Tübingen 1948, 195-212.

Müller, Iris: Unterschwellige Vorurteile. Frauen bleibt die Laufbahn des theologischen Hochschullehrers praktisch weiter verschlossen, in: Publik Forum 23, 1979, 25 f.

Müller, Iris: Die Misere katholischer Theologinnen in den deutschen Universitäten. Zur Situation der Theologinnen am Fachbereich Katholische Theologie der Westfälischen Wilhelms-Universität Münster/Westf., Weinheim 1987.

Müller, Petra: Neuere Daten zur Frauenerwerbstätigkeit und -erwerbslosigkeit in der BRD. Eine Analyse, in: beiträge 9/10, 1983, 16-23.

Das Müttermanifest, Antrag auf der 9. Ordentlichen Bundesversammlung.Die Grünen, 1.-3. Mai 1987, Duisburg.

Mühlen, Patrik v. zur: Spanien war ihre Hoffnung. Die deutsche Linke im Spanischen Bürgerkrieg (1936-39), Düsseldorf 1983 (= Politik und Gesellschaft).

Mulack, Christa: Die Weiblichkeit Gottes. Matriarchale Voraussetzungen des Gottesbildes, Stuttgart ^{3}1984 (1983).

Nahal, Ch.: The Narrative Pattern in Ernest Hemingway's Fiction, Gambury/ New Jersey 1971.

Neal, Marie-Augusta: Pathologie der Männerkirche, in: Concilium 1980, 259-263.

Neidig, Claudia/Selders, Beate: Das "Neue Zeitalter" ist weiblich, in: Die Grünen 1987, 75-86.

Nespital, Helmuth: Einführung in die Allgemeine Sprachwissenschaft, SS 1984, WS 1984/85; Genus Verbi (SS 1984); Modus (WS 1985/86, SS 1986); Satzstruktur und Satzbedeutung (WS 1983/84, WS 1984/85); Semantische Strukturen des Verbs (SS 1984, WS 1984/85) - Vorlesungen an der Universität Bamberg.

Noel, Daniel C.: Auf dem Weg zum Irrationalen durch fiktive Zauberei und feministische Spiritualität: Postmoderne Möglichkeiten, in: H.P. Duerr: Der Wissenschaftler und das Irrationale, 2 Bde., Frankfurt 1981, 2. Bd., 426.

Nölleke, Brigitte: In alle Richtungen zugleich. Denkstrukturen von Frauen, München 1985.

Noll, Peter: Diktate über Sterben und Tod, Zürich 1984.

Nucci, Joseph C.: The poetry of time and place in the fiction of Ernest Hemingway, Michigan 1968.

O'Connor, June: In Doing Religious Ethics, in: Andolsen 1985, 265-284.

Ochs, Carol: Behind the Sex of God. Toward a New Consciousness - Transcendending Matriarchy and Patriarchy, Boston 1977.

Ochshorn, Judith: The Female Experience and the Nature of the Divine, Bloomington 1981.

Ollig, Hans-Ludwig: Perspektiven des Historismusproblems, in: Löser, Werner (Hg.): Dogmengeschichte und katholische Theologie, Würzburg 1985; 37-77.

Opitz, Claudia: Der "andere Blick" der Frauen in die Geschichte - Überlegungen zu Analyse- und Darstellungsmethoden feministischer Geschichtsforschung, in: beiträge 11, 1984, 61-70.

Ortner, Sherry B.: Is Female to Male as Nature Is to Culture?, in: Rosaldo Michelle Z./Lamphere, Louise: Woman, Culture and Society, Stanford 1974, 67-87.

Orwell, George: Mein Katalonien. Bericht über den Spanischen Bürgerkrieg, Zürich 1975 (1938).

Ostner, Ilona: Beruf und Hausarbeit. Die Arbeit der Frau in unserer Gesellschaft, Frankfurt/New York 1978.

The Oxford English Dictionary, 17 Bd.e, Oxford 1970-1986 (1933).

Pagels, Elaine: What Became of God the Mother?, in: Christ/Plaskow 1979, 120-130.

Parlee, Mary B.: Psychologie und Frauen, in: Duelli-Klein 1982, 236-253, (1979).

Parsons, Thornten H.: Hemingway's Tyrannous Plot, in: Grebstein 1971, 107-112.

Pascal, Blaise: Gedanken, Wiesbaden 1947.

Passmore, Nancy F.W.: Ein Bewußtseins-Manifest. Gegen lineare Vorstellungen von Welt, in: Lutz 1984, 20-25.

Pepper, Curtius B.: Der Charme der späten Jahre, in: Zeitmagazin 13, 1988, 68-76.

Perincioli, Cristina: Reise in die Zukunft. Ängste, Hoffnungen, Träume, in: Lutz 1984, 41-47.

Peukert, Helmut: Wissenschaftstheorie ▪ Handlungstheorie · Fundamentale
Theologie. Analysen zu Ansatz und Status theologischer Theoriebildung.
Düsseldorf 1978.

Pfäfflin, Ursula: Pastoralpsychologische Aspekte feministischer Seelsorge,
in: Wege zum Menschen 39, 1987, 226-235.

Pfister, Manfred: Das Drama, München 1977 (= UTB 580).

Pinl, Claudia/u. a.: Frauen auf neuen Wegen. Studien und Problembereiche
zur Situation der Frauen in Gesellschaft und Kirche, Gelnhausen/Ber-
lin/Stein, Mfr. 1978.

Pinl, Claudia: Zur Situation der Frauen in Familie, Beruf und Bildung,
in: dies. 1978, 1-73.

Pinl, Claudia: Schöne Grüße von Norbert Blüm, in: Die Grünen 1987, 113-
118.

Plaskow, Judith: Sex, Sin and Grace. Women's Experience and the Theologies
of Reinhold Niebuhr and Paul Tillich, Diss., Yale University 1975.

Plaskow, Judith: The Feminist Transformation of Theology, in: Gross 1977,
23-33.

Plaskow, Judith: Das Kommen Liliths. Schritte zu einer feministischen Theologie, in: Brooten/Greinacher 1982, 245-258.

Poensgen, Herbert: Die Befreiung einer verlorenen Beziehung. Eine biblisch-
homiletische Untersuchung zu Lk 15,11-32 unter besonderer Berücksichtigung familientherapeutischer Erkenntnisse, Diss., Bamberg 1985.

Pröpper, Thomas: Warum gerade ich? Zur Frage nach dem Sinn von Leiden, in:
Katechetische Blätter 1983, 252-274.

Projekt Sozialistischer Feminismus (Hg.): Geschlechterverhältnisse und
Frauenpolitik, Berlin 1984 (= AS 11a).

Prokop, Ulrike: Weiblicher Lebenszusammenhang. Von der Beschränktheit der
Strategien und der Unangemessenheit der Wünsche, Frankfurt 1976.

Pross, Helge: Die Wirklichkeit der Hausfrau. Die erste repräsentative Untersuchung über nichterwerbstätige Ehefrauen: Wie leben sie? Wie denken sie? Wie sehen sie sich selbst?, Reinbek b. Hamburg 1976.

Pusch, Luise F. (Hg.): Feminismus. Inspektion der Herrenkultur. Ein Handbuch, Frankfurt 1983.

Pusch, Luise F.: Das Deutsche als Männersprache, Frankfurt 1984.

Quistorp, Eva: Begrüßungsrede, in: die Grünen 1987, 16-18.

Raddatz, Fritz J.: Rosa Luxemburg, in: Zeitmagazin Nr. 6, 31.1.1986, 8-22.

Rader, Ulrike: Wie geheuert - so gefeuert. Frauen als industrielle Reserve, in: Kuhn/Appenzeller 1985, 27-52.

Rahner, Karl/Vorgrimler, Herbert (Hg.): Kleines Konzilskompendium. Sämtliche Texte des Zweiten Vatikanums, Freiburg/Basel/Wien 1980 (1966).

Rahner, Karl: Die Praktische Theologie im Ganzen der Theologischen Disziplinen, in: ders.: Schriften zur Theologie, Bd. 8, Köln 1967.

Rahner, Karl: Priestertum der Frau, in: Stimmen der Zeit, 195, 1977, 291-301.

Rahner, Karl: Worte gläubiger Erfahrung, hg. v. Alice Scherer, Freiburg/Basel/Wien 1985.

Raming, Ida: Von der Freiheit des Evangeliums zur versteinerten Männer-Kirche. Zur Entstehung und Entwicklung der Männerherrschaft in der Kirche, in: Concilium 16, 1980, 230-235

Raming, Ida: die inferiore Stellung der Frau nach geltendem Kirchenrecht, in: Concilum 12, 1976, 30-34.

Rammert-Faber, Christel: Gleichberechtigung im Arbeitsleben, in: Kuhn/Appenzeller 1985, 53-65.

Raymond, Janine: Female Friendship and Feminist Ethics, in: Andolsen 1985, 161-174.

Raspa, Anthony (Hg.): John Donne. Devotions upon emergent occasions, London 1975.

Reepen, Uwe: "Auch Männer haben in diesem Kampf objektiv etwas zu gewinnen ...!", in: IMFS 1983, 139-143.

Rehmann, Ruth: Die Schwaigerin, Roman, München/Wien 1987.

Reller, Horst/u. a. (Hg.): Evangelischer Gemeindekatechismus, Hannover 1979.

Renner, Karl N.: Der Findling. Eine Erzählung von Heinrich v. Kleist und ein Film von George Moorse. Prinzipien einer adäquaten Wiedergabe narrativer Strukturen, Diss. München 1983.

Rentmeister, Cillie: Frauenwelten - Männerwelten. Für eine neue kulturpolitische Bildung, Opladen 1985

Rhode, Roman/Dudek, Brigitte u. a.: Spanien. Ein politisches Reisebuch, Hamburg 1985.

Rib, Spare: Hexenkräfte gegen Regierungsgewalt, in: Courage 4, 1979, 28 ff.

Rich, A.: Prepatriarchal Female/ Goddess Images, in: Spretnak, Ch. (Hg.): The Politics of Women's Spirituality, New York 1982, 32-38.

Richards, Janet Radcliffe: Welche Ziele der Frauenbewegung sind feministisch?, in: Pusch 1983, 18-32.

Richter, Horst E.: Die Gruppe. Hoffnung auf einen neuen Weg, sich selbst und andere zu befreien. Psychoanalyse in Kooperativen mit Gruppeninitiativen, Reinbek b. Hamburg 1972.

Richter, Horst E.: Flüchten oder Standhalten, Reinbek b. Hamburg 1976, 84.

Richter, Horst E.: Der Gotteskomplex. Die Geburt und die Krise des Glaubens an die Allmacht des Menschen, Reinbek b. Hamburg 1979.

Richter, Jutta: Himmel, Hölle, Fegefeuer. Versuch einer Befreiung, Reinbek b. Hamburg 1985.

Riedl, Joachim: Augenzeugen I: Viva la Muerte!, in: Zeitmagazin 31, 1986, 8-19.

Rieger, Renate: Die richtigen Ideen fallen uns nicht in den Schoß. Feministisch-theologische Befreiungsgedanken, in: Schlangenbrut 1, 1983, 8-18.

Rieger, Renate: Den Frauen gehört die Hälfte des Himmels und sie müssen sie sich erobern. Versuch einer feministisch-theologischen Standortbestimmung in der BRD, in: AGG 1984 a, 124-141.

Rieger, Renate: Gedanken zu feministischer Bibellektüre. "Denn wohin du gehst, will ich gehen, und wo du nachtest, will ich nachten, dir gesellt", Rut 1,16, in: AGG 1984 b, 232-240.

Rieger, Renate: Frauen-Arbeit ist 'Nicht-Arbeit', in: Schlangenbrut 15, 1986 a, 6 f.

Rieger, Renate: Frauen-Arbeit und feministische Theologie. Weibliche Produktivität und geschlechtlihce Arbeitsteilung, in: Schaumberger/Maaßen 1986 b, 225-239.

Rieger, Renate: Inhaltliche und methodische Voraussetzungen einer Feministischen Theologie als Befreiungstheologie, in: Schlangenbrut 13, 1986 c, 26-37.

Ringe, Sharon H.: Autorität der Bibel und Bibelinterpretation, in: Russel 1979, 16-30.

Robbe-Grillet, Alain: Die Jalousie oder die Eifersucht, Roman, Stuttgart 1979 (1959).

Röhrich, Lutz: Der Witz. Figuren, Formen, Funktionen, Stuttgart 1977.

Röper, Anita: Ist Gott ein Mann? Ein Gespräch mit Karl Rahner, Düsseldorf 1979.

Rovit, Earl: From Ernest Hemingway, in: Grebstein 1971, 113-122.

Rowbotham, Sheila: Nach dem Scherbengericht. Über das Verhältnis von Sozialismus und Feminismus, Berlin 1981(o.O. o.J.).

Ruther, Rosemary Radford: Liberation Theology. Human Hope Confronts Christian History and American Power, New York 1974 a.

Ruether, Rosemary Radford (Hg.): Religion and Sexism. Images of Woman in the Jewish and Christian Traditions, New York 1974 b.

Ruether, Rosemary Radford: Antijudaistische Nächstenliebe und Brudermord. Die theologischen Wurzeln des Antisemitismus, München 1978 (=Abhandlungen zum jüdisch-christlichen Dialog 7).

Ruether, Rosemary Radford: Frauenbefreiung und Wiederversöhnung mit der Erde, in: Moltmann-Wendel 1978, 192-202.

Ruether, Rosemary Radford: Frauen für eine neue Gesellschaft. Frauenbewegung und menschliche Befreiung, München 1979.

Ruether, Rosemary Radford: Crisis in Sex and Race: Black Theology vs. Feminist Theology, in: Anderson 1979, 175.

Ruether, Rosemary Radford: Das weibliche Wesen Gottes, in: Concilium 1981, 217-223.

Ruether, Rosemary Radford: Sexismus und Reden über Gott, in: Duelli-Klein 1982 (1976), 210-235.

Ruether, Rosemary Radford: Seximus und die Rede von Gott. Schritte zu einer anderen Theologie, Gütersloh 1985 (Beacon Press 1983).

Russel, Letty M.:Human Liberation in a feminist Perspective. A Theology, New York 1974.

Russel, Letty M.(Hg.): Als Mann und Frau ruft er uns. Vom nicht-sexistischen Gebrauch der Bibel, München 1979,(Philadelphia 1976).

Russel, Letty M.: Sprachveränderung und Kirchenreform, in: dies. 1979, 70-91.

Russel, Letty M.: Die befreiende Macht des Wortes Gottes, in: dies. 1979, 7-15.

Sachs, Nelly: Fahrt ins Staublose. Die Geschichten der Nelly Sachs, 1. Bd., Frankfurt 1961.

Sanders, David: Ernest Hemingway's Spanish Civil War Experience, in: American Quarterly 12, 1960, 133-143.

Sautter, Claudia: Fast ein Sieg. Otti Geschka, Frauenbeauftragte, kämpft gegen den Rotstift der Kollegen, in: Die Zeit 50, 1987, 21.

Schaumberger, Christine/Maaßen, Monika: Handbuch Feministische Theologie, Münster 1986.

Schaumberger, Christine: "Ich nehme mir meine Freiheit, damit ich nicht sterbe". Überlegungen zu einer Feministischen Theologie der Befreiung im Kontext der 'Ersten Welt', in: dies./Maaßen 1986, 332-361.

Scheich, Elvira: Männliche Wissenschaft - Weibliche Ohnmacht?, in: Die Grünen 1987, 87-99.

Scheinhardt, Sophia: Ausländische Frauen sind doppelt benachteiligt, in: Kuhn/Appenzeller 1985, 159-170.

Scheu, Ursula: Wir werden nicht als Mädchen geboren - wir werden dazu gemacht. Zur frühkindlichen Erziehung in unserer Gesellschaft, Frankfurt 1971.

Schirmer, Eva: Müttergeschichten. Sarah und Rebecca, in: AGG 1984, 232-240.

Schlangenbrut . Streitschrift für feministische und religiös interessierte frauen. Vierteljährliche nachrichten aus paradies und fegefeuer: 16 (1987); 17 (1987); 18 (1987); 19 (1987).

Schlösser, Angelika: Strafgesetzbuch contra Selbstbestimmungsrecht der Frauen. § 218, in: Kuhn/Appenzeller 1985, 101-118.

Schmidbauer, Wolfgang: Im Körper zuhause. Alternativen für die Psycho-
    therapie, Frankfurt 1984 (1982).

Schmidbauer, Wolfgang: Die Angst vor Nähe, Hamburg 1985.

Schmidt, Eva Renate/u. a. (Hg.): Feministisch gelesen. Bd. 1: 32 ausge-
    wählte Bibeltexte für Gruppen, Gemeinden und Gottesdienste, Stuttgart
    1988.

Schmidtchen, Gerhard: die Situation der Frau. Trendbeobachtungen über
    Rollen- und Bewußtseinsveränderung der Frauen in der BRD, Berlin 1984.

Schottroff, Luise/Sölle, Dorothee: Die blutflüssige Frau, in: Wolf 1983,
    68-80.

Schottroff, Wolfgang/Stegemann, Wolfgang: Traditionen der Befreiung. So-
    zialgeschichtliche Bibelauslegungen. Bd. 1: Der Gott der kleinen Leu-
    te (1979); Bd. 2: Frauen in der Bibel (1980).

Schröder, Hannelore: Feministische Gesellschaftstheorie, in: Pusch 1983,
    449-476.

Schroer Silvia/Keel Othmar: Studien zu den Stempelsiegeln aus
    Palästina-Israel, Freiburg, Schweiz/Göttingen (= Orbis biblicus
    et orientalis; 67, Bd. 1).

Schüngel-Straumann, Helen: Frauen im AT, in: der evangelische erzieher
    34, 1982, 496-506.

Schüngel-Straumann, Helen: Wie Mirjam ausgeschaltet wurde, in: AGG 1984,
    211-221.

Schüssler-Fiorenza, Elisabeth: Die Rolle der Frau im Urchristentum, in:
    Concilium 12, 1976, 3-9.

Schüssler-Fiorenza, Elisabeth: The Twelve, in: Swidler, L. u. A. (Hg.),
    Women Priests, New York 1977.

Schüssler-Fiorenza, Elisabeth: Für eine befreite und befreiende Theologie.
    Frauen in der Theologie und feministischen Theologie in den USA, in:
    Concilium 1979 a, 287-293.

Schüssler-Fiorenza, Elisabeth: Interpretation patriarchalischer Tradi-
    tionen, in: Russel 1979 b, 31-51.

Schüssler-Fiorenza, Elisabeth: Der Beitrag der Frau zur urchristlichen
    Bewegung. Kritische Überlegungen zur Rekonstruktion urchristlicher
    Geschichte, in: Schottroff/Stegemann 1980.

Schüssler-Fiorenza, Elisabeth: Toward a Feminist Biblical Hermeneutics:
    Biblical Interpretation and Liberation Theology, in: Richesin, L. (Hg.):
    The Challenge of Liberation Theology. A First World Response, Mary-
    knoll 1981, 91-112.

Schüssler-Fiorenza, Elisabeth: Die Frauen in den vorpaulinischen Gemein-
    den, in: Brooten/Greinacher 1982, 112-140.

Schüssler-Fiorenza, Elisabeth: In Memory of her. A feminist theological reconstruction of Christian origins, New York 1984.

Schüssler-Fiorenza, Elisabeth: Für Frauen in Männerwelten, in: Concilium 20. Jg., Heft 1, 31 ff (Art. 1984).

Schüssler-Fiorenza, Elisabeth: Discipleship and Patriarchy. Early Christian Ethos and Christian Ethics in a Feminist Theological perspective, in: Andolsen/u. a. 1985.

Schüssler-Fiorenza, Elisabeth:"Frauen können in der Theologie nirgendwo zu Hause sein", Interview von Jutta Flatters, in: Schlangenbrut 20, 1988, 5-12.

Schunter-Kleemann, Susanne: Auswirkungen der Krise auf die Lage der erwerbstätigen und nichterwerbstätigen Frauen, in: IMFS 1983, 45-57.

Schutting, Jutta: Der Vater, Erzählung, Salzburg/Wien 1980.

Schwarzer, Alice: Frauenarbeit - Frauenbefreiung, Frankfurt 1973.

Schwarzer, Alice: Der "kleine Unterschied" und seine großen Folgen. Frauen über sich - Beginn einer Befreiung, Frankfurt 1977.

Schwarzer, Alice: So fing es an! 10 Jahre Frauenbewegung, Köln 1981.

Segebrecht, Wulf: Das Armutszeugnis eines Lehrers.Josef Einwangers Roman über die Schule: "Öding", in: Literarische Neuerscheinungen im Frühjahr 1982, Rezensionen von den Teilnehmern einer Lehrveranstaltung, Bamberg 1982 (= Fußnote, 1), 13.

Seibel,Vitus: Achtsam und wachsam, in: Der Prediger und Katechet, H. 1, 1988, 5-8.

Seitz, Beate: Prozeßtheologie als neue Rede von Gott. Überlebenschance Gottes in der Feministischen Theologie, Diplomarbeit, Würzburg 1980.

Sellach, Brigitte: Zukunft der Sozialarbeit als Zukunft der Spaltung zwischen Frauen, in: beiträge 9/10, 1983, 105-114.

Sender, Ramón: Requiem für einen Spanischen Landmann, Frankfurt 1980 (1953).

Sengle, Friedrich: Wunschbild Land und Schreckbild Stadt, in: Studium generale 16, 1963, 619-631.

Shermann, Julia: Sex-related Cognitive Differences. An Essay on Theory and Evidence, New York 1979.

Shermann, Julia: The Prism of Sex, Essays in the sociology of knew-knowledge, Madison, Wisconsin 1979.

Sichtermann, Barbara: Weiblichkeit. Zur Politik des Privaten, Berlin 1983.

Sichtermann, Barbara: Das Phantom 'weibliche Sexualität', in: dies. 1986 c.

Sichtermann, Barbara: Vergewaltigung und Sexualität. Versuch über eine Grenzlinie, in: dies. 1986 b, 35-43.

Sichtermann, Barbara: Ein Stück neuerer Weltlichkeit: der Kinderwunsch, in: dies. 1986 a, 21-34.

Sickels, Eleonor: Farewell to Cynism, in: College English 3, 1941, 31-38.

Siller, Hermann P.: Biographische Elemente im kirchlichen Handeln, in: Fuchs 1984, 187-208.

Smith, Ruth L.: Feminism and the Moral Subject, in: Andolsen 1985, 235-250.

Snijdewind, Hadewych: Wege zu einer nichtpatriarchalischen christlichen Solidarität, in: Concilium 1981, 235-246.

Sölle, Dorothee: Realisation. Studien zum Verhältnis von Theologie und Dichtung nach der Aufklärung, Darmstadt/Neuwied 1973.

Sölle, Dorothee: Der Mensch zwischen Geist und Materie. Warum und in welchem Sinne muß die Theologie materialistisch sein?, in: Schottroff/ Stegemann 1979, 15-39.

Sölle, Dorothee: Vater, Macht und Barbarei, in: Brooten/Greinacher 1982, 149-157.

Sölle, Dorothee: Gott und ihre Freunde. Zur feministischen Theologie, in: Pusch 1983, 196-209.

Sölle, Dorothee: lieben und arbeiten. Eine Theologie der Schöpfung. Stuttgart 31986 (1985).

Sontag, Susan: Reflexionen über die Befreiung der Frauen, in: Schwarzer 1973, 139-174.

Sorge, Elga: Weibliche Identität oder patriarchale Weiblichkeit, in: Schlagenbrut 1984, 6-17.

Spendler, Dale: Frauen kommen nicht vor. Sexismus im Bildungswesen, Frankfurt 1985 (London 1982).

Spiegel, Yorick: Gottvater in vaterloser Gesellschaft, in: Concilium 1981, 174-180.

Spretnak, Charlene (Hg.): The Politics of Women's Spirituality , 1982.

Stapenhorst, Lucie: Ist die Frage nach Gott nur eine Frage des Mannes?, in: Schlangenbrut 7, 1984, 30-33.

Starrett, Barbara: Ich träume weiblich. Essays und Gedichte, München 1978 (o. O. 1976).

Stefan, Verena: Häutungen, München 1984 (1975).

Steller-Haugg, Mechthild: Ausgestiegen! -Ausgestiegen? Erfahrungsbericht einer Hausfrau, die zehn Jahre lang auch Berufs-Frau war, in: Wissenschaft und Zärtlichkeit 16/17, 1984, 80-88.

Strauss, Heinz Arthur: Die Anima als Projektionserlebnis, dargestellt an Beispielen aus der Literatur, in: Bitter 1967, 52-68.

Strauss-Kloebe, Sigrid: Erscheinungsweisen des Animus im weiblichen Seelenleben, in: Bitter 1967, 69-86.

Strobl, Ingrid: Blackout grüner Mütter. "Das Müttermanifest" versucht den Feminismus zu liquidieren. Eine Frau soll erst als Mutter zum vollwertigen Menschen werden, in: Konkret 9, 1987, 74 f.

Stone, Merlin: When God Was A Woman, in: Christ/Plaskow 1979, 120-130.

Suchocki, M.: The Unmale God, Reconcidering the Trinity, in: Quarterly Review, Vol. 3, No. 1 Spring 1983, 48.

Sullerot, Evelyne: Die Weiblichkeit der Frau, Münster 1979 (Paris 1978), darin die Diskussion: Bemerkungen zu den Unterschieden in der Psychologie der Geschlechter, Cyrille Koupernik, Evelyne Sullerot, Philippe Ariès, Roger Larsen, Norbert Bischof, John Money, Zella Luria, René Zazzo, Eleanor Maccoby, 322- 40.

Swidler, Arlene: Die Frau in einer vom Vatergott bestimmten Religion, Concilium 1981, 228-234.

Swidler, L.: Jesu Begegnung mit Frauen. Jesus als Feminist, in: Moltmann-Wendel, Elisabeth (Hg.): Menschenrechte für die Frau, München 1974.

Swidler, L.: Biblical Affirmations of Women, Philadelphia 1979.

Taube, Rosalies: 'Die innere Burg' der Teresa von Avila. Einer erste Annäherung, in: Schlangenbrut 10, 1985, 6-12.

Thibault, Odette: Die psychologischen Aspekte, in: Sullerot 1978, 260 f.

Thomas, Hugh: Der spanische Bürgerkrieg, Berlin/Frankfurt/Wien 1962 (London o. J.).

Thomas, Hugh: La Guerra Civil Espanóla (1936-1939), in: Diario 16, Nr. 213, 20.10.1985, 1-16.

Titzmann, Manfred: Strukturale Textanalyse. Theorie und Praxis der Interpretation, München 1977 (= UTB 582).

Tolbert, Mary A.: Defining the Problem. The Bible and Feminist Hermeneutics, in: Semaia 28, 1983, 113-126.

Tolbert, Mary A.: Introduction, in: Semaia 28, 1983, 1.

Trible, Phyllis: God and the Rhetoric of Sexuality, Philadelphia 1978.

Trible, Phyllis: Gegen das Patriarchale Prinzip von Bibelinterpretationen, in: Moltmann-Wendel 1978, 93-117.

Trible, Phyllis: Feminist Hemeneutics and Biblical Studies, in: Christian Century, Febr. 1982, 116 ff.

Trilling, L.: An American in Spain, in: Partisan Review 1941, 63-67.

Troeltsch, Ernst: Aufklärung, in: Realenzyklopädie für protestantische Theologie und Kirche, Leipzig 1897, 225-241.

Unfried, Sarah: Man's Place In The Natural Order: A Study of Hemingway's Major Werks, New York 1976.

Unterste, Herbert: Theologische Aspekte der Tiefenpsychologie von C.G. Jung, Düsseldorf 1977.

Visser't Hooft, Willem A.: Gottes Vaterschaft im Zeitalter der Emanzipation, Frankfurt 1982.

Wacker, Marie-Theres: Frau - Sexus - Macht. Eine feministisch-theologische Relecture des Hoseabuches, in: dies.: Der Gott der Männer und die Frauen, Düsseldorf 1987, 101-125.

Wagner, Günter/Wieser, Ilse: Das Bild der Frau in der biblischen Tradition, in: Una Sancta 35, 1980, 296-316.

Wahlberg, Rachel C.: Das Glaubensbekenntnis einer Frau, in: Moltmann-Wendel 1983 (1978), 210-212.

Wahlberg, Rachel C.: The Woman's Creed, in: Anderson 1979, 217.

Wahrhaftig, Meyra: Kann die Frau auch durch die Wohnung unterdrückt werden?, in: beiträge 4, 1980, 75-85.

Wakeman, Mary K.: Biblical Prophecy and Modern Feminism, in: Gross 1977, 67-86.

Warren, Robert P.: Hemingway, in: The Kenyon Review, Vol. IX, Nr. 1, Winter 1947, 1-28.

Way, Peggy A.: Das Wesen der geschlechtlichen Unterschiede, in: Moltmann-Wendel 1978, 174-178.

Weaver, Juanita/Davis, Judy: Dimensionen der Spiritualität, in: Frauen-spiritualität, Journal 9, München 1978, 17-20.

Weidmann, Fritz: Der Schüler, in: ders. (Hg.): Didaktik des Religionsunter-richts, Donauwörth 1979, 85-99.

Weber, Horst (Hg.): Ernest Hemingway, Darmstadt 1980

Weiler, Gerda: Ich verwerfe im Lande die Kriege. Das verborgene Matriarchat im AT, München [2]1986 (1984).

Weeks, Robert P.: The Power of the Tacit in Crane and Hemingway, in: Grebstein 1971, 102-106.

Wellershoff, Dieter: Der Gleichgültige. Versuche über Hemingway, Camus, Benn und Brecht, Köln 1975.

Wengenmayr, Sule: Mütterlichkeit ist wieder gefragt, in:Kuhn/Appenzeller 1985, 97-100.

Werlhof, Claudia v.: Hausfrauisierung der Arbeit, in: Courage 3, 1982 a, 34-43.

Werlhof, Claudia v.: Der Proletarier ist tot. Es lebe die Hausfrau. Ge-sellschaftliche Grenzen der "Alternativen" und der "Modell"-Charak-ter der Frauenfrage, in: Coppik, Manfred/Kelly, Petra (Hg.): Wohin denn wir? Texte aus der Bewegung, Berlin 1982 b, 56-62.

Werlhof, Claudia v.: Zum Natur- und Gesellschaftsbegriff im Kapitalismus, in: Bennholdt-Thomsen 1983, 140-163.

Werlhof, Claudia v.: "Vom Boden des Fasses aus ...". Ein Forschungsbericht aus Venezuela, in: beiträge 11, 1984, 111-122.

West, Ray B.: Ernest Hemingway: Death in the Evenings, in: Antioch.Review, 4, 1944, 569-580.

West, Ray B.: Ernest Hemingway: The Failure of Sensibility, in: Sewanee Review LII, 1945, 120-135.

Westermann, Claus: Genesis 1. Teilband, Gen 1-11, Neukirchen-Vluyn 1974 (= Biblischer Kommentar AT).

Westkott, Marcia: Feminstische Kritik an den Sozialwissenschaften, in: Duelli-Klein 1982 (1979), 264-279.

Westphal-Georgi, Ursula: Frauenerwerbstätigkeit - Gewerkschaften - Selbsthilfeprojekte, in: IMFS 1983, 71-74.

Wex, Marianne: Die Sprache der Körper, in: Schwarze Botin 3, 1977, 27.

Wichterich, Christa: Frauen in der Dritten Welt - Entwicklungs-last-trägerinnen, in: Kuhn/Appenzeller 1985, 171-176.

Wildung, Harrison, Beverly: Die Macht des Zorns im Werk der Liebe, in: Brooten/Greinacher 1987, 191-211.

Williams, Wirt: The Tragic Art of Ernest Hemingway, Louisiana State Univ. Press, Rouge and London 1981.

Wilson, Edmund: Hemingway. Gauge of Moral , in: ders.: The Wound and the Bow, New York 1947, 147-197.

Wilson-Kastner, Patricia: Faith, Feminism & the Christ, Fortness Press 1983.

Wimschneider,Anna: Herbstmilch. Lebenserinnerungen einer Bäuerin, München 141987 (1984).

Witelson, Sandra F.: Geschlechtsspezifische Unterschiede in der Neurologie der kognitiven Funktionen und ihre psychologischen, soziologischen, edukativen und klinischen Implikationen, in: Sullerot 1979, 341-368.

Wöller, H.: Im Schatten des Vaters, in: Moltmann-Wendel 1983, 174-177.

Woesler-de Panafieu, Christine: Außen- und Innenaspekte weiblicher Körper, in: Klein, Michael: Sport und Gesellschaft, Reinbek b. Hamburg 1983.

Wolf, Carola: Macht und Ohnmacht der Frauen in der Kirche, 15 persönliche Erfahrungen, Stuttgart 1983.

Wolf, Christa: Kein Ort Nirgends, Darmstadt/Neuwied 1981.

Wolf, Christa: Rätselfrau von den Kykladen, Zeitmagazin 40, 1987, 8 ff.

Wolff, Hanna: Jesus der Mann. Die Gestalt Jesu in tiefenpsychologischer Sicht, Stuttgart 71984 (1975).

Wolf-Graaf, Anke: Die verborgene Geschichte der Frauenarbeit, Weinheim 1983.

Wylder, D. E.: Hemingway's Heroes, Univ. of New Mexico 1969.

Yokelson, John B.: Symbolism in the Fiction of Ernest Hemingway, Diss., Brooklyn College 1960 (1948).

Young, Philipp: Ernest Hemingway, Düsseldorf/Köln 1954 (o. O. 1952).

Young, Philipp: Ernest Hemingway, Minnesota [8]1973 (1964).

Zazzo, René: Einige Bemerkungen über die Unterschiede in der Psychologie der Geschlechter, in: Sullerot 1979, 311-320.

Zimmerli, Walther: Ezechiel. 1. Teilband: Kap. 1-24; Neukirchen-Vluyn 1969 (= Biblischer Kommentar AT, Bd. XIII,1).

Zimmerli, Walther: Der Mensch im Rahmen der Natur nach den Aussagen des ersten biblischen Schöpfungsberichtes, in: ZThK 76, 1979, 139-158.

Zimmerli, Walther: Grundriß der alttestamentlichen Theologie, Stuttgart/Berlin/Köln/Mainz [4]1982 (1972) (= Theologische Wissenschaft Sammelwerk für Studium und Beruf, Bd. 3).

Zupfgeigenhansel: Jiddische Lieder, Neunkirchen/Wolperath 1979 (pläne 88 141).

"Robert Jordan looked down the green slope of the hillside to the road and the bridge. I'm as well this way as any, he thought. It wouldn't be worth risking getting over on my belly yet, not as close as that thing was to the surface, and I can see better this way.
He felt empty and drained and exhausted from all of it and from them going and his mouth tasted of bile. Now, finally and at last, there was no problem. However all of it had been and however all of it would ever be now, for him, no longer was there any problem.
They were all gone now and he was alone with his back against a tree.
He looked down across the green slope, seeing the gray horse where Agustín had shot him, and on down the slope to the road with the timber-covered country behind it. Then he looked at the bridge and across the bridge and watched the activity on the bridge and the road. He could see the trucks now, all down the lower road. The gray of the trucks showed through the trees. Then he looked back up the road to where it came down over the hill. They will be coming soon now, he thought.
Pilar will take care of her as well as anyone can. You know that. Paplo must have a sound plan or he would not have tried it. You do not have to worry about Pablo. It does no good to think about Maria. Try to believe what you told her. That is the best. And who says it is not true? Not you. You don't say it, any more than you would say the things did not happen that happened. Stay with what you believe now. Don't get cynical. The time is too short and you have just sent her away. Each one does what he can. You can do nothing for yourself but perhaps you can do something for another. Well, we had all our luck in four days. Not four days. It was afternoon when I first got there and it will not be noon today. That makes not quite three days and three nights. Keep it accurate, he said. Quite accurate.
I think you better get down now, he thought. You better get fixed around some way where you will be usefull instead of leaning against this tree like a tramp. You have had much luck. There are many worse things than this. Everyone has to do this, one day or another. You are not afraid of it once you know you have to do it, are you? No, he said, truly. It was lucky the nerve was crushed though. I cannot even feel that there is anything below the break. He touched the lower part of his leg and it was as though it were not part of his body.
He looked down the hill slope again and he thought, I hate to leave it, that is all. I hate to leave it very much and I hope I have done some good in it. I have tried to with what talent I had. *Have, you mean.*
All right, have.
I have fought for what I believed in for a year now. If we win here we will win everywhere. The world is a fine place and worth the fighting for I hate very much to leave it. And you had a lot of luck, he told himself, to have had such a good life. You've had just as good a life as grandfather's though not as long. You've had as good a life as anyone because of these last days. You do not want to complain when you have been so lucky. I wish there was some way to pass on that I've learned, though.

Christ, I was learning fast there at the end. I'd like to talk to Karkov.
That is in Madrid. Just over the hills there, and down across the plain.
Down out of the gray rocks and the pines, the heather and the gorse,
across the yellow high plateau you see it rising white and beautiful.
That part is just as true as Pilar's old women drinking the blood down
at the slaughterhouse. There's no one thing that's true. It's all true.
The way the planes are beautiful whether they are ours or theirs. The
hell they are, he thought.
You take it easy, now, he said. Get turned over now while you still have
time. Listen, one thing. Do you remember? Pilar and the hand? Do you
believe that crap? No, he said. Not with everything that's happened?
No, I don't believe it. She was nice about it early this morning before
the snow started. She was afraid maybe I believed it. I don't, though.
But she does. They see something. Or they fell something. Like a bird
dog. What about extra-sensory perception? What about obscenity? he said.
She wouldn't say goodbye, he thought, because she knew if she did Maria
would never go. That Pilar. Get yourself turned over, Jordan. But he
was reluctant to try it.
The he remembered that he had the small flask in his hip pocket and he
thought, I'll take a good spot of the giant killer and then I'll try it.
But the flask was not there when he felt for it. The he felt that much
more alone because he knew there was not going to be even that. I guess
I'd counted on that, he said.
Do you suppose Pablo took it? Don't be silly.You must have lost it at
the bridge. 'Come on now, Jordan,' he said. 'Over you go.'
Then he took hold of his left leg with both hands and pulled on it hard,
pulling toward the foot while he lay down beside the tree he had been
resting his back against. Then lying flat and pulling hard on the leg,
so the broken end of the bone would not come up and cut through the
thigh, he turned slowly around on his rump until the back of his head
was facing downhill. Then with his broken leg, held by both hands, uphill, he put the sole of his right foot against the instep of his left
foot and pressed hard while he rolled, sweating, over into his face and
chest. He got onto his elbows, stretched the left leg well behind him
with both hands and a far, sweating, push with the right foot and there
he was. He felt with his fingers on the left thigh and it was all right.
The bone end had not punctured the skin and the broken end was well into
the muscle now.
The big nerve must have been truly smashed when that damned horse rolled
on it, he thought. It truly doesn't hurt at all. Except now in certain
changes of positions. That's when the bone pinches something else. You
see? he said. You see what luck is? You didn't need the giant killer
at all.
He reached over for the submachine gun, took the clip out that was in the
magazine, felt in his pocket for clips, opened the action and looked
through the barrel, put the clip back into the groove of the magazine
until it clicked, and then looked down the hill slope. Maybe half an
hour, he thought. Now take it easy.

Then he looked at the hillside and he looked at the pines and he tried
not to think at all.
He looked at the stream and he remembered how it had been under the
bridge in the cool of the shadow. I wish they would come, he thought.
I do not want to get in any sort of mixed-up state before they come.
  Who do you suppose has it easier? Ones with religion or just taking
it straight? It comforts them very much but we know there is nothing
to fear. It is only missing it that's bad. Dying is only bad when it takes
a long time and hurts so much that it humiliates you. That is where
you have all the luck, see? You don't have any of that.
It's wonderful they've got away. I don't mind this at all now they are
away. It *is* sort of the way I said. It is really very much that way.
Look how different it would be if they were all scattered out across
that hill where that gray horse is. Or if we were all cooped up here
waiting for it. No. They're gone. They're away. Now if the attack were
only a success. What do you want? Everything. I want everything and I
will take whatever I get. If this attack is no good another one will
be. I never noticed when the planes came back. *God, that was lucky I
could make her go.*
I'd like to tell grandfather about this one. I'll bet he never had to
go over and find his people and do a show like this. How do you know?
He may have done fifty. No, he said. Be accurate. Nobody did any fifty
like this one. Nobody did five. Nobody did one maybe not just like this.
They must have.
I wish they would come now, he said. I wish they would come right now
because the leg is starting to hurt now. It must be the swelling.
We were going awfully good when that thing hit us, he thought. But it
was only luck it didn't come while I was under the bridge. When a thing
is wrong something's bound to happen. You were bitched when they gave
Golz those orders. That was what you knew and it was probably that which
Pilar felt. But later on we will have these things much better organized.
We ought to have portable short-wave transmitters. *Yes, there's a lot of
things we ought to have.* I ought to carry a spare leg, too.
He grinned at that sweatily because the leg, where the big nerve had been
bruised by the fall, was hurting badly now. Oh, let them come, he said.
I don't want to do that business that my father did. I will do it all
right but I'd much prefer not to have to. I'm against that. Don't think
about that. Don't think at all. I wish the bastards would come, he said.
I wish so very much they'd come.
His leg was hurting very badly now. The pain had started suddenly with
the swelling after he had moved and he said, Maybe I'll just do it now.
I guess I'm not awfully good at pain. Listen, if I do that now you wouldn't
misunderstand, would you? *Who are you talking to?* Nobody, he said. Grandfather, I guess. No. Nobody. Oh bloody it, I wish that they would come.
  Listen, I may have to do that, because if I pass out or anything like
that I am no good at all and if they bring me to they will ask me a lot
of questions and do things and all and that is no good. It's much best

not to have them do those things. So why wouldn't it be all right to
just do it now and then the whole thing would be over with? Because oh,
listen, yes, listen, *let them come now.*
You're not so good at this? Jordan, he said. Not so good at this. And
who is so good at this? I don't know and I don't really care right now.
But you are not. That's right. You're not at all. Oh not at all, at all.
I think it would be all right to do it now? Don't you?
No, it isn't. Because there is something you can do yet. As long as you
know what it is you have to do it. As long as you remember what it is
you have to wait for that. *Come on. Let them come. Let them come. Let
them come!*
Think about them being away, he said. Think about them going through the
timber.   Think about them crossing a creek. Think about them riding
through the heather. Think about them going up the slope. Think about
them O.K. tonight. Think about them travelling all night. Think about
them hiding up tomorrow. Think about them. God damn it, think about
them. *That's just as far as I can think about them,* he said.
Think about Montana, *I can't.* Think about Madrid, *I can't.* Think about
a cool drink of water. *All right.* That's what it will be like. Like a
cool drink of water. *You're a liar.* It will just be nothing. That's all
it will be. Just nothing. Then do it. *Do it.* Dot it now. It's all right.
to do it now. Go on and do it now. *No, you have to wait.* What for? You
know all right. *Then wait.*
I can't wait any longer now, he said. If I wait any longer I'll pass
out. I know because I've felt it starting to go three times now and
I've held it. I held it all right. But I don't know about any more.
What I think is you've got an internal haemorrhage there from where that
thigh bone's cut around inside. Especially on that turning business. That
makes the swelling and that's what weakens you and makes you start to pass.
It would be all right to do it now. Really, I'm telling you that it would
be all right.
*And if you wait and hold them up even a little while or just get the of-
ficer that may make all the difference. One thing well done can make —*
All right, he said. And he lay very quietly and tried to hold on to himself that he felt slipping away from himself as you feel snow starting
to slip sometimes on a mountain slope, and he said, now quietly, then let
me last until they come.
Robert Jordan's luck held very good because he saw, just then, the cavalry ride out of the timber and cross the road. He watched them coming
riding up the slope. He saw the trooper who stopped by the gray horse.
They recognized him of course. He and his rider had been missing since
the early morning of the day before.
Robert Jordan saw them there on the slope, close to him now, and below
he saw the road and the bridge and the long lines of vehicles below it.
He was completely integrated now and he took a good long look at everything. The he looked up at the sky. There were big white clouds in it.
He touched the palm of his hand against the pine needles where he lay
and he touched the bark of the pine trunk that he lay behind.

Then he rested as easily as he could with two elbows in the pine needles and the muzzle of the submachine gun resting against the trunk of
the pine tree.
As the officer came trotting now on the trail of the horses of the band
he would pass twenty yards below where Robert Jordan lay. At that dis-
tance there would be no problem. The officer was Lieutenant Berrendo.
He had come up from La Granja when they had been ordered up after the
first report of the attack on the lower post. They had ridden hard and
had then had to swing back, because the bridge had been blown, to cross
the gorge high above and come around through the timber. Their horses
were wet and blown and they had to be urged into the trot.
Lieutenant Berrendo, watching the trail, came riding up, his thin face
serious and grave. His submachine gun lay across his saddle in the crook
of his left arm. Robert Jordan lay behind the tree, holding on to himself
very carefully and delicately to keep his hands steady. He was waiting
until the officer reached the sunlit place where the first trees of the
pine forest joined the green slope of the meadow. He could feel his heart
beating against the pine needle floor of the forest."

Hemingway 1940, 464-470

Sigrid Pohl

Entwicklung und Ursachen
der Frauenlohndiskriminierung
Ein feministisch-marxistischer Erklärungsansatz

Frankfurt/M., Bern, Nancy, New York, 1984. X, 391 S.
Europäische Hochschulschriften: Reihe 5, Volks- und Betriebswirtschaft. Bd. 496
ISBN 3-8204-8017-X br. DM 93.--/sFr. 77.--

Die Lohndiskriminierung der erwerbstätigen Frau ist ein weltweites Phänomen und auch keine Erscheinung der Gegenwart. Die Frage nach den Ursachen der Frauenlohndiskriminierung scheint schnell beantwortet werden zu können: Frauen sind schlechter qualifiziert, haben eine kürzere Arbeitszeit, sind weniger flexibel usw. Untersucht frau diese Erklärungsmuster genauer, so stellt sie fest, daß hier nur die eine Form der Diskriminierung (Lohn) mit einer anderen Form (z.B. Qualifikation) begründet wird. Alle vorliegenden Ansätze verweisen damit auf die "natürliche" oder "soziale" Bindung der Frau an die Hausfrauen- und Mutterrolle und ihre periphere Situation am Arbeitsmarkt. Von daher stellte sich die Frage, ob es einen Zusammenhang zwischen der nichtentlohnten Reproduktionsarbeit der Frau und ihrer Lohndiskriminierung gibt?

Aus dem Inhalt: Entwicklung der Löhne und der Lohndiskriminierung von 1870-1982 – Frauenlöhne und geschlechtsspezifische Arbeitsteilung – Marxistische Werttheorie und geschlechtliche Arbeitsteilung

Verlag Peter Lang Frankfurt a.M. · Bern · New York · Paris
Auslieferung: Verlag Peter Lang AG, Jupiterstr. 15, CH-3000 Bern 15
Telefon (004131) 321122, Telex pela ch 912 651, Telefax (004131) 321131
- Preisänderungen vorbehalten -

Lydia Schieth

Die Entwicklung des deutschen Frauenromans im ausgehenden 18. Jahrhundert
Ein Beitrag zur Gattungsgeschichte

Frankfurt/M., Bern, New York, 1987. XII, 431 S.
Helicon. Beiträge zur deutschen Literatur. Bd. 5
ISBN 3-8204-0050-8   br. DM 90.--/sFr. 75.--

Weibliche Autoren schreiben unter anderen Bedingungen als Männer. Von daher erklärt sich das besondere Erscheinungsbild des Frauenromans, einer Gattung, die seit dem 18. Jahrhundert eine bislang kaum beachtete Tradition aufweist. Ihre Entstehungsbedingungen umfassen literaturgeschichtliche Entwicklungen (Richardson-Rezeption, Ablösung der Moralischen Wochenschriften durch moral-didaktische Romane) ebenso wie die Veränderungen eines expandierenden Buch- und Zeitschriftenmarktes, der zu neuen Lektüregewohnheiten führte. Die Studie untersucht die Möglichkeiten, die sich daraus für die Frauen als Schriftstellerinnnen ergaben und macht an Einzelbeispielen (Sophie von La Roche - Wieland, Caroline von Wolzogen - Schiller, Johanna Schopenhauer - Goethe) deutlich, welche Rolle die Männer dabei als Förderer und "geheime Lenker" spielten, wie sie versuchten, die weiblichen Schreibreserven zu nutzen und zugleich über eine Vielzahl von Restriktionen den Freiraum der Autorinnen einzugrenzen bemüht waren. Daß die Frauen diese Beschränkungen dennoch zu umgehen verstanden, erfolgreich Romane nach besonderen Mustern produzierten und sich mittels der Gattung "Frauenroman" untereinander über die Männer zu verständigen wußten, zeigt der zweite Teil der Arbeit.

Aus dem Inhalt: Christoph Martin Wieland und die Geschichte des Fräuleins von Sternheim - Vorrede und Romangespräch - Die gelenkte Leserin - Dillettieren und "Feminisieren" - Weibliche Kommunikation und literarische Öffentlichkeit - Die Familientarnung: Das Verlegerehepaar Unger - Der Frauenroman im Spiegel der Literaturgeschichte: die männliche Attacke - Der Roman als Eherezept: Elisa oder das Weib, wie es seyn sollte - Der unvollkommene Mann.

Verlag Peter Lang Frankfurt a.M. · Bern · New York · Paris
Auslieferung: Verlag Peter Lang AG, Jupiterstr. 15, CH-3000 Bern 15
Telefon (004131) 321122, Telex pela ch 912 651, Telefax (004131) 321131
- Preisänderungen vorbehalten -

Johann Stangel

Das annullierte Individuum
Sozialisationskritik als Gesellschaftsanalyse in der
aktuellen Frauenliteratur. Zu Texten von Frischmuth,
Jelinek, Mitgutsch, Schutting, Schwaiger und anderen

Frankfurt/M., Bern, New York, Paris, 1988. 352 S.
Europäische Hochschulschriften: Reihe 1, Deutsche Sprache und Literatur. Bd. 1091
ISBN 3-631-40549-9   br./lam. DM 83.--/sFr. 69.--

In der jüngsten historischen Entwicklung bilden gerade die Frauen
eine der Gruppen, denen der Gesellschaftsprozess sowie die tradierten
Rollen und Herrschaftsverhältnisse fragwürdig geworden sind. Unbe-
streitbarer Ausdruck dafür ist auch die ausgeprägte Präsenz von Autorinnen in der modernen Literatur. Unter den Einflußfaktoren auf die
Themenbildung in der Frauenliteratur kommt der Sozialisationsproble-
matik besonderer Stellenwert zu. Eine rollensendende Gesellschaft
teilt Erziehung in der Familie dominant der Frau zu. Zum anderen sind
die Sozialisationsinstanzen grundlegend fragwürdig geworden. Familie, Schule, Medien werden als Institutionen attakiert, die angepaßte
und psychisch deformierte Individuen erzeugen. Durch die Analyse
des engen Zusammenhangs von gesellschaftlich bestimmter Problematik und literarischer Gestaltung kann die generelle Definition von
Frauenliteratur als politisch engagierter deutlich konkretisiert werden.

Aus dem Inhalt: Die Familie als Refugium vor dem gesellschaftlichen
Druck - Das Kind als Opfer der sozial und emotional enttäuschten
Mutter - Produktion und Sozialisation - Die Schule als Instrument der
sozialen Kontrolle - Die Medien als Institution zur Koordinierung der
gesellschaftlichen Realität und Bedürfnisse.

Verlag Peter Lang Frankfurt a.M. · **Bern** · **New York** · **Paris**
Auslieferung: Verlag Peter Lang AG, Jupiterstr. 15, CH-3000 Bern 15
Telefon (004131) 321122, Telex pela ch 912 651, Telefax (004131) 321131
- Preisänderungen vorbehalten -